U0547306

步平　王建朗　主编

中国抗日战争史

A HISTORY OF
THE CHINESE WAR OF RESISTANCE AGAINST
JAPANESE AGGRESSION

第四卷

战时军队

陈默 王奇生 等　著

目　录

前　言 …………………………………………………………………… 001

上篇　国民党军队

第一章　统帅部与军队系统 …………………………………………… 007
第一节　大本营的尝试 ……………………………………………… 007
第二节　军事委员会 ………………………………………………… 013
第三节　全国抗战初期的军队系统 ………………………………… 021
第四节　“战区—集团军”体系 …………………………………… 035

第二章　战略单位：野战军、师 ……………………………………… 050
第一节　全国抗战初期的扩军 ……………………………………… 050
第二节　整训、缩军与建军 ………………………………………… 064
第三节　军、师编制（前期） ……………………………………… 077
第四节　军、师编制（后期） ……………………………………… 092

第三章　军队派系 ……………………………………………………… 107
第一节　军队派系的新陈代谢 ……………………………………… 107
第二节　战区、集团军的派系属性 ………………………………… 124
第三节　派系军队与统帅部的博弈 ………………………………… 131
第四节　派系军队之相互关系 ……………………………………… 146

第四章　军官和士兵 …… 164
第一节　军官的出身与教育 …… 164
第二节　军官的任用与升迁 …… 182
第三节　兵役制度与士兵征集 …… 192
第四节　士兵的教育与训练 …… 201

第五章　武器装备与军需后勤 …… 210
第一节　武器装备的种类与性能 …… 210
第二节　武器的自造和购买 …… 234
第三节　国民党军的军需 …… 241
第四节　国民党军的后勤 …… 248
第五节　国民党军的医疗 …… 254

第六章　武主文从：政工与党务 …… 267
第一节　以党治军的蜕变 …… 267
第二节　政工与党务的恢复 …… 271
第三节　文武关系的变奏 …… 275
第四节　政工与党务的困境 …… 280

第七章　国民党军的若干特质 …… 285
第一节　战绩呈报与宣传 …… 285
第二节　缺额与逃兵 …… 291
第三节　地方军人势力的膨胀 …… 298
第四节　作战能力与指挥官素质 …… 301

下篇　共产党军队

第八章　正规军：编制演变与力量消长 …… 313
第一节　八路军、新四军的初期编制 …… 313
第二节　化整为零：分兵建立敌后根据地 …… 317
第三节　化零为整：整军、扩军与正规化 …… 327
第四节　精兵简政与武装结构调整 …… 333

第五节 反攻阶段与正规军的扩大 …… 342

第九章 官兵人事 …… 350

第一节 来源与构成 …… 350
第二节 任免与审查 …… 363
第三节 教育与奖惩 …… 368
第四节 待遇与福利 …… 375
第五节 伤亡、抚恤与退伍 …… 388

第十章 党指挥枪：政工与党务 …… 396

第一节 党军体制 …… 397
第二节 军队党务 …… 405
第三节 政工干部 …… 413
第四节 政治教育 …… 422

第十一章 武器装备与军需后勤 …… 438

第一节 武器装备的来源 …… 438
第二节 武器装备的水准 …… 448
第三节 物质供给 …… 454
第四节 兵站运输 …… 464
第五节 医疗卫生 …… 469

第十二章 地方武装 …… 475

第一节 组织体制 …… 475
第二节 动员与来源 …… 484
第三节 地方武装主力化 …… 488
第四节 精兵与主力地方化 …… 493
第五节 领导机制 …… 498
第六节 优势与局限 …… 504

第十三章 民兵、自卫队 …… 512

第一节 发展演变 …… 512
第二节 组织与动员 …… 519

第三节 教育与训练 …………………………………………………… 528
第四节 武器与作战 …………………………………………………… 534
第五节 优势与弱点 …………………………………………………… 541

主要参考文献 …………………………………………………………… 545

人名索引 ………………………………………………………………… 554

前　言

军队无疑是战争的主体，即使是“总体战”也不例外。中国抗日战争是一场全面的全民族的抗战，但军队仍然是抗战的主体力量，无论正面战场还是敌后战场。所以研究中国抗日战争史，必须弄清楚是什么样的军队在抗战。只有弄清各支军队的实际情形和各个战场的实际运作，才能再现这场战争的一些基本面相，否则我们所书写的抗战史仍是一部将军事、军队置于边缘叙述的历史。

长期以来，文人出身的专业历史学者大多不愿涉足军事史，一是缺乏足够的兴趣，二是缺乏军事学识与经验，担心“纸上谈兵”可能造成理论与事实的偏差。我们习惯于将军事史留给军方学者去研究。如中国人民解放军所属的军史战史研究以及台北“国防部”史政编译局的相关研究。《中国人民解放军军史》可视为前者的代表作，《国民革命建军史》可视为后者的代表作。军方的军事史研究具有一般历史学者所不及的专业优势，不可漠视其研究的贡献与价值，但也要注意到军方研究的“本位”立场与“本位”意识，不大关注军事与一般历史进程之间的互动关系，可能导致军事史学与一般历史学之间形成一道相互隔绝的鸿沟。

20 世纪后期西方史学界兴起的“新军事史”呼吁，不能将军事史完全留给军人去研究，而应该拉近历史学家与战争、军事之间的距离，尽力弥合军事史学与一般历史学之间的隔阂，进而打破学科之间的樊篱。“新军事史”不囿于以总结战争的经验教训和描述战争过程为目标，要求尽量拓宽军事史研究的主题，丰富军事史的研究途径和方法，不仅关注战争本身，也要关注战争与社会的互动关系。

近 20 年来，中国大陆学界的抗战史研究成果显著，有关抗战时期政治、外交乃至经济、社会、文化等方面的研究均有可观的推进，相对而言，恰是战争本身的军事史研究略显滞后，如国内学界有关国民党正面战场的研究，还偏重于各次战役敌我双方攻守进退过程的粗略描述，而对国民党军统帅部至各战区的指挥运作，战略战术的运用，军队的组织形态，军事训练，政治工作，官兵人事，作战能力，武器装备，后勤保障，士兵的招募与兵营生活，以及战地和后方的党政军民关系等，深入系统的探讨尚不多见。相比之下，台湾地区和海外学界自1950年代以来尚有数部富有洞见的学术论著面世，如刘馥的《中国现代军事史》，齐锡生的《战时国民党中国：军事失败和政治崩溃（1937—1945）》，易劳逸的《毁灭的种子：战争与革命中的国民党中国（1937—1949）》，张瑞德的《抗战时期的国军人事》等，是这一方面的代表作，分别从不同侧面对抗战时期的国民党军队进行了较为细致的分析与描述。

有关抗战时期中共历史的研究，呈现同样的态势。最近20多年来，历史学界对抗日根据地的研究已有相当深入的推进，而中共军事史的研究成果，则大多出自军方，有关八路军、新四军和地方游击队的研究，有的甚至细化到某师、某纵队，一般侧重于梳理军队的发展演变，如编制序列、人事沿革、参战情况等，重在彰表其艰苦历程与光辉战绩。军方之外，一般历史学界有关抗战时期中共军队与军事的研究成果则较少。海外学界可能限于资料搜集困难等因素，相关专门性的论著亦不多见。1989年东京出版的宍戸寛『中国八路軍、新四軍史』（河出書房新社、1989）。对八路军、新四军的基本脉络、编制装备、政治工作、民众工作以及毛泽东军事思想的发展过程等，做了简要的梳理，可视为域外相关研究的代表作。

总体而言，有关抗战时期军事史的研究，海峡两岸的成果主要出自军方，一般历史学界较少涉足。在历史学界有限的相关研究中，对战争进程的描述较多，对军队组织形态的探讨较少。大体上，军方的研究与历史学界的研究甚少交流；两岸军方更是各说各话，甚至处于“互污”状态；两岸史学界对抗战时期国共军事史的研究，缺乏将国共军队放在抗战大背景下进行整合性、比较性的探讨。

抗战期间，国共两党军队分别在各自区域内抵抗日本的侵略。正面战场与敌后战场之间是一种相互依存和协作的关系。本卷拟分上下篇，分别探讨国共两军的基本特征和抗战方略，如军队的组织架构，人事派系，指挥系统，战略决策机制，武器装备与军需后勤，士兵的征募训练与待遇、官兵素养与作战能力，地方武装与政工党务等，都是军队实际运行中的基本问题。

在本卷中，战争过程不再是焦点，而战争的主体军队将成为讨论的中心。全国抗战爆发后，国民党军队逐渐建立了新的架构：全国军队被陆续编入多个集团军，进入各战区序列参加对日作战。随着战争的持续发展，一个以战区、集团军为主要层级的军队系统最终形成。同之前相比，新的军队系统专为抗战设计，较之过去更为整齐划一；而作为基本战略单位的军、师，也不断地更新着它们的编制。然而，抗战时期国民党军始终不佳的军队状态和作战能力，提示着这样的组织形态存在着某些问题。事实上，战区和集团军不仅是军队的组织形式，同时也是国民党军各个派系在战时的存在形式。国民党军内部纷繁复杂的各派势力，在战争中逐渐内化成为诸个战区、集团军乃至军、师。与派系相对应的另一个重要问题，是战区—集团军体系和地方行政的关系。战时地方行政中既已存在的“军治”体制进一步强化，战区—集团军体系中的各个层级在交战各地与地方行政进行着多种样态的互动，此种互动更多表现为军队系统与地方行政之间的矛盾。此外，战时国民党军的兵役制度、政工制度，均反映出抗战时期国民党军武装体制的一些基本特质。

抗战期间，中共军事力量迅猛增长。抵达陕北时三大主力红军不足 3 万，至全国内战爆发前，中共军队已达 127 万人，其中野战部队 61 万人，地方部队 66 万人，还有超过 200 万的民兵。中共武装在抗战期间有如此发展，不是简单的“坐大”所能解释的。抗战时期国民党军正规部队多至 300 余师，而县、乡自卫队和省保安队大多虚而不实，地方武装、游击队与正规军之间缺乏有机联系。而中共的人民武装体制，从自卫队到民兵到游击队再到野战军的依次递进而又同时并存的梯级武装体系，不仅极大地减缓了动员民众参军的困难，层层递进过程同时也是武装熏陶和训练民众的过程；民兵和自卫队不脱产，又大大减轻了中共的财政压力，意味着人民武装体制能以较低的成本发挥较大的效用。另外，与国民党军的战区体制不同，中共军区、军分区是掌握地方武装与民兵、自卫队的单位，主力部队相对仍是一套独立系统，可依战略需要在各大战略区轮换，具有相当的灵活性与机动性。总之，中共武装体制的内在机制与实际运作情形，人民武装与群众运动的联系，以及“党指挥枪”和政工制度等诸多问题，尚有深入细致探讨的空间和意义。

抗日战争作为一场对外战争，无论是国民党军队还是共产党军队，所面临的都是与过去内战时期不同的对手，也因此必须调整和采取新的战略战术。本卷在剖析国共军队的同时，未能兼顾审视日本军队的情形，未能比较国共日三军的战略战术互动，不无遗憾。

本卷各章撰写人员：陈默（第一、二、三、四、五章）、王奇生（前言，第六、七章）、刘亚娟（第八章）、郭宁（第九章）、谢敏（第十章）、张希（第十一章）、姜涛（第十二、十三章）。

上篇

国民党军队

第一章
统帅部与军队系统

军队是战争的主体。国民党军队是抗战正面战场的主体。军事委员会是战时国民党军的统帅部；“战区—集团军”体系则是战时国民党军的主体架构。统帅部和军队系统的组织形态，随着战争的推移而变化。

第一节　大本营的尝试

军事委员会一直作为国民政府的军事统率和决策机关存在。军委会的历史，可分为广州、武汉、南京三个时期，而南京时期又可划分为6个阶段。[①] 其中第五阶段（1937年9月国民党第51次中常会到同年12月国民政府迁都武汉前）和第六阶段（1938年1月国民政府迁都武汉到1946年6月被明令裁撤，改组为国防部），基本与抗战时期相合，系本书将重点讨论的阶段。

1928年11月，国民政府裁撤北伐时期的军事委员会，组建军政部、参谋本部、训练总监部取代其职能。1929年4月蒋桂战争爆发后，蒋介石成立了陆海空军总司令部，以统率全国军队。1931年九一八事变后，该总司令部被裁撤。1932年3月国民党四届二中全会后，由蒋介石领衔的国民政府军事委员会作为全国最高军事机关，再度成立。[②]

军委会的职掌是：“关于国防绥靖之统率事宜；关于军事章制、军事教育方针之最高决定；关于军费支配、军实重要补充之最高审核；关于军事建设、军队编遣之最高决定，中将及独立任务少将以上任免之审核。”

① 参见古顺铭《国民政府军事委员会的研究（1917—1928）》，硕士学位论文，台北，中央大学，2010，第1页。

② 戚厚杰等编著《国民革命军沿革实录》，河北人民出版社，2001，第123—131、239页。

军委会为委员会制，除委员长外，设委员 7—9 人，下辖办公厅及一至三厅。[①] 此时军事委员会的机构尚较为简单，实际无法指挥和统率全国军队。作为委员长的蒋介石特将原属国民政府直辖的参谋本部、训练总监部和军事参议院归入军委会。军政部和海军部因属行政院管辖，暂未划归军委会直辖。这些部门连同军委会一道，构成了战前的军事统帅部。

参谋本部成立于 1928 年 11 月，是军队最高参谋机关，“掌理国防用兵及陆地测量事宜”，其长官参谋总长“统辖全国参谋人员，监督其教育，并管辖陆军大学校及驻外使馆武官及陆地测量”。[②]

训练总监部与参谋本部同时成立，其职能是“掌管全国军队及所辖学校教育，并国民军事教育事宜”。[③]

军事参议院作为最高军事建议咨询机关，置将官级军事参议若干人，“平时专备咨询建议，并担任点验校阅演习及特派诸事宜，战时则选任为高级指挥官或其他重要职务”。[④] 军事参议院名义上与前两个部门鼎足而三，实际上重要性要低得多。

军政部是军事行政的最高机关，也成立于 1928 年 11 月，其职能是“掌管全国陆海空军行政事宜”，下辖陆军、海军、航空、军需、兵工五署及总务厅、审计处等部门。基于《国民政府组织法》以及长期以来军令、军政分离的传统，军政部系行政院所属，但其实际地位和权力丝毫不低于直属国民政府的参谋本部等三个部门。和北洋时期相比，军政部将过去的陆军部和海军部合二为一，其权力不可谓不大。军政部所属各署的规模也不小，其中以陆军、海军、军需三署为大，下设若干司。[⑤] 1932 年军委会成立时，海军署单独划出，成立直属国民政府的海军部。

---

① 《国民政府军事委员会暂行组织大纲》（1932 年 3 月 11 日），中国第二历史档案馆编《中华民国史档案资料汇编 第五辑第一编 军事》（1），江苏古籍出版社，1994，第 3 页。

② 《参谋本部条例》（1928 年 11 月 22 日），《中华民国史档案资料汇编 第五辑第一编 军事》（1），第 47 页。

③ 《训练总监部条例》（1928 年 11 月 22 日），《中华民国史档案资料汇编 第五辑第一编 军事》（1），第 59—60 页。

④ 《国民政府军事参议院条例》（1928 年 11 月 22 日），《中华民国史档案资料汇编 第五辑第一编 军事》（1），第 81—82 页。

⑤ 《国民政府行政院军政部条例草案》（1928 年 11 月 17 日）、《国民政府行政院军政部系统表》（1928 年 11 月 17 日），周美华编《国民政府军政组织史料 第三册 军政部》（1），台北，“国史馆”，1998，第 11—12、31—32 页。

1932—1937年，军事统帅部的组织由简单趋于复杂，部门之调整日趋合理。

资源委员会系由参谋本部在1932年11月设立的国防设计委员会发展而来，于1935年与军政部兵工署资源司合并而成，其职责是调查和掌管中国的重工业。之后实际发展成为国民政府的重工业管理部门。铨叙厅由军政部陆军署军衡司改组而成，是全国陆、海、空军的人事机关。① 政训处原属训练总监部，1932年升级为军委会直属，② 是战时军委会政治部的主要前身，是国民党军政治工作的负责机关。

全国抗战爆发时，军政部和海军部已纳入军事委员会系统。③ 原属于南昌行营的侍从室于1936年1月升级为军委会直属，是委员长蒋介石的秘书、幕僚和随从办事机构，机构精干，实权巨大。④ 自海、空军离部单列后，军政部成为陆军的军事行政部门，历年编制均有变更，至全国抗战爆发时，其内部扩充了兵役、马政二司。⑤ 兵役司的成立是军政部所有变化中最为重要的。兵役由科升司，对于十分关键的征兵工作，意义不言而喻。

战前军事统帅部的逐渐完备，对抗战的影响巨大：一方面，以军委会为主体的统帅部之组织涵盖了国防所需的各个方面，为应对全面战争做了一个制度上的准备；另一方面，军委会及各部所属署、司、科，在战前做了大量重要的工作，如铨叙厅对军队人事的整理，资源委员会对国防工业的启动，兵工署对轻重兵器的试制，兵役科（司）对征兵工作的准备等，均为全国抗战奠定了一定基础。不过，其内部的缺陷和不足仍比比皆是，有待于战争爆发后做进一步调整和完善。

全国抗战爆发后，国民政府以军委会为主体，尝试组建党政军一体化

---

① 戚厚杰等编著《国民革命军沿革实录》，第329—330页。

② “国防部史政编译局”编印《国民革命建军史 第二部 安内与攘外》(1)，台北，1993，第56页。

③ 《修正军事委员会系统表》(1937年7月10日)，周美华编《国民政府军政组织史料 第一册 军事委员会》(1)，第60、76页。

④ 参见秋宗鼎《蒋介石的侍从室纪实》，全国政协文史资料委员会编印《文史资料选辑》第81辑，文史资料出版社，1982，第105—106页；《陈布雷回忆录》，台北，传记文学出版社，1970，第98页。

⑤ 《修正军政部组织法草案》(1937年7月)，周美华编《国民政府军政组织史料 第三册 军政部》(1)，第130、144页。

的大本营，作为对日作战的最高统帅部。1937 年 7 月末平津沦陷后，蒋介石确定全面战争已不可避免。他开始考虑，为了统制全国人力、物力，有必要设置统一的战时统帅部，组建大本营的计划遂被提上议事日程。①

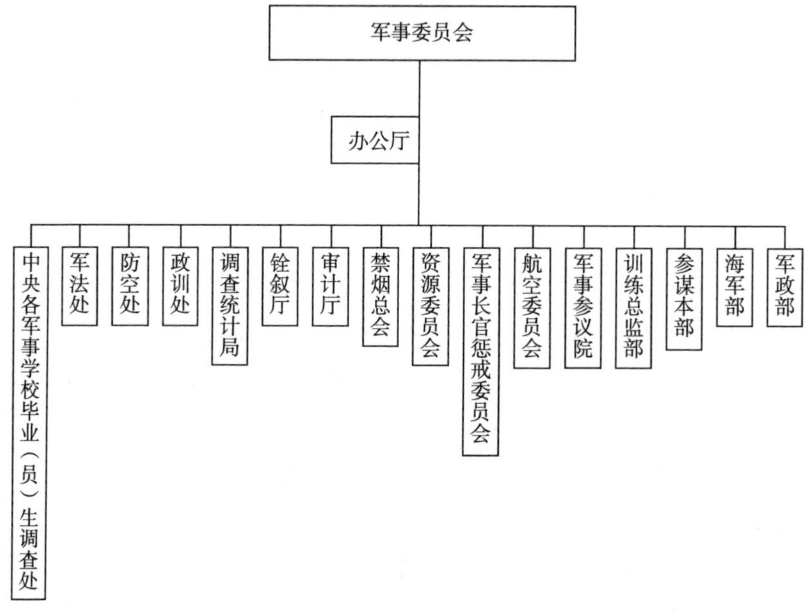

图 1－1 全国抗战爆发前夕军事委员会组织系统

资料来源：参见《修正军事委员会系统表》（1937 年 7 月 10 日），周美华编《国民政府军政组织史料 第一册 军事委员会》（1），第 76 页。

经过短暂的谋划，大本营于 8 月 20 日正式建立。大本营的宗旨确定为统率陆海空军及指导全民，应对日本侵略。为达成“持久战”的目标，大本营之下成立军令、政略、财政、经济、宣传、训练 6 部。第一部的任务为指导战区、预备军、后勤部应对战争；第二部的任务为内求社会安定，外谋国际同情；第三部的任务为安定金融，整理税务，紧缩支出等；第四部的任务为扩张产业，广辟资源，以做好自给自足的准备；第五部的任务为实行精神动员，昭告国际朝野；第六部的任务为组织、训练民众，防止汉奸。虽然各部任务的设定还比较粗率，但其动员全国力量进行全面战争的原则，得以确立。

大本营乃建立在既有的军事委员会之上。原有的参谋本部、军政部、

① 《蒋介石日记》，1937 年 7 月 31 日，美国斯坦福大学胡佛研究所档案馆藏，下同。

训练总监部、海军部、航空委员会、军事参议院虽未被裁撤，但均仅派员留守，其职能由新部门代替。党政机关相关人员进入新成立的部门（主要是第二至第六部），执行新的职能，以配合军事上的对日战争，如熊式辉担任第五部部长，陈立夫担任第六部部长。①

9月，大本营又增设了农产、工矿、贸易三个调整委员会和军法执行总监部。② 随着新部门的增加，与原有部门在工作上难免出现冲突，各机关“不免各自为谋，往往同属一事，而主办之机关与推行之办法，竟至层见叠出”。国民政府乃于10月29日做出决定，凡是适应战时之各项工作，“概行先送军事委员会委员长核定施行”。③ 11月淞沪会战结束后，大本营进一步调整：第二部并入不久前成立的国家总动员设计委员会；第五部并入国民党中央宣传部，而中宣部改隶军委会；国民党中央组织、训练两部亦改隶军委会，与第六部合并。此外第三部还辖有资源委员会，禁烟总会也隶属大本营。④ 这时，大本营在建制上已经成为战时权力中枢，囊括了战时国家政权的所有基本职能。

1938年初大本营迁至武汉后，其建制却恢复到1937年8月之前的状态。国民党中央的组织、训练、宣传三部重新回归中央执行委员会，第三、四部也回隶于行政院经济部。依照“中央调整机构案”，行政院与军事委员会商定，农产、工矿调整委员会与资源委员会均改隶经济部，贸易调整委员会改隶财政部，禁烟总会改隶内政部，三个调整委员会所设之运输联合办事处，也转隶交通部。⑤ 由此，大本营中的党政部门基本回归至原属各部、会、院。

---

① 《大本营颁国军战争指导方案训令》（1937年8月20日），中国第二历史档案馆编《抗日战争正面战场》上册，江苏古籍出版社，1987，第11—15页；《国民革命建军史　第三部　八年抗战与戡乱》（1），第96—97页；《海桑集——熊式辉回忆录》，香港，明镜出版社，2008，第94页；《成败之鉴——陈立夫回忆录》，台北，正中书局，1994，第219页。

② 《国民革命建军史　第三部　八年抗战与戡乱》（1），第97—100页。

③ 《国民政府关于由陆海空军大本营实施全国总动员计划大纲训令》（1937年10月29日），《中华民国史档案资料汇编　第五辑第二编　政治》（1），第147页。

④ 《国民革命建军史　第三部　八年抗战与戡乱》（1），第100—101、100页附页。

⑤ 《国民革命建军史　第三部　八年抗战与戡乱》（1），第101页；《国防最高委员会关于军委会与行政院调整所属机关组织与隶属关系致国民政府函》（1938年2月7日），《中华民国史档案资料汇编　第五辑第二编　政治》（1），第12页。

同时，大本营的军事部门也重新整合，除军政部、后勤部、军事参议院、军法执行总监部等照旧外，参谋本部与原第一部合并为军令部，训练总监部改为军训部，原第六部及政训处合并为政治部，原海军部缩编为海军总司令部，之前成立不久的防空处并入防空委员会，原总办公厅与秘书厅并为办公厅。①

如此调整之后，党、政、军三者恢复到战前各自为政的局面。大本营名存实亡。理论上符合总体战原则之军政合一的大本营体制，运行不到半年即告结束，其原因是多方面的。首先，大本营名义上是战时权力中枢，实际起到的作用，仅是在中央政府西迁期间，作为其临时代理机构存在。其次，大本营的机构设置随意粗率，各部门之间关系复杂，其运行自然“缺点仍多”（何应钦语——引者注）。据黄绍竑回忆，大本营虽然设立了若干部门，但有些并未成立，而新成立之部门多系数个部门临时合并而成，内部关系十分复杂。他自己负责的第一部也是数日内东拼西凑而成。熊斌、白崇禧皆告诉徐永昌，第一部“人事问题颇杂”“人事不和”。更重要的是，大本营中的许多部门与行政院的职能部门功能重叠，难免引发延误和混乱。②

此外，大本营在实际运行中效率低下。何廉描述：“大本营里里外外还未正式组成，显得松散而杂乱，权力的来龙去脉不分明。委员长又忙于指挥作战，顾不上去考虑这个无所不包的机构的琐碎事务。”大本营各部门虽已次第办公，“但没有多少事好做”。在何廉看来，大本营“一直不曾巩固建成”。③ 陈布雷也坦陈自己在担任大本营副秘书长时“未尝有所建白”，因为他在侍从室的工作本就极其繁重，而大本营副秘书长的职责仅

---

① 何应钦：《对临时全国代表大会军事报告（自民国廿六年三月至民国廿七年三月）》，浙江省历史学会现代史资料组编《抗日战争军事报告集》（上），杭州出版社，1985，第68页；何应钦将军九五纪事长编编辑委员会编《何应钦将军九五纪事长编》上册，台北，黎明文化事业公司，1984，第587页。

② 刘馥（F. F. Liu）：《中国现代军事史》，梅寅生译，台北，东大图书公司，1986，第128—129页；何应钦：《对临时全国代表大会军事报告（自民国廿六年三月至民国廿七年三月）》，《抗日战争军事报告集》（上），第68页；黄绍竑：《五十回忆》下册，世界书局，1945，第334页；据徐永昌1937年10月15、16日的日记，《徐永昌日记》第4册，台北，中研院近代史研究所，1990，第148、149页。

③ 《何廉回忆录》，朱佑慈等译，中国文史出版社，1988，第129—133页。

仅是列席会议和代拟公文。[1] 因而军政合一之大本营数月之后即告流产，乃是合情合理。

第二节　军事委员会

1938 年初，军委会再度改组后，以四部（军令、军政、军训、政治）为中心，专司军事相关的一切事务。这次调整后，军委会的主体架构直至抗战胜利少有更动，其所有的变化，均在这个框架之下进行。

四部及其他部会由委员长及襄助委员长的参谋总长、副参谋总长指挥。其中的军令部，直接前身系参谋本部，因而其架构和职能也与参谋本部相似，设总务厅及第一、第二厅两厅，掌理“国防建设、地方绥靖及陆海空军之动员作战；后方勤务之筹划运用；情报及国际政情之搜集整理；参谋人员、陆军大学、测量总局及驻外武官之统辖与运用”。

军政部的架构和职能仍和战前相类，辖总务厅及军务、军需、兵工、军医四署，还直辖兵役、马政、交通、军法四司，掌管“陆海军之建设改进、人马之维持补充、交通通信之整备及全国总动员之筹划；陆海军军费、粮秣、被服、装具、营缮及其他军需品之筹划分配，场厂、仓库之建设管理及民间有关工业资源之利用；军械弹药之筹办分配、场厂仓库之建设管理及民间有关工业资源之利用；陆海军之卫生保健及卫生机关之筹划运用”。

军训部承继了训练总监部，辖总务处及两厅，掌管“陆海军之训练整理及陆海空军之校阅；军事学校之建设改进”。稍后军训部又恢复了步、骑、炮、工、辎、通信、机械兵监及军学编辑处等部门。

政治部是新成立的部门，除总务处、秘书处外，下设三厅及指导委员和设计、技术两个委员会，掌管“陆海空军之政治训练；国民军事训练；战地服务及民众之组织与宣传”。[2]

除四部外，军委会所属单位还有办公厅、侍从室、参事室、铨叙厅、航空委员会、军事参议院、军法执行总监部和后方勤务部。最后两个单位

---

① 《陈布雷回忆录》，第 116 页。

② 《修正军事委员会组织大纲》（1938 年 1 月 10 日），周美华编《国民政府军政组织史料第一册　军事委员会》（1），第 79—80 页。

是大本营时期新成立的重要部门。后方勤务部管理各战区兵站总监部和各集团军兵站分监部，辖参谋、秘书、副官、运输、汽车管理、经理、军械、卫生等处。[①] 军法执行总监部“掌理军队纪律之维持与军法之执行事务”，下辖总务、审判、督察三组。[②]

1938 年改组之后，军委会的组织不断有小调整，一则由于新改组的军委会仅建立起以四部为主体的架构，很多必需的分支部门未及设置；二则由于战局变化，需要增设一些部门。如点验委员会（1938 年 9 月成立）、战利品保管委员会（1939 年 3 月成立）、战时新闻检查局（1939 年 4 月成立）、校阅委员会（1940 年 4 月由军委会办公厅校阅组扩编而成）等。[③] 此外，军委会还增设了战地党政委员会、运输统制局和抚恤委员会、考核委员会。[④] 此次刷新后，军委会的组织得到了完善，然其架构也开始变得庞大。

战地党政委员会的设立，主要针对战时交战地域党政机关缺失，致使军事与政治配合不畅的问题。1939 年 1 月，国民政府决定：“此后对游击区，必须以军事为中心，设置统一管理与指挥之机构。”在军委会之下设立战地党政委员会，分管各地分会，“期以军事掩护政略之进攻，以政治助成军事之胜利”，掌理“战地党政工作之设计、指导、监督及考核”。[⑤]

运输统制局的设立，主要基于战争持久化后需要由军队统领全国交通的需要。1939 年 7 月，军委会为了统筹与促进战时交通，在军委会下设军事运输总监部，以筹划、监督、整饬各项军事交通运输，同时改原铁道运输总司令部为运输总司令部，以“统制管理后方军事运输”，负责具体的

---

① “国防部史政编译局”编印《国军后勤史》第 4 册（上），台北，1990，第 202—206 页。

② 《修正军事委员会组织大纲》（1938 年 1 月 10 日），周美华编《国民政府军政组织史料 第一册 军事委员会》（1），第 80 页；戚厚杰等编著《国民革命军沿革实录》，第 435 页。

③ 戚厚杰等编著《国民革命军沿革实录》，第 501—507 页；《战利品保管委员会组织大纲》（1939 年 3 月 31 日），战史编纂委员会档案，中国第二历史档案馆藏，787/53。

④ 《国防最高委员会函国民政府通过军事委员会组织修正案请函令饬遵》（1940 年 6 月 8 日）、《修正军事委员会组织大纲》（1940 年 5 月 29 日），周美华编《国民政府军政组织史料 第一册 军事委员会》（1）第 83、84—87 页。

⑤ 《军事委员会颁发战地党政委员会及分会组织纲要训令》（1939 年 1 月 18 日），《中华民国史档案资料汇编 第五辑第二编 军事》（1），第 159—160 页；《修正军事委员会组织大纲》（1940 年 5 月 29 日），周美华编《国民政府军政组织史料 第一册 军事委员会》（1），第 86 页。

运输工作。虽然此后军事运输体系基本建立，但单薄的军事运输力量影响了军品输送，民用交通检查制度弊病多，也有碍军事运输。1940 年将上述两机构合并，设运输统制局，以何应钦为主管，统一管理所有的运输机构。①

1940 年后，军委会的组织结构，整体变化相对较小，主要是充实和调整所属各个部门的内部结构。四大部及其之外的部会厅局，其结构日渐复杂起来。

军令部 1939 年改组时，就已经将办公厅改为第三厅，除原有职能外，重点掌管陆海空军参谋人事。此后第一、第二厅两厅变化甚多，业务有增加细化之倾向，处、组也有增加，至 1942 年初，原属军令部管辖的陆地测量总局正式改组为该部所属的第四厅。② 军令部四厅的架构保持到战争结束。

军政部的内部组织也在不断调整中。1940 年 1 月修正《军政部组织法》，确定由四署（兵役、军需、兵工、军医）、四厅（军务、马政、交通、军法）和总务厅构成。此前兵役司已经升级为署，辖役政、征补、国民兵三司。1941 年 11 月，为筹建机械化部队，又增设机械化司。1944 年底陈诚接任军政部部长后，对军政部进行了最后的改组，首先将兵役署升级为兵役部，直属于行政院，兼受军事委员会之指挥监督；其次，将军务司与交通司合并为最具实权的军务署。③

1939 年在颁定《军事委员会军训部组织法》时，除将总务处升格为厅外，废除了下属两厅的建制，而以部直属各兵监为基本架构。1940 年 4

① 龚学遂：《中国战时交通史》上篇，商务印书馆，1947，第 13—14 页；《军事委员会政治部奉发军事运输总监部组织条例训令》（1939 年 7 月 3 日），《中华民国史档案资料汇编　第五辑第二编　军事》（1），第 74 页。

② 《军事委员会军令部服务规程》（1939 年 11 月 29 日），周美华编《国民政府军政组织史料　第一册　军事委员会》（1），第 302 页；《军令部第三厅公函一、二厅》（1941 年 6 月 25 日）、《为陆地测量总局奉准改为本部第四厅令仰知照由》（1942 年 1 月 30 日），战史编纂委员会档案，中国第二历史档案馆藏，787/00056、787/00074。

③ 《军政部组织法》（1940 年 1 月 13 日）、《国民政府令行政院准军政部成立机械化司案备案》（1941 年 11 月 22 日），周美华编《国民政府军政组织史料　第三册　军政部》（1），第 185—201、265 页；《兵役部奉发本部组织法训令》（1945 年 4 月 26 日），《中华民国史档案资料汇编　第五辑第二编　军事》（1），第 151 页；《郭汝瑰回忆录》，四川人民出版社，1987，第 169—171 页。

月，军训部增设国民兵教育处，以配合后方的兵役工作，专职国民兵的教育、规划等工作。①

政治部在三个厅的基础上，增设了主管经理的第四厅。1944 年政治部的组织经过数次小的调整，到年底终于确定将总务厅缩编为处，保留前设的秘书处和人事处。②

四大部之外的铨叙厅、军法执行总监部、后方勤务部等部会厅局，其内部组织之变化，与上述四部相类。

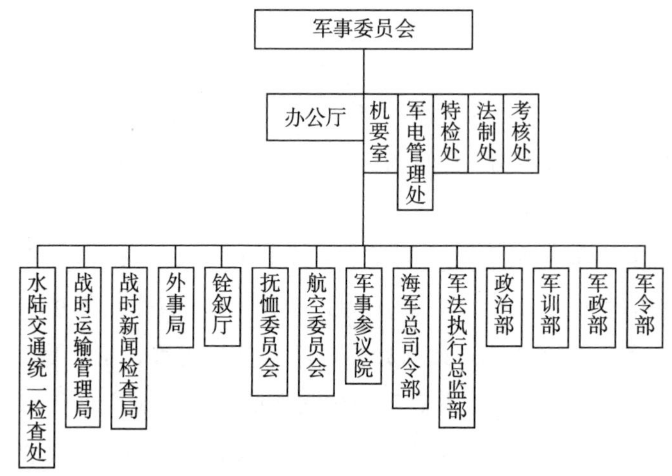

图 1－2 抗战将结束时军事委员会组织系统

资料来源：参见《军事委员会所属各机关组织法规表》（1945 年 2 月 16 日），周美华编《国民政府军政组织史料 第一册 军事委员会》（1），第 136—139 页。

军委会从战前发端，到战时得以扩充，并存续到战争结束的 1946 年。作为战时的军事统帅部，军委会在很多方面的职权其实已经超越了军事范畴。全国抗战八年间，国民党军在正面战场进行了 20 余次大型会战，苦撑待变直至最终胜利，军委会起到的重要作用实在不容抹杀。然而也必须看

① 《军事委员会军训部组织法》（1939 年 11 月）、《军事委员会函国民政府文官处修正军训部组织法请转陈备案》（1940 年 4 月 29 日），周美华编《国民政府军政组织史料 第一册 军事委员会》（1），第 353—357、371 页；《军事委员会修正军训部组织法》（1944 年 9 月 15 日），《中华民国史档案资料汇编 第五辑第二编 军事》（1），第 137—141 页。

② 《国民政府军事委员会政治部组织条例草案》（1941 年 3 月）、《国民政府军事委员会政治部组织条例》（1942 年 5 月），周美华编《国民政府军政组织史料 第一册 军事委员会》（1），第 390—393、395—397 页；《军事委员会颁布政治部组织条例》（1944 年 12 月 6 日），《中华民国史档案资料汇编 第五辑第二编 军事》（1），第 143—144 页。

到，军事委员会这一组织本身，存在诸多缺陷和不足。

采用军令、军政二元分立的体制，是军委会作为统帅部最大的先天缺陷。军委会架构之核心，是军令、军政两部分立。简而言之，即军事指挥和军事行政分属于不同的系统，并相互制衡。这样的架构，并非中国之独创，其源头可追溯至清季民初编练新军时所模仿的德意志第二帝国的军制和之后日本帝国之陆海军制度。参照此两国军制，军令、军政均分属于国家机器的不同部门。[①] 其如此设计军制，其实是掌握军令的国家元首与管理军队的政府之间相互博弈的结果。国民政府仍继续沿用这种二元配置，未必妥当。

军令、军政之分立，优点在于权力制衡，因机构职能单一，便于灵活使用，但弊端更为明显。军令、军政之间相互隔阂，责权不能统一；一旦开战，十分不利于统一指挥权力和业务分散的两大部门。针对此种状况，战前德国顾问和国民党军部分将领就多次提出过批评，希望建成高度统一的国防部组织。

1936 年夏，德国莱谢劳（Walter von Reichenau，今译赖歇瑙）将军访华，在和时任军政部军械司司长的徐培根讨论中国军制时，就指出此种二元制的弊病，并建议立即改革："中国目前军政隶属于行政院，而军令则于国民政府主席之下设置军事委员会。因之军令与军政分为两个范围，一切措施上颇有相互牵掣之不便，盖军政军令之须统一，欧战后概为全世界一致之倾向。最近委员长兼任行政院长，始渐趋统一之途。但军事委员会系一临时机关，名义上不能隶属行政院而为其一部，但军政为全国行政之重要部分，须有行政院内之各部协同一致工作，故不能离开行政院自行独立，因此对于中国未来之军事组织系统，拟建议采取德国制或意国制。"[②]

莱谢劳所说的德国制，指希特勒上台后建立的不同于第二帝国旧制的集军令、军政于一体的新军制，与墨索里尼所设的意大利之军制较为相似。他在拟定的方案中详细阐明了改制的理由："现代国家政治军事相辅为用，战略与政略互为一致，此为立国一定之原则，因此在理论上历史上，一国元首或总揽政权之行政院长，须兼握军事统帅实权。过去理论，

---

① 参见中央陆军军官学校编印《军制学教程》，1931，第 45—47 页。

② 《与莱谢劳将军研究最高军事领袖之职权与国防部》（1936 年 8 月 30 日），《蒋中正总统档案》，台北，"国史馆"藏，002/080102/00001/008。

虽有军令军政对立，或互为主从之说，但各国在竞争扩军之今日，万不容再行划分，互为牵掣。如最近之德俄日意诸列强，无论名义上或实际上，其军政军令之大权，无不操于一人之手，以期应付非常之事机。”然而，“查我国现在之军事各机关，或嫌过于庞大，或过于骈枝，组织既不健全，政令尤不统一，亟须将现有之军事各机关（军事委员会、参谋本部、军政部、海军部、航空委员会、训练总监部、军事参议院等），加以合并调整，迅速成立完善合理之国防部”。[①]

莱谢劳的方案十分简单，即成立一个专门负责国防的军务厅，统辖总务署、参谋署、军备署、军需署及陆海空军三个军令署。这个方案首先得到曾留学德国的徐培根之赞赏。徐氏据此方案提交了一个类似的国防军务厅方案，呈给蒋介石。[②] 时任侍从室第一处主任的钱大钧和参谋次长贺耀组，对于莱谢劳的意见也较为认可。钱大钧直言：“中央现有军事机关，确有重床叠屋组织庞大之弊，致工作效能缺乏，不合现代化。”不过设立军务厅的办法，似乎离中国实情有点远。钱大钧建议仍保留军委会的名义，但新的军委会所属组织和军务厅相似。贺耀组则建议在国民政府主席之下设立参谋和军政两部，分掌广义上的军令、军政。尽管形式有异，两人方案之内核和莱谢劳方案是一致的。[③] 可惜两人的方案均未被采纳。

大本营撤销后，军委会成立了四大部及其他部会厅局，表面上看似把军令、军政统辖于一个委员会之下。实际仍是分散配置，各自为政，甚至进一步强化了。军委会下属的单位不断增加，其功能随之健全，但因结构庞大，组织涣散、工作效率低下的问题也越发突出。据 1941 年《军事委员会所属各机关三十年度自行校阅成绩整改意见摘要报告表》，当时军委会下属各机关数量已达 20 余个，分布在重庆全城以及附近区县（如军训部在璧山，军事参议院在綦江）。[④] 各个机关分别履行自身的职责，基本满

① 《国防部组织草案》（未注明时间），《蒋中正总统档案》，台北，“国史馆”藏，002/080102/00001/005。

② 《国民政府国防部组织要领》（1936 年 8 月 30 日），《蒋中正总统档案》，台北，“国史馆”藏，002/080102/00001/008。

③ 《钱大钧、贺贵严之军事首脑部改革方案》（未注明时间），《蒋中正总统档案》，台北，“国史馆”藏，002/080102/00001/008。

④ 《军事委员会所属各机关三十年度自行校阅成绩整改意见摘要报告表》（1941 年），中国第二历史档案馆藏，787/02557。

足了运转战争机器的需要，但实际工作中出现了许多弊病。在部门数量增多的同时，部门之间的职能难免交叉重叠，业务开展之程序复杂，效率低下。譬如，和平时期部队的粮饷弹药之配发并无障碍，全由军政部直接发给，然而战争爆发后部队远在前线，上述物资之补给亟待一部门专门负责，后方勤务部由此而生。后勤部的设置本是基于客观需要，但其业务与军令部特别是军政部多有交集，因野战部队的补给设计系参谋部门的重要业务，而物资的获取又必须经过军政部。所以在实际运行中，后勤部须往来于两部之间，既要去军令部那里协商后勤方案，又要从军政部那里取得补给物品，实在是一个烦琐的过程。①

军法执行总监部成立后，军政部的军法司仍然保留，专司军法官的人事、军法行政以及军人监狱等业务，本应属于军法执行总监部职能范围的军事审判和军法法规仍在其掌理范围之内。② 有论者认为，军法执行总监部与军政部军法司之间职权“颇难厘清”，虽然战时军法审判案件最后都移送至总监部，“但是在实际运作的过程中，难免会与既有的体制发生龃龉，甚或执法时遇有窒碍”。③

1932 年“一·二八”事变之后，在参谋本部之下成立城塞组，以修建全国要塞。要塞修建属于军事上的筑城范畴，由军令部门掌理此业务实属应当。但全国抗战爆发后，军政部军务司也组建了要塞科，也参与到要塞的修建之中，造成部门之间业务重复。1938 年原属参谋本部的城塞组划编至军政部下，升等为城塞局。④ 军政部固然在调动人力、物资上相对方便，但是要塞毕竟和营房、仓库不同，它将直接面对敌人的进攻，与作战关系匪浅，由设计防御方案的军令部门掌控更为妥当。这样的情况并非只在城塞局的归属问题上出现，在特种兵科如炮兵、工兵的管理机构，在国民兵

---

① 参见《后方勤务部奉发军事委员会核定该部与军令军政两部业务联系办法及职权划分之训令》（1942 年 12 月），《中华民国史档案资料汇编 第五辑第二编 军事》（1），第 124—125 页。

② 参见《军政部组织法》（1940 年 1 月 13 日），周美华编《国民政府军政组织史料 第三册 军政部》（1），第 190 页；《军法执行总监部业务说明》，战史编纂委员会档案，中国第二历史档案馆藏，787/02486。

③ 叶高树：《抗战时期军法执行总监部的设置及其运作》，《中华军史学会会刊》第 3 期（上），1997，第 456 页。

④ 戚厚杰等编著《国民革命军沿革实录》，第 243—244、430 页；“国防部史政编译局”编印《国军工兵发展史略》，台北，2000，第 45 页。

役的办理机构设置上，均有体现。

战前军令、军政二元化所导致的“分”“散”问题在战时的统帅部——军委会及所属机构中越发凸显，抗战期间仍有将领建议另起炉灶，建立高度整合的统帅部，以解决军委会结构庞大、组织涣散、工作效率低下的种种弊病。1940 年军委会办公厅主任商震就呈给蒋介石一份《中央军事机构调整意见》，强调“权责贵专一分明，注重分工合作；组织宜简单勿过复杂庞大，具备独立性质之机关，应予以独立；办事力求敏捷，减少组织单位内不必要之阶层”，建议按照德国的体制建立一个国防委员会，其方案和战前莱谢劳将军的方案颇为相似。① 但商震的意见未被采纳。同年底，侍从室第二组组长于达在制定《国军整理计划纲要》时，虽未明言要重组军委会，但明确指出了目前军委会“业务分散，权责不专，应将同一业务，由一机构办理，撤并重叠骈枝机关，并依国防建军之必要，重新厘定分配职掌及纵横权责系统，务以机关单位任务明确、组织简单有力为原则”。②

类似上述重整统帅部的意见还有不少，但都未被采纳。军委会仅在 1944 和 1945 年之交进行了小幅度的整合和压缩。直到 1946 年夏按照美国模式组建国防部，这些问题才得以根本解决。

总的来看，战时的军事委员会作为最高军事统帅部，其自身带有十分明显的战前烙印：军委会自身和所属的主要部门，均滥觞于战前的相关机构，而战前统帅部存在的种种不完善之处和体制问题，也相当多地继续体现在战时的军委会中。抗战初期组建大本营的尝试，应该说是一个创举，若能合理设计，或许能够给战时的军事统帅部带来大的变化，然因组建仓促，运转不灵，不到半年即告夭折。此后新改组的军委会实际在很大程度上恢复了战前的体制，尽管四大部的架构与战前的统帅部存在区别，之后增设的各种单位也使得军委会在功能上更加完备，满足了战时的基本需要，但是，军令、军政的二元配置所导致的“分”“散”缺陷，对军委会的实际运作产生了诸多不利的影响。

---

① 《中央军事机构调整意见》（1940 年），《蒋中正总统档案》，台北，“国史馆”藏，002/080102/00001/010。

② 《国军整理计划纲要》（1940 年 12 月 30 日），《蒋中正总统档案》，台北，“国史馆”藏，002/080102/00069/006。

第三节　全国抗战初期的军队系统

抗战时期，国民党军的军队系统是战区—集团军体系。此两级架构虽形成于全国抗战时期的头两年，但其渊源须追溯到战前的绥署（“剿总”）—路（军）二级建制。国民政府仓促转入战时体制后，战区之设置和集团军之组建均在探索之中，同时兵团、军团两级单位也得以临时组建。战区、兵团、集团军、军团四级组织构成了全国抗战初期的军队系统。

进入战略相持阶段后，随着战线的稳定，各个战区的位置逐渐固定，而战区之下的其他层级取消后，集团军成为其唯一的次级组织。“战区—集团军”体系正式形成。该体系部分适应了对日作战的需要，但其架构日益出现种种弊病。因而在抗战的最后阶段，国民党军新建了“陆军总司令部—方面军”体系，两套体系双轨并行直至战终。

从 1928 年到 1937 年，国民党军从北伐时期由四大集团军组成的庞大而松散的军队同盟，向着以师为战略单位的统一的国家军队转型。[①] 但是这一转型的过程并不顺利，其结果也与最初的计划相距甚远。

北伐后的编遣会议曾经按照平时编制的原则，确定师作为国民政府直属的最高军队单位。然而随着派系内战之再起，此一原则未被落实。内战中，“路”和军这两个战时建制重新恢复，并逐渐固化为军队体系中师以上的一个实际层级。之后数年间，军、师的整理进展缓慢，而为了与红军作战，路、军之上又出现了绥靖督办（或主任）公署（即绥署）与“剿匪总部”（即“剿总”）一级的高级指挥单位。至全国抗战爆发前夕，理论上处于“和平”状态下的国民党军，在国民政府军委会和战略单位师之间，事实存在绥署（“剿总”）—路（军）之架构。

1928 年 6 月第二次北伐成功，除东北外国民政府实现了全国形式上的统一。在两年的战争中，国民革命军从北伐之初的一个数万人的队伍，扩充成为由四个集团军及其他接受国民党军番号的小部队所组成的庞大而松散的军队联盟。该联盟从军事学上来讲属于战时编制，其自身组织形态上

---

① 此一转型即何应钦等人所说的“国军化”，参见何应钦《统一与救国》（1937 年 1 月）、《从日本的废藩说到我国的整军》（1937 年 6 月 21 日），何应钦上将九五寿诞丛书编委会编印《何应钦将军讲词选辑》，1984，第 38—52 页。

的缺陷使其不适合于未来的和平环境。

单就当时的军队系统而言，其混乱情况也十分严重。参加北伐各部队本来渊源不同，内部组织各异，北伐时“各种部队次第扩充，除各总指挥、各军、各独立师外，又有各集团军之组织”。[①] 各集团军内部构成并不一致。蒋介石的第一集团军先后采用了纵队和军团的建制，共编有 6 个军团；冯玉祥的第二集团军采用的是方面军制，共编有 9 个方面军，军团和方面军以下编有数量不等的军、师。而阎锡山的第三集团军、桂系的第四集团军下无次级组织，各直辖所属的十余个军、师。[②]

1928 年 6 月至 1929 年初，各巨头确定了军队编遣的原则，其设想是编遣完毕之后规模较小的国民党军，将统一以师为战略单位，各师由国民政府直辖，北伐时期的 4 个集团军及其下互不统一的各种次级组织（纵队、军团、方面军等）一律予以裁撤。此种架构从理论上来讲，是和平时期常见的国家常备军组织形式。[③] 1929 年最初的几个月，全国各军队按照编遣会议的规定，裁撤了各集团军之下、师以上的各级单位，将北伐时的军改为师，以师取代军作为战略单位。[④] 此刻全国的军队系统仅含集团军及第八路军（李济深部）一个层级，上承国民政府，下接各师，俨然有理想中和平时期国家军队之气象。

可惜军队编遣由于各地方实力派内部矛盾引发的新一轮内战而被打断。编遣计划中军队系统之架构自然不复存在。中原大战之后，以蒋介石为代表的中央势力取得了暂时的胜利，然而军队系统也因为战争再度回到了战时状态，与原先设想的平时状态有较大出入。师在法理上虽仍作为战

---

① 《陆军沿革史草案》（1939 年），战史编纂委员会档案，中国第二历史档案馆藏，787/00575。

② 参见文公直《最近三十年中国军事史》，台北，文海出版社，1976，第 455—470 页；戚厚杰等编著《国民革命军沿革实录》，第 91—114 页。

③ 譬如直至 1937 年全国抗战爆发前夕，日本陆军除驻外的关东军、中国驻屯军、朝鲜军、台湾军外，其本土驻军的架构，仍是由陆军省和陆军军令部直接指挥 11 个战略单位（师团）。参见耿成宽、韦显文《抗日战争时期的侵华日军》，春秋出版社，1987，第 2—4 页。

④ 《蒋介石关于全国各军缩编为师并组织整理委员会分期进行的报告》（1929 年 3 月 15 日），《中华民国史档案资料汇编　第五辑第一编　军事》（1），第 640—650 页；何应钦：《全国军缩经过》（1930 年），秦孝仪主编《中华民国重要史料初编——对日抗战时期绪编》（3），第 185—192 页。

略单位，但其上的战时层级——“路”和“军”在重新恢复之后被长期保留了下来。

“路”本是战争中临时编组的，循理战后即应撤销。然而，蒋介石在1929年4月对桂系开战之际，将所属各师编成数路，以利作战，之后战事不停，各路军逐渐固化成一脉，路遂成为常设建制保留了下来。尽管如此，现实中各路下属的部队十分复杂，大的路下辖数个师，之外还编有数旅，其实力大于一个军；而小的路只辖一师数旅，还不如一个军。[①] 在1930年5月中原大战前，蒋介石自己控制的嫡系、杂牌部队已达19个路，后来收编冯系西北军又编成数路。这些路虽有变化，但其作为一级组织，直至1938年才被正式撤销。[②]

军在编遣会议中也属于被裁撤的建制，但随着战事一起，军又重新恢复了。刘峙、顾祝同、蒋鼎文等原先由军长改任师长的将领，又重新获得军长头衔。军的建制极其不规整，有的军为两师编成，有的军仅辖一师，而有的军下属数师。

有论者认为，路和军的同时并存，使本来就很杂乱的国民党军队建制更加复杂和混乱。[③] 足见编遣失败之后，尽管蒋介石控制下的中央政府通过战争赢得了军事上的优势，但军队系统的架构，相对于理想中的平时状态已经出现了偏离，而这种偏离之后会变得更大。

中原大战后的数年中，中央政府虽不断尝试对国民党军队整个系统进行整理，但多因各类战事的妨碍，整军的实际效果并不理想；更因“剿共”战事，国民党军的军队架构较之过去更接近战时状态。在对中央苏区的“五次围剿”以及对其他中共所控制地区的战争中，国民党军队系统逐渐形成了以路为基础的二级体制。虽然其间数次整军均明文规定以师为战略单位，但之后又把军确立为实级单位，而既存的路的组织仍未被取消，路、军、师之间的关系依然混乱。在“路”这一级之上，“绥署”与“剿总”一类高级指挥单位也因“剿共”战争而出现。

需要指出的是，在战前国民党军队体系中，“绥署”“剿总”之上，还有统帅部派出机构——北平军分会和军委会委员长南昌行营。前者由张学

---

① 曹剑浪：《国民党军简史》上册，解放军出版社，2004，第99页。

② 姜克夫：《民国军事史略稿》第2卷，中华书局，1987，第66页。

③ 曹剑浪：《国民党军简史》上册，第100页。

良在北平的陆海空军副总司令部改组而成，“统辖所管区域内之各省军政、军令、国防、绥靖等事宜”,[①] 名义上统辖华北各军。后者系由陆海空军总司令部南昌行营发展而来，以“处理赣、粤、闽、湘、鄂五省剿匪军事及监督指挥剿匪区内各省党政事务”,[②] 蒋介石亲任委员长，指挥南路、西路、北路、东路、预备五路“剿匪军”。[③] 上述两个机构都由军委会临时派出，类似于抗战中的天水、桂林行营，而非建制上的常设高级指挥单位。

早在1930年12月，豫鄂皖、豫陕晋、江苏三个“绥署”即已成立，指挥驻在该区的国民党军队承担“绥靖”任务。[④] 之后国民政府陆海空军总司令部陆续在河南、湖北、陕西、江西设立“绥署”；总司令部撤销之后，军委会又在山西、福建、广西、广东、甘肃等省设立“绥署”。“绥署”理论上是为了便于将领统率该地军队绥靖地方而设，但在实际操作中出于政治的考量，一部分“绥署”委任当地实际领袖担任主任，统率各自的军队，如驻陕“绥署”主任杨虎城统率陕军；太原“绥署”主任阎锡山统率晋军。[⑤]

在“绥署”之外，出于“剿匪”的需要，军委会又临时设置一些与“绥署”大致同级的“剿匪总部”。1932年4—5月，军委会设立“赣粤闽边区剿匪总司令部”和“鄂豫皖三省剿匪总司令部”。这是最早的两个“剿总”。在南昌行营时期，除行营直接指挥的五路“剿总”外，同一时期还设有四川“剿匪军”总部（刘湘）和鄂湘边区“剿匪军”总部（徐源泉）。[⑥] 后两个“剿总”既出自对抗红军的考虑，也有一定的政治目的。

这一阶段中，路的建制开始慢慢被军的单位代替，至1934年，路已经由十数个减为不到十个。其中有小部分因为内战而被消灭（如石友三第十

---

① 《国民政府军事委员会北平分会组织条例》（1932年7月16日），《中华民国史档案资料汇编 第五辑第一编 军事》（1），第10页。

② 《军事委员会委员长南昌行营组织大纲及系统表》（1933年6月24日），周美华编《国民政府军政组织史料 第一册 军事委员会》（1），第163页。

③ 晏道刚：《蒋介石追堵长征红军的部署及其失败》，全国政协文史资料委员会编印《文史资料选辑》第62辑，1979，第4—5页。

④ 《绥靖督办公署暂行组织条例》（1930年12月11日），《中华民国史档案资料汇编 第五辑第一编 军事》（1），第19—22页。

⑤ 戚厚杰等编著《国民革命军沿革实录》，第255—258页；刘凤翰：《战前的陆军整编——附九一八事变前后的东北军》，台北，“国防部史政编译室”，2002，第165页。

⑥ 刘凤翰：《整编陆军抗日御侮》，《抗日战史论集——纪念抗战五十周年》，台北，东大图书公司，1987，第9页。

三路军、蒋光鼐第十九路军），而大部分改编为军，如吉鸿昌的第二十二路军改编为第三十军，梁冠英的第二十五路军改编为第三十一军等。[①] 然而，各军的发展情况也千差万别，中央所属的十数个军，编制较为整齐，大多辖两个师。但四川各军，大者辖数师另编有十数个旅、团级单位，兵力达 10 万人之巨。[②]

多数情况下，国民党军的军队系统保持着“绥署”（“剿总”）—路（军）的二级建制。但在作战中又有临时的变化。譬如第五次“围剿”中，各军暂时改称纵队，辖于临时编成的各路军之下，而在路军之上又有“剿匪总部”的设置，“围剿”军的指挥层级为：“剿匪总部”（东、南、西、北、预备五路军）—路军（第一至第七路）—纵队（军），共三级建制。[③] 而在四川“剿匪军”的建制里，路军和军重合，如第一路邓锡侯部就是其统率的第二十八军，第二路田颂尧部是其担任军长的第二十九军，指挥层级为“剿匪总部”—各路（军）二级。[④]

1930—1934 年，国民党军队系统中“绥署”和“剿总”出现后，其二级架构渐渐成型。作为临时建制的路开始被相对正规的军代替，但路、军并存的情况仍旧存在。当时官方界定军队系统处于平时状态，师作为战略单位仍是军队的最高层级，直隶于国民政府，师长“为军队之最高指挥官”，[⑤] 但在现实中，属于战时架构的“绥署”（“剿总”）、路（军）两个层级已经固定并成为常设组织。此二级建制成为军队系统事实上的主体。

1934 年 10 月，国民党军对中央苏区的第五次“围剿”结束，“剿共”任务已不复成为军队整理的阻碍。然而在此后两年的整军中，军队系统的架构本身并未因之发生变化，仍然保持了之前形成的属于战时建制的二级架构。

“绥署”（“剿总”）—路（军）二级军队系统得以延续，一定程度上

---

① 曹剑浪：《国民党军简史》上册，第 149—159 页；彭国桢、张润三：《吉鸿昌与二十二路军》，梁冠英：《二十五路军受蒋介石收编和被消灭的经过》，全国政协文史资料委员会编《文史资料选辑》第 52 辑，文史资料出版社，1964，第 151—179 页。

② 李白虹：《二十年来之川阀战争》，废止内战大同盟会编《四川内战详记》，中华书局，2007，第 262—265 页。

③ 刘凤翰：《战前的陆军整编——附九一八事变前后的东北军》，第 164—167 页。

④ 严翊：《记田颂尧第二十九军堵击红四方面军的情况》，全国政协文史资料委员会编《文史资料存稿选编·十年内战》，中国文史出版社，2002，第 518 页。

⑤ 《陆军步兵师司令部组织条例》（1933 年 3 月 27 日），战史编纂委员会档案，中国第二历史档案馆藏，787/69；《军制学教程》，第 33 页。

是缘于“剿共”作战并未彻底终结。在军委会派出机构——行营这一层级上，为配合蒋介石“追剿”红军的步伐，行营从南昌搬到了武昌。1935 年 3 月 6 日武昌行营成立，以掌理军事为主，兼顾善后的党务、财政、建设等事务，负责陆军整理的陆军整理处亦设在此行营下。① 行营的主任先后由张学良、何成濬担任。10 月，在宜昌还专门为蒋介石个人设置了行辕，由陈诚任参谋长，统辖湘鄂边区的“追剿”大军。1936 年 2 月，行辕与陆军整理处合并为委员长行辕，亦驻在武昌。② 为了解决川、粤、陕的军事善后问题，四川、广州、西安行营也相继成立。③

各“绥署”的情况没有发生根本改变，仅仅是数量上有所增加。湖南、贵州、滇黔、川康、冀察、江苏等地区“绥靖公署”次第建立；④ 而“剿匪总部”也随着红军长征的推进，先后于 1935 年 6 月和 10 月组建了鄂湘川边区和西北两个“剿总”，专意对付红军。⑤ 和前一时段相似，路的建制继续被军取代，但两种编制仍然并存。至全国抗战前夕，保有路军番号的尚有第三（韩复榘）、三（何键—刘建绪）、七（刘湘）等数路军，而其他部队多已改路为军。需要注意的是，此时的各个军，所辖部队仍不统一，多数军以辖两师为准，但仍有辖 4 师以上者（宋哲元第二十九军），也有仅辖 1 师者（孙连仲第三十军）。⑥

---

① 《国民政府军事委员会公布武昌行营组织大纲令》（1935 年 3 月 6 日），《中华民国史档案资料汇编 第五辑第一编 军事》（1），第 33—34 页。

② 《军事委员会检发委员长新行辕组织大纲给参谋总长密令》（1936 年 4 月 22 日），《中华民国史档案资料汇编 第五辑第一编 军事》（1），第 40 页。

③ 戚厚杰等编著《国民革命军沿革实录》，第 254、333 页；邓汉祥：《四川省政府及重庆行营成立的经过》，全国政协文史资料委员会编《文史资料选辑》第 33 辑，中华书局，1963，第 117—128 页；《军事委员会呈请国民政府设立广州行营并将特派何应钦为主任由》（1936 年 9 月 26 日），周美华编《国民政府军政组织史料 第二册 军事委员会》（2），台北，“国史馆”，1996，第 136 页；顾祝同：《墨三九十自述》，台北，“国防部史政编译局”，1981，第 159—160 页。

④ 戚厚杰等编著《国民革命军沿革实录》，第 333—334 页。

⑤ 《国民政府公布鄂湘川边区剿匪总司令部组织条例等指令》（1935 年 6 月 27 日），《中华民国史档案资料汇编 第五辑第一编 军事》（1），第 35 页；周开庆编《民国朱上将绍良年谱》，台北，台湾商务印书馆，1981，第 20 页。

⑥ 刘凤翰：《战前的陆军整编——附九一八事变前后的东北军》，第 225—235 页；戚厚杰等编著《国民革命军沿革实录》，第 335—348 页；《第二十九军编制表》（1937 年），《蒋中正总统档案》，台北，“国史馆”藏，001/070001/007。按，宋哲元的第二十九军共计编有 4 个步兵师、1 个骑兵师、2 个独立旅、1 个骑兵旅、1 个特务旅。

这一时段，“绥署”“剿总”和路等战时建制的继续存在，更多的不是缘于军事上的需要，而是受到当时政治因素的影响。各个“绥靖公署”，多数由地方军政强人把持。[①]“绥署”名义一旦授予这些军政强人，他们遂顺势利用中央权威节制自己的军队，并将其牢牢抓住不肯松手，因而即便是当地战事结束，中央也无力撤销该“绥署”组织。路的情况与之类似，不难发现，保持路的建制的都是独立性较强的地方部队，这些部队均倾向于保持既存的建制，不愿改编为统一序列下的各军，更不可能被整编成平时状态下直属国民政府的各师。

在全国抗战爆发之前，军队系统在延续之前建制的基础上，尝试着统一化和正规化的努力，但其架构距离平时状态下的国防军还存在较大差距。总体来看，北伐至抗战期间中国军队系统的嬗递情况大致如下：最初设计的平时架构，类似于德国国防军——不设中间机构而由中央直辖各师的架构，但由于军队编遣的中断而早早流产；应付内战和“剿共”的各类战时层级——“绥署”“剿总”和路甚至包括军，却因缘际会地得以增设或保留，实际上成为全国抗战前国民党军队系统的主体。

全国抗战前国民党军集中整理之重心集中在战略单位——师的编成上，对于既不合于和平时期又不适于对外作战的“绥署”（“剿总”）——路（军）的二级建制，并未进行兴革。军队系统此种因内战和“剿共”而生，并受到政治因素影响的战时架构，对于即将到来的御外战争，自是有弊无利的。

从七七事变到1938年底武汉会战结束、国民党军在南岳召开军事会议的一年多时间里，国民党军队系统由因内战而生的“绥署”（“剿总”）—路（军）的二级架构，向着适应对日作战的全新架构缓慢转型。

七七事变一个月后，国民政府发表《自卫抗战声明书》，宣布进入战时体制。在战时体制下，新的军队系统开始建立：交战区域被划分为五个战区，并设立预备军。战区之下陆续设置了兵团、集团军、军团等战时单位。

一般而言，战争爆发后一个国家的军队系统将由平时状态转入战时状

① 如长沙“绥署”的何键、广州“绥署”的陈济棠（后余汉谋）、南宁“绥署”的李宗仁、滇黔“绥署”的龙云、川康“绥署”的刘湘等等。

态，但就国民党军而言，其军队系统实由一种战时状态（内战）转入另一种战时状态（外战）。而在这个转型过程中，新的军队系统在架构上出于多方考虑，同时受各种因素的制约，各个层级的设置呈现出自己的特色。这样的设置客观上适应了战局的发展需要，但也明显存在组织庞杂、层级过多的弊病。

全国抗战爆发后，日军陆续在华北、华东分别组建方面军，各负责一个方向的攻势。方面军之下，辖 2 个军级单位及直属部队；军级之下，辖 3 个以上的师团及直属部队。[①] 此种“方面军—军—师团”的架构，较符合军事学上战时建制之规范，但偏重于攻势作战，对处于守势的国民党军来说未必适合。战前国民党军队统帅部在对未来的对日作战进行谋划时，从实际出发规划了用于国土防卫的战区，以战区作为战时军队系统的主体框架。

全国抗战爆发前国民党军历次的《国防作战计划》，均对可能的战区进行了规划。1933 年的国防计划将全国分为交战、绥靖、预备三类区域，而交战区域划分为冀察、晋绥、山东、河南、江浙、福建 6 个防区。这是确定以日本为敌之最初的战区设计。1936 年底，参谋本部制订了 1937 年的作战计划，分甲、乙两案，其敌情判断虽不同，但战区的划分大致相同，分为 4 个方面：津浦及陇海线东段、平汉及陇海线西段、晋绥、江浙，并计划组建 3 个预备军。国民党五届三中全会中，军政部的报告略有区别，交战的区域划为北正面、晋绥侧面阵地、东正面、南海岸 4 块。[②]

战区这一概念，最先由 19 世纪初的法国军事家若米尼（Antoine - Henri Jomini）提出。克劳塞维茨（Carl von Clausewitz）对其也有论述。进入 20 世纪后战区在军事学上逐渐被定义为相对独立的、容纳战略单位活动的区域性作战实体，也是介于统帅部和战略单位之间的指挥机构。[③] 与方面军不同的是，战区侧重于一个战略区的作战，而不是传统意义的某个战略方向的作战。对于守势作战的中国军队来说，以战区而非其他形式编组部队，当更为适合。

---

① 参见耿成宽、韦显文《抗日战争时期的侵华日军》，第 7—25 页。

② 中国第二历史档案馆：《1933 年国防作战计划》，《民国档案》2006 年第 4 期；中国第二历史档案馆：《国民党政府 1937 年度国防作战计划（甲案）》，《民国档案》1987 年第 4 期；何应钦：《对五届三中全会军事报告（自民国廿五年七月至民国廿六年二月）》，《抗日战争军事报告集》（上），第 2—4 页。

③ 军事科学院编《中国军事百科全书·军制》，军事科学出版社，1995，第 120 页。

1937年7月25日，军政部最初的战区设置和部队配备，大致和五届三中全会的报告相同，战区划为4个，并组建5个预备军。8月1日的国防联席会议上，刘光报告4个战区兵力配置分别为：60个师、15—20个师、10个师、15个师，而预备军改为4个。[①] 经过十数天的权衡，8月20日军委会正式发布作战序列，战区由4个增加为5个，即将冀鲁作战区域分开划为第一、第五战区，战区司令长官均由蒋介石自兼。其余三个战区依原计划而设，战区司令长官分别为阎锡山、冯玉祥、何应钦。四个预备军也有变化，司令长官分别为李宗仁、刘湘、龙云、何成濬。当时各战区任务，第一战区是纵深配备，进行防御；第二战区凭险力保山西；第三战区为进攻上海；第四、第五战区则为防卫海岸。[②]

1937年最后4个月的战局变化剧烈，因而此一时段中战区的调整亦较频繁。津浦路北段一度设立第六战区，但因战地沦陷并入第一战区。[③] 10月，第五战区之任务改为防守津浦路南段，新任司令长官李宗仁在徐州组建战区司令部，战区方始成形。[④] 刘湘计划自领12个师参战，经蒋介石同意，预备在河南成立第七战区，刘氏踌躇满志地调动部队出川并积极组建司令长官部，但其于翌年初病逝于汉口，第七战区遂告停止。[⑤] 太原失陷后，为防日军威胁西北，军委会复设立第八战区，蒋介石自兼战区司令长官，调朱绍良任副手摄行其职。[⑥]

战区之增设和调整，自然出于作战上的需要，然而其间国民党军队各个战区的设置，也有政治上的考量。譬如将冀、鲁分为第一、第五战区，

---

① 中国第二历史档案馆：《卢沟桥事变后国民党军政机关长官谈话会记录》，《民国档案》1995年第2期；中国第二历史档案馆：《抗战爆发后南京国民政府国防联席会议记录》，《民国档案》1996年第1期。

② 《国民革命建军史 第三部 八年抗战与戡乱》(1)，第144页；《何应钦将军九五纪事长编》上册，第572—573页。

③ 冯玉祥：《我的抗日生活》，世界知识出版社，2006，第16、21页；据徐永昌1937年10月19日的日记，《徐永昌日记》第4册，1990，第150页。按，冯北上任第六战区司令长官，其原职由蒋介石代理，而实际由副司令长官顾祝同负责。

④ 李宗仁口述，唐德刚记录《李宗仁回忆录》，华东师范大学出版社，1995，第514—516页。

⑤ 周开庆：《民国刘甫澄先生湘年谱》，台北，台湾商务印书馆，1981，第164—168页；刘航琛口述，张朋园等纪录《刘航琛先生访问纪录》，台北，中研院近代史研究所，1990，第73—82页。

⑥ 周开庆编《民国朱上将绍良年谱》，第23页。

并以韩复榘为第五战区之副司令长官，多有提升韩氏地位促其抗战之动机；又如组建第六战区负责津浦线北段，并以冯玉祥为战区司令长官，是希望利用冯氏威望统领其旧部。第二战区在军事上有其设置的必要，但也明显带有安抚晋系的意味。至于组建第七战区，当时在军事上并非必需，中央如此安排，其实是应刘湘统一节制川军的要求而设。

在战区设置的同时，最初的十数个集团军也组建起来。从军事学来讲，在战区之下设置集团军有其必要。在指挥方面，战争规模扩大之后，战区下属各单位数量日益增多，必须另设次一级单位以为节制，这与日军在方面军下组建军级单位同理。在作战中，同一个作战方向上存在若干个正面，随着战争强度的增加，每个正面上一个师乃至于一个军已不敷使用，需要更大一级的单位统率数个军、师作战，并使用统帅部配给的支援火力。1936 年制订的“作战方案”中，每个战区就已经计划临时组建 3 个集团军，各负责一个作战正面，和北伐之后国民革命军的 4 大集团军相比，此时的集团军规模已然小了很多。[①] 1937 年 7 月 25 日军政部的会议上，第一战区部队暂分为三个集团军，分别交由韩复榘、宋哲元等临时指挥；第三战区分为第六、七、八集团军，分别由张发奎、张治中和刘建绪指挥；第四战区组建了两个集团军——蒋鼎文的第四集团军和余汉谋的第十集团军。[②] 这批最初的集团军，多属于临时编组。

8 月 20 日公布的集团军序列番号，与上述编组虽未能一一对应，但其编组原则却基本符合临时编组的性质——各集团军的编成存在一定的随意性，多是以驻地临近的军、师临时组合。就集团军所属部队而言，最多的辖有 5 个军之多（宋哲元第一集团军），最少的仅辖 1 个军（卫立煌第十四集团军），其实力并不平均。[③] 每个集团军所属军、师渊源多不相同，且变动频繁。以第三战区张治中的第九集团军为例，其前身为秘密成立的京沪警备司令部，仅辖有以第三十六、八十七、八十八三个师为主的部队；后随着部队的增加，陈诚嫡系第十八军之第十一、九十八师也划归张治中

① 中国第二历史档案馆：《国民党政府 1937 年度国防作战计划（甲案）》，《民国档案》1987 年第 4 期。

② 中国第二历史档案馆：《卢沟桥事变后国民党军政机关长官谈话会记录》，《民国档案》1995 年第 2 期。

③ 《国民革命建军史 第三部 八年抗战与戡乱》(1)，第 144 页插页。

直接指挥；随着陈诚第十五集团军的组建，第十八军复归陈诚指挥，第九集团军下属军、师数量又随即锐减。① 第一批集团军编组的酝酿和实际的编成均表明，国民党军上层还未将集团军定位为常设单位，集团军的组建由临时作战之需要而起，其构成也多随战事变化而不断调整。

8 月 20 日军委会公布作战序列时，共计有 15 个集团军。② 之后广西、四川各成立两个，薛岳新组建一个，商震、万福麟军合编为一个集团军。③ 至 1937 年底，国民党军共计编成 21 个集团军。

在战区、集团军陆续组建的同时，兵团、军团两个层级也得以设立，以满足战争中临时的、不同的需要。在一些会战中，部分战区在集团军之上编组了兵团一级单位，临时指挥各师、军，乃至于集团军。一般来讲，集团军的规模已经足够满足会战中一个正面作战的需要，但各个战地的实际情况与理论上的估算常常有偏差，某些时候一个正面上集结了一个集团军以上的部队时，就需要设置更高一级单位进行协调指挥。

1937 年 9 月之后，淞沪会战进入白热化，日军逐渐由过去的上海派遣军（军级单位）扩大至华中方面军（方面军级）。④ 在国民党军方面，战前所预设两个集团军的建制也不敷指挥数十个师的参战部队，军委会将战区分为左翼、中央、右翼 3 个兵团，分别由陈诚、朱绍良（顶替张治中执掌第九集团军）、张发奎担任指挥，令其在带领各自集团军的同时，一并指挥新编入其兵团的一个集团军。⑤ 此时每个兵团所属部队在两个集团军

---

① 《张治中回忆录》上册，文史资料出版社，1987，第 121—132 页；张文心：《我在张治中将军身边》，全国政协文史资料研究委员会编《原国民党将领抗日战争亲历记・八一三淞沪抗战》，中国文史出版社，1987，第 105—109 页。

② 《国民革命建军史　第三部　八年抗战与戡乱》(1)，第 144 页插页。

③ 《李品仙回忆录》，中外图书出版社，1975，第 131—135 页；广东省乐昌市政协文史资料研究委员会编《抗日战争中的薛岳》，出版地不详，1995，第 23 页；唐永良：《商震历史概述》，全国政协文史资料委员会编印《文史资料选辑》第 8 辑，中华书局，1960，第 115 页；乔诚：《刘湘出川抗战前后》，四川省政协文史资料研究委员会编《川军抗战亲历记》，四川人民出版社，1985，第 6 页。

④ 会战之初，日军仅有一个军级单位——上海派遣军，随着部队日益庞大，最多时已辖多达 5 个师团以上部队；10 月之后日军组建了第十军，登陆杭州湾后，两军统一归松井石根的华中方面军节制。参见〔日〕日本防卫厅防卫研究所战史室编《中国事变陆军作战史》第 1 卷第 2 分册，齐福霖译，中华书局，1981，第 94 页。

⑤ 史说：《八一三淞沪抗战记略》，《原国民党将领抗日战争亲历记・八一三淞沪抗战》，第 97—99 页；周开庆编《民国朱上将绍良年谱》，第 22 页；郭汝瑰、黄玉章主编《中国抗日战争正面战场作战记》上册，第 602—603 页。

以上。同一时刻的第二战区在忻口战役时，也组建了 3 个兵团，其建制、规模和淞沪会战兵团存在明显差异：杨爱源指挥的左翼军之下仅 3 个师并数团；卫立煌的中央军以第十四集团军为主体，另编有 4 个军；朱德右翼军包括第十八集团军的 2 个师外加 3 个师。[①]

可见，不同战役中各战区之下兵团之编组和构成各不相同。而且，较之其他单位，兵团属于“短命”组织。上述各兵团于会战（战役）结束后均自行撤销。总之，兵团之组建全为作战考虑，其设置比 1937 年所设的最初一批集团军还具临时性。

在集团军之上组建兵团的同时，在集团军之下、军之上，军团一级建制普遍成立。不过，统帅部成立军团的目的完全不同于组建兵团。军团系一级固定建制，是将来扩军之基础。全国抗战初期国民党军军队总体兵额不足，亟待扩充，因而“凡是有发展余地之军，多给予军团番号，希望它能自动发展，增强抗战实力”。[②] 1937 年八九月之际，军委会决定撤销战前长期存在的“路”的建制，同时将十余个有实力的军升格为军团，以待有新组建的军、师编入其中。孙连仲的第三十军，于 8 月 6 日在前线即时升格为第一军团。[③] 第一批设立的军团，所辖部队多是自身一个军，由军长升任军团长，须自行组建军团部，添设参谋、副官、军需等处。[④] 不过在 1937 年底第二批升格的军团当中，有一部分所辖的部队已达两个军，如汤恩伯第二十军团，辖原有的第十三军和关麟徵的第五十二军。[⑤] 至 1937 年底，军委会已次第成立了 25 个军团。[⑥]

成立军团是国民党军战时扩军计划的一个重要环节。军团一经设置，除了扩充所属部队外，自身的变动较小，更不至于遭到裁并。此外，军团长的地位较之军长更为尊崇，在某些时候可以暂时指挥其他军。[⑦] 因而，蒋介石的一部分嫡系部队，优先获得了升级为军团的机会。胡宗南、汤恩

---

① 《第二战区忻口战役作战计划》，《抗日战争正面战场》上册，第 477—478 页。

② 刘凤翰：《抗战期间国军扩展与作战》，台北，“国防部史政编译室”，2004，第 81 页。

③ 《孙连仲回忆录》，孙仿鲁先生古稀华诞寿筹备委员会，1962，第 44 页。

④ 《孙连仲回忆录》，第 44 页；於凭远、罗冷梅等编《胡上将宗南年谱》，叶霞翟校订，台北，台湾商务印书馆，1970，第 86 页；杨森：《九十忆往》，台北，龙文出版社，1990，第 29 页。

⑤ 王文政：《汤恩伯年谱》，上海人民出版社，2009，第 70 页。

⑥ 曹剑浪：《国民党军简史》上册，第 303—305 页。

⑦ 如在平型关战役中，甫才升任第十三军团长的刘茂恩便一度指挥自兼军长的第十五军外的第十七、三十三军两军。参见刘茂恩口述，程玉凤撰著《刘茂恩回忆录》下册，台湾学生书局，1996，第 522 页。

伯等将领也因此官升一级。不过，在 1937 年的 25 个军团中，地方将领的部队倒是占了更大的比重。这大概缘于当时国民党军的扩充很大程度上还得依赖各地方实力派咸予动员，自然需要授予其将领以较高名位，便于其增加部队。军团的具体设置，亦带有政治上的考虑。

尽管战区、兵团、集团军、军团这四级单位的渊源各异，内涵不同，但在全国抗战初期，此四级组织事实上构成了国民党军架构的主体，较之日军之“方面军—军”的架构稍显繁复。

战争进入第二年，这一架构有所变化。就战区而言，第九战区于 1938 年 6 月 14 日设立，由陈诚担任战区司令长官。当时属此战区序列的张发奎回忆，这个战区是“依照作战需要划分的”，而其主要任务系配合第五战区，保卫武汉。[①] 而对于其他战区来说，此年共同的经历是各自辖区迫于战局而频繁变动，其中以第五战区为最甚，一年间其司令长官部从江苏徐州撤至湖北樊城，辖区也从鲁南苏北的整块区域演变为鄂西、豫西及敌后安徽、鄂东的小片零散地区。[②] 在这一年的年底，战局趋于稳定，而各个战区也重新安顿下来，其疆界也得以划定。

兵团仅在武汉会战中再度出现。这场会战的规模与淞沪会战不相伯仲。国民党军方面参战部队甚众，而作战范围横跨数省，亟须在集团军之上另设机关负责指挥。6 月军委会在增设第九战区之时，即将其下主要军、师编为两个兵团，分由薛岳和张发奎统领；同时在第五战区也分设孙连仲第三兵团、李品仙第四兵团。[③] 各兵团之下既编有集团军，也编入了部分零散的军、师；而所属部队的调入、调出和淞沪会战的兵团一样，亦相当频繁，由战事之变化而定。[④] 总的来说，1937—1938 年数次兵团的组建，均是为应对会战之需而采取的临时措施。

军团在 1937 年的基础上继续发展。1938 年国民党军队兵力处于持续

---

① 《陈诚回忆录——抗日战争》，东方出版社，2009，第 49 页；张发奎口述，郑义记录《蒋介石与我——张发奎上将回忆录》，香港，文化艺术出版社，2008，第 258 页；《武汉会战第九战区作战计划》，《抗日战争正面战场》上册，第 650 页。

② 李宗仁口述，唐德刚记录《李宗仁回忆录》，第 552—559 页。

③ 郭汝瑰、黄玉章主编《中国抗日战争正面战场作战记》下册，第 783、877—880 页；《陈诚回忆录——抗日战争》，第 48—49 页；《李品仙回忆录》，第 148 页；

④ 可参考张发奎第二兵团的情况，《张发奎将军抗日战争回忆记》，香港，耀群熨金印务公司，1981，第 18、19、20、21 页附页。

扩张的状态，这使得军团在总数上升的同时，其单位兵力也在增加，并向集团军转变。这一年新成立了 13 个军团，至年底军团总数已达 38 个之多。升格为军团的各军，多为战场上表现骁勇之部队，因战功而得以扩编，如关麟徵第五十二军原属汤恩伯军团，因作战得力，汤致电蒋介石请升关麟徵为军团长，“以酬其功”，由军政部另调一个军编入其军团序列。[①] 李默庵的第三十三军团情况稍异，其基本部队第十四军所属第八十三师脱离该军后，被扩充成一个军，军政部遂将此军与第十四军合并为一个军团，人数达六七万。[②] 部分军团实力扩充之后，开始向集团军转化。卢汉、张自忠军在当年由军升格为军团，再度升级为集团军。[③]

较之其他三个层级，集团军出现的变化，体现出更多的新特点。集团军在此年数量持续增加的同时，其性质从临时编组渐渐转化为一级固定单位。这与过去存在着明显的区别。原有的 21 个集团军中，有数个被调整，有的番号更换，有的被裁撤；而徐源泉、杨森等人的部队新编为 7 个集团军。至 1938 年底，集团军总数达到 25 个。

在番号变化和数量增加的背后，集团军的性质较之过去发生了根本性的改变：集团军不再是根据战场的需要由各军、师就近编成的临时组织，而是相同派系的军、师的固定组合，成为一级常设单位。这缘于各地方军事集团及内部小派别，均希望队伍不被打散而编成相对独立的单位作战。出于政治的考虑，这样的要求多半得到满足。统帅部与各地军政领袖协商后，陆续发放集团军的番号供各地军队编成。如原西北军宋哲元部的冯治安、张自忠两军原分开作战，但之后又重新编入第一集团军，不久刘汝明军也并入此集团军序列。有意思的是，三个军的编号分别是第五十九、六十八、七十七，均暗含了“七七”，如此安排，颇有团结御侮之意味。[④] 至

① 《蒋中正总统档案·事略稿本》第 41 册，1938 年 6 月 8 日，台北，“国史馆”，2010，第 614 页；覃异之、姚国俊：《关麟徵将军在抗日战争中的主要事迹》，陕西省户县政协文史资料委员会编《关麟徵将军》，中国文史出版社，1989，第 31 页。

② 《陆军第十四军军史》，《陆军第十四军三十四年度工作报告书》，中国国民党文化传播委员会党史馆藏，一般档案，501/181.5；《世纪之履——李默庵回忆录》，中国文史出版社，1995，第 210—211 页。

③ 刘凤翰：《抗战期间国军扩展与作战》，第 84—85 页。

④ 林治波：《抗战军人之魂——张自忠将军传》，广西师范大学出版社，1993，第 333 页；《刘汝明回忆录》，台北，传记文学出版社，1979，第 123 页。

1938 年底，川军已获得了 5 个集团军的番号，晋、桂、粤军各获得 2 个，西北、东北、滇、宁马（鸿逵）军也得到了 1 个。[①] 这些集团军一经编成，其内核与 1937 年秋季的第一批集团军自然迥异。

集团军作为一级常设单位被确立之后，其构成也趋于稳定：除第十二、三十一集团军外，其他集团军所辖部队多为 1—2 个军。各集团军的兵力配备日益均衡；集团军所辖军、师开始固定下来，不再被频繁地调入或调离。集团军的这个变化，不仅和战争走向持久化有关，更多的还是国内政治的产物。

与此前"绥署"（"剿总"）—路（军）二级架构相比，经过规划的战区，较之对内执行"剿匪"暨保安的"绥署"（"剿总"），更宜于区域防卫作战；无论是临时设置的兵团还是日益固定化的集团军，都比实力和构成参差不齐的各路军更适合于大规模会战。战区、兵团、集团军、军团四级组织，适应了全国抗战初期恶劣的战场形势，同时为军队系统的发展奠定了必要的基础。此外，如此复杂的架构也造成了组织庞大、层级过多的问题，因而在抗战进入战略相持阶段后迅速被新的战区—集团军体系代替。

第四节　"战区—集团军"体系

进入战略相持阶段后，兵团、军团这两级单位被裁撤，战区—集团军体系正式形成。此后，由于战局趋于稳定，各战区、诸集团军仅进行过小幅调整，其架构得以延续至战争后期。在此期间，战区、集团军的内部组织日益充实和完善，其功能得到了较大扩展，已不再是开战之初单纯的军事指挥机构。总的来说，战区—集团军体系适应了战略相持阶段的战争特点。

对全国抗战初期四级架构的运转不灵，作为统帅的蒋介石曾有反省。1938 年底召开的南岳军事会议上，蒋承认四级建制导致指挥层级太多，各级司令部之组织不能健全，使交通通信等特种部队兵力分散，幕僚人员亦不敷分配；加之人力、物力有限，层级一多，自然不能保证每个层级均配

---

① 参见曹剑浪《国民党军简史》上册，第 353—357 页；刘凤翰：《抗战期间国军扩展与作战》，第 69—71 页。

备合适的人员和足够的器材；指挥方面，“层次过多，命令转递不易，影响所及，非但一切不经济，而且误时误事”；战场情况瞬息万变，情报和命令层层转递，容易贻误战机；此外，“大单位（如总司令、军团、军、师等——引者注）太多，而实力又不充分，又以各部力量参杂不齐，不能适合作战上之要求以行区分”。[①] 当时各级单位并非十分充实，集团军仅辖一个军团，军团仅辖一军的情况并不鲜见，不少单位甚至是空架子，于作战任务之分配极为不利。

对蒋介石的上述看法，当时将领们深有同感。张发奎回忆说：“我军指挥单位过多，由最高统帅部之军委会起到战略单位之师级，中间有战区、兵团、集团军、军团、军等而到达师，共有七级之多。我国地区辽阔，交通原不发达，通讯亦落后，致影响指挥及兵力之运用。”[②] 陈诚在总结武汉会战失利因素时，也有同样的检讨：“中间指挥单位过多，就是历次会战失败的一大原因。这一痛苦的经验，我们老早就知道得很清楚。但到武汉会战时，中间指挥单位不但没有减少，反倒更加多了。师上有军、军团、集团军、兵团，以至战区长官部，真是极叠床架屋之能事，欲其不误事机，又如何可能?”[③] 陈诚还注意到单位过多，容易导致各级将领争名誉、争地位的“官僚主义遗毒”。李默庵升为第三十三军团长后，随即与第十四集团军总司令卫立煌发生龃龉，“第十四集团军原各师，统归第三十三军团指挥。第三十三军团虽然仍隶属第十四集团军，由卫立煌统一指挥，但在客观上似乎形成了‘架空’卫立煌的局面”。之后，在军团下属各军、师主官任免上，李、卫之间意见相左，矛盾公开化后以李默庵调出该集团军告终。[④]

鉴于既有军队系统出现的这些问题，战争进入战略相持阶段后，国民党军对症下药，对战区、兵团、集团军、军团四级组织进行了重大调整。调整方案的要点，在于减少指挥层级，废除兵团、军团两级建制，同时在战略单位上改师为军。之后从最高统帅部至战略单位，仅通过战区和集团

---

① 蒋介石：《南岳军事会议手订各项要则及第一期抗战之总评》（1938 年 11 月 28 日），秦孝仪主编《先总统蒋公思想言论总集 第十五卷 演讲》，台北，中国国民党党史会，1984，第 562—563 页。

② 《张发奎将军抗日战争回忆记》，第 24 页。

③ 《陈诚回忆录——抗日战争》，第 59 页。

④ 《世纪之履——李默庵回忆录》，第 214—216 页。

军两级单位即可到达。[①] 这样调整，按郑洞国的看法，确实在“一定程度上改变了自抗战初期以来正面战场我军指挥混乱，层次繁密，以及命令转达迟滞、部队运动不灵的弱点”。[②]

在废除兵团、军团的同时，军委会对各战区进行了重新调整：调张发奎南下广东执掌第四战区，令薛岳代理位于湖南的第九战区司令长官，在陕西增设了第十战区，以蒋鼎文为战区司令长官，调胡宗南部队入陕归其统率。随着战区的增多，为指挥便利，增设桂林、天水行营，由程潜、白崇禧担任主任，同时废除战前设置的西安等地行营。另外，在河北、察哈尔和山东、江苏设立两个敌后战区——冀察、鲁苏战区，以鹿钟麟、于学忠为总司令。[③] 至此，战区—集团军体系作为战时正式的军队系统，基本成形。

值得注意的是，1939 年后，关内侵华日军在架构上也进行了调整，于 10 月 1 日在南京成立了中国派遣军，下辖 1 个方面军（华北）和 3 个军（第十一、十三、二十一军），其架构较开战之初进一步精简。[④] 与日军的军队系统相比，已经裁撤了兵团、军团两级的战区—集团军体系还是稍显庞大，战区和集团军之次级单位在数量上仍然太多。在战局以及敌军组织已经发生变化之后，国民党军队仍保持了战区和集团军的组织，不免囿于政治因素的考量——各战区、诸集团军事实上已经被固定下来，其背后多有地方军事集团的影子，更易、裁撤殊为不易。然而，也须看到当时的国民党军总兵额远大于日军，需要防守的地域广大。重要的是，对于“去现代化”[⑤] 的国民党军队来说，战区和集团军的组织或许自有其军事上的合理性。在武备、后勤、交通等方面已经大大削弱的国民党军队，未必适合灵活

---

① 何应钦：《对五届五中全会军事报告（自民国廿七年四月至民国廿七年十二月）》，《抗日战争军事报告集》（上），第 152—154 页。

② 《我的戎马生涯——郑洞国回忆录》，团结出版社，1992，第 226 页。

③ 《何应钦将军九五纪事长编》上册，第 600—604 页；於凭远、罗冷梅等编《胡上将宗南年谱》，第 94—95 页。此番调整计划之形成，颇费统帅部思量，参见《蒋介石日记》，1938 年 11 月 16、28、29 日。又按，两个敌后战区虽名为“战区”，实际上为集团军级，从主官称谓（总司令）、主官的军衔和任职经历，均可证明此点，参见曹剑浪《国民党军简史》上册，第 426—427 页。

④ 耿成宽、韦显文：《抗日战争时期的侵华日军》，第 71 页。

⑤ “去现代化”（demodernization）承方德万提示。方德万指出，战前国民党军队在德国的帮助下，进行了现代化建设，其军队有一定的现代化（modernization）成分，但战争进行了一年半后，国民党军遭受到巨大的打击，同时外援也存在困难，整个军队的现代化成分被减弱。此为“去现代化”。

机动的军队架构，相对静态的战区、集团军组织反而更符合实际。

战区—集团军体系建立之后，至1944年豫湘桂会战之前，在将近六年时间里基本保持不变。而在此架构之下，战区、集团军内部则仍有调整。

就战区而言，1940年4月蒋介石经过与何应钦、白崇禧讨论，在最高幕僚会议上对行营和战区的设置进行了微调：取消桂林、天水两行营，改设办公厅，拟派一参谋长指挥少量人员，“办理交通通信及前后方联系”；因第一次长沙会战（1939年10月）而设立的陈诚的第六战区和蒋鼎文的第十战区，也分别归并入相邻战区。①

设立行营的初衷是便于指导分属南、北的各三个战区，避免军委会直接指挥困难，然而在实际运行中效果不佳。第四战区司令长官张发奎称他向桂林行营提交报告，“不必咨询它或请示他批准什么”，而人事、军事行动上战区也只是受其指导而非指挥，战区很多时候是直接和军委会有联系；而行营主任白崇禧很少指导战区（除凭私人关系指挥桂系夏威第十六集团军外），他本人也必须遵循和传达中央命令，并无独当一面的实权。张氏认为没有必要设立行营，还用粤谚讽刺行营是“多只香炉多个鬼”。②

裁并第六、第十战区亦合乎实际。在张发奎看来，鄂西并无大战，没有理由在此设置战区，而第十战区之设立也多是为了西安行营裁撤后安置蒋鼎文。③ 裁去两个战区，既可减少军委会指挥的负担，又便于临近战区更好地安排防务。但第六战区于1940年6月枣宜会战之后在陈诚以增强鄂西防御的名义下再度恢复，而包含两广的第四战区因为张发奎、余汉谋不和，在8月分化为第四、第七两个战区。④ 这又是因为政治的考虑而对军队系统做出不太合理的改动。除此之外，其余几个战区在这段时期没有太大的变动。

---

① 《蒋中正总统档案·事略稿本》第43册，1940年4月18、19、20、21日，台北，“国史馆”，2010，第407、409、411、413页；《陈诚回忆录——抗日战争》，第101页。

② 张发奎口述，郑义记录《蒋介石与我——张发奎上将回忆录》，第281—282页。

③ 张发奎口述，郑义记录《蒋介石与我——张发奎上将回忆录》，第281页。在1938年底裁撤西安行营之前，蒋介石就考虑将其并入第八战区，以蒋鼎文代理司令长官，之后未及实施。参见《蒋中正总统档案·事略稿本》第42册，1938年7月31日，台北，“国史馆”，2010，第123页。

④ 《陈诚回忆录——抗日战争》，第100—101页；《何应钦将军九五纪事长编》上册，第625页；张发奎口述，郑义记录《蒋介石与我——张发奎上将回忆录》，第306页。

战区各自的战略地位本不相同，因而其所辖部队在数量上亦存在较大差异。长期来看，李宗仁第五战区所处的鄂东、豫南与薛岳第九战区所处的赣西、湘北是日军的主攻地区，当地也爆发过数次大型会战［如随枣、枣宜、长沙（三次）、南昌、上高、常德等］，这两个战区最为重要，部队也相对集中；卫立煌（后蒋鼎文）第一战区所处的豫北、晋南和顾祝同第三战区的江、浙、赣地区是次要的交战地区，兵力也较前两个战区薄弱；至于第二、四（及之后的第七）、六、八、十战区，交战并不频繁，因而所辖部队也以少量守备部队为主。1939 年“冬季攻势”的兵力分布，也大致与此吻合。① 因战局演变，各战区的任务也随之更易，其所属部队调入、调出的情况也较为频繁。1939 年 6 月，第九战区为抗战主体，配置了 54 个师的兵力，但之后因分兵第六战区和云南，兵力减至 9 个军，大约不到 30 个师。而 1942 年 7 月，张发奎第四战区的部队几乎被尽数调出，仅剩下 1 个战区司令长官部、1 个集团军总部和 1 个军（第三十一军），张氏戏称为“三代单传”。②

虽然所属部队数量不同而且不断调入、调出，但此一时段中各战区的名称、数量，以及各自的防区范围均未发生大的变化。战区一直作为军队系统的最高层级存在。

与战区相比，其下诸集团军在这几年里的变化相对频繁。首先，军团一级被裁之后部队再行组合，9 个新集团军 1939—1940 年次第成立，其中既有中央军的主力胡宗南第十七军团扩编而成的第三十四集团军（辖 3 个军），也有在李汉魂粤系第六十四军基础上扩充的第三十五集团军，还有川军李家钰部、晋绥军高桂滋部和中央军陈铁部合编的第三十六集团军。③

① “冬季攻势”中，第五、第九战区各集结了 20 个军，而最少的第十战区仅编有 4 个军的兵力。参见 Hsi—sheng Ch'i, *Nationalist China at War: Military Defeats and Political Collapse, 1937 - 1945* (University of Michigan Press, 1982), p. 90。关于各次会战的情况，参见郭汝瑰、黄玉章主编《中国抗日战争正面战场作战记》下册，第 912—1240 页。

② 〔日〕日本防卫厅防卫研究所战史室编《中国事变陆军作战史》第 2 卷第 2 分册，田琪之译，中华书局，1980，第 144 页注解 1。《抗日战争中的薛岳》，第 99 页。按，1944 年长衡会战的失败，与此不无关系。张发奎口述，郑义记录《蒋介石与我——张发奎上将回忆录》，第 317 页。

③ 於凭远、罗冷梅等编《胡上将宗南年谱》，第 98 页；郑泽隆：《军人从政——抗日战争时期的李汉魂》，天津古籍出版社，2005，第 376 页；张光汉：《三十六集团军出川抗战概述》，四川省政协文史资料研究委员会编《川军抗战亲历记》，四川人民出版社，1985，第 424 页。按，第三十六集团军成立后半年，陈铁第十四军方才编入。

其次，既有的集团军也不断重新组合。有的集团军因作战不利而被裁撤后，其番号给予新部队重新组成集团军。如徐源泉第二十六集团军“老不堪用”，1938 年 6 月不战自退，集团军遭到撤编的处分，番号空出数月后交给第四战区，1939 年 11 月由桂军将领夏威（旋由粤军宿将蔡廷锴接任）担任总司令，以桂系新成立之第四十六军为主体扩编为一个新第二十六集团军，蔡廷锴随即建立司令部，使之逐渐建制完整。① 这样的情况还包括叶肇第三十七集团军、徐庭瑶第三十八集团军因昆仑关战败被裁撤，番号数年后由胡宗南部的陶峙岳、范汉杰部顶替。②

另外的情况多是因为主官调动而顺势进行的重组。卫立煌任第十四集团军总司令时，其主力第十四军编于其集团军序列，卫氏 1939 年上调为战区司令长官，第十四军遂编入新改组的曾万钟第五集团军序列；而第十四集团军番号改由冯钦哉代理，10 月由刘茂恩带领其第十五军编入此集团军，并接任集团军总司令。曾经长期任职第十四集团军的李默庵，在 1942 年找到机会接替第三战区上官云相的第三十二集团军总司令，后者升任战区副司令长官，李默庵将其训练的三个突击队也编入此集团军。而就在这一年曾万钟也调任第一战区副司令长官，其第五集团军解散编入其他集团军，此番号在 1943 年底由杜聿明率领回国的远征军余部继承。③

集团军的新建和重组尽管并不鲜见，但总体来说数十个集团军中有一半左右自成立之后并未发生太大变化。集团军的更易较之全国抗战初期要小得多。在一次固定的会战中，集团军的构成也不会如战争初期那般随意变动，更不至于轻易裁撤。而兵团、军团一类的临时或固定编组也基本未再出现。总的来说，战区和集团军的这些变化，都未超出战区—集团军体系的框架。战区—集团军的架构，总体还是稳定的。

战区和集团军的内部组织，也在不断地充实与完善之中，而其功能也

---

① 《蒋介石日记》，1938 年 5 月 16 日、6 月 17 日；丁治磐口述，刘凤翰等访问《丁治磐先生访问纪录》，台北，中研院近代史研究所，1990，第 62—63 页；《蔡廷锴自传》下册，黑龙江人民出版社，1982，第 515—518 页。

② 《陶峙岳自述》，湖南人民出版社，1985，第 71 页。

③ 《陆军第十四军军史》，中国国民党文化传播委员会党史馆藏，一般档案，501/181.5；刘茂恩口述，程玉凤撰著《刘茂恩回忆录》下册，第 573 页；《世纪之履——李默庵回忆录》，第 240—243 页；郑洞国等：《杜聿明将军》，中国文史出版社，1986，第 45 页；刘凤翰：《抗战期间国军扩展与作战》，第 72—79 页。

渐渐超越了军事指挥本身。究其原因，与战区、集团军成为军队系统的固定两级，而这个架构在战略相持阶段基本稳定有关。

战区在 1937 年 8 月编成之时，其司令长官部编制十分简单。司令长官部仅设参谋、副官两处，“掌理关于作战攸关事项”，而其他的经理、卫生、军法“仅设必要之人员”，除参、副两处外，司令长官部仅设机要室一个，而军需、军医、军法等军佐均直属于长官部，长官部官佐共 144 人。[①] 同一时期的集团军总司令部，其编制以“便利作战指挥为原则，所有关于行军宿营等项有顾虑之人员，皆可尽量减少之”，总司令部也仅含参、副两处，其他军佐直属司令部，司令部官佐共计 99 人。[②] 从组织结构来看，战区司令长官部和集团军总司令部尚不如当时一个师的司令部健全——师司令部且细分为参谋、副官、军需、军医、兽医、军法等六处，而战区司令长官部仅有两处。

但进入战略相持阶段后，战局日趋胶着，攻守双方的战线大致确定。此后各战区、集团军在战略上大体处于驻守一域的态势，在组织上又成为军队系统中仅有的两个层级。统帅部为了“合乎今后作战之实用”，对战区和集团军组织进行了改组，其要点在减少纵的层级，健全横的组织，加强政治工作，提高作战纪律，并“完成兵站卫生诸设备，及兵器弹药之补充，与经理通信自卫之严密正确”。此后，战区、集团军自身组织不断充实，内部编制发生了较大变化。

根据此种精神，军政部、政治部、军法执行总监部等部门的派出机构逐渐附着在战区和集团军中，而战区司令长官（集团军总司令）部自身的各处也开始细化。战区司令长官部指挥监督军政部派出之军需局，直辖机要室、军法执行监部、战地党政委员分会、政治部，下属参谋处、副官处、军务处、通信指挥部、卫生处，以及保卫司令长官部的特务营；集团军总司令部下编有政治部，副官处下增设了传达室和医务所，同时也增设了特务营。[③]

---

① 《战区司令长官司令部编制系统表》（1937 年 8 月），战史编纂委员会档案，中国第二历史档案馆藏，787/02585。

② 《集团军司令部编制系统表》（1937 年 8 月），战史编纂委员会档案，中国第二历史档案馆藏，787/02526。

③ 《战区、集团军、军、师组织系统表》（约在 1938 年末），《蒋中正总统档案》，台北，“国史馆”藏，002/080102/00067/008。

战区和集团军内部持续地增设新的机构，导致其下属各机构远远溢出了编制表的最初设定。[①] 这些增设机构中，相当一部分奉上级各部门之命令次第成立，譬如 1938 年 10 月军委会成立战区军风纪巡察团，分为若干团，分别派驻各战区；1939 年 3 月蒋介石命令各战区成立执法队，抽出一团或一营，直属战区司令长官而受军法执行监指挥；[②] 另有一些则是成立之后划归战区指导，如国民党中宣部和政治部组织的战地文化服务处各区处及各支站，在 1939 年改归行营和战区指导。[③] 还有一些是战区根据需要自行设置，如第五战区在 1940 年设置了战区资源管理委员会，专门负责该战区物资的管理及运用。[④]

组织的不断充实与内部机构的增设，导致战区、集团军的功能不断扩展。单单在军事方面，战区、集团军已经不仅仅是军事指挥单位，还是两级重要的军事教育组织。中央军校在抗战时期成立 9 个分校，虽然名义上分校归成都总校和军训部管理，但每个分校都由其所在的战区司令长官或相关集团军总司令实际办理。[⑤] 各军分校设在战区，其官佐任免、学员录取、毕业生分发等大权多由战区或相关集团军直接掌控。[⑥] 其中以陕西王曲的七分校为最，其校务的方方面面，尽在第三十四集团军总司令胡宗南

---

① 以第三战区为例，该战区陆续增加了营练处、军粮局第三点验组、第三会计分处等单位，特务营也扩编成团。参见《第三战区司令长官司令部沿革概况登记》（1944 年），战史编纂委员会档案，中国第二历史档案馆藏，787/02513。

② 《军事委员会战区军风纪巡察团组织规程》（1938 年 10 月），《江西省政府公报》第 1095 期，1939 年 1 月，第 34—35 页；《令饬各战区应即成立执法队以维军风纪文》（1939 年 3 月 21 日），《后方勤务》第 21—22 期，1939 年 4 月，第 14—15 页。

③ 《战地文化服务处改归行营战区指导》，《中华图书馆协会会报》第 13 卷第 6 期，1939 年，第 21 页。

④ 《第五战区资源管理委员会组织大纲》，《河南省政府公报》第 2324 期，1940 年 1 月，第 27—31 页。

⑤ 事实上，各分校中的好几所本是由各战区、集团军承办的战时工作干部训练团改组而成的，设在江西瑞金的三分校前身是顾祝同的干三团，陕西王曲的七分校前身是胡宗南的干四团，湖北武当的八分校前身即李宗仁的干训团。参见沈少巽《军委会战干一团在武汉概况》，《文史资料存稿选编·军事机构》（下），第 814—815 页；王大中：《敬悼宗南先生》，胡故上将宗南先生纪念集编辑委员会编《胡宗南先生纪念集》，台北，“陆军司令部”印制厂，1963，第 9—13 页；何应钦：《对五届六中全会军事报告（自民国廿八年一月至民国廿八年十月）》，《抗日战争军事报告集》（上），第 521 页。

⑥ 顾祝同：《墨三九十自述》，第 195 页；李宗仁口述，唐德刚记录《李宗仁回忆录》，第 570 页。

的苦心经营之中。[①] 除参与运行军分校外，按照军训部的要求，“各战区成立战区干部训练团，各集团军、或军或师应成立战时干部训练班或成立军士训练班”。[②] 至1944年，各战区干训团的办学规模已经相当可观，其中招生人数最多的第二战区有学员3442名。[③] 各战区干训团的教学，也各有侧重。[④] 集团军办理的教育单位，较为多样，如张自忠第三十三集团军办有干部训练班，胡宗南第三十四集团军办有将校训练班，汤恩伯所属的几个集团军则办有干部训练班、整训委员会、挺进部队训练班等，其训练对象、内容、针对性均因各集团军情况不同而相异。[⑤] 战区、集团军办理的各种军事教育，解决了各战区、集团军的军官教育训练问题，同时使得战区—集团军体系的内涵更加丰富。如此组织庞大、职能丰富的战区—集团军体系，客观上较好地适应了战局的变化，满足战略相持阶段中国军队对日作战的实际需要。

战区—集团军体系虽然运行了6年多时间，但这并不能说明其架构十分完善。到了战争后期，整个军队系统弊端百出，而其架构本身亦有缺陷，除存在“机关化”和“防区化”问题外，其在兵额和编制方面还存在相当大的问题。同时，军需、军粮、通信、兵站、卫生勤务等方面，也是漏洞百出。及至日本发动“一号作战”，从战区、集团军到各个军、师，都呈积弱之相。陈诚在总结第一战区在中原会战的惨败教训时，就清楚地指出这和整支部队的危机有关，而非一时一域的问题。[⑥] 豫湘桂战役结束后，国民党军在美援支持下筹谋发动反攻，而这些弊病成为国民党军转守为攻的障碍，使得战区—集团军的架构不适用于下一阶段的战局。

---

① 孙秉杰：《忆西安王曲军校——战时全国最大的一所军事学校》，“国防部史政编译局”编印《胡宗南上将百龄诞辰纪念集》，台北，1996，第164—171页。

② 白崇禧口述，贾廷诗等访问兼纪录《白崇禧先生访问纪录》下册，台北，中研院近代史研究所，1985，第529页。

③ 《三十三年度各战区干部训练团教育概况》（1945年），战史编纂委员会档案，中国第二历史档案馆藏，787/02624。

④ 参见张发奎口述，郑义记录《蒋介石与我——张发奎上将回忆录》，第317页；戴霖：《顾祝同培养爪牙的第三战区干部训练团》，《文史资料存稿选编·军事机构》（下），第870—873页。

⑤ 林治波：《抗战军人之魂——张自忠将军传》，第410—412页；於凭远、罗冷梅等编《胡上将宗南年谱》，第109页；王文政：《汤恩伯年谱》，第158页。

⑥ 陈诚：《函呈今日之事系整个问题并请收回新命》（1944年5月24日），何智霖编《陈诚先生书信集——与蒋中正先生往来函电》（下），台北，“国史馆”，2007，第574页。

战区和集团军在设置组建之初为单纯的作战指挥单位，然而随着战争进入战略相持阶段，战区—集团军体系逐渐固定，其组织愈发复杂、功能愈加丰富，这本是对长期抗战的因应，但也带来较大的副作用——军事指挥的职能在削弱，而军事管理的属性在增强，越到战争后期，战区、集团军越发如同一个大机关。

第三战区的资料显示，其战区内勤、直辖、配属、新设的单位达四五十个之多，而其中直接与作战相关的不到1/5。其内勤单位既包含战区核心的八大处和办公厅，又多设置了外事处、督练处、外军顾问室；直属机关除干训团外，又设立了上饶戒严司令部、特务团、闽浙赣三省绥靖指挥部；配属机构除政治部、兵站总监部、军法执行监部、军需局等单位外，还新设了文化设计委员会、《前线日报》、集训总队、战区司令长官部调查室，以及战地党政委员会、购粮委员会、省级联合贸易办事处、党政军联席汇报处等。[①] 这些机构多数属于管理机构而非作战指挥机关。

而且，战区、集团军所属机关人员中，非军事人员的比例相当高。仍以第三战区为例，即便在指挥作战的战区司令长官部参谋处，也在编有大量文职出身的秘书、书记、绘图员、副官。[②] 其他部门的情况更是可想而知。

另外，战区和集团军所设的单位中，相当一部分机构职能重复。蒋介石在1944年就明确提出批评："军粮局与兵站部工作性质相同，则两个机构就不应该同时存在"；"战时的机构愈简单，则效果愈大。如果机构重复，职权不分，反而大家都不能做事"。[③] 当抗战步入后期，战区—集团军体系"机关化"的特征已经十分明显。

在"机关化"之基础上，战区和集团军逐渐有"防区化"的趋势。战略相持阶段中，战区、集团军久居一地，渐渐安于现状、不思进取，以守土为专务而不欲机动作战。时刻关注军队系统发展的陈诚，较早意识到该体系的此种弊病，并不断地提出改良方案。1942年初，他曾提出在战区之

① 一声整理《第三战区司令长官部组织机构及所属单位概况》，政协江西省上饶市委员会编《上饶市文史资料》第8辑，编者自印，1988，第1—14页。

② 《第三战区司令长官司令部参谋处官佐履历简明表》（1945年），战史编纂委员会档案，中国第二历史档案馆藏，787/02513。

③ 蒋介石：《对于整军会议之训示——知耻图强》（1944年7月21日），秦孝仪主编《先总统蒋公思想言论总集　第二十卷　演讲》，第451页。

上设置方面军，以打破此种专事守备的架构。[①] 数月后，他在与侍从室主任张治中的通信中详细阐述了他的观点：

> 计自抗战初期迄今，战斗序列冠以战区名称，其原意重在“守土有责”，故完全以地区为准，并以防守性为主。时至今日，战区名义似已颇有流弊，一则容易形成地区观念，再则军政职责分际不清，对于纪律、士气、民心均有影响。为打破以上现象并转变军民观感与将士心理，并提高反攻精神，争取抗战胜利计，对于现行战斗序列似有重新研究之必要。[②]

陈诚的方案为：取消战区名称，重新设置若干行营，其下分为若干路，以现任战区副司令长官同集团军总司令担任路指挥。陈诚的这个方案颇有将战区—集团军体系改回战前“绥署”（“剿总”）—路（军）二级建制的意味，但未被通过。数月之后他再次致电张治中的继任者林蔚，称战区“完全为一防守性之措置，相沿日久，养成一变相防区之观念”，而今日即将反攻，“自应依照反攻目标，重定适合要求之战斗序列”。[③]

至1944年中原会战结束，陈诚赴第一战区收拾残局时，再次批评战区—集团军体系，“单位复杂，松懈无力，指挥不便，协同尤难”，须“全盘彻底改革”。他设想将全国战区改为4—5个方面军，而后方的少量“绥署”、行营改为预备军团；集团军改为15—20个路。[④] 陈诚的这个意见虽仍未被采纳，但已经比较接近半年之后统帅部对战区—集团军体系的调整方案。

总的来看，上述陈诚对战区—集团军体系全盘改革的计划，在学理上

---

① 陈诚：《函呈请调整阵容一新耳目》（1942年1月4日），何智霖编《陈诚先生书信集——与蒋中正先生往来函电》（下），第521页。

② 陈诚：《函张治中略陈战斗序列及一般生活意见》（1942年4月15日），何智霖编《陈诚先生书信集——与友人书》（上），台北，“国史馆”，2009，第207页。

③ 陈诚：《电林蔚对于调整战斗序列及整军意见》（1942年12月18日），何智霖编《陈诚先生书信集——与友人书》（上），第229页。

④ 陈诚：《电林蔚告以全盘调整战斗序列意见备参考》（1944年6月1日），何智霖编《陈诚先生书信集——与友人书》（下），第243页。

实为对症下药，但此际军队系统持续处于战争状态，如此大的调整十分困难，更何况国民党军队内部的人事、派系因素复杂，各战区、诸集团军的设置也存在很多政治的考量，要实现整体性的改革谈何容易。最后竟然是在外力作用下，战时军队系统才得以调整。

自1942年加入同盟国后，中国之抗战即成为第二次世界大战的一部分。蒋介石在美国的支持下担任了中国战区的最高统帅。1943—1944年滇缅战场发生了有利于国民党军的转折，大量的美国援助即将到来，尽管豫湘桂会战国民党军惨败，但在战略上并没有妨碍国民党军展开反攻。在组织反击的问题上，蒋介石接受了美方参谋长魏德迈（Albert C. Weydemeyer）改组中国战区组织的方案，准备在西南地区新建一个体系用于反攻作战。[①]

1944年12月，“为联系盟军对敌转移攻势”，统帅部在昆明成立中国陆军总司令部（以下简称“陆总”），以何应钦为总司令，“负西南各战区诸部队统一指挥及整训之责”。陆总建立之初，辖卫立煌的远征军、汤恩伯的黔湘桂边区、张发奎的第四战区、卢汉的滇越边区，及杜聿明、李玉堂两个集团军。[②] 何应钦在就任仪式上宣布，陆总是建立现代化国民党军队的开始，以中国的人力配合美军的物质装备，以革命精神配合合理训练，以求战胜日军。[③] 但在此时，陆总还只是一个空壳，其司令部的组织和下属各部队的编组，均维持之前的样态。

1945年1—4月，陆军总司令部逐步建立起一套全新的架构。2月，陆总后勤司令部建立。这是一个完全由美军编成的后勤机构，负责陆总所有部队的军械、军需、粮秣之补给。而陆总所属部队之主官自此之后得以“专心指挥与训练”。[④] 2—4月，陆总调整所属部队之建制，废除战区、集团军番号，裁撤其长官部与总司令部，将部队重新编组为四个方面军，以卢汉、张发奎、汤恩伯、王耀武为司令，方面军下直辖军、师。此番改动颇为巨大，也引起了一些将领如卫立煌的抵触，但终究在蒋介石的干预下

① 蒋介石在1944年下旬一直在计划组建“中国战区统帅部”，后来魏德迈提出“中国战区统帅部组织方案与西南部作战计划”，蒋氏就较为愉快地接受了魏德迈的计划。参见《蒋介石日记》，1944年9月2日、10月31日、11月16日。

② 何应钦：《八年抗战之经过》，中国陆军总司令部，1946，第168页。

③ 《何应钦将军九五纪事长编》上册，第707页。

④ 《何应钦将军九五纪事长编》上册，第709页。

于短时期内完成了改组。[①] 与此同时，各级司令部的组织也按照美军司令部的模式，改过去参谋、副官、军务等6—8个处为美式的G1—G4处（分管人事、作战、情报、后勤），陆总完成全新的架构后，蒋介石对此寄予厚望，希望陆总“能够作为我们全国军队的模范，作为我们将来建军的基础”，成为“现代的机关”“现代的部队”。[②]

以陆总为中心建立起的这套陆总—方面军体系，其架构在各方面比既有的战区—集团军体系更为合理。后勤部门单列，修正了过去兵站积习的漏洞，“部队得到补给较前更快”；同时后勤业务有专门部队负责，将作战部队的精力解放出来，“专心打仗”。这种制度至战后逐渐演变成为联勤系统。以侧重攻势的方面军取代专务守势的战区、集团军，打破了地域的局限，便于部队机动作战；而方面军直接掌握军、师，省去了中间环节，指挥更为快速、直接。至于新的G1—G4处模式，第二方面军总司令张发奎的幕僚们认为，此种美式司令部“业务上比较单纯而各有专责”，但“联系没有以前密切”。张发奎认为这与习惯不合有关，他本人内心对这个新制也未必钦服，然而处于中美联合作战的大背景之下，改变司令部组织从而使之与美军的架构相互兼容，无疑有利于两军沟通和合作。[③]

在全新的架构之上，陆总的作战受美军司令部的指导，作战的基本部队也由美械强化并被施以不同程度的美式训练，加之美国空军时刻配合作战。[④] 此体系与战区—集团军体系已经不可同日而语。在战区—集团军之外，统帅部新建了一套军队系统，这种调整方式既与陈诚之前的合理意见相暗合，又回避了全面改组的困难和风险，不失为一种得当的折中计划。就效果而言，陆总—方面军体系无疑更能适应对日的反攻作战，陆总所辖

---

① 冷欣：《从参加抗战到目睹日军投降》，台北，传记文学出版社，1967，第109—110页；蒋介石称：“余自带兵以来对优秀学生及有功部队裁编之不多，以此次为最，惟为国家为革命以及优秀将领之前途计，皆不得不忍妒忌痛忍心，而毅然断行。”《蒋介石日记》，1945年3月3日。

② 蒋介石：《中国战区陆军总司令部成立之意义与使命》（1945年3月24日），秦孝仪主编《先总统蒋公思想言论总集　第二十一卷　演讲》，第52页。

③ 张发奎口述，郑义记录《蒋介石与我——张发奎上将回忆录》，第388页；张发奎：《张发奎将军抗日战争回忆记》，第63页。

④ 朱才㰛：《中国陆军总司令部概况》，《文史资料存稿选编·军事机构》（上），第116—120页。

部队在湘西雪峰山等战役中战果颇丰，至日本投降时陆总也未逢败绩。[①]

为了配合总体反攻，统帅部对既有军队系统做出了最后的调整。此时的战区—集团军体系也相应地发生一些变化。1944 年 12 月至 1945 年 6 月，军委会在位于敌后的地区设立了第十、十一、十二战区。第十战区原系第五战区控制的平汉线以东的安徽省部分地区，自豫湘桂会战后日军控制平汉线，此一地区联络困难，有单列成战区之必要，因而军委会裁撤鲁苏战区，将其与李品仙控制的豫皖鄂地区合并为第十战区，面积广大。[②]此战区的设立本是会战失败后的无奈之举，但半年之后此战区却成为收复南京的最前沿。第十一、十二战区的情况与前者不同，1945 年 6 月，日本败象已然明显，国民党军乃有意识地将冀察战区升格为第十一战区，范围定为河北省，派孙连仲自重庆带队赴新乡组织司令长官部准备北进；同时将位于绥远的傅作义第八战区副司令长官部升格为第十二战区司令长官部，由河套向东进发，执行收复察、绥、热三省的任务。[③]

战区数量既增，为统筹南北诸多战区实施反攻，军委会于 1945 年新设了赣州行辕与汉中行营等派出机构。“为统一东南各省的军政指挥，俾能适应未来战局发展的需要”，1 月 30 日蒋介石任命顾祝同担任新成立的赣州行辕的主任，而因赣州随即失陷，此行辕实际并未设立，仍以第三战区司令长官指挥第三、七、九战区；7 月行辕改为东南行营，顾祝同认为此行营只是“未来战局发展的一个准备”。1945 年 2 月，蒋介石在汉中设行营，调李宗仁担任主任，主管第一、五、十战区和之后的第十一、十二战区，与赣州行辕相似。汉中行营是一个虚设机构，李宗仁在汉中实际的事务并不太多。[④]

---

① 参见《张发奎将军抗日战争回忆记》，第 64—70 页；《杨伯涛回忆录》，中国文史出版社，1996，第 92—101 页；石觉口述，陈存恭等访问《石觉先生访问纪录》，台北，中研院近代史研究所，1986，第 191—193 页。

② 《李品仙回忆录》，第 218—223 页；徐启明口述，陈存恭访问《徐启明先生访问纪录》，台北，中研院近代史研究所，1983，第 117—121 页；

③ 《孙连仲回忆录》，第 54—55 页；《董其武回忆录——戎马春秋》，中国文史出版社，1986，第 224—225 页。

④ 顾祝同：《墨三九十自述》，第 225 页；李宗仁口述，唐德刚记录《李宗仁回忆录》，第 589—593 页。按，李宗仁回忆其担任汉中行营主任的日期是 1943 年 9 月，此说有误。据蒋日记，李为汉中行营主任的日期为 2 月 2 日左右。参见《蒋介石日记》，1945 年 2 月 2 日。

至战争结束，军队系统为新的陆总—方面军体系与既有的战区—集团军体系双轨并行，但其主体仍为战区—集团军体系。①

回顾抗战时期战区—集团军体系发展的历程，战前国民党的军队系统在架构上保持了内战的状态，既十分不适用于对日作战，又未能给战时的军队系统奠定一个良好的基础。开战之后战区、兵团、集团军、军团的快速建立，使国民党军队在短时间内拥有了足以应战的军队系统。之后战区、集团军二级架构的建立和不断调整、完善，是对战略相持阶段战局新变化之因应，反过来对国民党军与日军的对峙也起到了积极作用。只是此种架构在运行中滋生了弊病，尤不适合于战争后期的反攻作战，因而被新的体系取代，也是顺理成章之事。

统帅部和军队系统的发展各不相同，但其基本轨迹仍有相似之处：它们在战前的状态均不甚理想，军队系统的情况似乎更为糟糕；战争爆发初期两者都进行了大幅度的调整，军队系统的调整或许相对成功一些；为了满足战争的需要，两者都日趋完备，但均随着时间的推移暴露出许多弊端。统帅部和军队系统在发展上最大的区别在于：统帅部的组织形态在战时未能得到改变，而军队系统却幸运地在美国人的帮助下开始建立新的体制。

统帅部和军队系统的组织结构，是国民党军宏观层面的组织形态，而在相对微观的层面，也就是集团军之下的一百多个军、数百个师的情况，也值得深入分析。军、师之具体构成对于战时国民党军作战所产生的影响，当更为显著而直接。

① 《国民革命建军史　第三部　八年抗战与戡乱》(1)，第240页插页。

第二章
战略单位：野战军、师

抗战时期，构成国民党军队的基本单位，即军事术语中的战略单位，[①]是数百个野战军、师。考察这些战略单位的重要性，对于了解战时国民党军队的组织，进而衡量其作战能力，不言而喻。

从军制学的角度来看，战略单位的数量以及军队规模（兵额），对于一支军队来讲至关重要。事实上，战时国民党军虽然通过多次整军，但在对战略单位数量的控制上，遇到了前所未有的麻烦，致使国民党军数量庞大。在如此状况下，国民党军野战军、师在编成和配备上始终徘徊不前，使得数量巨大的国民党军之军、师，质量长期处于一个低劣的状态。

第一节　全国抗战初期的扩军

整军，即军队整理，包括军队系统的调整、军师编制的改革、军队兵额的设定等多方面内容。从战前到战时，为了改善军队状态，增强其作战能力，控制国民党军数量，国民党军高层对于军队整理始终十分重视，并不断地进行着尝试。

战前的数年中，国民党军就一直在进行军队整理工作，一波又一波的整军，历程曲折，其侧重各有不同，惜乎设定之目标大多未能达到，军队始终处于量大质劣的困局中。全国抗战开始后，随着战局的扩大，国民党军在原有不到200万的规模上不断扩充，军、师数量和部队兵额不断增加。进入战略相持阶段，国民党军在战区—集团军体系中进行了四期整训，其

① 战略单位是军事学专用术语，根据1929年出版的《军语释要》，战略单位，是“具备统帅、经理、卫生各机关连合各兵种，能于数日间独立作战之建制部队，每日可依其长官之直接命令而进退之最大单位”。训练总监部编印《军语释要》，1929，第12页。

提高军队素质的效果不甚明显。此时国民党军的规模已然十分庞大，为此高级将领中围绕是否缩减军队总额，论争激烈。太平洋战争爆发后，国民党军在整理部队的同时，继续尝试“缩军”，但直至抗战结束前夕，国民党军方才得以“瘦身”，战略单位的数量得到减少。

从 1928 年 7 月到 1937 年 7 月，国民党军整理经历了几轮高潮，分别为编遣会议中的裁军，“五次围剿”中若干整理之议，战前陆军整理中对师的调整和整理。

1928 年北伐成功时，臃肿而松散的国民革命军存在诸多问题，其中兵额问题最为尖锐。北伐进程中，各大集团军竞相扩编自身的军队，至北伐结束时，整个国民革命军的规模已相当惊人，保守统计约 150 万人。① 而据蒋介石在 1929 年的报告计算，当时的军队总额为 200 多万人。② 不过兵多并不意味着军事实力强。其时何应钦感慨：“平时养有如此巨额的军队，实为世界各国所绝无。但是说到保卫国家的力量，却微不足道……中国虽然是世界上第一个兵多的国家，同时反而成为世界上有名的衰弱的国家。”③

因而 1928 年 7 月在北平召开的两次会议，中心议题均是裁兵。会议通过的《军队整理案》，确定设立编遣委员会裁减军队。此案在一个月后的国民党二届五中全会上通过。裁兵遂成为当时的国策之一。1929 年 1 月的编遣会议，决定将全国军队缩减至 65 个师。尽管各派军人存在分歧，但从 1928 年 7 月至 1929 年 3 月，各集团军均不同程度地进行了裁军，并按照新的编制改军为师。裁军总人数超过 60 万。

各派军人在裁军过程中明争暗斗，导致编遣进行至 1929 年 4 月被迫中止。1929 年 3 月至 5 月蒋桂、蒋冯战争相继爆发，战事虽很快被蒋介石数

① 〔英〕方德万：《中国的民族主义与战争（1925—1945）》，胡允桓译，三联书店，2007，第 187 页。

② 蒋介石：《蒋介石关于全国各军缩编为师并组织整理委员会分期进行的报告》（1929 年 3 月 15 日），《中华民国史档案资料汇编 第五辑第一编 军事》（1），第 650 页。另据刘凤翰的统计，达 220 万。参见刘凤翰《战前的陆军整编——附九一八事变前后的东北军》，第 2 页。

③ 何应钦：《国军编遣实施的意义》（1929 年 2 月 3 日），《何应钦将军讲词选辑》，第 1—2 页。

平，但合作裁军的局面已不复存在。8月，蒋介石重开编遣实施会议。[①] 此次会议不仅未得到各实力派的认同，反而激起进一步的反弹。实施会议结束不久，各个派系的反蒋战争此起彼伏。[②] 在战争状态下，兵额的缩减已不可能实现，正如《大公报》在1929年底的一篇社评中所说，“此项缩军政策，最近已完全破坏，一切恢复战时最乱杂混沌之状”。[③]

1930年蒋介石中原大战的胜利对消除派系斗争起到了一定作用，但对军队本身而言，兵额不仅没能降至编遣会议时预定的65个师，反而有所增长。不包括东北军、川军、滇军、黔军在内，经蒋介石核定的师已经超过100个。[④] 内中原因在于一方面蒋氏为了获得各个较小同盟派系的支持，只得暂时保存他们的部队供其驱使，而战时新收编的敌对派别的部队，也一概予以保留；另一方面，为了扩军备战，蒋介石自己的中央军也不断分裂繁殖，扩大兵额。数项相加，仅蒋系及依附于蒋的部队就达到了80多个师。[⑤] 据此而言，1928—1929年以裁兵为中心的整军，完全失败。

1930—1934年，整军之议几乎每年都在国民党军队高层会议中被提出，但出于种种原因而未能实施，整军实际陷于停滞。1930年11月召开的国民党第三届中执会第四次全体会议上，何成濬提出《整理全国陆军案》，包括取消战时职衔、军队汰弱留强、点验各师等内容。[⑥] 全会在15日通过决议，“取消国军编遣委员会；所有陆军整理事宜，由国民政府责成最高军事机关办理”。[⑦] 陆海空军总司令部随即筹备陆军整理会议，会议由何应钦主席，“决定着手调查全国军队之兵额、枪械、马匹等项，首先改编各新编之师旅”。[⑧] 这时整军的重心仍是整体性的汰弱留强和压缩兵

---

① 《编遣实施会议闭会通电》（1929年8月6日），《中央周报》第62期，1929年8月12日，第14—15页。

② 参见刘其奎《国民党新军阀的裁兵之争》，《复旦学报》（社会科学版）1984年第6期。

③ 《未来之军事善后如何》，《大公报》1929年12月16日。

④ 李宝明：《“国家化”名义下的“私属化”——蒋介石对国民革命军的控制研究》，社会科学文献出版社，2010，第96页。

⑤ 戚厚杰等编著《国民革命军沿革实录》，第158页。

⑥ 《国民革命建军史 第二部 安内与攘外》（1），第74页。

⑦ 《整理全国陆军案》（1930年11月15日），荣孟源编《中国国民党历次代表大会及中央全会资料》上册，光明日报出版社，1985，第929页。

⑧ 《整理全国陆军积极进行》，《政治新闻》十九年第1册，中国国民党文化传播委员会党史馆藏，一般档案，440/3.148（十一）。

额。国民党军队高层仍在尝试继续实现编遣会议的目标。

然而此次军事整理复遭内外战事打断：蒋介石发动了对中央苏区的大规模“围剿”；5 月 28 日粤系开府广州，集结军队准备伐蒋；[①] 同时北方石友三出兵攻击东北军。[②] 1931 年 11 月，国民党“四大”（宁方）的政治报告承认：“惟现在军事整理迭因战事影响，总不免带有草创性质，而完全与充实之国军建设，尚需时日。”[③]

1932 年“一·二八”事变后，军事委员会重新成立，蒋介石复职，随即开始谋划新一轮的整军。[④] 鉴于对日作战中暴露出来的问题，此次整军提出“欲图改善国军，非减少数量，充实质量不可”。[⑤] 不过，整军的实际重心已渐渐落到“充实质量”而非过去的缩减数量上了。6 月，军委会订定“统一各师编制办法”，规定全国陆军分为 48 个军，共计 96 个师，军长不再兼任师长，直属于军政部，师长对直属军长负责。[⑥] 在制度设计层面，军队数量较之过去大大减少，而根据国民党军实情，也准备把军确定为正式单位，而非之前设定的临时编成。

尽管军委会在组织、编制设计上下了很大工夫，但由于“剿匪”战事，此番整理仍如往常一样草草收场。压缩军队数量的目标自然未能实现，就连小规模地充实部分军、师，也没有完全实施。“当时列入第一期整理者计十个师，均各遵照编成，惟第二期十个师，则因调动剿匪关系，未尽实施……”[⑦]其结果是，不仅全军的规模仍保持在 200 万人以上，而且参加整理的各师在编制上未能统一。[⑧]

---

① 李宗仁口述，唐德刚记录《李宗仁回忆录》，第 469 页。

② 萧劳：《石友三发动反张学良战争的如是我闻》，全国政协文史资料委员会编《文史资料选辑》第 22 辑，中华书局，1962，第 41—42 页。

③ 蒋介石：《国民政府政治总报告》（1931 年 11 月），秦孝仪主编《中华民国重要史料初编——对日抗战时期　绪编》（3），第 195—196 页。

④ 蒋介石在 3 月 18 日通电复职，次日即着手于“陆军之整理”等军务，3 月 30 日又称“整军计划，应从速决定”。参见《蒋介石日记》，1932 年 3 月 18、19、30 日。

⑤ 《陆军沿革史草案》（1939 年），战史编纂委员会档案，中国第二历史档案馆藏，787/00575。

⑥ 《国民革命建军史　第二部　安内与攘外》（1），第 75 页。按，此时桂、粤、滇、黔、陕、甘、川、东北等地区中相当一部分军队尚未算入此 96 个师之内。

⑦ 《陆军沿革史草案》（1939 年），战史编纂委员会档案，中国第二历史档案馆藏，787/00575。

⑧ 《国民革命建军史　第二部　安内与攘外》（1），第 86 页。

1933 年 4 月，军事整理会议在南昌举行，整军之议虽再度提出，然而仍无果而终。① 该年中，尽管蒋介石有大半年的时间都在谋划整军，但全国陆军实质的整理工作仍止步不前。

何应钦在回顾此阶段坎坷的整军历程时说："国军数量，已如上述，全盘整理，环境固不许可，财力亦有未逮。"② "五次围剿"时期数次整军之所以近乎流产，缘于客观条件上掣肘之处太多。何应钦说到的环境问题，指的大概是全国军政之不统一，使得裁兵不可行，而编制、人事、经理的划一同样成问题。至于经费问题，也十分尖锐，军费用于足额发放军队之饷粮尚且困难，遑论购买新式装备增强实力。另外，各类战事此起彼伏，使得军队调遣频繁，自然无暇进行整理。

幸而在这几次挫折之后，国民党军在困境中逐渐找到了一条更加务实的途径——放弃之前的全盘改造计划，而试图先在局部寻求改善，分步骤实现军队的整理；同时对于压缩军队规模这个目标，因为政治局势的实际不许可，也逐渐弱化，不再为当局强调。在这个转变的过程中，德国顾问的意见可能起到了一定作用。德国顾问冯・塞克特（Hans von Seeckt）在 1933 年 6 月 30 日给蒋介石的信中说："一个新的、有效率的军队的基础只有通过细致而深入的工作才能建立。期望在一个非常短的时间里获得明显的成效，是行不通的。"他建议蒋介石先成立一个小规模的教导部队以为全军之示范，再徐图全军之改革。③

1934 年底，国民党军对中央苏区的第五次"围剿"获得成功，陆军整建又提上了议事日程。蒋介石于年底亲拟整理 60 个师的计划。其计划内容大致为：在 3—4 年中分 6—8 期实施，编练 60 个师；编制均按照整理师的编制，即 2 旅 4 团为准；先着手整理中央直属部队和东北军；分为整理师与新编师，前者以原有长官为基础，后者的干部均在各师挑选混合编成等。④ 平心而论，这个计划希望用数年时间来解决整军这个复杂的问题，而且其重心集中在整理野战军、师，较之前一段时期试图全盘解决的尝试，更

---

① 《国民革命建军史　第二部　安内与攘外》(1)，第 89 页。

② 何应钦：《我国军政建设整理之演进》，《军事杂志》第 100 期，1937 年 3 月，第 2 页。

③ 李乐曾译，赵其昌校《关于赛克特给蒋介石的一封信》，《近代史研究》1993 年第 3 期。

④ 参见《蒋委员长手定全国编成六十个师之整军计划》（1934 年 12 月），秦孝仪主编《中华民国重要史料初编——对日抗战时期　绪编》(3)，第 324—328 页。

为可行。压缩军队规模这一任务，已经不再是军队整理的首要目标。

1935 年 1 月 24 日蒋介石在南京召开全国军事整理会议，之后在南昌行营设立陆军整理处，陈诚兼任处长，专责整理陆军。[①] 陆军整理处自 1935 年 3 月 1 日建立起至 1936 年 3 月结束，存在时间为期一年，对陆军整理的相关工作做了相应的规定。[②]

按照陈诚的设想，1935 年编练 6—10 个师，第一期先编 6 个师以为试办，1936—1938 年每年分别编练 16—20、20—30、4—16 个师。此项逐年整编各师，改称为教导师。第一期 6 个教导师拟于东北军中选 1 个师，在驻赣、闽各部队中选 5 个师。[③]

组建教导师既是陈诚的计划，又和塞克特的建议相合。然而此类教导师因为预订的新式械弹尚未到位，实际上没有一个师得以编成，只有附设在中央军校内的教导总队在编制上最为接近教导师的配置。为整理计，陆军整理处只得于 1935 年 10 月出台整理师编制暂为应对。此编制在师属特种兵科方面，较之前各编制进行了很大的裁减；而团一级编制，也相应地进行了缩减。[④] 当年所整理的约 10 个师大致即按此标准改编。但此 10 个师同样因德国现代化装备不到，无法照原计划编制整编，只从原有编制武器，略做调整，等新武器购入，再事增补。[⑤]

客观上讲，1935 年国民党军队的整理工作已经摆脱了政局、战争以及计划不周等因素的影响。而整理未能按计划完成的重要原因，乃新式械弹未能如期到位。此外陆军整理处自身组织频繁变化也是一个消极因素。[⑥] 直至 1936 年初，陆军历次整建均不尽如人意："国军频年剿匪御侮，征调历索，兼之军费困难、武器消耗，对于整军不能作大规模筹备，同时并举，故历次整理，均难彻底。"[⑦]

---

① 《国民革命建军史　第二部　安内与攘外》(1)，第 89 页。

② 戚厚杰等编著《国民革命军沿革实录》，第 331 页。

③ 中国第二历史档案馆：《陈诚私人回忆资料（1935—1944）》，《民国档案》1987 年第 1 期。

④ 《军事委员会颁行陆军整理师编制表草案给参谋本部训令》（1935 年 10 月 11 日），《中华民国史档案资料汇编　第五辑第一编　军事》(1)，第 230 页。

⑤ 刘凤翰：《战前的陆军整编——附九一八事变前后的东北军》，第 345 页。

⑥ 《国民革命建军史　第二部　安内与攘外》(1)，第 91 页。

⑦ 《陆军沿革史草案》（1939 年），战史编纂委员会档案，中国第二历史档案馆藏，787/00575。参见《国民革命建军史　第二部　安内与攘外》(2)，第 1514—1516 页。

1936年3月，陆军整理处结束。整军工作由军政部军务司接管。军政部乃就军费许可，与造兵之能力，拟定了新的整军方案，即在1936年调整20个师，分两期进行，每期10个师。[①] 此次参加调整的20个师，采用的是配置较高的1936年调整师编制，而所属之特种兵科均尽可能得到配备。这与之前诸次整军中师特种兵科得不到充实的情形大为不同。除重点调整这20个师之外，针对其他部队数量繁多、编制装备不一的情况，军政部决定对已配置于国防位置或任务较重、素质较优之师，分别统一于1930年丙种师、1932年整理师、“剿匪”师三种编制，“期其团数减少（例如甲乙种师缩编为丙种师、四团制缩编为三团制等），实力增加”。有十多个师按照上列计划，分别整编完竣。[②] 可见，在军务司的整理工作中，压缩军队数量再度成为整军的一个目标，可惜仍未得切实推行。

进入1937年，整军工作方步入正轨。军政部以调整师的配备作为基准，拟定了整军五项原则，报告五届三中全会，规定“统一编制”，即全部陆军采用甲、乙两种编制统一编成。甲种为1936年调整师编制，属常备师，乙种为1935年整理师编制，属预备师；“减少大单位、充实小单位”，缩编师旅数，以充实团以下编成，加强基层火力；“增强部队战斗力”，更换装备，重点增设特种兵科。此外，还确定“经常费不增加”，“人事经理完全按法规办理”两项原则。

按军政部之计划，1937年和1938年两年均按照1936年的标准，各调整20个师，至1938年底，即有60个师、80万人之众，可作为国防之用的常备军；其余一般部队，按照相对较低的标准，共整理60个师，更换枪械补充装备，使其编制划一，作为预备部队及守备地方之用（即预备军）。[③] 预计至1938年底，国民党军“共计调整、整理各六十个师，统计为一百二十个师”。[④] 然而此计划实施仅半年，即因全国抗战爆发而中止，

---

① 《陆军整理报告草案》（1937年8月6日），战史编纂委员会档案，中国第二历史档案馆藏，787/02035。

② 《对于二十个调整师及一般部队整理补充整个计划方案》（1936年），《蒋中正总统档案》，台北，“国史馆”藏，002/080102/00070/002。

③ 《陆军整理报告草案》（1937年8月6日），战史编纂委员会档案，中国第二历史档案馆藏，787/02035。

④ 《陆军沿革史草案》（1939年），战史编纂委员会档案，中国第二历史档案馆藏，787/00575。

仅调整野战师10个，整理野战师17个。[①]

1934年底至1937年7月，特别是全国抗战爆发的前一年时间里，全国范围内尚无大的战事，国民政府的经济情况有所好转，加之中德关系进入蜜月期，武器从德国源源输入，为整军提供了有利的条件。同时国民党军高层接受了德国顾问的意见，采用了先在小范围试点，然后再在全军铺开的模式进行整军，使得军队整理走上了正轨。难得的是，此时国民党军高层在思路上已经从若干年前执着于缩小兵额的“裁军”发展到充实军队素质的“整军”。何应钦在全国抗战前夕称，此次整军和编遣时期相比，“就可以知道整军并不是裁军，就可以知道整军是充实军队的实质，改进军队的素质，与编遣完全不同的”。[②]

虽然如此，和近200万人的总体兵额相比，得到整理的部队尚不足两成。全国抗战爆发前夕整个军队仍然存在整体规模偏大、总体素质较差的巨大问题。从北伐结束到全国抗战爆发计有9年时间可供国民党军整军，然因诸多因素干扰，又缘于自身对于整军取向把握不清，走了不少弯路，浪费了本来就不甚宽裕的时间。

全国抗战初期的16个月里，国民党军对日作战牺牲巨大。为了适应扩大的战争，统帅部不断地对参战的军师进行整理。此一时段的整理取向，与战前迥然不同，重点是扩充军队的规模，使遭受损失的部队得到补充，并新建军、师以增加其数量，满足当时充实战区、兵团、集团军、军团的需要。这样的扩充自有其道理，但却使得整个军队系统开始走向臃肿。

在七七事变之后的数次大规模会战中，战前整编完毕、编制健全的军、师，首当其冲，遭到了重创。如柯伟林（William C. Kirby）的论述，“因1937年夏末和秋季的战争而产生的灾难，意味着德国人在军队整编方面取得的成果迅速丧失，其速度比其它任何领域都快，蒋介石保卫上海和南京的决心……可能已得到国际舆论的同情；但从军事方面来考虑，这是一个代价昂贵和灾难性的错误，蒋丧失了他的新编军队。从1937年8月

① 《国民革命建军史　第二部　安内与攘外》（1），第101—103页。按，10个调整师、17个整理师之说从《陆军整理报告草案》（战史编纂委员会档案，中国第二历史档案馆藏，787/02035）。另据《陆军沿革史草案》（1939年），称调整了15师，整理了24个师（战史编纂委员会档案，中国第二历史档案馆藏，787/00575）。

② 何应钦：《从日本的“废藩”说到我国的“整军”》，《军事杂志》第103期，1937年7月，第12页。

13 日到 1937 年 12 月 15 日期间，30 万之众的中央军至少损失了 1/3，有人估计损失高达 60% 。”①

宋希濂的第三十六师，属于 1936 年整编的 20 个调整师之一，在淞沪会战中经过 4 次补充，会战结束时共计伤亡官兵 12000 多人，且中下级干部死伤严重；继而在南京保卫战中消耗殆尽，渡江撤退到浦口时仅剩 3000 余人。② 王敬久的第八十七师，其编制情况类似第三十六师，在淞沪会战的“血肉磨坊”——罗店，1.2 万齐装满员的调整师，团长以下伤亡近 8000 人；9 月 1 日有江苏保安团 8000 官兵前来补充，但不到 10 天，伤亡又近 5000 人。③

这些作战部队所接受的补充，是战地的紧急整补，即抽调各省已经训练之保安团队及驻后方各师，分别补充。④ 而具体施行的办法，多是拆散后方调来的军、师或地方保安团，直接填补到前线的军、师中。淞沪会战中，张治中命令将夏楚中的第九十八师所辖的 2 个旅，1 个交由王敬久，1 个交由孙元良，分别补入他们的第八十七、八十八师；而河南调来的第四十五师戴屈权部和湖南调来的第四十六师戴岳部，也被分拆为连、排、班，补入陈诚指挥的、在罗店前线的 4 个师中。⑤ 这种临时性补充的优点是利于维持前线，避免换防时发生危险；新来的连排编入老部队，能够快速融合，“新兵与老兵，新部队与老部队，在作战上几乎没有多大差别，成为一种传帮带的最好方式”。⑥ 但这毕竟是一种应急措施，有的后方军师被拆散后随即失去战斗力，无法参加战斗；同时被拆散的军师之长官情绪易受打击。前述的第九十八师被拆散后，师长夏楚中就破口大骂，一度拒绝执行命令，而且在成熟的军师被拆分完毕后，也没有足够数量的已编成的军师任其拆并，给他们紧急补充的就只剩缺乏训练的新兵了。例如第八

① 〔美〕柯伟林：《德国与中华民国》，陈谦平等译，江苏人民出版社，2006，第 251 页。

② 参见《鹰犬将军：宋希濂自述》，中国文史出版社，1993，第 119—120、134 页。

③ 仇广汉：《第八十七师在淞沪抗战中》，《文史资料存稿选编·抗日战争》（上），第 515—516 页。

④ 何应钦：《对临时全国代表大会军事报告（自民国廿六年三月至民国廿七年三月）》，《抗日战争军事报告集》（上），第 71 页。

⑤ 刘劲持：《淞沪警备司令部见闻》，《原国民党将领抗日战争亲历记·八一三淞沪抗战》，第 45、49 页。

⑥ 熊新民：《杨树浦与江湾抗战》，《原国民党将领抗日战争亲历记·八一三淞沪抗战》，第 182 页。

十七师于淞沪会战后在镇江补充了新兵，编制得到恢复，但补充兵均系新兵，无作战经验，而团以下干部是沪战后排、连长甚至班长升充的，指挥能力较差。①

会战之后军队在数量和质量上的双重下滑，给国民党军带来了前所未有的压力。在提高部队素质条件尚不成熟的情况下，补充和扩充战时野战军、师的任务迫在眉睫。淞沪会战之后，国民党军确立了最初的整军标准用于前方战地部队的整理：

> 整军标准：以各部队参加抗战成绩之优劣，及其人事历史关系，作整理之标准。
>
> (1) 战斗力较强、作战成绩优良各师，依其平时历史关系互相编并，将其空出番号及剩余干部留置前方或调返后方，尽先补充成立原师；
>
> (2) 战斗力及作战成绩较差各师，依其历史关系互相编并，酌量补充或取消其番号。
>
> 又前方各部队因参加抗战损耗过重，不克继续遂行作战任务者，即分别归并，其编并空出番号，按上项标准，调往后方并补充成立，或予取销。②

1937 年与 1938 年之交，按照此种标准保留番号，在前方另成立的有 10 个师、1 个独立旅；取消番号的计有 5 个师。③ 诸次会战结束后，各战区司令长官根据各师损失，将各师调至相应位置，进行整理补充：第三和第七战区两个战区为 26 个师及教导总队、税警总团，第二战区计第二十六、二十七路军、第三、十五、三十五、六十一军及第二十一、四十七、

---

① 仇广汉：《第八十七师在淞沪抗战中》，《文史资料存稿选编·抗日战争》（上），第 515—516 页。

② 《陆军沿革史草案》（1939 年），战史编纂委员会档案，中国第二历史档案馆藏，787/00575。

③ 此处提及的 15 个师分别为第三十三、三十四、四十、四十四、四十五、四十六、五十二、五十三、五十五、五十六、七十七、一〇七、一〇九、一三四师和预备第一师，而 1 个独立旅为第三十四独立旅。参见何应钦《军政十五年》，何应钦上将九五寿诞丛书编辑委员会，1984，第 71 页后附表（一）。

八十五等3个师。此外，鉴于既有野战军、师不敷战局之用，国民党军不能不酌予扩编，或另成立部队以保持优势之兵力，淞沪会战后，开始将各独立旅、团或各省保安团扩编成师、旅。[①]

各师因为编并或裁撤而频繁发生归属变化的同时，战前编成的57个军已不足以充实战区、兵团、集团军、军团这四级庞大的组织，以应付日益扩大的战局。国民党军扩编野战军的办法是将各军辖下的一些战斗力较强的师单列，扩编成军团；之后，军或由其他军编并时余下的师补充成辖二师之军，或暂且仅编一师待新建之师补充。1937年8月30日，由国民政府警卫旅改编而成的第五十八师师长俞济时被任命为新建的第七十四军军长，同时兼任第五十八师师长；王耀武的第五十一师并入新成立的第七十四军；[②] 31日，宋哲元第二十九军升格为第一集团军，原第二十九军辖下的3个师分别新成立为张自忠的第五十九军、冯治安的第七十七军、刘汝明的第六十八军；[③] 此后半年间，连同上述4个军共有约16个军由师扩编而成。[④]

1938年初，一位作者在论述整军时强调："一切从前线退下来的部队，不用说都是残余的形式，每连、每营、每旅、每师的人数必然不足，器械必然不齐，这时非整理不可。"[⑤] 足见，恢复部队实力，仍是此年整个军队系统的首要任务。淞沪会战之后确立的整军标准，在这一阶段进一步趋于成熟：

> 甲、战时整理部队，仍依25年度整军五项原则办理，即（1）减少大单位充实小单位，（2）团以下各单位力求健全，（3）加强特种兵，（4）经常费不增加，（5）人事经理一律依法规办理。
>
> 乙、凡作战军每经大决战后，视其实际损失情形，予以编并，一面顾虑敌情，保持前线必要之兵力，务使各部队均有轮流整训之

① 《陆军沿革史草案》（1939年），战史编纂委员会档案，中国第二历史档案馆藏，787/00575。按，至1939年初，共计扩充了39个师、3个独立旅。

② 曹剑浪：《国民党军简史》上册，第321—322页。

③ 《刘汝明回忆录》，第123页。

④ 即第六十九、七十、七十一、七十二、七十三、七十五、七十六、八十、八十一、八十三、八十五、八十六军，参见刘凤翰《抗战期间国军扩展与作战》，第95—99页。

⑤ 叶青：《论练兵整军》，《民族生命》第1期，1938年，第9页。

机会。

丙、凡编并后，空出之番号，除其作战成绩过劣者予以撤销外，余均继续成立，切实补充训练，俟基本动作完成后，再调往各战区原属军之后方，施以战地训练，期满后，加入原属军内作战，更将前线部队，抽调后方整补。如此轮流办理，俾可维持永久作战力量。

丁、整训部队，同时充实其装备，凡作战成绩较优之各师，则尽先予以补充。

戊、部队在整训期间，非必要时不调前方作战。①

这些标准，在7月武汉行营会议时得到通过。在新编制出台的同时，根据这些原则厘定了《战时陆军部队整训大纲》及《战时陆军整理实施办法》，分别下发各战区长官，令其随时相机逐步实施。②

根据此《大纲》和《方法》，7月17日，战事相对平静的陇海线沿线各军师在全国率先按计划实施了整补。此次整补包含了第一、第五、第九战区及军委会、西安行营所属之93个师又3个独立旅。各战区根据各师损失和战绩，分别留驻前方或调至后方整训，至整理结束，前方尚存56个师，调后方整补的有37个师。

此次整补中，各个军、师整训方案千差万别，多视其实际情况而定。相当一部分军所辖各师因损失严重相互编并，空出来的番号由重新成立的师递补，同时编制上也尽量比照新编制修正。比如商震第三十二军所辖之3个1930年编制的四团师，就是以“现有兵员武器先编并两个师，余一师重新成立，一律改为三团制”；孙桐萱第十二军所辖的2个六团师和1个四团师与1个二团师，“改编为三个四团制之整理师及一个两团制之独立旅，两师各辖补充团一”；万福麟第五十三军所辖之2个四团师“合并为一个调整师，余一师重新成立”。

少数军的情况较好，编制较新，于是按照原有编制给予充实。比如李铁军第一军所辖之2个调整师、李文第九十军所辖的1个调整师和1个整

---

① 何应钦：《对五届五中全会军事报告（自民国廿七年四月至民国廿七年十二月）》，《抗日战争军事报告集》（上），第141页。

② 《陆军沿革史草案》（1939年），战史编纂委员会档案，中国第二历史档案馆藏，787/00575。

理师、于学忠第五十一军的2个四团师、关麟徵第五十二军所属的第三师等。

还有一部分军，建制尚属完整，因而所辖各师，暂不做任何调整，维持现状，如徐源泉第十军所辖的2个整理师、唐式遵第二十一军所辖的2个整理师、韩德勤第八十九军所辖之2个整理师等。

各军所辖师之整理方案存在区别，但是大多数军均抽调1或2个师撤往后方，予以休整，为以后的作战做准备。[①] 相对于1937年淞沪会战之后进行的整军，此次陇海线上各战区军师的整军在整理规模扩大之同时，依据更新的标准分别进行了充实，为今后之整军提供了方案上的参考。

在整军的同时，开战以来就从未间断的扩军工作仍在进行中。继1937年扩编了十数个军，1938年又新增了14个正式军，至9月27日陈琪的第一〇〇军编成，抗战期间的100个军番号全部使用完毕。之后新扩编的军均使用"新编"或"暂编"番号。1938年成立的新编军为张冲的新编第三军（云南部队）与徐庭瑶的新编第十一军（机械化军）。[②] 同时，由各地保安团队和地方部队发展而成的20多个正式师，也分别充实到各个之前由师扩充和新成立的军中，至杜聿明的第二〇〇师编成，抗战期间的200个师番号亦全部使用。除此之外，1938年，还有20多个"新编""暂编""预备"师陆续编成，其中以新编师最多。[③] 在如此的扩张速度之下，军、师数量渐渐满足了战争的需要。1939年初，何应钦在五届五中全会上报告："在部队单位上，比战前已增多五十三个师，故抗战力量，有增无减。"[④]

全国抗战的头两年中，国民党军伤亡超过了100万人，其中1937年为367362人、1938年为735017人。[⑤] 面对如此巨大的损失，倘若没有有效的补充，军队系统有可能随时停转、崩溃。无论是开战头几个月的紧急补

---

① 以上相关叙述均参见《战时陆军部队整理拟定表（陇海路沿线）》（1938年7月17日），《蒋中正总统档案》，台北，"国史馆"藏，002/080102/00070/007。

② 这14个军为第八十七、八十八、八十九、九十、九十一、九十二、九十三、九十四、九十五、九十六、九十七、九十八、九十九、一〇〇军。参见刘凤翰《抗战期间国军扩展与作战》，第99—101页。

③ 参见曹剑浪《国民党军简史》上册，第394—399页。

④ 何应钦：《对五届五中全会军事报告（自民国廿七年四月至民国廿七年十二月）》，《抗日战争军事报告集》（上），第140页。

⑤ 何应钦：《八年抗战之经过》，附录《作战以来历年我军官兵伤亡统计表》。

充，还是后来有计划的编并、后调整补以及轮流整训，对于恢复国民党军的战斗力，使其可以继续作战，都具有直接的影响。更重要的是，国民党军找到了轮流整训这样一个可持续的整补方法，对于进入战略相持阶段的持久抗战有着积极的影响。[①]

与此同时，军、师数量的持续增长，有效地维持了军队系统在数量上的优势。战前国民党军常备兵额达 170 余万人，编为 182 个步兵师及其他部队，[②] 从数字上看大大多于日本陆军战前的总数（25 万人、编为 17 个师团）。[③] 然而，战时能够用于第一线作战的仅有 80 个步兵师、9 个独立步兵旅、9 个骑兵师、2 个炮兵旅和 16 个独立炮兵团。[④] 虽然开战之后广西、四川等省的军队及时开至前线，实际参加一线作战的军师数量要大于之前估计的 80 个师，但是日本的动员速度大大快于中国，至 1937 年 9 月日军就已将大多数常备师团投入中国战场，并着手增编若干个战时师团。[⑤] 至 1938 年，日军总兵力已达 95 万人，其中在中国战场有 50 万，在中国东北地区和朝鲜地区有 23 万人。[⑥] 因此，倘若国民党军仅仅是整补既有军师，而不新编更多的军、师用于组建新的军团、集团军，那么在战场上仅存的兵力优势也可能被抵消。1938 年底，国民党军兵额比战前已经多了 70 万人（前后方补充营官兵尚不算入内）。[⑦] 概略计算，国民党军的总兵力已经达到 250 万人，相当于同时期在华日军（50 万人）的 5 倍。这对战线的维持并促使战争走向战略相持阶段，具有积极的作用。

---

① 参见蒋纬国编《国民革命战史　第三部　抗日御侮》第 2 卷，台北，黎明文化事业股份有限公司，1978，第 97—106 页。

② 何应钦：《对五届五中全会军事报告（自民国廿五年七月至民国廿六年二月）》，《抗日战争军事报告集》（上），第 2、20 页。

③ 关于战前日军师团数量及分布，参见《中国事变陆军作战史》第 1 卷第 1 分册，第 98—99 页。

④ 何应钦：《对五届五中全会军事报告（自民国廿五年七月至民国廿六年二月）》，《抗日战争军事报告集》（上），第 2 页。

⑤ 根据日本参谋本部武藤第三课长的报告，1937 年 9 月 20 日，日军在华使用的兵力为“华北八个师团、上海五个师团、中央直辖一个师团，此外在国内控制有预备对华作战的三个师团”，此后日军将“新编临时编成的十个师团”。《中国事变陆军作战史》第 1 卷第 2 分册，第 30、32 页。

⑥ 〔日〕生田惇：《日本陆军史》（四），曹振威译，《军事历史研究》1990 年第 2 期。

⑦ 何应钦：《对五届五中全会军事报告（自民国廿七年四月至民国廿七年十二月）》，《抗日战争军事报告集》（上），第 140 页。

第二节 整训、缩军与建军

进入战略相持阶段后，虽然中日双方每年仍有会战，但其规模已不能和之前的淞沪、武汉会战相提并论。这使得国民党军能够在相对从容的情况下，按照南岳军事会议制定的《军队整理方案》分四期实施整训。四期整训的同时，国民党军的规模仍在扩张，渐成恶性膨胀之相。战区—集团军体系变得庞大而臃肿，而野战军、师的平均质量进一步削弱。面对这样的情况，军界围绕"缩军"问题展开了深入的讨论，也产生了数种缩减兵额的方案，尝试压缩军师数量，可惜最终未能实施。

1938 年底南岳军事会议不仅确立了战区—集团军体系，同时对该体系内各军、师制订了全面整理的计划——《国军整理总方案》。根据此方案，自 1939 年 1 月开始，国民党军计划将参战各师于一年内分 3 期轮流整补，每期 4 个月，每期整理 60—80 个师。[①] 按照蒋介石的设想，"将全国现有部队之三分之一配备在游击区域——敌军的后方担任游击，以三分之一布置在前方，对敌抗战，而抽调三分之一到后方整训。等到第一批整训完成，仍调回前方作战，或担任游击。乃换调第二批到后方继续整理，第二批整训完毕，再依次抽调其余未经整训的部队"。[②] 在此方案的指导下，从 1939 年至 1941 年底，国民党军实际进行了 4 期整训。这 4 期整训较之前以扩军为内容的整军更为系统，也更具计划性。

第一期整训开始之前，拟参加此期整训的各军、师，被区分为军委会直辖与战区直辖两部分，其中军委会直辖整理的部队以长江为界，分为江北、江南两区，两区整理军师数量相近而以江北稍多，[③] 军委会直辖整理的军、师部分是各战区的主力军，部分所处位置靠近后方。[④] 归战区整理

① 《陆军沿革史草案》(1939 年)，战史编纂委员会档案，中国第二历史档案馆藏，787/00575。

② 蒋介石：《第一次南岳会议训词（四）》（1938 年 11 月 28 日），秦孝仪主编《先总统蒋公思想言论总集 第十五卷 演讲》，第 544 页。

③ 《军事委员会直辖第一期整编部队番号主官姓名表》（1939 年 5 月 16 日），《蒋中正总统档案》，台北，"国史馆"藏，002/080102/00069/004。

④ 譬如，第二军既是主力军，又隶属于鄂湘川黔边区"绥靖公署"，第二十六、七十五、九十四军隶属于长江上游江防司令部，靠近重庆军委会，便于先期直辖整理。参见《第一期军委会直辖整理部队番号姓名一览表》(1939 年 5 月 16 日)，《蒋中正总统档案》，台北，"国史馆"藏，002/080102/00069/004；曹剑浪：《国民党军简史》上册，第 427—445 页。

的部队，基本上为各战区担任防守任务的军。[①]

从1939年1月起，依照之前制定的《战时陆军部队整训大纲》及《战时陆军整理实施办法》，军委会和战区直辖整理的部队同时开始第一期整训，至5月16日第一期整训结束时，“除军委会直辖整理十六个军部四十六个师外，各战区部队经陆续核准，整理者计十九个军部四十七个师（内有四个师因前线紧张，暂缓实行），共计第一期整理三十五个军部九十三个师”。[②]

根据整训结束时何应钦的总结，军委会直辖各军师较高质量地完成了整训，配备已齐整，而战区直辖各军整训情况则参差不齐，“同属一军之师，编制尚有不同”，很多部队并未完成配备。各军的野战补充团情况也不一致。军械补充方面，军委会直辖部队的情况较好，各战区所属军师则“因军品缺乏，尚在筹划中”。兵员补充方面，所有军师都存在较大困难，“均多缺额”。[③]

之后的三期整训，其整训程序和实施情况均与第一期相似。整训均分为军委会、战区两部分进行，而军委会直辖部队整理的标准较战区所属部队稍高。第二期整训中军委会直辖部队在山（野）炮、战防炮以及弹药上得到优先配置，兵站、辎重部队也进一步健全；而对于战区负责整训之部队，其整训的重点仅仅在于统一编制、预算，调整经理、人事。第三期整训中对于军委会直辖的军、师，其整训重点在于“提高国军素质，精选干部，严格训练，一切务使适合建军之要求，俾作反攻之骨干”；而战区整训之军、师，“则一面整训，一面作战”。第四期整训中军委会直辖的部队，从装备被服到兵员马匹乃于工兵工具、通信器材都要求尽量配足，而对人事、经理等也有专门要求，但战区所整训的部队，则没有如上细致的

① 参见《整理部队单位统计表》（1939年5月15日），《蒋中正总统档案》，台北，“国史馆”藏，002/080102/00069/004。

② 何应钦：《何应钦呈第一期整理部队经过情形及第二期整理拟暂缓》（1939年5月16日），《蒋中正总统档案》，台北，“国史馆”藏，002/080102/00069/004。另据时任军政部军务司长王文宣称，此期整军为38个军、98个师，两者大致相同。参见王文宣《最近十年军务纪要（节选）》，《民国档案》1989年第1期。

③ 何应钦：《军政部铣务军电分知各战区查照》，何智霖编《陈诚先生从军史料选辑·整军纪要》，台北，“国史馆”，2010，第98—99页。

要求，只能参酌配备。[①]

和第一期整训一样，限于客观条件，从后三期整训开始日期均较计划略微延后，而持续时间多被延长，整训的节奏越发缓慢。1939 年 6 月初，军令部拟订了第二期整训计划，预计从 6 月开始，至 12 月底完成，[②] 但第二期整训实际从 8 月份方才正式开始，[③] 至 10 月即告结束。1940 年只进行了第三期整训，其计划于 3 月订立，[④] 实际整训工作则于当年 8 月结束。1941 年 4 月开始了第四期整训，[⑤] 12 月底结束。

至 1941 年底，四期整训全部完成，除重复番号外，共整训 74 个军、198 个师，占全国军师的 3/5。[⑥] 按照最初计划，整训共分 3 期，每期 4 个月，一年之内国民党军的全部军、师均应完成整理。但实际整训进行了 4 期，而时间持续了 3 年；军委会与战区整训的部队之间存在明显的差距；此外，尚有相当数量的部队未参加整训。更糟糕的是，此 4 期整训未能真正达到充实军师配备以增强战区—集团军体系作战能力的效果，军、师仍然普遍孱弱。

究其原因，一方面是物质的匮乏，列入 4 期整训中的野战军、师均未能按照其编制之设定不折不扣、保质保量地配备；另一方面则在整训的同时，军、师数量的扩充仍在继续，整训虽带来部分军、师质量提升，但最终被整体庞大的基数及其快速增量抵消。战区—集团军体系的兵额进入恶性膨胀阶段。

全国抗战初期军队整理中的大幅扩军在当时具有积极的意义，但进入战略相持阶段后，部队数量持续增长之消极作用愈发明显。1939—1941 年，每年仍有军、师新建。3 年间增加的正规步兵师就达 63 个，此外，还增加了相当数量的旅、独立旅、挺进总队等各种部队。这些部队中，除孙

---

① 《第二期整训计划》（1939 年 6 月），何智霖编《陈诚先生从军史料选辑 · 整军纪要》，第 117、121 页；何应钦：《对五届七中全会军事报告（自民国廿八年十一月至民国廿九年六月）》，《抗日战争军事报告集》（上），第 243 页；《第四期整训部队实施办法》（1940 年 11 月 13 日），何智霖编《陈诚先生从军史料选辑 · 整军纪要》，第 151—157 页。

② 《第二期整训计划》（1939 年 5 月），《蒋中正总统档案》，台北，“国史馆”藏，002/080102/00069/004。

③ 《蒋介石日记》，1939 年 7 月 1、31 日。

④ 《蒋介石日记》，1940 年 3 月 31 日。

⑤ 《蒋介石日记》，1941 年 3 月 31 日。

⑥ 王文宣：《最近十年军务纪要（节选）》，《民国档案》1989 年第 1 期。

立人的编第三十八师等极个别素质较高的军、师外，大多数难称“劲旅”。[①] 当时有人估计，至 1941 年夏，全军 250 个正规师加上保安团队、补训处、师管区部队、中央特种部队，总数约 600 万人。[②] 如果再加上敌后的游击部队，国民党军总量已经庞大得惊人。

何应钦在五届十中全会上坦陈：“（整训——引者注）至三十年底止，先后已完成四期，列入整理之部队，已达全国军师总数的五分之三，惟对于减少数量加强质量，大部分尚未能确实做到，而人事经理，亦未能尽入正轨。”[③] 此种仅在数量上的扩充，进一步削弱了军、师本就不高的质量，并使得战区—集团军体系开始变得庞大而臃肿。

战区—集团军体系中质量与规模之间的尖锐矛盾，引发了军界内部激烈的论争。相当一部分将领对此提出了批评意见和改革建议，要求严格限定整军原则，以提高整训质量从而加强部队战斗力，而非单纯扩充军队数量。

早在第一次南岳军事会议召开之际，时任侍从室第一处长的林蔚，就在所呈的整军意见中明确主张“精兵主义”。[④] 几个月后，陈诚进一步提出在整训中应当切实缩减单位，“军队之整理，应以缩军为先”。他痛陈兵额太大与军费不敷的矛盾，还注意到缩军对于减少冗余机关并使得干部能职相称的积极意义。[⑤] 同一时期，部分中层军官也发表了类似主张。1939 年 6 月，在军统任职的卓献书直言：“前方正规部队之残缺者，务须确实整补，以期保有其应具性能，不可徒思保存番号贻误作战，其装备不足者，宁缩减部队单位。”[⑥]

---

① 参见曹剑浪《国民党军简史》上册，第 471—473、531—534、602—608 页；刘凤翰：《抗战期间国军扩展与作战》，第 136—145 页。

② 燕非平：《建军时四大问题之商榷》，《军事杂志》第 135 期，1941 年 7 月，第 54 页。

③ 何应钦：《对五届十中全会军事报告（自民国三十年十二月至民国三十一年十二月）》，《抗日战争军事报告集》（下），第 133 页。

④ 《林蔚呈整军意见》（1938 年 11 月 20 日），《蒋中正总统档案》，台北，“国史馆”藏，002-080102-00070-005。按，“精兵主义”的提法在战前就存在，全国抗战爆发后也并不鲜见，但在政策制定层面将其和整军相联系的，林蔚当是较早的一位。

⑤ 陈诚：《函呈今后作战指导及军队部署意见》（1939 年 3 月 20 日），何智霖编《陈诚先生书信集——与蒋中正先生往来函电》（上），第 373—374 页。

⑥ 《卓献书呈整军刍议》（1939 年 6 月 15 日），《蒋中正总统档案》，台北，“国史馆”藏，002/080102/00069/002。

之后“精兵主义”的声音一直持续。1940 年 3 月，时任侍从室第二组组长的于达在林、陈二人建议的基础上设计了一套系统的方案。于达认为，“整军之要应缩编而非扩充”，兵少而精为佳，司令部太多人员器材不敷，单位减少后军令、军政等易于贯彻，军费亦可以节省。于达对“精兵”的认识较之前几位将领更为全面，他还草拟了整军后陆军的定额以及编成，设定了具体的整军程序。[①] 这个缩减单位、节省经费、提高效率的整军方案在相当程度上被统帅部接受，1940 年底成形的《国军整理计划纲要》就是“于达方案”的细化和发展。

《纲要》中关于正规部队整编之原则，为紧缩单位和紧缩编制。前者之要点在于停止增编和实行编并，即“无论何种部队如无特殊情形概不增编改编”，而对作战不力、装备低劣、校阅成绩不好的部队进行编并，国民党军队建制“以八十个军二百四十个师为单位定量，亦即整编军队最后之标准”，编并期限“就现有单位数分期实行”，每期“以六个月至八个月为标准”；在紧缩编制方面，则要求“减少不必要之非战斗员”，步兵连“轻机枪组未发枪弹或掷弹筒时，士兵暂缺或酌减”；等等。[②]

从学理上看，“缩军”的理由十分充分，《国军整理计划纲要》也具备较强的可操作性。然而在 1941 年，此纲要却未能得到实施，主要缘于统帅部中另外一部分将领对缩编军队持保留意见。

1940 年 12 月 23 日，就在前述《国军整理计划纲要》即将出炉的前夕，时任军令部部长徐永昌面见蒋介石，极言反对裁军。徐氏认为，整军方案中所拟裁减的 60 个师，与其裁撤，不如将此 60 个师“以一半备敌深入，一半遣入沦陷区以扰敌人，以补精壮，得便轮流抽换，俾减少征调川黔疲弱；且我处交通不便之地，更需要多单位也”。徐永昌并认为，裁减军师可能带来军事上的巨大风险，“备倭明春大举深入，此为我十分应虑及之存亡问题，固不因俄方、美方消息之来也，尤当利用今日前方无事之机会做诸种准备敌来工作，不当利用此机会整军裁师也”。[③]

---

① 参见《于达呈意见具申整军之要应以缩编而非扩充》（1940 年 3 月 19 日），《蒋中正总统档案》，台北，“国史馆”藏，002/080102/00069/006。

② 《国军整理计划纲要》（1940 年 12 月 30 日），《蒋中正总统档案》，台北，“国史馆”藏，002/080102/00069/006。

③ 《徐永昌日记》第 5 册，第 500 页。

在与徐永昌交换意见之后，蒋介石对“缩军”也转而持怀疑态度。他在日记中写道：“整军与缩军不同，现阶段不能以缩减军队为整军之道，否则对敌对匪与对军心皆有损无益，当谋充实各军为惟一要务也。”[①] 在这样的决策下，国民党军不仅没有缩减兵额，反而继续扩军。

但到 1941 年 7—8 月，蒋介石的态度再度发生变化，决定“缩军”与充实并行。[②] 9 月，新的缩军方案——《陆军各部队调整大纲》出台，其总方针为：陆军各部队“应即裁减空额，充实单位，提高待遇，以求精兵主义之实现”。该大纲明确规定，将全国 302 个师裁减至 240 个，方法即 3 个师编并为 2 个师。所定标准“主在清除空额，视兵员数目而定”，整编“由连营编起，逐次编成师军”。[③]

从 9 月至 11 月，蒋介石不断组织人员讨论此方案，却始终未能下定决心照此大纲缩减部队，[④] 而作为反对一方的徐永昌在这期间再次强调其不可“缩军”的主张。11 月 19 日整编会议上，支持“缩军”的副参谋总长白崇禧认为，现今军队“空额补不齐、装备不健全、军费不足”，缩编计划应即刻实行。徐永昌却主张全军缩编的决议当“实行缓期”，他坚持国民党军空额多和装备损失大均是教育训练之不足所致，至于军费不足，可以考虑“减班连兵额及其他不必要之组织”。徐永昌还警告说，前次“冀苏之失，皆以不能抽派部队往援”，“再缩编恐有继冀苏之失再现也”。[⑤]

数日之后的 11 月 27 日，众将领在曾家岩召开会议。此刻蒋介石已然是“缩军”的支持者。蒋认为：“尚须编并八十万，万非国家所能胜任。”徐永昌则对蒋介石陈明：“今日各战区不言编制不善，即言装备不新不足，或论战术思想不一不齐”，但倘若不能教育训练好军官和士兵，“日改编制无益也，善予装备徒损也，订正战术思想徒滋纷扰也，而编并减少其单位更是增进抗战危险也”。蒋介石对他的观点不以为然，坚持认为不减少单位无法减兵节饷。徐永昌则强调：“兵额永远七八成以下，何以饷银、服装永远要十成？诚不如再减编额，少减单位。因即今日所感到者到处单位

---

① 《蒋介石日记》，1940 年 12 月 23 日。

② 《蒋介石日记》，1941 年 7 月 19、23、31 日，8 月 2、7、9、14、19、31 日。

③ 《陆军各部队调整大纲》（1941 年 9 月），《蒋中正总统档案》，台北，“国史馆”藏，002/080102/00069/007。

④ 参见《蒋介石日记》，1941 年 9 月 30 日，10 月 18、31 日，11 月 1、8、11、15、22 日。

⑤ 《徐永昌日记》第 6 册，第 265 页。

不够，无部队可派耳。”尽管徐永昌极力劝阻“缩军”方案的通过，但白崇禧等人仍主张“速定”整军计划。[①] 这时蒋介石已决心支持“缩军”，他于29日确定于下个月（12月）颁令整编军队。[②] 在将领们的争论声中，“缩军”方案拖沓延宕，最终在1941年12月左右得以通过。

主张“缩军”的将领们对战区—集团军体系兵额庞大的批评，可说是具体而深入的，然而从“精兵主义”的思路到具体的裁军方案，恐怕也多只在理论上存在合理性，而在实际上未必能够如他们设想的那样药到病除。加之当时日军带给国民党军方面巨大的军事压力，“缩军”方案引发论争，并导致最高统帅迟疑不决，自然就在情理之中了。

负责制订作战计划的徐永昌，所承担的是维持战线的任务，存在“韩信将兵，多多益善”的心态实属正常；他对于军队在教育训练方面存在问题的批评，也不是毫无根据。[③] 而视军队为统治支柱的蒋介石对缩减军队数量本来持保留意见，或许是日益巨大的兵额带来的军费压力，才迫使他转而支持“缩军”。[④]

从1942年初直至战争结束，国民党军在四期整训的基础上继续整军，其间虽然屡次尝试缩减兵额，但均未实现目标。战区—集团军体系已经扩大至惊人的规模。所幸经过多番努力，在1945年战争结束前夕军队规模终于开始缩小。此外，国民党军选择了在既有军、师之外新建军、师的道路，先后改编或新建了远征军、青年军等新式部队，这使得战区—集团军体系在此一时段有了新的变化。

1942年初，军政部在上年9月出台的《陆军各部队调整大纲》基础上颁布了《实施办法》，计划分两期进行，其中第一期分为两次进行：第一次于1月开始，至3月底完成；第二次自2月开始，4月底完成。[⑤]

这两次调整之实际进行，较之以往的四期整训要顺利很多，均在规定时间内完成了调整计划。第一次调整的各军、师，“原限1月1日开始，1

---

① 《徐永昌日记》第6册，第273页。

② 《蒋介石日记》，1941年11月29日。

③ 刘馥的研究也集中讨论了国民党军在兵员动员、带兵官素质、战术、统御、管理上存在的问题。参见刘馥《中国现代军事史》，第150—170页。

④ 《徐永昌日记》第6册，第273页。

⑤ 何应钦：《对五届十中全会军事报告（自民国三十年十二月至民国三十一年十二月）》，《抗日战争军事报告集》（下），第133页。

月底完成，至迟不得超过2月底，旋因各部队驻地分散，交通不便，有距离较远、奉到命令较迟者，经展期三月底完成”。第一次共整理了72个军、201个师。[①] 第二次调整要求各军、师“自二月十五日起开始至三月底将整编单位编并就绪，呈报军政部核定后，按新编制发饷，至迟于四月底整编完成”。参加调整的共15个军、33个师，后扩大至20个军、43个师。[②]

这样大规模的调整能够在如此短的时间完成，缘于调整的重点已由之前的压缩部队规模改为推行新的1942年编制，而大多数按照1938年编制编成的军、师，在改编成1942年编制的过程中并未大费周章即告编竣。不过，就兵额而言，只有多余的野战补充团和部分游击部队被裁撤，因而总体规模并没有如前述大纲设计的那样得到压缩，而此刻国民党军总人数早已超过500万大关。[③] 这意味着此前经过沸沸扬扬争论后才议决的“缩军”计划实际流产。

此次调整某种意义上接近“走过场”，而蒋介石仍马不停蹄地继续整训全国军队，寄希望于缩减兵额的同时能够一定程度上提高部队素质。他“手令饬拟以全国各部队，缩减二分之一方案”。军政部军务司奉到此令后，“会同军令部拟订两案提付西安会议开小组会议检讨”，拟订了《陆军各部队改进大纲》及其实施计划，定于1943年开始实施。[④] 该大纲的要旨“在一面紧缩，一面充实，使各军师人马火力装备等，均予加强，具有攻坚批锐之力量，并规定分两期完成”。[⑤] 但实际运作中，此两期整军受战事的影响，进展受阻，且全年中实际改进的数量，仅仅32个军，只达到计划的一半。[⑥] 就此可说，紧缩战区—集团军体系的目标仍未能落实。

---

① 《第一次调整（照加强编制）各军师番号及整编完竣日期一览表》（1942年5月7日），《蒋中正总统档案》，台北，“国史馆”藏，002/080102/00069/007；何应钦：《军政十五年》，第56页。

② 《陆军各部队调整实施办法》（1942年4月13日），战史编纂委员会档案，中国第二历史档案馆藏，787/02603。

③ 参见《丁治磐日记》第3册，1942年1月21日，台北，中研院近代史研究所，1993，第109页；曹剑浪：《国民党军简史》下册，第615页。

④ 何应钦：《军政十五年》，第56页；王文宣：《最近十年军务纪要（节选）》，《民国档案》1989年第1期。

⑤ 何应钦：《对五届十一中全会军事报告（自民国三十一年十一月至民国三十二年八月）》，《抗日战争军事报告集》（下），第196页。

⑥ 王文宣：《最近十年军务纪要（节选）》，《民国档案》1989年第1期；何应钦：《军政十五年》，第57页。

在这一年，蒋介石还亲自设计了后调制度：三师制的军，以一师作战，一师作预备队，一师调后方管区任训练、补充，并依次轮换。[①] 他解释说："前面一个师作战，后面至少有一个师作预备队，其它一个师在后方训练补充兵，如此，必比从前的编制实力能够持久，而且要强过数倍。"[②] 在实际操作中，此一规定得到了较好的贯彻，相当数量的部队均遵循此原则开始将部分师后调。[③] 这对于恢复部队作战能力当有一定好处。

进入1944年，继续按照上一年的"改进大纲"对军、师进行改进。至4月底，共改进了23个军，距离去年设定之66个军计划尚有11个军未得到充实。[④] 其改进的内容，主要体现在军、师的团以下单位中，少数军、师的部分团得到了充实。[⑤] 上一年蒋介石亲订的后调制度也仍在继续实行。[⑥]

虽未能完成计划，但此两年的"改进"使得一定数量的军、师得到了最低限度的补充，而后调制度也保证了诸军所属的各师得到喘息、补充的机会。此时的国民党军各军、师，在长期的拉锯战中普遍筋疲力尽，倘若不坚持施行这看似效果不佳的调整和改进，则战区—集团军体系的各个基本单元恐已瓦解。不过，从1942年到1944年这两年多里，国民党军的"缩军"计划仍未得到实施，整个体系仍然庞大臃肿。

蒋介石在1944年初自我检讨说："敌人在我国境内的不过六个军，而我们用以抗战的有一百廿个军，以二十个军来对敌人一个军，还打不过敌

① 王文宣：《最近十年军务纪要（节选）》，《民国档案》1989年第1期。

② 蒋介石：《西安军事会议讲评（二）》（1942年9月9日），秦孝仪主编《先总统蒋公思想言论总集 第十九卷 演讲》，第264—265页。

③ 参见《陆军第九十三军整训情形报告书》（1943年5月），战史编纂委员会档案，中国第二历史档案馆藏，787/02608，第84页；《陆军第十四军三十四年度工作报告书》（1945年），中国国民党文化传播委员会党史馆藏，一般档案，501/185.1。

④ 何应钦：《军政十五年》，第57页；何应钦：《对五届十二中全会军事报告（自民国三十二年九月至民国三十三年四月）》，《抗日战争军事报告集》（下），第222—223页。

⑤ 如第二十军在1944年，"以一三三师之搜索连及军搜索连扩编为搜索营，又一三三师之三九七团增设重机枪一连（两排）、迫炮一排（第三排），输送一排（照弹药编制）并留配无线电一排（以一三四师之无线电排调用）"。参见《陆军第二十军历史概要》（1945年），战史编纂委员会档案，中国第二历史档案馆藏，787/16784。

⑥ 何应钦：《对五届十二中全会军事报告（自民国三十二年九月至民国三十三年四月）》，《抗日战争军事报告集》（下），第222页；曹剑浪：《国民党军简史》上册，第754页。

人，还要常常受敌人的打击。”[①] 此种情况说明依靠维持庞大兵力以弥补素质不足的方法，早已超越了极限，国民党军的规模再大，也无法应对战局的发展，且还存在严重的副作用，该年国民党军在豫湘桂会战中溃败即与此不无关系。

鉴于此种情况，1944 年 7 月召开的黄山整军会议上，国民党军高层痛定思痛，“缩军”再度被提上议事日程。最初草案预计将现有 320 个步兵师缩减为 250—280 个，蒋介石对此很不满意。他批评说：“我们现在最多只能规定二百个师，其中一百个师可借美械来装备，另外一百个师仍用我们自己的武器来充实”，这个草案“顾忌现实，不能大刀阔斧，加以整顿，那整军前途就不能收到效果”。几天之后，审查修正案确定兵额为 517 万。蒋介石坚持以 500 万为限度，编成 200 个师。[②]

根据黄山会议上蒋介石的指示，“全国各作战后方补充游击部队及机关学校，共保留五百万人之标准数，列表呈核，并拟订裁减人员处置办法”。但实际上面对总数已经将近 650 万的庞大兵力，“经极力压缩，为五百七十余万（含机关学校员额在内）”。[③] 战争进行了 7 年，终于在 1944 年战区—集团军体系停下了膨胀的步伐，臃肿问题开始缓解。因而在始终支持“缩军”的陈诚看来，此次黄山会议是抗战期间最重要的军事会议。[④]

1945 年整军的首要工作，仍是继续上一年的裁军。军政部于年初提出的整军方针为：“配合反攻要求——充实作战力量，配合国家预算——顾及人力物力。”主要任务为压缩军师数量，“即将各部队一律裁并三分之一，但为求实施整编便利起见，概以战区为单位”。其具体方案为三军之集团军裁一军，三师之军裁一个师。两师之军，或各师自行缩减一团，所缺之团另拨；或保留军部及一师，所缺之师，由他处拨给已整编之师。裁军步骤上，各战区的整编方案，“由军政部按原则拟定，发由各战区负责实施，

---

① 蒋介石：《第四次南岳军事会议开会训词》（1944 年 2 月 10 日），秦孝仪主编《先总统蒋公思想言论总集　第二十卷　演讲》，第 325 页。

② 蒋介石：《对于整军各案的训示》（1944 年 7 月 27、28 日）、《对黄山整军会议审查修正各案之训示》（1944 年 8 月 4 日），秦孝仪主编《先总统蒋公思想言论总集　第二十卷　演讲》，第 456、472 页。

③ 何应钦：《军政十五年》，第 58 页；何应钦：《对六届全国代表大会军事报告（自民国三十三年五月至民国三十四年五月）》，《抗日战争军事报告集》（下），第 270 页。

④ 《陈诚回忆录——抗日战争》，第 99 页。

待整编完成报备核准后，乃实行新给与”。此项整编分四期实施，三个月为一期。①

和之前的若干次以流产告终的裁军相比，此次整军进行得异常顺利。在1945年4月第一期整编结束后，全国总兵力从去年底的570余万压缩到了470余万，共裁去了34个军、110个师。② 而8月之后，日本突告投降，整编遂转为复员阶段，依时任军政部长陈诚所说，“整军原为复员之一，自须继续进行”，因而在下半年，军师裁并加速。截至1945年底，又裁减了36个军、109个师、21个旅，军师数量减少了1/3，其压缩力度相当之大。③

1945年以“缩军”为内容的整军得以顺利实施，原因是多方面的：其一在于日本的战略收缩，各战区、集团军正面的军事压力减轻；其二陆总—方面军体系建成之后，相当程度替代了战区—集团军体系的职能。这都为“缩军”的实现提供了条件。另外，1944年继任军政部长的陈诚，能够贯彻黄山会议的决策，将裁军贯彻落实，也是一个关键因素。

抗战末期，国民党军还改编、设立一部分新军。这些军队包括远征军（含驻印军）和青年军。

1943年，国民党军计划从旧有部队中改建新军，其预定规模为10个军、30个师，分两期完成，以专用于滇缅战场。这些部队“以现行编制利用美械，补充骡马，已整建远征军五个军另一个师，暨昆明行营之四个军，在印之新一军，按现代化完成装备”。④ 除编制特殊的驻印新一军外，⑤其余9个军采用的编制与当时通行的1942年加强编制不同，为1943年远征军编制。

---

① 中国第二历史档案馆：《整军建军专题报告（1946年）》，《民国档案》1994年第2期。

② 何应钦：《对六届全国代表大会军事报告（自民国三十三年五月至民国三十四年五月）》，《抗日战争军事报告集》（下），第270页；《陈诚回忆录——抗日战争》，第99页。

③ 《军政部在国民党六届二中全会上所作之军队复员整编工作报告》（1946年3月3日），《中华民国史档案资料汇编 第五辑第三编 军事》（1），第521页。

④ 何应钦：《军政十五年》，第57页。

⑤ 按郑洞国的回忆，新一军辖2师（新二十二、三十八师），每师辖步兵3团，直属队为炮兵2营，工、通、辎各1营，特务连、卫生队各1个；每团辖步兵3营，迫击炮、平射炮、通信兵各1连，特务排、卫生队各1个；每营辖步兵连3个，机枪连1个；每连辖步兵排3个，轻迫击炮班1个。除此之外，驻印军总部还配属了相当数量的特种兵科。参见《我的戎马生涯——郑洞国回忆录》，第292页。

国民党军曾在1943年上半年草拟了一个《卅二年军新编制表》，“凡军属各单位武装、装备、通信、工兵、输力、卫生等，均参照英美陆军编制拟定”，[①] 突出了特种兵科的建设，以增强火力、输送能力及其他保障能力。但由于驼峰航运的运力有限且多数资源并未到达国民党军手中，1943年军新编制并未得到推行，1943年改建的新军所采用的是其变体——远征军编制。据陈诚回忆，1943年远征军编制，“军内炮兵营与师内步兵团系采用美方之建议”。其中军炮兵营配备山（野）炮12门，而步兵团之编成发生了较大的变化，配属部队得到较大加强，团内较当时一般师多出高射机枪连2个，迫击炮、输送连各1个，通信、特务、防毒排各1个，营、连的配备也强于一般部队。[②]

但在实际配备中，远征军的军、师远未能够按照此新编制配备。[③] 如第五十四军，在1943年11月依照远征军编成时，较一般军只多出一个战防炮营；在师一级特种兵科，也是在既有基础上酌情加强，第三十六师在进入远征军编制后，“扩编工兵连为营，增设一个辎重营，搜索连改为骑兵连”。[④] 远征军的团一级，于1943年6月后，参照《远征军编制表》进行了有限的强化，“其团内步兵火器，充实较多，军（师）战力、输力亦均加强”，[⑤] 第三十六师“团直属部队增设一个轻机关枪连，步兵营内增设一个战防枪班，步兵连内增设一个六零迫击炮班”。[⑥] 如此配备，比国内一般军、师要优越不少，但与1943年远征军编制之设定有不小的差距。可见第一批改编的新军，并没有按照计划完全地编成。

进入1944年，为了满足反攻作战的需要，并应美国新建一套军队系统的要求，在美援的支持下，建设新军的工作推行得较为顺利：驻印军、远征军和昆明行营所辖军、师的数量得到增加，而编制和装备也大大改良。

---

① 何应钦：《对五届十一中全会军事报告（自民国三十一年十一月至民国三十二年八月）》，《抗日战争军事报告集》（下），第196页。

② 参见中国第二历史档案馆《陈诚私人回忆资料（1935—1944）》（下），《民国档案》1987年第2期。

③ 王文宣：《最近十年军务纪要（节选）》，《民国档案》1989年第1期。

④ 《陆军五十四军沿革史表》（1945年），战史编纂委员会档案，中国第二历史档案馆藏，787/16790。

⑤ 王文宣：《最近十年军务纪要（节选）》，《民国档案》1989年第1期。

⑥ 《陆军五十四军沿革史表》（1945年），战史编纂委员会档案，中国第二历史档案馆藏，787/16790。

驻印军由1军2师扩大为2军5师，全系美械化装备。[①] 远征军所辖之6个军、昆明行营所属之3个军也在原有编制基础上，改编了美式装备，[②] 时任第十一集团军（属远征军）总司令的宋希濂详细回忆了此时远征军的编制：军编有配备12门105毫米美式榴弹炮的榴弹炮营，师编有配备12门75毫米美式山炮的山炮营，团直辖一个四门制的战防炮连，营成立一个两门制的81毫米迫击炮连和一个两具火箭筒的火箭班；连、排、班轻武器采用美式轻机枪、冲锋枪；军、师有完备的野战医院，从军到营连有良好的通信设备，还有足够的工兵器械。宋希濂称："这和国民党军队原来的装备比较起来，是要完备得多，尤以火力方面更是大大加强了。"[③]

需要指出的是，上述增强配备、实力不俗的新军并未编入战区—集团军体系之中。1944年底陆总—方面军体系建立之后，上述改编完毕的部队随即编入各方面军之下，以作为反攻力量。与此同时，针对各军、师实力乏弱且斗志不坚的情况，1944年底蒋介石号召"十万青年十万军"，继而设立青年军编练总监部，负责编练青年军。大量知识青年从军后，除了一部分空运至印度补充驻印军外，剩余青年在1945年上半年被编成9个师外两个团，即第二〇一至二〇九师与第二一〇师的两个团。青年军遂成为远征军之外的另外一支新军。

青年军的特别之处，其一是打破了国民党军自1938年起不再编设第二〇〇师以上番号的传统，青年军第二〇一至二〇九师同前200个师一样，不是新编、暂编、预备番号；其二在于其将领均为降级使用，每个师的师长此前均为军级以上将领；其三在于编制与一般国民党军不同，青年军恢复了旅一级的建制，每师下辖三个旅，直属队为炮兵营两个，工兵、通信、辎重兵营各一个，每旅下辖两个团，其师编制略小于普通军，但实际配备要高于一个军；其四，青年军所配备的全部美械及经费待遇也高于一般部队。青年军是国民党军队中同样得到优先配备的新式武装，但其建成

---

① 1943年驻印军仅新一军的1军2师，1944年初，新三十师并入新一军，4月，原远征军第五十四军所辖之第十四、五十师也空运至印度。5月1日，驻印军扩编为新一、新六军，计2军5师。参见曹剑浪《国民党军简史》上册，第759页。

② 何应钦：《对五届十二中全会军事报告（自民国三十二年九月至民国三十三年四月）》，《抗日战争军事报告集》（下），第223页。

③ 《鹰犬将军：宋希濂自述》，第169—170页。按，宋希濂还回忆，除了此9个军之外，第十三、十八、七十四军这三支颇有背景的军，也开始逐渐配备美式装备。

后不久，战争即告结束，青年军之实力并未在抗日战场上得以发挥。[①]

回顾国民党军整军的历程，战前的整军屡经波折，甫走上正轨即遭中辍。全国抗战八年中，统帅部对各军、师进行了一轮复一轮的整军，但其中的种种无奈之举，使得国民党军兵额恶性膨胀，而“缩军”迟迟不能推行。国民党军战略单位数量之增长接近失控的边缘。幸而在抗战最后一年实现“缩军”，新军也次第编练，整军方渐入正道，质量有所提升。

第三节 军、师编制（前期）

从军事学的角度看，编制的定义是：“军队建制单位设置、控制定额、配备干部、补充兵员、配发武器装备的准则和依据。”[②] 可见编制对于军队的重要意义。蒋介石在 1942 年的西安军事会议上也强调：“现代战争的胜败，其决定的因素甚多，而其军队编制良好与否，直接影响到他作战的成败尤为重大。如果编制优良，虽然战术稍差，还可以设法补救，反之，如编制不当，即令战术如何高明，亦要受到不利的影响，甚至整个归于失败。”[③] 从中足见蒋认识到军、师的编制对于部队的质量存在一个建制上（institutional）的影响。

战争爆发时，国民党军的 180 个师中已有一部分按照调整师、整理师编制整编，但剩下的大多数步兵师仍然按照战前五花八门的编制配备。初战不利的局面促使国民党军制订了新的 1938 年编制。在四期整训中，约 2/3 的军、师采用了 1938 年编制，但事实上改编的情况则与计划大相径庭，相对于编制表，军、师的实际配备真是损之又损。1942 年颁布的编制在 1938 年编制上进行了一些更为实际的调整，但其实际的推行仍然存在折扣。直到 1944 年底美援到来后，国民党军顺势推出了里程碑式的 1945 年编制，从建制上将军、师的作战能力提高了一个层次。

---

① 参见曹剑浪《国民党军简史》上册，第 756—757、834—835 页；戚厚杰等编著《国民革命军沿革实录》，第 604—607 页；张正权等：《本师的成长》，青年远征军二〇一师军中导报社，1945；张正权等：《本师的教育》，青年远征军二〇一师军中导报社，1945；《半生风雨录——贾亦斌自述》，中国文史出版社，1996，第 88—90 页；刘安祺口述，黄铭明纪录《刘安祺先生访问纪录》，台北，中研院近代史研究所，1991，第 77—82 页。

② 军事科学院编《中国军事科学全书·军制分册》，军事科学出版社，1997，第 112 页。

③ 蒋介石：《西安军事会议讲评（二）》（1942 年 9 月 9 日），秦孝仪主编《先总统蒋公思想言论总集 第十九卷 演讲》，第 260—261 页。

从编遣时期到七七事变爆发的9年间，一部接一部的新编制不断出台，每部编制出台之后，均有若干部队依照该编制进行了改编。因而战争爆发前夕，国民党军之军、师的编制实际上已经十分凌乱。

粗略统计，全国抗战前国民党军各师所采用的编制有近十种之多，按时间顺序大致有：1930年编制、1932年整理师、1933年“剿匪”师、1935年教导师、1935年整理师、1936年调整师、1937年调整师、1937年整理师等。[①]

北伐时期军队系统的混乱，自然也表现在各师的编制之上。尽管1928年初军事委员会公布了《国民革命军编制草案》，规定以军为战略单位，下辖3师（各辖4团或3团）及直辖特种兵科，通饬各军遵照改编，但北伐之后“军队既多，编制愈不一致，当时各军有辖两师者，有辖三、四师者，有师长兼军长不设军部者”。[②]《草案》的设定根本未能推行。

1929年1月，全国编遣会议在南京召开之时，曾经制定了一个师编制表，以供编遣后的、作为战略单位的师改编。这张《陆军暂行编制表》规定了甲、乙、丙三种编制，分别为2旅6团、3旅6团、2旅4团，配属的特种兵科也不尽相同，拟在全国推广。[③] 不过编遣失败后的持续内战，使得上述编制之推行化为泡影。直至中原大战后1930年11月召开的军事整理会议，制定新的编制并在全军推广方复成为可能。为改编师旅，会议制订了陆军编制的规范——1930年编制。此编制恢复了编遣会议时确定的原则：仍以师为战略单位，将编遣会议编制原表中的甲种师编制改为乙种师，而乙种师改为甲种师，丙种师仍旧，并规定骑兵师及独立旅编制。[④]

具体设置上，甲种师以3旅6团为主体，配属骑兵连、通信兵连、特务连各1个、炮兵1营（山炮或野炮12门）、工兵1营（三连制）、辎重兵1营（二连制）；乙种师编2旅6团，配属特种兵科与甲种师相同；丙

---

① 参见陈默《全面抗战前（1928—1937）国民党军队的编制演变》，《军事历史研究》2011年第3期。

② 《陆军沿革史草案》（1939年），战史编纂委员会档案，中国第二历史档案馆藏，787/00575。

③ 《陆军沿革史草案》（1939年），战史编纂委员会档案，中国第二历史档案馆藏，787/00575。

④ 《陆军沿革史草案》（1939年），战史编纂委员会档案，中国第二历史档案馆藏，787/00575。

种师2旅4团，配属骑兵、通信兵、辎重兵、特务各1连，炮兵1营、工兵1营（二连制）。[①]

根据当时的军制学，改军为师是一个进步。当时世界各国军队编制中，大多以师为战略单位。师作为战略单位利大于弊，其长处在于指挥调动上较为灵活，易于编配特种兵科，行军行列也相对便捷，在政治上亦较为安全。[②] 另外，北伐时期国民党军受到苏联的影响，一直以军为战略单位，此时国民政府已然与苏联决裂，在军队编制上去掉苏联红军的烙印，也是改军为师暗含的题中之义。

然而此1930年编制，本身存在许多不足。其最大缺点是师所辖的步兵团数过多，而师属特种兵科编制较小，特别是在炮兵方面，与同时期其他国家野战师相比，存在明显的差距。[③] 而在现实中，相当多的师之直属部队，还均未能达到编制中的要求，特种兵科的缺编是普遍现象。[④] 稍微分析，特种兵科配备弱小且实际难以编成，是困于当时军费和军械的紧缺；而师辖步兵数量如此之多，自然是出于用数量弥补质量的思路，但更多恐怕是与此刻整军的实际相关——改军为师意味着要大幅压缩人员，若师的规模编得大一点，裁兵的压力自然就要小很多。

然而此次整理会议后，1930年编制的基本架构在使用国民党军番号的各师中逐渐普及，[⑤] 使得此编制实质上成为国民党军在北伐之后的第一个

---

① 《民十九年陆军暂行编制表》（1930年12月），《蒋中正总统档案》，台北，“国史馆”藏，001/070001/007。

② 参见《军制学教程》，第27页。

③ 同时期法军师属炮兵为轻炮兵1团、重炮兵1团；美军师属炮兵为1旅3团（野炮2团、重炮1团）；日军稍差，部分师团附属重炮团、部分附属野炮团，部分为重炮营。另外，美军师在工兵、通信兵的编制，日军师团在骑兵上的编制，均大大多于1930年编制。参见《军制学教程》，附录第49—57页。

④ 譬如1931年国民党军第十四军所属的两个师第十师、第八十三师分别下辖2旅4团，但无直属之特种部队。参见《陆军第十四军三十四年度工作报告书》（1945年），中国国民党文化传播委员会党史馆藏，一般档案，501/185.1。又如第六师在1930年仅辖2旅加1个独立旅、共9团，无特种兵科配属；第十六师于1930年仅辖四十六、四十七、四十八计3旅，无特种兵科配属；第三十七师在1931年时，除下辖3旅之外仅配特务1团，无其他直属部队。参见《第六战区各军师沿革简史册》（1945年），战史编纂委员会档案，中国第二历史档案馆藏，787/16768。

⑤ 至1936年，多数师均按照1930年编制分为甲、乙、丙三类，详见《对于二十个调整师及一般部队整理补充整个计划》（1936年），《蒋中正总统档案》，台北，“国史馆”藏，002/080102/00070/002。

正式编制，直至全国抗战爆发后的一年里，参战的很多部队仍在沿用此编制。[①] 从这个意义来看，1930 年底这次军事整理会议为数不多的成就之一，倒是统一编制的制定和推广。

1932 年军委会恢复之后，军队高层在谋划整理军队的同时，将更新编制作为其重点。蒋介石在 4 月 3 日的日记中称："拟改编军队计划，急思改正编制也。"此后一周他亲自参与了新编制的设计。之后他又不断审查编制，亲力亲为。[②] 军委会最终在 6 月颁布暂行编制表（即 1932 年整理师编制），作为最新编制。[③] 凡是列入整理计划之师，拟按照 1932 年编制改编；而未参加整理的师仍用 1930 年编制；不属上列两种编制的部队，原则上一律逐渐裁并。此次整理计划于 1932 年底办理完竣。

1932 年整理师的基干部队为步兵 2 旅 4 团，师属骑兵 1 连、炮兵 1 团，工兵、通信、辎重各 1 营，卫生队、特务连各 1 个。总体来说，此整理师编制与 1930 年丙种编制较为相似，而直属之炮兵部队得到了增配，通信兵、辎重兵也得到了扩充。此外，1932 年整理师辖步兵团及其所属营连的编制，相对于 1930 年师所辖之步兵团有了一些进步：团属步兵炮连、营属小炮排、连辖轻机关枪班等新式小单位得到了设置。[④]

但和之前 1930 年编制的落实情况相似，实际编成的整理师之炮兵部队至多为营，其他特种兵科亦多缩减为连级配置；即便如此，按照此种"打折"方法勉强凑齐特种兵科的师，仅仅才 6 个。[⑤] 其他所谓的整理师，仅是将 1930 年编制中多余之团数裁去，保持 2 旅 4 团的建制而已。至 1934 年，共计 41 个军按照此项标准整理，但所辖部队实际编成却五花八门。[⑥] 1932 年整理师编制已经修正了 1930 年编制的不合理之处，在设计上突出

① 《陆军沿革史草案》（1939 年），战史编纂委员会档案，中国第二历史档案馆藏，787/00575。

② 《蒋介石日记》，1932 年 4 月 3、9 日，5 月 4、8 日。

③ 参见《陆军沿革史草案》（1939 年），战史编纂委员会档案，中国第二历史档案馆藏，787/00575。

④ 团的具体编制为步兵 3 营，步兵炮 1 连，通信 1 连；营属步兵 3 连，机关枪 1 连，小炮 1 排；步兵连分 3 排，每排分轻机关枪 2 班（每班机关枪 1 挺、步枪 3 把）和步枪班 3 班编成。全连官佐 5 员、士兵 167 名。参见《陆军沿革史草案》（1939 年），战史编纂委员会档案，中国第二历史档案馆藏，787/00575。

⑤ 刘凤翰：《战前的陆军整编——附九一八事变前后的东北军》，第 172—254 页。

⑥ 曹剑浪：《国民党军简史》上册，第 131 页。

了强化特种兵科和充实小单位（团、营）的特点，而其最大的问题在于，没有考虑到当时中国军队在经费和械弹上的实际情况，计划中的很多环节无法落实，因而按照此编制编成的 1932 年整理师，多呈空虚之相。

前述 1930 年编制师，相对同时期列强各国军队的步兵师，其配备处于全面劣势。然而吊诡的是，面对当时的中共红军，按照 1930 年编制编成的各师在作战中也并非占据完全优势。《陆军沿革史草案》记载："当二十一、二年之间，鄂、赣各省，匪势复炽，其时各剿匪部队，多用十九年编制，兵员既多，运动不灵，而辎重运输，尤感困难，用以进击飘忽无定之匪军，颇难收效。"①

面对此种困境，为了满足和红军作战的需要，1933 年 7 月军委会南昌行营特订《陆军步兵师编制表》，专供担任"剿匪"的步兵师改编使用。陈诚的第十八军下属之 4 个师按照此"剿匪"师编制进行了改编，成为 3 团制之师。②"剿匪"师编制取消了旅一级司令部，裁减了战术意义不大的炮兵，而在野战后勤部队方面特意加强，分 3、4、5 团三种类型，师直属工兵、通信兵各 1 连，特务、输送各 1 营，卫生队 1 个，原有炮兵营调归南昌总司令部集中训练；4 团制之师，其输送营则编为 4 队；5 团制之师则编为 5 队。"剿匪"师在团一级做了一定加强，扩大其独立作战能力。③

十分明显的是，1933 年"剿匪"师编制并非一个普适的全新编制，其设置纯系战术上之权益考虑，某种意义上是 1930 年编制的减配设置。其小单位相对灵活独立，但大单位的火力极其不足，仅适宜于对付装备劣势、人数较少的红军。以"剿匪"师编制改编的陆军师之实力，相对于 1932 年整理师还要逊色不少。

1935 年陈诚主持陆军整理处时，尝试颁布了一部教导师编制，以供先行改编为教导师的部队采用。教导师的思路由来已久，1933 年 2 月 14 日德国总顾问魏采尔④（Georg Wetzell）在呈文中提到，由首都警卫师改编而

① 《陆军沿革史草案》（1939 年），战史编纂委员会档案，中国第二历史档案馆藏，787/00575。

② 曹剑浪：《国民党军简史》上册，第 161—162 页。

③ 参见《陆军沿革史草案》（1939 年），战史编纂委员会档案，中国第二历史档案馆藏，787/00575。

④ 按，魏采尔为今常用译法，作者仅于原文文献中保留"佛采而"。

来的第八十七、八十八、三十六师在中国陆军中就兼有教导部队的属性，“惟因上述各种政治与军事情形，近数年来东驰西战，故迄未能改为正式教导队”。[①] 此时编练教导师的计划与之前一贯的思路既有暗合，也存在区别，过去的第八十七师等3个师之编制为整理师编制，而1935年教导师编制是一个全新的3团制师的设计。

1935年教导师编制的特点，在于将2旅4团的师建制更替为德国国防军最新采用的“三三”制的3团制师建制，取消旅一级的设置，师直属特种兵科与1932年整理师相同；在团一级编制内，将原营属小炮排集中至团部成连，而原团属迫击炮连分拆为3个排，分别配属于各营。[②] 这样的编制方式相对于之前中国军队的任何编制都具前瞻性，但可惜仅在教导总队得以部分地体现，而同年参加整理的部队所采用的1935年整理师编制，较之前1932年整理师编制还要差上一个档次。

至1935年底，国民党军各师虽已试行了数种编制，但没有一种在各师得到如质如量地配备。幸而在接下来的时间里，国民党军在编制上终于取得了实质性的进展。1936年陆军整理处结束后，军政部开始实施其20个师的调整计划，此计划中各师采用的是新制定的1936年调整师编制。进入1937年后，原有的整理师编制也参酌调整师的建制进行了修正。此两种编制的设计比较合乎实际，是战前中国军队在编制上取得的一个进步。

1936年调整师编制保持了2旅4团制的传统，师直辖骑兵1连，炮兵、工兵、通信兵、辎重兵各1营，卫生队1个，特务连1个。[③] 除了师属炮兵由团改为营，其他配置与1932年整理师编制别无二致，然而调整师编制的特点是体现在团一级之下的小单位中。调整师编制部分继承了教导师编制中团一级的配备思路，即迫击炮分属各营为排，“俾增设战术单位之火力”；20mm机关小炮集中成连直属团部，“俾可防空及抵御战车”。团的具体编成为步兵3营，通信1连；营分步兵3连，机关枪1连，迫炮1排；

① 中国第二历史档案馆：《德国军事顾问佛采而关于整顿中国军队致蒋介石呈文两件》，《民国档案》1988年第4期。

② 《军事委员会核准陆军教导师编制表草案训令》（1935年9月25日），《中华民国史档案资料汇编 第五辑第一编 军事》（1），第219页。

③ 《陆军沿革史草案》（1939年），战史编纂委员会档案，中国第二历史档案馆藏，787/00575。

步兵连分为 3 排，排分 3 班。[①]

除此之外，调整师编制中步兵班的设置也与之前迥异。各步兵连均正式采用 9 班混合制，废除了过去的轻机关枪班之编组，班分为步枪组和轻机关枪组，步枪组兵 7 名，机关枪组兵 5 名，连班长 2 名，共 14 人。[②] 如此配备，各班均拥有了自动武器，其作战能力较之 1932 年整理师编制中 15 班制之连，人数虽略有减少，但火力反而增强，终于达到了前总顾问魏采尔的要求——“努力使步兵每班配属轻机枪一挺”。[③] 同时，步兵班数量减少，连级指挥调动则更为便利。

就 1936 年调整师的编制而言，距离当时世界一流水平，仍有不小差距，其最大的缺陷还是在于师一级支援火力。[④] 另外，“二四”制的编制在此时已显陈旧，团级用 20mm 小炮代替 75mm 步兵榴弹炮的做法亦不十分规范。1936 年调整师编制所编成的步兵师按照当时欧洲的标准只能勉强算作轻装师，其火力、防御、攻坚能力均极其有限。然而这相对于过去各种空虚而庞大的编组，已经是一个不小的进步。更为重要的是，这 20 个师的实际编成情况较好，大多数均能足额足量地得到配备。至 1936 年底，20 个调整师下辖各团“步兵及机关枪、迫击炮均按编制编成；小炮除第二、第四、第二十五、第三十六、第八十七、第八十八等六师各编成四连（每团一连）、教导总队编成三连、及第八十九师暂编两连外，余尚缺”。[⑤]

1937 年，调整师、整理师编制大致延续了 1936 年调整师、1935 年整理师编制的基本特点，但也有些调整：“至编制方面，为顾虑财力及

---

① 《陆军沿革史草案》（1939 年），战史编纂委员会档案，中国第二历史档案馆藏，787/00575。

② 《陆军沿革史草案》（1939 年），战史编纂委员会档案，中国第二历史档案馆藏，787/00575。

③ 中国第二历史档案馆：《德国军事顾问佛采而关于整顿中国军队致蒋介石呈文两件》，《民国档案》1988 年第 4 期。

④ 魏玛时期的德国国防军步兵师仅 3 个步兵团，配属 3 个轻炮兵营组成的炮兵团；至二战爆发时，德军步兵师之炮兵团在 3 个轻炮兵营之基础上增加了 1 个重炮营。德军的轻炮兵配备的是 105 毫米榴弹炮，重炮营配备的是 150 毫米榴弹炮，而 1936 年调整师炮兵营所配备的仅仅为 75 毫米级别的山（野）炮，其威力、射程均不在一个档次。参见滕昕云《蓄势待发：抗战前期国民革命军德制新式中央军之整建》，台北，老战友工作室，2005，第 57—58 页。

⑤ 《对于二十个调整师及一般部队整理补充整个计划方案》（1936 年），《蒋中正总统档案》，台北，“国史馆”藏，002/080102/00070/002。

装械来源，除经已调整各师适用调整师编制外，另定一种编制，名曰二十六陆军整理师编制，并将调整师编制，加冠二十六年字样，同时颁发施行。”①

1936年底公布的《二十六年陆军调整师暂行编制表》所定的师编制大体与1936年调整师的编制相同，但在细微方面存在一些区别。1937年调整师编制中，师组织系统与1936年调整师的架构无异，但在团一级，1936年调整师所辖团属小炮连却未出现在1937年调整师的编制表中。此种“新不如旧”的编制现象，缘于20毫米小炮这类技术兵器全赖进口，若无新械到埠，即便编成小炮连，亦属有兵无炮，故只好放弃。此外，1937年调整师编制之团及以下的组织系统与1936年调整师相同，步兵连的编成也与1936年调整师一致。②

1937年整理师编制配备与1935年整理师编制类似，其配备要大大弱于1937年调整师。师除所辖2旅4团外，编有骑兵连（排）、炮兵营（连）、工兵连、通信兵连、无线电排、师医院、特务连各1个，同时又规定骑兵、炮兵因马、炮数不足可以缩编甚至不设，工兵无器材者不设；辎重连平时不设，于必要时得呈请成立输送队。团辖3营，机关枪连（6门制）、迫击炮连、通信排各1个。营辖3连，连辖3排，每排附轻机枪1—2挺，如无轻机关枪时改携步枪。对比1937年调整师编制，1937年整理师在师、团、营、连级的编成均呈现出非常大的差距；不仅如此，1937年整理师与1937年调整师相比，在特种兵科的配置上，也存在较大的差别。③

在全国抗战前夕，国民党军终于找到了一套较为合适的编制以改编其数量庞大的各师，且已经按照新的调整师、整理师编制改编的各师，其实际编成与编制表之设置差距也在缩小。不过至开战时，按照新编制完成配备的师的数量实在太少；更令人沮丧的是，国民党军的这一百多个师，无论采用何种编制，均不足以对抗日军的同级单位——师团。

---

① 《陆军沿革史草案》（1939年），战史编纂委员会档案，中国第二历史档案馆藏，787/00575。

② 《二十六年陆军调整师暂行编制表》（1937年），《蒋中正总统档案》，台北“国史馆”藏，002/080102/00067/002。

③ 参见《二十六年陆军整理师暂行编制表》（1937年），《蒋中正总统档案》，台北“国史馆”藏，002/080102/00067/003。

表 2-1　全国抗战初期国民党军各师编制与日军甲种师团编制对比

师别 配备	1930 年师 （甲种）	1932 年 整理师	1936 年 调整师	1937 年 调整师	1937 年 整理师	日军甲种 师团
师属基本部队	3 旅 6 团	2 旅 4 团	2 旅 4 团	2 旅 4 团	2 旅 4 团	2 旅团 4 联队
直属特种兵科	炮、工、辎各 1 营；骑、通、特各 1 连	骑 1 连；炮 1 团；工、通、辎各 1 营；特 1 连	炮、工、辎、通各 1 营；骑、特各 1 连	炮、工、辎、通各 1 营；骑、特各 1 连	无线电排 1；炮 1 营；工、辎、通、骑、特各 1 连（排）*	炮、工、辎、骑各 1 联队；加强重炮联队 1 个；坦克营 1 个
团属部队	步营 3	步营 3；步兵炮连 1	步营 3；小炮连 1；通信连 1	步营 3	步营 3；机枪连 1，迫击炮连 1，通信排 1	步大队 3；速射炮中队 1，通信队 1
营属部队	步连 3；机枪连 1	步连 3；机枪连 1；小炮排 1**	步连 3；迫炮排 1；机枪连 1	步连 3；迫炮排 1；机枪连 1	步连 3	步中队 4；步兵炮小队 1；机枪中队 1
连属部队	步排 3	步排 3	步排 3	步排 3	步排 3	步小队 3
排属部队	步班 3	轻机枪班 2；步班 3	轻机枪班 3	轻机枪班 3	步班 3；附轻机枪 1—2 挺	步分队 3；附掷弹筒 2 门；轻机枪 2 挺

* 除 1936 年编制师外，其他编制师的师属特种兵科多数均未配齐编成。

** 照 1932 年编制配备各师，团属步兵炮连、营属小炮排实际因为火炮久不到位，多未编成。

资料来源：《陆军沿革史草案》（1939 年），战史编纂委员会档案，中国第二历史档案馆藏，787/00575；金亚生：《日寇陆军战略单位以下部队编制装备变革之研究》，《军事杂志》第 151、152 合期，1943 年 10 月，第 88—92 页；Philip Jowett, *The Japanese Army, 1931 - 1945 (1)*, London: Osprey, 2002, pp. 8 - 9。

全国抗战爆发时，国民党军 180 个步兵师中，仅很小一部分按照调整、整理两种编制进行了改编；剩余各师仍保留了 1930 年、1932 年等编制，且多未能足质足量地编成。全国抗战初期，为了对付日军，统帅部制定新编制改编各师，同时决定以军代替师作为战略单位。1938 年国民党军次第推出了三种编制，三者之间的差异不小。可见这期间高层对军队系统中基本单元之设计思路也在频繁调整。而最后决定以军为战略单位，更是国民党军编制上的一个里程碑式的转折。

自 1929 年开始，国民党军即以师为战略单位，而把军作为战争中的临时编组。但 1937 年在与日军实际的作战中，即便是国内一流的一个调整师，也远不能与日军一个师团抗衡，“就淞沪会战后所得经验，我国两旅四团制之师，指挥运用不灵，以敌之一师兵力三倍于我，故以我国一师对敌一师，常居劣势”。①

其主要原因在于国民党军的调整师与日军师团虽均为师级单位，但存在着本质区别，在实际对抗中属于“错位对抗”的状态。国民党军调整师下辖2旅4团，炮、工、通、辎各1营，卫生队、特务连各1，人数1万出头，在军事学上属轻装师；而日军的师团是典型的重装师，明治后期即常设的甲种师团是总人数为2.5万人的大单位，编有4个步兵联队（团）并骑、炮、工、辎各1个联队；1936年之后日军新组建的乙种师团，其编成为3个步兵联队，并骑、炮、工、辎各1个联队，人数也接近2万人。国民党军一师之作战人员仅及日军一师团之1/2，而师内各级火炮无论在数量上还是威力上均大大弱于日军师团。② 国民党军的师与日军的师团，虽名称一致（division），但全然不是一个等量级单位。

全国抗战初期，有人检讨国民党军以师作为战略单位，存在如下不足：

> 一、力量过于薄弱，通常以国军五—八个师方能对付敌人一师团。
>
> 二、战略单位过多，则大本营方面指挥困难。
>
> 三、吾国炮兵数目较少，不能普遍分配于各战略单位，致各师之火力过于薄弱，不能达成攻坚之任务。
>
> 四、各战略单位负有经理之全责，直接向中央军政机关请领薪饷、器械、被服等，则手续非易。③

鉴于此种不利局面，国民党军统帅部首先尝试增强师的配置，以求提高其实力。1938年1月，军政部奉蒋介石手令，以各师减少步兵加强特种兵，并增订预备兵为中心，拟定了《廿七年陆军师暂行编制表》（简称“1938年

---

① 《陆军沿革史草案》（1939年），战史编纂委员会档案，中国第二历史档案馆藏，787/00575。

② 参见A. J. Barker, *Japanese Army Handbook, 1939—1945*, Ian Allan Ltd., 1979, p. 13, Appendix 1；徐勇：《征服之梦——日本侵华战略》，广西师范大学出版社，1993，第28页。

③ 燕非平：《建军时四大问题之商榷》，《军事杂志》第135期，1941年7月，第55—56页。

2 月编制”），并选定 9 个师试行。[①]

1938 年 2 月编制除将旅级司令部取消，把 2 旅 4 团改为 3 团制之外，其他与之前 1937 年调整师编制差别不大。此处，增设了高射机枪 1 连，其余均不变。而就团一级而言，1938 年 2 月编制相对于之前任何一种编制都要强大得多：团辖步兵 3 营，步兵榴弹炮、战车防御炮、通信各 1 连；至于营、连两级的编制，则和 1937 年调整师编制基本一致，仅每班多设 1 名预备兵，连同班长两名共计 15 人。“此项编制，于管理上虽称完备，惟特种兵器数量较多，一时无法补充，未尽实行。”[②] 在实际编成中，按照此编制改编的 3 团制师，师、团一级特种兵科（主要是各类炮兵）均未得到充实，因而其实际配置反不如人数较多的调整师。

1938 年 2 月编制反映了国民党军高层在日军师团的巨大压力下，试图加强师级单位配置的思路。从军事学上看，师编制改“二四”制为“三三”制，是符合世界军事潮流的。2 旅 4 团的建制肇始于一战甚至更早的时期，适合于静态线性防御和宽大正面的进攻等旧式战争样态，而一战以及之后的战争样态已经发生了变化，狭窄正面的机动作战成为主流，此时旅级指挥部及过多的步兵已显得冗余。[③] 如前文所提到的，1930 年代中期德军、日军均开始废除旅的建制，将师的结构改为师直辖 3 团，正是基于此。

不过对于 1938 年初的国民党军来说，师改为 3 团制固然解决了前述“指挥运用不灵”的问题，但就实力而言实际上却有减无增，师级单位所属兵力不足的问题反而更加凸显。所以，即便上述各师的特种兵科得以足量充实，1938 年 2 月编制本身也不是一个解决问题的好办法。

开战之初几次会战的经验，证明师作为一级战略单位已不合战争之实际要求。欲使战区—集团军体系中的基本单元能够与日军的战略单位——师团对抗，更好的办法是将国民党军自身的基本单元升级为军，使得双方

---

① 此 9 个师为预备第一、三、四、八、九师、第四十五、五十二、五十三、一九〇师，何应钦：《军政十五年》，第 54 页。另据资料显示，按照 1938 年 2 月编制改编的共 10 个师，与何应钦的记载略有出入，《照二十七年陆军师（三团制）编制改编之十个师番号》（1938 年），《蒋中正总统档案》，台北，“国史馆”藏，002/080102/00067/007。

② 《陆军沿革史草案》（1939 年），战史编纂委员会档案，中国第二历史档案馆藏，787/00575。

③ 参见滕昕云《蓄势待发：抗战前期国民革命军德制新式中央军之整建》，第 34—36 页。

实力对等。于是 1938 年 6 月的武汉行营会议，“规定军为战略单位，每军辖三师，师辖三团，师之经理人事，以直属于军为原则，军以上各级指挥官，不得兼任他职，各路军名义取消，集团军及军团均直属战区司令长官部”。7 月，正式颁布《廿七年军系统表》《军司令部编制表》及《军属师编制表》（上述三表构成 1938 年 7 月编制），当时计划按照此编制整编的师计有 90 余个，但由于战况紧急，部队不能抽调，“整编迄未照行，其遵照改编者，仅不属各战区之十一个师及荣誉师耳”。[①] 从此，军代替了师再次成为战略单位（北伐时，军为战略单位）。

北伐之后至全国抗战爆发，军尽管从临时编组过渡至实际之一个层级，但大多数时间军部都依附于所辖之一师，军长由师长兼任。军一级的建制极不健全，除特务连外，没有直属特种兵科。军司令部的组织十分原始，据 1932 年颁布的甲、乙两种军司令部编制表，辖 3 师的甲种军司令部仅设参谋、副官两处，专任参谋 5 人、副官 3 人，官佐共计 28 人；辖 2 师乙种军司令部连参、副两处都不设，仅编参谋、副官各 3 人，官佐共计 18 人。军一级之指挥反依赖于师，“军部用无线电台临时得呈请指拨，电话通信，应由师向军架设”。[②] 相对于同一时期之师司令部，军部可谓简单之极。[③]

军成为战略单位后，其职能大大扩展，因而，其司令部编制的扩大势属必然，而直属的特种兵科也从无到有。军司令部下辖参谋、副官、军械、军需、军医、军法 6 个处。其中参谋处下辖作战教育、情报、后方交通通信 3 课；副官处辖传达排；军械处辖修械所；军需处辖总务、会计、粮服 3 课。官佐共计达 90 人之多，远超过去。军除所辖步兵 3 个师外，其

---

① 《陆军沿革史草案》（1939 年），战史编纂委员会档案，中国第二历史档案馆藏，787/00575。此 11 个师是第五、二十四、二十八、七十七、一〇三、一二一、一三三、一三四、二百师，新二十二师，预备第二师，参见何应钦《军政十五年》，第54 页。

② 《陆军沿革史草案》（1939 年），战史编纂委员会档案，中国第二历史档案馆藏，787/00575。

③ 1936 年颁布的《师司令部服务规则草案》，即规定师司令部由师长、副师长、参谋长指挥参谋、副官、军械、军需、军医、军法、兽医 7 个处，所处理的业务也远大于军司令部。参见《师司令部服务规则草案》（1936 年），战史编纂委员会档案，中国第二历史档案馆藏，787/02079。按照 1937 年调整师编制，师司令部专任参谋 5 人、副官 3 人，官佐共计 58 人，参见《二十六年陆军调整师暂行编制表》，《蒋中正总统档案》，台北，“国史馆”藏，002/080102/00067/002。

直属特种兵科为骑兵、野（山）炮兵各1团，工兵、通信、辎重、特务各1营，战车防御炮1连，野战医院1所。如此庞大的特种兵科配备，是过去的一个军所无可比拟的。

同时，1938年7月编制中，师之地位随之下降，在编制上相应地做了一些缩减。师辖步兵团3个，直属炮兵营（迫击炮营）、工兵营、辎重兵营各1个，战车防御炮、骑兵、通信兵、特务各1个连，卫生队、野战医院各1个。① 此种师的配备，弱于调整师编制，也低于1938年2月编制，但作为军编制下的次级单位，如此设置已可满足其战术定位，因为在作战中，师可以得到军属特种兵科的支援，其编制自不必如之前一般。

重新调整军、师关系——确立军作为战略单位并降低师的定位，是国民党军针对日军之编成做出的一个积极因应，也满足了实际作战中战略战术的需要。军成为战略单位后，旅的建制逐渐消失，军、师、团之间"三三"制的原则开始确立。直到战后1946年整军，师才再度成为战略单位，而旅也得以重新设置。不过值得注意的是，1938年7月后，约20个师按照3团制师改编，但同时尚有28个原按1930年编制编成的师，在改编中仍是遵令按照1937年2旅4团整理师编制编组，以备补充前方之用。② 此后至1938年底，又有17个师按照1937年整理师编制编成。③ 这说明，当时尽管确立了新的编组原则，但在军队系统中仍有相当部分之师的实际编成，以2旅4团制为准绳，"三三"制的原则并未得到普遍推广。

武汉会战中，国民党军集中142个师苦撑数月之后，约2/3的兵力消耗殆尽，"为培养战力，继续作战起见，亟应将所有部队予以维持整补，并以当时前方损失部队陆续后调者，为数颇多，亦应加以整理"。针对此种情况，军政部于1938年10月拟订方案，计划第一期改编27个师，新组建10个师；军令部提出拟整编60个师作为总预备军；同时，时任总顾问切列潘诺夫（А. И. Черепанов）也提出了他的计划——整编60个军，每

---

① 《二十七年陆军军暂行编制表》（1938年8月），国民政府档案，台北，"国史馆"藏，001/012071/383。

② 《陆军沿革史草案》（1939年），战史编纂委员会档案，中国第二历史档案馆藏，787/00575。

③ 参见何应钦《对五届五中全会军事报告（自民国廿七年四月至民国廿七年十二月）》，《抗日战争军事报告集》（上）。

军3个师。[①] 上述各套整军计划最后均未能施行，但它们关于军、师编制的讨论却催生了正式的1938年编制。

在随后的长沙、南岳会议中，上述各方案经过各部门共同集议，最后以军政部的方案为蓝本，形成了《国军整理总方案》，决定即刻对全部军、师分期进行为时一年的整训；在整编的各军、师中，以军为战略单位，辖3师者为甲种军，辖2师者为乙种军；军部一律用甲种军编制（但乙种军之直属部队减少）；师用新订之1938年师编制。

1938年11月南岳会议上，各部门基于上述各方案对军、师编制进行了深入的探讨，共计11个子方案，经过逐一推敲，最后于12月重订了《廿七年陆军甲种军暂行编制表》与《廿七年陆军师暂行编制表》，并宣布"所有廿七年二月颁行之陆军师暂行编制表及廿七年七月颁行之陆军师暂行编制表，均一律废止"。[②] 至此，正式的1938年编制成型。

1938年12月编制在军一级，和10月军政部的方案基本一致。甲种军之编成，为步兵3个师，骑、炮兵各1团，工兵、通信、辎重、特务各1营，军部不分甲、乙种，均设参谋、副官、军需、军医4个处及其他必要官佐。[③] 特别要指出的是，甲、乙种军下辖步兵师之编制完全不同，甲种军所属各师，用1938年陆军师或调整师编制；乙种军下属师，则仍旧使用整理师或1930年师编制。军政部认为如此安排，"可免多数纷更，而于作战整编，两无妨碍"。[④]

---

① 《陆军沿革史草案》（1939年），战史编纂委员会档案，中国第二历史档案馆藏，787/00575。

② 《陆军沿革史草案》（1939年），战史编纂委员会档案，中国第二历史档案馆藏，787/00575。11个子方案分别为"以军为战略单位，军以下采用三三制案""决定师属步兵团数案""步兵排改为六班或四班案""加强战斗力量案""步兵营增加小炮排案""步兵连增设掷弹筒案""步兵连设防毒班案""充实特种兵案""师分山地平原各种编制案""增加步兵重兵器案""重兵器驮马改用输卒、山地驮夫并用案"，最后的方案大多倾向于前述军政部之方案，而诸如将步兵排改为6或4班等新奇设想，都被否决而恢复原来的设计。参见《何应钦呈陆军司令部及直属部队暨陆军师之新编制遵照历次训示办理情形》（1938年11月28日），《蒋中正总统档案》，台北，"国史馆"藏，002/080102/00067/005。

③ 《陆军沿革史草案》（1939年），战史编纂委员会档案，中国第二历史档案馆藏，787/00575。

④ 何应钦：《对五届五中全会军事报告（自民国廿七年四月至民国廿七年十二月）》，《抗日战争军事报告集》（上），第142页。

而在师的编制方面，1938 年 12 月颁布的《陆军师暂行编制表》与之前军政部方案也大致相同，师下辖步兵团 3 个，炮兵营（迫击炮营）、辎重兵营、工兵营各 1 个，骑兵、通信兵、战车防御炮、特务各 1 连，卫生队、野战医院各 1 个。[①] 在具体的配置上，此编制表较军政部方案进行了细化和细微调整，譬如军政部方案中步兵连辖 3 排 9 班，共计官兵 161 人，而此 1938 年 12 月编制中，步兵连亦为 3 排 9 班，但官兵为 170 人。[②]

总的来说，1938 年 12 月编制在军一级的配备上特意强化，而在师一级的配备上较之前的数个方案有所弱化。师一级配置上的此种“退步”，部分缘于财力有限、军械不足，但主要原因还是军被确立为战略单位，特种兵科优先配置于军，师在军队系统中的重要性下移，其配置相应缩减也属应当。另外，进入战略相持阶段之后战场的特征也发生了变化，据刘馥的研究，“当时我国已不再有延绵不断的防线，因而也不必冒大部队（人多、不灵活、往往装备不佳）被日军在其惨烈的歼灭战摧毁的危险。新命令强调纵深防御和以小而机动性高的部队从事多方面攻击”。[③] 因而师如此配置也有其战术上的道理。

按照军政部的设想，“预定以一军（步兵三师、炮兵骑兵各一团）对敌一师为基础拟定之；以三师编成之军对敌一师，则一切数量火力均优胜于敌”，而军属特种兵科与日军师团所属特种兵科相较，差距也不算太大。[④]

从理论上说，按此配备以 3∶1 的比例对抗日军，在人员、火力、技术上国民党军尚存一定优势；而实际上国民党军在兵力对比上的优势还远远不止 3∶1。如果按此标准将所有军、师悉数改编，并经过数期整训后，似

① 参见《新订二十七年甲乙种军及二十七年师编制之说明》，《蒋中正总统档案》，台北，“国史馆”藏，002/080102/00067/007；《陆军师暂行编制表》（1938 年 12 月），战史编纂委员会档案，中国第二历史档案馆藏，787/02580。此两编制中师系统的设计基本一致。

② 参见《二十七年陆军师新编制检讨表》（1938 年），《蒋中正总统档案》，台北，“国史馆”藏，002/080102/00067/007；《陆军师暂行编制表》，战史编纂委员会档案，中国第二历史档案馆藏，787/02580。

③ 刘馥：《中国现代军事史》，第 141 页。

④ 《二十七年陆军师新编制检讨表》（1938 年），《蒋中正总统档案》，台北，“国史馆”藏，002/080102/00067/007。

乎有理由相信进入战略相持阶段后，新确立的战区—集团军体系内军、师编制将日趋理想，其作战能力也将与日俱增，可惜事实并非如此——因为1938年编制并未能按计划保质保量地落实到各军各师。

表 2－2 1938 年军甲种编制与日军乙种师团编制对比

师别 配备	1938年编制甲种军	日军乙种师团
军（师团）属基本部队	3师9团	步兵联队3
军（师团）直属特种兵科	炮、骑各1团，工、辎、通、特各1营	炮、骑、工、辎各1联队，装甲车1小队
师（联队）属部队	步团3；迫炮、工、辎各1营；骑、通、战防炮、特各1连	步大队3；联队炮、速射炮、机枪各1中队，工、通、辎、发烟各1队
团（大队）属部队	步营3；通1排	步中队4；机枪1中队，大队炮1小队，辎1队
营（中队）属部队	步连3；机枪1连；迫炮1排	步小队3；自动炮、机枪、弹药各1小队
连（小队）属部队	步排3，附掷弹筒3门	步分队3，附掷弹筒2门，轻机枪2挺
排属部队	轻机枪班3	

资料来源：《陆军沿革史草案》（1939年），战史编纂委员会档案，中国第二历史档案馆藏，787/00575；《蒋中正总统档案》，台北，"国史馆"藏，002/080102/00067/007；金亚生：《日寇陆军战略单位以下部队编制装备变革之研究》，《军事杂志》第151、152合期，1943年10月，第88—92页；Philip Jowett, *The Japanese Army, 1931－1945（1）*, pp. 8－9。

第四节 军、师编制（后期）

1939—1941年的四期整训中，战区—集团军体系中约2/3的部队按照1938年编制进行了改编，但在改编中，1938年编制的落实情况不佳，这导致战区、集团军下属各军、师的质量较之过去并没有改观。针对此种情况，国民党军统帅部开始酝酿一套更新更合理的编制来代替实际运作不良的1938年编制。陈诚和军政部都提出了自己的方案，并在此基础上试行了1941年编制。

如前所述，根据长沙、南岳等军事会议的决议，自1939年开始统帅部对战区—集团军体系内各军、师进行分期整训。实际运作中，整训从1939年至1941年共进行了四期，而每一期整训中军、师的整理标准基本上均以

1938 年编制为基准。经过几年的整训，1938 年编制推广至近 200 个师，这是国民党军历史上不曾出现过的整齐划一。

需要指出的是，1938 年编制在推行过程中，还因势制宜地得到了改良。1939 年，在桂林行营的整补会议上，各部纷纷提出对 1938 年编制的改进意见。这些意见首先指向军、师司令部功能不健全、人员过少的问题，希望增设参谋、军械人员。[①] 会议后军、师的司令部编制因之得以扩充，1938 年编制中师的司令部参谋处下属仅设 3 个科，后来即增加了第 4 科（人事），专门办理官佐任免、铨叙、兵员拨补事宜。[②] 其次，将领们还针对编制上之不足提出修改建议，如将营属迫击炮排集中至团，改为团属迫击炮连，“火器自当集中，于最短时间发扬最大之威力为原则”；又如增设输送部队，因为原编制军、师各司令部“日用公私诸行李之输送”不由军、师属辎重营输送，部队每每移动皆遇到困难。[③] 以上建议也多得到采纳，相当一部分师所辖各营之迫击炮排合并，编为团直属迫击炮连；[④] 军政部也在师一级增设战时输送、卫生部队，部分师经批准增设了 1500 人以上的战时增设部队，含师输送连、掩埋排各 1 个，团属输送连、卫生队各 3 个，再加上师属野战补充团，1938 年陆军师战时编制已达 12912 人之巨。[⑤]

按照军政部的设想，参加整训的军、师按照 1938 年编制改编，再将兵员、械弹补充，人事、经理统一后，与日军同级的师团对比，战区—集团军体系中的战略单位——军，理论上在兵力和火力上均具有优势。但事实证明，上述预测过于乐观，按照 1938 年编制改编的军、师的作战能力仍存在诸多不足，从第一、二期整训后新编制的部队在 1939 年底“冬季攻势”中的表现来看，远逊色于日军同级部队。齐锡生先生认为

---

① 《桂林行营整补会议编制案》（1940 年），战史编纂委员会档案，中国第二历史档案馆藏，787/02606。

② 《陆军第一预备师三十年六月份参谋长定期报告关于参谋人事及参谋教育部分》（1941 年 6 月），战史编纂委员会档案，中国第二历史档案馆藏，787/02512。

③ 《桂林行营整补会议编制案》（1940 年），战史编纂委员会档案，中国第二历史档案馆藏，787/02606。

④ 参见《陆军第三预备师整编经过》（1940 年 4 月 13 日），战史编纂委员会档案，中国第二历史档案馆藏，787/02596。

⑤ 参见《陆军暂编第五十五师参谋长对部队现状报告书》（1941 年 6 月 9 日），战史编纂委员会档案，中国第二历史档案馆藏，787/02512。

这缘于整训计划在实施过程中囿于客观条件而未能按计划落实。[①] 考察1939—1941 年四期整训情况，1938 年编制在基层军、师的落实确实不佳。

在战争爆发之前，每每有新的编制颁行，按照该编制改编的各师，除1936 年调整的 20 个师之外，其余均存在特种兵科不能配齐的问题，而枪炮弹药也多没有充足配备。而这样的问题延续到了全国抗战时期，并于1938 年编制的推广过程中体现得尤为明显。

首先，虽然各期整训均规定原则上按照 1938 年编制改编各军、师，但事实上整编标准却多半打了折扣。以第一期整训为例，参加整理的野战师统一采用 1938 年编制；[②] 然而将此期整训实施的“1938 年编制”与 1938 年底的 1938 年编制表对比，编制表中的一些单位在此次实施中出现了“缩水”现象：军属骑兵团被缩减为连甚至排，军属炮兵团缩减为营，师属骑兵连缩减为排，最重要的是相当多的师属炮兵营被明确规定为迫击炮营，其射程、威力下降了两个档次。[③] 之后三期整训的军、师标准也和第一期类似，较编制表打了相当大的折扣，军属特种兵科均比编制表的设置降了一级，其中仍以骑兵部队最为严重；师属炮兵多以迫击炮营代替，而战防炮营也少有如编制配备。[④]

而当时各战区、集团军之下的军、师，实际能按照这个“缩水”标准编成的，亦属少数。军政部在 1939 年上半年的校阅报告中指出：“各部队多有未照编制完全组成，如师属骑兵连、炮兵营均阙如，战时增设部队间

---

① Hsi - sheng Ch'i, *Nationalist China at War: Military Defeats and Political Collapse, 1937 - 1945*, p. 59.

② 《第一期整理各军师（军委会直辖及战区直辖）单位编成标准表》（1939 年 5 月 15 日），《蒋中正总统档案》，台北，“国史馆”藏，002/080102/00069/004。

③ 在第一期整训的近 100 个师中，仅有 8 个师的师属炮兵营得到了火炮进行扩编，13 个师编有炮兵营（连）但缺乏火炮补充，剩余的多数师，只得陆续成立迫炮营。参见《军务司呈奉批整编各部炮兵报告各点遵办情形检查表》（1939 年 3 月 15 日），《蒋中正总统档案》，台北，“国史馆”藏，002/080102/00069/005。

④ 参见《第二期军委会直辖整训部队实施办法》（1939 年 7 月）、《第二期战区直辖整训部队实施办法》、《第三期军委会直辖整训部队实施办法》（1939 年 12 月）、《第四期整训部队实施办法》（1940 年 11 月 13 日），何智霖编《陈诚先生从军史料选辑 · 整军纪要》，第 125—127、140—142、145—147、151—158 页。

有尚未成立。”[①] 胡宗南的第一军是老资格部队，在第一期整训中被列为军委会直辖整训，但按照 1938 年编制改编时，其军部直属队也只是“增编工、通、辎、特四直属营及两野战补充团”，并未有骑、炮团的建制，直到 1941 年 4 月参加第四期整训时，其军属特种兵科才达到编制要求。[②] 非主力部队的情况更加糟糕，川军杨森所率领的第二十军，在 1940 年 1 月加入第三期整训，按照 1938 年甲种军编制编成，其直属队仅仅是“通信兵营、特务连、徒步骑兵连、辎重兵团、军乐队、野战医院、野战补充团各一”，工、骑、炮等建制付诸阙如。[③] 不仅军一级的情况如此，军所辖的各师，情况也类似。第三预备师于 1939 年 9 月编成时，其战防炮连、炮兵营均未成立，直到 12 月才奉令成立战防炮连，至 1940 年 9 月方告编竣；其炮兵营以迫炮营替代，但也晚至 1940 年 1 月方才编成。[④]

至四期整训完毕，除少数几个得到特别关照的军，战区—集团军体系内大多数军、师的编制距离 1938 年编制均有不小的差距。无怪完成整训后统一为所谓的 1938 年编制的近 200 个师，对付日军的 20 多个师团仍力不从心，编制不健全当是原因之一。

其次，在已“简化”的编制内，各级单位的械弹也未得到足够的配备。第一期整训结束时，何应钦就在报告中陈明械弹补充上的困难。[⑤] 第二期整训结束之后的五届六中全会上，何应钦汇报称：“惟因广州海口被敌封锁后，外货来源不易，多数军需品，均须本国自制，现在制造力量，尚未充分，未能适应预期之要求；更以战区交通困难，运输迟缓，故战区整理部队之补充，缺点尚多，正力图设法补救，陆续补充。”[⑥] 此后，外国武器援助仅依靠苏联通过陆路运输，且此唯一的援助也于 1941 年 10 月被

① 《民国二十八年上期总校阅各受校部队一般缺点及改进意见表》（1939 年），战史编纂委员会档案，中国第二历史档案馆藏，787/02506。

② 《第一军简史》（1942 年），战史编纂委员会档案，中国第二历史档案馆藏，787/16780。

③ 《陆军第二十军历史概要》（1945 年），战史编纂委员会档案，中国第二历史档案馆藏，787/16784。

④ 参见《陆军第三预备师整编经过》（1940 年 4 月 13 日），战史编纂委员会档案，中国第二历史档案馆藏，787/02596。

⑤ 何应钦：《何应钦呈第一期整理部队经过情形及第二期整理拟暂缓》（1939 年 5 月 16 日），《蒋中正总统档案》，台北，“国史馆”藏，002/080102/00069/004。

⑥ 何应钦：《对五届六中全会军事报告（自民国廿八年一月至民国廿八年十月）》，《抗日战争军事报告集》（上），第 187 页。

单方面终止，国民党军武器弹药来源日益陷入困境。[①] 可以想见，第三、四期整训期间，国民党军野战军、师在装备补充上的情况较之前更为困难。

这一阶段野战军、师的装备情况与此窘境吻合。第一期整训部队中，大多数师的轻武器均相当不足。按照编制，一师之步枪数为 2500、轻机枪数为 172、重机枪数 54、迫击炮数 18，而陈明仁的预二师、何绍周第一〇三师、丁治磐第四十一师的步枪数分别为 1162、1757、882，轻机枪为 71、98、150，重机枪为 0、16、0，迫击炮为 0、10、0，其配备之不足可见一斑。军政部对其进行了补充，但也未补足，只能先补足欠额的一半。[②] 在整训中，一些军、师的械弹配备情况逐渐好转，但仍旧没有实现齐装。[③]

枪炮不仅数量不足，还质量堪忧。1939 年 9 月，第八十九师装备了 207 挺轻机枪，其中“有使用年久已失效能者”；1941 年 6 月，第一〇七师实有步枪 2362 支，但“内有旧汉式步枪六三零枝，未领到之比造步枪四四二枝”，旧式枪械占有较高比例，而新式枪械得不到补充遂产生新的矛盾。[④]

1938 年编制在推广中既已“缩水”，还做不到齐装满员；械弹之配备本来就不足，而且质量陈旧低劣。四期整训后按照所谓的 1938 年编制改编的近 200 个师，其实力恐怕不及其纸面上的 60%—70%；此外战区—集团军体系中还有接近 100 个师仍旧保持着过去的整理师等旧式编制，实力更为薄弱。

---

① 何应钦在 1940 年 3 月参谋长会议上，提醒各部参谋长：“最近曾有电报指示各部队爱惜子弹，当然是因为一、国外购买不便，二、国内制造有限……各位今后应体念来源的困难、制造的不易，勉励部下爱惜弹药，不要浪费。”参见何应钦《何总长出席参谋长会议训示（廿九年三月八日下午）》，战史编纂委员会档案，中国第二历史档案馆藏，787/02482；《国民革命建军史　第三部　八年抗战与戡乱》(2)，第 1317 页。

② 何应钦：《拟补充第一期整训部队第二批十九个师主要武器数量表》（1939 年 2 月 18 日），《蒋中正总统档案》，台北，“国史馆”藏，002/080102/00069/004。

③ 如长期在重庆补训总处辖下的暂第五十一师，1941 年初有比造七九步枪 2498 支、比造勃朗宁轻机枪 175 挺、丹造麦德森重机枪 54 挺，八二迫击炮 18 门；桂系的新第十九师，1941 年 2 月有步枪 2312 支、轻机枪 204 挺、重机枪 43 挺；新组建的暂第五十五师，1941 年 6 月拥有德造七九步枪 2500 支，捷克式轻机枪 172 挺，麦德森两用机枪 54 挺，迫击炮 18 门。参见《陆军暂编第五十一师二十九年度下半年参谋人员定期报告书》（1941 年）、《陆军新编第十九师参谋长报告书》（1941 年 2 月 20 日）、《陆军暂编第五十五师参谋长对部队现状报告书》，战史编纂委员会档案，中国第二历史档案馆藏，787/02512。

④ 《军委会点验委员会二十八年七月、九月份各组点验部队概况一览表》（1939 年 9 月），《蒋中正总统档案》，台北，“国史馆”藏，002/080102/00083/006；《陆军第七十军第一零七师参谋长三十年上期临时定期报告》（1941 年），战史编纂委员会档案，中国第二历史档案馆藏，787/02510。

苦心设计的1938年编制在战区—集团军体系内落实不佳，统帅部转而制定出更新的编制来应对此种困局。一向关注军队编制的陈诚此时在《军事杂志》上撰文明言，未来国民党军建军的方向在“注重小单位的充实，战略战术单位的减少，以及机动性的增强”。[①]

此前陈诚已经将上述想法具体化，于1940年8月提出了放弃1938年编制另起炉灶的建议。他认为1938年编制不光落实情况不佳，其设计本身就存在巨大问题。按照此编制改编的部队战斗力自然薄弱，往往一个军都不能和日军一个联队对抗，这是因为部队中的“非战斗员兵，超过战斗员兵”，一个近万人编制的师，步枪兵仅2000人，“战斗稍微激烈，仅一二日间各部战力即消失殆尽”，剩下的非战斗兵溃退，则成“影响部队作战成绩为部队之重累”；同时“上级指挥机关及非战斗单位过多，而团以下之战列部队不能充实，形成头重足轻之现象”。[②]

他针对1938年编制的弱点，提出了一个全新的方案：在军、师之间恢复了旅的建制，同时废除了班的建制，以排为基本单位，一排32人，较之原来的排人数要少很多，但又比传统的班要大；各级单位的队部均按过去下一级队部改编，比如营部按连部改编，连部按排改编。如此设计减少了机关人员，增加了以步枪兵为主的战斗兵。然而，各部经过讨论，普遍认为陈诚的这个方案“利少害多，难于实行”，[③] 最终未能通过。

陈诚的方案被否定之后，军政部参酌他的意见，选择了基于1938年编制原则订立1941年军师编制的稳妥路线。1941年4月15日，最高幕僚会议第20次会议上，军政部提出《为另订卅年军师暂行编制表及其加强办法案》，幕僚会议令军委会相关部门对此进行讨论。[④]

1941年编制将军、师编制分为“加强”和“普通”两种。前者和

① 陈诚：《建军问题的商榷》，《军事杂志》第135期，1941年7月，第5页。

② 参见《商震、姚琮呈军委会各部对改订国军编制案意见提要》（1940年10月29日），《蒋中正总统档案》，台北，“国史馆”藏，002/080200/00526/050。

③ 军委会讨论后认为陈诚方案虽然可以提高军官指挥能力，节省炮兵及重机枪等武器，但增加更多列兵致使战斗能力薄弱，中间单位增多则影响指挥后勤，减少了火炮机枪导致火力缺乏。参见《商震、姚琮呈军委会各部对改订国军编制案意见提要》（1940年10月29日），《蒋中正总统档案》，台北，“国史馆”藏，002/080200/00526/050。

④ 《最高幕僚会议第二十次会议记录》（1941年4月15日），战史编纂委员会档案，中国第二历史档案馆藏，787/02472。

1938 年军、师编制基本相同，仅将原军属骑兵团缩编为骑兵连（无马则称搜索连），原军属炮兵团缩编为炮兵营，军、师属辎重营改为人力、兽力两种，营属迫炮排合并为团属迫炮连，步兵连增编掷弹筒组。后者则大大缩减了单位，军属特种兵科仅剩 1 个特务连，师属战防炮连、卫生队裁编，工、通、辎均为连级单位，步兵团、营也不设迫击炮部队。总的来说，1941 年编制和 1938 年编制很相似，而在配备上要低半个至一个档次。①

但参与讨论的军委会各部门却认为 1941 年编制大体较 1938 年编制，“优点甚多”：人马装备有减少，但能“维持相当之战斗力”，非战斗员兵及马匹裁撤，“节省公帑”。侯成等观察到 1938 年编制所定之标准过高，骑、炮兵团因马匹、火炮缺乏而无法实现；而辎重部队也因马匹、车辆不足而不能有效运输。因而 1941 年编制将其缩编或改制是符合实际的。② 及至 7 月，1941 年编制正式通过，拟通令实施。③ 8 月，陈诚收到关于此编制的审查报告书后，也大致同意此种设置。④

1941 年两种编制的设计虽然被统帅部接受，但该编制仅在极少数军、师得到试行，并未成为一个通行的编制进行推广，且试行的少数军、师也未完全按照此编制配备。如第十八军与其所辖之第十一师，在 1941 年即奉令按照《卅年陆军加强编制表》进行改编，但在军、师两级配置上，与编制表并非完全一致。⑤ 类似的还有新编第三十九师，该师于同年 11 月奉令改编为 1941 年加强师，但却把原有的野战补充团、工、辎两营均予裁撤，这也与编制表不合。⑥

此编制之所以未能全面铺开，大概与当时国民党军统帅部内关于“缩

---

① 《三十年军师编制与二十七年军事编制编成概况比较表》，何智霖编《陈诚先生书信集——与友人书》（上），第 193 页。

② 侯成：《三十年陆军军师编制审查报告书》，何智霖编《陈诚先生书信集——与友人书》（上），第 189 页。

③ 何应钦：《军政十五年》，第 50 页。

④ 陈诚：《函侯成略述调整军师编制意见》（1941 年 8 月），《陈诚副总统档案》，台北，“国史馆”藏，008/010101/00003/148。

⑤ 参见《陆军第十八军整训概述》（1942 年 4 月），战史编纂委员会档案，中国第二历史档案馆藏，787/02496；《陆军第十八军第十一师三十四年度参谋长报告书（作战部分）》（1945 年），战史编纂委员会档案，中国第二历史档案馆藏，787/02516。

⑥ 《陆军第三十九师概况》（1943 年 8 月 11 日），中国国民党文化传播委员会党史馆藏，一般档案，501/171。

军”的论争有关，9 月出台的《陆军各部队调整大纲》对编制的规定是：“素质优良战功昭著及原已按照二十七年编制整编者，用三十年加强编制；素质较差战功较次者，用三十年暂行编制。”[①] 但如前所述，此时统帅部尚未正式决定缩军，而到了蒋介石决心以此调整大纲调整军、师编制之时，1941 年已临近结束。1942 年春，各军、师改编时使用的新编制，已经是 1941 年编制基础上进一步调整而成的 1942 年编制。

1942 年初，统帅部在《陆军各部队调整大纲》的基础上颁布其《实施办法》，计分两期整理各军、师，而第一期又分两次进行。在编制方面，将原定的 1941 年编制“改定《三十一年陆军军师编制表》颁发施行”。[②] 其中，第一次整理参加过四期整训的、已经按照 1938 年编制整编的军、师，采用 1942 年加强编制；第二次整理则是之前没有按照 1938 年编制整理的军、师，采用 1942 年一般编制。

1942 年加强编制在 1941 年加强编制基础上进行了一些调整：军属特种兵科的辎重兵由营扩展为团，野战医院由 1 个扩展为 3 个，其余不变；而相对于 1938 年编制，军部多设军务、军法两处，职能更为健全。[③] 在师一级，其师直属队裁去了炮兵、辎重兵、野战医院的建制，工兵营缩编为连，其余建制得到保留。[④] 这样的编成实际是将师原有的部分特种兵科上调至军一级直属队编制，在设计上这个加强编制着重强化军一级单位，而弱化师一级的单位。

---

① 《陆军各部队调整大纲》（1941 年 9 月），《蒋中正总统档案》，台北“国史馆”藏，002/080102/00069/007。

② 何应钦：《对五届十中全会军事报告（自民国三十年十二月至民国三十一年十二月）》，《抗日战争军事报告集》（下），第 133 页。

③ 1942 年加强军编制根据下列诸件档案整理而成：《陆军第二十军历史概要》（1945 年），战史编纂委员会档案，中国第二历史档案馆藏，787/16784；《陆军第四十四军沿革略史》（1946 年），战史编纂委员会档案，中国第二历史档案馆藏，787/16787；《陆军第五十三军沿革详细历史》（1942 年），战史编纂委员会档案，中国第二历史档案馆藏，787/16789；《陆军第十四军三十四年度工作报告书》（1945 年），中国国民党文化传播委员会党史馆藏，一般档案，501/185.1。

④ 1942 年加强师编制根据下列诸件档案整理而成：《陆军第六十军整训备战报告书》（1942 年 5 月），战史编纂委员会档案，中国第二历史档案馆藏，787/02608；《陆军第五十三军沿革详细历史》（1942 年），战史编纂委员会档案，中国第二历史档案馆藏，787/16789；《陆军第十八军第十一师三十四年度参谋长报告书（作战部分）》（1945 年），战史编纂委员会档案，中国第二历史档案馆藏，787/02516。

而1942年一般编制与1941年一般编制相比，其军属特种兵科得以勉强配齐，但师属各级单位却进一步简化设置。1942年一般编制军以辖3师为原则，但两师制军仍暂保留。其特种兵科中的搜索连由原骑兵排改编；辎重兵营由原军、师辎重兵连合编；原设有特务团、营的师保留此建制，原无特务部队的按编制成立特务连；通信连由原通信连及无线电排合并，若原无通信部队的着即编成；军属炮兵、工兵部队均缺编。师直属的特种兵科与1941年一般编制师基本一致，但最为重要的迫炮营未进入编制；师所属步兵团、营亦有缩减，其步兵营未编有机枪连。①

从1938年编制到1941年编制再到1942年编制，其军、师两级架构已经发生了很多变化，但在实际整编中，大多数的军均十分顺利而快速地完成了1942年编制的改编。其原因在于1938年编制中军属骑、炮团在实际中多半只编配为营、连级单位，因而在改编中很多军的炮兵部队均维持原样；② 各军仅仅需要将各师及军属辎重兵营合编为军属辎重兵团，各师及军部医院合并为军属第一至三野战医院，并将各师的野战补充团裁撤，即可宣告完成改编。③

如果说1941年编制是从实际出发对1938年编制的缩减，那么1942年编制就是在此基础上将火力和资源尽量集中至军一级，突出军作为战略单

① 《陆军各部队调整实施办法》（1942年4月13日），战史编纂委员会档案，中国第二历史档案馆藏，787/02603。

② 如第四十四军改编之前仅编有1个重迫击炮营，改编时也继续保持迫炮营的建制；又如第二十军改编之前，其骑兵仅为连，在新编制中即改为搜索连。参见《陆军第四十四军沿革略史》（1946年），战史编纂委员会档案，中国第二历史档案馆藏，787/16787；《陆军第二十军历史概要》（1945年），战史编纂委员会档案，中国第二历史档案馆藏，787/16784。

③ 如第四十二军改编为1942年加强编制时，即“增设辎重兵团一，以本部及各师辎重兵营编成之，第一、二、三营为建制，第四营为战时增设，各师工兵营缩编为连，预七师野战医院并入军野战医院，军及各师野战医院赋予一至三番号”。而第六十军也与之类似，“军搜索连照原有骑兵排扩编成立之；迫击炮营就原有充实之，工兵营以第一八二、四两师工兵营（除留一连为师工兵连）合编为二连制之军工兵营，通信兵营就原有通信兵营充实之，特务营就原有特务营充实之，辎重兵团照两营制人马编成，由各师辎重兵营扩编成立，输送连由军原有辎重兵连改编，第一野战医院由原有军医院改编，第二野战医院由原第一八二师野战医院改编，第三野战医院由原第一八四师野战医院改编”。《陆军第四十二军略史》（1942年），战史编纂委员会档案，中国第二历史档案馆藏，787/16786；《陆军第六十军整训备战报告书》（1942年5月），战史编纂委员会档案，中国第二历史档案馆藏，787/02608。

位的地位。就学理而言，这样的调整无疑是一种进步。蒋介石在 1942 年编制推行后的一次军事会议中，详细讲解了此种编成的优点。归纳起来有五点："在使战略指挥机关由复杂趋于单纯，系统由纷歧趋于整一；在谋补给线之简捷便当而省费；在求充实战略单位兵力，使我军实力胜过敌人；在求兵力运输与交通之便利快速；特种兵移归军部指挥，便于集中机动使用，更能发挥作战威力。"①

但不容回避的是，1942 年加强编制在配置上相对于之前各类甲种编制（如调整师、1938 年编制），不但没有增强，相反还有减弱；1942 年一般编制，与之前乙种编制（1935、1937 年整理师编制）比较，也没有实质的提升。这是不断扩军之必然结果：1942 年的军费开支已接近战时经济所能支撑的极限；国际交通断绝后，驼峰航运尚未产生效益，技术兵器的来源几乎枯竭；此时总兵额已达 500 余万之巨。僧多粥少的现实，使得军师编制只能选择"保量不保质"。

值得肯定的是，和 1941 年编制相同，1942 年编制比 1938 年编制更贴近中国国情，若能得到切实编配充实，其实际战力不会比配备不齐的 1938 年编制的军师差；1942 年编制进一步强化了军的地位，区分了军、师两级之间不同的职能，这也是一个有益的尝试。另外，改编 1942 年编制的进程很快，短短数月间多数军、师即完成了编制转换，这对于军队的持续作战和恢复训练较为有利。

各军、师使用 1942 年编制，直至 1944 年下半年。其间统帅部对大多数军的编制进行了小幅修正，1944 年上半年，军政部根据 1942 年编制分别拟出"修正 1942 年加强军师编制"和"修正 1942 年军师编制"。7 月黄山整军会议中，蒋介石认为设立两种编制烦琐，将其统一为"修正 1942 年军师编制"（以下简称"修正 1942 年编制"）。② 黄山会议后，全国军、师即准备照"修正 1942 年军师编制"改编。自 10 月开始改编。③

---

① 蒋介石：《西安军事会议讲评（二）》（1942 年 9 月 9 日），秦孝仪主编《先总统蒋公思想言论总集　第十九卷　演讲》，第 260 页。

② 蒋介石：《对于整军各案训示》（1944 年 7 月 27 日），秦孝仪主编《先总统蒋公思想言论总集　第二十卷　演讲》，第 458 页。

③ 参见《第三战区参谋长三十三年度定期报告书》（1945 年），战史编纂委员会档案，中国第二历史档案馆藏，787/02513；《第六战区各军师沿革简史册》（1945 年），战史编纂委员会档案，中国第二历史档案馆藏，787/16768。

就编制本身而言，修正 1942 年编制同 1942 年编制区别不大，某种意义上是 1941 年编制的翻版。原军属辎重团拆分为 4 个营，重新编为军辎重营及 3 个师辎重营；原 3 个野战医院之外另成立 1 院，改为 1 个军野战医院及 3 个师野战医院；军搜索营及输送连裁撤。[①] 在 1942 年将师属辎重、卫生单位上调至军一级后，大概是为了指挥调度方便，1944 年又将其复归入师建制，因而在师一级单位，修正 1942 年编制中恢复了辎重营和野战医院，除此之外没有其他变化。[②]

虽然 1942—1944 年这三年中，各军、师使用的是更贴近实际的 1942 年编制，同时一直在进行着“改进”和“充实”。但此一阶段军、师仍未治愈抗战以来存在的痼疾：同 1938 年编制的落实情况一样，1942 年编制在具体的落实过程中，存在着编制不健全和装备残缺老旧等问题。

1942 年编制较过去的编制已紧凑不少，然而相当多的军、师所属特种兵科仍旧未完全配备甚至仅存“空架子”。1944 年第三战区的报告中称，其战区内“各军炮兵缺乏，除二十五、二十六两军各成山炮兵一营，七十军成有山炮兵一连外，其余廿一、四九、五十、八八各军均应成立山炮营；各师战防炮兵除各后调师外，至前方各师尚有二十一军之一四五、一四六，五十军之一四四、一四八、新七（因五十军未改前其所属，三师均为前方师），八八军之新二十一师等六个师，以无该项武器，战防炮连均未成立。”[③] 7 月，黄山会议上，蒋介石也批评说，军属骑兵连、搜索营等均是“有名无实的单位”，实际并未编成，且并未发挥应有之功能，应该“一律裁减”。[④]

此外，和 1938 年编制各军师装备配备不齐的情况相比，1942 年编制各军的装备配备情况同样不乐观，以装备情况较好的胡宗南部第一军为例，将

---

① 参见《陆军第四十四军沿革略史》（1946 年），战史编纂委员会档案，中国第二历史档案馆藏，787/16787。

② 参见《陆军第十八军第十一师三十四年度参谋长报告书（作战部分）》（1945 年），战史编纂委员会档案，中国第二历史档案馆藏，787/02516。

③ 《第三战区参谋长三十三年度定期报告书》（1945 年），战史编纂委员会档案，中国第二历史档案馆藏，787/02513。

④ 蒋介石：《对于整军会议之训示——知耻图强》（1944 年 7 月 21 日），秦孝仪主编《先总统蒋公思想言论总集 第二十卷 演讲》，第 452 页。军搜索营在修正 1942 年编制中被裁撤和蒋介石的批评不无关系。

其司令部及直属部队武器的配赋、现有、待补与使用程度列为表 2－3。

表 2－3 陆军第一军武器装备情况（1944 年）

武器类别	配赋	现有	待补	使用程度
步马枪	2915	1494	1428	4.3 人/支
轻机枪	127	24	103	262 人/挺
重机枪	5	4	1	1543 人/挺
高射机枪	30	12	18	524 人/挺
驳壳手枪	427	67	360	93 人/支
左轮手枪	19	6	13	1048 人/支
信号枪	26	3	23	2094 人/支
战车炮	20	16	4	393 人/门
二公分机关炮	14	12	2	524 人/门
掷弹筒	96	—	96	—

资料来源：《陆军第一军三十三年度参谋长定期报告书（作战部分）》（1944 年），战史编纂委员会档案，中国第二历史档案馆藏，787/02514。

此时战争已进入第 7 个年头，原有装备的磨损消耗也相当严重。其中枪炮经过长时间的超期服役，早已进入报废阶段，性能与从前不可同日而语。据第九十三师的报告，其师“现有之武器除本年度配发之新式武器外，其余均因经过历次作战后，主要零件及附件多残缺不全，兼以使用过久，渐失性能，致不能发挥其高度火力与射程”。① 除此之外，土工、防毒、通信等器材，也多破损废旧，效能极低。第一军报告其土工器材“半数已成废品，无法修理，又请换不到，徒虚悬数字”；防毒器材“虽以一部之口罩代用，然无眼镜，若遇泪性毒气便束手无策”；通信器材“半数多系部队拨归建制之陈旧品，经复修数次，且缺乏备份材料”。②

本来标准不高的 1942 年编制落实情况如此糟糕，各军、师作战能力普遍低下，以至于 1944 年豫湘桂会战中数十个军被处于强弩之末的日军打得丢盔弃甲。与之形成对比的是，在既有军、师之外改编的新军——驻印军

① 《陆军第九十三师三十四年度参谋长定期报告书》（1945 年），战史编纂委员会档案，中国第二历史档案馆藏，787/02518。

② 《陆军第一军三十三年度参谋长定期报告书（作战部分）》（1944 年），战史编纂委员会档案，中国第二历史档案馆藏，787/02514。

和远征军，在强大的编制和充足的配备下，虽然在恶劣的滇缅战场执行进攻任务，但仍能克难制敌。

1944 年底随着战局的转变和美援的大量到来，陆总—方面军体系建立，国民党军兵额开始压缩，而改编的新式军师在质和量上均有提升。这都为统帅部制定新编制并在战区—集团军体系中推行提供了有利条件。1944 年底魏德迈将军设计了阿尔法计划，准备以美械装备武装 12 个军、36 个师；同时用国械加强 11 个军、34 个师。① 1945 年 1 月，蒋介石审阅并批准此计划。② 按照此计划，军政部随即颁布了 1945 年编制，分甲、乙两种，用于编组接受美械的军师和使用国械的军师，其中甲种军师编制和 1944 年开始使用美械的远征军配备相类，而乙种军师编制则系由修正 1942 年编制发展而来。

甲种军由 3 个师编成，军属特种兵科为 105 毫米榴弹炮兵营、工兵营、通信兵营、兽力输送营、人力输送团，特务连、搜索排、野战医院、兽医队各 1 个。其军司令部下辖参谋、副官、军需、军医、军法 5 个处，较修正 1942 年编制减少兽医处，但其副官处的规模却稍有扩大。军直属特种兵科中，配备 12 门美制 105 毫米榴弹炮兵营为其最大亮点。除此之外，军属辎重部队较过去大大增强，其编制比修正 1942 年编制大了 4 倍；随着车辆的改善，军属搜索排得以恢复，并装备了美式吉普车。③

甲种军所属师的设置也相当强大。除所属 3 个步兵团外，直辖山炮营、工兵营、输送营、搜索连、通信连、特务连、卫生大队（附野战医院）、军需组、修械组各 1 个。其师司令部取消了各处的设置，而军需、修械组配属于师司令部。山炮兵营以美制 75 毫米山炮 12 门编成，工兵营、通信连、输送营、特务连与军所属对应单位架构相似而规模稍小。师直属队的实力，实际已经超过了修正 1942 年编制中军直属队。步兵团除所属 3 营外，其直属队包括迫击炮、战防炮、输送各 1 连，通信、特务排各 1 个，还有 1 个卫生队。就配备来看，团直属队的火力已经逼近修正 1942 年编制

① 《国民革命建军史　第三部　八年抗战与戡乱》(2)，第 1524 页。

② 参见《蒋介石日记》，1945 年 1 月 10、18 日。

③ 《三十四年陆军军甲种编制系统表》(1945 年)，国民政府档案，台北，“国史馆”藏，001/070001/0010。

的师直属队。①

1945年甲种编制带有很强的美军色彩，对运输、通信、医疗均十分重视，而配备的车辆、马匹也是高标准。每一级单位武备均比之前的编制强大，从105毫米的榴弹炮到11.43毫米冲锋枪，全系美械。采用1945年甲种军编制配备的1个军，其火力超过采用修正1942年编制的3—5个军，也超过了日军的甲种师团。在抗战结束之前采用此编制编成的军共12个，均于1945年4月编成，它们即是之前采用远征军编制的9个军和国内的第十三、十八、七十四军。除编制更新外，这些部队团以上单位均配备了美军联络官，以协助更换装备和训练。②

同一时期各战区、集团军之下的其他军、师，在整编中采用的是1945年乙种编制。此编制基于修正1942年编制，在部分环节上进行了强化。在军一级，1945年乙种编制与修正1942年编制基本相同。在师及以下单位，1945年乙种编制同修正1942年编制有一些区别：首先，恢复了师属山（野）炮营的建制；其次，引入美式装备如战防炮、火箭筒等编成小单位，用于加强团及以下各级单位，这些小单位在各军具体的设置上大同小异。

相对于修正1942年编制，1945年乙种编制的武器配备更加多样化，军、师的火力总体上有所提升，并且关照到了基层连排。

多数军在军一级并没有采用1945年乙种编制，而依然保持了修正1942年编制。③ 由于没有配备新火炮，各师属炮兵营乃是由原军火炮营分编至师而成；如若炮仍旧不足，则师属炮兵也有先成立1个连的情况。④各军、师改编1945年乙种编制中最实质的变化是新建的小单位，如第十四军的“各师装备，除照国械军装备外，并增发火箭炮、战防枪、冲锋枪、

---

① 《三十四年陆军师编制系统表》（1945年），《陈诚副总统档案》，台北“国史馆”藏，008/010704/00010/005。

② 《国民革命建军史 第三部 八年抗战与戡乱》（1），第249页；《国民革命建军史 第三部 八年抗战与戡乱》（2），第1527页；石觉口述，陈存恭等访问《石觉先生访问纪录》，第189页。

③ 参见《陆军第十四军三十四年度工作报告书》（1945年），中国国民党文化传播委员会党史馆藏，一般档案，501/185.1；《第六战区各军师沿革简史册》（1945年），战史编纂委员会档案，中国第二历史档案馆藏，787/16768。

④ 参见《陆军第十四军三十四年度工作报告书》（1945年），中国国民党文化传播委员会党史馆藏，一般档案，501/185.1；《陆军第四十六军一七五师参谋长定期报告书·部队概况》（1945年），战史编纂委员会档案，中国第二历史档案馆藏，787/02517。

六公分迫击炮等新式武器”，其具体的配备为营迫炮排增加火箭筒 2 具；步兵营部设立战防枪组，装备 3 支 0. 55 英寸口径的战防枪；各连下辖班班长均配冲锋枪一支，60 毫米迫击炮编配到各步兵连成班。①

至战争结束时，全国约 39 个师采用了 1945 年甲种编制改编，30 个师按照 1945 年乙种编制改编，其余大量军、师还未来得及按照新编制整编，仍保持着之前的编制。虽然在战争最后的几个月中，部分军、师编制标准和作战能力得到了实实在在的提升，但大多数军、师在编制上还处在十分低下的水平。

综观战时国民党军战略单位的状况，“量大质劣”是其主要特点。尽管指挥系统方面架构存在许多弊病，战区—集团军体系也积累了若干痼疾，但军、师层级的缺陷更为明显。

然而，无论是统帅部、军队系统还是数百个战略单位所存在的种种不足，均是国民党军在器物或制度层面上不够“现代化”所致。而国民党军更为深层次的问题，是隐藏在战争机器内部、表现于组织文化上的顽疾。这个顽疾就是军队内部长期存在的派系。派系的存在及其发生的影响，深入到战时军队系统中的方方面面，对于国民党军的影响或许更为重大而深远。

---

① 参见《陆军第十四军三十四年度工作报告书》(1945 年)，中国国民党文化传播委员会党史馆藏，一般档案，501/185. 1。

第三章
军队派系

派系化贯穿了国民党军在大陆历史之始终，其发展过程曲折多变。抗战期间，国民党军派系呈现出新的态势。可以说，“派系化”是战时国民党军最为重要的组织特征。军队系统与统帅部的关系因之而别具特色：作为统帅部的军委会对不同战区、集团军乃至于军、师的管理，诸战区、集团军以及军、师对待统帅部的态度和表现，都深受这个背景的影响。在军队系统内部，战区与战区、战区与集团军、集团军与集团军、集团军与所属军（师）之间，由于所属派系的不同，其关系相当微妙，在表面和谐之下，存在各式各样的龃龉与斗争。

第一节　军队派系的新陈代谢

自北伐结束至全国抗战爆发前，国民党军内部已是派系林立。抗战时期，原有的地方军系经过复杂演化，多数得以延续，并未出现整体性的衰落；而蒋介石直辖的中央军系在规模扩大的同时，内部又衍生出新的分支，分化出小的派别。不过，在各自演化的同时，派系之间的关系渐渐由斗争走向合作，最终促进了军队“国家化”的进程。

全国抗战爆发时，地方军事集团，按照实力大致排序，计有晋系、桂系、川军、粤系、东北军、滇系、湘军、西北军、陕军、韩（复榘）军、青马、宁马等十数个。八年全国抗战中，这些地方派系经历了不同的嬗变轨迹，有的走向消亡，有的分化为几个新集团，有的虽有变化，但大体保持之前的形态。

统帅部在军政方面的区别对待，加上中央军嫡系部队的有意吞并，确实让少数地方军事集团在抗战中遭到削弱，最终趋于消亡。东北军是最为典型的例子。1937 年 4 月，东北军在豫皖苏三省整军会议上被整理为 10

个步兵师，编为第四十九、五十一、五十三、五十七、六十七军 5 个军，此外还辖有 1 个骑兵军——骑兵第二军。此次整军中东北军共减少了 8 个步兵师、2 个骑兵师、2 个炮兵旅，其规模较过去大为缩小。[①] 由于张学良被扣，东北军将领群龙无首、意见分歧，在随后的战争中，这 6 个军被配备到几个战区分散使用；在任何一个战区内，因为力量不足，也未被编为单独一个集团军存在。在这样的情况下，东北军各军的命运各有不同，悲惨者如第六十七军，在平汉线北段和淞沪会战中消耗殆尽，军长吴克仁阵亡，剩余部队缩编为一个师，并入中央军嫡系王敬久的部队，该军是东北军中最早消亡的一个。第五十七军缪澂流部 1939 年由第三战区调入苏鲁战区，与第五十一军并肩作战，本有望为东北军保存一支余脉，可惜 1940 年缪氏与敌媾和，被所属第一一一师常恩多"锄奸"，之后第五十七军也被军政部取消番号。[②]

剩下的几个军努力地在战区—集团军体系中求生存，但东北军的派系属性越来越弱化。据第四十九军军长王铁汉回忆，先后隶属该军的有 11 个师，其中有四川和浙江的部队，这些师"历史装备不同"，"兼杂存封建意识与保存实力之劣根性"，几经换血，第四十九军已不能算是纯粹的东北军部队。1941 年 7 月何柱国骑二军奉命与属中央军的李仙洲第九十二军合编为第十五集团军，骑二军的步兵旅扩编为师编入第九十二军，第九十二军暂十四师划入骑二军序列，如此互换后，骑二军东北军的属性也大大降低。何柱国虽然位列集团军总司令，但受汤恩伯的苏鲁豫皖四省边区司令部节制，且名义上属于其麾下的李仙洲第九十二军实际也受命于汤恩伯。[③]

唯一的例外是第五十三军。该军在历年作战中，虽有吕正操率 1 个团脱离序列加入八路军，冯占海 1 个师损耗后也未能恢复，但该军因长期配属于陈诚"土木系"之下，一定程度得到了庇护，在整军中也受到优先考虑；1943 年与陈诚嫡系第五十四军一道被编入远征军后，又得到总司令卫立煌的帮助，不仅未被清洗，反而配备新式械弹，实力大大增强，在反攻

① 中共东北军党史组编著《中共东北军党史概述》，中共党史出版社，1994，第 53—54 页。

② 于军：《东北军第六十七军简史》，刘祖荫：《东北军第五十七军简史》，沈阳市政协文史资料研究委员会编印《沈阳文史资料》第 15 辑，1988，第 114—116、70—80 页。

③ 王铁汉口述，沈云龙纪录《王铁汉先生访问纪录》，台北，中研院近代史研究所，1985，第 9—10、168 页；何柱国口述，施文琪等整理《何柱国将军生平》，中国文史出版社，1992，第 215—217 页。

中高歌猛进，于 1945 年 1 月与新一军在芒友会师。[①] 第五十三军是东北军仅存的未被分化瓦解的余绪，但长期置于“土木系”之下，已经较多地“中央化”，不复有当年东北军的实质了。

除东北军外，韩复榘的山东军和何键的湘军也在抗战中走向消亡。1937 年韩复榘的第三路军改编为第三集团军，含第十二、五十五、五十六军 3 个军，共计 5 个师 1 个旅；当时属东北军的于学忠第五十一军也暂编入此集团军。韩复榘旋即因抗命弃守被判处死刑，韩军部将孙桐萱、曹福林、谷良民、吴化文 4 人互不和睦，造成无人可以承继韩军统序。中央暂委于学忠继任集团军总司令职，奉命整编该集团军，其间曹福林逼迫孙桐萱撤掉谷良民，孙氏趁机兼并了谷氏的第五十六军；而吴化文也退出了该集团军，集团军遂仅剩两军。于学忠整理完该集团军后回到东北部队第五十一军，孙桐萱接任第三集团军总司令。不久曹福林率领第五十五军投奔旧相识刘汝明，之后又先后效命于张自忠、孙连仲，成为半独立的小派别，孙桐萱所能率领的韩复榘旧部仅剩下第十二军一军人马；全国抗战中期孙桐萱先是被蒋介石调至陕西，后其本人也被蒋介石诱至重庆加以软禁。第三集团军遂成为历史。[②]

何键所率湘军，一部在战前就由刘建绪带领入浙，何、刘交恶后湘军渐成两部；何、刘之外，留驻湖南的湘军中，又有王东原等“中央系”和刘建绪“醴陵系”之对立；而驻浙湘军中刘建绪与李觉龃龉渐生，十万湘军内部凝聚力薄弱。开战后何键本有希望率军出征，但蒋介石最终还是将其调入中央任内政部长，湘军更呈各自为政之势。尽管湘军扩编为 6 个军十多个师，但都因派别分歧而各谋出路，其中大多数被别的部队吞并。刘

---

① 《陆军第五十三军沿革详细历史》（1942 年），战史编纂委员会档案，中国第二历史档案馆藏，787/16789；周毅：《东北军第五十三军简史》，《沈阳文史资料》第 15 辑，第 87—89 页；赵荣声：《回忆卫立煌先生》，文史资料出版社，1985，第 289 页；王立民：《第五十三军在滇西战役中》，《文史资料存稿选编 · 抗日战争》（下），第 261—262 页。

② 《第三集团军所属各部队编成、历史概况报告书》（1941 年 9 月），战史编纂委员会档案，中国第二历史档案馆藏，787/16772；孙桐萱：《韩复榘被扣前后》，全国政协文史资料委员会编《文史资料选辑》第 54 辑，文史资料出版社，1962，第 107 页；王一民：《关于韩复榘统治山东和被捕杀的见闻》，全国政协文史资料委员会编《文史资料选辑》第 12 辑，文史资料出版社，1981，第 78 页；黄曾元：《韩复榘与东北军之关系、弃守山东和就逮前后情形》，姜维翰：《韩复榘之死的前后片断见闻》，《文史资料存稿选编 · 军政人物》（下），第 693、第 705—706 页；《蒋介石日记》，1942 年 7 月 15 日。

建绪任第十集团军总司令，在开战之初手里尚握有数个湘军编成的师，但这些部队逐渐被调入第三战区其他集团军中，刘建绪只得就任福建省主席，第十集团军也交由王敬久改编为中央军嫡系。王东原本来态度亲近中央，率部出湘抗战后即脱离刘建绪的序列，编为第七十三军投靠了陈诚。何键的女婿李觉率领的第七十军，历经多次“混血”，最终仍以偷梁换柱的形式让李觉升任第二十五集团军总司令、王东原的助手继任第七十军军长告终。唯有陶广率领的第二十八军系何键的起家部队，在第二十三集团军（川军）唐式遵部的序列中，尚保持了一定独立性，直至战争结束才被顾祝同改造为中央军。①

这三支在抗战中成为历史的地方武装，其败亡的经过似有若干相同之处：其一，内部不团结，将领之间矛盾恩怨甚深，主帅离去后相互斗争，遂给外人以可乘之机；其二，统帅部对其实施的“斩首行动”是其瓦解的直接原因，倘若张学良不被软禁，东北军完全有成为独立战区或编为数个集团军的可能性；韩复榘第三路军、何键第四路军的统序也能够得以维持；其三，统帅部在对其部队使用上的区别对待（譬如损失不补）以及陈诚、汤恩伯等人的趁机吞并，使得这些武装派系最后被各个击破。

类似的因素使得战区—集团军体系中另外一些地方军事集团也出现了分化，解体分裂为更多的派系。它们与东北军、鲁军、湘军命运不同的是，分裂并未使其走向衰亡，其原有的系统仍然得以保持，而增生的部分渐渐成长为新的小宗派继续发展。晋军、川军等属于此类型。

阎锡山的晋军在开战之初就编为第六、第七集团军，1939 年又增编了第八、第十三两个集团军。至战争结束时 4 个集团军均为晋军独立编组，都控制在第二战区司令长官阎锡山手中。但就在这样高度抱团且独立性较强的军事集团中，也分化出了傅作义部。傅作义由于是晋南人，不属于阎锡山五台人的小圈子，历来不得阎锡山的信任。战争爆发后，傅作义向阎锡山申请开赴绥远，阎锡山令傅作义率残兵死守太原；城破后傅作义与阎

① 李觉：《我的戎马生涯》，全国政协文史资料委员会编《文史资料选辑》第 122 辑，中国文史出版社，1991，第 11—16 页；陆承裕：《何键其人其事》，全国政协文史资料委员会编《文史资料选辑》第 146 辑，中国文史出版社，2001，第 220—223 页；彭松龄、黄维汉、胡达：《何键军事集团的形成和瓦解》，湖南省政协文史资料研究委员会编《湖南文史资料》第 7 辑，湖南人民出版社，1982，第 40—52 页。

氏被日军隔开；阎锡山仍令其反攻太原；傅作义不满，遂起带队脱离晋阎军序列之念。[①] 至 1938 年 6 月，两人“已至决不能相处之境界”。[②] 1938 年和 1939 年之交，傅作义终于带领第三十五军的 1 个师至绥远，加入第八战区，之后傅部其他单位中的一部分也公然不遵阎锡山命令，一并开赴绥远。[③] 傅作义组建半独立的第八战区副司令长官部后，自兼第三十五军军长，下辖 3 个师，此外还指挥门炳岳、马鸿宾的 2 个师以及一些地方部队。[④] 1940 年傅作义率部收复五原，蒋介石闻之大悦，“五原失而复得，宜生实名将也”，遂允其扩充为 3 个军。[⑤] 傅作义以河套为根据地，除自己部队外还指挥邓宝珊等杂军，俨然成为中央倚重的一方诸侯。1942 年 1 月蒋介石曾经打算令其单立为一独立战区，后因幕僚反对作罢。[⑥]

川军同晋军一样规模庞大。随着战争的推行，鼎盛时期的川军所组成的集团军数量位居地方派系之首。但川军和晋军有着较大的区别：阎锡山 1917 年就统一了山西，而刘湘 1933 年才战胜刘文辉称霸全川；晋军除傅作义外均为阎锡山的嫡系统领，皆高度服从于阎氏，而川军刘湘之下各将领关系复杂：杨森、邓锡侯、刘文辉等资格并不弱于刘湘，而刘湘系统中王缵绪、范绍增等人对刘氏也心存不满。川军慑于刘湘的“卡里斯马”(Chrisma) 和感奋于民族大义，在刘湘旗帜下团结抗战，到 1938 年 1 月刘湘病逝，情况就急转直下，在极短时间内发生了复杂的分裂。仅刘湘自己的部属就一分为三——王陵基、王缵绪、潘文华三派，围绕刘湘私人组织——武德学友会、宁嘉叙地区、川康“绥署”和省政府的领导权进行斗争。而过去的“大佬”刘文辉、邓锡侯、杨森等也趁机再起，就连很早就

---

① 石觉口述，陈存恭等访问《石觉先生访问纪录》，第 89 页；张锡田：《我对阎锡山的回忆》，《文史资料存稿选编 · 军事派系》（上），第 617 页；于纯斋：《傅作义先生琐忆》，《文史资料存稿选编 · 军政人物》（下），第 897 页。

② 据徐永昌 1937 年 11 月 20、23 日，1938 年 6 月 25 日的日记，《徐永昌日记》第 4 册，第 182、183、332 页。

③ 周开庆编《民国朱上将绍良年谱》，第 27 页；《董其武回忆录——戎马春秋》，中国文史出版社，1986，第 171 页。

④ 王克俊：《绥西抗战中的傅作义先生》，《文史资料存稿选编 · 军政人物》（下），第 580 页；《董其武回忆录——戎马春秋》，第 175 页。

⑤ 《蒋介石日记》，1940 年 4 月 2 日；《董其武回忆录——戎马春秋》，第 217—218 页。

⑥ 据徐永昌 1942 年 1 月 12 日的日记，《徐永昌日记》第 6 册，第 316 页。

脱离川军阵营的郭汝栋也企图分一杯羹。此际之川局十分繁复诡谲。[①] 川军众将领虽激斗于内，但在应对蒋介石的中央权威时，态度却较为一致，最后经过妥协大致达成了各领一支发展的共识。中央派来的张群、贺国光因无法染指川政，长于协调关系的顾祝同也就顺水推舟为其划分好势力范围。众将或领衔一集团军，或任川康“绥署”等一方官职。[②] 各路川军一时暂安。之后数年中，川军6个集团军在各自的道路上越走越远，但均保存了自己的系统，渐成为多个半独立的小军事集团。刘文辉联合邓锡侯、潘文华，一面反对蒋介石势力进入川康；一面扩充自己的部队，着力控制地盘和增强实力，逐渐形成倾向于反蒋的军事集团。[③] 王陵基、杨森两集团军则与之相反，态度渐向蒋介石亲近，通过与陈诚、蒋经国等人交好，得到了中央的信任，几近成为中央化的杂牌军。他们的部队也未被其他势力吞并，仍保留了自身的系统。王陵基始终把持着起家的第七十二军，所用干部也均系其私人；杨森的第二十军始终由杨氏家族把持，内部干部也“近亲繁殖”，相当比例为杨森自己教育的“土学生”。[④] 唐式遵、王缵绪等人的路径，则介于前两者之间，在前线均控制一域，在抗日的同时竭力保存自身系统的完整。唐式遵曾被人告发在皖南独树一帜，成为“皖南王”；为防止顾祝同惩罚，唐式遵去第三战区开会竟带了一个手枪营同行，使得顾祝同有所忌惮，对“皖南王”一事只字不提。[⑤] 川军众将领同傅作义一样，脱离了旧有的集团后，反而发展壮大，逐渐有成长为新的地方派系之势。

不过地方军系走向消亡和分化为新的小宗派的，在战区—集团军体系

---

① 邓汉祥：《蒋介石派张群图川的经过》，全国政协文史资料委员会编《文史资料选辑》第5辑，中华书局，1960，第75—79页；黄应乾：《刘湘死后川局波澜记略》，全国政协文史资料委员会编《文史资料选辑》第12辑，中华书局，1961，第81—86页；秋宗鼎：《抗战初期蒋介石侍从室对四川军阀的调查材料》，《文史资料选辑》第33辑，第135—136页。

② 顾祝同：《墨三九十自述》，第176—177页。

③ 参见刘文辉《走到人民阵营的历史道路》，三联书店，1979，第10—18页。

④ 刘识非：《第三十集团军的建制演变与人事变动》，《文史资料存稿选编·抗日战争》（下），第481—488页；何北衡、高兴亚：《记王陵基》，胡忆初：《杨森部队特点》，《文史资料存稿选编·军政人物》（上），第119—120、665—670页。

⑤ 欧阳崇一、刘鑫：《我所知道的顾祝同》，《文史资料存稿选编·军政人物》（下），第462页。

中不占多数。派系之所以成为派系，内部抱团、自成体系是其本质特征。各个有着历史渊源的派系不是那么容易就自然解体。战争开始时存在的十数个军事集团中，有半数左右历经变乱仍不改其本，顽强地生存了下来。

1937 年 8 月，西北军宋哲元所率第二十九军被授予第一集团军番号，扩充为张自忠、冯治安、刘汝明 3 个军；原西北军宿将石友三、高树勋所部也编成 1 个师投身宋氏麾下；宋哲元部约 10 万人马。一个月后冯玉祥被任命为第六战区司令长官，指挥津浦路北段战事。冯氏试图整合韩（复榘）、宋所部，再造西北军，引起了韩、宋的抵制。在政客萧振瀛的煽动下，宋哲元一怒之下离队赴泰安休养，极大地破坏了第一集团军的凝聚力。待第六战区撤销，宋哲元复归部队，其与冯治安的关系已然不睦。1938 年初，刘汝明、张自忠 2 个军分别被调往第五战区作战，3 月，宋哲元因病辞职，第一集团军遂告结束。西北军亦分散。然而，数个月之后西北军的命运峰回路转，张自忠、冯治安两军合并为第三十三集团军，以张自忠为首、全由西北军组成的集团军得以重建。张自忠殉国后集团军总司令由冯治安继任直至抗战结束。除此之外，石友三、高树勋所部急剧扩张，1939 年升级为第三十九集团军。石氏被高树勋处决后，集团军由高氏指挥直至抗战末期。[①] 抗战中，西北军不仅保存了发自正源的一个集团军，还一定程度上得到了发展。

和西北军发展轨迹相似的还有陕军。陕军的分化早在全国抗战之前就已发生。西安事变发生的当天，陕西省警备第二旅的 2 个团就脱离杨虎城的第十七路军，由顾祝同收编为中央军；之后陕军之重要一部冯钦哉也和杨虎城决裂，效忠中央，事变之后被编为第二十七路军。[②] 遭到削弱的杨虎城部在杨氏被逼出国后，由孙蔚如担任第十七路军（后改编为第三十八军）指挥，下辖两师，此外还有数旅数团，约 5 万人马，占据陕西。全国抗战爆发后，陕军先遣部队由赵寿山率领出陕抗日。之后蒋介石和驻陕中

---

① 吴锡祺、王式九：《宋哲元及其所部在抗战初期的活动》，《原国民党将领抗日战争亲历记·七七事变》，第 288—306 页；白崇禧口述，贾廷诗等访问兼纪录《白崇禧先生访问纪录》上册，台北，中研院近代史研究所，1984，第 220—222 页；山东省乐陵市政协文史资料委员会编《宋哲元》，山东大学出版社，1989，第 288—324 页；《刘汝明回忆录》，第 124—138 页；高树勋：《石友三酝酿投敌和被捕杀的经过》，全国政协文史资料委员会编《文史资料选辑》第 40 辑，文史资料出版社，1963，第 136—156 页。

② 公秉藩：《第十七路军沈、唐两团投蒋经过》，王明钦：《“双十二”事变时冯钦哉叛变的经过》，《文史资料存稿选编·西安事变》，第 544—546、547—549 页。

央代表蒋鼎文将孙蔚如逐出陕西，令其担任第三十一军团长率全体陕军赴晋南抗战。军团所辖两军，1939 年初改编为第四集团军。[①] 全国抗战后期，陕军再度面临分化的危机，孙蔚如被派为第六战区司令长官，而赵寿山被调到第三集团军担任总司令，但陕军剩余的第三十八军虽在中央军张耀明的指挥下，却仍团结在孔从洲等旧将周围，最大限度地保持了自己的系统。[②]

抗战时期，地方军事集团发展得最好的，当属桂系。桂系首领李宗仁出掌一个战区，白崇禧则担任军事委员会副参谋总长兼军训部长。其一，“朝中有人”，统帅部对桂系武装不能不有所照顾，给桂系在战时的生存发展提供了保障。李宗仁也承认：“广西部队承蒙中央优礼有加。”[③] 其二，桂系在全国抗战之初即将所属部队由 2 个军 7 个师扩充为 5 个军 13 个师，编为 3 个集团军（廖磊殁后，第二十一集团军并入第十一集团军，剩 2 个集团军）。其兵力虽不算特别雄厚，但分别在中央军势力薄弱的安徽、鄂北、广西霸据一方，不易被嫡系中央军觊觎，加之战时“军主政从”的体制，桂系军队势必插足上述地区的地方行政，故桂系在抗战中实际控制的地盘较之战前还有扩大。其三，和其他地方派系不同的是，在地方政权的支持下，桂系武装之人马较为齐整，装备补充也较为充分，正规部队之外，还握有相当数量的保安团队和游击部队（如属李品仙指挥的鄂东、豫南、皖东数支部队），其实际军力估计可达 20 万。[④] 战时桂系不仅得以保存，而且得到了较大发展和壮大。

需要看到的是，蒋介石及其嫡系将领在抗战中一直尝试分化瓦解各地方军事集团。他们的努力首先体现在对地方派系首领的控制上，比如软禁

---

① 陈子坚：《第四集团军在中条山抗战概况》，《原国民党将领抗日战争亲历记·晋绥抗战》，第 416—424 页；叶健青编《蒋中正总统档案·事略稿本》第 41 卷，1938 年 6 月 11、13 日，台北，“国史馆”，2010，第 627—630、638—639 页。

② 赵寿山：《与蒋介石二十年的斗争史》，陕西省户县政协文史资料委员会编《赵寿山将军》，中国文史出版社，1994，第 385—394 页。

③ 李宗仁口述，唐德刚记录《李宗仁回忆录》下册，第 610 页。

④ 参见《李品仙回忆录》，第 165—222 页；徐启明口述，陈存恭访问《徐启明先生访问纪录》，第 98—121 页；陈良佐：《新桂系统治安徽初期的片段回忆》，全国政协文史资料委员会编《中华文史资料文库·政治军事编》第 5 卷《八年抗战》（下），中国文史出版社，1996，第 275—282 页；汤垚：《新桂系内幕之我见》，《文史资料存稿选编·军事派系》（下），第 167—169 页。

张学良、处决韩复榘、调何键入中央等，甚至有称刘湘之死也系蒋介石的阴谋。[①] 其次，蒋介石致力于拉拢、分化各地方派系中的小派别，东北军、湘军、晋军、川军中，有不少军、师另立门户，甚至转化为中央军中的杂牌部队。最重要的是，过去的地方派系均有各自的地盘，割据一方，中央难以插足；抗战中，其地盘或沦陷于敌，或被蒋介石以抗战的名义借机调离。多数地方派系中的主力军、师被编入集团军，离开其本来的地盘，进入相对陌生的战区作战。这意味着这些军、师在军令和军政上都将受到中央统帅部的节制，对于地方军事集团的存续自然是相当不利。

抗战时期各地方派系在“新桃换旧符”的同时，仍然与代表中央的蒋介石军事集团以合作的方式长期并存，直至战争结束。从这个意义上来说，蒋介石集团试图在战争中实现所谓“军队国家化”的目标，实际上始终未能达成。更为糟糕的是，蒋介石自己的嫡系部队也开始分化，新生出一些小派别，使得国民党军队的“派系化”更为严重。

战前数年间，蒋介石中央军的规模持续扩大。进入全国抗战时期之后，这一趋势得以继续发展。蒋介石军事集团在扩张的同时，其内部构成也发生了显著的变化：中央军半嫡系、杂牌部队所占的比例逐渐降低，而嫡系部队急剧膨胀，黄埔出身的将领把持了越来越多的军、师。

与此同时，嫡系部队自身却出现了裂变，新生出若干小派别。其中陈诚、胡宗南、汤恩伯三人在群雄中慢慢崛起，建立起了既忠诚于蒋介石又分别臣服于他们三人的军事小团体。这既是蒋介石军事集团于抗战之中最大的特点之一，又是战时军队派系发展过程中的一个新趋势。

半嫡系、杂牌部队的消亡，是嫡系武装出现裂变的重要前提。其一，在半嫡系、杂牌尚占据较大比例之时，嫡系部队在蒋介石军事集团中尚未获得相对优势，其发展重心还只是数量的不断增加，没有出现分化；其二，各半嫡系、杂牌部队消亡后，其人马多半被少数嫡系收编，使得这些吞并友军的嫡系实力不断增强，最终一马当先成为新的军事派别。

半嫡系、杂牌部队消亡的方式，主要是嫡系部队以更换主官、偷梁换柱、交流干部等几种手段吞并，但也有一部分半嫡系、杂牌部队主动向中

---

① 参见范绍增《关于刘湘、韩复榘之死的一点见闻》，全国政协文史资料委员会编《文史资料选辑》第42辑，文史资料出版社，1964，第251—252页；张樾亭：《记刘湘、宋哲元、韩复榘联日反蒋的失败》，《文史资料选辑》第54辑，第98页。

央靠拢，最终依附于某个派别化身为嫡系。如第二十五军原系鄂军夏斗寅的部队，后由万耀煌率领“追剿”红军，至西安事变时已然属于半嫡系。万耀煌在西安事变中与蒋介石共过患难，全国抗战爆发后万耀煌率部紧随陈诚的部队参加淞沪、武汉会战，与陈诚之间建立了信任关系，陈诚委万氏以卫戍武汉的重任，万耀煌也甘心将基干部队第十三师交给陈诚整理，成为“土木系”的一部。1939 年万耀煌被蒋介石派往陆军大学担任教育长，其部队完全成为陈诚集团的一部分。① 又如丁治磐的第二十六军原属杂牌部队，在抗战中多次被他人觊觎，险遭吞并。丁治磐在何应钦等人帮助下虽然摆脱了“我为鱼肉”的命运，但也逐渐成为半嫡系乃至于嫡系部队，得到何应钦的重用，被军委会直接控制成为其预备队，当然械弹配备也和过去迥然不同。而且在抗战结束何应钦失势之后，该军还是由陈诚系的马励武担任军长。丁治磐只得惋惜：“八年抗战这支部队都没有被陈诚吃掉，终于到抗战后被吃掉了。”②

无论是被吞并还是主动投靠，半嫡系、杂牌部队在全国抗战之初的几年中，数量大大减少。除万耀煌外，还有徐源泉、李韫珩、谭道源、郭汝栋、樊崧甫、阮肇昌等半嫡系、杂牌将领的兵权被免，其部队被嫡系将领们继承或瓜分。而与之形成鲜明对比的是，中央军嫡系部队的数量由战前的 35 个师扩大到 152 个。③

中央军嫡系由黄埔党军发源而来，因而带有浓厚的黄埔色彩。嫡系中担任战区司令长官、集团军总司令的多系担任过黄埔教官或北伐时党军师、团长的将领。担任军、师长的多是黄埔的前六期学生，而团、营长则多系后来中央军校的学生。这样的人事结构使他们对蒋介石保持了极高的忠诚度，而在形式上接受担任参谋总长、军政部长的何应钦的号令。

---

① 万耀煌口述，沈云龙访问《万耀煌先生访问纪录》，台北，中研院近代史研究所，1993，第 369—389 页；董升堂：《陆大教育长万耀煌轶事》，《文史资料存稿选编 · 军事机构》（下），第 307—308 页；杨伯涛：《陈诚军事集团发展史纪要》，全国政协文史资料委员会编《文史资料选辑》第 57 辑，中华书局，1978，第 144 页。

② 丁治磐口述，刘凤翰等访问《丁治磐先生访问纪录》，第 71—72、85 页。按，马励武原系汤恩伯系部将，全国抗战爆发后成为陈诚部属。

③ 李宝明：《“国家化”名义下的“私属化”——蒋介石对国民革命军的控制研究》，第 219、173 页。

然而何应钦本人在军队中并无实际控制力，此一方面由于他的性格和所处的位置；另一方面缘于蒋介石的独裁。不过，何应钦本人谦恭和蔼，控制欲不强，乐于提携黄埔学生，颇具人缘，有“武甘草”之称，使得黄埔系的将领们围绕何应钦形成了一个松散的小圈子。多数忠实于蒋介石的嫡系战区、集团军乃至于军、师司令长官均是这个圈子中人。①

然而，并不是所有的黄埔将领均团结在何应钦的周围。蒋介石对陈诚、胡宗南、汤恩伯等将领格外垂青，使其得到机会渐成气候，在战时成长为嫡系中何应钦的圈子之外的新生派别。虽名为嫡系部队中的小派别，但陈、胡、汤的军事集团拥有的权职和规模实际并不小。陈诚、胡宗南、汤恩伯的官职即便不是特别尊崇，但也绝对拥有实权，且其晋升之路也十分平坦。1939 年方才晋升二级上将的陈诚从政治部长离任后，先后担任过若干本兼职务，其中以 1940—1944 年第六战区司令长官之职最为长久稳定，同时他还兼任湖北省主席，其地位和权力已经超过白崇禧、徐永昌、何成濬、商震等军衔、官职、资历均高于他的将领。胡宗南和汤恩伯在战时均仅为中将，但前者长期担任第八战区副司令长官，还拥有相对独立于战区司令长官部之外的副司令长官部，且在 1945 年竟然坐上了第一战区司令长官的“交椅”，与他在黄埔的老师辈们比肩；后者在 1941 年末也建立了半独立的副司令长官部，同时就任鲁苏豫皖四省边区总司令，这一实职使得汤恩伯对四省的广大边缘地带拥有广泛的支配权，而他与其他同兼任战区副司令长官的集团军总司令，在权力上也有了实质性的区别。②

考察他们在鼎盛时期拥有的部队，其数量也超过任何一个地方军事集团。陈、胡、汤三人均坐拥数十万大军，且如前所述，其核心部队第

---

① 参见李仲公《我所知道的何应钦》，全国政协文史资料委员会编《文史资料选辑》第 36 辑，文史资料出版社，1963，第 218 页；谢伯元：《我所了解的何应钦》，《文史资料存稿选编 · 军事派系》（下），第 798—799 页；姜理惟：《北伐至国共内战间国军部队的演变：由派系观点研究（1926—1950）》，台北，淡江大学，硕士学位论文，2008，第 75—76 页；李仲明：《何应钦大传》，团结出版社，2008，第 237—238 页。

② 参见《陈诚回忆录——抗日战争》，第 100—124 页；於凭远、罗冷梅等编《胡上将宗南年谱》，第 142 页；《军政部兵役署关于军委会直辖鲁苏皖豫边区总司令部带电》，《中华民国史档案资料汇编　第五辑第二编　军事》（1），第 20 页；王文政：《汤恩伯年谱》，第 134 页。

十八、一、十三军的单位实力均居国民党军前列。陈诚集团所辖的军力，依覃道善的回忆，共计有 8 个军、20 多个师 20 余万人；胡宗南的直系部队有 10 个军以上，40 多个师，45 万人上下；汤恩伯除了拥有 9 个正规军，还控制了 80 个挺进纵队以及独立旅、补充团等名目繁多的部队，共计有 50 万人马。① 陈诚的部队虽然较少，但却是第六、九战区乃至于远征军中司令长官倚重的劲旅，在各个战场皆拥有巨大的影响力。胡宗南的部队经过多年训练，其质量也较高，只是多控制在后方占据的大量地盘，未经战事的考验。汤部人马虽多，但良莠不齐，非正规军占了较大比重，以至于在豫湘桂作战中一溃千里。单就权势和实力而言，巅峰时期陈、胡、汤三人的权职和实力都已经超过李宗仁等地方军事集团中的“大佬”。

在这几个军事小集团内部的人事关系中，也逐渐形成了与过去东北军、西北军、桂系、川军等地方派系相似的、带有封建性质的利益圈子。置身这些小集团的将领，与陈、胡、汤建立了超越一般上下级的依附关系：前者听命于后者个人，唯其马首是瞻；后者给予前者庇护、重用和晋升机会。

陈诚集团中人事关系的此一特色最为鲜明。陈诚以第十八军为干部源头，在“剿共”时期就以下属的罗卓英、周至柔为左右手，至抗战中郭忏逐渐取代了前两人的位置，成为陈诚集团的“秘书长”。第十八军前师、旅长一级的方天、彭善、霍揆彰、夏楚中、傅仲芳、黄维等成为战时陈诚集团的高层干部，担任集团军主官或主力军军长；而旅、团长一级的罗广文、方靖、柳际明、李及兰、宋瑞珂、赵秀昆、胡琏、覃道善、郭汝瑰等人则担任了中层干部，控制集团中的基层军、师。陈诚用人的特点是不拘一格、唯才是举，其集团中将领来自全国各地，出身也是保定、黄埔、陆大三分天下。郭汝瑰在其堂兄、四川将领郭汝栋的杂牌军中服务多年，但因陆大同学曾粤汉介绍在 1937 年得以成为霍揆彰的参谋长，当霍氏向陈诚

① 覃道善：《陈诚及其军事集团概况》，《文史资料存稿选编·军政人物》（下），第 69 页；张新：《我所知道的胡宗南》，全国政协文史资料委员会编《文史资料选辑》第 116 辑，中国文史出版社，1988，第 103 页；李日基：《胡宗南军事集团的发展和衰败》，《文史资料存稿选编·军事派系》（下），第 436 页；文强：《“中原王”汤恩伯》，全国政协文史资料委员会编《文史资料选辑》第 32 辑，中华书局，1962，第 188—189 页。

报告郭汝瑰思想“左”倾（郭氏确实是中共党员）、存在危险时，陈诚竟称年轻人“左”倾一点好。在这样的用人原则下，陈诚集团人才众多，且不乏能征善战、能谋善断之辈。①

胡宗南、汤恩伯集团内部的人事关系同陈诚集团有相似之处，但也存在区别。胡宗南作为黄埔一期生中的佼佼者，自然引得众多黄埔生前来投奔，比如李铁军在战前任第九十五师师长，就向蒋介石打报告说，“第一军胡军长职追随多年，服膺已久，现入湘讨逆，职极愿随之入湘，依旧隶属伊部”，要求回到胡宗南身边。② 抗战时期，胡宗南倚重同乡王微为军师，任用了李铁军、李文、罗列、罗泽闿、盛文、李正先、钟松等黄埔前几期同学为其所属集团军总司令和重要军、师的主官；而下级干部则多由其把持的中央军校七分校学生担任。胡宗南用人标准向来有“黄、陆、浙、一”之说，因而非黄埔、陆大、浙江人、第一军出身的将领在胡宗南集团中多受冷落。全国抗战爆发后，胡宗南开始放宽标准，标榜“广收慎用”，但非“黄、陆、浙、一”的人才往往得不到信任。③ 受到重用的将领多感佩胡宗南的个人魅力，均不敢违抗他，但胡氏心腹王微认为胡宗南最大的问题在于不善识人，因而胡集团中将领鱼龙混杂，有不少人其实才能平平。④

汤恩伯集团在用人上较陈、胡就更等而下之。汤恩伯喜欢用自己所毕业的日本陆军士官学校的学生，同时偏重浙江人，对其曾经担任大队长的黄埔第六期毕业生格外垂青。汤恩伯最看重所属将领对他的忠诚。比如石

---

① 杨伯涛：《陈诚军事集团发展史纪要》，《文史资料选辑》第57辑，第183页；宋瑞珂：《陈诚及其军事集团的兴起和没落》，《文史资料选辑》第81辑，第35—37、46—47页；王凤起：《抗战时期陈诚势力的扩展》，《文史资料存稿选编·军政人物》（下），第103—105页；《郭汝瑰回忆录》，第104页。

② 《李铁军呈为达成整理九十五师的目标请酌予补充调换枪械调充干部移转驻地并给予所需经费》（1936年7月14日），《蒋中正总统档案》，台北，“国史馆”藏，002/080102/00070/004。

③ 孟丙南：《“西北王”胡宗南》，全国政协文史资料委员会编《文史资料选辑》第18辑，中华书局，1961，第119、126—127页；乐典：《胡宗南侧记》，《文史资料存稿选编·军事派系》（下），第449—450页。

④ 盛文口述，张朋园等访问《盛文先生访问纪录》，台北，中研院近代史研究所，1989，第42页；王微口述，张朋园等访问《王微先生访问纪录》，台北，中研院近代史研究所，1996，第152—155页；于达口述，张朋园等访问《于达先生访问纪录》，台北，中研院近代史研究所，1989，第121页。

觉，对汤恩伯就忠贞不贰，传说是汤恩伯的干儿子，在汤家十分有地位。汤恩伯以第十三军为其干部来源，但他生性多疑，对人多不信任，因而其系统具有排他性，人才有所局限。汤恩伯集团的核心成员除石觉外，还有张雪中、陈大庆、王仲廉、万建藩等少数几人。[①] 无论从数量上还是质量上来看，汤集团的人才都不能够与陈、胡二集团相比。

当然，和地方派系相似，上述小集团内部将领之间在效忠陈、胡、汤的同时，也存在广泛的内斗，甚至又形成了更小的圈子。陈诚集团中老牌的保定生与黄埔生、黄埔生内部、黄埔生与陆大生之间矛盾不断；胡宗南集团中也有浙江派与湖南派之争，前者在胡宗南的偏袒下占据优势；汤恩伯系中分为江西派和实力派，被汤恩伯挑唆，两派之间相互制衡。[②] 总之，中央军嫡系小派别与民国时期长期存在的地方军事集团，在人事关系和内部组织上并无太大差别，均带有明显的效忠个人、任用私人、层层依附的旧式军队特色。

这三个人马众多而组织人事上结为朋党的军事集团，横亘于国民党军之中，对战时军队系统的运行所产生的多是消极影响。除了战区—集团军体系中普遍的互不协作、各不相属外，吞并杂牌和地方武装则是它们专擅之事。更为过分的是，此三个小集团还公然以下抗上，冒犯的还多是同属于蒋介石嫡系的上级。

陈诚相对胡、汤二人资历较老，且全国抗战初期即身居高位，因而其对抗的上级，直指军政部长何应钦和军训部长白崇禧。陈诚历来看不起何应钦，背地里经常骂何氏是“烂好人”，一直徐图取而代之，其部将覃道善认为他“不知费过多少心血，告过多少暗状”。[③] 1944 年蒋介石有意让何应钦让贤，何应钦推荐钱大钧继任军政部长，但最后陈诚竟成为何应钦

① 葛天：《我所知道的汤恩伯》，全国政协文史资料委员会编《文史资料选辑》第 144 辑，中国文史出版社，2001，第 168 页；王凤起：《抗战时期陈诚势力的扩展》，《文史资料存稿选编·军政人物》（下），第 105 页；文强：《“中原王”汤恩伯》，《文史资料选辑》第 32 辑，第 184 页。

② 参见覃道善《陈诚及其军事集团概况》，《文史资料存稿选编·军政人物》（下），第 60 页；方秉性：《我所知道的胡宗南》，《文史资料存稿选编·军事派系》（下），第 448 页；文强：《“中原王”汤恩伯》，《文史资料选辑》第 32 辑，第 184 页。

③ 杜伟：《我所知道的陈诚》，《文史资料选辑》第 12 辑，第 144 页；覃道善：《陈诚及其军事集团概况》，《文史资料存稿选编·军政人物》（下），第 59 页。

的接班人，全面压过了老资格的何应钦。[①] 陈诚和白崇禧的冲突更为直接，为了争夺黄琪翔，陈、白二人相互挖角；陈诚还将本应属于军训部的战干团控制权纳入自己的政治部；在军校的招生问题上，陈诚对白崇禧也有所干涉。[②] 抗战中，何、白二人为正、副参谋总长，是军内职务仅次于蒋介石的第二、三号人物，但陈诚对何、白不大放在眼中。

胡宗南为人不似陈诚一般咄咄逼人，长期担任第八战区副司令长官时，与战区长官朱绍良的关系在表面上较为融洽。这主要缘于朱绍良明白蒋介石对其“尊而不亲”，安排他为胡氏的上级全为扶持胡氏，因而对胡宗南万般迁就，甚至讨好，有一次军委会新赋予战区 1 个军的番号，朱力排幕僚之议，将机会让予胡宗南；而胡宗南也当“权”不让地越权操作，将领的任免也是安排好了之后形式上向朱绍良报备一下。[③] 可见胡、朱之间的融洽，本身就建立在不正常的关系之上。胡宗南对朱绍良尚较尊重，但对临近的第一战区司令长官卫立煌则屡施暗箭，着力排挤，1939 年多次向卫部将领陈铁刺探卫氏机密；1941 年 12 月洛阳军事会议上胡宗南与卫立煌在对中共政策上出现分歧，胡回到陕西后即向蒋介石发电诋毁卫氏，据说此次“倒卫”行动汤恩伯也有参与。在胡宗南等人的攻击下，同时受中条山战败的影响，卫立煌被迫离开第一战区。[④] 和陈诚相似，胡宗南把持中央军校分校（七分校）的教学和人事，侵蚀、分走了白崇禧军训部的权力。[⑤]

至于汤恩伯，当其隶属于李宗仁第五战区时即常违令不遵，调任第一战区副司令长官后，公然与 1941 年底就任战区的司令长官蒋鼎文唱对台

① 《何应钦呈恳请解除军政部长兼职并于陈诚等人择一继任》（1944 年 11 月 3 日），《蒋中正总统档案》，台北，“国史馆”藏，001/080102/00019/012；方暾：《我所知道的顾祝同》，全国政协文史资料委员会编《文史资料选辑》第 50 辑，文史资料出版社，1964，第 264 页。

② 杨安铭：《我所知道的陈诚》，《文史资料存稿选编 · 军政人物》（下），第 97—98 页。

③ 《鹰犬将军：宋希濂自述》，第 194 页；孟丙南：《“西北王”胡宗南》，《文史资料选辑》第 18 辑，第 117 页；黄剑夫：《我对胡宗南了解的片断》，《文史资料存稿选编 · 军事派系》（下），第 468 页；向超中：《我所知道的朱绍良》，《文史资料存稿选编 · 军政人物》（上），第 433 页。

④ 《鹰犬将军：宋希濂自述》，第 195 页；陈铁：《我所了解的卫立煌》，《文史资料存稿选编 · 军政人物》（上），第 20 页；赵荣声：《回忆卫立煌先生》，第 267 页。

⑤ 张新：《我所知道的胡宗南》，《文史资料选辑》第 116 辑，第 107 页。

戏。蒋鼎文在蒋介石集团中属于元老，其职务从来都高于汤恩伯，下车伊始便以老资格命令汤恩伯，却碰了很多钉子；继而采取了很多手段孤立汤恩伯。汤恩伯遂将计就计，在叶县组建了自己的副司令长官部，与位于洛阳的战区司令长官部分庭抗礼；在保举了自己系统的张雪中担任战区政治部主任后，以张氏将亲近蒋鼎文的将领、政客拉拢至自己身边；同时直接联系后勤部长俞飞鹏，其补给品根本不经战区发送。蒋、汤对台戏中，职衔高于汤恩伯的蒋鼎文反而居于劣势，以至于蒋鼎文向李宗仁抱怨："他（汤恩伯——引者注）眼睛长在头顶上，哪瞧得起我们司令长官？他常常去告'御状'，委员长不知底细，还常常打电话来申斥我呢！"最后两人矛盾闹到无法收拾的地步，汤恩伯连蒋鼎文的面都不愿意见，蒋氏的电话也不接。①

陈、胡、汤三集团虽同发源自党军系统，但各自"坐大"之后，与仍旧围绕在何应钦周围的旧同事们日渐疏远，并由于利益的关系渐生嫌隙。当然，蒋介石对此三人过于偏爱，也引起了嫡系中其他资深将领的嫉妒。1940 年蒋介石召见关麟徵时，关氏就当面抱怨蒋氏用人不公，让陈、胡、汤三人无限扩展，而关仅带着一个军的队伍。② 在如此情势之下，嫡系中较有实力的顾祝同、杜聿明、关麟徵等与陈、胡、汤难免暗中较劲，其中又以与陈诚的较量最为明显和激烈。③

陈、胡、汤相互之间并非没有矛盾，只因为分驻各地，很多时候联系不多，且势均力敌，与最高统帅的关系也难分亲疏，平日在表面上维持着

---

① 文强：《"中原王"汤恩伯》，《文史资料选辑》第 32 辑，第 192—194 页；李宗仁口述，唐德刚记录《李宗仁回忆录》下册，第 560—568 页。

② 段培德等：《关麟徵与五十二军》，《文史资料存稿选编·军政人物》（上），第 417 页。

③ 顾祝同与陈诚在争夺第六十七师的事件中爆发了持久的斗争，顾祝同一度占据上风，但随后陈诚奉令整理原属顾祝同第三战区的第十集团军时，不仅夺回了第六十七师，还将该集团军中亲顾的高级军官调离。杜聿明原属于徐庭瑶指挥下的装甲兵团，与郑洞国等人均偏向于何应钦的圈子，1942 年，杜聿明及其队伍被编入远征军后，与领导他们的陈诚系大员罗卓英不睦；之后陈诚对于杜聿明也多有打压。关麟徵自视甚高，企图从陈诚的手中夺走第五十四军，为之二者爆发了剧烈冲突，关于此，后文详述。参见杨伯涛《陈诚军事集团发展史纪要》，《文史资料选辑》第 57 辑，第 148—152 页；杜聿明：《中国远征军入缅对日作战述略》，《原国民党将领抗日战争亲历记·远征印缅抗战》，第 38—39 页；陈启銮：《我所了解的杜聿明》，全国政协文史资料委员会编《文史资料选辑》第 139 辑，中国文史出版社，2000，第 109 页。

和衷共济的局面。但对于人马和装备的分配有着潜在的竞争关系，[①] 因而当时机成熟时，他们之间的倾轧也十分激烈。

1944 年春豫中会战溃败后，蒋介石对蒋鼎文、汤恩伯深感失望，改派陈诚任第一战区司令长官、胡宗南任副司令长官收拾残局，[②] 这在客观上给了陈、胡、汤同台较量的机会。陈诚没有放过这个抑制汤、胡的机会。中原会战的检讨会上，陈诚首先对汤恩伯发难，列举导致会战失败的“四不和”，同时又出具了他提前组织河南党政代表控诉汤恩伯的“十大罪状”和四省边区党政工作总队长刘培初所举“四不和”事实的报告，逼迫汤恩伯低头。汤氏在会战中确有严重过失，难以反驳，只得当众检讨。事后汤氏大发牢骚：“陈矮子这次整得我好苦。”[③]

陈诚与胡宗南的较量则多在暗中进行。胡宗南清楚陈诚不是以往朱绍良这一类“虚君”，而是要宰制自己的，因而在陈诚上任前就秘密召集部属，要求一切命令、人事均不能听从陈诚，之后又托病不配合陈诚工作。而陈诚到任后一副“钦差”模样，对胡宗南及其部将颐指气使，打电报也直接打给胡部罗泽闿而非胡宗南本人，引起胡宗南集团将帅的普遍不满，认为陈诚气焰太盛，器量太小。胡宗南对撤销第八战区，将其划入第一战区耿耿于怀，三次向蒋介石辞职，表示不愿屈居陈诚之下。[④] 陈、胡在共事的三个月里，一直暗中较劲，后来陈诚回重庆高升军政部长，胡宗南也得以升任为第一战区司令长官，斗争方才告一段落。

陈、胡、汤三集团以下犯上和相互倾轧的行为，与不同派系之间互不协同、相互吞并，本质上没有太大区别，唯一之不同在于陈、胡、汤均属蒋介石的嫡系。抗战期间蒋介石通过扶持他们三人，壮大军队系统内中央军嫡系的力量，对于抗击外侮、平定内乱、压制地方军事集团有着积极的作用。但陈、胡、汤三人在实力壮大之后，却不约而同地将军队“私人

---

① 陈诚和胡宗南因为部队的问题，之前已经有过两次争夺。参见杨伯涛《陈诚军事集团发展史纪要》，《文史资料选辑》第 57 辑，第 152—153 页。

② 参见《蒋介石日记》，1944 年 5 月 6、20 日；於凭远、罗冷梅等编《胡上将宗南年谱》，第 133 页。

③ 文强：《“中原王”汤恩伯》，《文史资料选辑》第 32 辑，第 210 页。

④ 孟丙南：《“西北王”胡宗南》，《文史资料选辑》第 18 辑，第 127—129 页；盛文口述，张朋园等访问《盛文先生访问纪录》，第 55 页；王微口述，张朋园等访问《王微先生访问纪录》，第 81—84 页。

化”，从“正途”走上了“派系化”和新军阀的岔道，使得到增强的中央军嫡系部队出现内耗，整体实力有所减损。

第二节 战区、集团军的派系属性

一般而言，战时国民党军队系统中的各单位，层级越低，其派系属性越鲜明突出。某军某师属于何派何系，均十分容易分辨和定义。[①] 至于各集团军，有一部分由同一派系的军、师构成，其派系属性自然清楚，但另有一部分在一个时期由若干不同背景的军、师编成，其派系属性则比较模糊。而战区一级，其下属的集团军往往来自不同的派系，战区的派系属性更是不易界定。

不过，若仔细分析则可发现，各战区、诸集团军仍带有不同的派系色彩，相当程度上仍具有派系属性。这表明各战区、集团军、军（师）等单位构成统一的、多层级金字塔架构的背后，存在另一套由大小不一的山头所组成的块状结构。

抗战时期先后存在的十余个战区，其下属部队多来自不同的军事集团。此种“混一色”的构成，理论上确实使得战区的派系属性最不明显。但逐一分析每个战区的情况就会发现，其中有数个战区的主力部队均出自某个军事集团，且该战区的司令长官多由此集团的领袖担纲。这些战区因之或多或少、或明或暗地具有了部分的派系属性。值得注意的是，上述战区的派系属性既有属地方军事集团的，亦有属中央军嫡系新生的小派别的。

如表3-1所示，相当一部分战区（如第一、三、九战区）在较长时间中并不具有派系属性，但也有些战区在某些时段不同程度地呈现出可以分辨的派系属性。其中第二战区在整个战争期间明显地带有晋阎军的属性。此外，战争开始和临近结束时的一些战区也由某派系单独编成。更多的情况是，某些战区在一个时期中较多地带有某个军事集团的色彩，部分地带有派系属性。

---

① 既有研究已经将国民党军队中军、师级单位的派系属性基本厘清，参见刘凤翰《抗战期间国军扩展与作战》，第87—136页。

表 3-1 战区的派系属性

<table>
<tr><th>年份
战区</th><th>1937</th><th>1938</th><th>1939</th><th>1940</th><th>1941</th><th>1942</th><th>1943</th><th>1944</th><th>1945</th></tr>
<tr><td>第一战区</td><td colspan="9">无*</td></tr>
<tr><td>第二战区</td><td colspan="9">晋（阎）</td></tr>
<tr><td>第三战区</td><td colspan="9">无</td></tr>
<tr><td>第四战区</td><td>无</td><td colspan="8">粤（张）—桂</td></tr>
<tr><td>第五战区</td><td colspan="9">桂</td></tr>
<tr><td>第六战区</td><td>无</td><td>空</td><td>无</td><td colspan="6">陈诚</td></tr>
<tr><td>第七战区</td><td>川</td><td colspan="2">空</td><td colspan="6">粤（余）</td></tr>
<tr><td>第八战区</td><td colspan="4">无</td><td colspan="5">胡宗南</td></tr>
<tr><td>第九战区</td><td>空</td><td colspan="8">无</td></tr>
<tr><td>第十战区</td><td>空</td><td colspan="2">无</td><td colspan="5">空</td><td>桂</td></tr>
<tr><td>第十一战区</td><td colspan="8">空</td><td>无</td></tr>
<tr><td>第十二战区</td><td colspan="8">空</td><td>晋（傅）</td></tr>
</table>

*“无”表示此一阶段该战区并无明显的派系属性。“空”表示此一时段战区裁撤或并未设立。

资料来源：刘凤翰《国民党军事制度史》，第 238—241 页；《抗日战争正面战场》下册，第 1539—1696 页。

全国抗战期间，多数战区的司令长官由属于蒋介石嫡系的高级将领担任。[①] 但第二战区是个例外。它在全国抗战八年间始终由阎锡山领衔，其战区内部队多数时间也纯由晋阎军组成。开战之初阎锡山就任第二战区司令长官时，战区内除所辖的杨爱源第六军、傅作义第七军这两个晋阎系组成的集团军外，还有卫立煌的中央军第十四集团军和中共的第十八集团军。此时第二战区在派系属性上和其他各战区尚无太大区别。[②] 但在太原失陷后，第二战区逐渐发生了变化。晋阎军之外的部队（除了八路军）均

① 如第一战区司令长官先后由程潜、卫立煌、蒋鼎文、陈诚、胡宗南担任，第三战区的司令长官一直是顾祝同，1939 年设立的第六战区司令长官先后由陈诚、孙连仲担任，第八、九战区的司令长官很长时间由朱绍良、薛岳担任。参见戚厚杰等编著《国民革命军沿革实录》，第 438—480、511—580 页。

② 楚溪春：《晋军概况和“铁军”、“同志会”的内幕》，全国政协文史资料委员会编《文史资料选辑》第 1 辑，中华书局，1960，第 71 页；郭汝瑰、黄玉章主编《中国抗日战争正面战场作战记》上册，第 487—489 页。

退出了该战区序列，战区内的部队遂同属阎锡山一脉。[①] 阎锡山在原有的两个集团军基础上，扩充了第八、十三两个集团军，使其掌控的部队达到4个集团军、8个军，此外还有6个游击纵队等小单位。[②] 第二战区内所有部队均为晋阎军，其主要干部均由阎锡山委派。军令、军政也服从于阎锡山本人。为了加强对部队的控制，阎锡山在战区各集团军中成立“铁军”组织。军队中的重要将领均为其成员，宣誓效忠阎氏。此后，“所有军队的整编、人事、训练等，统由铁军组织一手操纵，凡事必须先经铁军组织研究决定后，再由太原绥靖公署或第二战区长官司令部颁布施行”。[③] 某种意义上，第二战区不仅带有鲜明的派系色彩，而且还具有强烈的排他性和较强的独立性。

除第二战区外，战争末期的第十战区由桂系李品仙的第二十一集团军组成；第十二战区由傅作义的第三十五军等部队构成；而战争初期刘湘率部出川时，拟设立的第七战区也曾一度全由川军编组。这些短时存在的战区均由单一军事集团组成，其派系属性也较为明显。[④]

李宗仁第五战区、张发奎第四战区和余汉谋第七战区等的派系属性不如第二战区一般明显。但因为其主官的关系，其战区内的主力部队多是和该主官渊源甚深的部队。第五战区的主力第十一、二十一集团军均是李品仙、廖磊从广西带出来的桂军，随李宗仁从鲁南、苏北一直战至鄂北、豫南。张发奎就任第四战区司令长官后，托陈诚帮忙，将吴奇伟第九集团军召至其麾下；该集团军所属第四军乃张发奎的起家部队；之后张发奎又支持其亲信李汉魂、邓龙光组建了第三十五集团军，其班底也是原第四军。余汉谋1940年在广东另成立第七战区时，核心部队就是其兼任总司令的第

① 卫立煌第十四集团军在1938年底随卫氏调至洛阳，加入第一战区序列；傅作义自领第三十五军离开山西挺进绥远，参见赵荣声《回忆卫立煌先生》，第159页；楚溪春：《晋军概况和“铁军”、“同志会”的内幕》，《文史资料选辑》第1辑，第71页。

② 山西省政协文史资料研究委员会编《阎锡山统治山西史实》，山西人民出版社，1981，第290—291页。

③ 朱崇廉：《阎锡山的铁军内幕》，全国政协文史资料委员会编《文史资料选辑》第7辑，中华书局，1960，第137页。

④ 参见尹冰彦《李宗仁在汉中行营》，《文史资料存稿选编·军事派系》（下），第186—187页；《董其武回忆录——戎马春秋》，第224—225页；刘航琛口述，张朋园等纪录《刘航琛先生访问纪录》，第73—82页。

十二集团军。[1] 人事上，上述战区之司令长官多任用其军事集团的干部。李宗仁的战区司令长官部除参谋长、参谋处长、卫生处长外，政治部主任、军务、副官、军需处长、兵站总监、军法执行监均由桂系将领担任。张发奎在组建其战区司令长官部时，就任用了蒋光鼐为参谋长、翁照垣为总参议；战区军法执行监部由老师李章达出掌；此三人均系粤人，且参与过“闽变”，与蒋介石中央并不接近。[2] 此种和其他战区不一样的特殊性，体现了第四、五、七这类战区隐性的派系属性。

相似的，蒋介石嫡系新贵陈诚、胡宗南在担任战区主官、副主官后，其做法也类同李、张、余等人。他们一方面将自己的起家部队第十八军、第一军及其衍生出的部队编入其战区，任用私人；[3] 另一方面排除异己，或吞并他系部队。陈诚第六战区充斥着其“土木系”的成员，甚至在陈诚短暂离任赴缅甸时，战区仍由其代理人参谋长郭忏控制。代司令长官孙连仲有名无实。胡宗南系下的干部多属第一军的“老人”，用人按照“黄、陆、浙、一”的标准挑选。[4] 此两个战区经过陈、胡二人如此经营后，逐渐带有了“土木系”和“第一军”的印迹。

虽然上述诸战区很多时候由渊源不同的多个集团军以及军、师组成，但战区中司令长官所属军事集团的影子仍或隐或显。由此可见，无论是少数由单一军事集团组成的战区还是多数由不同派系的集团军编组的战区，都带有一定的派系属性。而这样的派系属性，在集团军一级，就更加明显。

抗战期间先后成立的40个左右的集团军，从最初的临时编成发展至后来的常设单位，其中有相当一部分系由渊源相近的军、师编成，其派系属性随即凸显。剩下的集团军分两种情况，一则由中央军的军、师与地方派

---

① 徐启明口述，陈存恭访问《徐启明先生访问纪录》，第94—111页；张发奎口述，郑义记录《蒋介石与我——张发奎上将回忆录》，第273、299页；郑泽隆：《军人从政——抗日战争时期的李汉魂》，第384页。

② 张寿龄：《在李宗仁戎幕中的十年》，《文史资料存稿选编·军事派系》（下），第149页；张发奎口述，郑义记录《蒋介石与我——张发奎上将回忆录》，第276—278页。

③ 赵秀昆：《抗战期间武汉失守后的十八军》，《文史资料选辑》第81辑，第83—86页；李日基：《胡宗南军事集团的发展和衰败》，《文史资料存稿选编·军事派系》（下），第436页。

④ 知今：《今是昨非见肝胆——原国民党将领方靖亲历纪实》，湖南人民出版社，1986，第123页；孟丙南：《“西北王”胡宗南》，《文史资料选辑》第18辑，119—120页。

系部队混编；一则由数个不属于同一派系的军、师混编。而随着集团军的调整和重组，其派系属性也不断发生变化。

表 3－2 集团军的派系属性*

<table>
<tr><th>年份
集团军</th><th>1937</th><th>1938</th><th>1939</th><th>1940</th><th>1941</th><th>1942</th><th>1943</th><th>1944</th><th>1945</th></tr>
<tr><td>第一
集团军</td><td>西北
（宋哲元）</td><td colspan="8">滇
（龙云—卢汉—孙渡）</td></tr>
<tr><td>第二
集团军</td><td>嫡—杂
（刘峙）</td><td colspan="8">杂
（孙连仲—刘汝明）</td></tr>
<tr><td>第三
集团军</td><td>韩—东北
（韩复榘）</td><td colspan="5">杂
（孙桐萱）</td><td colspan="3">嫡
（李铁军—赵寿山）</td></tr>
<tr><td>第四
集团军</td><td>嫡
（蒋鼎文）</td><td>空</td><td colspan="6">陕
（孙蔚如）</td><td>陕
（李兴中）</td></tr>
<tr><td>第五
集团军</td><td>嫡
（顾祝同）</td><td>东北
（于学忠）</td><td colspan="3">半嫡
（曾万钟）</td><td>空</td><td colspan="2">嫡
（杜聿明）</td><td>空</td></tr>
<tr><td>第六
集团军</td><td colspan="9">晋阎
（杨爱源—陈长捷—杨爱源）</td></tr>
<tr><td>第七
集团军</td><td colspan="9">晋阎
（傅作义—赵承绶）</td></tr>
<tr><td>第八
集团军</td><td>杂
（张发奎）</td><td>粤
（叶肇）</td><td colspan="7">晋阎
（孙楚）</td></tr>
<tr><td>第九
集团军</td><td>嫡
（张治中）</td><td colspan="2">杂
（吴奇伟）</td><td colspan="5">嫡
（关麟徵）</td><td>空</td></tr>
<tr><td>第十
集团军</td><td colspan="3">湘
（刘建绪）</td><td>嫡—
湘—川
（刘建绪）</td><td colspan="5">嫡
（王敬久）</td></tr>
<tr><td>第十一
集团军</td><td colspan="3">桂
（李品仙—黄琪翔）</td><td>空</td><td colspan="4">嫡
（宋希濂）</td><td>空</td></tr>
<tr><td>第十二
集团军</td><td colspan="9">粤
（余汉谋）</td></tr>
<tr><td>第十三
集团军</td><td colspan="2">空</td><td colspan="7">晋阎
（王靖国）</td></tr>
<tr><td>第十四
集团军</td><td colspan="2">嫡
（卫立煌）</td><td>嫡—杂
（冯钦哉）</td><td colspan="4">嫡—杂
（刘茂恩）</td><td colspan="2">空</td></tr>
<tr><td>第十五
集团军</td><td colspan="2">嫡
（陈诚）</td><td>嫡
（关麟徵）</td><td>空</td><td colspan="4">嫡—东北
（何柱国）</td><td>东北—
青马
（何柱国）</td></tr>
<tr><td>第十六
集团军</td><td colspan="2">空</td><td>桂—粤
（夏威）</td><td colspan="5">桂
（夏威）</td><td>空</td></tr>
</table>

续表

<table>
<tr><th>年份
集团军</th><th>1937</th><th>1938</th><th>1939</th><th>1940</th><th>1941</th><th>1942</th><th>1943</th><th>1944</th><th>1945</th></tr>
<tr><td>第十七
集团军</td><td colspan="9">宁马
马鸿逵</td></tr>
<tr><td>第十八
集团军</td><td colspan="9">中共
（朱德）</td></tr>
<tr><td>第十九
集团军</td><td>杂—粤
（薛岳）</td><td>嫡
（罗卓英）</td><td>杂
（俞济时）</td><td colspan="2">嫡
（罗卓英）</td><td>空</td><td colspan="2">嫡
（汤恩伯—陈大庆）</td><td>嫡—
东北
（陈大庆）</td></tr>
<tr><td>第二十
集团军</td><td colspan="2">杂—东北
（商震）</td><td colspan="6">嫡—东北
（霍揆彰）</td><td>空</td></tr>
<tr><td>第二十一
集团军</td><td colspan="9">桂
（廖磊—李品仙）</td></tr>
<tr><td>第二十二
集团军</td><td colspan="9">川
（邓锡侯—孙震）</td></tr>
<tr><td>第二十三
集团军</td><td colspan="8">川
（刘湘—唐式遵）</td><td>川—湘
（唐式遵）</td></tr>
<tr><td>第二十四
集团军</td><td>空</td><td>嫡—东北
（韩德勤）</td><td colspan="3">杂
（庞炳勋）</td><td>杂—嫡
（庞炳勋）</td><td>空</td><td>嫡
（王耀武）</td><td>空</td></tr>
<tr><td>第二十五
集团军</td><td colspan="2">空</td><td colspan="4">嫡
（陈仪—李觉）</td><td>嫡—
东北
（李觉）</td><td colspan="2">杂—东北
（李觉）</td></tr>
<tr><td>第二十六
集团军</td><td>空</td><td>杂
（徐源泉）</td><td>桂
（蔡廷锴）</td><td colspan="3">嫡
（周碞）</td><td colspan="3">嫡—杂
（周碞—宋肯堂）</td></tr>
<tr><td>第二十七
集团军</td><td>空</td><td>川
（杨森）</td><td>川—嫡
（杨森）</td><td>川
（杨森）</td><td>川—杂
—滇
（杨森）</td><td colspan="2">川—杂
（杨森）</td><td>川—嫡
—杂
（杨森）</td><td>川—杂
（李玉堂）</td></tr>
<tr><td>第二十八
集团军</td><td>空</td><td>川
（潘文华）</td><td colspan="2">空</td><td>川
（潘文华）</td><td>空</td><td colspan="3">嫡
（李仙洲）</td></tr>
<tr><td>第二十九
集团军</td><td>空</td><td colspan="6">川
（王缵绪）</td><td colspan="2">嫡
（李铁军）</td></tr>
<tr><td>第三十
集团军</td><td>空</td><td colspan="8">川
（王陵基）</td></tr>
<tr><td>第三十一
集团军</td><td>空</td><td colspan="8">嫡
（汤恩伯—王仲廉）</td></tr>
<tr><td>第三十二
集团军</td><td>空</td><td colspan="8">嫡
（上官云相—李默庵）</td></tr>
</table>

续表

<table>
<tr><th>年份
集团军</th><th>1937</th><th>1938</th><th>1939</th><th>1940</th><th>1941</th><th>1942</th><th>1943</th><th>1944</th><th>1945</th></tr>
<tr><td>第三十三集团军</td><td>空</td><td colspan="8">西北
（张自忠—冯治安）</td></tr>
<tr><td>第三十四集团军</td><td colspan="2">空</td><td colspan="7">嫡
（胡宗南—李延年—李文）</td></tr>
<tr><td>第三十五集团军</td><td colspan="2">空</td><td colspan="6">粤
（李汉魂—邓龙光）</td><td>空</td></tr>
<tr><td>第三十六集团军</td><td colspan="2">空</td><td colspan="3">川—杂
（李家钰）</td><td colspan="2">川—嫡—杂
（李家钰）</td><td>嫡
（刘戡）</td><td>空</td></tr>
<tr><td>第三十七集团军</td><td colspan="2">空</td><td>粤
（叶肇）</td><td colspan="2">空</td><td>嫡—半嫡
（陶峙岳）</td><td colspan="3">嫡
（陶峙岳—丁德隆）</td></tr>
<tr><td>第三十八集团军</td><td colspan="2">空</td><td>嫡
（徐庭瑶）</td><td colspan="2">空</td><td>嫡—半嫡
（范汉杰）</td><td colspan="3">嫡
（范汉杰—董钊）</td></tr>
<tr><td>第三十九集团军</td><td colspan="3">空</td><td>西北
（石友三）</td><td>空</td><td colspan="3">西北
（高树勋）</td><td>空</td></tr>
<tr><td>第四十集团军</td><td colspan="6">空</td><td colspan="3">青马
（马步芳）</td></tr>
</table>

* “空”表示此一时段该集团军未设立或被裁并，番号空置；“嫡”、“半嫡”、“杂”分别指称中央军嫡系、半嫡系和杂牌；“晋阎”“川”等指称各地方军事集团；“嫡—杂”指称中央军嫡系与半嫡系军混编之集团军（余类推）。

资料来源：曹剑浪《国民党军简史》上册，第300—335、353—401、420—474、489—535、556—609、625—678、693—750、776—826、847—889页；刘凤翰：《抗战期间国军扩展与作战》，第67—179页。

从第一批集团军建立到战争结束，每年战区—集团军体系中的集团军均有一部分是由中央军之外的地方军事集团单独编组。这些集团军多具有明显的派系属性。九年中属于地方派系的集团军数量与其所占比重分别为：11（52.38%）、18（62.07%）、19（51.35%）、17（48.57%）、18（50%）、16（44.44%）、17（43.58%）、17（43.58%）、14（46.67%）。这些数字是较为保守的统计。首先，中央军中杂牌部队组成的集团军，如孙连仲第二、孙桐萱第三、庞炳勋第二十四、徐源泉第二十六集团军，由于“中央化”程度不高，其不同程度地仍带有一些派系的色彩。其次，全国抗战中期以后，蒋介石嫡系部队的一部分分化为数个小派系，其中第二十九、三十四、三十七、三十八集团军属胡宗南集团，第四、十九、二十

八、三十一集团军属汤恩伯集团，第十、二十、二十六集团军属陈诚集团。这些部队对中央的态度虽和地方派系组成的集团军存在很大区别，但其组织和行为也充满了派系的意味。[①] 从这个意义来讲，具有派系属性的集团军，估计在半数之上。在这些集团军中，地方性的晋阎军、川军、桂军、粤军属于较有实力的派系。这些地方派系的集团军多保留了过去的特点，所属部队均由当地武装编成；其编制虽统一于中央标准，但仍或多或少带有自己的特色。如滇军组成的第一集团军，1942 年其编制之下除第六十军外，还存在 2 路 4 旅的编制；李品仙的第十一集团军总司令部在 1939 年仍按照前第五路军编制，除参谋、副官两处外，还设了有广西特色的经理处。[②] 而在人事上，这类集团军和带有派系色彩的战区一样，多任用自己的“私人”，如第一集团军连长以上的干部均是云南人，对外省人十分排斥。[③] 有的集团军甚至连兵士都由地方将领在家乡募补。[④]

抗战时期国民党军队内部的各个地方军事集团没有走向衰歇，反而在新的军队系统——战区—集团军体系中找到了各自的位置，并得到了各自不同的嬗递；作为蒋介石集团的中央军，在嫡系武装成为主流之后，其发展的新趋势是明显的“派系化”，嫡系武装日益裂变为以陈、胡、汤三集团为代表的多个小派别。这样一个“派系化”的背景提示了：虽然战区—集团军体系在架构上是一个军令、军政统一的军队系统，但实际上各战区、诸集团军均不同程度地带有各自的派系属性。派系的因素在国民党军队内部的实际运作和组织关系中起到了相当重要的作用。

第三节 派系军队与统帅部的博弈

国民党军队系统中派系的长期存在及其活动，客观上导致军队系统实

① 参见孟丙南《“西北王”胡宗南》，《文史资料选辑》第 18 辑，第 117—118 页；文强：《“中原王”汤恩伯》，《文史资料选辑》第 32 辑，第 188—189 页；宋瑞珂：《陈诚及其军事集团的兴起和没落》，《文史资料选辑》第 81 辑，第 34—44 页。

② 卢汉：《第一集团军总司令部兵力驻地表》（1942 年 2 月 10 日），战史编纂委员会档案，中国第二历史档案馆藏，787/16770；李品仙：《拟呈总部编制表请核备案核发经费由》（1939 年 7 月 4 日），战史编纂委员会档案，中国第二历史档案馆藏，787/02578。

③ 张赣萍：《弹雨余生录》第 2 册，转引自张瑞德《抗战时期的国军人事》，台北，中研院近代史研究所，1993，第 51 页。

④ 参见杨森《九十忆往》，第 102 页。

际已经“派系化”了。“派系化”的军队系统与统帅部的关系因而也别具特色。作为统帅部的军委会对不同战区、集团军乃至于军、师的管理，诸战区、集团军以及军、师对待统帅部的态度和表现，都受到“派系化”因素的影响。这种影响既表现于作战中统帅部与战区—集团军的军令往来，亦表现于平时军政方面的各项事务中。

理论上，对于国民党军中的每个层级，上至战区、下至各师、独立旅，在作战计划、后勤筹划、情报工作、参谋军官的管理，由军令部及所属各厅负责；在编制设定、人马补充、交通通信以及军费、军需、军械、卫生等方面的运作，由军政部及所属各署、司负责；在军事训练方面的业务，由军训部负责；其在政治工作诸方面的业务，由政治部负责。[①] 通过相关部委与各战区、集团军、军、师的对应机构进行联系，战区—集团军体系中诸单位的各项工作，均能得到统帅部门的对口指挥和管理。

但在实际运作中，一方面，因为各战区、诸集团军存在不同的派系属性，统帅部门常常不能按照上述体制规定的程序对军队系统的各个层级进行有效指挥和管理；另一方面，统帅部门囿于派系因素的考虑，通常也不能够做到一视同仁，往往对各战区、集团军予以区别对待。由此，统帅部与军队系统之间在军令上进行着一种特殊的互动，而在军政等方面又存在广泛的博弈。

在军令上，统帅部按照正常程序指挥战区、集团军作战的同时，另有一套“潜规则”对之进行实时监控和调整，而这套“潜规则”和战区、集团军的派系属性有相当紧密的联系。

在全国抗战的每一个阶段（平均每一年），军委会都要对全国军事进行一个通盘谋划，制定此一时段的作战方针和计划部署。[②] 至于每次会战，军委会军令部的第一厅负责作战计划之策定、命令之起草、监督指导作战之实施；[③] 委员长、参谋总长、副参谋总长以及各部部长、次长均能在上述过程中给予指导和建议。最后正式的作战指导由军令部发至各战区转发

① 《修正军事委员会组织大纲》（1938 年 1 月 10 日），何应钦：《军政十五年》，第 6—7 页。

② 参见《抗日战争正面战场》上册，第 3—162 页；陈长河：《抗战时期的国民党政府军令部》，《民国档案》1987 年第 3 期。

③ 《军事委员会修正军令部组织法及服务规程指令》（1942 年 3 月 6 日），《中华民国史档案资料汇编 第五辑第二编 军事》（1），第 96 页。

诸集团军。战区根据上述指导，制订该战区的具体作战计划或腹案，内容包括判断、任务、部署、搜索、警戒、兵站、交通等方面，下达至各集团军、军、师，令其按照计划或腹案执行任务。战役进行时，战区和集团军向军令部电呈战场情况，在军令部会商军委会各高级幕僚后，由军委会指导其调整部署及执行新的命令。[①]

但上述标准程序多停留于纸面。战时的实际运作，往往存在于战区司令长官、集团军总司令甚至军、师长与最高统帅蒋介石个人的密电往来中。战区司令长官、集团军总司令直接向蒋介石通报敌情、汇报战况、阐述自己的判断以及最新的处置，而蒋介石也常常十分细致地插手战区、集团军的部署，并适时布置军、师任务。这意味着蒋介石一个“点”要面对战区、集团军甚至军、师多个层“面”。更值得注意的是，低一级的集团军与蒋介石往来的密电，往往多于高层级的战区与统帅部之间的密电。以第一次长沙会战为例，第九战区司令长官薛岳与蒋介石往来的密电为5封（薛发4封，蒋发1封），而第九战区所属的第十五集团军总司令关麟徵直接给蒋介石发了29封密电，另外第十九集团军总司令罗卓英、第三十集团军总司令王陵基也各给蒋发了13封密电。[②] 类此情况并不鲜见。这意味着在会战中蒋介石与集团军之间的直接互动，要远多于战区。蒋对集团军的直接指挥不仅超过了军委会、军令部等层级的指挥机构，甚至越过了战区一级。

蒋介石直接指挥的习惯早已被史家察觉。刘馥就批评说：“蒋先生往往为了方便行事，喜欢越过正常的指挥系统——不顾战地指挥官的决定（有时与指挥官的决定抵触）——直接下令至下级单位……蒋先生对指挥系统和战地指挥官权利之任意忽视日趋增长，一直到了中国军队的责任制被蒋先生个人的权威所淹没。”[③] 蒋介石这一统御军队系统的风格，对战争的不利影响显而易见，常常导致指挥命令混乱、将领责任心削弱、指挥层次破坏后下级抗命现象多发。[④] 然而值得注意的是，直接指挥的存在，除

① 根据各次会战之情况，其标准程序大致如此，参见《抗日战争正面战场》上册，第163—780页；《抗日战争正面战场》下册，第781—1387页。

② 《抗日战争正面战场》下册，第1027—1080页。

③ 刘馥：《中国现代军事史》，第142—143页。

④ 参见李宝明《“国家化”名义下的“私属化”——蒋介石对国民革命军的控制研究》，第167—171页。

了缘于蒋介石个人过旺的控制欲，① 本身既具有技术上的因素，又与“派系化”的军队系统相关。

首先在技术上，军令部—战区—集团军—军（师）之多层级指挥体系，对各级单位通信技术与效能依赖很大。但国民党军的战地通信系统，一直处于较低的水平。国民党军历次会战的失利，通信低效即为要因之一。如淞沪战役撤离时，战区司令长官部撤退令就未能准时到达张发奎的右翼军指挥部；而中条山会战中，部队一经转移，通信网络即中断，“主通信一生障碍，则无法以补救之”。② 在此种情况下，各集团军直接与蒋介石联系，较之联络战区转呈军令部，反而更可靠、快捷。

更重要的是，蒋介石的直接指挥较之正常程序更为适应“派系化”的战区—集团军体系。少数战区本来在一定程度上就带有一些派系色彩，大多数战区又由不同派系的集团军混合编成，而部分集团军又是由背景不同的军组合而成，实际上参加同一会战的往往是不同派系的大小武装。在这样的情况下，军令部甚至军委会的指令，对于某些战区司令未必有足够的控制力；类似的，不是每位战区司令都具有足够的威望来指挥其派系之外的集团军；集团军总司令也未必能对所有下属军、师实现有效的约束。

因而蒋介石直接与那些同上级部门、主官因派系畛域而关系疏远的战区司令长官、集团军总司令、军长进行一对一联系，在实践中更利于命令之贯彻。前述第一次长沙会战中，蒋介石之所以同第三十集团军总司令王陵基保持较为密切的联络，直接指挥其集团军作战，很大程度就是因为王氏是川军宿将，比杨森、刘湘等辈更为资深，自然其资格要老于战区司令长官薛岳；另外王陵基与薛岳又不属于同一个派系，关系疏远。在往来密电中，蒋介石对王氏态度较为温和，对其集团军始终勉励表扬，而王陵基部提出的要求也代为转发给薛岳知照。③ 如此，蒋介石不仅使得战区、集团军能够有效贯彻他的意图，客观上还协调了两级单位、两个将领之间的关系。

---

① 参见《张治中回忆录》下册，第 299 页；秋宗鼎：《蒋介石的侍从室纪实》，《文史资料选辑》第 81 辑，第 152—153 页。

② 张发奎口述，郑义记录《蒋介石与我——张发奎上将回忆录》，第 250 页；《卫立煌致蒋介石密代电》（1941 年 10 月 28 日），《抗日战争正面战场》下册，第 1026 页。

③ 《蒋介石致王陵基密电稿》，1939 年 9 月 26 日，10 月 8、12 日，《抗日战争正面战场》下册，第 1047、1054、1058 页。

而在另一些派系属性明显的战区、集团军，蒋介石有时对其司令长官、总司令无法有效控制，干脆就放权允其自由发挥。如李宗仁在全国抗战初期就任第五战区司令长官时，就以“将在外君命有所不受”为由要求蒋介石少打电话指挥该战区。6年间蒋介石果真极少给李宗仁打电话、下指示。李宗仁因此在第五战区的指挥中有较大的自主性。[①] 而蒋介石和这类战区、集团军中的嫡系部队保持联络，既便于基层部队领会统帅部的意图，又是对属于某派某系的战区司令长官、集团军总司令的一种制衡。

与此同时，当这些战区司令长官、集团军总司令指挥蒋介石嫡系队伍遇到困难时，蒋介石直接对该部队主官下令，更具效力。一个典型的例子是台儿庄战役，汤恩伯军团迭奉战区命令投入侧击，唯汤氏对此命令贯彻不佳，故侧击效果不明显。4月5日，蒋介石对汤氏发出严切督战令：“该军团居敌侧背，态势尤为有利，攻击竟不奏效，其将何以自解？急应严督所部于六、七两日奋勉图功歼灭此敌，毋负厚望。”[②] 在蒋氏如此严厉的催促下，汤恩伯军团遂迎难而上，和友军一道完成了对日军的合围，取得了较大战果。[③]

蒋介石通过电报、电话对战区、集团军乃至于军、师进行越级指挥，实际效果一般较好。多数单位对他的“手令”还是尽力执行。但也有如前述李宗仁那样婉拒他“遥制”的情况发生。此外，战区—集团军体系中各个层级不主动请示蒋介石，躲避蒋氏电报、电话，对他的命令阳奉阴违或拖延办理的情况也不鲜见。不过需要注意的是，这和派系的因素并无太大关系，因为如此办理的既有地方军事集团的将领，也有蒋介石的嫡系将领陈诚、王耀武等人。[④]

总的来说，蒋介石通过密电与战区—集团军体系中的各级单位直接联系，在相对超然的位置调停了不同派系武装之间可能存在的不谐，同时能够保证各个层级贯彻统帅部的意旨，从而在一定程度上实现了命令、战情的上传下达。战区—集团军的派系属性使得越级指挥应运而生，而在军令上依靠往来密电进行互动的不正常方式，在“派系化”的战区—集团军体

① 李宗仁口述，唐德刚记录《李宗仁回忆录》下册，第615页。
② 《蒋介石致汤恩伯密电》(1938年4月5日)，《抗日战争正面战场》上册，第608页。
③ 王文政：《汤恩伯年谱》，第98—100页。
④ 参见张瑞德《遥制：蒋介石手令研究》，《近代史研究》2005年第5期。

系中反而是“正常”的。

“派系化”对统帅部与军队系统在军政方面的影响更为明显。随着战前国民党军“国家化”程度的加深，经理、人事统一也列入计划，“军队国家化”的口号也十分响亮。战争爆发后，军政上统一的制度进一步建立，进入战略相持阶段后，表面上军队人事上实现了公开，部队军需得到了独立。

然而，派系的因素使得统帅部在军政的很多方面对待不同背景的战区和集团军未能一视同仁，在军队人事、军师编制、械弹钱粮补给等方面往往加以区别对待。当然，各派系武装在这些方面也未必完全遵从统帅部的指定和安排，而是巧妙地与之周旋。在军政问题上，统帅部与战区—集团军体系之间存在着广泛的博弈。

抗战时期，军队的人事制度日益完善。进入战略相持阶段后，逐渐形成了以战区、军为主要的人事单位——负责下属人事，明确各级人员任免(官、职)、晋叙、考绩之程序。根据1944年最终通过的《陆军权责划分表》和《抗战时期陆军官佐人事权责划分实施办法》，统帅部的军委会作为全军人事权之中枢，管理一切机关部队学校。就战区—集团军体系中的任职而言，人事权由军委会直属或分发至各战区，战区复下达至军一级：尉官由军长任免，呈军委会备案；校官由战区司令长官报军委会核委，但军长得保举出适当人选向战区司令长官建议；将官人事权属军委会（具体为铨叙厅）承办，但战区司令长官可依照规定向军委会建议人选。

除一般军官外，参谋军官由所在单位与军令部共同掌控，决定权在后者；政工干部由所在单位与政治部共同掌控，决定权在后者；军佐由所在单位与军政部共同掌控，决定权在军政部，特种兵军官也由军政部辖制。在划分军委会、战区、军三个横向层级外，军委会还延伸了数条纵贯线以管理上述几类军官。①

这样的制度设计充满了弹性，将人事权集中到军委会及所属各部，但也给战区—集团军体系保留了一定空间。校、尉级军官（对应职务为团级以下）的任免由军队系统中的高级将领决断；将官（对应职务为师级以上）之任免，军队系统有建议人选的权利，但其决定权操在统帅部手中；

① 《陆军权责划分表》、《抗战时期陆军官佐人事权责划分实施办法》（1944年2月19日），战史编纂委员会档案，中国第二历史档案馆藏，787/63。按，军佐为军队中的军需、军医、兽医等人员。

而对于较为关键的参谋、政工、军佐、特种兵军官，采取的是双轨体制，但最终任职仍分别系于军令、军政、政治三部。

在此种制度下，蒋介石集团中的嫡系将领自然可以得到更多的任职机会，在战区—集团军体系中占据要职。首先具有推荐人选大权的战区一级，其司令长官本多为蒋介石亲信，多会优先考虑嫡系将领；其次掌握最终决定权的统帅部，也会在蒋介石的授意下为其大开绿灯。因而开战初期中央军嫡系的军、师长，在战争的第三年之后就陆续登上集团军总司令的宝座，如关麟徵 34 岁即担任第十五集团军总司令，是黄埔生中的第一个。[①] 至 1945 年全军 30 个集团军总司令中，黄埔一期生竟占了 1/3。这 10 人是王敬久、陈大庆、李玉堂、李仙洲、李铁军、王仲廉、李默庵、李文、丁德隆、董钊。而他们中的佼佼者如胡宗南已经超越这一阶层当上战区司令长官。[②] 而不少有资历担任总司令的将领，却因为派系的关系，始终得不到任用。如西北军系的宿将孙良诚，其职务却“随随便便变个法子给他难过”，使之长期屈居于一个地方行署专员上。[③]

但各地方军事集团在人事任用中也充分利用了制度赋予军队系统的建议权来与统帅部周旋，在所属军、师长职位上均推荐内部系统的人“上位”，而统帅部在多数情况下出于团结的考虑，也一律照准。张发奎在 1941 年就尖锐地批评道：“目前国军人事，尚未能彻底中央化，此中主要症结，为一部分部队狃于过去恶习不易革除所致……抗战以来，各部队往往借口酬庸有功，人事似有未臻合理化者，故杜绝保荐之风，由中央施行调任，为目前人事整理上之要道。”[④]

比如桂系李、白最核心的部队——第二十一集团军与第七军的军、师高级军官，8 年间就全由第五战区推荐人选，而统帅部一概照准。[⑤] 这样的

① 王成斌：《民国高级将领列传》第 3 册，解放军出版社，1998，第 231 页。

② 於凭远、罗冷梅等编《胡上将宗南年谱》，第 142 页。

③ 冯玉祥：《我的抗日生活》，第 89 页；黄广源：《孙良诚投敌及其下场》，《文史资料选辑》第 54 辑，第 187—191 页。

④ 张发奎：《建军管见》，《军事杂志》第 134 期，1941 年 6 月，第 3 页。

⑤ 第七军的老军长廖磊升任第二十一集团军总司令后，副军长周祖晃升任军长，而所属第一七〇师师长徐启明升任副军长；之后集团军参谋长张淦接任第七军军长，而徐启明此时升任集团军参谋长；廖磊殁后李品仙接掌此集团军；1943 年徐启明从广西“绥署”参谋长任上离职回到第七军担任军长，而张淦到集团军中任副总司令。参见徐启明口述，陈存恭访问《徐启明先生访问纪录》，第 77、80、90、95、103、110、117 页。

情况各派系控制的武装中较为普遍。而当统帅部试图将人事权收拢时，往往引起地方派系将领的反弹。1940 年初“冬季攻势”结束后，川军王陵基第三十集团军接到军政部长何应钦的电报，令其将经理、人事权上交，王陵基当即表示不同意，自拟回电称经理、人事暂归集团军总部有利于抗战，并威胁说交权之日，就是他下野之时。在这样的态度下，第三十集团军的人事问题只得搁置，而高级干部的任用还是由王陵基和战区司令薛岳商量后报请军委会核委。[①]

因而统一的人事制度，实际上还是深受派系因素的影响。统帅部虽然利用其决定权提供嫡系将领充足而快速的晋升之阶，但在派系化的战区—集团军体系中，相当一部分的战区、集团军对自身的人事还是拥有较大的操作空间。从制度到实践，统帅部仍不能自由地在军队系统中安排人事。

至于编制方面，如前文所述，战争初期军队系统中各师编制混乱，但随着至 1941 年四期整训后，全军的编制已经在很大程度上得到统一，之后 1942 年编制也能够在短时期内推广，这都说明了一个事实：全国抗战进入战略相持阶段后，在制度层面各战区、集团军所属的军、师的编制，已经全部由军委会统一管理。

具体执掌全军编制的是军政部的军务司（1945 年改为军务署）。该司的主要业务就是“关于陆军建制、编制及建设整理事项”。[②] 抗战时期的历次整军中，具体某军某师采用何种编制均由该司统一负责指定。[③] 而所采用编制的依据，主要是各部队的作战、训练以及兵员、武备的情况，为此军委会还专门建立了点验委员会对各部队上述情况进行巡回考察。

理论上军政部对诸军、师的编制，无论其属于何派何系，都应一视同仁，根据其实际情况给予合理的编制。这在 1939—1941 年的四期整训中表现得较为明显，参加同一批整训的军、师背景不同，但都采用同样的编制。如第一期整训中，军委会直辖整理的部队均采用甲种编制，其中既有中央军嫡系的几个军，也有桂系所属的韦云淞第三十一军，杂牌刘茂恩的

---

① 刘识非：《第三十集团军的建制演变与人事变动》，《文史资料存稿选编·抗日战争》（下），第 484—485 页。

② 《军政部组织法》（1941 年 2 月 18 日），何应钦：《军政十五年》，第 11 页。

③ 杨植：《国民政府军政部军务署编组内幕》，《文史资料存稿选编·军事机构》（上），第 18 页。

第十五军、萧之楚的第二十六军等部队；[①] 在各战区整理的军师中，第九战区陈诚系的第十八、五十四军与卢汉第一集团军的第五十八、六十这两个军同时获得了甲种 1938 年编制。[②] 而在平时，即便属于地方派系的军、师，只要是工作有成绩，就有获得编制升级的机会。1942 年王陵基第三十集团军所属之第三十四师在师长之励精图治下，不吃空缺、自力更生，经各级部门点验和军委会校阅，认为其成绩优异，于 1943 年将其由乙种编制升为甲种（应为 1942 年加强编制），兵员增加、武器换装，还增加了 1 个迫炮营、1 个战防炮连。[③]

但更多数的情况下，忠诚于中央的战区和属于蒋介石嫡系的集团军，其下属的军、师往往能更快地获得甲种编制的资格。在开战时，中央军嫡系组成的集团军中采用甲种调整师编制的军、师比例较高，而川、粤等地方部队在改用中央番号之时，就被限定为乙种整理师编制，故它们所组建的集团军自然也全由整理师构成。在四期整训中这样的情况一定程度上得到了修正，然而至 1941 年底，全国军、师中仍有 2/5 按照旧式的乙种整理师编制编成，而其中地方派系的队伍占据了较大比例，如第八战区副司令长官傅作义部之主力第三十五军、庞炳勋第二十四集团军之主力第四十军、川军潘文华第二十八集团军所属之第五十六、九十五军等。[④] 直至 1945 年初新的陆总—方面军体系建立，四个方面军的配置中仍渗透了派系属性的影响：卢汉和张发奎领衔的第一、二方面军所配属的军、师仍按照旧编制，而汤恩伯、王耀武的第三、四方面军已各拥有 3 个采用 1945 年编制的美械军，实力远远雄厚于前两者。[⑤]

对于军政部在编制方面的“潜规则”，战区—集团军体系中属于中央军杂牌和地方军事集团的军、师真是无可奈何，除了按照前述第三十四师

---

① 《第一期战区直辖整理部队番号姓名一栏表》（1939 年 5 月 15 日），《蒋中正总统档案》，台北，“国史馆”藏，002/080102/00069/004。

② 《第一期第九战区直辖整编各军师新编成单位表》，何智霖编《陈诚先生从军史料选辑·整军纪要》，第 111—116 页。

③ 刘识非：《第三十集团军的建制演变与人事变动》，《文史资料存稿选编·抗日战争》（下），第 487 页。

④ 《陆军各部队调整实施办法》（1942 年 2 月），战史编纂委员会档案，中国第二历史档案馆藏，787/02603。

⑤ 参见曹剑浪《国民党军简史》上册，第 845—846 页；《国民革命建军史　第三部　八年抗战与戡乱》（2），第 1526—1527 页。

一样努力作战和训练，以求获得统帅部的认可从而获得较优编制外，走上层路线是一个可行的办法。作为中央军杂牌的丁治磐本身能力较强，颇受何应钦的垂青；所率部队前身系鄂军，因而得到湖北元老、时任军法执行总监何成濬的暗中相助，在二何的关照下，尽管丁治磐所率的第四十一师和第二十六军不是嫡系，但在编制上始终能够得到优先考虑。[①] 此外，行贿舞弊是另一妙计。1942 年点验委员会第一组组长方暾奉令点验川、康部队，受到了邓锡侯、刘文辉及部将的隆重接待，刘文辉的参谋长、女婿伍培英借打牌的机会向点验组成员行贿，事后又赠以重礼，点验组借此“大发一笔”，对于邓、刘所部严重的缺额情况也就只字不提了。[②] 点验成绩好，不仅不会遭到批评，反而在编制上还可以占有先机。

无论是在军令方面的互动还是军政方面的博弈，派系因素均相当程度地左右了统帅部与战区—集团军体系的关系。处于“派系化”背景下的军队系统，正常的军事指挥体系常常因派系的关系而发生改变，统一的军事行政业务也会诞生出新的游戏规则。而这还不算严重的，随着战事的发展，派系因素在战区—集团军体系对统帅部的态度上发挥的作用，也越发显著：各战区、集团军对中央的忠诚度，因所属派系之不同，开始呈现不同程度的下降。

虽然派系因素对统帅部与战区—集团军的关系有如此重要的影响，但这并不意味着各战区、集团军在处理与统帅部的关系时，派系因素就压倒了一切考量。在战前已经建立的合作局面与共同抗日御侮的时代背景下，各战区、集团军对于统帅部的命令总体上还是服从的。这也是统帅部得以领导战区—集团军体系坚持抗战的重要原因。

不过，在不同时期也有不同的表现。一般而言，在全国抗战最初的几次会战中，战区—集团军体系对统帅部的命令执行得较为坚决，无论是蒋介石集团还是各地方派系都做出了巨大的牺牲。但当战争进入战略相持阶段后，不同派系出于不一样的动机，纷纷转而寻求自保，对统帅部的忠诚度逐渐降低。因而开始违背统帅部的“君命”，瞒报、诿过、违令、脱逃等行为陆续出现在战区—集团军体系中。更为严重的是，一部分带有地方派系色彩的战

① 丁治磐口述，刘凤翰等访问《丁治磐先生访问纪录》，第 63—64、69—70 页。

② 方暾：《国民党军政部点验委员会的真相》，全国政协文史资料委员会编《文史资料选辑》第 136 辑，中国文史出版社，1999，第 166—167 页。

区、集团军甚至出现反对中央、自立山头的举动，或做出叛党叛国、投敌的行为。

七七事变爆发后，蒋介石7月12日在庐山动员参训各将领出兵抗战，得到了全场将领的一致拥护。黄绍竑回忆，当时在场诸将领“景仰羡慕的心，与企图效死致胜的心，都同时表现出来，这是一个有历史价值的镜头”。[①] 中央坚决抗战的表态为之后号令百军赢得了极高的威望。8月4日，桂系白崇禧只身飞往南京辅佐蒋介石，李宗仁在桂林执行动员计划，不满1个月即编成40个团。[②] 同一天，刘湘在国防会议上也宣布四川可出兵30万，供给壮丁500万。[③] 会上各派达成共识，今后军事、外交均听从中央之指挥与处置。[④]

基于此种共识，在全国抗战初期，各战区、集团军不论其派系属性为何，大多都坚决执行了统帅部的军令。淞沪会战进行到守势阶段，各个集团军均顶着日军的优势火力坚守。陈诚第十五集团军第十八军罗卓英部坚决执行统帅部“死守”的命令，当所属第九十八师消耗殆尽请求增援时，他对师长夏楚中说，他一个人都派不了，要夏楚中自己去顶，去争取时间。薛岳第十九集团军同样坚守阵地。他在给龙云的电报中说，“血战半载，寸土未失”，以致撤退时差点丧命。不唯中央军如此，川军第二十军杨森部赶到淞沪战场时，奉命坚守大场，前方不支请求撤退，杨森丢掉电话即亲率后备队增援；第二十军阵地屹立如山，杨森却付出了生平“最大的代价”，全军损失达3/4。[⑤] 同一阶段的太原、徐州及至武汉会战，此种情况也是比较普遍。

但进入战略相持阶段后，战区—集团军体系中瞒报、诿过、违令、脱逃等行为开始出现，并随着战争的延展而越发严重。在此过程中，统帅部

---

① 黄绍竑：《五十回忆》下册，第331页。

② 白崇禧口述，贾廷诗等访问兼纪录《白崇禧先生访问纪录》上册，第98—99页；李宗仁口述，唐德刚记录《李宗仁回忆录》下册，第505页。

③ 邓汉祥：《刘湘与蒋介石的钩心斗角》，《文史资料选辑》第5辑，第68页。

④ 中国第二历史档案馆：《抗战爆发后南京国民政府国防联席会议记录》，《民国档案》1996年第1期。

⑤ 《郭汝瑰回忆录》，第111页；邵拓荣：《淞沪、豫东、南浔会战》，陈寿恒、蒋荣声等编著《薛岳将军与国民革命》，台北，中研院近代史研究所，1988，第309—311页；杨森：《九十忆往》，第91—93页。

的权威慢慢消解。不过各战区、集团军因各自派系之不同，其所做出的“有违君命”的动机和具体行为也存在一些区别。

中央军嫡系的战区和集团军仍然奉命行事，只是对统帅部命令的贯彻多少开始“打折处理”。1939 年南昌会战中，蒋介石致电第九战区司令长官陈诚、代司令长官薛岳，“正面主力部队，皆应积极抵抗死守，与阵地共存亡，非有该司令长官命令，不得任意撤退，而该长官亦非有本委员长命令，亦不能擅自转移阵地”。但最后从陈诚、顾祝同到集团军总司令罗卓英均未能切实遵令而行，会战失败后桂林行营总结原因之一即“奉行命令不彻底”，第九战区延宕，第三战区也未遵令策应，“必胜信念不坚确”。[①]

嫡系战区、集团军之所以如此，一方面缘于客观上漫长的战争损耗了部队的战力，消磨了之前的士气；另一方面也与战区司令长官、集团军总司令普遍存在的畏艰惧难、缺乏担当、减少损失等心态有较大的关系。譬如 1942 年衢州战役，本来蒋介石欲收回衢州，但顾祝同为了“免受损失，少担责任”，力劝蒋介石放弃，结果招致了更大的溃败。[②] 在后来的会战中，嫡系战区、集团军对“君命”的执行越来越不得力，以至于在最后的豫湘桂溃败中完全贯彻不了统帅部的命令。

嫡系部队尚以自保为原则，杂牌和地方军队自然效尤，出工不出力；统帅部在军政方面的区别对待，使得非嫡系部队本来配备较差，而损失后的补充也相对困难，这些部队当然更惧怕损失；人马是杂牌、地方将领赖以生存的资本，一旦“蚀本”，他们也难以再在军界立足。[③]

在这样的思维下，上述战区和集团军更加消极应战。1940 年枣、宜会战，第五战区即不遵蒋介石的命令，回避作战。开战之初，李宗仁就对日军过高估计，蒋介石认为李、白二人“不愿积极抵抗，而以退缩避战为能”；随后战局转胜为败，蒋介石批评说：“全在战区长官之无胆识，乏判断，小胜则骄，小败则怯，敌军未进，而其长官部退却，迁移不知所止，使上下各级联络与通信不能联系者，至今已三日余。”[④] 桂系在全国抗战中

---

① 《蒋介石致陈诚、薛岳电稿》（1939 年 4 月 21 日）、《军委会桂林行营关于南昌会战经验教训的总结报告》（1939 年），《抗日战争正面战场》下册，第 820、823 页。

② 李致中：《顾祝同的处世片断》，《文史资料存稿选编・军政人物》（下），第 470 页。

③ 参见易劳逸《毁灭的种子：战争与革命中的国民党中国（1937—1949）》，江苏人民出版社，2009，第 116 页。

④ 《蒋介石日记》，1940 年 5 月 5、24 日。

期畏敌避战的心态可见一斑。

相较嫡系战区、集团军，中央军杂牌和地方部队违令脱逃的情况较多。1938 年，武汉会战结束后统帅部命令中央军杂牌第二十六集团军徐源泉部留守大别山建立敌后根据地。徐氏对敌后作战之诸多困难十分疑惧，竟自作主张将其亲近的 2 个师撤退千余里至鄂西，中央为之震怒，将其开除军籍。[①] 1944 年 6 月，属中央军杂牌的第四军（仍带有粤军色彩）张德能部违抗死守长沙的命令，为了顾全该军不被日军歼灭，放弃了长沙城防，造成了恶劣的军事、政治后果。张德能也因此被判决死刑。[②]

全国抗战进入战略相持阶段后，部分不属于蒋介石集团的战区、集团军超越了避战自保的“初级阶段”，企图在中央之外自立一独立的体系。

李宗仁的第五战区便是其中的典型。1942 年 12 月，第五战区所在的鄂北因粮食问题出现纷争，戴笠密查此事后向中央报告说，第五战区“危机四伏，关系重大”；战区司令长官李宗仁“貌似宽厚，心则叵测”，和过去反对中央时没有变化，“既不能以理喻之，又不能以情感之，更不能以德化之”。其“着眼点无时不以扩大军力，开拓地盘，榨取货财，预为战后地步。其野心之大，一加细按，昭然若揭”。戴笠认为，李宗仁经营第五战区的策略是：“对事则圆滑推诿，不负责任，对人则人弃我取，多方接纳，或饵以货利，或诱以官职。”一方面他对本战区的其他派系集团军“极尽卖好勾结之能事”，而对游击部队，“时思并入桂系建制”；另一方面则大量“收容反侧分子”，将其集中于战区所管辖的中央军校第八分校中，还将背叛中央的原旅长曹文彬和已被撤职的原县长曾宪成“均委为纵队司令，待遇独优”。

戴笠的最后结论是：

一言以蔽之，无论对于军事政治，彼均有其自私自利之作用。湖

① 丁治磐口述，刘凤翰等访问《丁治磐先生访问纪录》，第 62—63 页。

② 张德能弃守长沙存在争议，有说法是薛岳命其撤退，参见罗平野《第四军弃守长沙》，《文史资料存稿选编·抗日战争》（下），第 24—25 页；有说法是战区代参谋长赵子立假托薛岳名义令张氏撤退，但在前述罗文的审稿意见中，赵子立予以否认，参见邵拓荣、蒋荣声《长衡会战、南昌受降与解甲归田》，陈寿恒、蒋荣声等编著《薛岳将军与国民革命》，第 424 页；张发奎认为张德能确实是擅自弃守长沙，但长沙是守不住的，参见张发奎口述，郑义记录《蒋介石与我——张发奎上将回忆录》，第 360 页。

北为全国中心，如能掌握此军事政治之枢纽，再与皖省连成一片，即据有全国腹心之地，可以控制中央。此种阴谋，并非臆测，实系根据其左右之行动，与一贯之企图而得。①

作为蒋介石心腹的戴笠，对过去的老对手李宗仁难免有成见，其论断自然可能夸大。不过同一时期，军法执行总监何成濬对李宗仁第五战区的观察，也与之相类。1942 年何成濬在日记中写道："抗战之初，李宗仁等垂涎湖北地盘，因亦处处步袁氏（袁世凯——引者注）之后尘以行之者，今李虽未达到愿望，然心实未死。"② 不久之后第五战区即不遵中央命令强征军粮，适战地党政委员会晏道刚前往调查，何氏即告之说："就今日情势言之，当地各高级将领，不能遵奉命令，严约所部，中央即有办法，终属空言无补。"③ 可见当时中央对于李宗仁及部属已经缺乏约束力。

何成濬所任的军法执行总监部向各战区派出的战区军法执行监，往往受战区司令长官掣肘，何氏认为："各战区长官，不完全服从中央命令者，为数较多……至第五战区最难应付。"而该战区执行监唐星的辞职，"缘于长官部处处加以干涉，无论何种案件，概须遵长官部命令处置，不能依法裁判，即关于军法监部之人事经理，亦无一不在干涉之列"。李宗仁对于中央派出之机构，态度之恶劣可见一斑，何成濬将其比附为明末四镇之黄得功、高杰、刘良佐、刘泽清，拥兵自重而"不知有国，肆意摧残中央法令"。④

李宗仁之所以能够如此肆意妄为，一方面因为他在派系化的战区—集团军体系中不仅贵为战区司令长官，还实实在在拥有数十万桂系武装，统帅部既想利用其抗日，又忌惮其实力；另一方面，战时国民党政权确立了"军主政从"的体制，使得军队系统不但能够介入、参与、掌管地方政权，而且可以干预地方行政。军队介入地方行政在客观上也为李宗仁在政治上

---

① 《戴笠呈鄂北各方情报及当地实际情况及八分校内幕》（1942 年 12 月），《蒋中正总统档案》，台北，"国史馆"藏，002/080102/00038/005。

② 《何成濬将军战时日记》上册，1942 年 1 月 25 日，台北，传记文学出版社，1986，第 46 页。

③ 《何成濬将军战时日记》上册，1942 年 2 月 24 日，第 59 页。

④ 《何成濬将军战时日记》上册，1942 年 3 月 25 日，第 75—76 页。

扩张并自立为王提供了制度基础。除李宗仁外，在后方的西康省主席刘文辉和云南省主席龙云也有相似的举动。[①]

相比之下，中央军嫡系的战区、集团军忠诚度保持得较好，如顾祝同第三战区对蒋介石始终拥护，能切实奉行蒋氏的命令。[②] 然而也有例外存在。卫立煌在担任第十四集团军总司令和第一战区司令长官时，出于对蒋介石的不满以及其他的原因，其意识形态偏于中共，暗地里从八路军引进干部，并在中共的帮助下建立了战地服务团；而蒋介石要其对中共进行"限制"，他却消极"反共"，多次保护"亲共"反蒋的赵寿山、陈铁等军长；卫立煌不仅亲自访问延安，同时还和毛泽东保持较为频繁的秘密通信。[③] 蒋介石十分明白："卫立煌受共党之迷惑。"[④] 毛泽东则视这一类将领为"中央军中的中间派"。[⑤]

何成濬对于此种现象痛心疾首："总之自抗战后，各省又渐由统一而变为割据，新式军阀较前之北洋旧军阀，尤为骄横，中央威信，远不如五年以前，无论如何措置，恐终难收圆满之效"；"抗战军兴，以外力压迫太甚，前时所谓杂牌军队，大部分具有国家观念，一惟中央之命令是听，改编整理，毫无阻碍。惟某某四五省区高级将领，视此为千载一时良机，乘中央无暇他顾，要挟欺骗，扩张其地盘，充实其军队，危害党国，破坏抗战于无形之中。"[⑥]

国民党军队中这类背离中央自搞一套的行为，对统帅部的权威已造成相当大的损害，但就对日态度而言，上述战区、集团军毕竟守住了最后的

---

① 参见刘文辉《走到人民阵营的历史道路》，第 10—18 页；伍培英：《蒋介石假征藏以图康的经过》，《文史资料选辑》第 33 辑，第 140—154 页；郑洞国等：《杜聿明将军》，第 46—48 页；龙绳武口述，张朋园访问《龙绳武先生访问纪录》，台北，中研院近代史研究所，1991，第 85—88 页；谢本书、牛鸿宾：《卢汉传》，四川民族出版社，1990，第 66—68 页。蒋介石的日记中也有相当一部分记录了刘、龙二人对中央的抗拒和排斥。

② 李致中：《顾祝同的处世片断》，《文史资料存稿选编 · 军政人物》（下），第 471—472 页。

③ 参见赵荣声《回忆卫立煌先生》，第 55—259 页；卫道然：《卫立煌将军》，安徽人民出版社，1985，第 71—100 页；吴君惠：《抗战期间卫立煌与毛主席秘密函电概况》，陈铁：《我所了解的卫立煌》，《文史资料存稿选编 · 军政人物》（上），第 11—15、18—20 页；《蒋中正总统档案 · 事略稿本》第 43 卷，1940 年 3 月 5 日，第 247—248 页。

④ 《蒋介石日记》，1941 年 6 月 7 日。

⑤ 赵荣声：《回忆卫立煌先生》，第 222 页。

⑥ 《何成濬将军战时日记》上册，1942 年 3 月 15 日、4 月 23 日，第 71、91 页。

底线。也有小部分战区、集团军与日军勾结，甚至投敌当了伪军，完全站到了中央的对立面，成为国家的敌人。

阎锡山第二战区不遵军令、拥兵自重的严重程度较第五战区有过之而无不及，而阎锡山为了自保，竟与日本私自媾和并长期保持暧昧关系。[①]这引发了蒋介石的极大愤怒，1942 年 5 月，蒋介石得知阎锡山与日军驻太原司令官野松及伪山西省长之代表会面，叹息“彼（阎锡山——引者注）且得意忘形，呜呼，廉耻扫地矣”；9 月，蒋介石至西安，阎锡山拒绝来陕相见。蒋介石在日记中写道：“阎本人则不敢应召来会，此其尚有良心存在，无颜以对故人乎？抑其心惧不敢来见乎”；“此种不知廉耻之人，实羞予为伍也”。[②]

而在集团军以及军、师层级，通敌投敌的将领多达数十位。其中有名的有石友三、孙殿英、张岚峰、孙良诚、庞炳勋、吴化文、李守信、郝鹏举等人。[③] 其中有部分投敌者迫于无奈，如孙殿英、庞炳勋属战败后被迫投降为伪军的，但也有石友三一类借敌自肥、意图割据而主动投敌者。[④]

第四节 派系军队之相互关系

战区与战区、战区与集团军、集团军与集团军、集团军与所属军（师）之间，由于所属派系的不同，其关系也同样微妙，在表面的和谐之下，存在种种不谐、龃龉甚至斗争。

在“派系化”程度如此高的军队系统里，同级和上下级单位之间若同属于一个派系，其关系往往较为融洽。但事实上战区—集团军体系中的各单位又常常并不属于同一个军事集团，此时各自的派系属性便可能产生作用，不仅同级单位之间存在互不协作的行为，而且上下级之间易出现各不相属的情况；而不同派系之间，还存在吞并与反吞并的斗争。

---

① 阎锡山通敌叛国的行为，较多材料均已涉及。参见郭彬巍译编《日阎勾结实录》，人民出版社，1983，第 1—142 页；《阎锡山统治山西史实》，第 308—345 页。

② 《蒋介石日记》，1942 年 5 月 15 日、9 月 5 日、9 月 6 日、9 月 7 日。

③ 参见刘熙明《伪军——强权竞逐下的卒子（1937—1949）》，台北，稻乡出版社，2002。

④ 参见文强口述，刘延明撰写《文强口述自传》，中国社会科学出版社，2003，第 181—216 页；高树勋：《民族气节高于一切》，刘刚范编《高树勋将军》，团结出版社，1995，第 80—98 页。

协作是现代战争中制胜的重要因素。但在抗战期间，国民党军各级单位之协作情况往往不良，除了技术上的困难，也有派系畛域作祟。

在少数几次会战和战役中，国民党军各部队之间进行了较好的协同作战，其效果也很不错，一些局部的战斗因此而取得胜利。如台儿庄战役中两次战斗的胜利，很大程度上是不同派系部队和衷共济的结果。临沂保卫战中，庞炳勋第三军团抵抗日军板垣第五师团渐渐不支。李宗仁派张自忠第五十九军前往增援。庞、张二人八年前因内战生有宿怨，但此时均同心协力夹攻日军，消耗了板垣征四郎一个旅团之多。[①] 庞炳勋在给蒋介石、何应钦的密电中说："当昨日敌攻猛烈之际，张军长即来职处，共同协商作战方法迄今留此未回，两军和衷共济，无分畛域，一致抗战，并力歼敌，以符钧令。"[②] 庞、张两军均非主力部队，编制、配备均低于中央军嫡系部队，单打独斗更非号称"钢军"的日军第五师团的对手，但通过协作，庞军坚守城内，张部猛攻城外，竟也获得较好的战果。而紧接之后的台儿庄攻防战，更是各军协作的杰作。据坚守台儿庄的孙连仲回忆，守城的池峰城师"拼死苦撑，屹然未动，以待我机动部队之援助"，而之后汤恩伯军团绕至台儿庄北面对日军的侧背猛攻，将其合围；日军增援部队星夜来攻汤军团的侧背，"复遭我关麟徵、周喦两军之迎头痛击"，在友军的配合下，孙连仲再度向庄内残敌猛攻，取得胜利。[③] 台儿庄的胜利说明，处于弱势的军队，若能配合协作，则仍存在化劣势为优势的机会。

可惜的是，这样良好协作的情况并不常见。因协作不力而陷入困境的战例倒是不胜枚举。前述 1939 年南昌会战之失败，原因之一就是第三战区对第九战区的策应不够。而同年冬季的桂南会战，部队间的协同乏力，则体现得更加明显；会战结束后何应钦检讨其作战上的缺点，第一条就是"部队作战间，缺乏协同作用"。他认为过去的战斗中，"各部队常有协同欠良好之弊"，而此次桂南会战中，国民党军主力猛攻八塘之际，日军近卫旅团北攻宾阳以为威胁，此时叶肇第三十七集团军所属之第六十六军奉

---

① 参见李宗仁口述，唐德刚记录《李宗仁回忆录》下册，第 527—530 页；白崇禧口述，贾廷诗等访问兼纪录《白崇禧先生访问纪录》上册，第 167—168 页；李凤鸣：《庞炳勋、张自忠两将军与临沂大捷》，《原国民党将领抗日战争亲历记 · 徐州会战》，第 113—118 页。

② 《庞炳勋致蒋介石等密电》（1938 年 3 月 26 日），《抗日战争正面战场》上册，第 590 页。

③ 《孙连仲回忆录》，第 46 页。

命攻击敌人侧背，“该军如能依照计划，对敌侧背施行猛攻，则宾阳之敌或不致胁威我于八塘之主攻部队，即使此主攻部队因受胁威而向北撤退时，亦可藉其收容而整然撤退”，可第六十六军遇敌即退，“致我进攻八塘之主力军，几陷于被包围状态”。[①] 桂南会战中互不协作的问题不仅存在于叶肇的部队。蒋介石在日记中说，日军攻击宾阳，我军只要“固守昆仑关据点，其余四周部队与敌混战，能硬战三日则敌必溃败”，但外围的部队均不能齐头并进。蒋氏只有叹息：“如邓、何、叶等各军果能向预定目标前进不疑，则必可转大败为大胜也。”[②]

同一时期，国民党军统帅部计划在所有战区发动一次大规模的反攻作战，即前面已经述及的“冬季攻势”。此次攻势的设计要点就是各战区大协同，以军委会直辖的部队和第二、三、五、九战区担任主攻，第一、四、八战区及敌后鲁苏、冀察战区实施助攻，“策应主攻方面作战”。北方各战区的主要任务是截断日军交通线，南方的第三、五、九战区，“须协同一致，将南京以西之敌驱逐至长江下游”。仔细考察各战区的作战任务，其主要目标是配合第五、九战区夺回武汉，譬如第一战区攻击陇海线上的开封等地，牵制驻豫日军不能南下；第三战区截断长江航道，使得华东日军无法逆流而上增援华中。[③] 倘若各战区能够协同一致，则国民党军仍存在夺回武汉的战略机会。

但事实上各个战区均未能按照计划实现其战略目标；相邻战区的策应也无从谈起。蒋介石在 1940 年 2 月追究各战区功过得失，发现第三战区原拟以 14 个师沿江攻击，但正式交战仅三昼夜即告停止。[④] “攻势”期间，长江航道始终由日军控制，对其他战区作战的消极影响不言而喻。一个月后蒋介石研究第五战区的攻击经过时，发现江防军郭忏较计划多抽调了两师投入助攻，蒋氏认为“在这种牵制助攻的任务而用这样大量的兵力已经失了作用”；而战区并未坚持让汤恩伯部全力向孝感、黄陂方向进攻，“致

---

① 何应钦：《何总长出席参谋长会议训词》（1940 年 3 月），战史编纂委员会档案，中国第二历史档案馆藏，787/02482。

② 《蒋介石日记》，1940 年 2 月 2 日。按，邓即邓龙光，何即何宣，叶即叶肇，参见郭汝瑰、黄玉章主编《中国抗日战争正面战场作战记》下册，第 981—982 页。

③ 《蒋介石致程潜等密电》（1939 年 11 月 19 日），《抗日战争正面战场》上册，第 44—47 页。

④ 《蒋中正总统档案·事略稿本》第 43 卷，1940 年 2 月 20 日，第 167—169 页。

坐失大好歼敌制胜的机会”。[①] 不唯第三、五战区如此，第二战区因“十二月事变”而攻势流产，对黄河以北和第八战区的战局产生了消极的影响。[②] 此次攻势中，前述抗命不遵的情况依然出现，而其所导致的各战区未能达成战略目标，使得“冬季攻势”计划中各个战场相互策应的设想归于破产。

之后的会战中，缺乏协作的情况仍较为普遍。1943 年鄂西会战在陈诚看来是“友军协同良好”，邻近战区及集团军均能“适时出击，牵制敌人”。[③] 但蒋介石在恩施军事会议上仍然批评此次会战中部队协作不足。他说：“这一次会战，我们的部队不仅军与军，师与师之间，联络松懈，就是团与团，营与营之间，彼此联系，都不确实不紧凑。”蒋介石训诫各将领说：“我们的部队进入一个阵地之后，首先要明了前后左右友军的位置和计划，我们一切行动，都要与友军互相呼应。然后才能收到协同一致的效果。”[④] 而年底的常德会战，尽管第九战区薛岳命令所属军、师全力驰援位于第六战区的常德，但协作中仍存在很多问题。首先，战区之间缺乏沟通，蒋介石在与薛岳通话后称，“两战区部署散漫，前方指挥官幼稚不力，演成各自为战之象，易为敌军各个击破也”；其次，薛岳派出之援军与守军之间，仍忽视协同。守军第七十九军所属第一九四师副师长徐光宇认为：“友军间欠协调，易被敌各个击破，指挥系统不统一，形成各自为战。”[⑤]

必须说明的是，战区、集团军之间的协同作战，本身确受一些客观因素制约。其一是各部队间距离过远，协同困难。进入战略相持阶段后，各战区、集团军以及所属军（师）多分散驻防，互相之间联系本来不便，而一旦发生战事，交通通信更是艰难。1941 年中条山战役中，驻守晋南的数

---

① 蒋介石：《参谋长会议训词（一）》（1940 年 3 月 6 日），秦孝仪主编《先总统蒋公思想言论总集　第十七卷　演讲》，第 115—116 页。

② 参见蒋介石《柳州军事会议闭幕训词》（1940 年 2 月 25 日），秦孝仪主编《先总统蒋公思想言论总集　第十七卷　演讲》，第 86 页。

③ 《陈诚回忆录——抗日战争》，第 117 页。

④ 蒋介石：《恩施军事检讨会议总讲评》（1943 年 7 月 3 日），秦孝仪主编《先总统蒋公思想言论总集　第二十卷　演讲》，第 232 页。

⑤ 《蒋介石日记》，1943 年 12 月 5 日；徐光宇：《河口伏击、反攻常德、追击退敌》，《原国民党将领抗日战争亲历记 · 湖南四大会战》，第 291 页。

个集团军、十多个军（师）各守一地，遭到日军攻击后，参战各部队的联系随即中断，相互策应遂无从谈起。[①] 其二是战场上各集团军因为交通困难而无法相互有效救援。中条山本属山区，“万山崇崇，道路崎岖，交通困难；兵力转用，补给运输，极感艰窘”。[②] 不仅在中条山等山区，常德会战中，各军奉命前往增援常德时也由于路途遥远而备感艰难，方先觉第十军星夜驰援，经过四天急行军，部队十分疲劳，投入作战难以取胜。[③] 其三，除交通外，通信不畅始终是国民党军的软肋。中条山战役后，第十四集团军总司令刘茂恩认为失败的原因之一，是“通信器材缺乏，不能构成绵密的通信网，稍有破坏，即与各方失去联系，影响作战者实大”。[④] 而在1943年日军对太行山的“围剿”作战中，驻守的庞炳勋、孙殿英、刘进三部在战争一开始时就因为通信网络脆弱而相互失去联络；孙殿英向军统派来的高参文强抱怨：“山上刚刚打响，庞老总彭城镇的电话怎么也叫不通，与二十七军（刘进部——引者注）也无法联络上，我早就跟庞老总说过，一条线路靠不住。”[⑤] 由于缺乏联络，三部国民党军只得各自为战，无法相互救援进而协同突围，最后被各个击破。

然而军队之间互不协作，主要还是派系畛域意识等人为因素。各战区、集团军乃至于诸军、师，常常属于不同的军事集团，相互之间往往缺乏互信。早在1937年南京保卫战时，各部队就明显表现出互不信任的态度。南京卫戍军的报告中明确指出：“各部队长缺乏互信观念，无独立作战精神，往往道听或悬揣友军之不利而自乱其作战步骤。”[⑥]

此种互不信任、相互观望的态度，一定程度上是历史原因造成的。如前所述，战前尽管各个地方军事集团逐渐走向合作，但其间的斗争并不鲜见。战时并肩作战的同级单位在内战中或多有交手，在战争中结下的宿怨

---

① 参见刘茂恩口述，郭易堂等访问纪录《刘茂恩先生访问纪录》，台北，近代中国出版社，1992，第132—134页。

② 《卫立煌致蒋介石密代电》（1941年10月28日），《抗日战争正面战场》下册，第1024—1025页。

③ 李拔夫：《第十军增援常德经过》，《原国民党将领抗日战争亲历记·湖南四大会战》，第382—385页。

④ 刘茂恩口述，郭易堂等访问纪录《刘茂恩先生访问纪录》，第137页。

⑤ 文强口述，刘延明撰写《文强口述自传》，第206页。

⑥ 《南京保卫战战斗详报》（1937年12月），《抗日战争正面战场》上册，第414页。

尚未了结，何谈彼此深信。实际上，在战争初期不少部队还对其他派系军队存在敌意和戒备心理，担心被友军攻击。1937 年夏平绥线作战时，汤恩伯率第十三军开赴察哈尔抵抗日军，属西北军系统的第一四三师师长刘汝明（同时兼任察省主席）却紧闭城门，拒绝汤部通过，称“不增兵，察境可保；若增兵，察境必危”。除汤军外，陕西开来之高双成师（中央军杂牌）也被刘汝明拒之门外，未能进入阵地。最后经西北军元老鹿钟麟调解，各军才进入刘汝明的防区。[①]

缺乏互信的心理在战区—集团军体系中一直延续，1940 年 3 月，蒋介石在总结“冬季攻势”得失时，批评攻势中的各部队是“左翼部队看到右翼部队没有前进，他就不敢前进；右翼部队也要看到左翼友军进攻，他才进攻，这样徘徊却顾，怎么能够获得战胜的效果？”[②] 不同派系的战区、集团军之间，彼此怀疑对方作战的决心，总担心友邻部队敌前退却而将自己的侧翼暴露，如此互存戒心，自然难以协作。

同级单位在缺乏互信的同时，自然还存有严重的自保心理，企图多牺牲他人利益，保全自身实力。这样的心理在 1938 年 11 月第一次南岳会议中就被蒋介石严厉批判：“如上下相隔绝，彼此不联络，而要借此观望自私，妄想保存实力，则上官不指挥你，友军不援助你，你要保存实力，也不能保存实力，要苟活偷生，也不能苟活偷生……我高级将领今后一定要一片精诚，以身作则，来感化部下，养成一般官兵能随时与友军联络和协同动作的精神和道德。”[③] 同年，顾祝同在第三战区万安军事会议也提出了类似的批评：“须知道乙不去援甲，丁不去援丙，以为自己可以苟安，保全实力……我军愈是各自为谋保全实力，敌之气焰愈张，这是互为因果的。”[④]

可是蒋、顾等人的批评对参战部队影响不大。1939 年南昌会战时的各

---

① 石觉口述，陈存恭等访问《石觉先生访问纪录》，第 94 页；吴绍周：《第十三军南口抗战纪实》，《原国民党将领抗日战争亲历记·七七事变》，第 147—152 页。

② 蒋介石：《参谋长会议训词（一）》（1940 年 3 月 6 日），秦孝仪主编《先总统蒋公思想言论总集　第十七卷　演讲》，第 114 页。

③ 蒋介石：《第一次南岳军事会议训词（一）》（1938 年 11 月 26 日），秦孝仪主编《先总统蒋公思想言论总集　第十五卷　演讲》，第 509 页。

④ 顾祝同：《第三战区万安军事会议讲词》（1938 年 12 月 16 日），顾祝同将军纪念集编辑小组编《顾祝同将军纪念集》，台北，“国防部史政编译局”，1988，第 190 页。

部队，“当敌向邻接部队攻击时，不知切实协同，对锥形突击之敌实施侧击，被敌各个击破”。桂林行营明确指出这是自保心理作祟，警告各部队“切实矫正保存实力、只图侥幸等错误。倘坐失协同夹击之良机，终必与友军同归于败”。[①] 同年“冬季攻势”中，顾祝同第三战区未能完成遮断长江以配合其他战区攻势，顾氏自己也承认失败原因在于为保护珍贵的重炮不被敌军破坏，以致不敢太过投入攻击。[②]

1940 年，蒋介石在柳州军事会议再度苦口婆心地劝诫各将领：“大家务要同心协力，互助合作，团结一致，再不好存一丝封建思想，保全个人的实力！否则国家就要灭亡！皮之不存，毛将安附？”[③] 他的这种劝告收效不大。在一个“山头”林立的军队系统中，要求各级单位按照《抗战手本》中说的“本同舟共济唇亡齿寒之义，确保连系，互相策应，根除观望推诿之自私观念”，[④] 要求不同属于一个派系的战区、集团军及所属军、师牺牲自己保全他人，只能是最高统帅的一厢情愿了。

应该说，八年全国抗战之中，军队系统各层级之间一般性的号令和服从是能够做到的，表面上的令行禁止也不难看到，否则对日作战早已无法维持，战区—集团军体系这套系统也不可能运行数年之久。但与此同时，上级单位难以有效指挥下级单位的情形亦十分常见。抗战期间多数战区是由派系不同的集团军所组成。而在近 40 个集团军中，由背景不同的军、师构成的，始终占到了 1/3 左右。从开战之初直至战争结束，上下级之间各不相属的问题一直存在，而其具体情况，亦因上下级单位派系背景之不同而呈现出区别。

当上级主官系中央军嫡系，而下级单位亦属于蒋介石军事集团时，上级单位下达的指令通常较具效力，下级单位对其执行也比较坚决。譬如第十八军为陈诚的起家部队，很多时候都直接隶属于陈诚麾下。1943 年 5 月鄂西会战时，第六战区司令长官陈诚命令第十八军第十一师胡琏部“死守

---

① 《军委会桂林行营关于南昌会战经验教训的总结报告》（1939 年），《抗日战争正面战场》下册，第 819、822 页。

② 顾祝同：《墨三九十自述》，第 187—188 页。

③ 蒋介石：《柳州军事会议训词（二）》（1940 年 2 月 25 日），秦孝仪主编《先总统蒋公思想言论总集　第十七卷　演讲》，第 69 页。

④ 蒋介石：《抗战手本》（1939 年 12 月 6 日），秦孝仪主编《先总统蒋公思想言论总集　第十六卷　演讲》，第 536 页。

石牌要塞，并预作孤军作战准备”，当日军攻势猛烈时，陈诚仍不打算撤守，胡琏亦谨遵陈诚命令寸步不移；至最为危急的时刻，陈诚与胡琏通话鼓励其坚持，后者答曰：“请放心，我誓与要塞共存亡，以保持十八军荣誉。”[①] 平心而论，陈诚对胡琏下达的孤军困守之命令十分苛刻，但此时上下级单位同属于一个系统，仍然能够做到军令如山。

但在某些时候，中央军嫡系的上级也无法有效指挥同属于嫡系的下级单位。卫立煌在1943年冬继任远征军总司令，位高权重，但其所属4个集团军分别由宋希濂、霍揆彰、关麟徵、杜聿明率领。此4人对卫立煌的服从度不高。据宋希濂的部下伍蔚文回忆，“卫立煌在这职务上，对一些例行公事、命令上画个‘行’，倒还可以；如果到紧要关头，恐怕连信都问不到”。[②] 卫立煌之所以无法控制这些集团军，一则缘于蒋介石本人多直接干预这些集团军的指挥；二则因为卫立煌虽然年高望重，但终非黄埔出身的将领，与宋希濂等黄埔生虽同属中央军嫡系，但彼此间仍有樊篱。这样的情况并非个例。1939年和1940年之交，天水行营主任程潜与胡宗南第三十四集团军在抗日和对付中共方面存在较大分歧。胡宗南对天水行营的命令置若罔闻；军队也不听其调遣。[③] 至于原因，和前面一例基本类似。不过总的来说，在由中央军系统构成的战区、集团军以及军、师之中，指挥系统一般能够正常运行，上级指令多能得到较好的执行。

出身中央军嫡系的主官指挥中央军杂牌和地方军队，其困难则要大一些。虽然第三战区顾祝同与背景各异的下级单位均能保持友好，第六战区孙连仲、王陵基两个集团军对陈诚较为尊崇，第八战区马步芳集团军对该战区司令长官朱绍良也十分支持，[④] 但广大中央军杂牌和地方派系的集团军、军、师对于属中央军系统的上级单位，其服从仅体现在表面态度上，

---

① 《陈诚回忆录——抗日战争》，第115—116页。按，在更多的回忆中，胡琏的回答是“成功虽无把握，成仁确有决心”，参见宋瑞珂《陈诚及其军事集团的兴起和没落》，《文史资料选辑》第81辑，第41页。

② 伍蔚文：《我所知道的宋希濂》，《文史资料存稿选编·军政人物》（上），第487页。

③ 《鹰犬将军：宋希濂自述》，第194页。

④ 参见方暾《我所知道的顾祝同》，《文史资料选辑》第50辑，第262页；于敏梓：《抗战时期第二集团军概况》；刘识非：《第三十集团军的建制演变与人事变动》，《文史资料存稿选编·抗日战争》（下），第471、486—487页；向超中：《我所知道的朱绍良》，《文史资料存稿选编·军政人物》（上），第433页。

实际执行命令时则难免会打折扣。

七七事变后平汉线北段作战中，蒋介石的心腹刘峙被任命为战地最高指挥——第二集团军总司令，统管所在地区的关麟徵、万福麟、曾万钟、孙连仲等背景各异的军队。除关麟徵所率领的中央军嫡系第二十五军对刘峙较为服从外，其他杂牌和地方军多虚与委蛇。以孙连仲的部队为例，刘峙令孙连仲到明顶山、琉璃河一线督战，孙氏为保存自身，不愿督阵；刘峙复令孙连仲所部第三十军死守涿州，孙氏亲信池峰城为保存孙部实力，唆使一旅叛变，以此为借口撤退；再后来，刘峙驻保定指挥部被炸，失去对部队的控制时，催孙连仲前往收束各军，孙氏称，“总司令到哪里，我也到哪里”，刘峙对此竟毫无办法。[①] 刘峙在回忆录中明言，平汉线北段战事失败，其原因之一就是“缺乏有力作战部队”，其所属部队“甚为复杂，历史不同”，参加抗战时“旧有的隔阂，未有消除，命令既难贯彻，指挥自难如意，协同更谈不到”。[②] 时人也称北战场之失，“华北部队复杂，军令无法指挥，致丧失集中的制先权”是重要原因。[③]

1938 年五六月间，程潜任第一战区司令长官指挥兰封会战时，遇到了与刘峙相似的境遇，其所统御“部队复杂，相互推诿”。而以商震第二十集团军最为典型。商部原系晋阎军，后逐渐中央化。程潜称在此次会战中，商部“每遇战事紧急，彼不待命令先将主力他移”，且违背战区长官部命令后多匿不上报。[④] 类似的情况并不少见。地方派系所组成的部队，对于中央所派出之上级单位的命令，并不敢当面违抗，但多阳奉阴违。顾祝同对此深有体会：“（下级）并不是不服从上级命令，而是不肯彻底地严格地去执行，换一句话说，就是对上级的命令，只是一味敷衍塞责。”[⑤]

---

① 徐宪章：《明顶山、琉璃河、窦店战斗》，《原国民党将领抗日战争亲历记·七七事变》，第 213 页；郑锡安、何章海：《孙连仲投蒋后的二十六路军》，《文史资料选辑》第 52 辑，第 189—190 页；谭定远：《记刘峙二、三事》，《文史资料存稿选编·军政人物》（上），第 320 页。

② 刘峙：《我的回忆》，台北，文海出版社，1982，第 148 页。

③ 冯德彪：《抗战两年来敌我所采战略战术之批评与今后之预测》，《军事杂志》第 115 期，1939 年 7 月，第 87 页。

④ 参见《蒋中正总统档案·事略稿本》第 41 卷，1938 年 5 月 28 日、6 月 10 日，第 566、624—625 页；《蒋介石日记》，1938 年 5 月 28 日。

⑤ 顾祝同：《第三战区万安军事会议讲词》（1938 年 12 月 16 日），《顾祝同将军纪念集》，第 189 页。

属于蒋介石集团的上级单位在指挥中基本能够维持权威并控制局面，然而其下级仍会产生不同程度的有命不遵的行为。那么当上级单位是地方派系时，其在统驭下级的过程中所遇到的种种困难，则可想而知。中央军嫡系部队对地方军事集团出身之上级单位的命令，服从度一直有限。据冯玉祥的随从人员冯纪法回忆，冯玉祥担任第三战区司令长官后，其战区所属多是蒋介石的嫡系部队，“他们唯蒋之命是从，而对于冯先生只是客客气气，热情接待，虚应故事，所以冯先生不过是一个空头的‘司令长官’而已”。除张治中还向其汇报战况外，其他部队甚至不向其报告所在位置，冯玉祥只得自己派员前往联络。[①]李宗仁任第五战区司令长官时，胡宗南一度归其统辖，但胡氏从不向李宗仁报告敌我两方的情况，后甚至私自后撤；而汤恩伯部配属第五战区时，则明确拒绝李宗仁的命令。李宗仁慨叹中央军嫡系对他的态度，是“骄蹇之情，难以尽述”。[②]

张发奎在第四战区的遭遇，和冯、李二人稍有不同。桂柳会战之初，战区仅有2个军归其指挥。蒋介石调中央军嫡系第九十三军陈牧农部归张指挥。蒋介石命陈牧农坚守广西全县3个月。张发奎为其缓颊改令他坚守2周。但陈牧农在日军攻击当天即弃守阵地，导致全县失守。随后，陈只向林蔚发送密电称其决定“避免胶着，保存会战力量”。张发奎十分愤怒：“陈牧农向我庄严承诺坚守全县两周，但敌人一逼近他就逃跑，我气坏了。”蒋介石命张发奎将陈牧农枪决。张发奎将陈牧农枪决后，同情陈牧农的中央军嫡系将领转而怀恨张发奎，甚至打出“打倒张发奎”“为陈牧农报仇”等标语。[③]

形成对比的是，地方军事集团将领统率同一派系的下级时，则往往得心应手。李宗仁即声称廖磊、李品仙两个集团军，为其亲手训练的部队，指挥起来比较方便。[④]但若是上下级关系的两个单位不属于同一军

① 冯纪法：《在冯玉祥将军身边十五年》，陕西人民出版社，1989，第99—100页。

② 参见李宗仁口述，唐德刚记录《李宗仁回忆录》下册，第555、560、562—563、582页。

③ 《张发奎将军抗日战争回忆记》，第49页；《陈牧农致林蔚密电》（1944年9月14日），《抗日战争正面战场》下册，第1315页。张发奎口述，郑义记录《蒋介石与我——张发奎上将回忆录》，第365—366、377页。

④ 李宗仁口述，唐德刚记录《李宗仁回忆录》下册，第582页。

事集团，则指挥相当困难。很多时候地方将领无法指挥不属于己方军事集团的其他地方部队。张发奎任第四战区司令长官时，所能够控制的仅是李汉魂的第三十五集团军，战区中夏威第十六集团军、余汉谋第十二集团军，均是张发奎不能直接指挥的。张发奎认为，夏威集团军系桂军组成，“纯粹是广西的财产”，且担任防守广西的重任，“自己家里的事，只有让自己来解决，旁人的干预是不合理的”，因此第十六集团军的作战和调动实际由桂林行营主任白崇禧亲自安排。① 余汉谋集团军从渊源上来说，和张发奎同属于粤系，且余、张二人还有同乡同学之谊，但如前所述，自北伐后粤系逐渐分化为陈济棠、陈铭枢、张发奎 3 支，而余汉谋则承继了陈济棠的统序，与张发奎同系不同派。张发奎认为余汉谋出于“一种封建意识”作祟，在指挥上只得尽量照顾其情绪，由其自行调度而不加以过多的干涉；而余汉谋则认为张发奎对他并不真心欢迎，在人事上多加阻挠。②

不唯战区司令长官如此，中央军杂牌或地方派系出身的集团军总司令，对不属于自己派系的部属，也很难管束。西北军出身的庞炳勋抗战中因为战功而升任第二十四集团军总司令，但他能够控制的仅是自己带来的第四十军。建制上属于该集团军的第二十七军刘进部是胡宗南的部队，庞炳勋无法插手。而孙殿英的第五军虽与庞炳勋同为杂牌，也拒绝庞氏的指挥。孙殿英自成一系，表面上对庞炳勋表示恭敬，还赠送庞炳勋鸦片烟，背后却称其为“庞鳖子”，时刻图谋夺取庞的军权和河北省主席兼职，甚至还背着庞炳勋和日军接触，随时准备拉庞下水，投伪。庞炳勋对此并非一无所知。他对军统派来的高参文强说，“孙麻子多变……指挥不了他，也制服不了他”；“孙麻子居心叵测……表面对我如孝子贤孙，骨子里却不是那么回事”。③ 1943 年庞炳勋投敌当了伪军。蒋介石也明白其系受孙殿

① 《张发奎将军抗日战争回忆记》，第 33 页。

② 《张发奎将军抗日战争回忆记》，第 33 页；张发奎口述，郑义记录《蒋介石与我——张发奎上将回忆录》，第 270、274、299 页；吕俪国：《我所知道的余汉谋》；谢膺白：《张发奎传略》，《文史资料存稿选编·军政人物》（上），第 763—764、872 页。

③ 参见文强口述，刘延明撰写《文强口述自传》，第 181—202 页；张述孔：《流氓军阀孙殿英》，《文史资料选辑》第 7 辑，中华书局，1960，第 158 页；文强：《孙殿英投敌经过》，全国政协文史资料委员会编《文史资料选辑》第 64 辑，中华书局，1979，第 114—166 页。

英胁迫所致，“庞炳勋率部降敌，此必为孙魁元匪类陷害更陈（庞炳勋字——引者注）之奸谋。深信更陈决不降敌”。[①]

第二十四集团军是“孙庞斗智”；第二集团军则演成孙、曹、刘“三国演义”。第二集团军总司令孙连仲统率自己的第三十军（属中央军杂牌）的同时，作战序列中还有韩复榘旧部曹福林第五十五军和旧西北军刘汝明的第六十八军。三部分虽都和冯玉祥有渊源，但早已自成一系。尽管孙连仲想插手曹、刘二军，但屡次均未得逞。他曾经成功地在三个军中互换师长，但仍未能完全控制住曹、刘的部队。曹、刘二人则声气相通，还结为亲家，部队方面也互通有无，共同对付孙连仲。[②]

战区—集团军体系内部上下级单位各不相属引发的指挥困难，虽是“派系化”的产物，但也与统帅部在军令、军政方面的指挥和管理方式不无关系。越级指挥的往来密电，最大的副作用就是破坏了正常的指挥系统；蒋介石直接对下级部队下发的“手令”，是瓦解上级单位权威最犀利的武器；战区—集团军体系中军、师以上各层级在人事、编制以及经理上的各项业务，多直接与军委会相关部会发生联系，上级主官既不能全权安排下级单位的人事，又不能决定其编制，军需、后勤方面亦对其缺乏有效制约，而欲使下级单位在军令上对其完全服从，可谓难上加难。

战区—集团军体系内各部队之间存在不遵令、不合作这类不谐现象，主要是派系属性所导致。而派系属性对战区—集团军体系中各部队的另一影响，虽基于相同的逻辑，但其表现形式却与之相反，即战时军队系统中的某些部队（以中央军嫡系为主），利用各种手段分化瓦解其他派系的队伍，最终实现吞并的目的。在这个过程中，成为“猎物”的部队有的主动投靠以免于被“肢解”，但更多的则针锋相对以规避被“吃掉”的命运从而引发半公开的对抗。

尽管李宗仁、张发奎、孙连仲等地方或中央军杂牌将领存在扩充自己势力的尝试，但他们均未明显地吞并其他派系的武装。吞并与反吞并的“游戏”，一般来说多是在中央军嫡系与中央军杂牌以及地方派系中展开，

---

① 《蒋介石日记》，1943 年 5 月 17 日。

② 参见于敏梓《抗战期间第二集团军概况》，《文史资料存稿选编·抗日战争》（下），第 470—471 页。

但也有少数中央军嫡系内部发生火并的情况。

属于蒋介石集团的战区司令长官、集团军总司令兼并其他部队的具体行为，也许并非全由蒋介石和其统帅部直接主使。[①] 但一方面，统帅部在战区—集团军体系中基于派系的考虑对背景不同的部队区别对待，客观上拉开了中央军嫡系部队与其他武装在实力上的差距，使得前者以强凌弱、以大欺小成为可能；另一方面，嫡系部队兼并其他武装的行为，其间需要军政部在程序上的配合，事后也必须得到最高统帅的认可。因而统帅部在中央军嫡系吞并杂牌军的过程中，主要起到了提供物质基础和政治保障的作用。

中央军嫡系部队为分化瓦解杂牌和地方武装，采取了各种各样的手段，而不同将领所使用的计谋和策略，也各不相同。总结起来，大概有三种常见的计策，分别是更换主官、偷梁换柱、交流干部。

陈诚在分化杂牌部队时，就采用委派自己的起家部队（第十八军）的干部充当杂牌部队主官的方式，直接将杂牌军、师化为已有。会战之后杂牌部队往往损失巨大，此时陈诚便将其收容，代其向军政部讨要补充，然后顺理成章地将自己的干部安排进这些部队担任主官。陈诚担任战区司令长官时，对防区内的杂牌部队，充分使用了战区司令长官在人事上的大权，顺利地将第十八军的干部委派为各杂牌甚至地方团队、少数民族武装出身的军、师之主官。在其嫡系干部担任主官之后，陈诚会为其补充人马、械弹，使其增强实力，在硬件上达到嫡系的水准。郭汝瑰于 1940 年担任暂五师师长后，该师军需即足额配发。陈诚还改该师编制为甲种师，并额外拨给一个配备奥地利造迫击炮的迫炮营。

而在人事上，“土木系”的将领上任之后，首要工作即立刻改变该军、师原有干部序列，并整顿军纪、镇压反抗，在人事上使其“土木系”化。方靖在 1938 年接手湖北的第十三师后，将该师的两个旅长中一个上调军委会，一个任为副师长，4 个团长中一个升为旅长，一个升为副旅长，然后

---

① 李宝明在其著作中认为“分化地方军事集团过程”为蒋介石一人主使，此种看法既过高估计了蒋介石对各个方面的掌控力，又忽视了蒋介石集团中各将领的个人意愿，且这样的解释带有“阴谋论”意味。参见李宝明《“国家化”名义下的“私属化”——蒋介石对国民革命军的控制研究》，第 195—223 页。

将自己的干部调往第十三师填补这 4 个空缺，由此顺利地控制了全师。①

陈诚之所以能够直截了当地使用更换主官的方式吞并杂牌军、师，其原因在于实力强弱对比悬殊。既掌有强力又握有资源的陈诚所面对的多是无后台的小部队，自然可以通过如此手段达到目的。而当陈诚遇到本身实力较强、主官根底较深的部队，则会换用一种较为温和的方式迫使其交出军队。譬如第三十二军为商震第二十集团军的核心部队，商震系资深将领，在第一战区时对司令长官程潜的命令都拒绝执行。陈诚为瓦解商震的队伍，采取了偷梁换柱的策略：1939 年，他先令第三十二军由商震部将宋肯堂带领，脱离第二十集团军，转入罗卓英第十九集团军序列，将商震与其基干部队剥离；接着将包括“土木系”所属的第五十四军等 3 个军编入第二十集团军，令第十八军的老干部霍揆彰、郭汝瑰分任商震的副手和参谋长。如此操作后商震的兵权实际被“架空”，只能统领其司令部。②

偷梁换柱是很多将领吞并他人部队屡试不爽的高招。川军将领范绍增自领仅编一师的弱旅第八十八军进入顾祝同第三战区作战，在数年的战争中战绩优良。顾祝同将外甥赵锡田第六十三师编入范部，并承诺将再调一师加入第八十八军使之成为辖 3 师之甲种军。范绍增所部将领正欢欣鼓舞之际，顾祝同突然一纸命令升范氏为第十集团军副总司令，而第八十八军军长由何应钦侄子何绍周担任。范绍增一气之下干脆回了重庆。③ 具有相同遭遇的还有第三十九集团军总司令高树勋和第三集团军总司令赵寿山，前者升任总司令后起家的两个军分别被汤恩伯、胡宗南吞并，能控制的仅仅是直属的特务营，高氏乃自称“高营长”；后者由第三十八军军长连升两级为总司令，但第三十八军军长一职由关麟徵的亲信张耀明接任，赵寿

---

① 参见杨伯涛《陈诚军事集团发展史纪要》，《文史资料选辑》第 57 辑，第 143—147 页；覃道善：《陈诚及其军事集团概况》，《文史资料存稿选编·军政人物》（下），第 66—68 页；宋瑞珂：《陈诚及其军事集团的兴起和没落》，《文史资料选辑》第 81 辑，第 34—36 页；《郭汝瑰回忆录》，第 150—151 页；知今：《今是昨非见肝胆——原国民党将领方靖亲历纪实》，第 97—98 页。

② 唐永良：《商震历史概述》，《文史资料选辑》第 8 辑，第 116 页；《郭汝瑰回忆录》，第 139 页。

③ 李文密、陈章文：《第八十八军出川抗战的回忆》，《川军抗战亲历记》，第 238 页；陈章文：《由腐朽军阀走向光明的范绍增》，《文史资料存稿选编·军政人物》（下），第 265—266 页。

山只带了十多人前往第三集团军所在的武威，数年中实际被其副手、胡宗南的部下李铁军软禁。[①] 偷梁换柱的手段较之直接更换主官、清洗人事，相对隐蔽而委婉，适用于较有实力的杂牌或地方将领。他们的武装被嫡系部队瓦解分化后，个人的职衔却得到大幅提升，虽有万分怨言却不好发作，只能默然接受。

交流干部是另外一种较为隐蔽的吞并友军的办法。胡宗南是使用这一招数之集大成者。有论者比较陈诚与胡宗南扩展势力的方式："陈大都强势整并，直接包围缴械，将原部队主官调开，硬插自己人马。胡则以较委婉、让旁系将领较能接受的'交流干部'模式来完成整并。"[②] 交流干部本是军委会提倡的部队之间以及部队、院校、机关三者之间正常的人事流动，但却被胡宗南等人利用为吞并友军之法宝。胡氏最为得意之笔，是通过互换亲信李铁军和杂牌陶峙岳的职务完成对陶峙岳第七十六军的兼并。1938 年 9 月胡宗南令陶峙岳担任胡的起家部队第一军军长，陶氏第七十六军由李铁军出掌。名义上陶峙岳还算担任了王牌部队的主官，但实际上李铁军将班底全部带去第七十六军，而第一军所属两师又直接由胡宗南指挥。陶峙岳心中清楚："实质上第七十六军被他（胡宗南——引者注）夺走了，第一军还是他的，我被架空了。"胡宗南不仅互换部队主官，还将杂牌或地方派系武装下属的部队长、幕僚通过交换的方式调至训练机构工作，而胡氏掌控的七分校、战干团的干部则流动至各部队掌握枪杆。如此一来，他人的部队也就"第一军"化了。[③] 抗战时期，统帅部鼓励部队、机关、学校干部交流，胡宗南利用这一点施行吞并之余，还能博得好名声。李铁军就辩解让陶峙岳与他互换说明胡宗南"不党不私"。号称交流干部实际是汰弱留强，淘汰非第一军的干部在所难免。[④]

---

① 高金荣：《跟随高树勋将军的一些往事》，公孙訇编《高树勋纪念文集》，中国文史出版社，1998，第 162 页；赵寿山：《与蒋介石二十年的斗争史》，《赵寿山将军》，第 380、385—387 页。

② 姜理惟：《北伐至国共内战间国军部队的演变：由派系观点研究（1926—1950）》，第 77 页。

③ 《陶峙岳自述》，第 63—65 页；《鹰犬将军：宋希濂自述》，第 189—190 页；黄剑夫：《我对胡宗南了解的片断》，《文史资料存稿选编·军事派系》（下），第 465 页。

④ 李铁军：《往事如新》，罗列：《宗南先生典型常在》，《胡宗南先生纪念集》，第 87、257 页。

中央军嫡系所把持的各战区、集团军以及军、师在吞并杂牌和地方派系武装时，往往同时或交替使用更换主官、偷梁换柱、交流干部这几种手段。在吞并过程中，虽然有一些非嫡系将领主动将部队交出以保住自身地位，但大多数被吞并的军、师并不甘心将部队拱手相让。如胡宗南亲信黄剑夫说："这些手法并不能愚弄别人。只是非嫡系将领迫于权势，在表面上不能不甘受愚弄，而实际上是貌合神离的。"① 因而嫡系部队吃掉非嫡系武装的过程中虽无公开反抗，却于无声中充塞着积怨。同时，尚未被吞并的广大杂牌和地方部队看到同类被嫡系中央军瓦解，其将领出于唇亡齿寒、物伤其类的本能，对中央军嫡系的防备和仇视心理也不断加深。

当然，中央军嫡系部队吞并杂牌和地方武装，并非每次都能得逞。有时非嫡系武装也能逃脱"魔掌"。丁治磐的第四十一师是徐源泉被免职后剩下的中央杂牌武装，1940 年编入第六战区后即被陈诚视为"猎物"，意图吞并。宜昌失陷后陈诚欲在恩施军事会议上发难，借机以违令处罚丁治磐。丁治磐针锋相对地拿出上官令其撤退的电报在会议上公示，使得陈诚的计谋未能得逞。另外，丁治磐一直得到中央的何应钦、何成濬、徐永昌的同情和帮助，数次躲避了遭"土木系"暗算的厄运，之后还得到了将三个背景类似的杂牌师整合为第二十六军并担任军长的机会。对此，丁治磐感激何应钦诸人，但对陈诚极其反感，认为何应钦"恢宏大度"，而陈诚"专吃人家部队"。② 王凌云第七十六师原系河南张钫的地方部队，属于杂牌，1938 年被编入"土木系"夏楚中第七十九军序列。该师副师长换成陈诚亲信方靖，军长夏楚中还试图将第七十六师和陈诚嫡系第七十九师互换一个团，以达到分化的目的。王凌云一方面与夏公开决裂，并经过多方斡旋，找到了同属中央军嫡系的李延年第二军作为靠山，最终脱离了第七十九军；另一方面王凌云对方靖实施了隔离手段，不让其与参谋长和政治部主任接触，并暗中派人监视方靖，令方靖十分恼火，写信给陈诚要求调离。③ 可见一旦吞并不成，原为"猎物"的非嫡系部队轻则逃之夭夭，重则反咬一口。

---

① 黄剑夫：《我对胡宗南了解的片断》，《文史资料存稿选编·军事派系》（下），第 465 页。

② 丁治磐口述，刘凤翰等访问《丁治磐先生访问纪录》，第 67、69 页。

③ 知今：《今是昨非见肝胆——原国民党将领方靖亲历纪实》，第 95 页；杨伯涛：《陈诚军事集团发展史纪要》，《文史资料选辑》第 57 辑，第 144 页。

因吞并不成导致关系破裂的情况，更多地出现在中央军嫡系部队之间的吞并与反吞并斗争中。双方均有实力、背景和后台，吞并一方若以失败告终，则嫡系内部的矛盾也因之而激化甚至公开。

宋希濂和胡宗南同为黄埔一期学生。1938 年宋希濂第七十一军一度编在胡宗南集团内。胡宗南对同属于中央军嫡系，又是同学的部队，仍动了将其“吃掉”的念头。他利用干部交流，将自己掌控的七分校教育主任杨彬安插到宋部第八十八师任师长。宋以杨彬不学无术为名直接向胡宗南提意见，胡氏只得将杨彬调走，由宋希濂自觅该师师长。宋部两师长胡家骥、李志鹏也相约忠诚于宋希濂，不接受胡宗南的分化收买，最终被调至七分校兼任总队长，仍没有将部队交给胡氏。最后宋希濂以去成都看病为名，亲自向蒋介石请求，完好地把部队带出了胡的集团。[①] 宋希濂对胡宗南的做法，相当不满，只因同属于“蒋校长的好学生”，才没有公开决裂，但心中芥蒂已深。

而 1943 年关麟徵吞并陈诚“土木系”主力第五十四军的尝试，因为陈诚及其部属的抵制遭到失败，最终导致关、陈二人闹僵，水火不容。关麟徵第九集团军驻昆明时，陈诚奉蒋介石的命令派第五十四军入滇，暂时进入第九集团军序列。此时正好有人控告第五十四军军长黄维贪污（其实是挪用空额粮饷救济官兵），关麟徵即利用这个机会坐实此事，签呈何应钦将黄维撤职。陈诚无奈，只得允许关麟徵派所属基干部队第五十二军军长张耀明调任第五十四军军长。关麟徵明确向杜聿明表示，这就是动手“吃掉”第五十四军。

张耀明到任之后，关麟徵祭起“交流干部”的“法术”，令第五十二军第二十五师师长姚国俊和第五十四军第五十师师长郑挺锋对调。郑挺锋告病不到，这一回合关麟徵已遇到阻碍。关氏又生一计，动用更彻底的手段，预备将第二十五师与第五十师各出两个团对调，以消除“土木系”在该军的影响。此种举动引起了陈诚部将的激烈反弹，霍揆章等第五十四军的老司令长官还跑到重庆去活动，使得陈诚本人也怒火中烧，向蒋介石告状。最终蒋介石做出偏袒陈诚的裁定，废除之前的人事安排，令“土木

① 《鹰犬将军：宋希濂自述》，第 190 页；李日基：《胡宗南军事集团的发展和衰败》，《文史资料存稿选编·军事派系》（下），第 435 页。

系”的方天出任第五十四军军长，将该军调到宋希濂第十一集团军序列。

此后，陈诚到昆明同关麟徵谈判，要求关麟徵不要争夺第五十四军的控制权。关氏直言，“我争的是礼义廉耻，中国的事，你一个人做不完的”，说罢拂袖而去，双方遂不欢而散。事后，陈诚因胃病咯血，坊间竟争传是被关麟徵所气。可见陈、关矛盾已然公开，成为街谈巷议的公共话题。抗战后期，陈诚晋任军政部长，权倾一时，关麟徵因为旧怨不被重用，亦属意料中事。关麟徵图谋第五十四军的事件实在是吞并不成反遭怨的典型。①

军队系统内部的互不协作、各不相属以及吞并与反吞并，是派系化的国民党军队系统之内部关系上的几个特点。派系的因素是嫡系中央军吞并友军的重要背景，而这一行为又给战区—集团军体系的派系化带来了新的特点：通过派系兼并，地方军事集团的格局发生了变化，嫡系中央军规模明显扩大；持续的兼并行为不断激化蒋介石集团与其他军事集团的矛盾，导致派系之间潜藏的危机日益深重；几个长于吞并友军的将领也在兼并中逐渐形成自己的小集团。

“派系化”是战时国民党军队系统最重要的组织特点。“派系化”本身既在抗战中发生了不少变化，而又对战时军队系统的实际运行和各种关系产生着巨大的影响。统帅部与军队系统的关系受制于派系因素。军队系统内部各层次的关系亦受制于此。国民党军队在抗战时期的作战能力低下，和上述国民党军队组织在器物、制度、文化等多个层面上的问题，存在着重要关联。

① 参见杨伯涛《陈诚军事集团发展史纪要》，《文史资料选辑》第 57 辑，第 150—152 页；段培德等：《关麟徵与五十二军》，《文史资料存稿选编 · 军政人物》（上），第 414—415 页；覃道善：《陈诚及其军事集团概况》，《文史资料存稿选编 · 军政人物》（下），第 67—68 页。

第四章
军官和士兵

一台战争机器自有其控制系统，且由不同层级的基本单位组成，并依照其内在的逻辑和规则运行。然而这台战争机器是否运转良好，不仅与它的组织架构和组织特点有关，还与这个组织中的人员相关。毛泽东在著名的《论持久战》中认为：战争的“决定的因素是人不是物”。他明言：“力量对比不但是军力和经济力的对比，而且是人力和人心的对比。”[①] 尽管毛泽东的言论侧重的是人的精神因素，但其对于人的因素之强调无疑是正确的。一台战争机器作为一个组织，其组织内部人员的来源和构成、人员的教育和训练水平，直接决定了军队的素质和作战能力。

军队人员，主要分为军官和士兵两个阶层。国民党军的官兵之间，自然存在许多共通之处，但区别也是十分明显的：他们的来源有所不同，训练存在差异，在组织和管理上有着区别。他们战时的表现，也因之呈现出各自的特点，对国民党军的运行和作战产生影响。

第一节 军官的出身与教育

抗战时期国民党军的数百万军队及其众多的军事机关、学校，由数十万各级军官、军佐和军属（即军用属官）统领管带。这些军官佐属，是国民党军队中负责指挥的一部分。他们的职业素质和技术、战术水平，对于国民党军的战地表现和日常工作，起到了相当重要的作用。

军官的素质受诸多因素的影响。尽管“英雄不问出处”，但在决定军官们素质的各项因素中，其来源和出身无疑是至关重要的。全国抗战初期，国民党军军官中尚存在较多行伍出身者。随着战争的进行，更多受过

---

① 《论持久战》，《毛泽东选集》第2卷，人民出版社，1991，第469页。

专业训练的军校毕业学生成为各级军官。而另一些军官则进入各类训练机构接受训练、教育。到战争后期，相当数量的军官接受了不同程度的军事教育。不过行伍出身者仍未完全退出历史舞台。

战争爆发前国民党军高级军官的出身构成并不乐观。张瑞德根据1936年铨叙厅编制的《陆海空军军官佐官名簿》进行统计，并得出了简单的结论：陆军将级军官中，黄埔生极少而以保定生居多，陆大生和留学生数量均较少，地方军校及行伍出身者尤多（表4-1）。

表4-1　全国抗战前陆军将级军官出身背景统计（1936年）

出身/官阶	总计（%）	上将（%）	中将（%）	少将（%）
黄埔	92（7.38）	0（—）	17（5.65）	75（8.20）
保定	388（31.11）	8（28.81）	95（31.56）	285（31.15）
留学	159（12.75）	6（19.35）	51（16.94）	102（11.15）
陆大	215（17.24）	2（6.45）	43（14.29）	170（18.58）
地方军校及行伍	393（31.52）	15（48.39）	95（31.56）	283（30.93）
总计	1247	31	301	915

资料来源：张瑞德《抗战时期的国军人事》，台北，中研院近代史研究所，1993，第6页。

黄埔军校（中央陆军军官学校）自1924年建校，至1936年仅十年有余，第一批学生（1—6期）中有数十人在如此短的时间能够升至将官已经算相当快，只是在数量众多的国民党军将官群体中，黄埔生尚占不到多数。保定军校自1912年办学至1923年停止招生，是当时国内最正规的初级军官学校，国内一流的兵学苗子均群趋而至。由于北洋军不惯于选用保定军官生，大量保定毕业生就业于南方军队。北伐军中有数个军的干部均是保定生出身,① 1928年政权更迭后，这些保定生也因此擢升至军内高位。须指出的是，无论黄埔还是保定，它们都是陆军初级军官学校，其教育目标，在培养营、连、排三级主官。这样的初级军校毕业生大量晋升为高级指挥官，反映了那个时代的特色。

军官中留学出身的比重不算太低，其中相当多的是留学日本，且多就

---

① 参见《北伐前南北军政格局的演变，1924—1926》，罗志田：《激变时代的文化与政治：从新文化运动到北伐》，北京大学出版社，2006，第204—205、237—238页。

学于日本陆军士官学校及其预备学校，如阎锡山、程潜、黄慕松、蒋介石、何应钦、贺耀组等人。[①] 他们在“陆士”亦仅受到初级的军事教育，其受训层次不比黄埔和保定高。

军官中陆大毕业生所占的比例不高。这显然是一个明显的缺憾。作为当时中国最高的军事学府，陆大旨在培养师以上高级将领及幕僚。按理来说，陆大生来担任将官最为合适，可惜其毕业学生数量不多，且未形成如保定生那样的派系，要在高阶军官中占到多数自然有困难。

至于地方军校及行伍出身者，其所占比重如此之大，特别是上将中竟有一半左右来自这一群体，自然是一个大问题。

表 4 -2 的材料来源，是 1936 年 1 月 28 日美国驻华武官收集的一份关于中国陆军军官出身的统计报告。在 136474 名陆军军官中，上将 124，中将 418 名，少将 1240 名，上校 3233 名，中校 4707 名，少校 13178 名，上尉 39736 名，中尉 37554 名，少尉 36284 名。将官总人数由于仅占军官总数的 1.3%，因此表 4 -2 主要反映了中下级军官的状况。其中黄埔生和行伍出身的军官都占到了较大的比例，而保定和其他军校毕业生的比例则相对较小。

表 4 -2 陆军军官教育程度统计（1936 年）

种类	人数	占比（%）
黄埔军官学校	43018	31.5
陆军小学堂	20033	14.7
陆军中学堂	11493	8.4
保定陆军军官学校	6575	4.8
各种军官团	5621	4.1
工兵学校	2175	1.6
军需学校	2175	1.6
外国军事学校	1922	1.4
军医学校	1414	1.0
特种兵科学校	1075	0.8
陆军大学	992	0.7

① 《日本陆军士官学校早期中国留学生题名录》，中国国民党文化传播委员会党史馆藏，一般档案，000/192。

续表

种类	人数	占比（%）
兵工学校	237	0.2
行伍	39744	29.1
总计	136474	100.0

资料来源：张瑞德《抗战时期的国军人事》，第22页。

北伐之后，黄埔军校的毕业生进入陆军服务有了制度性的保证。中央军的各级军官在数年间实现了“黄埔化”，较之过去是一个明显的进步。[①] 除黄埔外，保定军校的毕业生也占到了一定比例。陆小、陆中的毕业生合计也占到20%以上。其他专业院校的毕业生相对较少，意味着国民党军在技术兵种以及军需、军医等方面缺乏专业人才。然而最大的问题是，尽管国民党军大量任用军校学生担任中下级军官，行伍出身的军官仍然占了相当的比重。他们多分布在中央军的杂牌和地方军事集团的部队中。

抗战在一定程度上改变了国民党军军官的出身构成。就高级军官而言，随着战区—集团军体系的建立，军、师数量急剧增加，将官的总人数也因之膨胀。在这些新增的将官中，黄埔生和保定生占据了相当的份额。由于派系的关系，地方军校和行伍出身者也同样得到晋升。据齐锡生统计，1944年国民党军将官的背景呈现出两极分化的态势，与战前的情况具有一定的传承性，但也存在明显的区别（表4－3）。

表4－3　抗战后期陆军将级军官出身背景统计（1944年）

出身/职务	总数	上将	中将	少将
黄埔	1177（28%）	9（11%）	153（16%）	1024（32%）
保定	1015（24%）	28（35%）	371（40%）	616（19%）
留学	427（10%）	17（21%）	117（12%）	293（9%）
地方军校或行伍	1569（38%）	26（33%）	303（32%）	1222（40%）
总数	4188	80	944	3164

资料来源：Hsi-sheng Ch'i, *Nationalist China at War: Military Defeats and Political Collapse, 1937－1945*, p. 228.

① 刘馥在著作中就明确表示“我国中下级军官的情况不错”，“中央军官学校每年大约训练出素质很好的下级军官三千名”。见刘馥《中国现代军事史》，第164页。

战时将官的出身，和战前最主要的区别在于：保定生告别了军、师长的位置而进一步得到提升，但总体比重下降；后起的黄埔官校生提升至中、少将级别者日益增多，使得黄埔出身者在将官中超过了保定生，但他们要爬上最高等级尚需时日；留学生在将官中的总体比例大致不变，但位居中、上将者明显增多；地方军校和行伍出身者在将官的各个阶层中都占据了较大比重，与军校生分庭抗礼，这些资历不符的将领仍居高位，其不良影响可想而知。严格来说，除了留学生中的少数如杨杰、徐祖贻等日本陆大深造者外，黄埔生、保定生、地方军校毕业生以及行伍出身者，其资质都不足以指挥师以上的部队。

中下级军官在全国抗战初期遭到巨大的损失之后，急剧扩张的各类军校教育机构培训了大量军官以为代偿。仅就数量来说，军校学生尤其是受过召集教育的学员，在军官中所占的比重较之战前有较明显的提升，然而因为战争的关系，行伍出身者仍占据了相当的比重。

不同单位的情况有所不同。顾祝同的第三战区在抗战后期的一个报告中说，其本部及战区直属各单位军官，“百分之九十以上均系正式军校出身者，军佐已受正式业科教育者约占百分之七十左右”。[①] 这说明战争后期在较高层级的单位，军官已经实现了军校生化，军佐的情况也比较良好。

蒋介石嫡系的第一军，情况与之相若。据 1944 年“第一军官佐出身概括表”，在该军全体 399 名军官中，毕业于外国军校 5 名，陆军大学校 5 名，陆大参谋班 5 名，步兵专校 11 名，骑兵专校 2 名，炮兵专校 5 名，工兵专校 6 名，辎重兵专校 6 名，通信兵专校 5 名，机械化学校 12 名，防空学校 8 名，各类短期训练班 120 名，行伍仅 20 名。此外还有 189 名军官，当是毕业于中央军校及其分校。[②] 可见第一军中军校毕业学生和学员已经占多数。

甚至在少数地方派系的军队的重要业务部门里，出身中央正式军事院校的学生和学员也渐居主流。川军的第四十五军司令部参谋人员的出身具有一定的代表性。

① 《第三战区参谋长三十三年度定期报告书》（1944 年），战史编纂委员会档案，中国第二历史档案馆藏，787/2513。

② 《陆军第一军三十三年度参谋长定期报告书（作战部分）》（1944 年），战史编纂委员会档案，中国第二历史档案馆藏，787/2514。

表 4－4　陆军第四十五军历任主管参谋长及现任一般参谋简历（1942 年）

姓名及军衔、职务	籍贯	出身
上将军长邓锡侯	四川营山	保定军官学校第一期毕业
中将军长陈鼎勋	四川简阳	保定军官学校第二期炮科毕业
中将副军长马毓智	四川成都	四川官弁学堂毕业
中将副军长陈离	四川安岳	四川陆军军官学校毕业
中将参谋长朱瑛	四川成都	四川陆军军官学校毕业
中将参谋长孙贤颂	四川成都	保定军官学校第二期毕业
中将参谋长刘万抚	西康越西	陆大特三期毕业
中将参谋长王士俊	西康荥经	保定军官学校第三期炮科毕业
中将参谋长汪匣锋	四川简阳	中央军校高教班及陆大特三期毕业
上校副参谋长裴元俊	四川成都	中央军校九期炮科及陆大十六期毕业
第一课上校课长封俭伯	四川江北	中央陆军军官学校十二期步科毕业
第一课少校参谋张子祥	四川潼南	中央军校成都分校工科二期、工兵学校普七期毕业
第一课上尉参谋范太祯	陕西南郑	中央军校十五期步科毕业
第二课中校课长余仁安	四川仁寿	中央军校十二期炮科及机械化学校军政班三期毕业
第二课少校参谋李柱流	四川营山	中央军校军训班三期及学生十四期、外语班四期毕业
第二课上尉参谋马学端	广西宾阳	中央军校十三期步科毕业
第三课中校课长刘文杰	四川宜宾	中央军官训练团四期、陆军三师教育团四期毕业
第三课少校参谋官玉雪	四川资中	中央军校十四期步科毕业
第三课上尉参谋胡巧	湖南零陵	中央军校十期步科毕业、七分校军官研究班毕业

资料来源：《陆军第四十五军历任主管参谋长及现任一般参谋姓名出身简历表》（1942 年），战史编纂委员会档案，中国第二历史档案馆藏，787/02497。

一般来说，司令部参谋处的人员构成，较之副官、军需等其他几个处优良一些。由表 4－4 可以看出，直到抗战中后期第四十五军的地方色彩仍十分浓厚，军官多为川籍，且主官中有地方军校毕业者。但就幕僚的出身而言，该军的参谋人员基本都换成黄埔的官校生和各类学员，有的军官还多次受学，受教育经历比较丰富。这在某种程度上说明战时一线部队中，军校学生和学员确实占到了一个较高的比重。

不过，军训部 1944 年的一个调查显示，在陆军各部队 117579 名中下级军官中，“已受养成教育 31724，已受召集教育 44183，行伍 38704，其他 2968（其他系指非中央军分校及各兵科学校出身者）”。[①] 这充分显示，纯行伍出身且尚未受过任何教育的军官，在国民党军队中仍占到 1/3 强。

战时若干部队的统计也能予以证实。新编第十九师在 1941 年的参谋长报告书中就明言该师“各级干部多系出身行伍”。[②] 据出身川军的第一五〇师 1945 年的统计，“官佐出身军校学生者占百分之二十，各干训团队及文学校者百分之六十，行伍及其他者占百分之二十”。[③] 原系粤军的第一五四师的情况与之类似，官佐中“军校出身 197 员，约占百分之三五三零，其他出身 349 员，约占百分之六二五四，行伍出身 12 员，约占百分之二一三二”。[④] 原属桂军的第一七五师的调查显示，该师“军官”中陆大毕业生 9 人，占 1. 54%；军校毕业 267，占 45. 8%；行伍 197，占 32. 7%。[⑤]

刘馥认为行伍军官仍能占据如此大的比重，主要是由于战时军官损失过快，军事教育所培训的军校生数量不足以补充，因而士兵在前线上常常被提拔为军官。曾经在国民党军中服役的他回忆道：“迨至抗战的后期，一个步兵营的军官编制人数只有百分之二十系由军校毕业生补缺。有时一个营只有四个或五个军校毕业生。”[⑥]

战时的军校毕业生和受过召集教育的学员在数量上无法满足部队的需要，实在是一个令人沮丧的事实，幸而战时各军校以及战区、集团军乃至于军、师所办的各类短期培训班，使得许多行伍出身者得到有限度地提升业务水平的机会。原属湘军的第七十军第一〇七师在 1941 年的报告中就说道：“本师各级官佐均出身于中央各级军校及前湖南干部学校者，占现有官佐总数百分之八十五以上，其无学籍而久经战阵出身行伍者，现分期轮

---

① 《本部三十三年度调查陆军各部队中下级现役军官素质统计》（1944 年），战史编纂委员会档案，中国第二历史档案馆藏，787/2624。

② 《陆军新编第十九师参谋长报告书》（1941 年），战史编纂委员会档案，中国第二历史档案馆藏，787/2512。

③ 《陆军第一百五十师三十四年度参谋长定期报告书》（1945 年），战史编纂委员会档案，中国第二历史档案馆藏，787/2517。

④ 《陆军第六十五军第一五四师三十四年度参谋长定期报告书》（1945 年），战史编纂委员会档案，中国第二历史档案馆藏，787/2517。

⑤ 按，此处数据根据原档案。《陆军第四十六军一七五师参谋长定期报告书（部队现况）》（1945 年），战史编纂委员会档案，中国第二历史档案馆藏，787/251。

⑥ 刘馥：《中国现代军事史》，第 166 页。

番送训，以期自发健全有负艰巨，俾能效力党国。”① 陈诚嫡系第十八军第十一师在 1945 年的报告中称：“官佐中虽有一部分系行伍出身，但皆具有极优秀之天资及基本智识，具有战功，更不断予以深造机会，保送中央各军事学校受短期军训。”② 这样的短期培训虽不能改善国民党军中下级军官的出身结构，但仍具有积极意义。

从战前到战时，国民党军军官在出身上，始终徘徊于军校生（包括学员）和行伍出身者之间，在相当长的时间内仍无法同日本以及多数参战国一样，实现军官出身的院校化。行伍出身者，无论跻身高级将领还是侧身中下级军官，其对于军队的消极作用愈加明显。恰如张瑞德所评述的，将领中行伍出身者“或许极为勇敢、战场经验丰富，但是对于现代战争的性质，却普遍缺乏认识”；而出身行伍的中下级军官，“每多擅于作战”，但“对于军官的要素——指挥，较为缺乏，训练部队也比不上军校出身的军官”，且“知识水平较低”。③ 一言以蔽之，这类在国民党军队中占有较大比重的军官，是不适应现代战争的。

除了战争中习得的种种经验和教训，军官们的专业知识和职业技能多来自他们所受到的教育。对于正式军校毕业生和受过召集教育的学员来说，军校教育对他们的意义自不待言；即便是行伍出身者，其是否接受短期军事培训，与他们素质的高低同样关系匪浅。通过考察军官们所受到的各类军事教育的办理情况，以及这些教育所能传授给军官们的知识和技能，可以从一个侧面估量军官们的素质和能力。

近代中国军事教育的肇始，远远早于国民党创办黄埔军校养成官校生的 1924 年。事实上战时相当一部分军官所受的是清季或者民初的军事教育，因而考察军官们的教育，要从清末大兴兵学那个年代开始梳理。清末新政中清廷设计了陆军小学、中学、兵官学堂、大学四级军事教育体系。这是一个长达 12 年的军事人才培训计划。这样的教育缓不济急，于是又允许各地建立速成学堂（讲武堂）以培养规模急速扩大的新军军官，其中保

① 《陆军第七十军第一百零七师参谋长三十年上期临时定期报告》（1941 年），战史编纂委员会档案，中国第二历史档案馆藏，787/2512。

② 《陆军第十八军第十一师三十四年度参谋长报告书（作战部分）》（1945 年），战史编纂委员会档案，中国第二历史档案馆藏，787/2516。

③ 张瑞德：《抗战时期的国军人事》，第 10、24 页。

定的速成学堂就是后来保定军校的前身之一。1906年，袁世凯又在保定正式建立陆军军官学堂，以作为陆军大学的预备，是保定军校的另一前身。[①]此外，中国第一批陆军留学生也在这一时期开赴日本学习军事。

清末军事教育体系处于草创时期，其培训的军官生无非两类——正式生和速成生，前者包括各省陆小、四所陆中、保定陆军军官学堂以及日本陆军士官学校的毕业生，后者则是在各省速成学堂、讲武堂受教的毕业生；前者在后来的统计中被视为正规军校生，而后者则被划为地方军校及行伍出身一列。两者受教的时间长短不同，所受到的教育也有区别，水平也存在差异。

如表4-5所示，作为正式生的陆小、陆中学生所受的培训，秉承了“七年之病，求三年之艾”的古训，其长处在于教育相对系统而广泛，若高小毕业生能从陆小、陆中顺利升入陆大，其兵学水平和综合素质自然不会太低；其短处在于陆小和陆中期间军事学的专科教育比例太低，不足以养成合格的初级军官。清廷的猝然崩溃导致陆小、陆中学生失学。尽管他们中的某些人得到了继续受教育的机会（如李宗仁陆小毕业后又在广西陆军速成学校里继续受教两年[②]），且一部分陆中学生毕业后也得以继续升入后来的保定军校，但不是所有人都如此幸运。1936年陆军军官教育程度的统计中，受教程度仅为陆小和陆中的军官占到了20%以上，说明在1930年代的国民党军中，有超过20%的军官还凭借着清末学得的少量兵学知识带兵打仗。

陆军军官学堂的规格近似后来的陆军大学，因而该校的教育较为系统而全面，无论是教员水平还是课程设置都比较完善。但其问题在于：首先，学生的资格未能达到要求，多系旧武备学堂毕业生，水平本来有限；其次，陆军军官学堂的毕业生仅有三批，人数太少，且到抗战时期均已年迈，所掌握的军事知识业已过时。即便如此，该校毕业生的学术水平和资格还是深受广大军官的钦服。战时两任军事参议院长陈调元和李济深就是该校第一、三期毕业生。

---

① 参见张力云《从北洋武备学堂到保定陆军军官学校》，河北省政协文史资料委员会、保定市政协文史资料委员会编《保定陆军军官学校》，河北人民出版社，1987，第1—39页。

② 参见李宗仁口述，唐德刚记录《李宗仁回忆录》上册，第47—49页。

表 4-5　清末各类军校的教育概况

类别/校别	各省陆军小学堂	第一、二、三、四陆军中学堂	陆军军官学堂	各地速成学堂、讲武堂
学生来源	各地高小毕业生，少数为新军士兵	各省陆小毕业生	武备学堂毕业且任军职两年者（深造科）	社会青年、弁目队、前武备学堂生、现役军人等
培训年限	3 年	2 年	3 年	2 年
教员构成	留日军事留学生、陆军速成武备学堂毕业生、日本教习、西洋外语教习、旧学宿儒	陆军速成师范学堂、保定陆军军官学堂毕业生	以日本教习为主	留日军事留学生、各武备学堂毕业生、日本教习
教学内容	分学、术两科，学科含国文、经艺、算数、科学、历史、地理，类旧制中学；术科含队列、持枪、劈刺等基础训练。以学科为主	类陆军小学堂课程设置，程度较深，术科所占比例提高	仿照日、德陆军大学课程，含教育军队法、军制学、军器学、筑城学、陆军经理、战史、混成一协图上战法、一镇图上战法、参谋旅行、战略学、国际法等	分普通学、军事学两类，普通学含国文、经史、算学、测绘、理化及外语；术科实行普通军事训练与分步、马、炮、工、辎五科训练，兼习战史、兵学

资料来源：郑志廷、张秋山等编著《保定陆军学堂暨军官学校史略》，人民出版社，2005；《保定陆军军官学校》；陶峙岳、万耀煌、李宗仁、黄绍竑、顾祝同等人的回忆录。

速成学堂和讲武堂在清末军事教育体系中属于较低的、临时的设置，然而在实际办理中由于其招生灵活且教授内容有针对性（旨在培养初级军官），某些学校的教学质量相对较高，反而培养了一大批基本合格的初级军官。如设在保定的通国陆军速成学堂由段祺瑞任监督，其软硬件条件均称一流，培养了蒋介石、张群、杨杰、刘士毅等一大批素质较好的初级军官。[①] 而设在昆明的云南陆军讲武堂由李根源等留日学生主持，正规班的学时较长，培养了朱培德、朱德、龙云等数十位优秀的中下级军官。[②] 速成学堂和讲武堂的局限在于其定位较低，仅能提供初级军官必需的军事知识，对于相关的专业学术涉及较少（这是它不如陆小、陆中的地方），

① 参见郑志廷、张秋山等编著《保定陆军学堂暨军官学校史略》，第 121—157 页。

② 参见陆星《李根源传》，中国文史出版社，1997，第 29—34 页。

而且关于军队教育、军需后勤、战略、战史等中级以上的军事科学付之阙如，因而它所培训出的军官并不适合于担任团以上职务。然而抗战时期国民党军的将官中确有相当一部分是清末速成学堂毕业生。他们的科班知识只能应付小部队的管理和作战，而且这些知识在几十年后也已近似古董。

北洋时期的军事教育继承了清末的格局，但却是损之又损地继承，规模宏大、耗时颇长的陆小—陆中—兵官学堂—陆大的体系被废弃；清末未能实现的兵官学堂得以创办并产生影响力——保定陆军军官学校成为当时唯一的正规军官学校；清末已具雏形的陆军大学正式建成，持续小批量地培养高级幕僚人才；清末方兴未艾的速成教育仍然大行其道，而国民党在1924年创办的黄埔军校成为其集大成者。

保定军校之所以在较短的办学时间内能够暴得大名，除了其师资、教程、培训年限均合乎正规之外，生源是其最大的红利。保定军校招收的学生多系陆军预备学校毕业生，而民初的预备学校就是清末四所陆中的延续，陆小毕业生、陆中肄业生和辛亥学生兵之前本有军事基础，再到预备学校学习两年，进入保定军校时文化程度已经不低而兵学亦有根底。加上保定军校的正规培训，这几批毕业生共受到了5—9年的科班教育，作为初级军官应该绰绰有余。[①] 此后保定毕业生叱咤军坛数十载，并在抗战时期长期担任高级军职，一定程度上也是因为他们的军事素养相对较高。尽管如此，保定军校毕竟侧重于初级军事学术的传授，严格来说，其毕业生作为大军统帅并不适合。

表 4-6 1912—1927 年军事院校的办学情况

	陆军军官学校（保定）	陆军大学	各地速成学校、讲武堂	陆军军官学校（黄埔）
学生来源	第一、第二陆军预备学校毕业生，普通中学毕业生	上校以下军官，陆军军官学校毕业、服军职两年以上者	社会青年、普通中学毕业生、现役军人	各类革命青年

① 参见黄绍竑《五十回忆》上册，第15—30页；《陶峙岳自述》，第6—20页；万耀煌口述，沈云龙访问《万耀煌先生访问纪录》，第16—77页；《张治中回忆录》上册，第28—37页。

续表

	陆军军官学校（保定）	陆军大学	各地速成学校、讲武堂	陆军军官学校（黄埔）
培训年限	1年3个月至2年	3年	数个月至2年	7个月至1年
教员构成	留日军事留学生、陆军速成学堂与陆大及本校毕业生	以日本教习（系日本陆大毕业）为主，兼以陆大前期毕业生	留日军事留学生、各武备学堂及速成学堂、讲武堂毕业生	军事教员为保定军校、日本陆士毕业生；政治教员多系共产党人
教学内容	分科教育。课程为平时课业和特别课业两类。前者之学科含战术学、兵器学、筑垒学、地形学、军制学、外国语；术科含教练、马术、劈刺。后者为各兵科实习和见习	以日本陆军大学课程为模本，含高等战术、战史、参谋业务、动员、国防、队附勤务、野外勤务，类清末陆军军官学堂课程	多为分科教育。课程设置以保定军校教程为蓝本缩减，含各级教练，步兵操典、野战勤务、四大教程，马术、劈刺等	军事教育与政治教育并重。前者含入伍生训练及军事学科、术科教育，以保定军校教程为蓝本。政治教育含三民主义、国民革命概论、中国政治研究等课程

资料来源：郑志廷、张秋山等编著《保定陆军学堂暨军官学校史略》；戚厚杰、林宇人《陆军大学校发展史略》，中国第二历史档案馆、江苏省政协文史资料委员会编《民国时期的陆军大学》，江苏文史资料编辑部，1994，第9—16页；阮绍文等《陆军大学概况》、章培《陆军大学的教育情况》、周亚卫《回忆陆大的收回教育权和动员学课程》、《陆军大学四期、十期的一些回忆》，《文史资料存稿选编·军事机构》（下），第235—266页；李宗仁口述，唐德刚记录《李宗仁回忆录》上册，第47—49页；王铁汉口述，沈云龙等纪录《王铁汉先生访问纪录》，第41—46页；陈适等《孙中山黄埔建军纪要》，广东省政协文史研究委员会编《广东文史资料·黄埔专辑》，广东人民出版社，1982，第1—7页。

北洋时期的陆军大学较之清末的陆军军官学堂进步不少。其生源、学制、教员水平、课程设置均比保定军校要高一个档次，因而毕业生的综合水平属国内最高，足以担任当时军队的高级指挥官。但陆大的教育是一种精英教育，起初是每3年招生1次，当期学生毕业之后方才续招，这使得毕业生人数远远少于其他军校，这对于亟须人才的民国军队是不利的——人数有限的陆大生未能在任何一支军队中占据主流，仅是点缀各军、充当幕僚，始终不能统率大部队。北洋时期的陆大生，如徐永昌、林蔚、贺国光、熊斌、周亚卫、万耀煌等人抗战时期多担任中央的幕僚和教育长等职务，未能实际参与战役指挥。另外，这些陆大生的知识水平和他们的前辈一样，在抗战时期也已渐趋过时。

民国初年各省的分裂和军阀混战，使得各地的军官速成学校和讲武堂大行其道。这类学堂的情况千差万别。条件较好的如云南和东北的讲武堂尚可以养成基本合格的初级军官。滇军和东北军一度强大，也多因为此。但大多数的速成学校办学水平不高，学制又短。如彭德怀回忆的湖南陆军讲武堂，沿用保定三年制的教材，却要学生一年毕业，其效果自然不会太好。[①] 总的来说，此一阶段的速成学堂所养成的初级军官质量不高。这些毕业生在抗战时期仍担任各级军官，其指挥作战能力和管理部队的水平，是不足以应对其职的。

广州时期的黄埔军校的性质，也属于军官速成学校一类。其最大的优势是，作为一所“有主义”的军校，其政治工作为一般军校所缺，且其教员学生多有政治信仰，在政治教育方面要优于其他军校。除此之外，黄埔军校的硬件条件其实十分糟糕，学制又太短，教学内容也与同时期的其他速成学校相当（除了使用苏联教材外），因而头几期毕业生的军事素养并不是太好。[②] 可是，这些早期的黄埔生随着国民党在全国的迅速胜利在数年之内跃升至国民党军高层，其中很多人自黄埔卒业之后再未受过军校教育，凭着不到一年的正规教育所学到的粗浅军事知识（且已趋过时），相信他们是无法妥善解决抗战时期军、师级作战中的种种复杂问题的。[③]

自北伐胜利后的1928年至全国抗战爆发的1937年的十年间，尽管国民党政权在军队建设方面进步有限且遗留了若干问题，但就军事教育而言，其取得的成就还是值得肯定的。陆军军官学校搬至南京后经过改革，从速成学校转化为类似保定军校那样正规的初级军官养成学校；陆大南迁后进一步得到加强，在保证教学质量的同时增加了班次，培养了更多的人才；召集教育开始办理，各兵科学校相继成立并召集在役军官入校受训。这十年中，国民党军的军校教育体系形成了中央军校—兵科学校—陆军大学的初、中、高三级军事人才培养机制，并得以顺利运行。

---

① 《彭德怀自述》，人民出版社，1981，第35—36页。

② 参见《鹰犬将军：宋希濂自述》，第7—21页；《我的戎马生涯——郑洞国回忆录》，第17—46页；石觉口述，陈存恭等访问《石觉先生访问纪录》，第3—6页；《世纪之履——李默庵回忆录》，第6—26页；《亿万光年中的一瞬：孙元良回忆录》，台北，坤记印刷公司，1974，第69—83页。

③ 刘馥：《中国现代军事史》，第163页。

表 4-7　1928—1937 年军事院校的办学情况

类别/校别	中央陆军军官学校及分校	步、骑、炮、工、交辎、通信兵等兵科学校	陆军大学
学生来源	高中毕业生	各兵科正规军校毕业且已担任队职的初级军官	正规军校毕业且担任队职两年以上者
培训年限	3 年	1 年	3 年
教员构成	军事教员为保定毕业生，留日、德军事留学生、德国教官；政治教官多为力行社成员	保定军校毕业生，留日军事留学生，德、意、苏军事顾问	留日、德军事留学生，陆大毕业生，德国、白俄教官
教学内容	入伍生一年后分科教育。军事教育分学、术两科。学科分军事、政治、普通三类，术科含战斗教练、野外演习等。政治训练含党义灌输和领袖崇拜培养	学科为兵科操典、射击教范、四大教程、战术学；术科为战斗教练、阵中勤务，重点在新操典的掌握和新式武器的教练和演习	军事课含大军及各兵种战术、战史、参谋业务、兵要地志、军制、军队人事、军队教育、马术、现地战术、参谋旅行等；文化课含政治、经济、国际公法、逻辑学、外语等

资料来源：华路《南京中央军校初探》，《史林》1996 年第 4 期；《国民革命建军史　第二部　安内与攘外》(1)，第 385—444 页；孙纯德《国民党陆军步兵学校简史》，《文史资料存稿选编·军事机构》(下)，第 591—594 页；《郭汝瑰回忆录》，第 71—88 页。

中央军校迁至南京后得到国民政府的重点照顾，其性质与广州时期已经截然不同，是一所较为完备的初级军官养成场所。中央军校办学场地条件优良，教员程度也有所提升（德国教官广泛参与），加之学时延长至 3 年，又部分采用德国新式的训练方式，其水平已经高于保定。教程设置也较为科学，头 1 年的入伍生训练，既有文化课的补习，又有步兵操典、射击教范等军事基础课，某种程度上弥补了陆小、陆中的某些缺失。后期的教育除军事学、术外，仍旧保留了黄埔重视政治教育的传统。[①] 中央军校的办学规模很大，除了南京本校外，还在洛阳、昆明、成都、武汉、广州办理了分校，陆续招收正期生。另外，中央军校除了正式各期之外，还设置了补训前 6 期学员的高级班、训练行伍军官的军官训练班等数十个补充训练班次，有效地提高了国民党军军官的平均水准。[②] 这段时期中央军校

① 王卓超：《忆南京中央军校》，《文史资料存稿选编·军事机构》(下)，第 434—436 页。

② 谢膺白：《1929 年至 1933 年的南京中央军校》，《文史资料存稿选编·军事机构》(下)，第 438—440 页；李松如：《以精神教育为主体的军训班》，黄埔军校陕西省同学会编印《中央陆军军官学校第一分校史料汇编》，1989，第 58—59 页。

毕业的官校生，素质高于以往各类军校所养成的初级军官。他们在全国抗战初期牺牲巨大，其中的幸存者是抗战时期校、尉级军官中最精华的一部分。

步、骑、炮、工等兵科学校从无到有，是国民党军走向正规化的一个重要基础。虽然中央军校的教育是分科教育，但2—3年的时间对于造就一个成熟的特种兵科军官是不够的。因为战术、技术的发展太快，军事发达国家的军官回校接受召集教育、吸收新知已是常态。第一次世界大战的经验证明，特种兵科将在战争中发挥更重要的作用。因此，蒋介石在财政困难的情况下也强行要求兵科学校上马，是具有前瞻性的。[①] 就实际效果来讲，特种兵科学校确实提高了一些基础较差的军官的水平。除此之外，兵科学校还为战时国民党军各军、师的特种兵科和独立特种兵科培养了大量人才。

陆大在战前十年的进步也十分明显。除了教学内容的更新、德国教员的引进、招考程序的正规化之外，陆大最大的进步是在保证教学质量的基础上扩大了教学规模：正则班由3年一招改为1年一招，如此培养人数便扩大至北洋时期的3倍；增加了特别班，为地方军校和行伍出身的高级军官提供了3年正规学习的机会；战前办理了3期；在正则班之上创办了一年制的兵学研究院，为毕业生进一步深造之场所；此外还设置了旁听制度，允许高级将领按照相关规定旁听陆大课程。[②] 战时从军令部到各军、师的参谋，相当一部分都是这个时期的陆大毕业生。他们在提高整体战略、战术水平，规范参谋业务，直接指挥作战方面做出了较大的贡献。可惜陆大的毕业生还是人数有限，而且未能放在最合适的位置，制约了它的影响力。

按照此种军官培训体系，一个高中毕业生经过3年中央军校学习后担任尉官，其间进入兵科学校学习1年，若再能进入陆大深造3年，其受到的正式军事教育时间为7年，虽然较之清末的长期培训计划要短数年，但其高段教育时限并未减少，这样培养出的军官各方面素质应当较

---

① 吴锡祺：《国民党统治时期步兵学校的回忆》，《文史资料存稿选编·军事机构》（下），第577—579页。

② 刘劲持：《陆军大学第十一期内幕》，《文史资料存稿选编·军事机构》（下），第283—292页；《郭汝瑰回忆录》，第71—93页；戚厚杰、林宇人：《陆军大学校发展史略》，《民国时期的陆军大学》，第16—31页；《陆军大学旁听条例》（1936年4月24日），战史编纂委员会档案，中国第二历史档案馆藏，787/59。

为理想。惜乎全国抗战爆发打乱了此体系的节奏，在该体系中走完全程的军官数量极为有限，而猝然来临的全面战争迫使军校教育体系发生了巨大的变化。

八年全国抗战中，上述三类军校经历了迁徙的命运，并在颠沛流离中坚持办学至抗战结束。正常的培训机制被打乱后，各校教学工作也发生了变化。中央军校本部迁移到成都后，将分校数量扩展到9所之多。这10所中央军校均扩大了招生规模，大量而快速地培养初级军官以应付战争中军官的大量损失。各兵科学校的情况与中央军校相似，转移到后方各省后，根据部队的具体需要，开设了林林总总数十种班次以期训练出需要的干部。陆军大学最后复校于重庆山洞，在正则班和特别班之外又开设了将官班，还针对中下级参谋人员开设了补习性质的参谋班。

表4－8　1938—1945年军事院校的办学情况

	中央陆军军官学校及分校	步、骑、炮、工、交辎、通信兵等兵科学校	陆军大学
学生来源	中学肄业生	各兵科正规军校毕业且已担任队职的初级军官	中尉至少校凡受养成教育1年半以上者
培训年限	9个月至2年7个月	1年	2年半
教员构成	军事教员为保定毕业生，留日、德军事留学生，德国教官，苏联顾问；政治教官多为力行社成员	保定军校毕业生，留日军事留学生，德、意军事顾问	留日、德、美军事留学生，陆大毕业生，德国、白俄教官，苏联顾问，法国顾问
教学内容	入伍生数月后分科教育。军事教育分学、术两科。学科分军事、政治、普通三类，术科含战斗教练、野外演习等。政治训练含党义灌输和领袖崇拜培养	学科为兵科操典、射击教范、四大教程、战术学；术科为战斗教练、阵中勤务，重点在新操典的掌握和新式武器的教练和演习	军事课含大军及各兵种战术、战史、参谋业务、兵要地志、军制、军队人事、军队教育、马术、现地战术、参谋旅行等，此外针对战争需要增加了对倭战术、游击战术等；文化课含政治、经济、国际公法、逻辑学、外语等

资料来源：《国民革命建军史　第三部　八年抗战与戡乱》(1)，第525—650页；罗学万《记西迁成都的中央军校》、孙纯德《国民党陆军步兵学校简史》，《文史资料存稿选编·军事机构》(下)，第455—463、591—594页；戚厚杰、林宇人《陆军大学校发展史略》，《民国时期的陆军大学》，第31—41页。

从表4－8看，中央军校、兵科学校与陆大的变化并不是那么剧烈，然而仔细考察，各校的教育与战前相比，都出现了许多不同。中央军校及分校急剧扩张后，招生人数翻了十数倍，生源自然大不如前，而培训时限也长短不一。[①] 这些情况都在说明一个事实：一定程度上中央军校由完备的初级军官学校重新回复到过去速成军校的状态。按照刘馥的说法，“许多军官在仓促成立和设备不良的代训校班接受训练，他们的教官既无时间又无教材使学生对作战有适当的准备”。[②] 苏联顾问卡利亚金（Aleksandr Kalyagin）也发现：“1939年的教官没有战斗经验，教学完全靠讲授，他们既不使用装备也不进行实际演习。”[③] 蒋介石对于中央军校的教育情况也一直不满，他在1940年军事教育会议上直言不讳地批评该校的教育不实在：“学校里只知教授学生各种学科术科，最多只注意到理论和操场上的一般形式的动作，而对于基本科目与细微的地方，却不知注意，因此，根本就不能养成认真实在的精神和习惯，以致教出来的一般学生，往往不能胜任部队的军官，更不能担当实在的任务。”[④]

各兵科学校的性质也发生着变化。战前的兵科学校所办理的召集教育，其重点在于学制较长、培训正规的学员队，而各类短训班只是副业。全国抗战爆发后，各兵科学校将召集教学的侧重点本末倒置，学员队成为其中很小的一部分，而各校的主要精力均放在办理短期培训班上面。如步兵学校在1944年的统计表明，其在战时只办理了一期学员队，而办理了十多期射击、重机枪、迫击炮训练班，培训人数后者也数十倍于前者。[⑤] 召集教育的初衷本是现职军官的提高，但在抗战时期各兵科学校的办理情况表明，其主要工作是在普及和补习。这是战时召集教育最大的问题。各兵科学校事实上已经成为军事技术补习学校。另外，召集教育过多、过滥，也给部队带来了诸多不利的影响。1940年最高幕僚会议上就有人批评召集

---

① 参见《军训部民卅三年年鉴》（1944年），战史编纂委员会档案，中国第二历史档案馆藏，787/02624。

② 刘馥：《中国现代军事史》，第167页。

③ 〔美〕易劳逸：《毁灭的种子：战争与革命中的国民党中国（1937—1949）》，第128页。

④ 蒋介石：《军事教育的要务》（1940年10月19日），秦孝仪主编《先总统蒋公思想言论总集 第十七卷 演讲》，第485页。

⑤ 《军训部民卅三年年鉴》（1944年），战史编纂委员会档案，中国第二历史档案馆藏，787/02624。

教育，称其病状是："（一）各部队限于编制，每因事常有三分之一干部均在受训中，影响于部队之训练管理与作战工作；（二）受训人员来往及教育时间动辄数月；（三）来往旅费亏累甚巨。"①

相对于前两类军事院校教育水准下滑的状况，陆军大学办学的质量还算不错。战时陆大入学考试的难度没有降低，学生人数得到了严格控制，教学周期和课程安排也大致保持了战前的水平。这使得陆大毕业生的素质较高，足以胜任各级司令部的工作。1941 年的一份报告称，各军、师"参谋长或处长（主任）若非陆大毕业者，则对于业务指导推行茫然，舛误丛生，例如作战计划命令及战斗详报等记载，既不合方式，而文字又冗长，必须记载者，忽于叙述，不必要者，反一一列入；反之者，参谋长或处长（主任）系出身陆大者，则业务指导推行颇佳"。② 足见陆大毕业生在部队中确实发挥了较大的作用。缺憾是陆大毕业生数量依旧太少，供不应求，以致国民党军中下级参谋缺乏，"缘于陆大出身者，自抗战军兴，求过于供，奇货可居，多不愿就上校以下之职务"。③ 因而完备的参谋体系仍未得以建立。此外，战时陆大本身存在较为复杂的人事斗争，校长能力良莠不齐，校领导与教员、校领导与学生、教员与学生之间的关系也因之不甚和谐；④ 受战争的关系，陆大在参考书、印刷器械、教学与生活物资方面均较过去匮乏不少，对正常的教学工作大为不利。⑤

出于战争的缘故，抗战时期的军事教育不可避免地出现了"回潮"和"缩水"的现象，这本是意料之中的事。从清季到民初一直不甚高明的各类军事教育未能给国民党军储备足够的各级军事人才，而北伐之后至全国抗战之前所培养的可用人才数量本不算多且大量消耗在全国抗战初期，造成了国民党军军官的人才断档。战时应急性质的军事教育只能在数量上勉强填补这个空缺，但在质量上无法满足军队和战争的需要。

---

① 《办公厅为拟具战时召集教育调整办法提请公决由》（1940 年 12 月 6 日），战史编纂委员会档案，中国第二历史档案馆藏，787/02472。

② 《校阅西北各战区各部队参谋报告书》（1941 年），战史编纂委员会档案，中国第二历史档案馆藏，787/2507。

③ 《军令部校阅各部队参谋第三校阅组报告书》（1941 年），战史编纂委员会档案，中国第二历史档案馆藏，787/2507。

④ 章培：《陆军大学的教育情况》，《文史资料存稿选编 · 军事机构》（下），第 21—25 页。

⑤ 万耀煌：《我主持陆军大学的回忆》，《民国时期的陆军大学》，第 179—180 页。

第二节 军官的任用与升迁

军官出身于行伍抑或是军校生，受过何种教育，这些教育办理的优劣，很大程度上决定了国民党军军官的综合水平和职业素养。然而无论军官们在入伍之前的状态如何，他们在进入军队后将被怎样管理和使用，直接影响了军官们的能力是否可以得到发挥，才华是否能够得以施展。1939年卓献书在所呈《整军刍议》中就明言："人事为一切人才之母，盖真正人才有待于其终身服务全期间之锻炼而成，各种学术不过开其门径而已，所谓百年树人一树而百获，故宜确立良好之人事制度，方能养成大量之人才。"① 人事工作之重要，可见一斑。战时国民党军的人事工作实涵盖了相当多的方面，军官的任用、晋升，又是其中最重要的部分。

国民党军的人事制度，本多依日、德陆军之成例而运行，而事实上的人事作业，又多因循潜规则与约定俗成，导致制度与实际之间存在着巨大的鸿沟。

国民党军军官职、官之任用规范，是1943—1944年得以确立的。这套任官任职制度来源于日本《军队成规汇集》中的"人事法规"。② 从制度设计上看，其特点是简化人事机构——仅有军、战区和军委会三级单位作为"中心管理机关"掌理人事；任职权限上移——战略单位以下的单位无职位任用权，而军委会拥有最高人事决定权；所有任官权力由军委会掌握。这些举措均十分合理，且能够有效地实现人事权的统一。

不过在实际运作时，派系因素仍能产生巨大影响。而更大的问题在于，这套任官任职制度实行得太晚，军委会在颁布《人事管理权责划分表》的时候，就明确指出该表旨在："（一）矫正从前保举任免权责不清之积习，（二）明令各级管理机关分层负责之限度，使其法立而责专，事分而权禁。"③ 在此之前，战区以下直至团的每一级均有一定的人事权，而任

---

① 《卓献书呈整军刍议》（1939年6月15日），《蒋中正总统档案》，台北，"国史馆"藏，002/080102/00069/002。

② 《郭汝瑰回忆录》，第87页。

③ 《军令部训令战史委员会关于人事机构组织方案》（1944年1月22日），战史编纂委员会档案，中国第二历史档案馆藏，787/63。

职任官采用的还是相当传统的保举方式。

一般来说，新成立部队的人事由保荐和自行任命两种方式相结合。曾任青年军第二〇七师师长的罗友伦回忆，当一个新的军、师获准成立的时候，“其中的高级军官如师长职以上的重要职务，都要由蒋委员长亲自决定，但是也有很多是由各部队保荐的，而组织内的人员很多就由部队自己去筹措”。[①] 全国抗战初期冷欣被任命为预三师师长后，就约陆大同窗唐云山、徐筌、曹天戈、毛景彪、蔡文治等离校进入该师服务，以唐氏为副师长，而其他几人分任参谋。[②] 如此自行安排人事，肯定与定章不符，但在当时估计是普遍现象。

至于老部队中，保荐更是主要的途径。据罗友伦回忆，抗战时期国民党军内部职务大部分是通过保举完成的，中下级军官通常都是内部产生的，“有时如团长出缺了，部队可以保荐一人或数人担任”。[③] 当初，陈诚的第十一师所属第六十二团由黄埔一期生萧乾任团长，他就任时拉来了 3 个黄埔同学，保举他们为该团所属 3 个营的营长，并保荐方靖为其团副。中原大战后萧乾升任旅长，保荐方靖代理其职，方靖又保荐宋瑞珂担任自己的副手。数年后的 1937 年方靖已任第九十八师第二九四旅旅长，其部下团长王禹九受牵连被免职，方靖仍将他留在师参谋处工作，待第九十八师扩编为第七十九军，方靖便趁机任命王禹九为该军参谋长（按，应为参谋处长）。1938 年方靖由第七十六师副师长调任第十三师师长后，在何应钦的授意下，将该师所属原旅、团长保荐升任，同时又调来自己的部下，委任为新的旅、团长。[④] 1942 年丁治磐升任第二十六军军长后，规定该军营长以上由全军调度，连长以下由各师调度，而负责人事的军务处只办手续，而不参与实际人事业务。[⑤] 这样的例子还有不少。

战时国民党军采用保举的方法并非毫无道理，罗友伦认为：“因为在

---

① 罗友伦口述，朱浤源等访问《罗友伦先生访问纪录》，台北，中研院近代史研究所，1994，第 277 页。

② 冷欣：《从参加抗战到目睹日军投降》，第 3—5 页。

③ 罗友伦口述，朱浤源等访问《罗友伦先生访问纪录》，第 279 页。

④ 知今：《今是昨非见肝胆——原国民党将领方靖亲历纪实》，第 33、36、80—83、97—99 页。

⑤ 丁治磐口述，刘凤翰等访问《丁治磐先生访问纪录》，第 70、138 页。

部队内，不管是谁学识或资历也好，差不多全师都知道，哪一个人有功、有过，都会考核”，而“抗战时期需要用人，不能随随便便地保荐，一定要选择可靠、有能力的人才”。[①] 但是，此种受人际关系影响颇大的任职任官方式，其弊端相当明显，使得军官的使用上出现很多问题。

首先，官位和职位的任免受主官意志的影响极大。1936 年第九十五师师长李铁军就在呈给蒋介石的报告中说：“职师人事，过去混乱异常，能力职务，极鲜称合，对人事任免，纯以好恶取材，未尝以资历经验，加以遴选也。”[②] 抗战时期，各级主官在人事任免上拥有很大的权力，并存在下列违规行为：对所属官佐存在擅自易人或越权免职行为，甚至易人不报；越权自委人员，在编制外自添名额；对缺额的先行派代，存在延隐不报的行为；对任职未满一年的属员任意调任，导致人事波动；保荐任用通缉人员或撤职未满停用人员；保荐所属官佐时，不核检其履历、计算年资、确定身份，轻率任用或保升；奉令离职时，副主官或高级属员自行升补该缺；等等。[③] 主官掌握用人权，用谁不用谁可凭其个人喜好和人际关系。学缘、业缘、地缘的因素在人事中起到较大作用。[④]

其次，由于各级单位均有一定的任官任职权，造成了官职不相符的冗官、冗员现象。各级司令部中，“附员”甚至“黑官”现象比较突出。“附员”问题由来已久。军校分发来的毕业生在部队暂无职位出缺时，就先任“附员”以为安置；另一种情况是各级司令部某些业务繁重，在编人员人手不足，遂委任一些“附员”处理该项业务；还有的情况是部分军官能力不足以任职，也充任“附员”听差。[⑤] 这本是临时措施，但战时各级单位竞相如此办理人事，以为便宜，致使“附员”成为常设，在军官中占

① 罗友伦口述，朱浤源等访问《罗友伦先生访问纪录》，第 278—281 页。

② 《李铁军呈为达成整理九十五师的目标请酌予补充调换枪械调充干部移转驻地并给予所需经费》（1936 年 7 月 14 日），《蒋中正总统档案》，台北，“国史馆”藏，002/080102/00070/004。

③ 参见《军令部奉发陆军人事亟应整饬改进事项训令》（1944 年 1 月 13 日），《中华民国史档案资料汇编　第五辑第二编　军事》（1），第 391—392 页。

④ 张瑞德：《抗战时期的国军人事》，第 45—55 页。

⑤ 参见《参谋长会议铨叙厅报告事项》（1940 年 3 月），战史编纂委员会档案，中国第二历史档案馆藏，787/2485；《校阅西北各战区各部队参谋报告书》（1941 年），战史编纂委员会档案，中国第二历史档案馆藏，787/2507；罗友伦口述，朱浤源等访问《罗友伦先生访问纪录》，第 285 页。

到了相当的比例。1941 年，校阅委员会在校阅西北地区的 15 个军、师单位时，发现各主官为补救参谋处人力不足，“均添设额外人员，如额外参谋、附员、服务员等，而此项额外人员之数量，竟达编制员额四分之一”。[①] 同年，第六军所属暂五十五师全师 595 名军官佐之外，尚有 142 名“附员”。[②] 1942 年第六十军统计全军人数，其额内官佐 1523 人，额外还有 168 名“附员”，比例亦不算低。[③]

不过相较于“附员”，“黑官”问题就更为严重了。所谓“黑官”，按照罗友伦的说法，“凡是未经过铨叙厅正式委派的就是所谓的黑官。另外有一种临时派职，像部队编制内很多人员是由部队长自己委派的，如军佐、副职之类的职务。有的时候也由主管保荐，如部队内自己委派某人担任高级参谋人员。如果是上级无案可查的，而任由下面处理，像是军长自己派任某人担任某项职务，而上级并没有此类编制，这就是一种黑官”。[④]

国民党军军官在升迁调补中的弊端也不少。军官的晋升本有定章可循，所考察者无非战功、年资、考绩等几项。但无论是战前还是战时，军官的晋升程序始终不太规范，所持标准得不到严格执行；晋升过速，使其得不到充分的任职锻炼。

从北伐开始，国民党军一直处于内外战争的状态。对于有野心的军人来说战争是最好的机会。相当数量的黄埔生凭战功得以快速地从初级军官上升到中高级将领。其中的佼佼者职位提升速度快得惊人。胡宗南黄埔一期毕业后，数月即由排长跳过连长阶段直升为副营长、营长，一年后升至团长，至 1927 年又任少将副师长、师长，此时距离他毕业仅 2 年多时间；1929 年裁军期间胡师缩编为旅，但一年之后胡宗南又晋升为师长，而他的同期同学也成为所属旅、团长。[⑤] 揆诸黄埔前几期学生的履历，可以发现

---

① 《校阅西北各战区各部队参谋报告书》（1941 年），战史编纂委员会档案，中国第二历史档案馆藏，787/2507。

② 《陆军第六军暂编五十五师六月份半月现有人员伤亡待补数目报告表》（1941 年 6 月 18 日），战史编纂委员会档案，中国第二历史档案馆藏，787/2512。

③ 《陆军第六十军三十一年加强编制人马统计表》（1942 年 4 月），战史编纂委员会档案，中国第二历史档案馆藏，787/2608。

④ 罗友伦口述，朱浤源等访问《罗友伦先生访问纪录》，第 277—278 页。

⑤ 於凭远、罗冷梅等编《胡上将宗南年谱》，第 15—26、36—37 页。

他们都是在毕业后五六年即成为旅、团一级的主官，而其快速升职的共同点，乃是连年作战，战后必升。①

然而屡立战功并不是战前军官快速晋升的必要条件。军队扩充，特别是中央军嫡系部队的持续扩充才是这些军官提升的关键因素。罗友伦认为，部队比学校升迁要容易，学校里一般军官最高也就只能升到大队长（团级），而在部队特别是中央军，升迁最速，“因为中央部队常会扩充，所以常需要人，如一个师扩充成军，部队内的军官差不多就可以升迁”。②据统计，至全国抗战爆发时黄埔一期500名毕业生中升至中央军师长的，已有36人。③这个数字虽然并不算多，但考虑到其余诸人也多为旅、团一级军官，战前中央军军官的职位晋升速度确实已经相当快。

全国抗战爆发后，战功对于军官的快速升职起到十分重要的作用。罗友伦回忆说，战功“当然是要考虑的，有时打完了仗，马上检讨，马上升官”；而“因为常常要打仗，很需要人才”，尽管他自己是按部就班地升迁，但也是因为“常作战，所以升得比较快”。④此外，伤亡情况也影响到军官在抗战时期的升职，“有的部队伤亡大，所以常需要人，升迁也就快，而作战少、伤亡少的部队升迁就比较慢”。⑤以贾亦斌在抗战时期的经历为例，他的职位升迁就受到战功、扩军、伤亡诸多因素的影响：1937年淞沪会战时期他任少校营长，因为部队伤亡巨大，而他卓有战功，战后被保荐为第一师第二旅中校参谋主任；半年后被原司令长官丁治磐要回第四十一师升任上校参谋主任；1939年他转任补充团团长，半年后改任正式团团长，职务得到提升；1940年贾亦斌与丁治磐发生冲突后，到湖北省军管区和中央军校短暂任职，一年后被第七十七师新任师长韩浚委任为少将师代理参谋长，踏入了高级军官的门槛，此时距离他担任营长不过4年光景，而他也才29岁。⑥

除战功外，年资也是军官晋升的重要指标。职位可以通过战功确立，但官位须得依照服务年限。按照1934年公布的《陆军军官佐任官暂行条

① 参见《世纪之履——李默庵回忆录》，第60—63、77—78页；《我的戎马生涯——郑洞国回忆录》，第74、87、104—105、107、129页。

② 罗友伦口述，朱浤源等访问《罗友伦先生访问纪录》，第288页。

③ 张瑞德：《抗战时期的国军人事》，第59页。

④ 罗友伦口述，朱浤源等访问《罗友伦先生访问纪录》，第287、291页。

⑤ 罗友伦口述，朱浤源等访问《罗友伦先生访问纪录》，第289—290页。

⑥ 《半生风雨录——贾亦斌自述》，第26、30—31、33、42—43、47、53、55—59页。

例》中关于晋任的规定，晋任“必须逐级递进，不得超越”，“必须经过规定之实职年资，而有上级官额时”方可晋官。各级军官必须经过的实职年资也就是所谓的“停年”，不同军阶“停年”长短不一：中将4年、少将3年、上校4年、中校3年、少校3年、上尉4年、中尉2年、少尉1年半。而且上尉升少校时，须得在尉官级内担任3年以上的队职；上校晋升少将，须在校官级内服2年以上的队职；中将年资已满后若对国家建立殊勋，才有可能升为上将。[①]

上述规定在战前得到了一定程度的贯彻，军官的职位可以通过战功得以快速提拔，但官位受到“停年”的限制，晋升速度相对平稳，而根据官职相称的一般原则，也会牵制职位的提升。进入抗战时期，由于军官牺牲过多，部队又迭次扩编，亟须更多的军官加入，“停年”等规则也开始松动。第一，各级官佐的“停年”在战争的第三年开始缩短。根据《军令部奉发战时任官暂行办法训令》，少尉、中尉“停年”为1年，上尉、少校、中校“停年”为2年，上校“停年”为3年。除了少将“停年”维持不变，各级“停年”均有缩短。[②] 这直接缩短和加快了军官升迁的周期和节奏。第二，官、职之间的对应关系发生了变化。《军事委员会颁发战时任官审核晋叙之一般标准训令》明确规定：“在抗战期间，以官低于现职一阶为常则……其已任官或已晋任至低于现职一阶者，虽考绩、学资、停年等合于晋升规定，亦从缓晋。”[③] 官低于职的设计，初衷是为了控制官位、减少开支，结果却使低一级军官可以名正言顺地担任高一级的职务。第三，职务军衔的情况十分普遍。正式官阶如骑兵上校、陆军中将需要考察年资等各种因素，由铨叙厅叙任、由国府颁发任官状，而职务军衔如少将师长、中将军长等是由军委会任职时随职务一并颁发，其颁授要容易得多。[④] 比如1941年第三十二集团军的张克侠，其正式官阶仍为战前确认的

① 《陆军军官佐任官暂行条例》（1934年6月），《国民政府政治制度档案史料选编》下册，第140页。

② 《军令部奉发战时任官暂行办法训令》（1939年5月7日），《中华民国史档案资料汇编 第五辑第二编 军事》（1），第226页。

③ 《军事委员会颁发战时任官审核晋叙之一般标准训令》（1940年2月23日），《中华民国史档案资料汇编 第五辑第二编 军事》（1），第231页。

④ 参见王逸峰《罗奇不是国民党在大陆期间黄埔生中最高军衔获得者》，《民国档案》2010年第4期。

步兵上校，而职务军衔则为中将参谋长。[①] 这样的例子相当普遍，说明年资实际上无法遏制住战时军官职位乃至官阶的提升。

相对于年资，国民党军在战时更重视考绩在军官晋升中的效力。在战前，考绩之优劣和年资之长短一样，同为军官晋升的标准，军官在“停年”届满的基础上，考绩合格方得晋升。根据1934年公布的《陆军军官佐任官暂行条例施行细则》中的相关规定，条件相似的军官佐的升迁遴选有论资、论绩的双重规定，不同官阶晋任之时，侧重有所不同：“少尉晋中尉，论资；中尉晋上尉，资一绩一；上尉晋少校，论绩；少校晋中校，资一绩一；中校晋上校，论绩；上校晋少将，论绩；少将晋中将，论绩。”[②] 可见官阶越到高级，考绩的权重越大。只是当时军官的职务随战功等因素快速提升，考绩对于其官位提升的限制，似乎没有起到应有的作用。

战时军官考绩之实施逐渐正规。1943年军委会公布的《陆军官佐人事管理权责划分表》，除任职、任官外，对于考绩之规定相当详细。简而言之，各级各类官佐都被列入考绩范围，为受考官；其直隶长官为考绩官，负责受考官之考绩评定；再上之直隶长官为初核、复核官，担任考绩核定工作；人事中心管理机关（军、战区、军委会三级）长官为总复核官。参谋、政工、业科军官佐与之稍有区别，机关、学校的军官佐亦有一些不同。战时考绩分为考绩表、绩序表、成绩最优（庸劣）人员建议表三种，各记录每个军官的考绩、同职同阶同组军官考绩排序、成绩最好和最差的军官名单。考绩分数为思想、品行、学术、体格各15分，勤能40分；以80分以上为甲等，70—80分为乙等，60—70分为丙等，不足60分为丁等。[③]

制度设计十分细致。不过据战时一位人事官员的观察，其在实际操作

---

① 《第三十二集团军总司令部历任主官参谋长简明履历表》（1942年），战史编纂委员会档案，中国第二历史档案馆藏，787/16779。

② 《国民政府公布〈陆军军官佐任官暂行条例施行细则〉》（1934年9月28日），《国民政府政治制度档案史料选编》下册，第156—157页。

③ 参见《陆军官佐人事管理权责划分表其三（考绩）》（1943年10月），战史编纂委员会档案，中国第二历史档案馆藏，787/63；《军事委员会公布陆海空军军官佐战时考绩规则》（1943年11月1日），《中华民国史档案资料汇编 第五辑第二编 军事》（1），第267—276页。

中遇到了很多困难："在考绩方面，考绩系采主官决定制，未及实行其他考核及竞争等方法，用以补救，以致易于产生不客观、不公平的缺点；同时真正呈报考绩单位甚少，已呈报而经最高主管机关核备者更少。"① 这样的观察大致属实。1940 年第三十七军政治部的报告中就提到该军考绩废弛，导致人事工作混乱迟滞："如晋升人员，须并年终考绩，乃二十八年度年终考绩，截至二十九年度年终，尚未发表，致使努力工作者，沮其上进心。且超过停年之人员，多年不获进级，亦足减工作人员服务之兴趣，欲鼓励工作人员服务之精神，必须励行考绩，优者不吝晋升，劣者不惜淘汰。"② 考绩在军官晋升中实际起到的作用，可见一斑。

晋升过快，与军官职位调任制度施行不力也有关系。按照制度设计，多数军官的晋升必须经历主官、幕僚、机关工作人员、学校教官等多种职位的锻炼；同时也不得在同一部队中一直担任职务，而要在不同单位之间调任。1934 年公布的《陆军军官佐任职暂行条例》规定了四种调任：(1) 补充调任，"官组之缺员过多，其次级官组之升任人员不敷补充时，由其他同官位之官组中行调任，以补充之"，比如某单位骑兵官组军官不足，可以以步、炮、工、辎、通等同阶军官调任。(2) 配置调任，"因组织与编制之变更或职务之需要，或人地关系，而行调任"，多在部队整编、裁编的情况下发生。(3) 经历调任，"军官佐应予以本官科各种职务之经历，其应有之队职年期，依照陆军军官佐任官暂行条例之所定"。(4) 职期调任，"军官佐任同一职务未满一年者，除特殊原因外，不予调任；满四年以上者，除有必须留任之原因外，应予调任"。③ 其中，经历和职期调任，是军官调任制度中主要的两类。

然而在战时，上述两类调任在实行中均遭遇困难。尽管在 1940 年的第二次参谋长会议中，部分将领提出了"施行幕僚队职之各种调任以成完全军官案"，并在 10 月正式通过了《陆军军官实施互调暂行办法》，明确规定机关、学校之间，部队与机关、学校之间，特种兵科与机关、学校之

---

① 成本俊：《国防建设与军事人事》，《国防月刊》第 1 卷第 3 期，1946 年 11 月，第 50 页。

② 《陆军第三十七军政治部二十九年度工作概况》(1940 年)，战史编纂委员会档案，中国第二历史档案馆藏，787/02523。

③ 《国民政府公布〈陆军军官佐任职暂行条例〉》(1934 年 7 月 27 日)，《国民政府政治制度档案史料选编》下册，第 152—153 页。

间，军官必须实行有条件地互调。[①] 但此办法并未得到有效而广泛地实施。许多不同类型的单位均存在军官互调未能推行的情况。1939 年军训部关于炮兵部队整补意见中的第一条就是建议其“部队学校及机关人员须按期互调，统一筹划”，可见此时特种兵科中军官互调尚存在问题。[②] 军官互调办法公布后，情况也并未好转。1941 年 3 月军委会各机关自行校阅中，就发现全军“人员对调任用，尚未普遍实行，亟应设法改进，并速推行于所属机关部队，以人事之健全”。[③] 之后开始在各单位中实施互调，但种种原因的关系，依然存在问题。1944 年第二十五集团军兵站分监部就报告，称其参谋与队职互调困难：“本部幕僚组织限于编制间，上校以上之幕僚与队职对调虽已逐步实行，然中下两级尚未付诸实施。尤以后勤机构鲜有直属部队，除负荷绳索扁担之几个运输队外，仅有一个监护连，素质较佳而人员编制有限，以致无法实施调服队职。”[④] 直到 1945 年，第十四军的人事交流中，“除军对师有少数办到外，师与师、团与团未能彻底实行”，而“幕僚与队职互调”，也只是“实行一部分”。[⑤]

职期调任同样困难。1943 年 6 月 11 日军政部长何应钦就在一次讲演中批评，部队中的军、师长，仍有一部分是五六年甚至十年未曾调动过。[⑥] 军官们不愿离开本单位是职期调任难以实施的重要原因。罗友伦在回忆中分析军官们之所以如此，“主要是因为相处久了，和部属有了感情，而且对于部队上上下下都很了解，办起事来容易沟通，又很团结。如果调到别的单位，得重新整顿上上下下关系，要花很多心力”，而且如果外调出去，“又会被认为是外来的新人，多少会与原先的同僚有隔阂，同时很多习惯、作法也不同”。罗友伦明言，如此心理导致“部队也不能接受外来人才，

① 《第二次参谋长会议决议案中攸关参谋人事部分遵办情形报告表》（1940 年），战史编纂委员会档案，中国第二历史档案馆藏，787/2483。

② 《炮兵部队整补意见》（1939 年），《蒋中正总统档案》，台北，“国史馆”藏，002/080102/00069/005。

③ 《军事委员会所属各机关三十年度自行校阅成绩整改意见摘要报告表》（1941 年 3 月），战史编纂委员会档案，中国第二历史档案馆藏，787/2557。

④ 《第二十五集团军兵站分监部参谋长定期报告》（1944 年 11 月），战史编纂委员会档案，中国第二历史档案馆藏，787/2509。

⑤ 《陆军第十四军三十四年度工作报告书》（1946 年），中国国民党文化传播委员会党史馆藏，一般档案，501/185.1。

⑥ 何应钦：《建国之基本问题》（1943 年 6 月 11 日），《何应钦将军讲词选辑》，第 129 页。

在人事上也不能交流”。[①]

调任制度之本意是培养人才的综合能力、实现人才的合理使用，客观上也能对军官的提升起到一个“减速”的作用。无奈调任与年资、考绩一样，在战时并未得到规范和严格的执行。

军官们本来普遍没有受到足够的院校教育，而“此后他们很少能从管理、教育或军队的专门部门的转流任职中获益”，[②] 反而突破了年资、考绩等因素的阻滞，不断地得到提拔。这一方面导致军官缺乏足够的任职经历，从而得不到应有的任职锻炼，专业知识和职业技能仍停留在过去单一而粗浅的水平上；另一方面还使得跃升至高位的军官们渐生骄矜自满之气。蒋介石在第三次南岳军事会议中就批评部分军官：“一旦作了高级将领，有了势力与地位，就目中无人，矜骄自满，以为什么人都不能教训我，驯至正言不入于耳，过失无从自知；如此，一切的事情都要退步，都要腐败下去，长此不改，最后必致彻底失败为止！”[③]

人事与军官素质乃至于军队素质的关系匪浅，自是常识。参谋总长、军政部长何应钦在1940年3月的参谋长会议上说：

> 建军以人事为基础。查建国必先建军，建军之基础以军队之素质为惟一要素，而人事制度之良否，直接足影响军队之素质，故人事制度与建军建国关系，至为重大。世界各国对此均极重视。我国自辛亥革命以来，军无定制，军人人事，极为紊乱，主要原因则因人事制度未能确立有以致之。现在中央对此已尽力推进，今后无论在战时或平时，均本“严正平衡”“甄叙详速”“才职相称”三要点认真施行，以使军官素质日益良好，而增进军队之素质，以树立建军、建国之基础。[④]

不过这只是何应钦对战时军队人事工作的希望，现实情况并不令人满意。

---

① 罗友伦口述，朱浤源等访问《罗友伦先生访问纪录》，第289页。

② 〔美〕易劳逸：《毁灭的种子：战争与革命中的国民党中国（1937—1949）》，第126页。

③ 蒋介石：《第三次南岳军事会议训词（二）》（1941年10月20日），秦孝仪主编《先总统蒋公思想言论总集　第十七卷　演讲》，第347页。

④ 《何总长出席参谋长会议训词》（1940年3月4日），战史编纂委员会档案，中国第二历史档案馆藏，787/2482。

第三节 兵役制度与士兵征集

国民党军这台战争机器的最终端，是千千万万名普通士兵。相对于军官，士兵在军队战斗力构成中所占的权重或许更大。将领的计划必须通过士兵来实现，军官的意图必须依靠士兵得以贯彻。实际战斗中，有时军官出于各种原因出现失误，而若士兵的素质优秀，则部队的战斗力仍可保持，而战局也不至于十分糟糕。① 抗战时期国民党军士兵的战场表现，总的来说不尽如人意。虽然国民党军士兵承受了极其惨重的伤亡，且以史迪威（Joseph W. Stilwell）为首的美国将领出于某些原因，坚持认为他们的状况要优于统率他们的军官，② 但士兵素质不佳这一基本事实难以否认，原因在于决定国民党军士兵素质的两个关键环节——士兵的征募和士兵的训练，均出现了显而易见的严重问题。战时的兵役工作在各种艰难中逐渐展开，通过一套体系庞大的征兵系统，每年征集人数众多的壮丁进入部队，使得国民党军免于兵源枯竭之虞。但是兵役工作在取得上述成绩的同时，存在着相当多的问题。这些问题既有理论上的，又有制度上的，在征兵的实际操作中不断地暴露出来，对兵役工作的实效产生了不利的影响。据国民党军官方的数据，全国抗战八年间兵役工作的开展，计划征集的兵员数超过 1600 万人，实际征集数则接近 1400 万人，而实际补充到部队的也有 1200 万人。

表 4－9 全国抗战八年间兵役统计*

	征额配赋	实征壮丁	实补兵员
1937	1008310	1008310	305874
1938	1658915	1658915	1713786
1939	2344569	1975501	1777871

① 此类情况在战史中不胜枚举，其中的一个典例是 1944 年底美军在法国巴斯托尼（Bastogne）的防御战斗，尽管美军将领如艾森豪威尔和布莱德利在指挥中较为教条，导致第一〇一空降师陷入重围，但该师士兵的良好素质使得他们守住了阵地，最终在空军和友邻部队的帮助下脱离危险。参见 James R. Arnold, *Ardennes 1944, Hitler's Last Gamble in the West*（London: Osprey, 1990), pp. 67－73。

② 参见〔美〕易劳逸《毁灭的种子：战争与革命中的国民党中国（1937—1949）》，第 130 页。

续表

	征额配赋	实征壮丁	实补兵员
1940	2073043	1908839	2013546
1941	2049782	1667830	1537238
1942	1949834	1711132	1591413
1943	1765537	1666918	1524126
1944	1722096	1512352	1014093
1945	1500000	813062	541763
合计	16072087	13922859	12019710

* 何应钦《八年抗战之经过》附表之数据与上述数字略有出入，其征额配赋数合计16641803，实征壮丁数合计14050521，实补兵员数合计12138194，亦可参考。参见何应钦《八年抗战之经过》，附录第8、9、10表。

资料来源：兵役部《役政月刊》社编印《抗战八年来兵役行政工作总报告》，1945，第46—47、53页。

这三组数字在一定程度上展示了战时兵役工作的基本成绩。每年一两百万士兵进入部队，在有效填补因巨大伤亡带来的空缺之同时，还满足了战时国民党军维持庞大兵额的需要。但与同时期其他参战国相比，中国战时的人力动员还是相当落后的。二战时期人口不到8000万的德国，动员了1700万人入伍。相对而言，中国在4亿5000万人中动员了1400余万人，比例确实不高。影响国民党军兵员征集的因素很多，如基层政权的效能、户籍人口的控制，还有工业能力、经济水平、粮食供应、交通运输等重要因素。

表4-10　战时各国人力动员比较

国别	人口	动员入伍人力（人）		动员指数（%）	兵力（百万）
中国	450000000	14054000	1937年7月—1945年9月	0.4	5.7
日本	77045000	8040000	1937年7月—1945年9月	1.3	3.98
英国	141700000	12000000	1939年9月—1945年9月	1.4	—
美国	156687000	14000000	1941年12月—1945年9月	2.4	8.3
苏联	170470000	22000000	1941年7月—1945年9月	3.0	6.0
德国	79530000	17000000	1939年9月—1945年5月	3.8	6.0

资料来源：刘馥《中国现代军事史》，第149页。

还值得注意的问题是，战时每年征额配赋、实征壮丁和实补兵员人数之间存在较大的差额，实际征集到的壮丁人数少于计划配赋，而最后补充到部队的新兵人数又少于征集到的壮丁数。无法完成征兵计划且征兵过程中出现巨大的人力损耗，是战时兵役工作的显著弊端。

兵役工作中出现的问题，涉及兵役理论、兵役制度、兵役机构（既包括各级管区又包括基层单位）、兵役人员等多个方面。关于中国推行的征兵制度，其基本理论多源自法、意、德等国特别是日本，其中合理的部分和不合理的部分均原样照搬。兵役工作的核心为“三平原则”，即平等、平均、平允。平等原则即“不问阶级，不论贵贱，凡届兵役年龄之男子，均有服兵役的义务”；平均原则是“征召有一定数目，及一定年次，依国内各处人口壮丁多少，而配赋一定之比例”；平允原则指符合免役缓征、缓召条件的，延缓其役，而不符合条件的，“虽富家子弟亦不能例外”。[①]

从法理上论，平等与平允原则多少有点重复，究其立意，无非是强调法律面前人人平等。但问题在于，这些原则却与《兵役法》及其施行细则的规定相抵牾。《兵役法》明确规定国家公职人员、学生、技术工人、矿业工人、运输工人等均可免役或缓役，导致平等和平允原则无法落实——权贵富家子弟往往可以通过从事上述行业而合法地逃避服役义务，使得实际服兵役者主要来自底层贫寒家庭，且多是文化程度、身体素质低下的人群。这就直接决定了兵员的基本素质。1942 年军委会针对这一弊端特别发布命令，要求“党员、公务员及士绅子弟应先服兵役”，[②] 但收效甚微。

兵役制度实际存在的问题远多于上述理论上的疏漏。首先，兵役分为常备兵役和国民兵役两类。前者适用于在规定年龄范围内加入现役部队的青年男丁；而后者几乎包括了全国所有的男性：“凡中华民国之男子，年满十八岁至四十五岁，不服常备兵役时，即服国民兵役。”[③] 此国民兵役源自西方“全民皆兵”的理念。国民兵作为常备兵的基础和后备力量，也是合情合理。但这个制度需要平时长期推行方能奏效，可中国于 1936 年才实行征兵制，且在 1938 年才开始推行国民兵役。这套常备兵役和国民兵役并行的制度，只能

---

① 徐思平：《中国兵役行政概论》，文治出版社，1945，第 1—2 页。

② 《军事委员会关于党员公务员及士绅子弟应着先服兵役代电》（1942 年 11 月 16 日），《中华民国史档案资料汇编 第五辑第二编 军事》(1)，第 438—439 页。

③ 程泽润：《兵役概论》，中国国民党中央执行委员会训练委员会，1941，第 59 页。

各行其是。常备兵役方面，只能偏重于“如期如数之原则”，从适龄男子中直接征发，“以适应作战计划之要求”，[①] 与国民兵役联系不大；而国民兵役方面，也未能按照计划办理，多继承了战前壮丁训练的做法，多用于地方自卫组织，无法真正给常备兵役和对日作战提供助力。[②]

征兵程序上的问题更大。征兵机构征集壮丁采取抽签制。这似乎是一个简单的问题，但采取直接抽签还是间接抽签，尚无定论。循理，直接抽签更为公正，但费时费事，而间接抽签的特点与之相反。战时征兵法规在这个问题上始终未有定论，致使实际操作中两种抽签方式混用。除了抽签的直接、间接问题外，抽签的结果公布与否、按户征集还是按丁征集、按保征集还是按甲征集，直至抗战后期这些程序还都没有统一规定，征兵程序之疏漏可见一斑。[③]

征、补、训三者的脱节是抗战时期兵役制度中一个相当严重的问题。按照兵役制度的设计：基层征兵主要依靠县兵役科（军事科）及乡村的保甲组织，负责拨补的组织是各兵役管区，而训练新兵的责任又落到补训处、补充团这样的机构之上；三类机构相互隔阂，使得征、补、训三者脱节。1940 年蒋介石在批评兵役工作时就直言：“第一线部队与补充部队缺乏历史的关系，所以对补充部队的素质教育和战斗力都没有切实的认识”；“一般补充部队的组织不良，训练亦不切实”。[④] 这些问题都是征、补、训三者脱节的后果之一。为了解决这个问题，兵役制度在 1941 年进行了改革，军委会命令前方部队的副主官后调一部分担任兵役管区司令，将征集、拨补、训练的工作统领起来，如此“管区与部队能互通声气，交流人事”，而“师管区司令及补充团干部，均为各自办理其本身军师之事，自较关切，并可藉军队力量协助推进役政”。[⑤] 但此项改革推行 3 年以来，

---

① 徐思平：《中国兵役行政概论》，第 175 页。

② 参见汪正晟《以军令兴内政——征兵制与国府建国的策略与实际（1928—1945）》，台北，台湾大学出版中心，2008，第 150—160 页。

③ 徐思平：《中国兵役行政概论》，第 177—179 页。

④ 蒋介石：《目前兵役应改进之要点》（1940 年 3 月 20 日），秦孝仪主编《先总统蒋公思想言论总集　第十七卷　演讲》，第 199—200 页。

⑤ 李春初：《国民党各派系在兵役方面的争夺》，《文史资料存稿选编・军事机构》（下），第 22 页；程泽润：《兵役改进办法及与学校军训之联系》，侯坤宏编《役政史料》下册，台北，“国史馆”，1990，第 507 页。

“事实上未能发生预期之效力”，一则因为管区与配属军之间关系随时变动，管区司令更迭频繁，兵役管区人事因之混乱；二则因为基层征兵仍然依靠地方自治的保甲，而保甲制度在很多地方并不完善，人口户籍制度更不健全，保甲机构办理役政不力，“无论管区内人员，如何精勤督导，深入民间”，也无法廓清征集中的问题。[①]

兵役制度中的上述弊病，对所征集兵员质量之影响是直接的。没有良好的国民兵役的办理，常备兵只能够保证数量，而无法择优征发；而战时国民兵役在运行中又势必占用一定的兵源，使得常备兵的质量更无法保证。征兵程序中的漏洞，征、补、训三者的脱节，使得所征之壮丁未必适合于拨补，拨补的壮丁又得不到足够训练，其结果自然是一批先天不足、后天失训的“新兵”被充实到第一线的部队。

虽然抗战期间兵役机构一直不停地高速运转，但其本身也是问题缠身。全国抗战八年间，国民党军始终未能建立一个合理高效的兵役机构。在管区方面，1936 年开始征兵时仅有师管区之设置，尔后又在师管区之下分设了团管区；抗战时期建立了军、师、团管区三级架构，大致对应省、行政督察区、县三级。然而 1941 年复废除团管区一级，其职权部分归于县国民兵团。1943 年兵役署又呈请恢复团管区。其实兵役管区最重要的是师管区一级，可国民党军未能将此级建设好，却在其上虚设一级，而其下是否设立一级又摇摆不定，这实在是一个“败着”。[②]

而在县一级兵役机构，其变化更为频仍。最先的兵役科被改为军事科后，由于建设国民兵役的需要，又设置国民兵团与之对立；此后科又并入团，而科、团并行的情况较为普遍。实际情况更为复杂。据对陕西省兵役的考察，陕西省在 1939 年后组建国民兵团，1941 年曾一度叫停，但 1942 年奉蒋介石的命令又重新积极办理，不过当地政府却仍然有计划地裁撤一些国民兵团，将其业务交还县政府办理。1943—1944 年，陕西省迫于中央的压力，裁并军事科入国民兵团。不过至抗战结束时，陕西仍有不少县尚未成立国民兵团的组织。[③]

---

① 徐思平：《中国兵役行政概论》，第 60—61 页。

② 徐思平：《中国兵役行政概论》，第 175—176 页。

③ 张力：《足食与足兵：战时陕西省的军事动员》，抗战胜利五十周年国际研讨会论文集编辑组编《抗战胜利五十周年国际研讨会论文集》，台北，“国史馆”，1997，第 296 页。

鉴于兵役机构此种混乱的情况，一度担任兵役署长的徐思平曾呼吁道："凡此种种体制，亟应根据世界兵制之潮流与我国国情之实况，而建立一永久不变的规模。"[①] 兵役机构在组织架构上反复"折腾"，其消极效果之一就是征兵工作受到影响：任何一次机构变动，都可能导致之前的征、补、训计划中断，特别是县一级征兵工作辗转于兵役科（军事科）与国民兵团之间，其对于征兵工作的损害尤甚。

兵役人员的种种行为对征兵工作造成的危害，较之弊病不少的制度和组织混乱的机构所产生的不良后果，有过之而无不及。整个兵役系统的工作人员，下至乡镇、联保、保、甲各级人员，上至兵役署乃至于军政部的高级军官，在办理业务过程中的恶劣行为，严重地影响了所征集壮丁的素质。

县以下的各级人员，是征兵工作的基层实施者。然而他们罔顾兵役制度、征兵法规，从中牟利。1939 年国民参政会参政员胡景伊就在提案中说："政府虽然三令五申，严禁区联保保甲人员之徇情贿纵、捉拉买替，而区联保保甲人员之徇情贿纵、捉拉买替依然。"他在提案中列举了四川各地保甲长操纵征兵、代丁抽签、修改名册、收受贿赂、到处拉兵、胡乱估征、强拉充数的事实，最后得出结论：

> 是皆区联保保甲人员，及其他办理地方兵役者，与当地土豪劣绅，朋比为奸，贪污枉法，瞒上欺下，而政府鞭长莫及，耳目难周，人民散漫无力，又不悉兵役法规之内容，未足以制御强暴自卫卫国所致。[②]

这样的情况到全国抗战中、后期更为普遍。1942 年参政员张炯在提案中说：

> 军兴以还，各地实施征兵制，以事属创始，经验缺乏，遂致弊端百出，闾里骚然。而不肖员弁乃至保甲长等，又从而因缘为奸，每以

① 徐思平：《中国兵役行政概论》，第 176 页。

② 《国民参政会一届四次大会参政员胡景伊等提"依据各地兵役实施之流弊建议应行改进诸端以利兵役之推进案"》（1939 年 9 月），侯坤宏编《役政史料》下册，第 422—425 页。

财贿之有无为壮丁去取之准据。其适龄与否不问也，应否缓役、免役不问也；甚或黉夜绑架，往往一巨索缚数十百人，若御豕羊。[①]

1944年参政员褚辅成沉痛总结：

> 今日役政所以称为严重问题者，纯由主办人员事事违法，层层舞弊所造成，起役与除役既有规定，身长与体重复有限制，何人已达役龄，何人应服现役，事前既未详查造册，到期多未检查抽签。年征额且有未预先配赋于各乡镇保，每届役期，无法应付，辄任乡镇保强拉买卖，顶替充数。而经办人员复多徇私舞弊，从中勒索。有权者既可免役，有金钱者复可贿放，有知识技能者更可缓召。是应行服役者，唯限于无钱无势而且无知识技能之贫苦人民，则士兵之素质如何，已可推知。[②]

近代中国基层社会组织涣散，国家力量无法下达至乡村，而保甲之设立为时亦短，因而县以下基层各级人员在征兵中表现出的素质低下、贪赃枉法，虽然不容宽恕但属情有可原。然而作为职业的兵役工作人员，各管区、补训处的军官在征兵中的表现同样糟糕。

1938—1940年担任陕西渭南团管区司令的李昭良回忆了当年他的生财之道："我当团管区司令也绝不侵犯下面的利益，就是说下面卖放壮丁的收入，我不会去分肥。我搞钱主要是从征集费上下手。"他将军政部每征一兵发放的费用打折发给县和乡镇，2元的征集费他只发出8角，剩下的1.2元尽入他的私囊。而接兵部队来接新兵时，他又唆使部队将接兵日期填晚半个月，骗得此半个月的新兵薪饷，与接兵军官三七分账。对于下面的保甲买卖壮丁的行为，李昭良"采取放任不管的态度，只要他们能如期交上兵来就行"。[③]

① 《国民参政会三届一次大会参政员张炯等提"改善征兵办法以利抗战案"》（1942年10月），侯坤宏编《役政史料》下册，第560页。

② 《国民参政会三届三次大会参政员褚辅成等提"请政府改善征兵办法以充实兵源并提高素质案"》（1944年9月），侯坤宏编《役政史料》下册，第575—576页。

③ 李昭良：《我所知道的国民党兵役情况》，《文史资料存稿选编·军事机构》（下），第4页。

这正如曾任四川嘉峨师管区司令的黄占春所说，“大发征兵财的，主要是以下各级地方兵役人员。师管区补充团、队的贪污枉法，却又另有他们的花样”。除上述李昭良所使用的招数外，各管区、补训处的军官还通过卖、放士兵赚取金钱，团、营级军官勾结当地兵役人员，收到赃款即不接收行贿之壮丁，而命令连长适时上报其逃亡；连长则更为直接，在行军途中将行贿之壮丁私下纵放了事。①

一般来说，抓夫拉丁的行为多半发生在县以下的区域，但由于壮丁的逃亡和兵役人员受贿纵放的情况太多，有些时候兵役管区的官佐也客串保甲长的角色，参与到抓壮丁的不法勾当中，以保证壮丁数量与账面数字不至于差得太多。前述渭南团管区司令李昭良对此也是行家里手。他回忆道：“我当时所任职的渭南团管区已经积欠兵额 5000 余人，得到这一命令后，利用所辖 9 县都在陇海铁道沿线的有利条件，普遍设置卡哨，对过往青年一律加以拘捕，不到两个月我就把 5000 余名欠额还清了。”②

根据李昭良的回忆，兵役管区开始大范围地抓丁起始于 1939 年之后。黄绍竑在 1940 年浙江省全省兵役会议上总结兵役人员存在的问题：除了扣发征集费外，就是乱拉充数。他举例说：“不久以前，抗卫总部有一职员投考 X 军分校，因体格不合未录取，归途竟为某接收新兵部队拉往充数，等到原机关得悉，去函证明，据说已被征往衡阳去了！类此情形，恐怕很多，这也是一个亟待纠正的问题。”③ 同年，参政员梁上栋也在提案中指出：管区、补充团等运送壮丁或新兵至训练场地或部队时，“因责任关系，每多于壮丁或新兵在中途逃亡之后，沿途强补其他壮丁补充，不但扰民，而且对于被拉区域之役政，发生重大影响，拟请严行制止”。④

兵役管区一级的军官在征兵工作中利用职权发国难财，而他们的上级——军政部兵役署的高级军官，同样借助着兵役工作的特殊地位，积累

① 黄占春：《川西国民党征兵内幕》，《文史资料存稿选编·军事机构》（下），第 37、39 页。

② 李昭良：《我所知道的国民党兵役情况》，《文史资料存稿选编·军事机构》（下），第 3 页。

③ 黄绍竑：《浙江兵役的一般检讨》（1940 年 10 月 1 日），侯坤宏编《役政史料》上册，第 538 页。

④ 《国民参政会一届五次大会参政员梁上栋等提“改善兵役法规及办法案”》（1940 年 4 月），侯坤宏编《役政史料》下册，第 435 页。

巨额个人财富。战时担任兵役署长时间最长的程泽润，于1944年因为兵役办理不善被蒋介石枪毙，在众多罪状中，贪污是其中最重要的一项。根据曾任兵役署兵役设计委员的方秋苇回忆，程泽润和他的夫人收受某个补训处长和一些师、团管区司令、补充团长送来的现金，一度公然用之开办银行；他在重庆修建自己的别墅，竟把建设计划交给重庆的一个团管区司令，派大批新兵代为完成。[①]

不过兵役署最主要的问题并不在于单纯的贪污受贿，而在于内部的权力斗争。正因为兵役署掌控着巨大的资源和潜在的权力，因而兵役署内部的斗争也十分激烈。兵役司时代的司长朱为鈖在兵役署成立之后任副署长；而湖北襄樊行政督察公署专员程泽润升任署长。朱氏系兵役工作之元老，署内人员多系其旧部下；而程泽润系四川人，占据地利之便。当时一个师管区司令回忆："署长与副署长，各有所恃，时闹摩擦，互相攻击。"最后在1942年秋，程泽润使用苦肉计，印发传单攻击自己与何应钦，将之嫁祸于朱为鈖，终于在1943年将朱氏挤出兵役署。[②] 1944年程泽润被处决后，四川省主席张群暂保徐思平担任兵役署长，但兵役署同时也在筹划升格为部，部长人选的竞争也空前激烈。何应钦、陈诚等人均试图保举自己的心腹担任此职，然而最后的结果是蒋介石任命了与各方关系均不密切的西北军旧将鹿钟麟。鹿钟麟就任后，在人事任免上煞费苦心，于重要部门安排冯玉祥所信赖的人，同时坚决抵制中统、军统的人进入，引发了更为激烈的斗争。[③]

基层兵役人员普遍存在的、林林总总的违法舞弊行为，使得兵员征集在源头上就出现了严重的问题，壮丁的数量即便可以得到基本保证，但其质量之每况愈下是可想而知的。而作为中层管理机构的管区、补训处，对此非但不严加监督和管控，反而参与其中，在非法利益链中分一杯羹，使得不合格的兵员不断进入部队。而高层的兵役署，长期处于权力斗争的漩涡中，自然对于提高兵员素质无益，方秋苇对此痛心疾首："兵役行政的

---

① 方秋苇：《抗战时期的〈兵役法〉和兵役署》，《民国档案》1996年第1期。

② 李春初：《国民党各派系在兵役方面的争夺》，《文史资料存稿选编·军事机构》（下），第20页。

③ 鹿钟麟：《兵役部的设置及役政》，《文史资料存稿选编·军事机构》（下），第12—15页。

中央领导机构内部如此黑漆一团，还有谁来研究考虑兵役行政的改进？贪污行贿的罪恶又该如何惩治？”①

食洋不化的理论、充满漏洞的制度、混乱而变化频仍的机构，特别是素质低下、行为不端的人员，使得战时征兵工作黑幕重重，弊端百出。兵员在源头上出了问题，这对于士兵素质的降低产生了关键性的影响。全国抗战后期第一七五师的一份报告就生动说明了这个问题：

> 年来各级征补机关，多未能遵行法令，每只求充数塞责，不求实际，间有将囚徒、赌犯拨补者，经接收后，即欲乘隙潜逃，或于途中或于入营后，防不胜防，又以接拨囚犯多因监禁日久，类皆体弱多疾，即不逃亡，亦不能服行勤务，于是留医转院，重至开缺，部队补充、逃亡、开缺之循环现象，依然以成，历年虽有补充，但以随补随逃，均不足额。复有潜逃返家之逃兵，其村甲长又置若罔闻，毫无追究，甚或借机敲诈者有之。迨自一年半载后，其村甲奉命征补时，又将该逃兵送出充数，故一兵有征出二、三次者有之，似此一来，随征随逃、逃后复征，非徒耗费公币，而影响于训练作战者，殊非鲜矣。②

理论上来看，质量不高的新兵如果受到充分而科学的训练，尚有可能使其素质得以提高。可惜的是，战时国民党军士兵的训练工作和征兵工作一样不容乐观。

第四节　士兵的教育与训练

壮丁被兵役机关征集入伍后，需要接受一个系统的训练，从而完成从平民向士兵的转变；之后野战部队也要组织各种训练，使缺乏经验、技能单一的新兵逐渐向合格的老兵过渡。士兵的养成和教育与士兵的素质关系匪浅。可惜战时国民党军士兵既没有受到足够量的训练，训练的水平也处于相对较低的程度。

---

① 方秋苇：《抗战时期的〈兵役法〉和兵役署》，《民国档案》1996 年第 1 期。

② 《陆军第四十六军一七五师参谋长定期报告书》（1945 年），战史编纂委员会档案，中国第二历史档案馆藏，787/2517。

士兵的养成，从制度上来讲，应该始于他们进入部队之前。按照国民党军兵役制度的设计，征兵和补充机关在征集壮丁并将其补充到部队之外，对这些壮丁负有一定的教育责任。战前师、团管区的业务里，就包括了“管区内常备兵之征集、募集、召集暨教育演习及国民兵之教育召集、事前准备”。[①] 到了战时，各级管区的业务发生了一些变化，但是战时补充兵员的编练和国民兵的教育仍是师、团管区的职责。[②] 在理想状态下，新兵在进入部队之前，应该接受过2年左右的国民兵教育和数月的补充兵训练，就时间而言实在不短。然而问题在于，无论是管区和县国民兵团组织的国民兵教育还是管区应施加的补充兵训练，实际均未能有效实施。前者因为训练人员的缺乏、经费的不济、灾害的影响而时断时续，后者则多由于补送的关系，训练时间太短，未能完成新兵训练。[③]

事实上较为普遍的情况是，壮丁被征发进入管区后，所受到的根本谈不上训练，而是兵役人员的压榨和折磨。参政员胡景伊在1939年就控诉：“政府虽三令五申，严禁壮丁新兵之冻饿打骂，非法待遇，而壮丁新兵之冻饿打骂非法待遇依然。”[④] 1944年参政员但懋辛也明言：“壮丁入营时，多不照规训练，多施以拘禁方式。补充团队各级干部，因待遇薄弱，贿卖贿纵，克扣粮饷，经营商业，利用壮丁作为运输工具，种种不良事实，随时发现”。[⑤]

循理，壮丁从管区转送补训处后，可以有机会得到进一步的训练。揆诸补训处的职能，其中最重要的一项就是补充兵的训练，其要求是：“务以齐一各员兵之战斗心理与情绪，启发其敌忾心，授予抗战所得之教训，充实其智能，确立其必胜之信念为主旨。”[⑥] 但与县一级的国民兵教育和管区的训练一样，现实中的补训处对士兵的训练完全达不到要求。1941年6

① 《军政部呈送〈师（团）管区司令部服务暂行规则〉》（1936年7月8日），侯坤宏编《役政史料》上册，第62—63页。

② 《军政部颁布军师团管区司令部组织暂行条例咨》（1939年11月3日），《中华民国史档案资料汇编 第五辑第二编 军事》（1），第342—345页。

③ 《抗战八年来兵役行政工作总报告》，第54、65—66页。

④ 《国民参政会一届四次大会参政员胡景伊等提“依据各地兵役实施之流弊建议应行改进诸端以利兵役之推进案”》（1939年9月），侯坤宏编《役政史料》下册，第424页。

⑤ 《国民参政会三届三次大会参政员但懋辛等提“请建议政府改善役政案”》（1944年9月），侯坤宏编《役政史料》下册，第573—574页。

⑥ 《补充兵训练处组织办法》（1938年3月），侯坤宏编《役政史料》上册，第154页。

月校阅委员会的一份建议报告就清楚说明："补充兵训练处之训练，应切实整顿，以应战时要求。""此次校阅结果，深觉得补充兵训练处所属团队之教育训练，较之军师部队相差甚远，推厥原因，大都注意于数量之补充，似宜及时加以整顿。"进一步深究，一则因为补训处为兵役机关而非训练机关，训练督导不力；二则缺乏足够的有带兵作战经验的干部；三则"数量挂帅"的思路为祸不浅。[①]

1939 年卓献书在《整军刍议》中毫不留情地指出新兵入伍前的养成工作存在严重缺陷："现行兵制系以内容极度空虚之社训总队，担任全国壮丁之军事训练；以因陋就简之补训处，担任国民党军现代作战技术之教育；以寥若晨星之在乡军人充当国民党军之各级干部。常备部队仅为游动之集团，师团管区仅为贩卖猪仔之经纪机关，彼此毫无联系。"[②] 尽管言辞激烈，但其切实道出了士兵入伍前训练的真情。

壮丁入伍前既未受过足够的军事训练，士兵的养成就只能依赖入伍后的新兵教育。战前各部队的新兵教育尚不统一，缺乏章法。1938 年 7 月军训部颁发了《新兵教育纲领》，"期以短少时间，完成新兵参战必要之教育，以供急需之补充，争得最后的胜利"。《纲领》规定新兵教育时间为 2 个月，其间每天教育时间为 10 小时。训练分为精神、术科、学科三类，其中精神教育不占教育时间，而术科与学科教育之时间比例为 8∶2。术科包括战斗教练、射击教育（含手榴弹投掷）、刺枪教练及体操、筑城教育、夜间教育、阵中勤务、基本教练等，而学科仅为相关的辅助知识。[③] 这个纲领的要点在于省去复杂环节，压缩教育时间，整合教育内容，从学理来讲基本符合抗战时期国民党军部队的实际情况。

各个野战军师按照此纲领的基本原则开展了战地教育，利用战役间隙训练士兵。但战地教育的时间受战事影响较大，常常无法保证。以第八十八军为例，该军为教育基层营连排，并兼顾防务和作战的需要，所制订的战地教育大纲，将训练期设定为 2 期，各 3 个月。第 1 期为新兵教育；第

---

① 《军事委员会校阅委员会二十九年度第三期陆军整训部队总校阅建议报告表》（1941 年 6 月），《蒋中正总统档案》，台北，"国史馆"藏，002/080102/00083/008。

② 《卓献书呈整军刍议》（1939 年），《蒋中正总统档案》，台北，"国史馆"藏，002/080102/00069/002。

③ 《军训部颁布新兵教育纲领训令》（1938 年 7 月），《中华民国史档案资料汇编　第五辑第二编　军事》（1），第 428—431 页。

2 期为复习和进阶教育。由于战事的影响，每一期教育实际只进行了一个半月的时间。每天教育时间以及术科、学科时间之比例与《新兵教育纲领》一致，其与纲领的主要区别在于：精神教育乃至于政治教育被纳入学科教育之中；手榴弹投掷未被纳入射击教育之中。此外术科的各个科目的内涵与纲领也有一些小的差异。[①] 该军的教育计划系按照军训部规定设置的，但损之又损的《新兵教育纲领》在时间上再打折扣，恐怕很难满足新兵的养成训练。

因为处于战时，位于战地，虽然制订了教育方案，前线军师往往无法按照其施行。1941 年的第八十八军如此，第七十军一〇七师同样如此。该师在 1 月 23 日“奉令移驻 × ×集结整训，随即订定四个月各兵科教育计划颁发各部实施训练。三月六日奉令接替五一师担任守备任务，训练因而中断。三月十五日参加上高会战，历时月余，迄至四月中旬方始战斗……四月十九奉令集结棠浦附近整训，未几复奉令担任鄱湖南岸至抚河东岸之守备任务，遂利用机会实施机会教育，并颁发两个月战地机会教育大纲，实施训练……”[②] 由于频繁换防和参加会战，教育计划实际流产，仅以所谓的“机会教育”代替。所谓“机会教育”，即随时随地利用空闲对部队实施教育，其无法取代成体系的士兵养成计划。

只有当部队撤守至后方，教育时间方才得到保证。1944 年第十四军调到重庆担任卫戍任务后，设置了数个教育计划，有 1 个月的短期教育计划和 4 个月的继续教育计划，另外根据军训部的命令，于 1944 年 5 月至 11 月开展了年度教育的第一期，而从 12 月开始进行复习并进行 1945 年的年度教育之准备，教育的内容也增加了生活教育、军纪教育、体操教育、战术教育等。[③] 可以想象，其间该军的新兵受到了长达 1 年的各类训练，其养成的情况应当较好。但与第十四军情况类似的军师在国民党军中当是少数。多数位于前方承担守备和作战任务的军师是难以如此训练新兵的。

战地教育的时间大多无法保证，所幸除战地教育外，国民党军在战略

---

① 《陆军第八十八军战地教育大纲》（1941 年），中国国民党文化传播委员会党史馆藏，一般档案，505/220。

② 《陆军第七十军第一零七师参谋长三十年上期临时定期报告》（1941 年），战史编纂委员会档案，中国第二历史档案馆藏，787/2510。

③ 《陆军第十四军三十四年度工作报告书》（1945 年），中国国民党文化传播委员会党史馆藏，一般档案，501/185.1。

相持阶段还有多次整训。整训期中部队除了在编制得到“刷新”、装备得到有限度的补充外，其士兵也得到了宝贵的时间接受整训教育，完成新兵的养成教育和老兵的进一步训练。

整训教育开始于 1939 年的第 1 期整训，之后的每一年均有一部分军队被列入整训名单，集中数个月时间开展教育。从整训期士兵教育的性质和主要内容来看，很多时候仍侧重于新兵的养成，与战地教育并无太大差异。参谋总长何应钦在 1940 年第 3 期整训之前的参谋长会议上，对与会军师参谋长简要论述了整训期教育的要点。他说：“此抗战期间整训部队，为时又极短促，故战时教育各级军官，尤其对于士兵，必须首先择其本身实行战争所必要之智识与技能加以训练……总之战时训练士兵，必须首先教给士兵所必要之战斗技能。”重点内容包括：射击、野外教育、夜间教育、刺枪、筑城、手榴弹投掷等，而学科和精神教育仅为补充而已。①

不过抗战后期的整训教育，与开始时有些差异。缘于后期部队的整训期延长，其间的作战任务较少，装备有更新，教育的内容也有不同，根据 1945 年第十八军第十一师整训的教育安排，虽然政治教育和精神讲话仍不是规定的教育内容，但学科教育的比重明显提高（占 25%），且还包括了防毒、防空、防战车等新知识。而术科教育方面（占 75%），也包括了步兵炮训练、据点攻击、冲锋枪射击等内容。而前面何应钦强调的刺枪，已经不复是教育的重点。②

整训教育较战地教育最大的优势在于时间相对固定，所列出的教育计划之完成情况要好得多。1941 年末第十八军列入第 4 期整训名单时，驻扎于宜昌以西的沿江地区，防务较轻，因而可以从容地在构筑工事的同时，“拟具三个月短期教育计划，颁发各师并饬构筑模范阵地，加紧演练白刃战、阵内战及据点攻击诸动作”；1942 年 2 月，该军将第一线的第十一、十八师各抽 1/2 人员调至后方训练，第二线的第一九九师全师集中训练；一个月后部队换防，第一线仅留置第一九九师，“除饬抽调二分之一兵力

① 《何总长出席参谋长会议训词》（1940 年 3 月），战史编纂委员会档案，中国第二历史档案馆藏，787/02482。

② 《陆军第十八军第十一师一般整训教育时间分配表》（1945 年），战史编纂委员会档案，中国第二历史档案馆藏，787/2516。

训练外，其余两师均全部集结，积极训练”。[①] 同时参训的第九十二军战斗任务稍重，其整训方案与第十八军不同。该军在前方部署了 2 个师担任作战任务，后方仅余 1 个师，不过第一线的 2 个师也只留 1 个团“担任突击”，“其余由各师以团为单位轮流抽调，在阵地后方适宜地区集结整训”；而位于最前方的那两个团，也“轮流抽调各营集结训练（机动部队），以半个月至一个月为调换期间”。[②] 这期整训部队中压力最小的当属暂五十五师，它由第八补训处改编而成，整训开始时驻扎于贵州兴义集中整训。由于没有作战任务，该师制订了四个月的整训方案，并施行完竣。自行校阅之后，该师“将校阅所见得失后，本教育纲领制订教育训令，继续实施一个半月补充教育”。[③] 也就是说，将近半年时间该师一直在对基层士兵施加教育。

不过需要指出的是，尽管在理论上列入整训的部队能够拥有更多固定的时间用以训练士兵，但仍有不少部队在整训期中被抽出执行任务，从而导致教育计划未能完成。1939 年第 1 期整训结束后，校阅委员会就在一份报告中指出：“整训期间各部队有因移防调动等关系未能按照整训计划实施训练者甚多”，要求各部队尽量减少调动，或以机会教育代替。[④] 而 1942 年即交卸河防任务专事整训的第一军，于 4 年的整训中也因为各种任务中断教育任务：“军自三十一年初交卸陕东河防奉命整训以来，虽逾四载，然以分任陕北守碉勤务，数度移动陇海沿线及陕东豫西一带，兼平素校阅、参观、视察、点验频扰，致每期教育难依照计划实施。自本年五月间参豫西作战，迄今作战、筑工、整理、补充等影响所及，全期教育几均停办。”[⑤] 整训教育被干扰的情况由此可见一斑。

虽然整训教育在教育内容上并无特殊之处，但相对充足的教育量对于

---

① 《陆军第十八军整训概述》（1942 年），战史编纂委员会档案，中国第二历史档案馆藏，787/2496。

② 《（陆军第九十二军）整训实施概况》（1942 年），战史编纂委员会档案，中国第二历史档案馆藏，787/2496。

③ 《陆军暂编第五十五师参谋长对部队现状报告书》（1941 年），战史编纂委员会档案，中国第二历史档案馆藏，787/2512。

④ 《民国二十八年上期总校阅各受校部队一般缺点及改进意见表》（1939 年），战史编纂委员会档案，中国第二历史档案馆藏，787/2506。

⑤ 《陆军第一军三十三年度参谋长定期报告书（作战部分）》（1944 年），战史编纂委员会档案，中国第二历史档案馆藏，787/2514。

士兵素质的提升是明显的。第九十二军通过抽调使大多数士兵得以接受训练，“各师半年以上老兵完成连以下基本及战斗教练，半年以下者完成班教练并令教育为排教练”；[①] 而暂五十五师，“经此次整训后，已具相当成效”。[②] 实际上，战时教育无法满足部队士兵养成的需要，然而部队参加整训后，新兵基本可以养成，而老兵还可以得到进一步的教育。因而，整训对于国民党军而言，具有多重意义。

一个壮丁从乡间到管区再到补充团队，未能受到初步的军事训练；而部队里的新兵，很多时候所受到的战地教育也不能够完成士兵的养成；士兵们在整训期中所受到的教育相对完整，但也不算充分。综合来看，战时国民党军士兵的训练中，其养成教育和后续的补充教育，在数量上应该是不足以培养出合格的士兵的。而更为严重的是，国民党军对士兵的教育，其质量也不太理想，存在很多明显的不足之处。

士兵教育中最为明显的问题，在于训练多未按照规范实施。各军师在制订本部队教育计划时，较之统帅部的规范多有“缩水”。1939 年校阅委员会就指出第 1 期整训的各部队，“教育计划各部队有未按照军训部所颁战时整编教育纲领、教育训令厘定者”；[③] 1940 年第 3 期整训中，各部队的“教育计划未能遵照第三期整训纲领及教令规定拟定”。[④]

造成这样的问题，主要原因在于各部队在态度上对于士兵教育的不够重视，其具体表现是督导的缺失。第 1 期整训中，“各级司令部于整训期间鲜有派员督练者”；第 3 期整训中各部队也是“教育实施与预定计划不符，督导欠力”。计划制订上达不到标准，实施过程中又缺乏监督，其结果只能是教育计划即便能够完成，其教育质量距离军训部预定的标准仍存在一定的差距。

无论是战地教育还是整训教育，在训练设计上最大的共性是突出术科

---

① 《（陆军第九十二军）整训实施概况》（1942 年），战史编纂委员会档案，中国第二历史档案馆藏，787/2496。

② 《陆军暂编第五十五师参谋长对部队现状报告书》（1941 年），战史编纂委员会档案，中国第二历史档案馆藏，787/2512。

③ 《民国二十八年上期总校阅各受校部队一般缺点及改进意见表》（1939 年），战史编纂委员会档案，中国第二历史档案馆藏，787/2506。

④ 《军事委员会校阅委员会二十九年度第三期陆军整训部队总校阅一般缺点及改进意见报告表》（1941 年 6 月），《蒋中正总统档案》，台北，“国史馆”藏，002/080102/00083/008。

而贴近实战。这本无可厚非。但在实际训练中，国民党军对士兵的教育在军事理论和学术方面却太过轻视。1939 年第三战区参谋长会议上，就有报告指出各级部队在训练中对于军事学术缺乏兴趣，“尤其有些干部轻视书本，只能视自己的经验，殊不知个人经验有限而书本乃大众经验之总汇……我们应随时开导，力矫此弊”；从统帅部到战区发放了很多关于抗战的小册子，这些教材“均系抗战经验教训之总辑，为我千万同胞血肉换来之宝贵法典”，但在实际的教育中却被等闲视之，“考查各部队，常有散失与不研究等情事”。[①] 不按照书本和教材而仅凭着经验施以训练，其教育水平可想而知。

缺乏研究的风气，同样体现在各部队对于典范令的忽视。典范令是统帅部根据各兵科需要制定的各类规范，是军事学术中最为基础而重要的，然而各部队对于上述内容并不重视。1939 年校阅委员会的报告中就明确指出：“各部队对于典范令均不注意研究”；[②] 而一年之后的 1940 年，同样是校阅委员会的报告中，再度提到各部队“对典范令忽视及理解力薄弱”。[③] 尽管军委会多次要求各部队设立组织深入研究典范令，但似乎效果并不太好。

士兵的训练中之所以出现忽视学科教育、不研究典范令的现象，很大程度上是由于国民党军军官教育程度不高。如前所述，战时军官自身的学科基础较差，不能研究典范令，遑论把这些内容教授给普通士兵。军事教育中人才的缺乏，是教育水平低下的一个重要内因。而军官素质不足，使得国民党军的特种兵如骑、炮、工、通等士兵的教育更加欠缺。1939 年校阅委员会在校阅中发现：“一般干部能力低下，各特种兵技术训练亦差”；[④] 一年后的情况仍然如此，“特种兵训练稍差”。[⑤]

① 《对本战区军以上参谋长会议训词》（1939 年 6 月 10 日），战史编纂委员会档案，中国第二历史档案馆藏，787/2503。

② 《民国二十八年上期总校阅各受校部队一般缺点及改进意见表》（1939 年），战史编纂委员会档案，中国第二历史档案馆藏，787/2506。

③ 《军事委员会校阅委员会二十九年度第三期陆军整训部队总校阅一般缺点及改进意见报告表》（1941 年 6 月），《蒋中正总统档案》，台北，“国史馆”藏，002/080102/00083/008。

④ 《民国二十八年上期总校阅各受校部队一般缺点及改进意见表》（1939 年），战史编纂委员会档案，中国第二历史档案馆藏，787/2506。

⑤ 《军事委员会校阅委员会二十九年度第三期陆军整训部队总校阅一般缺点及改进意见报告表》（1941 年 6 月），《蒋中正总统档案》，台北，“国史馆”藏，002/080102/00083/008。

忽视理论、学科的倾向，与士兵训练中术科“挂帅”的定位存在一定关联。不过术科教育的实施效果并不理想。第三战区参谋长会议的报告中，就明确指出术科教育实施中存在的缺陷：“要注意战斗动作实事求是，脚踏实地的教育各级应具备之学术技能，不要好高骛远，标示新奇，不要空谈理论，要重实际与合用，但是一般部队均犯此弊。考查各部队士兵，问有不认识表尺，不知道步哨守则，与战斗间应遵守之事项”；“要注意射击教育，射击占战斗经过中之大部，战斗力量全靠射击良好以发挥之。查各部队士兵一般射击技术太差、射击军纪废弛，干部指挥失当，以致弹药消耗特多而予敌损害极少”。①

第 1 期和第 3 期整训中，校阅委员会也碰到了类似的情况：“夜间教育及防空防毒防战车教育等常识均少注意”；“战斗教练均生疏，他如步炮协同、轻重兵器之协同，亦少演练”；“射击技术欠精良，手榴弹投掷甚少练习，刺枪术多未重视，步兵重兵器运用亦差”；“各兵种协同教育及对防空防毒防战车等训练不熟”；“射击教育不良，以致实弹射击成绩太差”；“战斗教练时间过少”；“夜间教育，均不甚注意实施”。②

虽然从军训部到各个部队，其教育计划中均提出要贴近实战，训练士兵实际作战的必要技能，然而据当时人的观察，恰恰是实战技能如基本战术、射击技术和夜间作战等训练不到位。当年的青年军官黄仁宇于晚年回忆时，亦认为部队“所征的兵质量也愈低下，不仅体格孱弱，而且状似白痴，不堪教练。师部的办法即是抽调各营连可堪训练的士兵，组织‘突击队’，集中训练，其他的则归各部队看管，也谈不上训练，只希望来日作战时在山上表现人多”。③

① 《对本战区军以上参谋长会议训词》（1939 年 6 月 10 日），战史编纂委员会档案，中国第二历史档案馆藏，787/2503。

② 《民国二十八年上期总校阅各受校部队一般缺点及改进意见表》（1939 年），战史编纂委员会档案，中国第二历史档案馆藏，787/2506；《军事委员会校阅委员会二十九年度第三期陆军整训部队总校阅一般缺点及改进意见报告表》（1941 年 6 月），《蒋中正总统档案》，台北，“国史馆”藏，002/080102/00083/008。

③ 黄仁宇：《地北天南叙古今》，三联书店，2001，第 107 页。

第五章
武器装备与军需后勤

和人的因素一样，物的因素对于战争至关重要。军事学家、曾任陆军大学校长的杨杰在其著作《国防新论》中就精辟地指出："人与人战、人与物战、物与物战，战争顺着这样的程序变化着……列强的互争雄长，是物与物战。一个自命为现代化的国家，无论如何，没有物是不能打仗的。"① 战略意义上物的因素，包括一个国家全部可以用于战争的资源，即支撑战争的物质基础；而对于一支正处于战争状态的军队来说，最主要的物质基础包括直接用于战争的武器装备和用于维持战争的军需后勤。

就武器而言，战时国民党军的装备质量有高有低，性能参差不齐。这与其来源有直接的关系。中国国防工业从起步到发展挫折不断；而对外军购也几起几落，时断时续。这都对国民党军的武备产生影响。国民党军的军需、后勤，从战前较为原始的状态，逐渐进入正轨，然而在多个环节上仍然存在着明显的弊病。物质基础中的种种薄弱之处，对国民党军的战斗能力和持续作战的能力，影响匪浅。

第一节　武器装备的种类与性能

国民党军数百万部队所装备的轻重武器，从低阶军官佩带的毛瑟（Mauser）"自来得"驳壳手枪到由统帅部直接控制的数十门德制 150 毫米榴弹炮，林林总总共有上百种之多，种类十分繁杂。其中一小部分性能不错，但也有相当数量为过时淘汰产品。轻武器未能实现制式化与重武器的极度缺乏，是国民党军装备上的主要问题。

民国时期国民党军所装备的武器五花八门，种类繁多。以枪械为代表

① 杨杰：《国防新论》，中华书局，1943，第 135 页。

的轻武器，基本囊括了20世纪上半叶世界上大部分的品种；重武器的种类相对较少，但也涵盖了不同时期不同产地的十数个型号的火炮。这些武器既包括部分二战前夕世界强国的主战装备，也有大量一战时期甚至日俄战争时期的枪械和火炮。装备着这些"数代同堂"、万国分造的兵器，国民党军部队犹如一个藏品丰富的"流动军事博物馆"，其"藏品"的性能自然是良莠不齐。

轻武器主要指步兵或班组携行作战的枪械。与之相对的是重武器，其中包括陆军使用的各类火炮和战车（坦克）。抗战时期国民党军所使用的轻武器包括步枪、轻机枪、重机枪、冲锋枪、驳壳手枪5个大类。每个大类中，枪械的品种和性能差别较大，具有各自的特点。

一战之后，半自动、自动步枪的技术逐渐成熟。19世纪后半叶问世的传统栓动步枪已渐趋衰落，但栓动步枪在世界范围内正式退出历史舞台乃是在二战之后，而对于当时的中国来说，由于无法制造自动步枪，因而栓动步枪"之于我国，实有其重要性"。"况各部队中，步枪为唯一之武器，当负战场上之主要任务，例如与敌接近后之白刃战斗、散战、近战、夜战、壕战，其功效尤为显著也。"[①] 20世纪前几十年里中国军队士兵手里最为常见的轻武器仍是栓动步枪。

抗战时期国民党军所使用的步枪，大致可分为两大类：七九步枪和其他步枪，而前一类为大宗。战时国民党军士兵手里的步枪，大约是德制M1888式7.92毫米步枪的"子孙""中国版"和"变体"，主要有汉造七九步枪、元年式步枪、中正式步枪三种。

清末，张之洞在1890年左右引进了当时世界先进的德制M1888式步枪（俗称"老套筒"）生产线，于1893年试造成功，称"汉造七九步枪"，俗称"汉阳造"。"汉阳造"步枪在中国生产了半个多世纪，主要由汉阳兵工厂制造，上海、太原以及各地的小兵工厂亦有仿制，保守估计总产量超过100万支，先后被清末新军、北洋军、国民党军等装备。[②] M1888式步枪问世之时，是划时代的产品。相对于落后它两代的前膛枪和其前身M1871/84式11毫米毛瑟步枪，"汉阳造"在结构、威力、可靠性上

① 钱伯英等：《现代步兵轻重武器详解》上册，军用图书社，1934，第1页。

② 中国近代兵器工业编审委员会编《中国近代兵器工业——清末至民国的兵器工业》，国防工业出版社，1998，第30—31页。

均具有明显的优势，其经典的毛瑟式枪机更是被后来的数代步枪沿用。中国引进该枪后，又加以改进，“即在枪管之外，另加以木质护盖，可免施放时发生高热，手不能握之弊；又表尺为推进式表尺，使用时亦较为精准。至于枪用材料之选择，工作之精密，无不尽心研究，以期于尽善尽美之地”。[①]

然而到1937年全国抗战爆发之时，存世40余年的“汉阳造”步枪在世界范围内已经属于被淘汰装备。除长度和质量偏大而过于笨重外，其技术上的陈旧也是显而易见的：枪机的抓壳钩与后一代毛瑟步枪相比，“又小又脆弱，使用久了，会失去弹性，而产生滑壳的毛病”；使用的装弹具是漏夹（clip loading），相对于后来广泛使用的桥夹（charge loading），既无法随时补充零散弹药，又可能造成卡夹的故障；[②] 最大的问题在于该枪仍在使用过时的圆弹，其初速和侵彻力远不如之后问世的尖弹。与日军士兵所使用的三八式步枪相比，劣势明显。

M1888式步枪于清末在中国生根之后，其优良的综合性能使得德制步枪成为当时中国制式步枪的榜样。数年后毛瑟工厂出品的M1898式7.92毫米步枪出厂后，清政府意欲引进其生产线，但要求改口径为6.8毫米。毛瑟工厂遂于1904年推出了为中国设计的M1904式6.8毫米步枪。清末四川、广东、江南等兵工厂曾小批量试制该枪。民国元年，广东兵工厂正式定型此种步枪，命名为元年式6.8毫米步枪。但问题在于，6.8毫米的子弹无法落实，于是1919年广东和四川兵工厂先后将元年式步枪改口径为传统的7.92毫米，并批量生产。而1924年辽宁的奉天兵工厂制造了改进型的元年式步枪，俗称“辽十三式步枪”；1928年巩县兵工厂也投产元年式步枪的另一个亚种——“巩造七九步枪”。[③]

各型元年式步枪的原型枪均是毛瑟M1898式步枪。该枪针对M1888式的技术缺陷进行了各种改进，“其枪机之构造，较汉造者坚牢；弹仓不突出枪托之外，尤属便利”，[④] 此外，M1898式步枪首次使用了尖弹，其威力有所增加。出色的设计也使得此种步枪成为一战德军的制式武器。需要指

---

① 钱伯英等：《现代步兵轻重武器详解》上册，第15—16页。

② 火器堂堂主：《抗战时期国军轻武器手册》，台北，老战友工作室，2006，第33—34页。

③ 王国强：《中国兵工制造业发展史》，台北，黎明文化出版公司，1987，第52页。

④ 陆军步兵学校研究部编印《现代步兵兵器图表解》上册，1934，第8页。

出的是，粤造、川造等元年式步枪在设计上最接近原型枪；而辽十三式步枪吸收了日本三八式步枪的部分设计，巩造七九步枪则为了发射“汉阳造”步枪的圆头弹，沿用了后者的一些结构。[①] 各型元年式步枪的黄金时期是民国最初的十数年，其时各军事集团曾大量装备此种步枪。全国抗战爆发前，多数元年式步枪逐渐停产，唯因其装备数量过大，仍作为主战兵器使用。元年式步枪与日军三八式步枪大致处于同一技术水平，但由于生产日期较早，实际使用性能已处于下风。

M1888 式属于第一代德制 7.92 毫米步枪，M1898 式属于第二代，一战之后推出的短步枪 M1924 式则是第三代产品。M1924 式乃是毛瑟工厂针对 20 世纪二三十年代标准步枪枪管缩短的潮流，将 M1898 式步枪的枪管由原先的 740 毫米缩短至 590 毫米，所制造的长度介于标准步枪和马枪之间属短步枪。该枪最大的特长在于轻便，而射程不减；[②] 适合在战壕内操作；“初速甚大，弹道低平，命中精确，在中距离射击，即使表尺稍欠精确，亦能命中”；“枪机闭锁严密，射击时稳定性佳，为同年代他种步枪所不及”。[③] 正因为 M1924 式步枪具有如此多的优点，其姊妹枪毛瑟 K98k 步枪被德国军方采用并量产成为二战时期德军的制式步枪；其图纸在 1935 年被中国军政部兵工署引进后，将其作为制式步枪，以领袖的名字将其命名为“中正式步枪”。

中正式步枪最先由巩县兵工厂制造，战争爆发后第二十一、第一、第四十一等几个大的兵工厂也陆续开始生产。但中正式步枪的产能始终不足。据不完全统计，从投产到抗战结束，该枪总产量估计为 40 万—60 万支。[④] 就技术先进程度而言，中正式步枪领先于日军三八式步枪一代，在便携性、威力方面具有明显优势，不过其综合性能并未完全压倒三八式步枪。而其最大的问题是产量不足，结果是只有约 1/3 的国民党军步兵装备此种相对先进的步枪。

民国以降中国战乱不断，持续生产的数代国产七九步枪无法满足需

---

① 《中国近代兵器工业》，第 32 页；“国防部史政编译局”编印《中国战史大辞典——兵器之部》（上），台北，1996，第 334 页。

② 《现代步兵兵器图表解》上册，第 5 页。

③ 《中国战史大辞典——兵器之部》（上），第 335 页。

④ 火器堂堂主：《抗战时期国军轻武器手册》，第 43 页；《中国战史大辞典——兵器之部》（上），第 335 页。

要，因而大量的德制或其他国家仿制的七九步枪也经过不同渠道流入中国，作为国产步枪的补充。“汉阳造”的原型枪 M1888 式“老套筒”步枪在清末民初引入中国，在抗战时期仍有少量使用。作为第二代 7.92 毫米德制步枪的 M1898 式步枪在一战之后流入中国；它的捷克斯洛伐克版本、由布诺国营兵工厂（Ceskoslovernska Zbrojovka Akciova Spolecnost v Brno）生产的 Vz98/22 步枪，在 1930 年代之前即有 7 万支卖到了中国。两枪均沿用至抗战时期。第三代德制步枪中，原版的 K98k 在全国抗战初期被国民政府购买了 10 万支；它的比利时版本、由国家武器工厂（Fabrique Nationale d'Ames de Guerre）制造的 FN M1930 步枪（即“比造七九步枪”）也在全国抗战之前被两广和云南的地方部队购买了 10 余万支。而广东兵工厂还一度成功仿制了该枪并命名为“二一式步枪”。它的捷克斯洛伐克版本 Vz24 步枪（即捷造七九步枪）在全国抗战初期被国民政府购买并装备部队，数量大概有 10 万支之多。①

除七九步枪这一大类外，国民党军还使用了一定数量的非德式步枪，其渠道各有不同。1919 年之前日本是对华军火输出的主要国家。1919—1929 年其他列强联合对华实施武器禁运，使得日械在中国大行其道，其间数量不少的三八式步枪流入中国，成为各派武装力量的重要装备。② 此后东北特别是太原兵工厂又大量仿制，使得三八式步枪装备的数量相当可观。③ 三八式步枪由明治 13 年村田式和明治 30 年步枪改良而成，结构和毛瑟步枪相似，区别是“为防尘沙飞入，机槽上装有机盖；为需于寒带地之使用，保险机加以改良”。④ 三八式步枪的口径为 6.5 毫米（故多称“六五步枪”），威力小于毛瑟 7.92 毫米的各型步枪，但射击精度较高。

---

① 火器堂堂主：《抗战时期国军轻武器手册》，第 30—49 页；《补充各部队机关学校新步机枪迫击炮统计表》（1939 年 1 月 14 日），《蒋中正总统档案》，台北，“国史馆”藏，002/080102/00069/004；《陆军第一百九十六师枪炮弹药统计表》（1938 年 11 月），战史编纂委员会档案，中国第二历史档案馆藏，787/2668；《陆军暂十九师三十三年参谋长定期报告书》（1944 年），战史编纂委员会档案，中国第二历史档案馆藏，787/2518；《陆军第六十军整训备战报告书》（1942 年 5 月），战史编纂委员会档案，中国第二历史档案馆藏，787/2608。

② 参见陈存恭《列强对中国的军火禁运（民国八年—十八年）》，台北，中研院近代史研究所，1983，第 19—31、128—133 页。

③ 《中国战史大辞典——兵器之部》（上），第 480 页。

④ 钱伯英等：《现代步兵轻重武器详解》上册，第 68 页。

战时国民党军还使用过部分七六二步枪，是口径为 7.62 毫米的莫辛纳干（Mosin - Nagant）步枪，从帝俄时期到大革命时期均有少量输入，全国抗战初期苏联军事援华，则成批量地交付给国民党部队，进口量约有 5 万支。[①] 虽然莫辛纳干步枪是苏联红军的制式武器，但国民党军装备的是它早期的 M1981 式。“此枪头颇笨重，枪托尾形状不良，机筒构造极复杂”，[②] 算不上十分优良的枪械。

驻印军的枪械由美军提供，在蓝姆伽（Ramgarh）训练的部队装备了美军二线部队使用的 M1917 式 7.62 毫米步枪，即“三〇步枪”，其装备量在 2 万支以上。[③] 该枪系一战时期美国仿制的英制恩菲尔德（Enfield）p14 式步枪，其结构和毛瑟步枪略有区别，性能也较为相似。但对于二战时期已经开始普及半自动步枪的美军来说，已经属于淘汰品。

总的来说，国民党军的步枪装备情况，既非过去认为的那样远逊于日军，也非新近某些看法认为的，与日军相比半斤八两。事实上，国民党军使用的步枪中半数以上实际性能要逊于日军普遍装备的三八式步枪。仅有一小半属于第三代德制步枪的数个型号，在技术指标上强于三八式步枪。国民党军在步枪装备中的更大问题，是型号、口径、弹药、零件的互不统一。这对于战斗力的不利影响恐怕要大于单纯的武器技术的对比。而这样的问题，在国民党军的轻机枪装备中，尤为明显。

世界军事史上轻机枪的出现要晚于重机枪。随着技术的进步，一战之后的步兵战术也发生了变化，1920 年代开始，轻量化的数型机关枪开始装备各国军队，成为支撑班、排作战的主要自动轻武器。对于经济实力贫乏的中国军队来说，相对廉价的轻机枪起到了更大的作用。战时国民党军使用的轻机枪主要是国产化的捷克 ZB - 26 式机枪，但各国不同时期生产的五花八门的轻机枪也装备了相当数量。

ZB - 26 式 7.92 毫米机枪在中国被称为“捷克式轻机枪”，是 1920 年代捷克斯洛伐克布诺国营兵工厂的新产品。以当时的技术水平来看，是一款设计优良、使用可靠的武器。其主要的优点为：连发装置采用较为先进的导气式原理，“自发装置，机件坚固，绝少发生障碍”；与笨重的携带水

---

① 王正华：《抗战时期外国对华军事援助》，台北，环球书局，1987，第 121 页。

② 钱伯英等：《现代步兵轻重武器详解》上册，第 5 页。

③ 王正华：《抗战时期外国对华军事援助》，第 287 页。

箱的重机枪不同，捷克式轻机枪“采用空气冷却法，故枪身比较轻便”；该枪扳机附近设有握把，便于射击，“枪托下方，设前把，发射时，以左手紧握，藉固定枪身，可减轻振动，命中较为精确”；捷克式机枪在细微之处设计精巧，“枪口附防火帽，故夜间射击，防止火花闪烁，以免为敌认识，且有消音之利”；“枪身中部设提把，在短距离内，可便提携”。[①] 此外，捷克式机枪采用20发弹匣供弹，枪管还可以在连续射击后快速更换，火力持续性虽不及重机枪，但也可满足战场的需要；而其9千克的质量，使其可以机动灵活地应用，战地生存力很强。[②] 该枪的综合性能优越于日军使用的大正十一式（俗称“歪把子”）6.5毫米轻机枪。

捷克式机枪出厂后即通过不同方式出口到中国，并被中国大沽船厂、四川、广东等地兵工厂仿制，但出品质量不高，亦未大规模制造，这“皆因无图样，故尺寸不准确，其所采用钢材亦不适宜”。[③] 此后经过与其他品牌轻机枪对比，确认捷克式“构造坚牢，分解结合使用方便”，遂确定其为制式轻机枪。[④] 兵工署向捷克布诺工厂购买样板、图纸，交由巩县兵工厂制造，遂渐成规模。全国抗战爆发后，各兵工厂均统一制造捷克式机枪，使其产量逐年上升，总产量估计约4万挺。[⑤] 加上早期及全国抗战初期购买的原装ZB－26式机枪，国民党军装备的捷克式机枪约7万挺。[⑥]

不过捷克式机枪的大量生产及装备是在1941年之后。国民党军在较长一段时间实际装备其他多种型号的轻机枪。这些机枪少部分为中国仿制，多数系从国外购买，其结构、质量、性能参差不齐，且皆与捷克式存在着明显区别。国民党军的轻机枪装备并非人们所认为的是“清一色”的捷克式，而是多国各型机枪混搭使用。

国民党军使用的仿制轻机枪主要有上海制造局仿制的法国哈奇开斯（Hotchkiss）M1908式7.92毫米机枪、金陵兵工厂仿制的法国绍沙（Chau-

① 钱伯英等：《现代步兵轻重武器详解》上册，第1页。

② 《中国战史大辞典——兵器之部》（上），第337页。

③ 《四年来兵工整理经过报告》（1939年），战史编纂委员会档案，中国第二历史档案馆藏，787/2037。

④ 王国强：《中国兵工制造业发展史》，第103页。

⑤ 参见章慕荣《日本侵华时期国民政府陆军武器装备建设之考察》，《抗日战争研究》2008年第1期。

⑥ 火器堂堂主：《抗战时期国军轻武器手册》，第85页。

chat）M1915 式 7.92 毫米机枪、奉天兵工厂仿制的日本大正十一式 6.5 毫米机枪（俗称“辽造十七式机枪”）、四川兵工厂仿制的瑞士启拉利（Kiraly）KE－7 式 7.92 毫米机枪。[①] 这些武器或是相当早期的产品，或是十分失败的设计，唯有四川仿制的启拉利机枪结构紧凑、重量较轻、综合性能较好。而上述机枪的产量均小得可怜，生产最多的启拉利机枪，至 1939 年停产时总共也才出厂 3000 余挺。

由于对轻机枪的持续渴求，中国军队在各个时期不断引进外国生产的各式轻机枪。早期引进的除了上述仿制枪的原型外，还包括丹麦麦德森（Madsen）7.92 毫米机枪、法国哈奇开斯 M1922 式 7.92 毫米机枪、比利时 FN 勃朗宁（Browning）M1930 式机枪等几种。这几种机枪性能并非完美，但均是成熟的设计：麦德森机枪结构陈旧但性能可靠；哈奇开斯 M1922 式机枪是一战之后的新型号，“能连续发射多数子弹，而不易生故障，且有灭音灭光之装置”，在捷克式机枪引进之前曾被拟为国民党军制式轻机枪；勃朗宁机枪也是新式机枪，“其发射速度，可依射击者之需要而变更，且坚固耐久”。这些机枪性能多优于日军的“歪把子”。从战前至海路断绝时，上述三种机枪均在持续引进，装备量分别约为 3000、3500、15000 挺。[②]

苏制轻机枪是外购机枪的另一大宗。1937—1940 年苏联向中国输出军火的品种中，有马克沁—托卡列夫（Maxim－Tokarev）和捷格加廖夫（Degtyarev）DP－27 式两型机枪，口径均为苏制的 7.62 毫米。马克沁—托卡列夫机枪是托卡列夫将马克沁重机枪减重设计出的轻机枪，但仍十分笨重，是苏军已经淘汰的产品；不过捷格加廖夫 DP－27 机枪是苏军主战装备，结构简单，火力旺盛。此两种机枪引进量分别为 1500 挺和 5000 挺。[③]

战争后期，加拿大生产的布伦（Bren）式机枪成为国民党军主要使用的进口机枪。捷克式机枪的成功，使得英国也采用了它的设计，由英联邦

---

① 《中国战史大辞典——兵器之部》（上），第 341—343 页；《中国近代兵器工业》，第 35—36 页。

② 《现代步兵兵器图表解》上册，第 16—19 页；《制式兵器会议规定的制式兵器一览表》（1932 年 6 月），中国近代兵器工业档案史料编委会编《中国近代兵器工业档案史料》第 3 册，兵器工业出版社，1993，第 459 页；火器堂堂主：《抗战时期国军轻武器手册》，第 90—100 页。

③ 王正华：《抗战时期外国对华军事援助》，第 100—121 页。

的兵工厂大量生产。英制捷克式机枪被称为“布伦机枪”，采用了英制的7.7毫米口径，在工艺、火力持续性上较之原型更为优秀。[①] 根据租借法案，美国为国民政府购买了1万多挺加拿大制造的布伦机枪，不过运到国内的甚少，仅驻印军装备较多；此后美国还专门要求厂方将机枪的口径改为7.92毫米，在战争的最后时期交付给使用美械的国民党军数十个师。[②]

由于捷克式机枪的生产滞后，国民党军轻机枪装备长期处于“万国杂处”的状态，常常是同一个师装备了3—5种不同的轻机枪。不同型号的轻机枪一旦混用，对于火力之发挥、战术之使用以及补给之实施，均有不利影响。这是国民党军轻机枪装备最大的弱点。好在上述机枪中的多数，性能优于日军使用的大正十一式轻机枪，若合理使用，尚能取得较好的效果。国民党军在战术层面上少数可圈可点之处，均与轻机枪的灵活应用有关。然而，若论及国民党军重机枪的装备和使用情况，则远不如轻机枪乐观。

中国在清末即开始引进并装备重机枪，作为支援连排级步兵作战的重要火器。北洋时期各厂曾仿制过数型重机枪，但最终较为成功的仅有汉阳兵工厂仿制的美国柯尔特（Colt）勃朗宁M1917式机枪和金陵兵工厂仿制的德国马克沁（Maxim）MG08式机枪，而后者最终成为战时国民党军的制式重机枪。

美制柯尔特勃朗宁M1917式机枪，是枪械大师勃朗宁设计的水冷重机枪，二战初期美军曾一度使用。[③] 汉阳兵工厂仿制的M1917式机枪被称为“三十节”式机枪，因为该枪试制成功之日是民国10年（1921）10月10日。三十节式的设计和原型枪差别不大，仅改口径为7.92毫米，该枪“出于马克沁机关枪之后，比诸马克沁有减轻重量、增大射角方向角、添设弹带箱等改良，但坚牢之程度，不如马克沁”。[④]

尽管性能优良，但由于该枪系“民国七年我国参观团所窃取美国贺柘式枪枝图样仿制者”，纯由汉阳兵工厂技师根据这份来路不正的图样逆向

---

① Chris Bishop eds., *The Encyclopedia of Weapons of World War II* (New York: Barnes & Noble Books, 1998), p. 243.

② 《国民革命建军史 第三部 八年抗战与戡乱》(2)，第1447—1465、1513—1523页。

③ 《中国战史大辞典——兵器之部》(上)，第493页。

④ 《现代步兵兵器图表解》上册，第31页。

仿制，耗时 3 年而成，[①] 因而三十节式机枪的“尺寸公差及技术要求标注不全，且未经严格尺寸验算，加之材料疵病等原因，致使产品质量不高”。1928 年的一份报告显示，在所有的三十节式机枪中，“连发 200 余发以上者，最好批仅占 34.4%”，说明此种“山寨”的勃朗宁机枪可靠性相当差。[②] 虽然 1934 年兵工署曾经向原厂索要过正规图纸，但未能成功，这使得三十节式终归未能成为制式武器。

不过因为问世较早且各厂均有生产，所以在抗战时期仍没完全停产。20 余年中三十节式机枪总产量估计超过了 1 万挺。因而战时国民党军中该枪的装备量应该相当可观。[③]

马克沁机枪是军事史上的伟大发明，1884 年问世，是世界上第一种真正成功地以火药燃气为能源的自动武器。马克沁机枪设计成熟并采用水冷却枪管，“以其各部件机构之灵巧，机件之坚牢，动作之确实，实非他种机枪所可比拟，且能经久射击，发挥强大火力”。[④] 中国自清末至民国 20 年前后均多有仿制，但其间各厂制造的马克沁机枪质量不高，其原因与同时期的三十节式机枪类似。

1934 年，德国向国民政府赠送了德制马克沁 MG08 式机枪的全套图纸，随后交由金陵兵工厂仿造改良，一年后即告成功。改良后的马克沁机枪定名为“二四式”，成为国民党军制式重机枪。之后迭经改进，工艺和可靠性不断提升，成为全国质量、性能最好的重机枪。[⑤] 德驻华总顾问法肯豪森（Alexander von Falkenhausen）认为，“我军现时所使用之机关枪虽然是二十五年以前的马克沁式，但在实战时并不很坏”。[⑥] 二四式机枪定型之后即大量制造，仅金陵兵工厂（含后来的第 21 兵工厂）就生产了超过 1.5 万挺，[⑦] 加上其他厂制造的，国民党军装备的二四式机枪应当在 2 万挺左右。

---

① 钱伯英等：《现代步兵轻重武器详解》下册，第 119 页。

② 《中国近代兵器工业》，第 37 页。

③ 火器堂堂主：《抗战时期国军轻武器手册》，第 110 页。

④ 《中国战史大辞典——兵器之部》（上），第 336 页。

⑤ 《中国近代兵器工业》，第 36—37 页。

⑥ 戚厚杰、徐志敏选辑《德国军事总顾问法肯豪森演讲纪要（下）》，《民国档案》2005 年第 2 期。

⑦ 火器堂堂主：《抗战时期国军轻武器手册》，第 111 页。

除上述两种机枪之外，国民党军还少量装备其他几种进口重机枪，包括来自日本的三八式、大正三年式两种6.5毫米机枪，以及战争初期向捷克购买的ZB－37式机枪、向法国购买的哈奇开斯M1914式机枪、苏联援助的索科洛夫（Sokolov）马克沁M1910式机枪。上述几种重机枪装备量在数百至一千余挺不等。①

和日军普遍装备的九二式重机枪相比，国民党军的重机枪装备在性能上大致相当。但以二战的技术水平来讲，无论是三十节式还是二四式均已经落伍，当时世界先进水平的重机枪已经完成了轻量化设计，机动性已大大增强。国民党军使用笨重的重机枪在战场上由于转移不便，容易被日军步兵炮逐个点名消灭，生存力不强。郭汝瑰就回忆："敌人的'三·七'平射炮又是专门对付机关枪的，很快就能瞄准，只听见'卡……孔'一声，机枪就完了。"很短时间内，他所在的旅所属之36挺重机枪中，就只剩下4挺。② 陈旧的重机枪装备，使得国民党军在战场上付出了相当沉重的代价。

冲锋枪的装备和使用，在国民党军的枪械装备史中十分曲折。作为一战后期诞生的新式武器，冲锋枪（手提机关枪）在1920年代就在一些中国军队中装备，并在全国抗战初期用于对日作战。然而随着国民党军武器的制式化，冲锋枪却在国民党军装备序列中悄然失去了原先的位置，直到抗战末期美援冲锋枪的引进，此种武器才重新装备国民党军。

德国在一战中发明的柏格门（Bergmann）MP－18式9毫米冲锋枪及其战后改进型MP－28式，通过不同渠道流入中国之后，受到欢迎。在1930年代的军事教材中，编者对其不吝溢美之词："构造轻便，提在手中，即可发射"；"开关灵便，无论用站、跪、卧姿射击，均能快装快放"；"闭锁机关构造简便，其重量较轻于步枪，而长度则较短于马枪"。③ 采用简化的机械结构及使用手枪的子弹，使得冲锋枪轻便而近距离火力凶猛。这些特点十分符合内战时期各路武装的需要，因而柏格门冲锋枪被国内如上海、金陵等兵工厂仿制并改口径为7.65毫米或7.63毫米，总产量在8000

① 火器堂堂主：《抗战时期国军轻武器手册》，第111—120页。

② 《郭汝瑰回忆录》，第115—116页。

③ 钱伯英等：《现代步兵轻重武器详解》上册，第1页。

支左右。[①]

国人对于冲锋枪的创造性发掘，在于对美国汤姆生（Thompson）M1921 式 11.43 毫米冲锋枪的改造之上。该枪在原理上类似柏格门冲锋枪，但由于可以使用更大型的供弹具，火力更加旺盛，在 1920 年代的美国常被黑帮使用而声名狼藉。[②] 在 20 世纪二三十年代中国的广东、山西、四川兵工厂曾大量仿制，而且后二者还创造性地将其改制为轻机枪供给部队使用，总产量大概有 3 万支之多。[③]

此两型武器属于早期冲锋枪，存在着工艺不够简单、重量不够轻便的问题；而与机枪、步枪相比，其子弹在射程、侵彻力上也明显不足。然而作为自动武器，被命名为手提机关枪的冲锋枪在国内战争中曾大放异彩。可是 1930 年代国民党军在进行武器制式化的尝试中，却十分遗憾地将此种兵器移除出制式武器名单。盖当时相对保守的军事理论只承认轻、重机枪是步兵连排级作战的支援火器，而单兵武器依然是历史悠久的步枪。作为新生事物的冲锋枪在装备序列中找不到合适的位置，只能被排除出编制。

讽刺的是，二战的实践恰恰证明了冲锋枪作为单兵近战武器的重要价值。[④] 而且，保守的日本陆军在二战中也拒绝使用冲锋枪，倘若国民党军班排级单位装备有此种兵器，那么很多小规模战斗的情况可能会有些变化。然而直到抗战末期，随着美国军事援助全方位的引入，冲锋枪才重新成为国民党军的主要步兵武器。此时美国装备驻印军和援助远征军的主要是汤姆生 M1A1 式冲锋枪。该枪是 M1921 式的改进型，在重量上相对较轻，其中驻印军装备了 3603 支，而国内美械部队装备了 26000 余支。[⑤] 这批冲锋枪在战场上发挥了较为明显的作用。杨伯涛回忆 1945 年湘西雪峰山战役时说，第十一师与日军 1 个联队近战，“我军拥有美械近战武器冲锋枪，数步之内向密集日军迎头扫射，日军中弹纷纷倒地，经整日战斗卒将该联队大部歼灭”。[⑥]

---

① 火器堂堂主：《抗战时期国军轻武器手册》，第 125 页。

② Chris Bishop eds. , *The Encyclopedia of Weapons of World War Ⅱ* , p. 256.

③ 《中国近代兵器工业》，第 40—41 页。

④ Chris Bishop eds. , *The Encyclopedia of Weapons of World War Ⅱ* , p. 249.

⑤ 章慕荣：《日本侵华时期国民政府陆军武器装备建设之考察》，《抗日战争研究》2008 年第 1 期。

⑥ 《杨伯涛回忆录》，第 98 页。

手枪本来是军官的防身武器，对于野战部队而言本不足以成为主战兵器，但国民党军由于缺乏自动、半自动枪械，于是手枪装备中特殊的一类——驳壳手枪遂成为步兵的重要近战火器。这是国民党军轻武器装备中的一大特色。

德国毛瑟工厂在1896年制造成功一种半自动手枪——毛瑟7.63毫米军用手枪。此枪造型与传统手枪迥异，弹仓（弹匣）位于扳机之前而非设于握把之中，其体积明显大于其他半自动手枪。虽然不便于携带，但毛瑟军用手枪“容弹多、装弹迅速、射速高、威力大、精度好，为欧美各国普遍采用”，[①] 是一个另类而成功的设计。中国自北洋时期直至全国抗战初期数十年中均在引进并仿制，官方称其为“自来得手枪”（即Self－Loading之音译）和“驳壳枪”，而民间多以“盒子炮”命名之。

除官方引进的自来得手枪，还有不少从非法渠道流入的西班牙版驳壳枪。另外，大到汉阳、巩县等大型兵工厂，小到私人修枪作坊，各式驳壳枪也在不断仿制。国民党军使用的驳壳枪，除装填10发子弹的半自动版外，还有能够装填20发的弹匣并使用枪托、可以连续射击的自动版，已无异于冲锋枪。各型卖到中国的驳壳枪估计接近10万支，而中国自行仿制并生产的驳壳枪还有3万支，数量相当可观，[②] 基本满足了部队的需要。

由于中国长期缺乏近距离自动、半自动火器，驳壳枪在中国得到了广泛的使用，“如巷战、街市之封锁、守城之阻击、近战之逆袭”，均可见驳壳枪活跃的“身影”，“在我国凡特务部队，均配属之，其价值亦可想而知矣”。[③] 抗战时期，国民党军的班排连级军官、军士以及各级特务营连排均大量使用驳壳枪。尽管性能不错，驳壳枪毕竟是手枪，威力、射程、精度均十分有限，难以填补国民党军在步枪与机枪之间的火力空白。

由于重武器的缺乏，这五类轻武器实际是国民党军武器装备中的中坚力量。综观国民党军的枪械装备情况，其技术水平与日军轻武器大致相当，但鱼龙混杂、良莠不齐的武器质量使其总体略逊于日军：步枪新旧杂陈、轻机枪型号太多、重机枪已呈老态；唯有冲锋枪的重复启用和驳壳枪

---

① 《中国近代兵器工业》，第40页。

② 火器堂堂主：《抗战时期国军轻武器手册》，第67—72页；《中国近代兵器工业》，第39—40页。

③ 钱伯英等：《现代步兵轻重武器详解》上册，第2页。

的充分发挥，是国民党军枪械装备中的两大亮点。在实际近距离对战中，国民党军在轻武器方面的劣势尚不明显。但问题在于，国民党军在重武器方面的捉襟见肘，使其在防守时难以抵挡日军的轰击，也无法在进攻中更加有效地杀伤日军。

揆诸国民党军在战争中装备和使用的重武器，大致可分为随伴步兵单位行动的各类轻型火炮、配属军（师）级单位特种兵科的各式中（重）型火炮、少量机械化部队使用的坦克和装甲车辆三类。与轻武器的装备情况类似，国民党军的重武器也是品种繁杂、型号众多；然而与国民党军的枪械装备不同的是，国民党军的火炮和机械化装备在数量上存在不同程度的缺乏，完全无法满足装备各级部队的最低要求。

按照欧洲先进国家陆军的标准，随伴步兵作战的轻型火炮中，半数以上应当属于轻武器的范畴，但以中国的实际装备水平而言，这些火炮又的的确确被划为宝贵的重装备。从类型划分，国民党军的轻型火炮装备包括轻（中）型迫击炮、反坦克炮（战防炮）、20 毫米小炮和步兵炮四类。

严格来讲，迫击炮与其他类型火炮在构造上存在较大区别，前者多为前装滑膛炮，后者则是后装线膛炮。尽管结构简单而原始，但轻、中型的迫击炮“构造简单，价值低廉，操作容易，且具有相当之威力”，[①]是随伴步兵作战最适合的武器。理论上，战场上迫击炮的用途主要在于：扑灭机枪所不能损伤的暴露和隐蔽的目标；对付其他火炮无法直射的目标；当炮兵火力不足时，代替其攻击近距离目标。[②] 由于成本低廉且制造容易，国内多个兵工厂可以生产足够数量的中小口径迫击炮来装备部队；而战时其他火炮的缺失，导致迫击炮在很多时候取代了步兵炮甚至更高级别的山、野炮的功能，成为多数时间国民党军作战时唯一可以依赖的曲射支援火力。

国民党军所使用的迫击炮中，82 毫米中型迫击炮与 60 毫米轻型迫击炮是最为普遍的种类。一战之后，国内各兵工厂仿制英国一战时期设计的斯托克斯（Stokes）式迫击炮，口径为 80—84 毫米。1920 年代法国布朗得（Brandt）工厂在斯托克斯迫击炮基础上进行了重大改进，造出了口径为

---

① 《现代步兵兵器图表解》上册，第 62 页。

② 钱伯英等：《现代步兵轻重武器详解》下册，第 2 页。

81 毫米的新式迫击炮，约在 1931 年金陵兵工厂引进了此种设计，仿制成功了“二十年式”八二迫击炮，其与布朗得炮最大的区别在于口径改为 82 毫米。[①] 布朗得迫击炮使用十分方便，并可以使用多种弹药，其重量不到 60 千克，而射程为 1900 米，是一种灵活而高效的武器。[②]

“二十年式”八二迫击炮本拟作为团以下火器装备，但由于山、野炮的奇缺，82 毫米迫击炮也就由“丫鬟”变成了“小姐”，成为抗战时期国民党军师属炮兵营的主力火炮，一个营装备 36 门迫击炮。[③] 82 毫米迫击炮在成本和使用上较传统的步兵炮（如日军大队一级广泛装备的九二式 70 毫米步兵炮）有优势，但精度和射程不如后者，大致同属于一个档次的火器，欲使其覆盖更高级别的山、野炮之战术功能，成为师一级的支援火力，实在是太过勉强，然而战时国民党军的各军、师正是如此不得已而强为之，其战地火力之匮乏可想而知。82 毫米迫击炮自 1932 年开始生产至抗战结束，产量大约为 9000 门，为国民党军抗战起到了非常重要的作用。[④]

战时的几种编制均设置了营迫炮排的建制，这就要求国民党军为其配备相应的火炮。有鉴于此，国民党军在抗战之中的 1942 年仿制了布朗得 60 毫米迫击炮，命名为“三一式六〇迫击炮”。该炮较 82 毫米迫击炮轻便，全重仅 18 千克，而射程可以达到 1400 米，对营连级步兵作战十分有利。[⑤]

按照编制，每个步兵营共计装备 18 门 60 毫米迫击炮，但实际远远达不到这个指标。[⑥] 不过，自 1942 年问世至抗战结束，60 毫米迫击炮生产了 6000 余门，有效地支援了抗战后期步兵营以下的作战。[⑦] 在抗战末期美援到来后，美制 M2 式 60 毫米迫击炮慢慢取代了国械，其性能与三一式不相

---

① 王国强：《中国兵工制造业发展史》，第 53 页。

② Chris Bishop eds. , *The Encyclopedia of Weapons of World War Ⅱ* , p. 202.

③ 《陆军第六军暂编第五十五师现有枪炮弹药统计表》（1941 年 6 月 9 日），战史编纂委员会档案，中国第二历史档案馆藏，787/2512。

④ 《中国近代兵器工业》，第 52 页。

⑤ 《中国战史大辞典——兵器之部》（上），第 329 页。

⑥ 《陆军第十八军第十一师三十四年现有武器种类数量暨待补数量表》（1945 年），战史编纂委员会档案，中国第二历史档案馆藏，787/2516。

⑦ 《中国近代兵器工业》，第 52 页。

伯仲。

除了“打遍天下”的迫击炮外，国民党军轻型火炮中最重要的当数多个型号的反坦克炮。从世界武器装备发展史来看，坦克在一战中期问世时鲜逢敌手，此后各国陆军纷纷思考克制之法，最终多选择使用长身管的加农炮作为反坦克火炮，直到二战爆发时，这种专业的反坦克武器才正式登场。在中国战场，最初担负反坦克任务的主力是20毫米小炮，一段时间后数型正式的反坦克炮才装备部队，配备于各军、师属战防炮营、连和数个直属统帅部的战防炮团。[①]

国民党军在全国抗战初期使用的反坦克炮系德制 Pak35/36 式 37 毫米和意大利制百禄（Böhler）M1935 式 47 毫米反坦克炮。这两种火炮均在战争初期引进，是当时较为先进的装备。Pak35/36 式是德国最早生产的反坦克炮，在西班牙内战和入侵波兰的战役中产生了较好的效果，之后由于侵彻力有限而很快退居二线。[②] 但对于中国战场来说其绝对是一种先进武器，使用过该武器的军官认为该炮使用橡皮轮胎并有减震设备，适合汽车牵引；600—900 米的距离可以有效击穿日军坦克装甲；瞄准具先进，操作简便且适合对运动目标射击。[③] 百禄 47 毫米反坦克炮是奥地利百禄工厂的产品，后被意大利仿制并出口。较之德制 37 毫米炮，百禄炮是一型具有反坦克能力的多功能火炮，除了对抗装甲目标外，还兼具步兵炮和山炮的功能。[④]

国民党军在战前进口了 60 门 Pak35/36 炮，主要装备了少数调整师和装甲兵团；同一时间意大利也出口了相当数量的百禄 47 毫米炮到中国，与前者搭配使用。[⑤] 值得一提的是，大约 100 门 Pak35/36 反坦克炮的散件在 1938 年运抵中国，国内兵工厂随即按照图纸组装，1942 年正式定型并命名为“三十年式”37 毫米战防炮。该炮组装完成了 94 门后因材料无着而被迫停产。[⑥]

---

① 参见瀛云萍《我在战车防御炮部队的经历》，《文史资料选辑》第 139 辑，第 193—198 页。

② Chris Bishop eds. , *The Encyclopedia of Weapons of World War Ⅱ* , p. 183.

③ 柳届春：《胡宗南在西北所控制的机械化部队》，《文史资料选辑》第 139 辑，第 200 页。

④ Chris Bishop eds. , *The Encyclopedia of Weapons of World War Ⅱ* , pp. 186 - 187.

⑤ 滕昕云：《抗战时期陆军武器装备——步兵炮、防空火炮篇》，台北，老战友工作室，2003，第 34、37、43 页。

⑥ 《中国近代兵器工业》，第 48 页。

性能优越的德制火炮引进中断后，国民党军接收了苏联援助的两种反坦克炮：M1930 式 37 毫米和 M1932 式 45 毫米反坦克炮。前者是 Pak35/36 的苏联仿制品，其品质低劣，性能也不若原版先进，据参与引进的王国章回忆，苏制 37 毫米炮“制造质量很坏，并已用旧，磨损程度极为严重，不可能保证射击精度”。[①] 后者是 37 毫米火炮的升级版，在原有炮架上换装了更大口径的火炮以提高威力。苏制 37 毫米炮引进了约 300 门，45 毫米炮引进了不到 100 门，分别装备了 4 个独立战防炮团。[②]

在战争后期美制 M3 式 37 毫米反坦克炮装备了远征军和采用美械的 1945 年甲种编制部队。无独有偶，这也是 Pak35/36 火炮的仿制品，与苏械不同的是制造质量较好。虽然自问世之日其侵彻力已不足以用于欧洲战场，但在太平洋战场该型火炮还是发挥了较好的效果。[③] 此种火炮在中国的装备量不少，除驻印军装备的 30 门外，国内的 30 个美械师还应装备 300 门以上该型火炮，唯其实际装备部队之时，抗战已经临近结束。[④]

各型反坦克炮在技术上虽不先进，但由于日军装甲力量始终不强大，上述火炮在各次会战中均发挥了效力。譬如台儿庄战役时，杜聿明率领的战防炮部队就一面打击了日军车队，击毁了日军坦克；一面还利用榴弹攻击日军机枪点，取得了显著的效果。[⑤] 最大的问题在于中国无法自制反坦克炮，从德、苏等国引进的这区区数百门火炮，根本无法满足所有军、师直属战防炮部队的需要，只好优先组建数个战防炮团，在会战开始前临时加强到各部队。反坦克炮数量不足，又如此使用，其对于战争的作用自然小之又小了。

20 毫米小炮属于长身管的小口径自动加农炮，在战前的数个编制中曾作为制式武器装备，全国抗战前就较为广泛配置到国民党军的数十个师，并一直使用至抗战后期。此种火炮产生于一战后期，系专为克制欧洲战场的新兵器——飞机和坦克而设计。具体用途是：直瞄射击装甲车辆、射击

① 王国章：《国民党炮兵兵器工业的几件往事》，《文史资料存稿选编·军事机构》（下），第 170 页。

② 滕昕云：《抗战时期陆军武器装备——步兵炮、防空火炮篇》，第 45—46 页。

③ Chris Bishop eds. , *The Encyclopedia of Weapons of World War Ⅱ*, pp. 188 - 189.

④ 王正华：《抗战时期外国对华军事援助》，第 287 页；章慕荣：《日本侵华时期国民政府陆军武器装备建设之考察》，《抗日战争研究》2008 年第 1 期。

⑤ 杜聿明：《台儿庄大战中的战车防御炮部队》，《原国民党将领抗日战争亲历记·徐州会战》，第 205—207 页。

飞行高度在2000米以内的作战飞机、射击机枪巢以及其他火炮。[①] 全国抗战爆发之前，20毫米小炮十分流行，受德国顾问的影响，国民党军曾购买了相当数量的各型小炮，装备到各个调整师。[②]

国民党军装备的20毫米小炮主要有4种，分别是瑞士厄利孔（Oerlikon）Mc. S式、意大利伯莱达（Breda）M1935式、瑞士苏罗通（Solothurn）S5-106式、丹麦麦德森M1935式。这几种火炮中，厄利孔炮引进最早，麦德森式最迟购入。就性能而言，厄利孔炮稍弱，后3种火炮相差不大。这4型20毫米小炮均可连续发射，既可以高射又可以平射，炮架携带可拆卸的轮子，便于随伴步兵行动。[③]

抗战时期国民党军装备了数百门20毫米小炮，除装备各师外，还集中编配在数个独立炮兵团之中。实战中这些小炮在防空和反坦克作战中显示了一定的威力，[④] 但也存在明显的不足。德国顾问法肯豪森在1938年的讲演中提到，在防御战车中，20毫米小炮“对于坚固之战车是否生效仍属疑问，故以采用四公分或四公分七之战车防御炮较为适宜”；而在对空作战中，无法机动的20毫米小炮，“不仅转移困难，而且影响命中公算”，“我军目前所用之小钢炮如苏罗通，不能认为最好高射武器”。[⑤] 足见20毫米小炮性能本身局限，加之装备数量不足这一老毛病，其对于国民党军战场火力的支持实在有限。

迫击炮、反坦克炮、小炮之外，国民党军还少量地装备了一些其他型号的步兵炮。主要型号有仿制日本大正十一式37毫米步兵炮而成的辽十四式和汉造三七平射炮，[⑥] 以及从德国进口的两种75毫米步兵榴弹炮：leIG18式和leIG L/13式。[⑦] 其中37毫米步兵炮威力较小；而德制火炮杀伤力较大，比日军使用的九二式70毫米步兵炮优越。然而由于上述火炮产

---

① 钱伯英等：《现代步兵轻重武器详解》下册，第2页。

② 《德国军事顾问佛采而关于整顿中国军队致蒋介石呈文两件》，《民国档案》1988年第4期。

③ 《现代步兵兵器图表解》上册，第44—57页。

④ 滕昕云：《抗战时期陆军武器装备——步兵炮、防空火炮篇》，第13、25—30页。

⑤ 戚厚杰、徐志敏选辑《德国军事总顾问法肯豪森演讲纪要（下）》，《民国档案》2005年第2期。

⑥ 《中国近代兵器工业》，第47—48页。

⑦ 滕昕云：《抗战时期陆军武器装备——步兵炮、防空火炮篇》，第51—60页。

量或进口量实在太少，以致绝大多数步兵团直属之步兵炮连多以装备迫击炮代替，对于敌军火力点以及集群步兵无法直接有效杀伤。

国民党军装备的多数山、野炮，以欧洲和日本的标准而言，算作中型火炮都嫌勉强；只有一些口径在 100 毫米以上的榴弹炮，才算得上真正的重装备；此外，国民党军还装备了一些 120 毫米、150 毫米迫击炮，但仅口径符合标准，其他指标均达不到重炮的要求，仅能算作中型火炮。

各式各样的山、野炮是国民党军军、师级单位的主要支援火力。以二战的标准而言，参战国的军、师级火炮大多为口径在 100 毫米以上的榴弹炮或加农炮，但国民党军实力太弱，只得以他国多用作团直属火炮的山、野炮充当军、师属炮兵团（营）之装备。

山炮重量较小，可以拆卸为数个部分由骡马驮载，便于山地部队使用，但此种设计，导致其威力稍小、射程不足。不过对于国民党军而言，相对低廉的价格和简单的工艺，是引进和仿制并装备山炮的原因。国民党军使用的山炮口径均为 75 毫米，主要有沪造六年式山炮［仿德国克虏伯（Krupp）旧式山炮］、汉造十年式山炮（仿日本四一式山炮）、战前从德国购买的瑞典造博福斯（Bofors）M1930/34 式山炮和战争后期美国援助的 M1A1 式山炮。

在从德国引进新式山炮之前，国民党军主要使用六年式山炮和十年式山炮。前者是清末江南制造总局仿德国克虏伯 14 倍径火炮制造而成，“许多技术工艺到了一次大战时就已经落伍，无论炮口初速、射程、炮弹威力等，均无法适应现代化战争的要求，差不多只及步兵炮的层级而已”。[①] 十年式山炮除被汉阳兵工厂仿制外，还分别被太原兵工厂和奉天兵工厂仿制，称“晋十三年式”和“辽十四年式”山炮。该炮原型系日本四一式 19 倍径山炮，在结构和射程上均优于旧式克虏伯山炮，[②] 是日军在战时联队（团）属山炮中队的主力装备。此两种火炮产量分别约为 500 门和 800 门，[③] 抗战时期，此类火炮为实力较差的军、师所属山炮营之主力装备，在与日军对抗中处于全面下风。

国民党军一部分独立炮兵部队和少数军、师所属炮兵营装备了从德国

---

① 滕昕云：《抗战时期陆军武器装备——野战炮兵篇》，第 26 页。

② 《中国战史大辞典——兵器之部》（上），第 323—324 页。

③ 《中国近代兵器工业》，第 45—46 页。

引进的瑞典博福斯（文献多称“卜福斯”）工厂制造的山炮。该炮的装备量仅 120 门，但是战时国民党军最为犀利的武器之一。该炮用料上乘，设计精妙，可以拆卸为 8 大件由 4 匹马或 6 头骡子驮载；尽管质量不大，该炮却拥有 9000 米的最大射程，不弱于野炮。[①] 另外，该炮附带观通设备，炮弹使用复装药，适应对各种目标的射击，精度极高。[②] 国民党军对于该炮十分满意，炮兵为数不多的经典战例也与此炮有关，[③] 唯博福斯炮数量太少，不敷使用，使国民党军大为苦恼。

战争后期，美制 M1A1 式山炮装备了驻印军和部分远征军，成为师属标配火炮。该炮是美国专门为山地和空降兵设计的火炮，可以方便拆卸为 6 件；和博福斯山炮类似，该炮也拥有近 9000 米的射程。[④] 美制山炮在印缅战场上发挥了作用，而临近战争结束时，各军、师炮兵营纷纷前往昆明换装此炮，使得美制山炮迅速成为战后初期美械师之主力火炮。[⑤]

野炮与山炮最大的不同在于其不可拆卸，由挽马拖曳前进，炮身较长，属于加农炮，射程和威力普遍大于山炮。国民党军独立炮兵部队和各军、师野炮的装备量略小于山炮，主要的型号有汉造 75 毫米野炮、辽造十三年式 75 毫米野炮、辽造十四年式 77 毫米野炮、晋造十八年式 88 毫米野炮、苏制 M00/02 式 76.2 毫米野炮、法制 M1897 式 75 毫米野炮，其中装备量较大的是汉造野炮、辽造一三式野炮、苏制野炮这三种火炮。

汉造野炮的原型为克虏伯 M1903 式 75 毫米野炮，其倍径为 29 倍，因而该炮在射程上较之同时代的山炮略有优势，达到 6000 米。日本对此炮也有引进，仿制品即大名鼎鼎的“三八式”野炮，其性能与原型炮相差不大，唯射程有所增加，达 8000 米以上，奉天兵工厂仿制了三八式野炮，即十三年式野炮。战时国民党军装备的，既有原版克虏伯野炮，又有日本三八式野炮，还有它的两种国内版，通称为“克式野炮”。[⑥] 各类克式野炮的

---

① Chris Bishop eds., *The Encyclopedia of Weapons of World War Ⅱ*, p. 199.

② 《杨伯涛回忆录》，第 40—41 页。

③ 淞沪会战时，位于浦东装备该炮的炮兵第二旅频频命中日军，被誉为“浦东神袍”，参见蔡忠笏《浦东“神炮”立奇功》，《原国民党将领抗日战争亲历记·八一三淞沪抗战》，第 225—227 页。

④ Chris Bishop eds., *The Encyclopedia of Weapons of World War Ⅱ*, p. 200.

⑤ 滕昕云：《抗战时期陆军武器装备——野战炮兵篇》，第 24 页。

⑥ 滕昕云：《抗战时期陆军武器装备——野战炮兵篇》，第 30—38 页。

装备量计有200门以上，数量本来不足，质量更是低下，最大的问题在于精度："射击距离愈大，偏差愈大，如行夹叉射击，近夹叉之炮弹甚至会危及我第一线步兵。"① 日军一个师团装备的虽然也是三八式野炮，但数量多达36门，且已经是改进版，最大的射程达到11000米，与国民党军相比具有较大优势。②

奉天兵工厂仿制奥地利百禄M1918式77毫米野炮而成的十四年式野炮，和太原兵工厂仿制德国格鲁森（Gruson）式88毫米野炮而成的十八年式野炮，在设计和指标上均大大优于克式野炮和日军的改进型三八式野炮，射程都超过10000米，但战时装备量太少，未能充分发挥优势。③

全国抗战初期苏联援助的近200门M00/02式76.2毫米野炮在很大程度上解了国民党军缺乏合用野炮的燃眉之急。这些野炮都是帝俄时期制造的旧炮，其在射程和威力上均优于日军同档火炮，但已经是苏联红军半淘汰的装备，与二战时期苏军大量使用的同口径野炮存在较大差距。④ 这些火炮在中国战场上取得了不俗的战绩，但因为较差的制造质量和过重的质量，深为国民党军官兵诟病。⑤

有意思的是，苏联还将少量库存的法制M1897式野炮也提供给国民党军使用。尽管制造时代较早，但该炮在二战初期仍大量使用，性能不俗。论者有较高评价："该炮是第一次世界大战时最佳野炮，抗战时我兵工厂配合该炮所造新榴弹，射程可达一万一千公尺，稍补我国当时重炮稀少之缺憾。该炮运动便捷，战况危难时，炮兵可在困难地形中突围，豫中会战我炮兵有实例。"⑥ 惜乎该炮装备量同样太少，未能对战场产生明显的作用。

---

① 黄润生、彭广恺、于翔麟：《抗战前后国军炮兵之变革及对作战之影响》，台北《中华军史学会会刊》第10期，2005年4月，第103页。

② Military Intelligence Division, *Japanese Field Artillery* (Washington: United States Governmental Printing Office, 1944), pp. 32－33.

③ 《中国近代兵器工业》，第46—47页。

④ Chris Bishop eds., *The Encyclopedia of Weapons of World War II*, pp. 146－147.

⑤ 滕昕云：《抗战时期陆军武器装备——野战炮兵篇》，第40页。

⑥ 黄润生、彭广恺、于翔麟：《抗战前后国军炮兵之变革及对作战之影响》，台北《中华军史学会会刊》第10期，2005年4月，第121页。

100 毫米以上的榴弹炮在国民党军炮兵装备中被划为重炮。二战中各主要参战国的师属火炮，多系此一级别的火炮。形成鲜明对比的是，在国民党军方面这些重炮却属于稀缺装备，常常被统帅部捏在手里作为战略武器投入关键的会战之中。国民党军使用的重炮有辽造十四年式 150 毫米、辽造十九年式 150 毫米、德制 32 倍径 150 毫米、德制 sFH18 式 150 毫米、德制 leFH18 式 105 毫米、英制 115 毫米、美制 M2A1 式 105 毫米、美制 M1918 式榴弹炮，种类虽多，但之间性能差异颇大，且数量非常不足。

辽造的两种 150 毫米榴弹炮分别仿制于日本三八式和四年式榴弹炮。三八式问世较早，性能非常落后，射程不到 6000 米；四年式系前者的改进款，射程虽有增加，但设计也不太合理，机动性不佳。[①] 这些火炮装备量约 30 门，战争初期损耗巨大。

德制 3 种榴弹炮是战争初期国民党军唯一的现代化武器，最先进的 32 倍径 150 毫米榴弹炮系德国莱茵钢铁公司（Rheinmetall）接受中国订单专门为国民党军设计的，射程在 15000m 左右；[②] sFH18 式 150 毫米榴弹炮是德军师属重榴弹炮，其炮管稍短，为 30 倍径，射程约 13000 米；leFH18 式 105 毫米榴弹炮属于德军师属轻榴弹炮，是一款设计成熟的机械化火炮，射程超过 12000 米。[③] 三型火炮的装备量分别为 24、24、48 门。[④] 从效能来讲，德制火炮性能最优，在全国抗战前期历次会战中发挥了作用，并坚持使用至战争结束。[⑤] 但使用中，德制火炮也暴露出重量过大导致机动性差、射程太远缺乏实战意义的问题。[⑥]

英制 115 毫米火炮在国民党军装备中绝对是一个异类，它在沙俄时代从英国购买，又在数十年后用于援华，数量在 80 门左右。这些火炮十分老

---

① 《中国战史大辞典——兵器之部》（上），第 325—326 页。

② 王国章：《国民党炮兵兵器工业的几件往事》，《文史资料存稿选编·军事机构》（下），第 164—166 页。

③ Chris Bishop eds. , *The Encyclopedia of Weapons of World War Ⅱ* , p. 132.

④ 滕昕云：《抗战时期陆军武器装备——野战炮兵篇》，第 48—49、62 页。

⑤ 黄润生、彭广恺、于翔麟：《抗战前后国军炮兵之变革及对作战之影响》，《中华军史学会会刊》第 10 期，2005 年 4 月，第 119—120 页。

⑥ 戚厚杰、徐志敏选辑《德国军事总顾问法肯豪森演讲纪要（下）》，《民国档案》2005 年第 2 期。

旧，重量特大，需要8匹马拉，而射程又只有5000米，据说炮兵指挥官担心其容易丢失，又发挥不了作用，在很多时候不愿意使用它。[①] 不过该炮也有成功的战例，在滇缅战场的松山战役中，115毫米榴弹炮因为弹道弯曲、发射迅速，创造了一定战果。[②]

战争末期美制M2A1式105毫米榴弹炮开始进入国民党军的序列。这是一个非常成功的设计，各项指标十分平衡，射程也能达到11000米。[③] 驻印军和远征军较早地装备了此种火炮，但数量仍显不足。驻印军装备的重炮还有数十门M1918式155毫米榴弹炮，这是美军在一战后期接收的法国武器，射程约11000米，性能与二战时期美军主力的M1A1式155毫米榴弹炮相比已显落后。[④]

国民党军的火炮装备呈现炮的口径越大、装备数量越少的现象，这是由其技术先进程度和造价高低所决定的，数百万国民党军仅拥有200多门重炮，就只有将其作为战略武器使用。国民党军装备中比重炮更为珍稀的，是100多辆各种轻型坦克。这些坦克是国民党军机械化装备的核心。

国民党军装甲兵部队的沿革非常复杂。简而言之，1929年教导第一师骑兵团下属的战车队是国民党军装甲兵部队的开始；1932年此战车队改隶于交通兵第二团，1934年战车队扩编为战车营，1935年战车营改隶交辎学校并编为战车教导营，1937年该营扩编为团，并参加淞沪会战；1938年国民党军成立第二〇〇师，下辖2个战车团，同年该师扩编为新十一军，下辖1个装甲兵团；1939年新十一军改番号为第五军，其装甲兵团之两个营调驻西安；1940年驻西安的两个营扩编为装甲兵第二营，隶属第三十四集团军；1942年第五军装甲兵团随全军入缅作战，后撤退回国；1943年驻印军成立4个战车营；1944年第五军装甲兵团独立编出成立第四十八师，辖一个战车团，而驻印军已编成7个战车营；1945年第四十八师所辖战车团

① 王国章：《国民党炮兵兵器工业的几件往事》，《文史资料存稿选编·军事机构》（下），第170页。

② 黄润生、彭广恺、于翔麟：《抗战前后国军炮兵之变革及对作战之影响》，《中华军史学会会刊》第10期，2005年4月，第121页。

③ Chris Bishop eds., *The Encyclopedia of Weapons of World War II*, p. 139.

④ 滕昕云：《抗战时期陆军武器装备——野战炮兵篇》，第61页。

离开该师序列，并开始接收驻印军战车部队的人员、装备。[①]

在这个漫长而曲折的历程中，国民党军至少装备过 7 种轻型坦克和 1 种中型坦克，分别为：英制卡登—劳埃德（Carden - Loyd）坦克、英制维克斯（Vickers）6 吨坦克、英制维克斯两栖坦克、德制克虏伯 IA 型（PzKpFw IA）坦克、意制菲亚特（Fiat）CV - 33 型坦克、苏制 T - 26B 坦克、美制 M3A3 型坦克和美制 M4A4 型坦克。

英国生产的卡登—劳埃德坦克和两型维克斯坦克是国民党军装甲兵部队的第一批装备，其中卡登—劳埃德坦克和维克斯水陆两用坦克均仅属于履带装甲车的水平，无论是质量还是防护，均相当有限，而火力也只是机枪 1 挺，极为乏弱；唯有维克斯 6 吨坦克性能较好，火力、机动和防护方面的性能较为平均，而 47 毫米主炮在当时尚属于较有威力的武器。[②] 3 种坦克的装备量分别为 18、16、16，装备了战前的装甲兵团。[③] 这些性能较弱的坦克，在全国抗战初期被分拆使用，很快就消耗殆尽。

德制克虏伯 IA 型坦克是国民党军在战前所获得的最好的装备，也是当时德军的主力装备。虽然性能指标与维克斯 6 吨坦克相似，但问世较晚，因而技术更加成熟。国民党军引进了 16 辆，用以替换之前的卡登—劳埃德坦克，但在南京守卫战中由于使用不力，均损失于日军炮火和撤退途中。[④]

1938 年意制和苏制坦克的引进，使得国民党军装甲兵部队不仅补足了缺额，还扩编为两个团的建制。意制 CV - 33 型坦克是卡登—劳埃德坦克的意大利升级版，仍装备 1 挺机枪，其性能已经十分落后；不过苏制 T - 26B 型坦克倒是当时世界上较为先进的坦克，机动性好且火力旺盛（装备 45 毫米坦克炮），防护力也足够防御日军的轻武器，是战争末期国民党军在获得美制坦克之前的最优装备。[⑤] 此两种坦克分别进口了 90、96 辆，在

---

① 王立本：《烽火中国的装甲兵（1925—1949）——中华民国陆军装甲部队建军前史》，台北，老战友工作室，2002，第 279—285 页。

② 滕昕云：《抗战时期国军机械化・装甲部队画史》，台北，老战友工作室，2003，第 3—4、24—25、30—33 页。

③ 孙建中：《国军装甲兵发展史》，台北，“国防部史政编译室”，2005，第 525—527 页。

④ 《中国战史大辞典——兵器之部》（上），第 537—538 页。

⑤ 王立本：《烽火中国的装甲兵（1925—1949）——中华民国陆军装甲部队建军前史》，第 162—167 页。

数量上首次达到了一定的规模。[①] 问题在于，坦克的数量和质量提高以后，国民党军装甲兵战术仍然相当原始，将坦克分散使用，在山地作战中逐连投入坦克部队，尽管获得了战果，但损失也相当惊人。[②]

随着海运的中断和苏援的结束，国民党军装甲兵部队在 1942 年第一次远征滇缅后即停止了活动。唯有 1943 年的驻印军装甲兵接收了相当数量的美式装备。M3A3 型轻型坦克是其主要装备，此外还有少数 M4A4 型中型坦克。这两种坦克均系美军主战装备，性能自不待言，而装备数量也不少。[③] 然而这些先进武器并未用于中国战场。

与国民党军使用的轻武器相比，国民党军重武器装备最大的问题是数量上的缺乏。轻型火炮中除迫击炮足够使用外，其他种类均相当不足；山、野炮始终无法满足大多数军、师属火炮的要求；本应装备军、师的重炮，因为数量不足只得作为战略单位独立编成，即便如此还是不敷使用。数量奇缺的同时，大多数重武器或陈旧不堪，或性能落伍，或不适用于中国战场，仅有少数几种符合战争的需要。

国民党军轻、重武器中存在的问题，与国民党军武器的来源存在直接的关系。正是国民党军兵工生产的薄弱和对外军购的局限，使得国民党军的武器在质量和数量上始终得不到满足。

第二节 武器的自造和购买

国民党军的全部武器装备，无论是枪械还是各型火炮乃至于机械化装备，在质和量上都很难满足抗战的需要，这主要缘于武器的来源始终无法得到保障。国民党军武备的来源有二：国内兵器工业的国产货和向外国购买的舶来品。此两源头中的任何一个若能提供保质足量的武器，战时的武器供应可保无虞，但在抗日战争中，国内兵器工业由于各种原因屡遭顿挫，而外国军援也几经起伏，国民党军的武备才会陷入质量和数量双重不足的境地。

---

① 孙建中：《国军装甲兵发展史》，第 530—531 页。

② 滕昕云：《抗战时期国军机械化・装甲部队画史》，第 90—91 页。

③ 王立本：《烽火中国的装甲兵（1925—1949）——中华民国陆军装甲部队建军前史》，第 216—219 页。

北洋时期，大规模的武器生产无从谈起。1915 年的一份报告显示，无论是汉阳、上海还是德州兵工厂，尽管开足马力生产，但是每日数十支七九步枪的产能，远远不能满足各部队的需要，“惟各厂机力有限，造不敷拨，应付实难”；至于火炮的生产，每月全国才出厂几尊，更是无法足额供给部队。① 不过，国内分裂的政治态势，反倒是给了一些地方兵工企业发展的机会。山西的阎锡山和东北的张作霖就利用其相对稳定的内部环境，成立了太原和奉天兵工厂，在技术和规模上一度达到了较高的水平，可以制造少量相对先进的武器。② 不过，北洋时期国内的兵工生产总体处在很低的水平。

幸而自 1928 年特别是 1931 年九一八事变后至全国抗战爆发前，国民政府在兵工生产和武器进口方面都取得了可观的进步。

在兵工生产方面，统一谋划管理兵工生产的部门——兵工署在军政部之下设立。此后在兵工署的领导下，各兵工厂开始整理旧厂、创立新厂，并做了统一武器制式的尝试。③ 1937 年的《四年来兵工整理经过报告》总结了数年来兵器工业的进步，在于“科学管理之实施”，包括“制度之变革”“成品单价之减低”“旧厂之翻新”“产量之增加”“兵工建设计划”等。值得注意的是，汉阳、金陵、巩县等兵工厂均进口了先进的车床、磨床，工作效能较之过去有极大的提高，产品产量上升，而国产野炮、轻榴弹炮也在试制之中。④ 可见此时兵器工业已然渐入正轨。这一时段兵工生产对于战时国民党军装备的最大贡献，当是步、机枪制式化的初步实现。

武器进口方面，国民政府利用此一时段与德国的良好关系，在多个层面与德国开展合作，购买德制武器只是其中一部分。实际上，德国对中国最大的帮助，在于工业体系的规划、工矿企业的建立以及军队的训练等方面。出于经济原因，国民政府此一时段直接从德国购买的武器数量并不太多，只是种类相对丰富。这些德制武器对于落后的国民党军而言无疑是珍品，而少数被德械充实的部队吸引了相当多人的“眼球”。柯伟林在书中

① 《陆军部军械司关于各兵工厂现出军火数目及分配情形清单》（1915 年 9 月 7 日），《中国近代兵器工业档案史料》第 2 册，第 160—161 页。

② 王国强：《中国兵工制造业发展史》，第 59—65 页。

③ 王国强：《中国兵工制造业发展史》，第 86—104 页。

④ 《四年来兵工整理经过报告》（1937 年），战史编纂委员会档案，中国第二历史档案馆藏，787/2037。

生动地描绘了进口的德国武器对国民党军形象的改变："到了1937年7月，南京城防配备了德制88毫米高射炮和德制防空警报系统；在南京的街道上，可以看到75毫米克虏伯大炮和亨舍尔及M. A. N. 型坦克；梅塞施密特（Messerschmitt）和斯图加（Skuka）型战斗机即将被进口以补充在国内装配的容克斯飞机……"[①] 虽然此时的武器进口较之过去有了长足的进步，但是数十门战防炮和重炮、100多门山炮、数百门小炮以及几十辆轻型坦克，对于规模庞大的国民党军来说，仅仅是一些点缀而已。

国民党军在武备极其不足的情况下开始了对日的全面作战。战争初期，地处东部地区的兵器工业与其他工矿业一道，开始了辗转西迁的历程。幸而其间国民党军进口武器的渠道尚未断绝，大量轻武器以及相当数量的重武器得以购入，暂时缓解了部队缺乏兵器的巨大压力。

当时中国最大的几个兵工厂中，除奉天兵工厂于1931年被日军占领外，其余的几个大型兵工企业如金陵、巩县、汉阳3个大厂以及广东、广西、山西、山东等地的中小型兵工厂，大多位于东部地区。兵工署在大本营的指导下，在战争爆发之后数日，即决意将上述企业全部内迁，随后兵工厂的大内迁拉开序幕。兵工厂的迁移路线有3条：北方的济南、太原两厂沿陇海线西迁至陕西后，部分转入四川；中原地区的巩县、汉阳两厂则沿铁路南下，最后迁移至湘西，也有一部分转入重庆；只有金陵、广东两厂直接迁到重庆。此外，广西的兵工厂在最后迁到了贵州。[②] 内迁的兵工厂出于保密的需要，由兵工署统一改成第××兵工厂的番号。此次迁徙的难度本来十分艰巨，又因战事增添了新的困难，1937年至1939年国内兵工厂的生产无论是种类还是产量，都不如战前。

据担任军事顾问的卡利亚金（A. Я. Калягин）回忆，1938年，"广东的兵工厂迁到了长沙，日产100支步枪、10000发子弹和400发炮弹"。而金陵兵工厂迁到重庆后，"直到1938年5月都没有开工"，随后"该厂每月的产量为重机枪45挺、迫击炮弹500发和步枪子弹80000发"。当时汉阳兵工厂"暂时还在原地生产，但准备迁到四川"。如此缓慢的生产情况，

① 〔美〕柯伟林：《德国与中华民国》，第249页。

② 戚厚杰：《抗战时期兵器工业的内迁及在西南地区的发展》，《民国档案》2003年第1期。

其结果自然是“弹药不足，军队简直一切都短缺”。[①]

不过在1939年之前，无论是海路还是陆路运输均尚未中断，国民政府的武器采购人员利用这个窗口期购入了各型装备，而接替德国援助中国的苏联，成为这一时期的武器主要供应国。全国抗战爆发之后，迫于日本的压力，希特勒政府出于自身利益的考虑，中止了与中国的军事合作，不过先前已签订合同的武器如150毫米、105毫米榴弹炮等，还是如约经海运到了中国。德援断绝后，苏援接踵而至。1937年8月《中苏互不侵犯条约》签订，10月参谋本部次长杨杰即率领“实业考察团”访问苏联，先后与苏联高层讨论4次，决定全面采购苏械并聘用苏联军事顾问团。[②] 此后中苏确立换货契约，苏联开始向中国输送武器。出于意识形态的原因，国民党方面后来对苏联援华的武器评价不高：“苏联供给中国武器，视其国防需要而后定，必须无损国防实力始行转让。对于中国的要求，须经过其军部审查，然后提经政府决定。往往苏联所提供的和中国所需求的数额，有相当大的差距。苏联援华的原则是仅支助中国足以继续对日作战而止。”[③]

德国军购武器给中国多系出自商业目的，而苏联政治的考虑确实更多。这是德、苏军援的最大区别。从性能上来讲，苏联援助中国的武器中，除T-26B型坦克外，其他轻重武器性能都较为平庸甚至落后，但就数量而言，苏械却是不少。如前所述，5万支步枪、6000多挺机枪、近百门重炮、一百多门野炮、几百门战防炮和近百辆坦克，其规模明显大于战前德械的引进。加上这一时段从欧洲其他国家购买的轻重武器，进口武器在全国抗战初期的国民党军装备中占有相当份额，其重要作用不言而喻。

随着1939年之后海上交通的断绝，国民党军的武器进口日益困难。1941年之后美国开始援华，但直至1944年美械实际运到的数量都极为有限。1939年至1944年这6年间，国民党军的武器来源逐渐由生产、采购并举，向立足国内生产转变。生产情况受客观条件所限，呈现出曲折前进

① 〔俄〕A. Я. 卡利亚金：《沿着陌生的道路——一位苏联驻中国军事顾问的笔记（1938—1939）》，赖铭传译，解放军出版社，2013，第128页。

② 中国第二历史档案馆编《中国军事代表团与苏联商谈援华抗日械弹记录稿》，《民国档案》1987年第3期。

③ 《国民革命建军史　第三部　八年抗战与戡乱》（2），第1311页。

的特点。1940 年何应钦在国民党五届七中全会上报告:“除步兵各种轻重武器已能完全自制外,刻正筹制各项炮兵器材,年内可望完成。”[①] 1941 年何应钦又指出:“械弹出品,因材料关系,各厂均有剩余机力,但对步兵所需各种轻重兵器及弹药器材,仍能源源接济,现正竭力利用国产原料,尽量赶制。”[②] 不过 1942 年的情况已有好转,各大兵工厂“经尽最大努力,均辗转迁至后方。且已大部装置妥善,陆续出品”。内迁各厂多建于山洞,可以避免轰炸,而且与军工相关的钢铁、化工产业也有了起色。[③]此后兵工产业的产能日益增加,但经费则成为新的问题,1944 年的武器生产中,除步机枪维持原产量外,其余均因经费关系,减少了 30% 。[④]

几个大型兵工厂在兵器改进和优化方面做出了有限的成绩。其中最具有代表性的是以金陵兵工厂为主体的第二十一兵工厂。据其厂长李承干在 1947 年的报告,该厂在抗战期间,完成了对马克沁重机枪、捷克式轻机枪以及 82 毫米迫击炮弹的改进。金陵厂在南京时期生产的马克沁机枪虽据正式图纸制造,但零件精度不够,不能互换,在战场使用极为不便,1943 年至 1944 年第二十一兵工厂集中人力攻关,依照规定公差重制零件,使得 1944 年后制造的马克沁机枪零件可以通用。该厂在战时开始转产捷克式机枪,起初也存在零件不能互换的问题,后历经改进,1942 年后出厂的捷克式已经实现了零件的标准化。82 毫米迫击炮弹初期系人工铸造,炮弹外壳也由生铁制成,精度、产能和装药量均不理想,第二十一兵工厂多方尝试,最后以机械翻砂的工艺代替人工,炮弹外壳亦改用半钢制成,效能大大提高。[⑤]

抗战时期各兵工厂在改进既有武器之外,还试制过数种适用于中国战场的武器。三十三式 120 毫米重迫击炮是当中最为成功的武器。该炮也是

① 何应钦:《对五届七中全会军事报告(自民国廿八年十一月至民国廿九年六月)》,《抗日战争军事报告集》(上),第 249 页。

② 何应钦:《对五届八中全会军事报告(自民国二十九年七月至民国三十年二月)》,《抗日战争军事报告集》(下),第 24 页。

③ 何应钦:《对五届十中全会军事报告(自民国三十年十二月至民国三十一年十二月)》,《抗日战争军事报告集》(下),第 148—149 页。

④ 何应钦:《对五届十二中全会军事报告(自民国三十二年九月至民国三十三年四月)》,《抗日战争军事报告集》(下),第 238 页。

⑤ 李承干:《第二十一工厂抗战期间之技术改进》,《中国近代兵器工业》,第 360—363 页。

第二十一兵工厂的杰作。进入战略相持阶段后，国民政府已经无法从外国购买山、野炮供给部队，而各军、师用以充数的82毫米迫击炮性能已经十分勉强，新编的独立炮兵更是陷入无炮可用的境地。幸而1944年第二十一兵工厂参照法国布朗得式120毫米迫击炮重新设计了这款重迫击炮，其性能超过了原型炮。三十三式迫击炮的炮弹威力大于山炮，射程大于老式的150毫米重迫击炮而略小于山炮，在阵地战中可以填补上述两种火炮的射程空缺，满足了部队作战的需要。该炮在1944年远征军强渡怒江的战役中发挥了较大的作用。①

虽然战略相持阶段的国内兵工产业承担起了重任，在产量和技术上均有力地支援了抗战，然而其不足之处也是显而易见。首先，国内兵工企业均将重心集中于武器的生产，但对于原料的增产和机器的创制，多少有些忽视。众所周知，兵器工业严重依赖于重工业特别是钢铁、化工等部门，而近代中国工业体系又十分不健全，这就要求兵工产业自行发展兵器制造的“上游”产业。但从战时后方兵工产业的情况来看，除了第二十四兵工厂系较为专业的钢铁厂，第二、二十三、二十六兵工厂一定程度带有化工厂的属性外，其他各厂都仅仅是武器组装厂的性质。②

其次，兵工生产尽管产量曲折上升，但产品种类依然很少，特别是重武器的生产，一定程度上还不如北洋时期。除了依靠外国材料组装的不到100门37毫米反坦克炮，整个抗战时期国民党军连一门山炮都没有制造出来，这不能不说是一个遗憾。

最后，战前兵工生产存在的种种痼疾如武器口径、制式的不统一，也沿袭至抗战时期。1938年德国顾问法肯豪森在讲演中曾批评说：“凡自造或购买各种武器时，应充分储备弹药，以备补充，尤其各种武器口径不同，补充更为不易。例如我军所用迫击炮口径有80、81、82数种，若以80口径炮弹补充81口径迫击炮，虽能勉强可用，但影响命中极大，反之若以81口径炮弹补充80口径迫击炮，其炮管即有爆炸可能。”③ 至1941年，这样的情况仍未有根本的改善。军委会的一份报告中称：

---

① 《中国战史大辞典——兵器之部》（上），第330页。

② 王国强：《中国兵工制造业发展史》，第111—112页。

③ 戚厚杰、徐志敏选辑《德国军事总顾问法肯豪森演讲纪要（下）》，《民国档案》2005年第2期。

> 查我国所使用之兵器，或购自外洋，或制自本国，其种类形式，多不划一，即同系本国出品之弹药，如极简单之步机枪弹，迄今尚未能通用，而在外国，此项子弹，彼此皆能互用，例如捷克式子弹而步机枪亦皆能通用，此次校阅，军政部对兵器已有着重于制式统一及产量增加之着眼，此项在目前抗战中实属一重大之事项，亟应努力推行，俾树立统一我国兵器制式之基础。[①]

在战争的最后阶段，因为美援的到来，国民党军的武器来源也随之而变。1942 年 1 月 1 日《联合国家宣言》（*Declaration by United Nations*）签订之后，美国对外军事援助的“租借法案”（*Lend - Lease Act*）对中国生效。但这并不意味着美国的武器援助随即到来。事实上，出于政治上的考虑、军事上的突变和运输上的客观困难，1944 年底之前国民党军接收的美械并不太多。美国提供的军火数量与中国的实际需要量存在巨大差距。1942 年 1 月至 4 月，中国需要的反坦克炮、山炮、步枪、手枪的数量分别为 720、720、200000、45000，但美方供给量才达 60、44、20000、442。[②]因而此时国民党军的武器仍以自制为主。1945 年初滇缅路被打通，美国也决意支持中国反攻后，大量积压在印度和刚从美国运来的各类武器开始源源不断地运到国民党军手中。据较为可信的材料证实，在战争结束的 8 月，国民党军 39 个美械师共装备了美式步枪 140660 支、冲锋枪 26907 支、轻机枪 7430 挺、重机枪 1404 挺、反坦克枪 155 挺、信号枪 737 支、反坦克炮 277 门、迫击炮 1009 门、火焰喷射器 148 具、掷弹筒 5055 具、火箭筒 286 具。[③] 分析以上数据可知，美械在种类上相当齐全，涵盖了全部轻武器和部分重武器；短短几个月数十个师的装备就能够基本到位，美械在数量上是相当可观而充足的。与以往的德械、苏械比较，美械的引进既未提出经济要求，又多系现役主战装备，其对于改良国民党军武器装备的意义不

① 《民国三十年军事委员会所属各机关自行校阅总报告》（1942 年），战史编纂委员会档案，中国第二历史档案馆藏，787/02557。

② 王正华：《抗战时期外国对华军事援助》，第 245 页。

③ 《美租借法案配发国军及中英滇部各军实收储存种数统计表》，兵工署档案，中国第二历史档案馆藏，774/1044，转引自章慕荣《日本侵华时期国民政府陆军武器装备建设之考察》，《抗日战争研究》2008 年第 1 期。

言自明。

在大量美械到手的情况下，国民党军对于自制武器的依赖程度开始下降。长期战争造成了通货膨胀、原料紧缺等困难，加上国民政府低效的管理水平，抗战后期国内兵工厂的生产已处于强弩之末；统帅部决意大批使用美械装备部队的决定，是自制武器产量下降的关键因素。1945 年中正式步枪、捷克式机枪、各式迫击炮以及相应的弹药产量与 1944 年相比，均呈现明显的下降。[①]

直至战争临近结束的几个月，国民党军的武器来源才得到了可靠而充足的保证，但仍未摆脱过度依靠外援而内在生产不足的问题。而之前的 7 年多时间里，国民党军的武器来源始终受到持续的动荡和不时袭来的匮乏之威胁，国内兵器工业底子薄、发展迟缓与国外军购之路时断时续，是国民党军武备不足的主要原因。

第三节　国民党军的军需

在这场旷日持久的反侵略战争中，物质方面的保障、供应和补给，对国民党军来说其重要性也是不言而喻的。无奈的是，国民党军的军需后勤与武器装备一样，均受制于当时中国的客观条件。属于军需范畴的军费、军粮、被服、装具、营造、马乾、掌缰等多个大项，一直处于艰难办理的状态。

所谓军需，即除武器装备之外军队日常需要的全部器材和物资，包括维持军队运行和作战的军费、供养军官和士兵的军粮、军人所需的各类服装被褥、训练和作战时使用的非武器类器具、军队驻防和作战时所居住的处所以及军用马匹所需要的草料和工具等多个方面。其中，钱、粮是至为重要的两类。抗战时期，国民党军上至军政部（主要负责部门为军需署），下至各军、师的副官、军务、军需等处，都致力于上述业务的办理。

虽然自九一八事变以来国民党高层越发清楚中日一战不可避免，但出

---

① 戚厚杰：《抗战时期兵器工业的内迁及在西南地区的发展》，《民国档案》2003 年第 1 期；章慕荣：《日本侵华时期国民政府陆军武器装备建设之考察》，《抗日战争研究》2008 年第 1 期。

于种种原因，国民党军在军需方面的准备，仍十分不充分。临战前国民党军军需的状态，基本不适合于进行大规模、全面战争。

军费开支是军需各项中最为直接的部分。来源不同的统计在具体数据上存在差异，但十分明显的是，北伐之后国民政府用于军费的开支虽然逐年上升，但和每年政府总支出增长的数字相较，其上升的幅度不如后者。按照何应钦《军政十五年》的数据，从1928年到1933年，军费开支始终占到总支出的40%以上，但此后3年中，这个比重则下滑到34%—37%；[①]而之后学者根据通货膨胀史料的统计，1931年和1932年两年军费尚占到政府总开支的50%以上，之后诸年中这个比重呈下滑趋势，在最低的1935年，军费开支仅占到总开支的27%。[②]具体数字上，在战前数年中，军费开支保持在3亿—4亿法币，仅在1936年超过了4亿法币。

以和平时期的标准来看，军费的比重不低，但作为备战状态的中国，仅仅以三四亿法币供养近200万人的军队，是远远不够的。特别是与对手日本相比，中国在军费上的准备相当不足。1936年11月日本通过了《军备充实计划大纲》，确定1937年至1942年为陆军的充实年，在日常的军费之外，还批准了14亿日元装备费，可谓“大手笔”。[③]除此之外，日军的直接军费也相当惊人，1937年的预算中，陆军军费为7.3亿日元，海军军费6.8亿日元，合计14.1亿日元，占到国家总预算的47%。[④]

针对邻国咄咄逼人的态势，国民政府也在1937年的军费预算上做出了回应。尽管历年军费预算无法落实，1936年军费“亏欠共约二千数百万元”，但1937年鉴于“国际风云”日紧，国防建设费不得不增加，“以应付非常局势”。经中政会审定，军费预算为4.12亿元，而专款2.22亿元用于国防建设和购置军械。军政部人员对此“详加研讨，严密分配，并根据核定数字，视事实之轻重缓急，确定支付预算”。在当时人看来，这是民国以来“军费预算史上之一新纪元”。[⑤]

---

① 何应钦：《军政十五年》，第140—141页。

② 中国抗日战争史学会等编《抗日战争时期重要资料统计集》，北京出版社，1997，第294—295页。

③ 《中国事变陆军作战史》第1卷第1分册，第86—87页。

④ 郭汝瑰、黄玉章主编《中国抗日战争正面战场作战记》上册，第294页。

⑤ 何应钦：《对临时全国代表大会军事报告（自民国廿六年三月至民国廿七年三月）》，《抗日战争军事报告集》（上），第72—73页。

国民党军为了应战，在粮秣、被服、马匹等方面也做了一些准备。军粮方面，军需署在各地均设置了仓库，囤积了一定数量的米面，并选定于南昌筹设粮秣厂，预定于1937年开工生产专门军食；军服方面，军政部收回了数个被服厂、制呢厂与制革厂，上述各厂使用国内材料所生产的军服能基本满足部队平时的需要；[①] 马匹方面，军政部于1936年底接管了原属陈济棠的惠州第一畜牧场，改为惠阳种马牧场，开始有计划地培育种马，提高军马质量。[②] 然而这样的准备仅能满足庞大的军队系统平时最基本的要求。一旦战争爆发，囤积的粮食将会很快消耗殆尽；军服也无法应付大量的损耗和满足激增的新兵之需要；至于马匹的囤积，种马场才仅仅是一个开始。

全国抗战初期的十数个月中，国民政府采取紧急动员机制，大大增加军费预算，将大量的资金投入军队运行和作战。据何应钦在五届五中全会上的介绍，战争全面爆发之后，国民政府在军务费、国防建设费之外，还增加了战务费一项，主要用以支付“粮秣燃料服装器材枪弹工事卫生恤赏运输人马补充增编部队各费，受伤官兵薪饷以及其他作战临时一切费用”，其额度起初只有每月军务费的1/3，但很快就激增至军务费的额度，进而超过军务费，成为军费的第一大项。[③] 1937年7月至1938年6月这一年中，军务费约达3.906亿元，国防建设费（主要用于购械）达2.667亿元，战务费却有7.2亿，合计达13.774亿元，较之战前已经是3倍有余，而其比重，也占到了国家总支出的65.48%。[④]

国民政府投入“血本”用于战争，又适逢粮食增产，因而全国抗战初期军队在费用和口粮方面尚无大的问题。军粮的购办，分为直接采购和委托购办两种方式，前者系军需署派员在后方购买粮食后，由后勤部用兵站系统向部队输送；后者系补给困难的情况下，直接由军政部发给代金，由部队自行采购。全国抗战初期的军粮补充，采用两种方式并行运作。全国

---

① 《国民革命建军史　第二部　安内与攘外》（1），第331—333页。

② 《军政部惠阳种马牧场组织规程》（1936年12月），《军政公报》第241号，1936年12月，第12—15页。

③ 何应钦：《对五届五中全会军事报告（自民国廿七年四月至民国廿七年十二月）》，《抗日战争军事报告集》（上），第176—177页。

④ 何应钦：《八年抗战之经过》，附录《抗战期间历年军费支出与国家总支出比较统计表》。

抗战初期因为粮食产量较充足，军粮的购办较为顺利。[①] 不过，战争伊始军服就成为问题。军政部过去筹办服装，均以125万人为标准，除了直辖被服厂外已需要依靠民间厂商承办。战事一起，兵员扩充，而被服厂却被迫内迁，原料也渐渐匮乏。1937年部队冬季棉服的供应就出现了问题，好在此时军费充足，赶制不及或运输困难的部队，由军政部给予代金自行筹备，暂时解决了这个难题。[②]

此种透支国家储备应对战争的做法，事实上无法维持一场长期性的战争。当战争进入漫长的战略相持阶段，中国贫弱的国力日益无法支撑庞大的军费开支。1939年军费开支15.87亿元，与1937年和1938年差距不大；1940年军费开支就翻番至39.04亿元，1941年更达74.39亿元；之后军费更是如同脱缰的野马，飙升至157.89亿元（1942年）、383.87亿元（1943年）、1012.96亿元（1944年）。数字攀升的背后，是恐怖的通货膨胀。以金价为例，1937年黄金每两100元，至1942年底升至每两5700元，上涨了57倍；1943年底升至14000元，上涨了140倍。[③] 对比这两年的军费，1942年的仅仅是1937年的11倍多，1943年的也才是1937年的27倍多。军费上涨的倍数远低于同期的物价指数，说明在进入战略相持阶段后，国民党军军费较之开战之初不断"缩水"。1942年何应钦在五届十中全会上坦陈："以有限定额之军费，应付无限增涨之物价，自感竭蹶，但最后胜利之条件，端在足兵足食足用，吾人惟有一面力求节约，一面力求充实，由节约与充实，以达到整军建军必胜必成之目的。"[④]

即便这样，对于国民政府来说也是难以负担的。1943年8月26日，行政院副院长孔祥熙在呈给蒋介石的民国33年度预算中（1944），陈明军费预算"数额庞大筹措至感困难"。孔祥熙称，根据张厉生和蒋廷黻上报的预算，军政部和航委会提出的1944年度的军费预算为862亿元，比1943年度的256.8亿元增加了近606亿元，"为数实觉过巨"。按照计划，普通机关预算30%而军费可增加50%，因而军费至多不能超过360亿元，

① 范崇斌、徐庆儒编《国民革命军后勤简史》，总后编审办公室，1999，第147页。

② 何应钦：《对五届五中全会军事报告（自民国廿七年四月至民国廿七年十二月）》，《抗日战争军事报告集》（上），第144页。

③ 何应钦：《军政十五年》，第143—144页。

④ 何应钦：《对五届十中全会军事报告（自民国三十年十二月至民国三十一年十二月）》，《抗日战争军事报告集》（下），第147页。

与862亿元相差甚大。孔祥熙认为即便是360亿元的军费，也很难支付，因为要支付这个数字，1944年政府总支出须得达到650亿元方可实施，但是当年政府总收入才达到300亿元左右，之间已经形成了一个350亿元的巨大空缺。[①] 而当年的事实是，1943年军费实际支出是383.87亿元，已经大大超过了预算；而1944年军费实际支出已经破千亿大关，无论较之862亿元还是较之360亿元的预算，同样都大大超过。由此可见，在战略相持阶段的后期，政府为了支付军费，财政已经陷于极其危险的境地。

军费不敷使用且实际购买力骤降，引发了一系列的连锁反应，军粮、被服、装具、营房、马乾、掌缰都受其影响，办理越发困难。军费不足最直接的后果，是军人薪饷根本不足以维持其生活。战前国民党军官兵的薪饷水平较高，即便在1932年之后按照所谓的"国难饷章"实发，国民党军将官每月可得到100—200元法币，校官可得100元左右，尉官的收入也有30—40元，即便是最低级的二等兵每月也有7元的饷金。[②] 在当时的低物价水平下，校官可抵乡间之大地主，尉官也不弱于小地主的收入，就连上等兵，也比一般的半自耕农强一些。[③] 但随着通货膨胀的加剧，本来足以提供宽裕生活的饷银对于军队中所有阶层来讲，已经远远不够。从1941年开始，每年均提高了官兵的薪饷给予标准。1941年各级官兵的薪饷提升尚且有限，上调幅度在20%左右。[④] 此外，从1942年起，"官佐恢复一二八以前原薪，并另发生活补助费"，较1940年增加了130%—145%；士兵的饷项，也增加了一倍。[⑤] 至1944年军官收入除薪俸外，还增加了战时加薪、生活补助、眷粮代金、副食费等项目，数字较之1940年平均增长了10多倍；士兵收入除饷项外，还增加了副食费和草鞋费，数字较1940年增长了几十倍。[⑥] 但问题在于，诚如五届十二中全会报告中说的，"凡此种

---

① 《孔祥熙呈三十三年度预算概算报告（关于军费）》（1943年8月26日），《蒋中正总统档案》，台北，"国史馆"藏，002/080102/00031/007。

② 何应钦：《军政十五年》，第139—140页。

③ 张瑞德：《抗战时期的国军人事》，第89页。

④ 何应钦：《对五届八中全会军事报告（自民国二十九年七月至民国三十年二月）》，《抗日战争军事报告集》（下），第24页。

⑤ 何应钦：《对五届十中全会军事报告（自民国三十年十二月至民国三十一年十二月）》，《抗日战争军事报告集》（下），第139页。

⑥ 何应钦：《对五届十二中全会军事报告（自民国三十二年九月至民国三十三年四月）》，《抗日战争军事报告集》（下），第232—233页。

种，实已煞费苦心，尽最大之可能。无如物价继续上涨，绝非增加此区区之待遇，所能赶上。故官兵生活，仍十分艰苦，营养不良，身体羸弱，已为普遍现象。而其眷属赡养、子女教育等费，多无法顾及”。[①] 薪饷增速远不及通货膨胀速度，这使得许多军官由于薪饷不敷开支而生活困苦。郭汝瑰战时已经担任师长，但其薪金无法维持他和夫人在重庆的最低生活，全靠其三弟不时接济度日；[②] 而官阶更低、家境困难的贾亦斌在战时的生活就更辛酸了，其患肺病的弟弟因为无钱医治而亡故，临死时向贾亦斌抱怨，“既然养不活我们，就不应该接我们出来”，此后贾家的日子更加困难，已经升任少将的贾亦斌不得已出售友人所赠勃朗宁手枪，换钱维持生活。[③] 基于人性的基本考量，薪饷不足以维持军人生活，对军人的身体和心理都是一个折磨，而且战时军队的腐败，也与此紧密相关。

军粮问题，是战略相持阶段军需工作中的另一大难点。军粮办理的困难同样缘于军费之不足，但也有其他方面的原因。国民党军军人的口粮，沿用了自清末小站练兵制定的《营制饷章》，即包含在官俸兵饷之内，不另发军粮副食或口粮蔬菜代金。在全国抗战爆发之后，此种制度日益显示出其原始落后的一面：各地粮价高低悬殊，若全部依靠薪饷，则某些官兵恐怕难以填饱肚子。因而国民党军开始了粮饷划分的工作。[④] 按照 1939 年拟订的计划，自 1940 年在第十战区开始试行，粮饷划分逐渐在全国推行，1 个二等兵过去饷额 7 元、米津 2 元，此后改为饷 3 元、主食费 4 元、副食费 3 元，官兵收入的成分逐渐向口粮倾斜，而在粮价过于昂贵的地方，由军政部直接组织现品发放。[⑤] 需要注意的是，此时部队的军粮仍以由代金现地购买为其主要方式。转折点是 1941 年国家试行的田赋征实。从此，军粮的征集方式出现重大改变，以现粮交付为主要手段，各省所负担的军粮经省方与驻军商定，报由中央审核后，由省方在所征集的粮食中拨付给

① 何应钦：《对五届十二中全会军事报告（自民国三十二年九月至民国三十三年四月）》，《抗日战争军事报告集》（下），第 227 页。

② 《郭汝瑰回忆录》，第 164—165 页。

③ 《半生风雨录——贾亦斌自述》，第 77—78 页。

④ 江锡岭：《军政部军需机构与军需制度概述》，《文史资料存稿选编 · 军事机构》（下），第 105 页。

⑤ 何应钦：《对五届六中全会军事报告（自民国廿八年一月至民国廿八年十月）》，《抗日战争军事报告集》（上），第 250 页。

各部队，军粮的办理机构由军方改为各省政府。[①] 如此办理自然增加地方政府的负担，但在客观上确实保障了军粮的供应。自 1941 年起，士兵的口粮由每日 22 两大米逐渐增加至 25 两大米，照此估算，基本可以满足最低限度的营养。[②] 问题在于，光是主食是远远不够满足官兵所需的热量，而不断贬值的副食费，使得官兵摄入的营养远远不够维持正常的工作和作战。根据黄仁宇的回忆，他在成都中央军校就学时，最先在白饭之外还有少量肉类、花生和酱菜，但到了毕业前夕，米饭之外仅仅只有一点豆芽和萝卜，如有几点植物油已算是上品。[③] 黄仁宇所在的军校恐怕是战时军粮供应较为充足的单位之一。前线部队官兵的情况更糟，因为军粮供应中各个环节的腐败，最低限度的主食和微薄的副食都无法落到实处。这使得士兵和中下级军官长期处于营养匮乏的状态。[④]

战略相持阶段军费的严重不足，不仅影响了薪饷和军粮的办理，被服、装具、营造、马乾、掌缰等军需其他项目的办理更因之困难重重。而到了战争的最后阶段，国民党军绝大多数情况均出现明显好转的时候，军需依然处于一个虚弱的状态。尽管 1945 年官兵薪饷较 1944 年的数字增加了不少，但此时法币基本已形同废纸，国民党军官兵维持生活，主要靠军需方面改发的实物。其中各类副食成为新的大宗。1945 年 2 月开始实施这种给予方案，但每个月在预算之外的费用就有 45.9 亿元的缺口，使得已经离任军政部长一职的何应钦仍然觉得十分为难。[⑤]

国民党军在军需方面的惨淡经营，使得部队用以作战的物质基础过于薄弱。军需办理不良，很大程度是受到客观条件的制约。然而部队在物资方面的匮乏，还因为其补充渠道不畅和效率不高。

---

① 汤水清、罗玉明、温波：《抗战时期国民党军队的粮食供给——以湖南省和第九战区为例》，《军事历史研究》2004 年第 3 期。

② 何应钦：《对五届十二中全会军事报告（自民国三十二年九月至民国三十三年四月）》，《抗日战争军事报告集》（下），第 226 页。

③ 黄仁宇：《地北天南叙古今》，第 62 页。

④ 〔美〕易劳逸：《毁灭的种子：战争与革命中的国民党中国（1937—1949）》，第 136—137 页。

⑤ 何应钦：《对六届全国代表大会军事报告（自民国三十三年五月至民国三十四年五月）》，《抗日战争军事报告集》（下），第 272 页。

第四节 国民党军的后勤

军需署及军政部其他署司负责各类物资的筹措，但具体的发放任务并非由上述部门承担。战时国民党军成立了后方勤务部，由后勤部组建了一个分级的兵站系统，逐次将后方的物资运输至野战军师直属的辎重部队手中，完成补给的任务。这个兵站系统从无到有很快得到建立，并走向成熟，但在长期的运行之中，也存在许多未能克服的弱点，致使本已不足的物资不能足质、足量、按时地输送到部队。

全国抗战爆发前国民党军并未设置正式的后勤组织。后勤部和兵站系统均出现在卢沟桥事变之后。然而在战前，国民党军高层也做了一些有限的准备。

> 华北战事结束后，我军事委员会委员长鉴于对日抗战无可免，故对后方勤务尤加重视，二十五年在军事委员会下设首都警卫执行部，以第二组主办后方勤务，依据国防对日作战计划，策定兵站设置计划，对于军事器材、粮秣被服之购备屯备，水陆交通公路桥梁之整理改善，舟车骡马输卒之征集编组，各级病院之设置，各种人才之养成登记，皆于短期之中积极进行，充分准备。①

足见一个小小的第二组，实在是战时国民党军后勤机构之滥觞。

后方勤务部建立之后，其职权定位逐渐明确。后勤部与负责军需的军政部属于平行关系：后勤部对前方各战区负责野战后勤支援；而军政部支援后勤部。两者具体职权的划分大致是：凡属于生产储备性质的，如兵工、被服、粮秣、交通、通信、器材、卫生用具材料的生产与储备，由军政部负责；凡属于补给运输及整修性质的，如各种补给、运输、修护、保养，由后勤部负责。此外，后勤部与军令部也存在密切的业务关系，宏观而言，战略与后勤需要配合，而微观方面每一支部队的补给方案，需要军

---

① 《兵站沿革史》（1939年），战史编纂委员会档案，中国第二历史档案馆藏，787/584。

令部分管后勤的业务厅、处进行管制和督导。①

接受后勤部和前线各级司令部双重指挥的，是具体承担补给任务的兵站系统。简而言之，“抗战期间之基本后勤支援体系，乃由军政部筹措支援后方勤务部，而后方勤务部则以其所属兵站总监部分别支援各战区”。如果军政部组织的各类物资是支撑国民党军这台巨型战争机器运转的燃料，那么兵站系统就是这台“机器”的大大小小燃料输送管道。全国抗战初期，后勤部便确立了每一个战区配备一个兵站总监部，每一个集团军配备一个兵站分监部，每一个军配备一个兵站支部，每一个师配备一个兵站分站的架构。这样的架构一直持续至战争的最后一年，方才有所变化。②

兵站总监部是兵站系统中最为重要的部分，各分监部、支部、分站等组织均由其派生，并由总监部指导补给业务。战时每个战区配属一个兵站总监部，冠以战区番号，主要负责防区内各部队的物资输送。总监部总监为二等军需监衔，与中将同阶级，地位不可谓不高。总监部机关也较为庞大，有办公厅、参谋处（掌管补给计划和兵站人事）、经理处（掌管物资的储存调拨）、交通处（掌管各项运输任务）、卫生处（掌管兵站管区内卫生勤务）、军械处（掌管军械的储存调拨）、副官处（掌管总监部庶务）。总监部所辖除各分监部、支部、分站外，还有数个办事处、仓库、汽车队等单位。③

兵站分监部是兵站系统中较为基础的部分。与总监部不同的是，分监部配属于各个集团军，冠以集团军的番号存在，1939 年以后战区的位置基本不变，因而总监部往往长驻一地，补给区域也较为固定，而分监部却随集团军四处活动，其驻地流动而补给区域亦随时变更。因而，分监部更能体现战时国民党军兵站系统“部队制”的特点（与部队制相反的是地区制，后文详说）。兵站分监部分监为三等军需监衔，机关规模和所属单位较总监部要小很多。分监部辖交通通信、经理械弹补给、卫生勤务 3 科，

① 《国民革命建军史　第三部　八年抗战与戡乱》（1），第 423—425 页。

② 《国军后勤史　第四册　抗日战争时期之后勤》（上），第 213—214 页。

③ 毛勉吾：《抗日后期第三战区兵站总监部概况追述》，《国民党第三战区司令长官司令部纪实》（上），政协江西省上饶市委员会编《上饶市文史资料》第 6 辑，编者自印，1986，第 13—17 页。

附属 2—3 个兵站支部以及直属派出所。① 分监部的主力输送部队分为两种：人力运输中队和手车运输中队，每种各有数个不等。人力运输中队全赖人员肩运，而手车运输中队多使用胶轮或木轮手推车。两种部队运输能力均十分有限。此外，分监部还设有一个监护连，负责运输过程的警戒工作。② 兵站分监部的业务十分繁重而具体，在实际运行中往往是分监部与集团军总部一同行动，但分监部临时设置的派出所却和前方军、师在一起，担负着从分监部把物资运至各军、师的辎重部队的任务。特殊情况下，兵站分监部和前方兵站远隔数百至上千公里，而兵站的补给线始终随部队的行动而转移。③

多数情况下，健全的军、师均直属有辎重团（营），由兵站分监部输送而来的物资由上述单位转发至各野战部队手中。但国民党军序列中尚有不属于各集团军的独立军，而有的集团军所辖部队仅 4 个师以下，这就需要设置兵站支部为其服务。支部的组织极为精练，仅含支部长、主任参谋、军械员、经理主任、交通主任各 1 员以及若干办事员。类似的，后勤部还为某些独立师设置了更低一级的兵站分站，其组织较支部还要简单一些。值得注意的是，支部和分站都不配备运输和监护部队，当承担任务时，须由上级兵站机关拨派。④

兵站系统自战初建立之后一直变动不大。唯在 1939 年 6 月，为了统一指挥江南、江北两大区域的兵站系统，后勤部在迁至重庆之后，将原设于桂林、天水的办事处扩编为江南、江北兵站统监部。每个统监部设统监、副统监、参谋长以及参谋、副官、交通、军械、卫生等处。江南统监部分管第三、四、六、九总监部；江北统监部督导管理第一、二、五、八总监部。⑤ 1942 年夏，随着军委会天水、桂林办事处的裁撤，两大统监部也宣告结束。在这之后的 1943 年和 1944 年两年中，军委会在各大兵站总监部之外，添设了远征军兵站总监部、陆军总司令部后勤司令部两个总监部级别的兵站。此时部队制的兵站系统规模已经相当庞大。

---

① 《国军后勤史 第四册 抗日战争时期之后勤》（上），第 223 页。

② 《第二十五集团军兵站分监部参谋长定期报告书》（1944 年），战史编纂委员会档案，中国第二历史档案馆藏，787/2509。

③ 周骥：《三十集团军兵站概况》，《川军抗战亲历记》，第 410—419 页。

④ 范崇斌、徐庆儒编《国民革命军后勤简史》，第 122 页。

⑤ 《国民革命建军史 第三部 八年抗战与戡乱》（1），第 440—441 页。

兵站系统不断膨胀，是由其部队制的架构决定的。从军事后勤学来看，兵站制有两种：部队制和地区制。1940 年 3 月参谋长会议中后勤部的报告曾专门讨论过两种制度的利弊。报告中说，近代中国军队一直采用部队制，“部队制之兵站，其主官由部队长官保荐，其位置随部队长官行动，责有专司，心无二用，故其一切指置，类能适合部队长官之意图”。其优点在于兵站和部队联系紧密，容易协调工作、化解矛盾；部队制兵站的缺憾是“任务褊狭，易有畛域之见，且部队调动频繁，兵站随同转徙，不免多耗人力、物力及财力，盖以部队众多，兵站机关之设置，遂亦因而增多”。地区制“兵站有一定之补给管区，无论任何部队，进入兵站管区，即由该管区之兵站，任其补给，不受部队调动之影响，而兵站单位，亦不因部队之加多而增设”；地区制的缺点是可能导致部队与兵站之间缺乏信任，且地区制要求物资丰富、交通方便、运力充足，不是太符合中国的实情。①

但是从西方的经验来看，地区制的兵站系统是发展的趋势。1943 年 9 月第一兵站总监部（属第一战区）建立了两个地区制的兵站分监，试行地区制的补给方式，实际效果较好。② 于是 1944 年底陈诚接任军政部长后，即着手将兵站系统改革为地区制。1945 年 2 月后勤部改组为后勤总司令部，隶属于军政部，而兵站系统也改为地区制与兵站制并行。全国补给区分为西南、西北、东南 3 个区，分别由中国陆军总司令部后勤司令部、西北补给区司令部、东南补给区司令部管理。其中西南地区的部队属于陆总辖制，本已采用美式的后勤机制，自然属于新式的地区制；不过另外两个补给区内各战区兵站总监部并未裁撤，实际还是保持了既有的部队制兵站补给方式。③ 从制度上看，真正的地区制后勤体系之建立，还是战后联合勤务总司令部成立之后的事。

以兵站为中心的后勤系统，长期承担了战时物资由后方到前线的输送任务，倘若此种系统毫无效用，则抗战之持续自然无从谈起。然而，兵站系统在发挥巨大作用的同时，确确实实存在一些问题。首先是输力不足，

① 《军事委员会召集参谋长会议后方勤务部报告书》（1940 年 3 月 5 日），战史编纂委员会档案，中国第二历史档案馆藏，787/2484。

② 范崇斌、徐庆儒编《国民革命军后勤简史》，第 126 页。

③ 《国军后勤史　第四册　抗日战争时期之后勤》（上），第 216、218—219 页。

兵站缺乏足够的能力将后方物资运往前方补给野战军、师。造成此种状况的原因是多方面的。许多兵站建立仓促，从成立之初就存在许多困难。譬如第二十二集团军出川之后方才建立兵站分监部，兵站分监刘中生到第二战区司令长官部四处求告才得到该战区从百姓手里征集的数十头骡马和少量车辆，由此，分监部这才有了极为有限的运输工具。①

而在运行之中，兵站系统中的各级单位的运输工具既紧缺又多残破。汽车本来较为稀缺，加之油料不足、故障频发，以至于1940年第二次参谋长会议中诸兵站建议弃用汽车作为日常补给工具。骡马本是兵站输送的重要工具，但任务太多以致骡马过度使用，产生了巨大的损耗。"因配属输力有限，军运频繁，所属骡马不得不经常使用，致无休息，其工作之繁重，实数倍于骑、炮部队，工作既劳，而马乾不敷，饲养不足，故相率倒毙。"② 因此，最原始的人力反倒成为战时输送的主力，而就是这可悲的运力还得不到机械的帮助。第二十五集团军兵站分监部的手车中队，因为胶轮手车"年久损坏过烈，无法修理，不堪再用"，更为简单的木轮手车当地又难以承办，最后手车中队只得改为人力肩运中队。③

与输送力不足同时存在的，是兵站人员的素质不高。较高层级的兵站主官，水平尚可；稍低一级兵站的主要干部，对于后勤工作就已不太胜任；兵站的一般军官和士兵，情况更不乐观。如第二十五集团军兵站分监部，"所属输队之干部，大多为行伍出身，其经验虽尚丰富，学识欠佳，对后勤方面尤欠研究"；"所属各输送队之军士大多系由入伍未久、天资聪颖之士兵，或服务颇久能耐劳苦者升充，致对于指挥教育管理能力均感不足"。④ 总体而言，与前方部队比较，兵站人员的素质还要更差一些。1941年军委会的校阅报告中明言，"兵站部队素质低劣"。⑤ 如此的人员素质，

① 胡临聪：《川军第二十二集团军发展沿革概述》，《文史资料存稿选编·抗日战争》（下），第479页。

② 《国民政府军事委员会召集参谋长会议提案》（1940年），战史编纂委员会档案，中国第二历史档案馆藏，787/2492。

③ 《第二十五集团军兵站分监部参谋长定期报告书》（1944年），战史编纂委员会档案，中国第二历史档案馆藏，787/2509。

④ 《第二十五集团军兵站分监部参谋长定期报告书》（1944年），战史编纂委员会档案，中国第二历史档案馆藏，787/2509。

⑤ 《军事委员会所属各机关三十年度自行校阅成绩整改意见摘要报告表》（1941年），战史编纂委员会档案，中国第二历史档案馆藏，787/2557。

对于兵站补给能力的影响不言而喻。

兵站的运输力量不足和人员素质低下尚属意料之中，更为隐秘的问题是兵站与部队之间互相颉颃。1940 年后勤部的一份报告中称：

> 试稽两年半以来之兵站业务，与艰难困苦之环境中虽幸能勉应机宜，而其缺憾所在，有非片言所能声，如国家财力之未充，地方物资之缺乏，交通通信之困难，运输工具之不足，干部训练之欠缺，其原因固非一端；而兵站与部队之间，未能发挥分工合作之精神，致力协同一致之效果，实亦为不容忽视之事实。①

循理，部队制的兵站系统，其优点正是兵站和部队的关系容易协调，然而采用此制的国民党军兵站系统，其部队和兵站之间的协调仍成问题。究其原因，主要在于国民党军仅仅建立了兵站系统的“硬件”部分，对于其“软件”部分多少有些忽视。野战部队往往只知道后方配属有兵站，对于如何与兵站配合以完成补给却十分生疏，在各项补给中均出现配合不力的情况。比如弹药补给上，部队常常未携带足够基数的弹药便进抵前线，而不断向兵站需索，兵站只得勉力供给，可又容易出现部队开拔，弹药运至而无人接收的情况。又如粮食补给上，即便前方可以采买到战地物资以为补充，前线部队仍要求一切食用均由兵站供应，造成了输力出现巨大缺口。在补给作业中，部队与兵站还缺乏沟通，部队的进退调动多未及时知会兵站，导致兵站或留在后方出现“接济不及之虞”；或滞留前方，“尤有损失资敌之虑”。上述现象，提示着兵站和部队之间的责任划分不清。补给运输有后方区、兵站区和野战区之分。后方区的运输由后方机关负责；野战区的运输主要由军、师直属辎重部队完成；兵站理论上仅承担作为中间环节的兵站区补给。武器弹药等物资，运至距离前线 90—120 华里的兵站末地，兵站即算完成任务。但事实上三种补给区并未明确划分。兵站常常被迫将物资输送至前方部队手中，“遂至兵站本身之运输，蒙其影响，

① 《军事委员会召集参谋长会议后方勤务部报告书》（1940 年 3 月 25 日），战史编纂委员会档案，中国第二历史档案馆藏，787/2484。

一切运输计划之无由实现”。[①] 由此可见，兵站输力不足一定程度也是兵站输力被错误地“透支”之结果。

国民党军长期以来漠视兵站系统的重要性，临到大战爆发才仓促而起，相当数量的大小兵站系在战争中“无中生有”，自然容易出现缺乏足够运输工具的情况；战前并无兵站的设置，当然也就没有大量的熟悉兵站业务的军官和士兵；以往军队在作战中并无兵站跟随，所以其主官也不清楚兵站补给的许多基本原则，以致兵站与部队发生抵牾。国民党军兵站系统在战时存在缺陷进而致使补给渠道不畅、补给效率不高，究其原因，应归结于兵站出现得太晚，缺乏牢固的基础和充分的准备。不过，国民党军在总结抗战时期的后勤体系时，强调这种部队制的兵站系统并未发现“有何严重缺陷”。[②]

第五节 国民党军的医疗

与军需、后勤工作类似，战前国民党军的医疗系统相当薄弱，军队医疗工作尚处于一个较为初级的水平，基本不能适应长期、大规模战事的需要。全国抗战爆发后，战区和后方均迅速建立起以野战、兵站、后方三大区域各类医院为主体的军队医疗系统并展开作业，然而如此庞大的医疗系统始终受到医疗人员不足和医疗器材缺乏这两大难题的困扰。国民党军采取了诸多措施试图缓解器材和人员带来的压力，虽不乏成绩，却始终未能解决这些问题。战时国民党军官兵的身体也受此影响，长期处于较差的状况。

在全国抗战爆发前的国防准备中，国民党军在医疗方面也做了一些初步的准备，如原有各陆军医院的补充整理、兵站医院的恢复和后方医院的增加、卫生车辆的准备、卫生器材之积储以及人员的登记等，因此在卢沟桥事变之后，各类医院、收容所能够迅速建立。至淞沪抗战时，后方医院增设了 145 所，兵站医院 113 所，重伤医院 11 所，伤兵收容所 50 所。一

① 《军事委员会召集参谋长会议后方勤务部报告书》（1940 年 3 月 25 日），战史编纂委员会档案，中国第二历史档案馆藏，787/2484。

② 《国军后勤史 第四册 抗日战争时期之后勤》（下），第 1370—1371 页。

个分区域、多层级的军医系统在很短的时间内基本建立。[①] 与之同时，军、师属野战医疗机构也按战前的设计开始运行：师部军医处管理全师医疗行政，师属野战医院收治伤病官兵，并增设卫生队 1 队；而且各团营分散的卫生人员集中，成立团卫生队，收治团内官兵。[②] 尽管事起仓促且机构不甚健全，但野战、兵站、后方三个区域的卫生机关都在战争爆发之后发挥作用，对于仓促应战的国民党军来说，尚属不易。

进入战略相持阶段后，各区域的卫生机构均在不断扩充，而且各有侧重。兵站区的卫生机构主要集中于各大战区。1938 年底，各战区的各级兵站均建立了兵站医院。第三战区拥有的兵站医院数量最多，达 25 所。其余战区的兵站医院数量也有 10 余所。除兵站医院外，各战区还设置了不少收容所，以收容转移残兵剩勇。在后方各省，军政部侧重于设置后方医院和更为完备的陆军医院。各省设置的后方医院最多者为湖南省，有 45 所之多；而陆军医院方面，除江西外其余各省均有数座，其中仍以湖南省为最，达 5 所之多。[③] 此后数年，兵站区（即各战区）和后方区的各类卫生机构之分布大致如此。全国陆军医院为 20 所左右，后方医院计 150 余所，而兵站医院也有 120 所左右，总计卫生机构达 700 所以上。[④] 就数量而言，各类卫生机构似乎有点过多，因而在 1943 年，国民党军因“军事转入山岳地带，交通不便，临时增组机构、人事及设备，未尽完善”，特于当年元旦开始对兵站区和后方区的卫生机构“大加裁并，重新调整，以减少数量、增强素质”，并准备筹建 3 所永久性的陆军医院，“俾资树立楷模”。[⑤] 自此之后各类水平较低的陆军医院和兵站医院数量开始减少，至 1944 年底

---

① 何应钦：《对临时全国代表大会军事报告（自民国廿六年三月至民国廿七年三月）》，《抗日战争军事报告集》（上），第 77 页。

② 《陆军沿革史草案》（1939 年），战史编纂委员会档案，中国第二历史档案馆藏，787/00575。

③ 何应钦：《对五届五中全会军事报告（自民国廿七年四月至民国廿七年十二月）》，《抗日战争军事报告集》（上），第 181 页。

④ 参见何应钦《对五届七中全会军事报告（自民国廿八年十一月至民国廿九年六月）》，《抗日战争军事报告集》（上），第 288 页；何应钦《对五届九中全会军事报告（自民国三十年三月至民国三十年十一月）》，《抗日战争军事报告集》（下），第 126—127 页。

⑤ 何应钦：《对五届十一中全会军事报告（自民国三十一年十一月至民国三十二年八月）》，《抗日战争军事报告集》（下），第 205 页。

卫生机构缩减至508个单位，与战争初期大致相当。①

同一时期野战区的卫生机关由野战军、师直属，也日益完备。按照1942年加强军师编制，军属医疗机构分为5级，具体如下：

> 一、连救护队距第一线约两公里处开设，担任扫清战地伤患，急施救护止血裹伤等任务。
>
> 二、营裹伤所距离第一线约四公里处开设，填发伤票、处理休克急救伤患、固定骨折等之任务，并受营长之指挥及团卫生队之指导施行之。
>
> 三、团卫生队距第一线约九公里处开设，负有检查伤部、注射破伤风血清、急换敷料、重新固定骨折副木等任务，并受团长之命、师军医室之指导施行之。
>
> 四、师卫生队距第一线约一五公里处开设，供给伤患饮物、检查各部送来之伤患负伤部位之确实，并甄别轻重以转送军医院治疗或再后送。
>
> 五、各野战医院距第一线约六十公里处开设，收疗后送伤患官兵，并视战况及伤者之情形而决定在院或交由兵站卫生机关转送治疗。②

一般说来，“凡前线负伤员兵，先有营急救地派担架前往搜索急救，后送于团裹伤所，再由师裹伤所派担架到团接运伤者，加以救治后，送师或军野战医院，暂为收疗后送。此为战时野战区卫生勤务应有之程序。”③野战区此几级组织无法在15日之内完成治疗的伤患，将被送往兵站医院诊疗或者继续后送至广大的后方区。

野战、兵站、后方三大区域的卫生机构各成体系，因而在管理上军政部军医署也做出了因应的调整，将人权与事权下移至不同单位，使得庞大

① 何应钦：《对六届全国代表大会军事报告（自民国三十三年五月至民国三十四年五月）》，《抗日战争军事报告集》（下），第272页。

② 《陆军第四十五军三十三年度卫生及野战医院设施情形》（1945年），战史编纂委员会档案，中国第二历史档案馆藏，787/2515。

③ 《军事委员会召集参谋长会议后方勤务部报告书》（1940年3月25日），战史编纂委员会档案，中国第二历史档案馆藏，787/2484。

的系统得以相对灵活地运转：

> 凡战区（包括野战区及兵站区），医疗及伤运之指挥作业，于作战之初，即授权后方勤务部卫生处负责总其事，而以各战区兵站总监部，分层逐级指挥作业。至于各部队医疗机构，除由隶属单位指挥作业外，并授权由各战区长官部卫生署督导，而军医署对所属单位之一般行政、预算财务及教育训练，系分设各办事处处于重要地区，负责处理。①

由上足见，军医署对于三大区域的卫生机构实际多处于宏观调控的状态，其自身的业务则更多地集中于行政、教育、技术推广方面。②

单从组织架构来看，战时国民党军的医疗卫生系统，设置比较合理。若仅从收容的角度来看，战时的军队卫生机构就完全有能力容纳伤病官兵留院治疗。以 1941 年 11 月的情况为例，当时军医署所辖各卫生机关共计 737 所，可收容官兵 255000 人，其中位于各战区的、以兵站医院为主体的机构可收容 120000 人，后方诸省的各类医院可容留 135000 人。而在当时实际收容人数仅为 67385，其中前方医院收容官兵 32134 人，后方医院收容了 35251 人。③ 粗略估算，医院里只有约 1/4 的床位上躺着伤病患者。以此观之，国民党军部队的医疗资源似乎相当富余，然而事实并非如此。战时国民党军的医疗系统和同一时段的其他事业一样，存在着重视数量，忽略实效的问题。受制于医疗器材的短缺和卫生人才的匮乏，野战、兵站、后方三大区域的卫生机构很多徒具形式，实际上“经营惨淡”。即便是仅占 1/4 收容量的伤病官兵，也无法给予有效治疗。

曾参与战时军队治疗工作的外科医生叶仲篪 1946 年撰文评述战时军队医疗的情况。他认为，中国军队医疗尽管始于清末，但是成绩一直不佳，原因在于“军阀招兵自卫，饷需军用，悉以一己之利益为前提，对人命毫

---

① 何应钦：《军政十五年》，第 214 页。

② 参见《军事委员会核准军政部军医署组织条例》（1943 年 7 月 23 日），《中华民国史档案资料汇编 第五辑第二编 军事》（1），第 133—136 页

③ 何应钦：《对五届九中全会军事报告（自民国三十年三月至民国三十年十一月）》，《抗日战争军事报告集》（下），第 127—128 页。

无顾及，即军医与军队脱节，自无足怪”。这样对医疗漠视的态度延续到抗战时期：

> 或痛恨军医无能，侧目切齿；或洁身自好，置军队最重要之团体健康于不顾；或观念消极，认为医药工作无足轻重，致令安插人员，滥竽充数：团营以上，名目树立，连排以下，将疾病寄托于天命。而任军医者，尸位素餐，或以人员凑编制，或以编制凑人员，形形色色，不一而足。

客观上又因为“我国科学落后，器材药品，仰之于国外，甚至改装成品，亦假手于药商，致使药价昂贵，造成贫病交加之恶果”。“贫病交加”，进一步使得“医药工作陷入泥足，成绩低劣，信任减退”。[①] 叶氏的观点可以用“缺医（生）少药（品）”这四个字来概括，而这正是战时军队医疗的弊病所在。

医疗人员的缺乏，首先体现在符合医官标准的医疗人员不足。据刘馥的研究，按照战时的最低标准，国民党军需要医生约 30000 名，然而在 1937 年的国民党军中大概只有 2000 名合格的医官，1940 年至 1944 年全军征调了 791 名医务人员入伍，两两相加战时在营的医官仅 2700 名左右，仅仅约达到需要的 1/10。[②] 这样的统计或许有点耸人听闻，但军医的缺乏当是事实，叶仲篪在他的著作中也明言：“过去我国军队医药工作，由少数之医药人员担负”，数十年间最明显的一大问题始终是“人员太少”。[③]

战时的记录也支持上述说法。1940 年参谋长会议后勤组的报告中有一条提案，指出部队军医缺乏的窘境：

> 抗战以来卫生人员求过于供，已为不可讳言之事实，以全国二百五十个师及六百零五个卫生单位计算，约共需军医一万五千人，而经

① 叶仲篪：《机械化建军与军医》，《陆军机械化学校成立十周年纪念专刊》（1946 年 1 月），中国国民党文化传播委员会党史馆藏，一般档案，501/179.3。

② 刘馥：《中国现代军事史》，第 153—155 页。

③ 叶仲篪：《机械化建军与军医》，《陆军机械化学校成立十周年纪念专刊》（1946 年 1 月），中国国民党文化传播委员会党史馆藏，一般档案，501/179.3。

卫生署登记之医师九千人中参加抗战医疗工作者，仅三分之一强。[①]

粗略估算，部队中的军医确实只有3000人，与刘馥的统计相差不大。一年后，军委会的一份报告中也说，“医务人员悬缺未补，似应积极改良”，并指明原因部分在于“我国医师缺乏，部队卫生人员待遇菲薄，故有学识经验之医药人员，皆不愿服役军队，自行开业”。[②]

合格的医官难以足数凑齐，而战地医疗仍必须开展，因而战时军队各级卫生机构中的医疗人员多不符合要求。易劳逸在著作中提示，除了2000多个合格的军医外，大约有28000名不称职的医生，他们多是“在只具有担架员或战场护士经历的基础上被提升为‘医生’的”。[③] 这些临时培训上岗的军医，对于战地医疗的质量有极大的影响。

1939年的总校阅报告中指出部队医务人员技术能力大多较差，并指出这些技术不足的军医多是“非正式军医学校出身”。[④] 1941年类似的一份报告中指出军队卫生方面的缺点，第一条就是“军医学校出身之军医甚少，医疗不得法，以致部队死亡率较大”。[⑤] 除了技术之外，这些军医官的职业道德似乎也比较缺乏。1944年第三战区参谋长总结作战经验教训时，就指责卫生人员多敷衍塞责，致伤员死亡率增加。[⑥]

在缺乏足够数量的合格医务人员的同时，药品以及医疗器械也是长期不敷使用。就总体情况而言，药品的缺乏是贯串抗战始终的。前述1939年的报告便指出“医疗器具及卫生材料多不敷用”；[⑦] 同样，1941年的报告中，也明确说明，“药品昂贵，以致各部队药品甚缺，医药器材亦简陋”，

---

① 《军事委员会参谋长会议后勤组各类议案审查会讨论决议及提案实质分别统计表》（1940年），战史编纂委员会档案，中国第二历史档案馆藏，787/2489。

② 《军事委员会校阅委员会二十九年度第三期陆军整训部队总校阅建议报告表》（1941年6月），《蒋中正总统档案》，台北，“国史馆”藏，002/080102/00083/008。

③ 〔美〕易劳逸：《毁灭的种子：战争与革命中的国民党中国（1937—1949）》，第139页。

④ 《民国二十八年上期总校阅各受校部队一般缺点及改进意见表》（1939年），战史编纂委员会档案，中国第二历史档案馆藏，787/2506。

⑤ 《军事委员会校阅委员会二十九年度第三期陆军整训部队总校阅一般缺点》（1941年6月），《蒋中正总统档案》，台北，“国史馆”藏，002/080102/00083/008。

⑥ 《第三战区参谋长三十三年度定期报告书》（1944年），战史编纂委员会档案，中国第二历史档案馆藏，787/2513。

⑦ 《民国二十八年上期总校阅各受校部队一般缺点及改进意见表》（1939年），战史编纂委员会档案，中国第二历史档案馆藏，787/2506。

这是参加整训部队的通病。[①] 特别是 1942 年滇缅公路中断之后，“卫生器材之仰给于国外者，几濒中绝”。[②] 直到全国抗战的最后阶段，此种匮乏才逐渐好转。

无论是战区、集团军，还是野战军、师的卫生机关，缺乏足够的药品都一直是它们共同的困扰。1940 年长江上游总司令部就深受缺药之苦：“本部医务所专负本部及直属队医疗之责，惟因药品昂贵，每感病人缺药之苦。近据各部报告，由后方补充新兵易生疾病，死者甚多。”[③] 由此足见药物的缺乏已经造成恶劣的后果。1944 年，第三战区参谋长报告书中关于卫生方面的内容，仍集中在药品的短缺和办理上：“查现时各部队卫生设备以来源日少，购置困难，本部历次派员视察所得，均有平时不足以供医治，战时不足以应救伤之苦，因陋就简殆为一般通有现象。”幸而此时已经是战争后期，战区还可以从不同渠道弄到一些药品聊为补充。[④] 第二十五集团军兵站分监部 1944 年的报告也称，该部“所有医疗器械前由第五支部移交而来，为数不多，且破坏不堪，仅能作简易之手术，所有卫生材料向由总监部按季配发，为数亦微，虽由本部一再添购，仍难持久使用”；兵站分监部的“医疗以适应一般官兵疾患而得到确实之诊治为宗旨，然感药品之缺乏，有时无法以应急需”。[⑤]

物资条件较好的战区、集团军部尚且如此，位于物资输送终端的军、师的药品储备和补充情况之困难就不难想见了。1944 年第四十五军在总结其卫生办理情况中说：“药品系由军医处统筹办理，派员往老河口、樊城各地购买配发各部及各院备用，现以物价高涨，药品不敷至巨，故药品甚感缺乏，每月余存极少；器材除于购药时由药费内酌提一部添购外，余则

---

① 《军事委员会校阅委员会二十九年度第三期陆军整训部队总校阅一般缺点》（1941 年 6 月），《蒋中正总统档案》，台北，“国史馆”藏，002/080102/00083/008。

② 何应钦：《对五届十中全会军事报告（自民国三十年十二月至民国三十一年十二月）》，《抗日战争军事报告集》（下），第 149 页。

③ 《长江上游江防总司令部二十九年度下期现状报告表》（1940 年），战史编纂委员会档案，中国第二历史档案馆藏，787/2512。

④ 《第三战区参谋长三十三年度定期报告书》（1944 年），战史编纂委员会档案，中国第二历史档案馆藏，787/2513。

⑤ 《第二十五集团军兵站分监部参谋长定期报告书》（1944 年），战史编纂委员会档案，中国第二历史档案馆藏，787/2509。

无法补充。”[①] 1945 年第六十五军第一五四师的情况也与之类似：“卫生器材由军部按季分发，全师共分四份，每团占一份，师司令部及直属队共一份，另各团抽出百分之十供给野战医院、百分之五供给卫生队，以为治疗之用。”但是无论如何筹划，药品始终不足，师部“对于用量方面除层饬令各卫生人员尽力节省，亦不敷用，医疗器械极为缺乏，每不能应付”；“卫生队及野战医院对于医疗器械，极感缺乏，每遇小小手术，不能应付”。[②] 值得庆幸的是，随着战争后期物资情况的改善，处于后方的少数军、师在药品和器具上的情况已经慢慢地开始好转，比如位于陕西的第一军和卫戍重庆的第十四军，医药状况就达到了“勉可敷用”的水平。[③]

在缺“医”少“药”的同时，军队医疗系统还存在着诸多其他的不尽如人意之处。国民党军的伤员救护和后送工作执行得相当不好，大量的官兵在受伤之后很难逐次后送至合适的医院进行救治。苏联顾问卡利亚金在 1938 年明言：“国民党军队对伤员的处理、后送和护理糟透了。伤员被认为是各级指挥员的累赘，都力图尽快摆脱他们，为此会采取各种办法。”[④] 1939 年国民党军将领奚冠也承认在之前的抗战中确实存在“前方伤兵无人医治和护送，后方医院却几个月不曾收容一个伤兵”的情况。[⑤] 伤员后送困难的主要原因是运输力量薄弱。1940 年参谋长会议后勤报告就明确指出：“按各部队现行编制，关于伤兵输力，甚感薄弱，一遇战事激烈，战区伤兵即感无力后送；临时雇佣民夫，既无夫可雇，事前控置输力亦为经费所不许。”[⑥] 对后送力量的长期漠视使得伤员成为前线指挥官的难题，

---

① 《陆军第四十五军三十三年度卫生及野战医院设施情形》（1945 年），战史编纂委员会档案，中国第二历史档案馆藏，787/2515。

② 《陆军第六十五军第一五四师三十四年度参谋长定期报告书》（1945 年），战史编纂委员会档案，中国第二历史档案馆藏，787/2517。

③ 参见《陆军第一军三十三年度参谋长定期报告书（作战部分）》，战史编纂委员会档案，中国第二历史档案馆藏，787/02514；《陆军第十四军三十四年度工作报告书》，中国国民党文化传播委员会党史馆藏，一般档案，501/185.1。

④ 〔俄〕A. Я. 卡利亚金：《沿着陌生的道路——一位苏联驻中国军事顾问的笔记（1938—1939）》，第 175 页。

⑤ 奚冠：《第二期抗战中军队卫生勤务之改善》，《军事杂志》第 113 期，1935 年 4 月，第 33 页。

⑥ 《军事委员会参谋长会议后勤组各类议案审查会讨论决议及提案实质分别统计表》（1940 年），战史编纂委员会档案，中国第二历史档案馆藏，787/2489。

“盖官兵受伤包扎后，若连排长不允其战友伴同后送，则影响作战士气，若允其伴同后送，则一人受伤，失去三人之战斗力，且此后连排长难以掌握”。[①] 无怪部分主官会出此下策——抛弃伤病员了。

兵站医疗机构和属于部队的野战医疗机构之间配合不协，是另一大问题。兵站和部队之间的颉颃不仅体现在物资补给方面，还体现在卫生勤务方面。1940 年的参谋长会议专门讨论了这个问题。原本按照设计，野战区和兵站区的医疗系统各有分工，应不存在问题，然而事实上，

> 过去各战区卫生业务，并未照此办理，往往将兵站卫生机构，移设于野战区，代服部队卫生机关之勤务；更有将军师野战医院，反置于兵站伤兵收容所或医院之后方；或则卫生队装备输具及救急医疗器械等之设备不完，以致系统紊乱疗送失时，轻伤变重，重伤致死，是不特使部队战斗力为之减弱，而于人道立场上实亦不容漠视。[②]

> 推其原因，实因部队与兵站卫生指挥机关未能切取联络，例如部队迫于情势之需要，迳令兵站卫生机关向一方面推进，而兵站指挥机关亦复令饬向他方移动，以致一个下级机关同时奉到数处命令，事齐事楚，无可适从，影响卫勤所关至巨。[③]

虽然统帅部据此做了规定，此种情况略有好转，但直至抗战结束，前线部队仍存在误用、滥用兵站医院的问题。[④]

面对如此多的问题，国民党军在抗战期间并非毫无作为。针对医疗人员的缺乏，国民党军开办了大量的临时教育机构，专门培训各个层级

---

① 叶仲篪：《机械化建军与军医》，《陆军机械化学校成立十周年纪念专刊》（1946 年 1 月），中国国民党文化传播委员会党史馆藏，一般档案，501/179.3。

② 《军事委员会召集参谋长会议后方勤务部报告书》（1940 年 3 月 25 日），战史编纂委员会档案，中国第二历史档案馆藏，787/2484。

③ 《军事委员会参谋长会议后勤组各类议案审查会讨论决议及提案实质分别统计表》（1940 年），战史编纂委员会档案，中国第二历史档案馆藏，787/2489。

④ 参见张载宇《抗战中补给勤务之检讨与今后勤务部队之建立》，《军事杂志》第 205 期，1948 年 4 月，第 57 页。

的军队医疗人才。[①] 针对药品和医疗器械的匮乏，军政部一面利用各种渠道购买外国产品；另一方面立足于自给，在加大生产规模的同时，不断开设新厂以求提高产量。[②] 同时，各机关、部队也审时度势地开展卫生运动，在环境卫生、防疫免疫、预防保健上下了不少工夫。然而，这些努力对于军队卫生工作实际存在的巨大困难，似乎只能收到杯水车薪之效。就结果来看，受制于运行不良的军队医疗以及其他诸多因素，战时官兵的身体状况每况愈下。

战后国民党军军官张载宇撰文指出，全国抗战初期国民党军官兵伤多于病，但伤者中由于“救护不良，药品缺乏，亡者恒居半数”；抗战后期的情况发生了变化，官兵病多于伤，其原因在于“营养不良，医药缺乏，物资条件不够”。[③] 战争进入战略相持阶段后，随着战事的趋缓，受伤的部队官兵在伤病中占据的比例逐渐缩小，疾病开始成为战时医疗系统最大的敌人。按照第二十五集团军兵站医院的统计，1943 年 11 月至 1944 年 10 月的 3186 例伤病记录中，只有 258 例属于受伤，其中枪伤 213 例，所占的比例仅为 6.69%。[④] 另据第三战区 1944 年的报告，1—8 月该战区各野战医院收容伤官 201 名，伤兵 2127 名；收容病官 407 名，病兵 19905 名，伤、病人数之差别十分明显。即便是在该年该战区发生龙衢战役等 4 次较大规模的作战中，受伤的人数也少于生病的人数（伤官 156、伤兵 1692，病官 45、病兵 3366）。[⑤] 1945 年第十八军第十一师参加了颇为激烈的湘西会战，在总数 3354 例伤病中，属于枪伤、流弹伤及炸伤的共计 820 例，所

---

① 参见《各机关召训情形及改善意见汇列一览表》（1940 年 12 月），战史编纂委员会档案，中国第二历史档案馆藏，787/2472。

② 参见何应钦《对五届十中全会军事报告（自民国三十年十二月至民国三十一年十二月）》，《抗日战争军事报告集》（下），第 149 页；何应钦《对五届十一中全会军事报告（自民国三十一年十一月至民国三十二年八月）》，《抗日战争军事报告集》（下），第 205 页。

③ 张载宇：《抗战中补给勤务之检讨与今后勤务部队之建立》，《军事杂志》第 205 期，1948 年 4 月，第 57 页。

④ 《第二十五集团军兵站分监部参谋长定期报告书》（1944 年），战史编纂委员会档案，中国第二历史档案馆藏，787/2509。

⑤ 《第三战区参谋长三十三年度定期报告书》（1944 年），战史编纂委员会档案，中国第二历史档案馆藏，787/2513。

占比例同样不高。[①]

分析战时官兵的疾病，据第十四军1945年的统计，罹患最多的是皮肤病，其次是消化、呼吸、传染及感觉器官病；而造成死亡人数最多的依次为痢疾、肺炎、肠炎、诊断不明的疾病和感冒。[②] 这份统计比较具有代表性，与1944年各部队住院病患的病类统计颇多吻合。后者统计，住院官兵“以患传染病、消化系统病及皮肤病者为最多，传染病占全数百分之三三．○七、消化系病占百分之二一．一二、皮肤病占百分之一五．七四”。[③]

皮肤病是国民党军官兵中十分常见的流行病，其最大宗即疥疮。第二十五集团军兵站医院总数为3186的病例中，疥疮病患即为757例，占23.76%；[④] 第十一师的情况与之类似，单纯性的疥疮患者虽然仅有38例，但数量为501例的皮肤溃疡估计也与疥疮相关。[⑤] 疥疮是一种由疥螨引发的、具有一定传染性质的疾病，患者皮肤疼痒，相当不适且影响个人形象——“疥疮严重者不仅手上、腿上和身上痒痛，而且肿胀的脸上也极痒而流着脓液”；[⑥] “如果士兵们在夏季脱下他们长长的棉衣冬制服，他们光腿上的脓疱便明显可见”。[⑦] 其实治疗疥疮并不困难，只要有合适的外用洗液进行冲洗便可治愈，第四十五军按照规定建立了灭虫站和灭虫所，“分订每月官兵均实施沐浴灭虫治疥两次，结果甚佳”。[⑧] 多数部队中疥疮盛行，可能因为缺乏足够的医生实施诊治，但更大的可能是缺乏最起码的皮肤清洁药品。

痢疾既属于消化系统病，同时也是常见的传染病。与疥疮不同的是，

---

① 《陆军第十八军第十一师三十四年度参谋长报告书》（1945年），战史编纂委员会档案，中国第二历史档案馆藏，787/2516。

② 《陆军第十四军三十四年度工作报告书》（1945年），中国国民党文化传播委员会党史馆藏，一般档案，501/185.1。

③ 何应钦：《对五届十二中全会军事报告（自民国三十二年九月至民国三十三年四月）》，《抗日战争军事报告集》（下），第239页。

④ 《第二十五集团军兵站分监部参谋长定期报告书》（1944年），战史编纂委员会档案，中国第二历史档案馆藏，787/2509。

⑤ 《陆军第十八军第十一师三十四年度参谋长报告书》（1945年），战史编纂委员会档案，中国第二历史档案馆藏，787/2516。

⑥ 〔美〕白修德、贾安娜：《中国的惊雷》，端纳译，新华出版社，1988，第151页。

⑦ 〔美〕易劳逸：《毁灭的种子：战争与革命中的国民党中国（1937—1949）》，第137页。

⑧ 《陆军第四十五军三十三年度卫生及野战医院设施情形》，战史编纂委员会档案，中国第二历史档案馆藏，787/2515。

痢疾一旦失去控制，极容易造成非战斗减员甚至病亡。1944 年第三战区就遭到了痢疾的袭击，带来了严重的后果：在战区所属部队中，1—8 月共计 42338 人感染传染病，其中患痢疾者为 11066 人，占到了 1/4 强，但在因传染病而死亡的 2258 人中，因痢疾而亡者 1368 人，约占 60.58%。[①] 一支部队一旦流行痢疾，结果多不乐观。第一五〇师 1945 年接收的 2000 名福建新兵中，“患赤痢及高度营养不良者，约占五分之一，愈后多属不良”。[②] 痢疾的流行与药物的缺乏有关，但更重要的原因恐怕在于军队医疗系统糟糕的管理和对隔离、防疫工作的漠视。据白修德（Theodore H. White）记载，怒江附近的一所医院隔离出的所谓痢疾病房，病人在水泥地面随地排便，粪便未经处理便被冲走，由附近的猪吃掉；而死去的病人尸体同样不经处理，被埋在医院墙外的山边。他评论说：“中国医院里无法处理来就诊的全部病人——这种管理恶劣的机关，是恐怖的、黑暗的、堆聚死尸的所在。”[③]

疟疾是民国时期的常见疾病，战时军队自然不能幸免。就流行程度来看，疟疾恐怕是抗战时期国民党军中最为流行的传染病。老兵张拓芜回忆：“那时军中患疟疾的占第一位，一百个人中，至少有八十五个得过这样一忽冷，一忽见烘的‘小’病。”[④] 战时的统计数据支持了此种看法。第二十五集团军兵站共计 3186 名病患中，罹患疟疾的就有 786 人，约占 1/4；[⑤] 第三战区在遭遇痢疾袭击的同时，疟疾爆发的情况更为严重，在战区所属部队中，1944 年 1—8 月患疟疾者为 29679 人，约占到了总体感染传染病人数的 70%，只是相较于痢疾，疟疾造成的死亡人数要少一些，约 647 人，占传染病总死亡人数的 28.65%。[⑥] 疟疾由疟蚊携带的疟原虫引起，患者虽不至于短期内致死，但基本丧失作战能力。当时军中总结该病

① 《第三战区参谋长三十三年度定期报告书》（1944 年），战史编纂委员会档案，中国第二历史档案馆藏，787/2513。

② 《陆军第一百五十师三十四年度参谋长定期报告书》（1945 年），战史编纂委员会档案，中国第二历史档案馆藏，787/2517。

③ 〔美〕白修德、贾安娜：《中国的惊雷》，第 150 页。

④ 张拓芜：《代马输卒手记》，台北，尔雅出版社，1976，第 44 页。

⑤ 《第二十五集团军兵站分监部参谋长定期报告书》（1944 年），战史编纂委员会档案，中国第二历史档案馆藏，787/2509。

⑥ 《第三战区参谋长三十三年度定期报告书》（1944 年），战史编纂委员会档案，中国第二历史档案馆藏，787/2513。

的症状是："能吃能拉能睡觉，就是不能拉大炮，一忽儿冷得直打战，一忽儿恨不能把火炉抱。"[①] 预防和治疗疟疾同样不是难事，但国民党军队普遍缺乏必需的蚊帐和奎宁等特效药，以致任由疟疾流行。据战时曾任军医官的协和医学院毕业生杨文达回忆，他在野战医院任职时，某夜因为缺乏蚊帐，就感染了疟疾。[②] 受过良好训练的军医尚且如此，更何况一般官兵了。

除疥疮、痢疾和疟疾外，抗战时期国民党军队还受到结核、伤寒、霍乱甚至感冒等传染病的威胁。战时军队医疗与军需、后勤一道，作为战时国民党军队的物质基础的重要组成部分，均处在危殆的境地；抗战时期国民党军队是基于怎么样的一个物质基础坚持作战，至此，似乎已经比较清楚了。

① 张拓芜：《代马输卒手记》，第44—45页。

② 杨文达口述，熊秉真、郑丽榕访问纪录《杨文达先生访问纪录》，台北，中研院近代史研究所，1991，第36页。

第六章
武主文从：政工与党务

五四以后，中国人的学习榜样开始由欧美日本转向俄国。“以俄为师”成了一部分激进知识分子和革命政党实践的目标。在“以俄为师”的大潮中，苏俄的“治党”和“党治”体制最受追捧。在学习苏俄建立列宁主义新型政党的同时，仿效其红军建立一支由革命政党控制的军队，也成为国共两党的共同理想。1920 年代中期，在国共两党的努力下，以政治工作为特色的苏俄党军制度开始移植中国南方，并在随后的北伐战争中收到了令人惊奇的显著效果。但在北伐结束后，军队政工制度随着国共两党的分家而殊途异辙。共产党将其发扬光大，国民党将其废弃变易。

全国抗战爆发后，在国共两党合作竞争的战略互动下，国民党将军队政工和党务重新恢复。但在“武主文从”的大背景下，政工党务早已无法回复北伐时期的功能与信誉。政工成了军队的附庸，党务又成了政工的附庸，最终形成党不如政，政不如军的局面。在黄埔系和力行社的参与和长期掌控下，政工、党工与特工“三位一体”，更使国民党军队的战时政治工作蒙上了一层诡异的色彩。

第一节　以党治军的蜕变

1927 年 6 月，天津《大公报》发表社评称，民国以来的中国政治大势，可以归结为“文武主从之争”。社评认为，辛亥革命本是文人革命，但随后袁世凯凭借北洋军与孙中山凭借的国会相较量，最终演化为“武主文从”的局面。而孙中山于 1924 年改组国民党，集大权于以文人为核心的中央执行委员会，并借鉴苏俄“赤军”经验建“党军”，以党权制约军权，意在恢复“文主武从”的政治。①

古今中外，最难以驾驭的统治机器莫过于军队。国民党“党军”的建立，是中国近代军队建设史上一件具有划时代意义的大事。军队党化，由党来指挥枪，是中国军事史上前所未有的“新事物”。晚清民初以来，军队沦为私人争权夺利、割土称雄的工具。“党军”的意义，意味着以党建军，以党控军，军队服从党的意识形态，党的组织细胞渗透到军队的组织系统中，军队设立政治部和党代表，文职的党代表和职业军官之间“权”“能”分开，从而抑制军权过度膨胀。②

国民党改组后，确曾有过一段“党权高于一切”和“以党制军”的时光。但这局面未能维持多久。北伐打到长江流域以后，军权迅速蹿升，最终形成蒋介石借“党军”“坐大”的格局。南昌与武汉“迁都之争”和“提高党权运动”实即军权与党权的较量。党权本是至高无上，既要“提高”，说明党权已受到军权的侵蚀和挑战。当时国民党中央显已感到党有不能指挥枪的危险。在北方《大公报》报人眼中，南方的党权与军权之争，实际仍是文武之争。其实当时南方党人内部亦有相似的看法。“四一二政变”发生后，当时尚站在武汉国民党左派一方的宋子文，最初的反应就是觉得文人被武人制裁了。他亲口对当时一位来华的美国哈佛大学教授说：“国民革命的主旨是以党治军，就是以文人制裁武人。现在都完了！文人制裁武人的局面全被推翻了。”③

1927 年 4 月宁汉分裂后，南京的军权与武汉的党权公开对峙。未久，宁汉合流，国民党的党权与军权形式上达成统一，而潜在的对抗依然存在。此后直至 30 年代初期，党权与军权一直处于分裂、对抗和较量之中。其间国民党的党统几度分裂。在中央，蒋介石挟军权另立中枢，与西山会议派和改组派互争正统。在地方，北伐完成后军人养成盘踞地方之渐。蒋介石在南京，冯玉祥在开封，阎锡山在太原，李宗仁在武汉，李济深在广州，张学良在沈阳，形成各自的军事权力中心。④ 国民党的党权、军权与

① 社评：《文武主从论》，天津《大公报》1927 年 6 月 20 日。

② 关于北伐前后政工制度的详细情形，可参见吕芳上《近代中国制度的移植与异化：以 1920 年代国民革命军政工制度为例的讨论》，“中华民国史料研究中心”编印《1920 年代的中国》，台北，2002，第 137—198 页。

③ 胡适：《追念吴稚晖先生》，《自由中国》第 10 卷第 1 号，1954 年 1 月，第 5 页。

④ 参见蒋永敬《国民党兴衰史》，台北，台湾商务印书馆，2003，第 151—152 页。

政权呈现出四分五裂之象。但最终还是蒋介石以军权裹胁党权，建立了一个以党治为表、军治为里的政权，形成如吴稚晖所称的“党亦交给武装同志，权亦交给武装同志”的局面。[①]“汤山事件”之后的胡汉民更愤激地申言：

> 顾今日中国政治之现象，一绝对的军权统治之现象也。枪之所在，即权之所寄；政令所由，不在政府，而在于军事委员长……国计之决，不在于党部，而在于庐山、南昌之会议。[②]

中国政局再次演化为“武主文从”的局面。

“武主文从”不仅表现在南京中枢政局，而且在地方，各省主席十之八九也是武人。统计1927—1949年全国各省主席的出身背景，文人占12.5%，武人占87.5%；各省主席主政年数，文人仅占9.6%，武人占90.4%。[③] 国民党仿照苏俄体制自上而下建立了一套与行政层级相并行的党务组织系统，地方党部与地方政府各自独立，自成系统，法理上两者的地位不分轩轾，平行并存，互相监督。实际上由文人主控的省党部无法与武人主控的省政府相抗衡。地方政治的重心在政不在党。省党部几乎沦为省政府的附庸。[④] 可以说，国民党执政时期，武人控扼地方权势资源的程度与北洋时代几无二致。

蒋介石认为，不管任何时候、任何国家，军人都应该是社会的主导群体。“盖无论古今中外，国家之兴替，全视军人为转移。”[⑤] 在蒋看来，军队的组织精神在国家和社会各个领域均具有普适性。他说：“无论古今中外，要组织成一个健全的国家和社会，都是要全国军队化。”[⑥] 他对军队化

---

① 《吴稚晖氏为和县惨劫事致彭基相氏函》，《中央日报》1928年9月11日。

② 胡汉民：《对时局宣言》，《青年军人》第19期，1933年12月，第14页。

③ 据《民国职官年表》（刘寿林等编，中华书局，1995）和《民国人物大辞典》（徐友春主编，河北人民出版社，1991）的统计。

④ 参见王奇生《党政关系：国民党党治在地方层级的运作》，《中国社会科学》2001年第3期。

⑤ 《蒋主席昨日在平陆大纪念周演说》，《中央日报》1929年7月2日。

⑥ 蒋介石：《中国建设之途径》（1928年7月18日），张其昀主编《先总统蒋公全集》第1册，台北，中国文化大学出版部，1984，第559页。

的含义做过如下解释：

> 就是以军队的组织，军队的纪律，军队的精神，和军队的行动和生活，使之普及于政治、经济、教育，以至于整个社会，成为一个战斗体，最后要做到民众即军队，军队即民众，生活即战斗，战斗即生活的目的。

在他看来，在一切社会组织中，只有军队组织最严密、最科学、最合理。因为军队组织的特质在于层层节制，系统分明，如身之使臂，臂之使指。[①] 故他极力主张不仅要政治军事化、政党军事化，而且要社会军事化。保甲制度的推行，即是他推进社会军事化的重要举措。

在蒋介石军治思想主导下，军权日趋膨胀，党权日趋低落。从中央至地方，军凌驾于党政之上。党治徒有其表。军治实际上取代了党治。1930年，张季鸾曾深有感慨地说：

> 现在状况，政界固不堪，军界殆尤甚，且时局递演之结果，权力中心，皆集中于军。今人民已不知有党权、政权，而唯见军权。社会所注意，报纸所纪载，世界所研究，政府所筹划者，皆为关于若干军人之事。此情形已仿佛北洋时代之旧观，绝非三民主义训政下应有之现象。[②]

人民不知有党权、政权，而唯见军权，正是党权衰微、军权膨胀的写照。自晚清以来，军人集团逐渐从社会边缘走向社会中心，成为举足轻重的力量。“民国成立，军焰熏天”，是民国初年的一种写照。1924年孙中山改组国民党，一个基本出发点即欲提高党权，强化党力，以图制服军权，扭转“因军人持权，党员无力，故党之主张无力”的局面。但孙中山过早去世，北伐又过早举行，[③] 蒋介石借军“坐大”。军人持权的局面很快又复

---

① 蒋介石：《全国总动员的要义》（1935年9月10），张其昀主编《先总统蒋公全集》第1册，第1009页。

② 《季鸾文存》第1册，大公报馆，1947，第5页。

③ 苏俄最初的建议，国民党应准备用5年、10年甚至更长的一段时间来健全和发展党的组织力量。待党权充实健全并与民权相结合，奠立一个十分稳固的政党组织基础之后，再出兵北伐。届时党权已稳，足以驾驭军权而不至于为军权所挟制。但这一建议未为国民党中央采纳。

如旧观。在这一时代背景下，军人的地位如日中天。军人成为国家和社会的主导群体。在军人势力膨胀之下，“党权高于一切”实际成了一句空话。南京政府建立初期，蒋介石手下一名旅长公然声称：“吾不知何谓党权高于一切，吾只知有万能之枪杆。”[①] 军人骄横之态跃然可见。其时蒋介石自己亦承认：

> 近来最可悲的现象，为一般皆不知尊重党。武装同志之间，亦有忸于一时感想，视党务为赘瘤，甚至对党有反对之表示。当政治责任者，不知不觉之间，不免流露对党的厌恶之心理，且以党比拟于昔时之国会，颇有敝屣弃之之概，亦有以为吾侪只要三民主义的国民革命，但不必一定需要党。[②]

“武装同志”视党如赘瘤，弃之若敝屣，正是北伐结束后党军关系的鲜活写照。1929 年，胡适在《新月》杂志发表文章坦言：“其实今日所谓‘党治’，说也可怜，哪里是‘党治’？只是‘军人治党’而已。”[③]

第二节　政工与党务的恢复

1942 年，国民党政工人员龙家汾撰文指出，国民党军队政治工作经历了三个时期：北伐时期为政工新生期，国共军事时期为政工消沉期，抗战时期为政工复兴期。他还指出，第一期的对象是军阀，因军阀没有政治头脑、政治眼光和政治技术，故政工朝气蓬勃；第二期的对象是共产党，因共产党“颇著政治头脑，颇有政治眼光，颇富政治技术”，政工乃消沉衰微；第三期的对象是日军，因全民同仇敌忾，政工又复兴迈进。[④]

北伐政工之所以朝气蓬勃，一个至关重要的因素是政工人员绝大部分由共产党员充任。这一格局也埋伏了日后国民党政工因清党反共而衰微的

---

① 《谭曙卿移押总部监狱》，《中央日报》1929 年 9 月 12 日。

② 《蒋总司令的重要谈话》，《中央日报》1928 年 9 月 3 日。

③ 胡适：《人权与约法的讨论》，《新月》第 2 卷第 4 号，1929 年 6 月，第 4 页。

④ 龙家汾：《现阶段的军队政治工作》，《阵中月刊》第 3 期，1942 年 11 月，第17 页。

危机。南京国民政府成立后，军委会政治部于1927年8月被撤销。不久另成立政治训练部主导军队政治工作，但其职责仅为宣传与联络，沦落至“替军队贴标语”的地步。济南惨案发生后，军委会怪罪政工人员贴标语惹祸，遂将军以下之政训机关一律撤销。其后新军阀混战不断，各军离合向背无常，政工完全停顿。[①] 30年代初，为配合“剿共”，先后设立海陆空军总司令部“剿匪宣传处”、训练总监部“剿匪训练处”、军事委员会政训处等机构，但国民党军队政工一直处于衰微低落的状态。[②] 1929年2月，蒋介石曾对军队党务和政治工作的废弃过程及其原因与影响，做过如下一番检讨：

> 现在国民革命军军队里的党务和政治工作，几乎可以说是没有了。……军队的政治工作不能做，甚至党务也有名无实，或毫无党务可言。这是什么道理呢？其中的原因：第一，从前做党代表和政治工作的人员差不多都是共产党，或受了共产党理论和宣传影响的人，后来……因为反对共产党，就对政治和党务工作人员也不信任了！第二，是军队里带兵官长，本来就对党代表和政治工作人员怀有成见，只是没有机会来反对，自从有了反共的机会，他们不仅是对党代表和政治工作人员要反对，连党代表的制度以及政治工作的计划也要全部取消了！……所以后来的政治工作没有一点效力，并且在军队中发生

---

① 参见方觉慧《整理军队政工案》，《中央日报》1929年3月23日。张明编著《国军政治工作史稿案》对这一阶段的军队政工有过如下评述：“自十七年完成北伐，至二十年剿匪，为时三年，可谓整个陷于停顿状态中，其失败原因：一则由于在初创时期，政工制度含有监军作用，因政工人员使用不当，事无巨细，辄取管理与干涉态度，使军事长官对部属失去处分自由，致引起反感……再则中央以共党操纵民运，清共后为正本清源计，断然将民运工作停止，自是政治工作即失其重要的一环，因此政工人员不敢再与民众接触，从而军民隔离，分道扬镳，结果贪污盛行于上，反动派操纵播弄于下，所有过去民众对政治工作人员的信仰与同情，完全丧失……清共后，政工干部减少，部队又加扩充，原有政工干部不敷，乃起用未经训练人员，其缺乏政工志趣与技术，复无党的认识与革命热情，因之本身腐化日益加深，不惟不足帮助部队，反而妨害部队，故于国军克服济南后，总裁乃毅然撤销各级政工组织。”（该书由李济深题序，时间为1942年12月，军事科学院藏，第33—34页）

② 唐森树、钟声：《民国时期的国民党军队政治工作述评》，《零陵师专学报》1990年第1期。

不好的影响！[①]

与之相反，中国共产党军队在1927年以后，则继承发扬了北伐时期政治工作的优良传统并取得很好的成绩。全国抗战爆发后，国民党重新重视政治工作，在某种意义上可以说是与中共合作竞争之战略互动的产物。国共十年的较量，使国民党高层深切地认识到政治工作是中共赖以生存和发展的利器。军事委员会军令部长徐永昌即直截了当地说："共产党赖政治工作以生存、以扩大，阎先生（锡山）赖政治工作以防共、以整军，中央何至不能用政治工作以抗倭、以蹙共？"[②]

1938年2月，国民政府军事委员会设立政治部，总管军队政治工作，以陈诚为部长，周恩来、黄琪翔为副部长，下设秘书处、总务厅、第一厅（掌军队和军事学校的政治训练）、第二厅（掌民众运动及国民军事训练）、第三厅（掌宣传）。贺衷寒、康泽与郭沫若分任第一、第二和第三厅厅长。全国抗战初期，第三厅任用了不少共产党员和左派知识分子，既体现了国共合作精神，也有借重共产党人之处。但与北伐时期不同的是，中共党员没有直接参与战时国民党军队的政治工作。

1938年3月，军事委员会通令：陆海空军各部队一律设置政治部及团连指导员，并规定政工人员的职责为主持军队政治训练，督促军民合作。抗战时期，国民党军队的政工机构多次改制：开始是按部队层级，自战区、行营、集团军、军、师、团、营、连，逐级分设政工机构。后鉴于层级过多，分工过细，人员、经费缺乏，乃以师政治部为重心，师以上的军、集团军不设实级的政工机构；其后军、师两级的政工机构又多次调整，或军实师虚，或军虚师实。只有战区设政治部和团、连设指导员基本未变。故战时国民党军队政工系统大体为：军委会政治部—战区政治部—军政治部—师政治部—团指导员室—连指导员。关于人员编制，战区政治部一般有上百人；军政治部七八十人，师政治部十多人，团、连数人。[③]

① 蒋介石：《今后军队的政治工作》，张其昀主编《先总统蒋公全集》第1册，第574页。

② 据徐永昌1939年6月30日的日记，《徐永昌日记》第5册，第88页。

③ 李侠文：《三年来部队政工机构之演变》，《政工周报》第3卷第6期，1941年8月，第15—19页；梁寒操：《南岳政工会议的检讨与分析》，《建军半月刊》第14期，1940年3月，第8页；彭家贤：《国民党军队政治工作》，《文史资料存稿选编·军事机构》（下），第84页。

随着政工机构的扩大，国民党军队政工人员的数量亦迅速增加。全国抗战爆发前夕国内军队政工人员仅3000多人，到1940年初即增至3万人。[①]

政工复兴之后，军队党务也重新恢复。北伐时期，党务与政工，如车之两轮，相辅并行。除中央设有军人部外，各军、师、团、连均设有党的组织和党代表。党代表与部队长官平起平坐。国民党清党后，中央军人部被取消。党代表也不复存在。仅在中央组织部之下设军人股，后改设军人组织科。新军阀混战中，军队党务也卷入漩涡，实际工作无法开展。[②] 1935年12月，国民党中央鉴于“军队本身为有组织的行动集体，若再加一重党的组织，徒紊乱其本身组织而毫无实益”，乃撤销军队（陆军）各级党部。[③] 全国抗战进入战略相持阶段后，蒋介石提出“政治重于军事，训练重于作战”，于1939年3月又通饬恢复各级军队党部。[④]

战时军队党部的建置，国民党中央组织部设军队党务处，下设战区特别党部、军特别党部、师特别党部、团党部、连党部。连党部之下分设小组。[⑤] 小组为训练党员的基层组织。蒋介石对战时军队党务的训示有三点：（1）军队政治工作“应与党配合，以党为基础、为中心”；（2）所有官兵员生，尽量吸收入党；（3）军队党务工作由各级政工人员兼办。[⑥]

军队党部的职务，规定由军事长官与政工人员共同兼任。具体的兼任办法是：特别党部设特派员和书记长各一人，分别由该部队军事长官和政治部主任兼任；其他如总干事、科长、干事、助理干事、录事等，则由该单位政工人员兼任。如军特别党部由军长兼党部特派员，军政治部主任兼党部书记长；团党部由团长兼党部指导员，团政治指导员兼党

---

① 梁寒操：《南岳政工会议的检讨与分析》，《建军半月刊》第14期，1940年3月，第8页；唐森树、钟声：《民国时期的国民党军队政治工作述评》，《零陵师专学报》1990年第1期。

② 李云汉主编《中国国民党党务发展史料——组织工作》（上），台北，中国国民党党史会，1993，第156页。

③ 李云汉主编《中国国民党党务发展史料——组织工作》（下），第58页。

④ 李云汉主编《中国国民党党务发展史料——组织工作》（下），第11、234页。

⑤ 李云汉主编《中国国民党党务发展史料——组织工作》（下），第251、277—278页。

⑥ 周兆棠：《八年来之军队党务》，中国第二历史档案馆藏，711（5）/231；李云汉主编《中国国民党党务发展史料——组织工作》（下），第277—278页。

部总干事；连党部由连长兼党部指导员，连政治指导员兼党部干事。[①]名义上，军队党务由部队长官和政工人员共同负责，而且规定由特派员综揽特别党部一切事宜，书记长位居特派员之下，副署特别党部一切命令。[②] 但实际上部队长官对党务大多轻视而不大负责。具体党务工作专委之于政工人员兼办。[③]

军队党部成立后，吸收官兵入党是其基本工作。全国抗战初期，"部队长官及政治部主任，颇多无党籍者，须先办理入党手续"。[④] 蒋介石指示："全体官兵员生，均须集团宣誓入党"；"军队党务经整理一年以后，凡军官之无党籍者，概无铨叙之资格"。[⑤] 据统计，抗战胜利前夕，国民党共有党员 688 万，其中军队党员 423 万，占总数的 61%。更值得注意的是，士兵占军队党员的 77%，占全国党员总数的 47%。[⑥] 在某种意义上说，战时国民党员的主要成分是士兵。按规定，士兵集体宣誓即为党员，[⑦]不收党费，也不发党证，几乎没有党组织活动。

第三节　文武关系的变奏

在国民党军队政工史上，北伐时期有"黄金时期"之称。[⑧] 这一说法主要指当时的政工与党代表具有相当高的权威：在法理上有与军事指挥官平起平坐的地位；军队中的所有命令和法令规则，均由党代表副署；党代

① 《各级军队党部处理人事应注意事项》，《党务半月刊》第 13 期，1940 年 4 月，第 28—34 页；李云汉主编《中国国民党党务发展史料——组织工作》（下），第 234—235 页。

② 《中国国民党军队特别党部组织条例》（1940 年 2 月通过），《党务半月刊》第 13 期，1940 年 4 月，第 24 页。

③ 黄守诚：《团政治指导员在党部的基本任务》，《建军半月刊》第 8 期，1939 年 12 月，第 12 页；李森：《怎样加强军队党务与政训工作》，《建军半月刊》第 14 期，1940 年 3 月，第 19 页。

④ 李云汉主编《中国国民党党务发展史料——组织工作》（下），第 236 页。

⑤ 周兆棠：《八年来之军队党务》，中国第二历史档案馆藏，711（5）/231；《军队党务中心工作》，《组织与训练》第 1 卷第 3 期，1939 年 6 月，第 63 页。

⑥ 李云汉主编《中国国民党党务发展史料——组织工作》（下），第 7 页；周兆棠：《八年来之军队党务》，中国第二历史档案馆藏，711（5）/231。

⑦ 《征求军人党员办法》，《党务半月刊》第 1 期，1939 年 6 月，第 49—50 页。

⑧ 《张治中回忆录》，中国文史出版社，1985，第 312—313 页；"国军政工史编纂委员会"编《国军政工史稿》上册，台北，"国防部总政治部"，1960，第 292 页。

表对军事指挥官具有监督制衡的作用。[①] 这一制度后来在中共军队中得到很好的继承、发扬和完善。抗战时期，八路军的各级政治部与各级司令部，其相互关系是平行的；各级政治委员与其同级的军事指挥员，在军务和行政上有同等的权力。“政治委员在与同级军事指挥员发生争执时，属于作战行动方面的，由军事指挥员决定，其余由政治委员作最后决定。”[②]

但蒋介石及国民党高层将领对军队中的“二元”领导十分反感。1939年3月，蒋在下令恢复军队各级党部的同时，也训诫政工人员不得对部队主管长官采取对立或监察的态度，而应服从部队主管长官，受其指导。[③]军令部长徐永昌亦极力主张“军队政工人员应重政治工作，不应重监视部队，应加给部队长以督饬政治工作之责”。[④] 据蒋介石的解释，他反对军队“二元制”是基于以下考量：

> ……实行“二元制”，就是军官与政工人员二者并立，互相监督。但我们中国古人说：“权出于一者强，出于二者弱。”我们既然委任了一个将领，就应该绝对的信任他，而不要用其他的方法来牵制他，所以我们在北伐之后，就取消党代表制度，采取一元制，把一切事权集中于带兵者。我认定一元制必定比二元制要好，这是无可置疑的事。[⑤]

带兵官与政工人员的紧张关系在“二元制”的北伐时期确曾存在过。[⑥]但当蒋介石易为“一元制”后，政治工作实际成了军队的附属品，政工人员的地位由部队的监护者，一降而为部队的宣传员。政工人员甚至被人戏称为带兵官的“姨太太”，部队里的“清客”。[⑦] 陈公博谈到，有次他与白

---

① 参见吕芳上《近代中国制度的移植与异化：以1920年代国民革命军政工制度为例的讨论》，《1920年代的中国》，第196—197页。

② 萧向荣：《八路军的政治工作》，《八路军军政杂志》第2卷第10期，1940年10月，第56—61页；第11期，1940年11月，第40—41页。

③ 参见徐永昌1939年3月8日的日记，《徐永昌日记》第5册，第24—25页。

④ 据徐永昌1939年2月18日的日记，《徐永昌日记》第5册，第17页。

⑤ 蒋介石：《国军如何才能完成剿匪救民的任务》（1947年6月5日），《蒋总统集》，台北，“国防研究院”，1960，第1613页。

⑥ 参见吕芳上《近代中国制度的移植与异化：以1920年代国民革命军政工制度为例的讨论》，《1920年代的中国》，第195—196页。

⑦ 汪仑：《军队里的政治工作》，黑白丛书社，1938，第56页。

崇禧讨论军队政治工作，白崇禧即认为，党务工作和政治工作，不过“贴标语，叫口号”而已，无足轻重；“天下事都可以武力了之”；“无论民众怎样凶，有一连机关枪便什么都完了”。[①] 政治工作几乎受到军事将领的普遍轻视。

抗战时期，政军关系在具体操作层面上并无一个明晰的制度规定。政工人员在部队中亦无明确的法理定位。[②] 军队政工自成系统，人事、经理独立。政工人员的考绩升等，经费的领发报销，均受上级政工机构直接领导和管理。政工人员与部队长官没有隶属关系。在法理上，部队长官“管不着”他。[③]“在阶级方面，政治人员与部队长官不相上下，在职权上确定政工人员有参加命令通告意见、军法会审、以及经费审核特权。”[④] 但与此同时，蒋介石又明令训诫政工人员应服从带兵官的指导，导致政工人员对自我角色定位感到困惑：似乎既不是与部队长官平起平坐的党代表，又不是完全听命于部队长官的纯幕僚。[⑤] 也有人将政工人员定位为带兵官的帮手，好比带兵官是一家的家长，而政工人员是他所需要的家庭教师。[⑥]

1940 年，即将出任政治部副部长的梁寒操，对军政关系定位的两难性，做过如下表述：

> 我们的立场，本来有两种方式：第一种是站在党代表的地位，对部队采取监督指导的态度，但目前这个方式是行不通的；第二种是绝对秉承部队长官之命，办理部队政训，也因为政工另有系统，人事经理都独立的原故，不能实行。[⑦]

也就是说，战时国民党政军关系既非军主政从的“一元制”，亦非政军制衡的“二元制”，而是模棱于两者之间。其结果是部队长官与政工人

---

① 陈公博：《苦笑录》，香港，香港大学亚洲研究中心，1979，第 156—157 页。

② 《张治中回忆录》，第 324 页。

③ 彭家贤：《国民党军队政治工作》、谭冀平：《国民党军队的政治工作和党务工作》，《文史资料存稿选编·军事机构》（下），第 85—86、90 页。

④ 薛民任：《军队党务工作的重要性》，《建军半月刊》第 12 期，1940 年 2 月，第 15 页。

⑤ 据徐永昌 1939 年 3 月 8 日的日记，《徐永昌日记》第 5 册，第 25 页。

⑥ 谈祖庚：《展开政训工作的要点》，《政训月刊》第 4 期，1941 年 4 月，第 41 页。

⑦ 梁寒操：《南岳政工会议的检讨与分析》，《建军半月刊》第 14 期，1940 年 3 月，第 9 页。

员经常处于紧张状态中，“互相歧视者有之，互相倾轧者亦有之，弄得猜忌丛生，自相纷扰”。[①] 在部队长官一方，大体表现为：(1) 否定政治工作的效用，轻视政工人员；(2) 对政工人员不信任，戒备政工人员的监视；(3) 担心政工人员与自己争权夺利；(4) 视政治工作为点缀，利用政工人员为自己摇旗呐喊。[②] 而在政工人员一方，则表现为：(1) 视部队长官为落伍军阀、封建势力；(2) 以改造军队为使命，监视、检举部队长官的言行；(3) 文职背景的政工人员鄙夷行伍出身的带兵官之愚莽和粗鲁；(4) 利用士兵与部队长官相抗衡。[③]

政军关系紧张的另一个重要因素，是战前政工延续下来的特务传统。自30年代初开始，国民党军队政工系统为以黄埔系为核心组成的力行社经营和掌控。由于力行社带法西斯主义组织的特征，政工系统也成为他们用来对付异党异派的特务工具。很多政工人员同时也是力行社及其下层和外围组织的成员。[④] 在战前，力行社的工作对象主要有二：一是共产党；二是地方实力派。全国抗战初期，在国共第二次合作的背景下，共产党尚不遗余力地谴责国民党政工的特务性质。[⑤] 同样，地方实力派在全国抗战的情境中仍对南京中央所派遣的政工人员深怀戒惧。据一位少将级的资深政工干部忆述，为了同化或“吃掉”“杂牌”部队，政工人员除了进行一般的宣传教育工作外，主要是调查掌握部队的实力消长，侦察部队长官对蒋介石和国民党中央的真实态度，以及了解部队内部相互之间的联系和矛盾。[⑥]

---

① 谈祖庚：《展开政训工作的要点》，《政训月刊》第4期，1941年4月，第41页。

② 如有文这样描述：“很多的军官同志，对政工根本不信任，甚至发生了一种恐怖的观念，认为政工同志是他们的监视员，或者是与他们争权夺利者，有的也根本否认政治工作的效用。他们单纯的认为政工人员的任务是唱歌子，写标语。同时还有些假进步的军官，要求上峰给他们配备政工，但事实上，他们把伟大的政治工作，当成了他们的点缀门面的形式，把政工人员当成了他们的摇旗呐喊的喽啰。”生康：《论目前的军政工作及我们应有的努力》，《军政月刊》第1卷第2期，1940年5月，第24页。

③ 赵铁寒：《论军队政治工作》，《民意周刊》第33期，1938年7月，第9页；容又铭：《部队政治工作当前的几个问题》，《政训月刊》第3期，1941年3月，第41—44页。

④ 蔡树鸿：《我所知道的国民党军政治工作》，《文史资料存稿选编·军事机构》（下），第87—88页；王良卿：《三民主义青年团与中国国民党关系研究》，台北，近代中国出版社，1998，第18—19页。

⑤ 参见萧向荣《八路军的政治工作》，《八路军军政杂志》第2卷第10期，1940年10月，第49页。

⑥ 彭家贤：《国民党军队政治工作》，《文史资料存稿选编·军事机构》（下），第84页。

1938 年 7 月，国民党体制内的一位政工干部在埋怨政工人员“技术拙劣”时谈道：

> 在整理军队前提下，政工人员既由最高统率部派遣，工作而外，附带作些兵力装备的调查，人事思想的分析，自属应有之义，不足为奇。不幸当时一部分将领，见不及此，认为政工人员是统率部派的侦探，含有检举监视意味，发生普遍的恐惧与不安，歇斯底里的惶恐戒备。在此种情况下，政工人员自应先行设法取得部队官兵之信任，调查工作自可从缓。最低限度，也应审慎与极端秘密。而一般政工人员，为博取部队的尊重，常有意无意的半公开的进行，似乎是藉此表示权威。这真是不可饶恕的错误。影响所及，有许多军队，竟派人对政工人员暗中监视，一举一动，都逃不出部队长官的耳目侦察。于是尔诈我虞，愈演愈烈。在彼此提防戒备的情形下，政工功效乃打消无余。①

战时国民党政工内部在检讨工作的困难情形时，亦不隐讳部队长官把政工人员看作侦缉他们行动的特务这一事实。1939 年军事委员会政治部在南岳召开全国政工会议。会上政治部承认，“过去政工人员多少负有特务性质，因此和部队长官不甚协调”。为了减少这一矛盾，政治部公开以“反特务”相号召。②

虽然如此，非嫡系的“杂牌”部队，对代表重庆中央立场的政工人员仍然处处设防排斥，甚至不愿政工人员与其官兵经常接触，也不许政工人员与闻军队的事。③ 而政工人员方面，有的故意以中央派遣员的身份敲诈地方“杂牌”部队长官。④ 即使是蒋介石的嫡系部队，因政治部责成各级

---

① 赵铁寒：《论军队政治工作》，《民意周刊》第 33 期，1938 年 7 月，第 9 页。

② 梁寒操：《南岳政工会议的检讨与分析》，《建军半月刊》第 14 期，1940 年 3 月，第 9 页。

③ 汪仑：《军队里的政治工作》，第 55 页。

④ 如有文描述：“某部队的政工人员，多数藉口接济未到，向所在部队长官借钱。又因工作技术拙劣，早被该部官兵疑为中央派遣的侦探，既然开口借钱，在对方便认为含有敲竹杠的意味，不敢不如数供应，一次两次，引起部队长官的无限厌恶与憎恨。而且政工人员借钱到手，随意挥霍，甚者挟妓冶游，酒食征逐。这类行为都足以引起所在部队官兵之卑视。”赵铁寒：《论军队政治工作》，《民意周刊》第 33 期，1938 年 7 月，第 8 页。

政工人员检举和稽查部队的弱点，而战时部队长官经商、走私、吃空额等现象普遍存在，政工人若加以检举，势必与部队长官发生摩擦，也因此而歧视和嫌弃政工人员。[①]

一般情况下，“握笔杆子”的政工人员与“握枪杆子”的职业军官发生摩擦，前者显然居于弱势。不过，由于政工人员受军委会政治部主管，政治部难免有意维护其政工人员的权益。因分属不同系统，政工人员有时也不甘示弱，而敢与部队长官相颉颃。部队长官即使嫌弃政工人员，但若政工人员胡作非为，则也对之无可奈何。据徐永昌日记所载，有一军长，明知其政工人员侵吞军饷，却不敢向政治部检举并提出换人要求，因为担心就此“开罪”政治部，而新来者可能更坏。[②]

第四节 政工与党务的困境

战时国民党军队政治和党务工作的成效如何？我们不妨先考察一下国民党体制内的自我评价。

1947 年，蒋介石在一次针对军官训练团的讲话中，曾批评各级军官：“不重视政治工作，把政工人员看作军队的附属品，以致工作不能发展，成效甚鲜。”[③] 1949 年败退台湾后，蒋介石更认为军事的溃败与政工有着密切的联系：

> 自从党代表制取消，政治部改成部队长的幕僚机关以后，军队的监察即无从实施，同时因为政工人事的不健全，故政训工作亦完全失败……又由于政工人员本身程度的低落，对于主义的认识不够，于是官兵皆缺乏政治训练，对敌作战就意志薄弱，战斗精神完全丧失，尤其对民众则不知爱护联系，甚至恣意骚乱，以致军风纪荡然无存。这种没有灵魂的军队自然非走上失败道路不可。[④]

---

① 《张治中回忆录》，第 327、330—331 页；丁治磐口述，刘凤翰等访问《丁治磐先生访问纪录》，第 155—156 页。

② 据徐永昌 1939 年 9 月 28 日的日记，《徐永昌日记》第 5 册，第 171 页。

③ 蒋介石：《国军如何才能完成剿匪救民的任务》，《蒋总统集》，第 1613 页。

④ 蒋介石：《国军失败的原因及雪耻复国的急务》，《蒋总统集》，第 1655 页。

抗战时期，军令部长徐永昌十分重视军队政治工作。他认为中共军队克敌制胜的唯一长处就是政治工作。与此同时，他对国民党军队的政治工作极为不满。与蒋介石指责军事指挥官轻视政治工作有所不同，他将责任主要归咎于政工人员。他指责政工人员无爱国心、无中心思想，只会分离内部，甚至是“一群谁对他好他说谁好的蠢才。”[①]

战时讨论政工的文章普遍认为：与战前相比，战时政治工作有了相当的进展，但离预期目标还甚遥远。预期目标是要恢复北伐时期政工的功能与信誉，达到北伐时期政工的水准。

1940 年，张治中接替陈诚担任军委会政治部长，主持战时政治工作达 5 年之久。在晚年回忆录中，张对战时政治工作的优点、缺点和困难之点做了一番相当细致的检讨。首先，他肯定部分政工人员在对日作战中，与官兵同生死、共患难的精神，及其勇敢牺牲的精神。他在列举了多个可歌可泣的实例之外，还提供了一组统计数字：1940—1944 年 5 年间，在湘北、中条山、浙赣、鄂西、常德、中原、衡阳、桂林等 8 次战役中，政工人员共阵亡 434 人，受伤 492 人，失踪 560 人。[②] 笔者从中国第二历史档案馆留存的档案中，也找到了部分相关数据，与张治中的数据基本吻合。[③]这些政工人员都是伤亡于抗战后期之对日作战中。政工人员的身份是“官佐”，其总数约 3 万人，如此高比例的伤亡与失踪，确是其浴血抗战精神的体现。

张治中认为，战时政工人员对部队官兵风气的转移、部队纪律的监察，以及宣传教育等方面，做了相当艰苦的工作。同时，他也承认，“抗战愈至末期，政工本身力量与客观原因相互激荡，矛盾愈益加深，困难愈益扩大，以致缺点毕露，功用尽失”。[④]

在人事制度上，政工人员的出路和待遇均远不如职业军官。战时职业军官升迁非常快，[⑤] 而政工人员则受种种限制，升迁殊感困难。“恒有团指

---

① 据徐永昌 1939 年 5 月 13 日、6 月 29 日、9 月 11 日的日记，《徐永昌日记》第 5 册，第 58、87、143 页。

② 《张治中回忆录》，第 319 页。

③ 如军委会政治部编印的《政训统计报告》（中国第二历史档案馆藏，6/51）显示，1944 年对日作战中，政工人员共阵亡 121 人，负伤 148 人，失踪 340 人。

④ 《张治中回忆录》，第 322 页。

⑤ 张瑞德：《抗战时期的国军人事》，第 60—61 页。

导员，其最初之团长已升任军师长，其本团之营连长已升任团长，而团指导员则仍为该团之指导员者。”与此同时，优秀的政工干部，虽具备相当的能力、资历与功绩，亦不易获得升迁部队长官之机会。[①] 至于政工人员的待遇，表面上与部队长官一致，实际上则显有轩轾，如武器、马匹、车辆等项，均不配给政工人员，其他如吃空额等，也成为部队长官的专利。由于政工人员待遇低、升迁慢、职权小，一般军官视政工为畏途，不唯高级军官多不愿转任政工，即军校出身之初级军官，亦视政工为毫无出路之工作而加以鄙弃，而现有政工人员觉得个人前途黯淡，情绪低落，不安于位，从而导致政工人才缺乏，素质下降。中下级政工干部补充尤感不易。连级指导员经常空缺，只好由副连长或排长兼任。而连排长因本身职务过繁，多无暇兼顾，以至于基层政治工作经常处于空虚状态。[②]

战时政治工作的内容，无论国、共，大体不外这样几个方面：在部队鼓舞士气，在后方发动群众，在敌后瓦解敌伪，收拾民心。从民心士气的角度来考察战时国民党的政治工作成效，情形实在令人沮丧。以 1944 年中原会战和桂柳会战为例。蒋介石总结中原会战的情形说：“我们的军队沿途被民众包围袭击，而且缴械！这种情形，简直和帝俄时代的白俄军队一样，这样的军队当然只有失败！……部队里面军风纪的败坏，可以说到了极点！在撤退的时候，若干部队的官兵到处骚扰，甚至于奸淫掳掠，弄得民不聊生！”[③] 而军令部在检讨桂柳会战时也指出：“政治不能适应军事要求，军队不能得民众协助。此次作战，各级政府多行迁移，一般民众率多避难，致军队运输方面发生诸多困难。”“地方政府既行迁移，各部队副食补给发生问题，军队为作战及给养关系，往往涉及民众物资，致军民感情不大融洽，合作方面发生缺憾。”各地方团队虽间或协助国民党军作战，但往往有劫取国民党军枪支情事。相反，日军却能利用中国民众运输粮弹，虽道路破坏，但仍可继续攻势，锐意前进。[④] 对此，蒋介石痛心疾首地说：

---

① 《张治中回忆录》，第 325—326 页。

② 谈祖庚：《展开政训工作的要点》，《政训月刊》第 4 期，1941 年 4 月，第 41 页；《张治中回忆录》，第 324—328 页。

③ 蒋介石：《知耻图强》，转引自《中华民国史事纪要（中华民国三十三年七至九月份）》，台北，“国史馆”，1994，第 148 页。

④ 《桂柳会战战斗要报》，国民政府军令部战史会档案，中国第二历史档案馆藏，25/4884。

> 我军最大的耻辱，就是敌人利用便衣队到处扰乱，而我们在自己的国土之内作战，反而不能用这种战术打击敌人。据我所知道的，此次除王耀武所部使用便衣队发生相当效用以外，其他各战区各部队都没有切实组织和运用。可见我们平时对于发动民众、组织民众的工作，完全没有认真去作。[①]

国民党军队与民众的关系竟不如入侵的敌军，的确是莫大的耻辱。军民关系的紧张和对立，造因固不止一端，但至少是军队政治工作失效的表征。

再看部队内部的政治教育，1938 年冬 1939 年春，有人对 147 个部队单位（以师为单位）的 614 名士兵进行过调查。调查结果显示：士兵知道中国国民党的，占 70% 弱；知道“三民主义”的，占 48% 弱；还有 30% 的士兵不知道中国国民党，52% 的士兵不知道“三民主义”。即使知道中国国民党和“三民主义”的，也很少知道这两个名词以外的内容。调查者发表感想说：这是目前军队政治训练最确实的成果，说明政训工作没有渗透进士兵和基层民众之中。[②]

1939 年以后，随着军队党部的建立，官兵集体宣誓加入国民党，想必士兵不知国民党的情形不大可能继续存在。但集体宣誓、全体加入，其效果恐怕与全体不入没有太大差别。因为入党没有门槛、没有条件，入党后不交党费，不发党证，没有组织活动，党员缺乏党的意识。党部仅具形式，并无权威。党对部队无论消极还是积极作用均无由发挥。[③] 查八路军中的共产党员比例，一般控制在 20%—30%，只有真正优秀的官兵才被吸纳入党；党员在部队中具有相当的政治优越感，因而在部队中能真正起到模范带头作用。在八路军中，支部工作是一切政治工作的基础，建立于连队的党支部是部队政治工作的实际推动力量，是保障党的路线与军事任务

---

① 蒋介石：《对于整军会议各案之指示》，转引自《中华民国史事纪要（中华民国三十三年七至九月份）》，第 493—494 页。

② 朱一民：《建军时军队政训工作之改革与配合问题》，《挺进》第 16 期，1941 年 10 月，第 22—24 页。

③ 《张治中回忆录》，第 331—332 页。

执行和完成的重要基层组织。[①] 蒋介石虽然也强调军队政治工作应“以党为基础、为中心”，实际上，将军队党务交由政工人员兼办，而政工人员并不能运用党的组织关系，加强其权威与效能，党务工作反而与政工有重复矛盾之处。政工人员对兼办之党务自然无所用心。[②] 政工本来是军队的附庸，党务又成了政工的附庸，最终形成党不如政、政不如军的局面。战时国民党中央组织部部长朱家骅即承认：“军事胜于政治，政治胜于党务。”[③] “在战地，最先瓦解的是党部，其次是各级政府，最后才是军队；收复某一个地方，最先到达的是军队，其次是政府，最后才是党部。”[④] 而共产党则相反，党的力量往往成为军政的前锋，攻占某一地区，最先打入的首先是党组织，然后军政力量跟进；从某一地区撤退时，即使军政力量退出，党的组织仍然留下来继续战斗。在共产党那里，党充分发挥了政治核心的作用；而在国民党那里，党务几乎沦为军政的附庸。

---

① 萧向荣：《八路军的政治工作》，《八路军军政杂志》第 2 卷第 10 期，1942 年 10 月，第 56—61 页。

② 《张治中回忆录》，第 332 页。关于战时军队党务存在的问题，可参见《中央组织部军队党务工作综合的指示》（1943 年 12 月），中国第二历史档案馆藏，717（4）/1526。

③ 《32 年度日常工作的检讨与指示》，《中央党务公报》第 6 卷第 7 期，1944 年 4 月。

④ 邓飞黄、徐佛观、萧作霖：《党的改造刍议》，1945，出版地不详，第 8 页。

第七章
国民党军的若干特质

前面数章对战时国民党军的组织结构、人事派系、政工党务、武器装备、军需后勤等，做了“面”的描述与分析。本章试图通过三位国民党军高层人士的抗战日记，从“点”上呈现战时国民党军的若干特质。此三人是军事委员会军令部长徐永昌，军法执行总监何成濬，陆军第四十一师师长/第二十六军军长丁治磐，[①] 分别代表了国民党军队最高作战指挥部、最高军法执行机构和战争前线的高级将领。三人的职位、职责不同，立场视角不一，人际交往圈有异，但其日记的共同特点是记事翔实、坦诚，不仅详细记录了各自的经历、见闻和心得，还记录了各自交往人群的言论与见解。三部日记中，两部是手稿影印本，字迹极其潦草难以辨认，显示作者下笔时未曾顾及他者和后来人的阅读，无意于公开发表。这样的私密性史料，与政府公文档案及公开发表的报刊言论等史料，有所不同，对内幕、潜规则等多有揭示，且无所顾忌，透露了不少外界不甚知悉的军界内情，可视作国民党军高层的自我审视与剖析，所呈现的若干面相，与前面数章的内容或相互印证，或有所补充。

第一节　战绩呈报与宣传

张发奎晚年回忆录中，对全国抗日战争有过这样一段总结性的表述：

> 我参加了三个重要战役：淞沪会战、武汉会战、桂柳会战。可以

---

① 徐永昌（1887—1959），1938 年春出任军事委员会军令部长，在任 8 年；何成濬（1882—1961），1938 年 6 月出任军事委员会军法执行总监，在任 8 年；丁治磐（1894—1988），1937 年抗战军兴，任陆军第四十一师师长，1942 年初升陆军第二十六军军长，1945 年 3 月任第二十七集团军副总司令兼二十六军军长。

> 说，在战略上这三次会战都是成功的，我们以空间换取了时间；但在战术上，我们失败了。说句真话，我从未取得过一次胜利，可是我延宕了敌人的前进，还多次重创了敌军。在整个抗战中，我们一直采取守势。在战争快结束时，我首次负责发动重大规模的攻势，可惜攻势刚开始，战争就结束了。大多数海内外的同胞认为，我们以劣质装备与粗浅训练，英勇地与武器精良训练一流的敌军鏖战了八年，最终取得了胜利。然而从一个军人观点，我认为谈不上英雄史诗，我们所作的一切只不过是以空间换取时间。[①]

张发奎在回忆录中提及战争与军事的很多细节，是其他史料中甚少见到的。更难得的是，张的一些表述相当坦率，比如他坦陈，“为了宣传目的，敌人每撤退一次，我们便上报一次胜仗。中央对此十分了解，这些都是虚假的胜利”；[②] 所谓粤北大捷、收复南宁，其实都是日军自动撤退。[③]他虽然声称自己无法评论其他战区的所谓大捷，但仍忍不住指出：

> 三次所谓长沙大捷（一九三九年秋，一九四一年、一九四一年十二月至一九四二年一月）同所谓粤北大捷相似。敌军志不在长沙，犹如它们志不在韶关，它们只不过是佯攻而已。我的观点是基于一个简单的理由：我感觉敌人能攻占任何他们想要的目标；倘若他们没有占领某地，那是因为他们不想要。在整个抗战期间我一贯思路都是这样。[④]

张发奎的说法，在徐永昌、何成濬、丁治磐的日记中得到了更具体、

---

① 《蒋介石与我——张发奎上将回忆录》，第 398 页。

② 《蒋介石与我——张发奎上将回忆录》，第 307 页。

③ 张发奎回忆：“根据余汉谋呈交给我，而我又转呈给中央的报告，我们在粤北打了一场大胜仗。这并不真确，尽管余汉谋印了一本小册子《粤北大捷》，为我作了一番宣传，事实上我们被打败了。我无法评论其他战区的所谓大捷，但我确实了解在我自己战区发生的事，我是在现场担任指挥，所以我应该知道。我们把这场战役视为胜仗，只是因为敌人攻下新江与英德之后马上后撤并未进攻韶关。”《蒋介石与我——张发奎上将回忆录》，第 302 页。

④ 《蒋介石与我——张发奎上将回忆录》，第 357 页。

更细致的印证。虚报战绩、夸大宣传，是各国对外作战宣传的惯用手段。抗战时期，国民党军各高级长官谎报战功更属常态。如敌人攻占某地后，有时无意长期占据，会主动撤出。每当遇此，前方将领均会以“大捷”向上申报和对外宣传。中央虽明知内情，也往往认可。抗战时期很多的“大捷”大体如此。何成濬即指出：

> 自抗战以来，各高级长官所极力宣传之台儿庄胜利、湘北几次大捷等等，无一不夸张，中央明知之，然不便予以揭穿，只好因时乘势，推波助澜，借以振励士气，安慰人民，用心亦大苦矣。各国对外作战情形，大略皆类此，不过中国之高级长官技术特为巧妙。[①]

作为军法执行总监，何成濬直接与闻军事委员会的最高决策，自然洞悉各高级长官之虚报内情。

与何成濬相比，军令部长徐永昌对前线作战情形更为了然。他每天会将各地战况和部队的动态记录于日记中。如徐对于第九战区司令长官薛岳（伯陵）的谎报军情和虚假宣传，在日记中多有记载。以 1941 年 9 月第二次长沙会战为例，在战局尚不明朗的情况下，薛岳即“运动”各方为其宣传，“预祝胜利”。徐担心其“过甚宣传”，因“我宣传过甚，敌欲罢不能，徒增其对我努力”。他让人转告薛岳：“等击退敌再宣传，何争此一时。”[②] 但薛岳不仅没有中止，反而进一步“扩大宣传”，“有不能抑制之势”。徐永昌日记载：

> （第九）战区方面竟径向几家报纸发表无理宣传，（未经新闻检查），谓毙敌三万几千，伤敌六、七万，俘敌八千几，致使招待记者席上某某外国记者询问本会发言人，对湘北敌已无所用其追击等等讥讽，顷，敌人亦名我纸上战斗胜利。[③]

对第二次长沙会战的敌我伤亡人数，徐永昌一直未能得到确切的数

---

① 据何成濬 1942 年 8 月 21 日的日记，《何成濬将军战时日记》上册，1986，第 149 页。

② 据徐永昌 1941 年 9 月 24 日的日记，《徐永昌日记》第 6 册，第 216 页。

③ 据徐永昌 1941 年 10 月 8 日的日记，《徐永昌日记》第 6 册，第 227—228 页。

据。如徐在10月14日的日记中这样写道：

> 今次湘北战役，我用师三十一（军十一），伤一万八千四百二十二，亡八千七百八十二。……又据报，获步枪一千一百三十四，轻、重机枪三十八，各种炮十四、战车九，俘虏二百四十七（详确否尚待详报到部后再看）。薛伯陵对外记者及武官（日前由渝招待前往者）谈话，发表湘北之役，敌遗尸四万一千余具云云，使本部战讯发布组大为作难。又据报，长沙外籍传教师语外记者及武官，敌人二十七日入长沙约两万人，留四日退去。又该访察团对湘北战颇感失望云。①

第九战区在不同场合的宣传口径并不一致，如毙敌人数有“三万几千”和“四万一千”之说，俘敌人数有“八千几”与“二百四十七”之说。徐永昌由于无法确认这些数据的真实性，发布战讯时深感为难。到10月25日，军令部次长林蔚向徐永昌转述从蒋介石那里听到的湘北真实情形：

> 一、湘北战之序幕，敌人扫荡大雪山时，战区所报我军如何转出反包围敌人等等，完全子虚，斯役我第四军吃亏极大。二、敌人打过汨罗江以后，我军已无有战斗力之军师。三、所报俘获敌人不到十个，枪许有几枝，余可想矣。②

徐永昌获知这一情形，大为感慨：“由谎报一点看我国军人无耻，可谓达于极点。”③ 然而，第三次长沙会战时，薛岳故伎重演。而这次徐永昌似乎对薛岳所报战绩信而不疑。他在1942年2月1日的日记中写道：

> 第九战区报告，第三次长沙会战，各部实报俘获统计如下：中队长以下一百三十九名，步骑枪一千一百三十八枝，轻机枪一百零二挺，重机枪十三挺，山炮十一门。我军真正胜仗，第一次台儿庄，第

---

① 《徐永昌日记》第6册，第233页。

② 《徐永昌日记》第6册，第242页。

③ 《徐永昌日记》第6册，第242页。

二次昆仑关，第三次即为此次长沙会战，其俘获尤属空前。[①]

而何成濬的日记中对第三次长沙会战则有不同的描述：

> （军事委员会）会报时，主席宣布关于湘北三次会战，第九战区薛司令长官之报告云，我军伤亡官兵二万九千余，倭寇死伤五万余，在场诸人均笑斥之，主席亦言其过于虚妄。各处作战报告，本多有不确实处，然向无如此人之甚者。[②]

军委会与会诸人之所以“均笑斥之”，是因为薛岳所报敌我伤亡人数及敌我伤亡比例实在“过于虚妄”。据一般观察，抗战时期敌我之战力，大致是“敌一师可抵我六师”（详见下文），以这样悬殊的战力对比，显然不大可能以我军伤亡“二万九千余”的代价，取得毙伤敌军“五万余”的辉煌战绩。

一般战争中，交战双方对于己方的伤亡数比较容易掌握，而对敌方的伤亡数则不易弄清。而前线将领为了邀功，或交战双方为了宣传，有意夸大毙伤和俘获敌军的数字亦属常态，所以战争中双方对外公布的伤亡数字往往出入甚大，一般都不可信。日军和中共军队一般会将内部报告和对外宣传区别对待，内部报告较为真实，而国民党军则内部报告亦不可靠。正如何成濬所言，各战区的作战报告多不确实，只是薛岳做得“太过”而已。据徐永昌描述，前方将领的报告，往往“情况稍急即万分告急，稍缓又自夸能炫虚”;[③]“情况稍好便声张我军如何如何有力，稍坏又自称毫无力量”。[④] 而张发奎的说法是：“军一级单位喜欢夸大伤亡数字以显示战事有多么惨烈，他们通常多报敌军的损失，而失踪人数往往申报为负伤。”这是国民党军的传统，早在1937年以前的内战时期就是如此。[⑤]

对于高级将领竞相虚报战绩的现象，徐永昌不无感慨地说：“今时代

---

① 《徐永昌日记》第6册，第328页。

② 据何成濬1942年2月25日的日记，《何成濬将军战时日记》上册，第59页。

③ 据徐永昌1943年11月30日的日记，《徐永昌日记》第7册，第208页。

④ 据徐永昌1944年6月14日的日记，《徐永昌日记》第7册，第333页。

⑤ 《蒋介石与我——张发奎上将回忆录》，第246页。

实为一宣传时代，出风头时代。”[①] 类似之语不止一次见诸其日记，并非徐随意而发的一句感慨。不仅前方高级指挥官“宣传太过”，而且最高统帅蒋介石也很重视战争中的宣传，会亲自过问和布置某次战役的宣传事宜，甚至要求提前发布国民党军战胜的战报。徐在日记中写道：

> 蒋先生略于督责训练，督责战斗，一意于宣传工作，岂知作战宣传须名实相称，否则事实稍迟即明，无异自暴其丑，非善后计也。敌人师出无名，苦于久战，广大散布，军纪日坏，益以内外反战风炽，所以战斗力日趋于下。然我一个上等师抵敌两大队，力量每感不足，则战之宣传份剂（“份剂”当为“分际”之误——引者注）与应努力之点，亦既明示之矣。[②]

值得注意的是，蒋介石对于日军方面公布的伤亡数字，常以10倍去估算，如1938年5月日本方面发布开战以来日军战死59098人，蒋推断其实际战死者当在59万人以上。[③] 当1940年2月日方广播声称在广西击毙国民党军人8000人，蒋则推断国民党军死亡“并不过千，损失必不甚大”。[④] 不知蒋的这一折算比例（扩大10倍或缩小为原来的1/10）有何依据，是否意味着中国方面对外公布的伤亡人数，亦有这么大的“水分”。1943年7月驻英大使顾维钧转述，英国方面认为“我国抗战公报多夸大不足信，尤以报告敌人伤亡数目为最，此次湘鄂一役所称敌方伤亡三万，超过不啻十余倍云云”。[⑤] 美国方面同样对中国战事新闻的“不实”颇多訾议，“一般印象似认中国统帅部对于战情粉饰逾分，不愿承认挫折，失败更无论矣。……如此宣传之结果，使华盛顿之军火局认为无庸立即对华增加援助，因中国军队能自击败日本。……故中国每日夸张胜利，对于美国人民仅能产生恰然相反之效果。”[⑥] 宋子文、顾维钧等据此认为“宣传过甚往往

① 据徐永昌1943年3月31日的日记，《徐永昌日记》第7册，第53页。
② 据徐永昌1940年1月3日的日记，《徐永昌日记》第5册，第257页。
③ 《蒋介石日记》，1939年1月1日。
④ 《蒋介石日记》，1940年2月6日。
⑤ 据徐永昌1943年7月7日的日记，《徐永昌日记》第7册，第118页。
⑥ 据徐永昌1943年7月31日的日记，《徐永昌日记》第7册，第133页。

得到相反之作用”。[①] 徐永昌更是一向反对“过度宣传”，以为“架空或不尽实在之宣传所得效果或属一时或全无用，除非目的即在骗人一时，否则‘人之视己，如见肺肝然’一语形尽宣传之无用矣”。[②] 对于宣传的不实，不仅外人不信，且国人亦渐表示怀疑，如 1943 年 12 月官方对外发布“攻克常德”的消息，民众即多存疑问。[③] 日军方面更深知，每次撤退时，都会被中国方面宣传为“大捷”，故攻占某城而又无意长期占据时，有意不对外宣告，以免撤出时成为中国方面宣传战胜的机会。[④]

“民国以后之历史必为好宣传者之历史”。此是徐永昌日记中的一句话，[⑤] 却也提示了历史研究者应谨慎对待历史行动者的宣传性言说，尽力挤压史料中的“水分”。近代以来，随着大众传媒的兴起与发达，各方势力逐渐认识到“宣传”的重要性。北洋时期军阀之间的“电报战”，北伐时期南北双方的“宣传战”均达到了炽热的程度。交战双方均视“宣传战”为军事之外的无形战力。国共等政党和政治势力更是竞相宣传各自的主义与主张。与此同时，宣传之滥用亦开始受到舆论的关注与谴责，几乎视“宣传”为垄断言论、隐没事实、愚弄民众的代名词。[⑥] 中日战争中，为了克敌制胜，双方都重视宣传，自有其存在的合理性。官方对外公布的战讯战报，报纸杂志为鼓舞民心士气而发表的言论，固均含有宣传的意味，即使军队内部的作战报告亦有虚假成分。抗战时期国民党军将领虚构战情、虚报战绩、虚领军饷等情形十分严重，势必给后来的研究者带来极大困扰，需要历史研究者细心鉴别。

第二节　缺额与逃兵

国民党军将领除虚报战绩外，另一普遍现象是“吃空额”。“空额”亦称“缺额”，指军队编制人数与实际人数之间的差额。有关国民党部队缺额的情形，相关日记中有大量记载。兹引徐永昌日记数则。

---

① 据徐永昌 1943 年 7 月 22 日的日记，《徐永昌日记》第 7 册，第 128 页。

② 据徐永昌 1943 年 7 月 22 日的日记，《徐永昌日记》，第 7 册，第 128 页。

③ 据徐永昌 1943 年 12 月 11 日的日记，《徐永昌日记》第 7 册，第 217 页。

④ 据徐永昌 1940 年 6 月 2 日的日记，《徐永昌日记》第 5 册，第 332 页。

⑤ 据徐永昌 1940 年 12 月 19 日的日记，《徐永昌日记》第 5 册，第 496 页。

⑥ 《宣传与革命》，天津《大公报》1927 年 6 月 13 日。

1939年11月9日：

午前开最高幕僚会议，何敬之报告，国军编额达四百八十万，其中六十万为非正规军游击队，又缺额常约二十万，所以兵额常保持有四百万数字云云。①

1940年6月12日：

白健生因今日所有各师皆缺额三千上下，全国缺额达七十万，建议师与师归并，以充实小单位云云。②

1940年8月12日：

午后会报，陈辞修新由巴东归，报告如下……抗战情绪很低，每师最少缺三千额。③

1940年8月23日：

午后会报，辞修报告：该战区（第六战区——引者注）十二个军缺额达十万名，另需输卒八万名。④

1942年4月27日：

第三战区曾报告，每师平均缺额三千以上。⑤

1943年9月7日：

① 《徐永昌日记》第5册，第213页。
② 《徐永昌日记》第5册，第339—340页。
③ 《徐永昌日记》第5册，第386页。
④ 《徐永昌日记》第5册，第395页。
⑤ 《徐永昌日记》第6册，第380页。

第三战区电话，现在每师平均仅五千人。[①]

何应钦与白崇禧的数据均是对国民党军缺额的总估算，而两人估算的数据相差甚大，而以1939—1940年的战况观察，数据差的形成，显然不是一年间战争所导致的变化，应是何应钦估算过低所致。因为有更多的史料可印证白崇禧的估算，即各师缺额3000左右更具普遍性。查1940年1月丁治磐日记，他所统领的陆军第四十一师，全师编制13427，实有官兵9741，缺额3686。[②] 1942年12月，他所统领的第二十六军，全军编制39803，实有官兵27679，缺额12124。[③] 无论军还是师，缺额率一般为30%—40%。到抗战后期，有些部队缺额率高达50%—80%。如1944年11月，白崇禧报告广西军队“缺员太甚，号为一军，人数不及一师”。[④]另据同期徐永昌的日记：“有某集团军所辖二军，计四师，照编制应约有五万人，据报缺额至三、四万。”[⑤]

缺额的直接后果，首先是战斗力的减弱。丁治磐即认为：“中国军之不堪一战，即以编制上兵员过少之故。”[⑥] 何成濬亦断言：“抗战失败的大原因即在此。”[⑦] 缺额固然使部队战斗力减退，而统兵官往往并不急于补充兵员。对统兵官来说，缺额的好处是可以“吃空额”。徐永昌概括性地指出国民党军将领“吃空额”的情形：兵额永远七八成以下，粮饷、服装永远要十成。[⑧] 全国抗战初期，国民党军“吃空额”的情况尚不严重，至全国抗战第三年起，才日渐猖獗。抗战后期，军饷受通货膨胀的影响，“吃空额”现象也随之加剧。有关统兵官“吃空额”的史料甚多，兹引述数则。

---

① 《徐永昌日记》第7册，第161页。

② 据丁治磐1940年1月6日的日记，《丁治磐日记》（手稿本，下同）第2册，台北，中研院近代史研究所，1992，第6页。

③ 据丁治磐1942年12月27日的日记，《丁治磐日记》第3册，第285页。

④ 据何成濬1944年11月3日的日记，《何成濬将军战时日记》下册，第499页。

⑤ 据徐永昌1944年11月5日的日记，《徐永昌日记》第7册，第475页。

⑥ 据丁治磐1942年7月22日的日记，《丁治磐日记》第3册，第216页。

⑦ 据何成濬1944年10月18日的日记，《何成濬将军战时日记》下册，第491页。

⑧ 据徐永昌1941年11月27日的日记，《徐永昌日记》第6册，第273页。

王世杰日记，1941 年 8 月 8 日：

> 武汉大学学生王道胜新自晋南返渝。据云整军工作为目前急要之图。各师兵员无一足额者，而且多数不足法定半额。但中央饷款均照足额发给，故师长、旅长、团长无人不中饱；甚至一师长而每月能中饱饷项达五、六万元。彼等之法定待遇诚然不厚（中将师长之薪饷及公费约六百元，薪饷仅二百四十元），然中饱之饷则每每为法定收入之数十倍！此一现象甚可虑。[①]

何成濬日记，1944 年 8 月 17 日：

> （陈）乐三云，其弟在涪陵某师管区任下级官，昨回渝言，师管区司令、团长、营长、连长无一不吃空额，司令所吃之数目特多，团长次之，营长、连长又次之，实有兵数不及所领薪饷之一半，已成为定例。上级机关往往派员点查，从未闻有以空额获罪者，不悉何故。[②]

何成濬日记，1944 年 11 月 28 日：

> 独立工兵第二团团长干戢来寓……谈滇中情形，颇以带兵为畏，盖做生意、吃空额已成普遍习惯，排长以上皆富，惟士兵特苦，与同流合污，不知何日犯罪，不与同流合污，则作事处处受其牵掣，拟见委座后，即辞去此职云云。[③]

当然，也有个别将领声称“空额”所得，用于弥补部队其他方面的亏空。如张发奎晚年回忆时称：“我的下属部队都是缺额的，但我们都申报满额并且收到足额的军饷。然而多余的军饷并未落入我个人腰包，是存进四战区后勤部门的账户。”[④] 此外，并非所有层级的军官都有“吃空额”的

---

① 《王世杰日记》（手稿本）第 3 册，台北，中研院近代史研究所，1990，第 125—126 页。

② 《何成濬将军战时日记》下册，第 463 页。

③ 《何成濬将军战时日记》下册，第 512 页。

④ 《蒋介石与我——张发奎上将回忆录》，第 290 页。

机会，因为有的高级指挥官让所属各级团长、营长、连长“利益均沾”，也有的独享“空额”而不给下属各级分润的机会。张发奎回忆录中还提到，军、师级单位上报长官部的兵力数字比实有人数少，因为他们害怕再被指派担负艰难的任务。而他们上报中央时则是多报多领饷。[①]

一般而言，战时军队很难持续保持“满额”状态，因为一场战役或战斗下来，难免有伤亡，而兵员的补充则有一个时间差。值得注意的是，抗战时期国民党军的“缺额”，并不全是战争伤亡造成的。每一次战役，除了伤亡，还有大量士兵逃亡和失踪。在通常情况下，前方将领的作战报告中只有“伤亡”人数，没有“逃亡”人数。他们一般将逃亡人数算作伤亡人数，[②] 让人以为部队减员均为伤亡所致，其实国民党军士兵逃亡的比例非常惊人。兹引徐永昌日记三则。

1938 年 10 月 30 日：

> 张轸之参谋长云，百一十师原有战斗兵六千，经战后，伤亡八九百，逃散约三千，现只剩两千人（该师为中等师，可以以此概其余矣）。[③]

1941 年 11 月 23 日：

> 第二次长沙会战，我参加作战者有三十五个师，及其他之数个团，阵亡官兵二万一千三百二十八，负伤官兵三万六千八百八十六，失踪士兵一万〇三百〇三。[④]

1944 年 7 月 27 日：

> 由我远征军怒江西岸攻势作战敌我兵力研究……敌我之损失约为一比三、四也，但我损失之数三分之一以上在逃。[⑤]

---

① 《蒋介石与我——张发奎上将回忆录》，第 369 页。

② 据徐永昌 1941 年 10 月 14 日的日记，《徐永昌日记》第 6 册，第 233 页；《蒋介石与我——张发奎上将回忆录》，第 246 页。

③ 《徐永昌日记》第 4 册，第 411 页。

④ 《徐永昌日记》第 6 册，第 268—269 页。

⑤ 《徐永昌日记》第 7 册，第 389 页。

由是观之，士兵逃亡人数，与伤亡人数相比，少者约1/3，多者竟是伤亡人数的3倍以上。

另据丁治磐日记，他所统领的陆军第四十一师，仅1939年一年间，逃兵统计达4500余人。[①] 该师当时实有士兵约9000人，意味着士兵逃亡率高达约50%（因不断有逃跑，不断有补充，其逃亡率很难精确计算）。又据记载，该师自1937年冬参加抗战，迄1939年冬两年间，共战伤2853（官220、兵2633），阵亡1755（官101、兵1654）。[②] 以此观之，两年间的伤亡数，大致与一年间的逃兵数相当。丁治磐坦陈："军队需要壮丁补充之多，并非战伤战死，乃为逃亡及兵役机关所交之老弱太多，不得不加以淘汰，故军队之缺额实生于逃亡与淘汰。此责任应由办兵役者完全负担也。"[③]

据张发奎回忆，逃兵现象早已存在，抗战时期"开小差"的比抗战以前还少一点。[④]"开小差"的主要是士兵，但也不限于士兵；每次打了败仗后，都会有勇敢的军官留下来，胆小者离开。[⑤] 军官"开小差"一般是跳槽；而士兵"开小差"有的是为了携械潜逃，变卖获利；有的是职业性壮丁，回去后再卖；更多的当然是逃避兵役。[⑥] 对下级军官来说，防止逃兵是他们重要的职责，也是他们挥之不去的梦魇。据丁治磐描述，"下级军官及班长常扃门伺守，俨然阍者以防逃，又常使士兵相叠而卧，以使一人之起可警其余，虽在暑日亦如此者，其防逃之苦，可谓尽矣，然仍不能免于逃。"[⑦]

1939年11月，何应钦在军事委员会报告说，前方后方总计开小差的，一月有13万之多。[⑧] 后方"开小差"应指征兵过程中壮丁的逃亡。相关史料显示，征兵过程中壮丁的逃亡更为惊人。据国民政府官方战后发布的资料，全国抗战八年总共征集壮丁1400余万，除征拉过程中的折损，实际送

---

① 据丁治磐1940年1月25日的日记，《丁治磐日记》第2册，第23页。

② 据丁治磐1940年3月24日的日记，《丁治磐日记》第2册，第80页。

③ 据丁治磐1940年3月31日的日记，《丁治磐日记》第2册，第87页。

④《蒋介石与我——张发奎上将回忆录》，第293页。

⑤《蒋介石与我——张发奎上将回忆录》，第381页。

⑥ 唐纵转述一位补训处团长的说法："现在士兵日不能饱，时思逃跑；官长则时以防止逃跑为急务。"《在蒋介石身边八年——侍从室高级幕僚唐纵日记》，群众出版社，1991，第159页。

⑦ 据丁治磐1940年1月25日的日记，《丁治磐日记》第2册，第23—25页。

⑧ 据冯玉祥1939年11月24日的日记，中国第二历史档案馆编《冯玉祥日记》第5册，江苏古籍出版社，1992，第747页。

达前方部队者有1200万人。[1] 这意味着85%以上的壮丁送到了战场，中途折损不到15%。

然而，来自非官方的数据与之出入非常大。1941年7月，蒋梦麟以中国红十字会会长的身份，对兵役状况做过一次实地考察，考察路线为昆明—贵阳—桂林—衡阳—桂林—湘西镇远—贵阳—重庆，据称这一线路是壮丁必经之道，考察结果令他心悸神伤，终生难忘。事后他写了一份考察报告给蒋介石。据蒋梦麟的描述，由于缺乏交通工具，被征召的新兵常常要步行数百里，才能到达指定的部队。在这一过程中，新征壮丁因徒步远行、饥饿、疾病而死于路途者十之八九。从韶关解来300壮丁，至贵阳只剩27人；从江西解来1800人，至贵阳只剩150余人；从龙潭解来1000人，至贵阳仅100余人。他在考察报告的最后写道：

> 战事起后数年中，据红十字会医生经验，四壮丁中一逃一病一死，而合格入伍者，只四分之一，是为百分之二十五。以询之统兵大员，咸谓大致如是。若以现在之例计之，恐不及百分之十矣。[2]

笔者数年前阅读蒋梦麟的上述报告，深表怀疑。因为“百分之二十五”和“不及百分之十”的比例，实在令人难以置信。而此次阅读丁治磐的日记，发现内中竟有相似的记载，印证了蒋梦麟的报告。

1942年10月14日：

> 役政不良，逃亡相属，以本军补充之努力计算，战斗兵仅6000人有奇，全国100军计，到战场者当不足60万人。而军政部之统计，则前后方士兵共为600万人，在战场不足1/10。[3]

1943年4月26日：

---

① 徐乃力：《抗战时期国军兵员的补充与素质的变化》，《抗日战争研究》1992年第3期。

② 蒋梦麟：《西潮·新潮》，岳麓书社，2000，第294—300页。

③ 《丁治磐日记》第3册，第252页。

> 民国三十一年，全国计征壮丁100万人，逃者60%，病30%，伤□□（原文字迹不清——引者注）10%。[①]

1943年11月19日：

> 自征兵以来，已征700万人，连年逃亡达半数。[②]

另据唐纵1944年11月27日的日记，兵役部长鹿钟麟是日在国民政府纪念周报告称，“抗战七年来征兵达一千一百余万人，然实际到达战场者恐不及五百万人。逃亡病故者大多也”。[③] 这意味着兵役部长所估算的逃亡、病亡壮丁比例也高达50%—60%。此外，丁治磐日记[④]、何成濬日记[⑤]中均记有具体案例。其他史料中类似的案例还有很多。[⑥] 这些具体案例大致与丁治磐、鹿钟麟所述的全局性数据相印证。战时役政的负面记载甚多，“其声誉之劣早腾于外”。[⑦] 然而战时役政究竟“糟”到何等程度，蒋梦麟、丁治磐与唐纵等人提供了一个令人震惊的参考数据。

第三节　地方军人势力的膨胀

学界一般以为战前的地方实力派因一致抗战而逐渐归顺中央，却忽略了另一现象，即一批军事将领借抗战之机“坐大”，甚至形成新的军阀割

---

① 《丁治磐日记》第3册，第374页。

② 《丁治磐日记》第3册，第499页。

③ 《在蒋介石身边八年——侍从室高级幕僚唐纵日记》，第474页。

④ 据丁治磐1941年8月12日的日记：“焦营长由云阳所接之一批新兵，出发时六百五十余人，至三斗坪，至津市，各逃去百六七十人，昨到镇头市，只剩三二〇人。不特此次接兵为然。”《丁治磐日记》第2册，第345页。

⑤ 据何成濬1942年5月12日的日记：“接莆永师管区司令汪世鎏函云：闽省征兵极为困难，已征入营之壮丁，逃亡者几达总额二分之一或三分之一，缉拿不易云。一般民众对民族国家观念薄弱，固属事实，但征兵根本办法未能完善，是一绝大关键。”《何成濬将军战时日记》上册，第100页。

⑥ 西南联大社会学教授陈达记述：“由广西柳州运兵入云南，曾派某军官押送，一路饿毙或病死的兵颇多……过此往楚雄交兵，据估计自广西柳州至交兵地——死亡的士兵，约占一半。”陈达：《浪迹十年》，商务印书馆，1946，第198页。

⑦ 据徐永昌1944年9月1日的日记，《徐永昌日记》第7册，第422页。

据局面。蒋介石固然喜欢越级指挥，而将领骄不受命，则是问题的另一面。全国抗战初期，徐永昌就感慨："在今日，命令电报所生之效果已微，今日惟有委员长亲与前方将领之电话或者有效耳。"① 到全国抗战后期，情况更是如此：

> 午前为章来述其消极意念，略谓委员长感叹无人负责办事，实由委员长自己造成，将领骄不受命，必委员长手令，才有几分几的效率，派出人员必侍从参谋，此全系不运用组织，自毁机构能力。②

而在何成濬眼中，战时地方军人势力的膨胀更为严重。他认为，高级将领借抗战之机扩张势力，以职位为地盘，造成外重内轻，中央权威失坠。他在1942年3月15日的日记中这样写道：

> 自抗战后，各省又渐由统一而变为割据，新式军阀较前之北洋旧军阀，尤为骄横，中央威信，远不如五年以前，无论如何措置，恐终难收圆满之效。③

与徐永昌的看法相似，何成濬认为，"抗战军兴，以外力压迫太甚，前时所谓杂牌军队，大部分具有国家观念，一惟中央之命令是听，改编整理，毫无阻碍"；而其中，有四五省区高级将领，"视此为千载一时良机，乘中央无暇他顾，要挟欺骗，扩张其地盘，充实其军队，危害党国，破坏抗战于无形之中，此等败类，真擢其发不足以数其罪也"。④ 何成濬尤其痛感桂系势力在抗战时期的膨胀，认为李宗仁的第五战区"最难应付"；⑤ 中央政府对"广西事向不能过问"。⑥ 张发奎也指出，白崇禧是真正拥有在广西决定一切权力的人，虽然他身在重庆，但他真正控制着广西省的党政军

① 据徐永昌1937年11月20日的日记，《徐永昌日记》第4册，第181页。
② 据徐永昌1944年4月23日的日记，《徐永昌日记》第7册，第286页。
③ 《何成濬将军战时日记》上册，第71页。
④ 据何成濬1942年4月23日的日记，《何成濬将军战时日记》上册，第91页。
⑤ 据何成濬1942年3月25日的日记，《何成濬将军战时日记》上册，第75页。
⑥ 据何成濬1944年11月26日的日记，《何成濬将军战时日记》下册，第511页。

事务，是广西实际上的“灵魂”。[①] 中央连半个人都安插不到广西！人事牢牢控制在桂系首领的手中，甚至连陈立夫 CC 系的势力都不敢渗入广西的国民党。[②]

作为军法执行总监，名义上执掌全军最高军法，位高而权重，实际上何成濬深感其权力无法贯彻，如人事方面，“各战区军法执行监，编制虽直隶本部，应由本部派员充任，事实上除第七、第八两战区外，均系各长官保荐。盖各战区长官，不完全服从中央命令者，为数较多。若中央派人前去，非借故拒绝，即事事掣肘”。[③] 执法过程中，战区军事长官更是直接干涉，不能依法裁判。何成濬慨叹：“今日各战区司令长官，其骄横有过于明末四镇之黄得功、高杰、刘良佐、刘泽清等，在其范围之官吏，倘与无私人关系，不陷之于罪戾，即排挤而去之，比比皆是，岂独一军法执行监耶!”[④]

据熊式辉回忆，1943 年 7 月的一次军事会报中，议及军需，军政部长何应钦向蒋报告本年节省军费三亿元。蒋诘问：“全年二百亿军费省出三亿，尚何足道?”可见军需处长并未认真整理。何氏辩曰：“军需处长岂能为力，整理之责，全在军师长，现在状况，军政部长令，且不为军师长所重视，有许多事改革不动。”熊氏对此深有同感：“盖军中纪律如此，令不能行，禁不能止，要非一朝一夕所养成。军师长自视为天之骄子，有恃无恐，当然难于层层节制，责任犹在上层，若不速加整饬，势必日趋腐败。”[⑤]

抗战时期，地方军人势力的膨胀，与战区制有直接关系。事实上，战区和集团军不仅是军队的组织形式，同时还是国民党军各个派系在战时的存在形式。战区制以及让战区司令长官兼理行政（省主席）、党务（省党部主委），集军、政、党权于一身，难免产生新的地盘意识和割据野心。于是乎，“各战区几成独立国，用人行政，均不遵照中央法令办理，中央亦无策制止之”;[⑥] “兼军职之省主席，权力几无与伦比，事事不遵中央规

---

① 《蒋介石与我——张发奎上将回忆录》，第 309 页。

② 《蒋介石与我——张发奎上将回忆录》，第 324 页。

③ 据何成濬 1942 年 3 月 25 日的日记，《何成濬将军战时日记》上册，第 75 页。

④ 据何成濬 1942 年 3 月 25 日的日记，《何成濬将军战时日记》上册，第 76 页。

⑤ 《海桑集——熊式辉回忆录》，第 416 页。

⑥ 据何成濬 1943 年 8 月 21 日的日记，《何成濬将军战时日记》上册，第 305—306 页。

定，形同独立；不兼军职之省主席，则受制于人，权力被削夺殆尽”。[①] 1943年沈鸿烈巡视西北七省归来，与熊式辉谈其观感：“军事长官不以训练及作战为重，好横干地方政治，地方官有如牛马。”[②] 不仅如此，战区制对军事的统一指挥与协调作战亦有弊无利。丁治磐即多次痛陈战区制在军事上的弊端：

> 我国抗日之役，划分若干战区，无异将一整个国家裂成若干小国，而演成联合军作战之状态。此战区被敌攻击而他区不能策动，兵力不能集中，意见不合一，故联合军之被击败，不少前例。[③]

第四节　作战能力与指挥官素质

全国抗战前期，日军装备完整，训练有素，常常以2个大队对付国民党军1个师，甚或以1个大队对付国民党军1个师。国民党军则需以五六个师对敌1个师团。徐永昌在1939年11月26日的日记中写道：

> 徐州会战以来，我对敌用兵常以五师对敌一师，而每感力量不足，近数月中，已有两、三次获敌小册子记载用兵，亦谓其两大队可抵我一师（我师步兵九营，敌则十二营），是每营抵我四营半。“一师可抵我六师”，此诚可作敌我用兵之标准预计矣。[④]

身为师长的丁治磐有更直接的体验。他在1939年10月17日的日记中写道：“依敌编制装备上比例之其一旅团，约当我一师。然以敌军指挥卓越，兵卒精练，故只可以我一师当敌一联队。”[⑤] 1940年4月5日丁又引述他人说法：“南宁之失，敌以一个半师团进攻，我二十余师之兵力，竟尔

---

① 据何成濬1944年1月8日的日记，《何成濬将军战时日记》下册，第368页。

② 《海桑集——熊式辉回忆录》，第422页。

③ 据丁治磐1939年3月24日的日记，《丁治磐日记》第1册，第80—81页。

④ 据徐永昌1939年11月26日的日记，《徐永昌日记》第5册，第227页。

⑤ 《丁治磐日记》第1册，第232页。

败溃，其兵之强，殆可以一个营败我一师。”[①]

抗战后期，日军的战斗力有所下降，而国民党军的战斗力更趋下降。据军令部1944年的统计，第一战区敌我兵力之比是14∶100；第二战区是13∶100；第三战区是20∶100。平均起来，国民党军要六七人才能抗敌一人。[②] 同期徐永昌也有相似的估计：国民党军共有320个师，在中国战场的日军约40个师，比例是8∶1。徐永昌认为，这样的敌我力量对比，“在水田山地尚可应付几日，一到平地，便多不能支持”。[③]

何应钦在拟定《国军减编方案》时，亦大致以国民党军1个师对日军1个联队的比例编制。不过考虑到抗战后期国民党军编制的缺额，国民党军与日军的战斗力未必有如此悬殊。其时国民党军1个师的编制约1万人，实际兵力平均要打七折。而日军师团分甲、乙、丙三种，人数为1万—2万人不等。一个师团内辖3—4个联队。依此推之，国民党军与在华日军兵力的实际比例约为3∶1。而国民党军的实际伤亡人数（失踪除外），也大致是日军伤亡人数的3倍。问题是，国民党军一师对日军一联队，“仍系处处打败仗”。[④]

影响战争胜负的因素甚多。面对国民党军处处打败仗，当时不仅国人有自己的看法，盟军方面也有很多的观察与分析。一直为学界关注和引用最多的，莫过于史迪威对国民党军的负面性评论。史迪威对国民党军有一概括性的说法，即“官不如兵”：一般士兵温顺、有纪律、能吃苦耐劳、服从领导；低级军官对于命令，每能迅速执行；营、团长个别差异极大，不过也不乏优秀之士；至于师长和军长阶层，则是个大问题。[⑤] “官不如兵”这一说法很快在国人中流传开来。[⑥] 而在徐永昌看来，“史迪威等每言中国兵好、官全不好，即是要指挥全中国军队”。[⑦] 史迪威也许确有自己个

① 《丁治磐日记》第2册，第91页。

② 蒋介石：《对黄山整军会议审查修正各案之训示》，转引自《中华民国史事纪要（中华民国三十三年七至九月份）》，第365页。

③ 据徐永昌1944年7月27日的日记，《徐永昌日记》第7册，第388页。

④ 据徐永昌1944年8月7日的日记，《徐永昌日记》第7册，第400页。

⑤ 转引自张瑞德《抗战时期的国军人事》，第39页。

⑥ 徐永昌在1944年9月13日的日记：“人人言，我国兵好官不好。”《徐永昌日记》第7册，第432页。

⑦ 据徐永昌1944年10月1日的日记，《徐永昌日记》第7册，第449页。

人的考量。不过，我们应注意到，国民党军最高统帅蒋介石亦有大致相似的看法。早在1938年的一次会议中，蒋介石即已指出国民党军将官的学问与技能，远不如同级西方先进国家的军官，也比不上日本的军官，他甚至认为："我们做总司令的，只比得上人家一团长，我们的军长、师长，只当的人家一个营长和连长。"① 徐永昌日记中也记录了蒋在军委会的一次内部讲话："无论自我自他任何方面之观察，皆官不如兵。"② 蒋还多次公开指责国民党军将领的知识、能力和精神，与其职务级别的高低成反比。

那么，国民党军高层和前方将领又是如何审察和反省的呢？有意思的是，国民党军将领首先将矛头指向蒋介石的直接指挥。按照军事指挥系统，身为委员长的蒋介石只要将指令下达给战区司令长官即可，但蒋喜欢传布命令到前方，不仅直接指挥集团军和军、师，甚至直接将指令下达到团、营一级。熊式辉曾当面批评蒋介石："总裁用兵及用人行政，每喜用直接指挥办法，如言组织之运用，在纵的方面破坏法则，莫此为甚。"③ 徐永昌日记中多次记述蒋介石直接指挥与事必躬亲的情形。

1940年6月28日：

> 午后会报，文伯、为章颇论此次第五战区作战，委员长径以手令指挥汤恩伯频频，结果徒多失机而已（诚然）。④

1944年5月6日：

> 会报不及两小时，蔚文转达第一战区电话至四、五次，间有时一团之活动，战区亦请示委员长。此非丛脞而何。⑤

1944年6月12日：

① 蒋介石：《抗战检讨与必胜要诀（下）》，秦孝仪主编《先总统蒋公思想言论总集　第十五卷　演讲》，第28页。

② 据徐永昌1944年7月9日的日记，《徐永昌日记》第7册，第364页。

③ 《海桑集——熊式辉回忆录》，第413—414页。

④ 《徐永昌日记》第5册，第356页。

⑤ 《徐永昌日记》第7册，第298页。

委员长每好亲拟电、亲书信或亲自电话细碎指示，往一团一营如何位置等，均为详及，及各司令长官或部队长既不敢违背，亦乐于奉行，致责任有所诿谢，结果委员长之要求所至，战事愈不堪问矣。①

蒋介石由于事无巨细，均要亲自过问，过度干预，而未能充分授权，致使部队长官纵有指挥长才，也不敢自作主张；或为了卸责，遇事均请示执行，导致前方将领欠缺自主作战意识和机动应变能力。因此国民党军将领中，甚少有统帅型人才。徐永昌身为军令部长，深感蒋介石“权责集于一身，余等欲少分其劳而不可得，以是往往于横的方面不能多所裨助，转觉国事有举轻若重之嫌，深用惶叹！”②

张治中 1939—1940 年间曾任侍从室主任。他对蒋介石的高度集权深有体会：

蒋对军队的统率，向来采集权于一身的办法，养成习惯已久，所以部队将领就有一种反映：部队接到蒋委员长电报，先看电尾是那一个机关主办的，如“中正手启”是要特别注意的，如是“中正侍参”（即侍从室主办的）也还重视，但如是其他部门主办的电报，就要看情形来决定遵行的程度了。所以军令部、军政部甚至后方勤务部，有时为求命令有效，也要用“中正手启”名义发电。这种个人集权、机构无权的特殊现象，坏处甚多，决难持久。……我认为这是以后军事失败种种原因之一。③

除了蒋介石的集权和直接指挥，徐永昌对国民党军高级将领的“劣点”也做过直率的分析：

一、报告不确（上下欺蒙捏造事实，影响上级官判断）；二、漠视训令（对于指示机宜及战术纠正之重要训令，其部队长从未研究促其实施，以转令传阅了事）；三、作战被动（令打则打，令追方追，

① 《徐永昌日记》第 7 册，第 332 页。

② 据徐永昌 1944 年 5 月 8 日的日记，《徐永昌日记》第 7 册，第 300 页。

③ 《张治中回忆录》，第 299—300 页。

> 无令则一味观望，不知逸去多少有利机会。完全倚赖耳目太远之高级官命令）；四、无协同精神（无命令，友军虽败不救，遇退则各恐退却落后）；五、畏飞机、畏唐克车。[①]

徐永昌还转述并认同关麟徵、李汉魂的看法：“前方师长以下作战不力、报告不实，军长以上结党营私、不知有国”；“全国最不进步是党，其次是政，若军事在比较尚算最好”。[②] 关于国民党军与日军、中共军队的差距，徐认为，“我对敌失于训练太差，对共失于政工太差”。[③] 分析国民党军军纪不良的原因时，徐注意到文武待遇不平：“文职优于武职，后方优于前方，我实造成不平，无怪前方之多数骚扰人民以自肥。”[④] 而对于抗战后期国民党军的败绩，徐认为：“关于战事致胜之条件太不够，固无法使之有利，但如超过限度之败，则又完全为官兵训练太差，风气太坏，以致追溯其由，蒋先生似不能辞其咎。”[⑤] 蒋对嫡系将领的纵容，使得嫡系将领恃宠而骄，军风军纪败坏，在徐看来，“愈是所谓杂牌队伍，其纪律反较好，盖尚非毫无忌惮者”。[⑥]

值得注意的是，身为师长、军长的丁治磐，面对国民党军败绩，同样持有“兵好官不好”的看法。

1940 年 6 月 3 日：

> 军长颇以军队无训练、不足以赋指挥者之计划为叹。余谓“兵皆可用也，独叹指挥官之无能耳”。[⑦]

1940 年 10 月 15 日：

> 抗战到现阶段上，每次会战，我之兵力皆优于敌人……装备上我

① 据徐永昌 1938 年 6 月 7 日的日记，《徐永昌日记》第 4 册，第 320—321 页。
② 据徐永昌 1940 年 8 月 3 日的日记，《徐永昌日记》第 5 册，第 380 页。
③ 据徐永昌 1941 年 5 月 22 日的日记，《徐永昌日记》第 6 册，第 117 页。
④ 据徐永昌 1944 年 8 月 18 日的日记，《徐永昌日记》第 7 册，第 412 页。
⑤ 据徐永昌 1944 年 9 月 30 日的日记，《徐永昌日记》第 7 册，第 447 页。
⑥ 据徐永昌 1944 年 7 月 10 日的日记，《徐永昌日记》第 7 册，第 364 页。
⑦ 《丁治磐日记》第 2 册，第 139 页。

亦不算劣势，我之士气亦不馁于敌，而犹不能致胜者，只是指挥官不如敌人耳。①

1940年9月1日：

究之宜昌之失，全在高级指挥官之举措失宜，事先既无计划与准备，临机又少应变之方法，事后乃诿罪于部属，此岂国家之福利耶。②

1941年10月16日：

此次长沙会战，共有十个军到达战场，而不能击溃敌军，不能不自认指挥之不卓越也。③

丁治磐虽然也批评最高统帅部“乏力”，认为最高统帅部“只绞领袖一人之脑力，他人只在唯唯否否、旅进旅退之列，对战场实情尚多隔阂”。④ 不过，丁氏批评“指挥官无能”，主要针对高级将领，认为他们不懂战术：“我方指挥官多不研究战术，不知状况，判断一味直感，东来东挡，西来西顾，用兵毫无重点”；⑤ 丁氏还称，

第一线指挥官学识太差，以致高级指挥官不能信任，虽细致之事，亦依命令指示之，并以军法限制之，结果，下级之被缚束愈严，而军法之要求愈苛，于是一小进，一小退，皆奉命惟谨，以此失机者有之，以此枉为牺牲者有之。⑥

在丁氏看来，

---

① 《丁治磐日记》第2册，第237—238页。

② 《丁治磐日记》第2册，第195—196页。

③ 《丁治磐日记》第2册，第381页。

④ 据丁治磐1940年4月4日的日记，《丁治磐日记》第2册，第90—91页。

⑤ 据丁治磐1939年3月27日的日记，《丁治磐日记》第1册，第83页。

⑥ 据丁治磐1939年5月19日的日记，《丁治磐日记》第1册，第135页。

> 神圣之抗战参加者无不奋勉图功，自私之辈究属少数，其不能每战获胜者，虽装备之劣亦为一因，然其主因则仍为指挥官缺乏战术知识，高级之企图，下级之能力，不能相应也。[①]

他认为，下级官兵是否卖力，从每次战役的伤亡人数即可判断，而重大伤亡仍不能取胜，关键在于高级指挥官的无能。他甚至认为国民党军指挥官之所以“不行”，是由于“不在本行上用功夫”，而将时间花在准备演讲之类的事情上，“好在演讲时露面子”，当“敌人真正来了，指挥官便不能以演讲却敌，而打胜仗的法子一无所知”。[②] 他感慨，“大官指挥能力之不逮，及战术思想之幼稚，殊不配与倭方指挥官为敌也”。[③] 他在 1941 年 10 月 20 日的日记中写道：“敌以郑州为攻击目标，而以佯攻长沙牵制我三、四、五、六、七、九等六个战区之兵力，其统帅之优越，吾人当且佩且勉。”[④] 对于 1944 年豫湘桂会战的失败，他总结说：

> 此次会战，制空权全在我方，敌炮火亦不强于我，其在弹药亦极缺乏，敌均为夜行军，与前两年之形势完全相反，然而我仍败战者，则战略指挥之不善及军队整训之不确实有以致之也。[⑤]

直到抗战胜利告终时，他依然不无遗憾地说：

> 余甚感此次大战争，各国皆出了名将及干员，而在我国，则仍为庸庸之辈。[⑥]

丁治磐自始至终都认为，国民党军打不过日军，主要不是由于武器装备的劣势，而是由于将才的劣等。“盖我军装备劣势未始不可胜倭兵，而

---

① 据丁治磐 1939 年 5 月 19 日的日记，《丁治磐日记》第 1 册，第 136 页。
② 据丁治磐 1940 年 12 月 14 日的日记，《丁治磐日记》第 2 册，第 266—267 页。
③ 据丁治磐 1940 年 3 月 6 日的日记，《丁治磐日记》第 2 册，第 64—65 页。
④ 《丁治磐日记》第 2 册，第 383 页。
⑤ 据丁治磐 1944 年 9 月 26 日的日记，《丁治磐日记》第 4 册，第 221 页。
⑥ 据丁治磐 1945 年 8 月 30 日的日记，《丁治磐日记》第 4 册，第 461 页。

我国将材劣等，则真不堪以当倭将矣。”[①] 丁氏对国民党军的军事教育也有严厉的批评，认为军事学校的教官“永为教官，常不到军队实习，故所教多不切实际，在书中所搜集之材料，亦属皮相之类，甚至其自己已否十分了解，有无体验，常不可知，故每当学生质问之际，即起争执，甚至因之以致打倒。此其罪，固生于学生之恶习，而教官本身之不健全，实亦无可深讳。”[②]

丁更批评军校毕业生“多不肯到前方部队”;[③]“军队素质之不能加速提高，由于中央各校毕业，只图做大官，不愿做实事，以寻求出路为本身进阶，如此则部队工作人仍是部队人工作，而这些知识高欲望大之份子，则常在流动中，无益于其本身，亦无益于国家。试以我陆大同学而论，到部队来则团长尚不屑当，即肯当，亦只为混资格”。[④] 军校毕业生由于好高骛远，不肯下部队，“竟使军队服务者仍是行伍为多。盖行伍以无门路只可呆守岗位，国家反蒙其福。学生日在流动之中，不守岗位，不但其自身无成就，毕竟误了国家”。他还因此得出“最有心得之一语”:“门路愈多之人，其成就愈少，古今人之成功者多只是一条路逼迫而成。”[⑤] 据他对陆军四十一师的统计，每年军官的补充，军校只能提供 1/4，其余 3/4 完全要依赖从行伍中拔擢。他且断言其他各师当亦如此。[⑥] 他让军校新分来的毕业生写自传，发现这些军校毕业生多为失学学生，其程度皆在初中以下，文句多不通，通畅者极少。[⑦] 这反映了抗战时期军官培养质量的下降。

值得注意的是，中共方面对国民党军官兵素质的评价，亦相类似。如陈毅比较国共军队的优劣时说:

> 我们愈往下比愈差，但愈往上比则愈强。如旅以上战役组织比人家强，纵队更强，野战司令部又更强，到统帅部的战略指导更不知比

① 据丁治磐 1941 年 12 月 24 日的日记，《丁治磐日记》第 2 册，第 415 页。
② 据丁治磐 1940 年 2 月 26 日的日记，《丁治磐日记》第 2 册，第 53 页。
③ 据丁治磐 1939 年 4 月 11 日的日记，《丁治磐日记》第 1 册，第 97 页。
④ 据丁治磐 1941 年 7 月 27 日的日记，《丁治磐日记》第 2 册，第 339 页。
⑤ 据丁治磐 1941 年 12 月 13 日的日记，《丁治磐日记》第 2 册，第 407 页。
⑥ 据丁治磐 1942 年 2 月 1 日的日记，《丁治磐日记》第 3 册，第 118 页。
⑦ 据丁治磐 1942 年 2 月 26 日的日记，《丁治磐日记》第 3 册，第 139 页。

他高明多少倍。[①]

陈毅比较的虽是内战时期国共军队的差异，但也印证了抗战时期的情形。

就历史进程而言，后来发生之事不可能影响以前发生之事；而就历史研究而言，后来的历史结局难免影响历史学者对之前历史事件的评价。美国学者易劳逸论述抗战时期国民党军队时说过这样一番话："如果历史在1945年后对国民党人更为仁慈些——如果没有内战，如果战后年代国民党能成功地在大陆创建一个稳定的国家——现在的历史学家将会把国民党人对日本侵略的抵抗描述为一篇大无畏牺牲的英雄史诗。"他进一步拿欧洲战场的情形进行比较："为国民党军队说句公道话，它在与一个在组织、训练和装备上占有绝对优势的敌军的战争中坚持了八年，与法国（它对德国的抵抗在仅仅六个星期的战斗后便崩溃了）和英国（它从美国得到了大量的物资支援）比较起来，中国军队的抵抗是一个决心和自立的奇迹。"[②]本章所呈现的虽多是战时国民党军若干负面的特质与面相，却无意否认国民党军坚持抗战的业绩。

① 《华东一年来自卫战争的初步总结》（1947年12月30日至1948年1月1日），《陈毅军事文选》，解放军出版社，1996，第411页。

② 〔美〕易劳逸：《毁灭的种子：战争与革命中的国民党中国（1937—1949）》，第114—115页。

下 篇

共产党军队

第八章
正规军：编制演变与力量消长

自1927年8月南昌起义后，中国共产党开始建立独立领导的军事武装。土地革命时期，超地方的工农红军逐渐形成。1930年5月，中共中央在上海召开全国红军代表会议，决定将各地红军分别集中，以“三三制”为原则组建正规军团。同年12月，中央军委将《中国工农红军编制草案》颁发全军试行，规定每10人为1班，每5班（内有轻机关枪2班）为1排，每3排为1连，每4连（内有重机关枪1连）为1营，每3营为1团，每3团为1师，每3师为1军，每2—4个军为1集团军（军团）。[①]“三三制”作为红军部队编制的基本原则初步成型。抗战期间，中共正规军编制的演变亦在此基础上展开。

第一节　八路军、新四军的初期编制

西安事变和平解决后，国共两党即就合作事宜展开一系列谈判，其中围绕红军编制与领导权问题双方僵持不下。随着平津相继沦陷，华北形势告急。蒋介石急于调红军开赴前线，在红军改编问题上态度有所松动，谈判进程向前推进。1937年8月22日，中共中央政治局在陕北洛川召开扩大会议。会议确定了“持久战”的总方针，并决定成立新的中共中央革命军事委员会。8月25日，中央军委发布关于红军改编为国民革命军第八路军的命令，将红军第一、第二、第四方面军和陕北红军整编为国民革命军第八路军。红军前敌总指挥部改编为八路军总指挥部，朱德任总指挥，彭德怀任副总指挥，叶剑英任参谋长，左权任副参谋长；红军总政治部改为

---

① 中国人民解放军历史资料丛书编审委员会编《中国人民解放军组织沿革·大事记》（1），解放军出版社，2000，第42—56页。

八路军政治部，任弼时任政治部主任，邓小平任副主任；[①] 八路军总部机关设司令部（参谋处）、政治部、军需处、军医处、兵站部，所辖第一一五师、第一二〇师、第一二九师。同时成立八路军后方留守处，与军委参谋部合留守处按各部队驻地划分为东、西地区留守处。[②]

第一一五师师长林彪，副师长聂荣臻，参谋长周昆，政训处主任罗荣桓，副主任肖华。由红一方面军第一、第十五军团和鄂豫陕红军第七十四师改编而成，其中第一军团主力改编为三四三旅，第一师改编为独立团；第十五军团改编为三四四旅；军委骑兵第二团改编为骑兵营；第七十四师编为一一五师留守处，下设辎重、炮兵两营，共1700余人。[③] 第一军团余部改编为教导队。机关设司令部、政训处（10月改称政治部）、供给部、卫生部。司令部又设作战科、侦察科、管理科。政训部设组织部、宣传部、锄奸部、民运部。该师辖第三四三、第三四四旅和独立团、骑兵营、辎重营、工兵营、炮兵营、教导队，共1.5万人。[④]

第一二〇师师长贺龙，副师长萧克，参谋长周士第，政训处主任关向应，副主任甘泗淇。该师由红二方面军（辖红军第二、第六军团），陕北红军第二十七、第二十八军，陕北红军独立第一师，神府红军独立第二师，赤水警卫营及红军总部特务团一部改编而成。其中第二军团和第二十八军改编为三五八旅，第六军团和第三十二军一部、红军总部特务团一部改编为三五九旅，三十三军二八二团改编为教导团，军委骑兵第一团改编为骑兵营。师机关设司令部、政训处、军医处，分别由红二方面军司令部（设第一、第二、第三、第四科和军法处）、政治部、供给部、卫生部、生产部等改称。该师辖第三五八、第三五九旅和教导团、工兵营、炮兵营、特务营、通信营、骑兵营、辎重营等，共1.4万人。[⑤]

---

① 《中央革命军事委员会关于红军改编为国民革命军第八路军的命令》（1937年8月25日），《中共中央文件选集》第11册，中共中央党校出版社，1986，第331—332页。

② 中国人民解放军历史资料丛书编审委员会编《中国人民解放军组织沿革·单位沿革》（1），解放军出版社，2007，第246页。

③ 《红二十五军七十四师的历史材料（节选）》（1934年8月至1936年底），陕西省社会科学院党史研究室编印《陕南军事斗争资料选辑》，1980，第92页。

④ 魏宏运主编《民国史纪事本末》第5册，辽宁人民出版社，1999，第90页。

⑤ 《中国人民解放军组织沿革·单位沿革》（1），第287页；《中国人民解放军军史》编写组编《中国人民解放军军史》第2卷，军事科学出版社，2010，第13页。

第一二九师师长刘伯承，副师长徐向前，参谋长倪志亮，政训处主任张浩，副主任宋任穷。该师由红四方面军第四、第三十一军，陕北红军第二十九、第三十军、独立第一、第二、第三、第四团，红军第十五军团骑兵团等改编而成。其中第四军团改编为三五八旅，第三十一军改编为三八六旅，余部与西路军编为教导团。第十五军团骑兵团改编为骑兵营。机关设参谋处、政训处（10月改称政治部）、供给处、卫生处、军法处和锄奸部。该师辖第三八五、第三八六旅和教导团、特务营、工兵营、炮兵营、辎重营、骑兵营，共计1.3万余人。①

1937年9月，后方留守处改称八路军后方总留守处。总留守处辖八路军第一一五师直属炮兵营、工兵营、辎重营，第一二〇师直属特务营、工兵营、炮兵营、辎重营及第三五九旅第七一八团，第一二九师直属特务营、工兵营、炮兵营、辎重营及第三八五旅机关、第七七〇团等。10月22日，绥德警备司令部（又称五县警备司令部）成立，归八路军后方总留守处建制。11月2日，中央军委下令，留守部队除第三八五旅机关和第七七〇团番号不变外，其余统一整编为8个警备团。17日，中央军委下令成立两延河防司令部、神（木）府（谷）河防司令部，均归八路军后方总留守处领导。以萧劲光为后方留守处主任，留守总人数共约9000人。②

全面抗战爆发后，国民党将原本“围剿”南方红军游击队的大部分兵力调往前线，并与南方各游击队进行停战议和。中共中央对于南方游击队的改编亦给予充分重视。1937年8月1日，中共中央发出《关于南方各游击区域工作的指示》，指出“较大的红色部队，可与国民党的附近驻军或地方政权进行谈判，改变番号与编制以取得合法地位”，至于脱离生产的小的地方性游击队、游击小组，“原则上可一律变为民团，以取得合法地位，不可能时，仍可非法存在”。③ 这一指示实质上确定了共产党改编南方游击队的原则，即于正规军之外，地方性兵团与游击队仍作为重要武装力量存在。这一基本设想此后被固定下来，并逐步发展为中共抗战期间独特

① 《中国人民解放军组织沿革·单位沿革》（1），第287、312页。另见《中国人民解放军军史》第2卷，第14页。

② 参见《肖劲光回忆录》，解放军出版社，1987，第207页。

③ 《中共中央关于南方各游击区域工作的指示》（1937年8月1日），中国人民解放军历史资料丛书编审委员会编《新四军·文献》（1），解放军出版社，1988，第12页。

的武装形态。

1937年9月下旬，中共中央派博古、叶剑英赴南京同国民党继续谈判，就南方游击队改编问题进行磋商，双方在长官人选及隶属关系等问题上存在分歧。双方谈判未果之时，国民政府军事委员会铨叙厅于9月28日颁发《关于叶挺等任职的通报》，任命叶挺为陆军新编第四军军长。随后，国民政府军事委员会将共产党领导的湘、赣、闽、浙、鄂、豫、皖、粤8省14个地区的红军游击队和活动在鄂豫皖边区的红军第二十八军合编，组建国民革命军陆军新编第四军，正式发布新四军番号。[①] 新四军番号公布后，中共方面反复邀叶挺前往商谈。叶挺前往面陈，并声明完全接受中共领导。[②] 中共方面遂就南方游击队集中改编问题做出决定，要求“集中五分之三为一军”，考虑以叶挺为军长，“项英为副军长，陈毅或刘英为参谋长”。“反对国民党插入任何人”，要求确保中共对新四军的独立领导地位。[③]

11月6日，中共中央决定新四军隶属八路军，编2师4旅8团，拟以项英为副军长，陈毅为政治部主任，周子昆为参谋长，军暂驻武汉，在南昌、福州设办事处，并拟将陕北部队增编1师，由叶挺向南京提出。[④] 蒋介石未允诺其干部名单，态度强硬。[⑤] 12月14日，中共中央政治局会议讨论决定了新四军编制和组织领导等问题，提出“各支队以上最好能争到成为两个纵队，纵队长由陈毅、张鼎丞分别担任。长江以南各支队可向东开，长江以北高敬亭支队暂留江北，不必北开，以便在该地准备沿江游击。如两纵队不能成立，则陈毅可改为政治部主任”。[⑥] 两党谈判之际，叶

① 《蒋介石关于红军游击队统交叶挺编遣调用的命令》（1937年10月6日），中国人民解放军历史资料丛书编审委员会编《南方三年游击战争·综合篇》，解放军出版社，1995，第1443页。

② 《张闻天、毛泽东询问新四军隶属关系及叶挺情况致秦邦宪、叶剑英电》（1937年10月19日），《新四军·文献》（1），第53页。

③ 《张闻天、毛泽东关于南方游击队改编的有关问题致秦邦宪等电》（1937年10月30日），《新四军·文献》（1），第56页。

④ 《毛泽东关于新四军编制与领导干部配备问题致秦邦宪电》（1937年11月6日），《新四军·文献》（1），第58页。

⑤ 《叶剑英、李克农关于叶剑英、叶挺见蒋介石情形致林伯渠、秦邦宪电》（1937年11月21日），《新四军·文献》（1），第60页。

⑥ 《毛泽东、项英关于新四军编制等问题致叶挺电》（1937年12月14日），《新四军·文献》（1），第62页。

挺积极联络人员筹建新四军。12 月 25 日，新四军军部在湖北省汉口成立，并与中共中央长江局、八路军武汉办事处合署办公。27 日，项英给毛泽东、张闻天去电，提出新四军“编制为 4 个支队，支队等于旅”。[①] 28 日，中共中央军委批复新四军，同意上述要求，并拟将高敬亭领导的鄂豫皖边游击队编为第四支队。[②]

1938 年 1 月 6 日，新四军军部机关移驻江西南昌。军部机关设司令部、政治部。司令部下设参谋处、副官处、军需处、军医处、兵站处、军法处，政治部下设秘书处、组织部、宣传部、民运部、敌工部和战地服务团。1 月 8 日，国民政府军政部明确新四军归陈诚指挥，新四军军部及所属江南部队主要受第三战区及其所属部队指挥，其第四支队隶属第五战区。同时对干部配备进行了微调，以陈毅、张鼎丞、张云逸、高敬亭分任支队司令，由陈诚指挥。3 月 18 日，中共中央决定派袁国平为新四军政治部主任，邓子恢为副主任。4 月，新四军分别到皖南和皖西集结，全军共 10329 人开赴战场。[③]

至此，以建立统一战线、实现全民族抗战为初衷，中国共产党以工农红军与南方游击队完成了国民革命军第八路军与国民革命军陆军新编第四军的改编，确立了中共在抗战中的合法地位，奠定了抗战时期中共正规军的基础。与此同时，中共坚持既有的武装斗争经验，如在南方游击队改编过程中确立了“独立自主靠山扎”的战略方针，保持同地方武装的联系，使得南方战略支点在相当程度上得到保留，既为抗战的灵活展开提供了有生力量，也为此后中共独特武装组织形式的建立提供了条件。

第二节　化整为零：分兵建立敌后根据地

早在革命根据地时期，中国共产党即形成了独特的军事战略与武装组

① 《项英关于新四军编制与干部配备问题致毛泽东、张闻天电》（1937 年 12 月 27 日），《新四军·文献》（1），第 65 页。

② 《毛泽东关于张云逸等干部的调配致项英电》（1937 年 12 月 28 日），《新四军·文献》（1），第 66 页。另见《项英关于催调干部来新四军工作致中共中央电》（1937 年 12 月 29 日），《新四军·文献》（1），第 67 页。

③ 《中国人民解放军组织沿革·单位沿革》（1），第 352—354 页；《新四军组织机构》，丁星、郭加复主编《新四军辞典》，上海辞书出版社，1997，第 1 页。

织形式。1931 年 11 月，在江西瑞金举行的全国工农代表大会上通过和颁布了苏维埃的武装政策，规定苏区的武装力量由三部分组成，即红军是各个苏区、各个战线的主力；游击队主要是袭击扰乱敌人，保卫地方；赤卫队与少年先锋队则是保卫苏区的地方部队，充当前线红军的后备军。[①] 进而以发展革命根据地为契机，形成了以主力红军、地方红军和赤卫军、少年先锋队相结合的三位一体的武装组织形式。三种武装形式相互渗透，根据形势需要灵活转化。抗战时期，中共在创建革命根据地经验的基础上，根据实际更新了三位一体的武装结构，进行了正规军编制的创新实践，并以“化整为零—化零为整”为思路实现了扩军与整军齐头并进。

1937 年 8 月，八路军第一一五师根据周恩来向中共中央的建议，以三四三旅作为先遣队，由政训部主任罗荣桓和旅长陈光率领先行，从陕西三原出发；三四四旅和师司令部在徐海东率领下于 9 月 8 日抵达侯马；一一五师师长林彪随三四三旅先行北上。9 月 3 日，一二〇师师部率三五八旅、三五九旅主力和教导团从陕西富平县庄里镇出发，随一一五师之后开赴抗日前线。

正当八路军主力奔赴抗日前线之际，国民党在山西节节败退，迫使中央军委根据形势，重新进行作战部署。9 月 17 日，毛泽东再对形势做出判断，认为过去决定红军全部在恒山山脉创建根据地的计划“已根本不适用了”,[②] 并进行了重新部署，其中一二〇师集结于太原以北忻县待命，准备至晋西北管涔山等地区活动；一二九师于适当时机，进至吕梁山脉活动；一一五师则进入恒山山脉；八路军总部进至太原附近，位置依据情况而定。[③] 与此同时，一二九师奉命进入富平县庄里镇地区，积极准备东渡黄河。

9 月 20 日，毛泽东指示，五台山脉应成为重要的游击战争区域之一。21 日，毛泽东向彭德怀确定了游击战的方针，并指出“要实行这样的方

① 刘复之主编《中华人民共和国法律大辞书》，长春出版社，1991，第 2136 页。

② 《九月十七日毛泽东给朱德、彭德怀、任弼时、林彪、聂荣臻、贺龙、肖克、刘伯承、徐向前的电报》（1937 年 9 月 17 日），中国人民解放军党史党建政工教研室编《中共党史教学参考资料》第 16 册，1986，第 21 页。

③ 《毛泽东关于敌情判断及八路军之战略部署致朱德等电》（1937 年 9 月 17 日），中国人民解放军历史资料丛书编审委员会编《八路军·文献》，解放军出版社，1994，第 32—33 页。

针，就要战略上由有力部队处于敌之翼侧，就要以创造根据地、发动群众为主，就要分散兵力，而不是以集中打仗为主”。[①] 根据这一原则，八路军总部命令一一五师在晋东北地区活动；一二〇师转入晋西北；一二九师即赴晋东南。

11 月 8 日，太原失守。八路军总部随后进行部署，要求各师主力转入抗日根据地的创建。其中一一五师一部以五台为中心，向察南、冀西发展，创建晋察冀边区抗日根据地；师部率三四三旅向晋东南太岳山脉和晋西南吕梁山脉挺进，创建以吕梁山为依托的晋西南抗日根据地；一二〇师依托管涔山，以晋西北为中心，向晋察绥边延伸，并进入桑干河流域和大青山地区；一二九师则在同蒲路以东、黄河以北、正太路以南、平汉路以西的方形区域内建立军分区，并组织晋冀豫军区。[②]

（一）晋察冀根据地

1937 年 10 月 11 日，一一五师工作团除一部归建外，留骑兵营、教导队 2 个队与八路军总部特务团团直大部和 2 个连、一一五师独立团、三四三旅工作团、六八五团 1 个连、一二〇师三五九旅工作团和随营学校一部分学员，共约 3000 人，由聂荣臻领导继续发展晋察冀边区抗日武装和创建抗日根据地。不久，独立团扩编为独立第一师，师长杨成武，政治委员邓华，辖 3 个团。八路军总部机关干部组成的工作团和总部特务团一部，向晋察冀边西部发展，开辟五台以西和定襄地区。教导队一部、骑兵营向东部发展，收复曲阳、完县、满城等，发展抗日义勇军和游击队。三五九旅工作团和一部兵力，向南部发展，建立了平山独立团。11 月 7 日，晋察冀军区在山西五台县成立。司令员兼政治委员聂荣臻，参谋长唐延杰，政治部主任舒同。[③] 11 月 13 日，晋察冀军区以活动在晋察冀边区的工作团和部队为基础，统一组成 4 个分区。18 日，晋察冀军区领导机关，由山西省五台山迁往河北省阜平县。伴随晋察冀军区的成立，主力部队发展迅速，已

---

① 《毛泽东关于独立自主山地游击战争的战略方针致彭德怀电》（1937 年 9 月 21 日），《八路军·文献》，第 35 页。

② 参见《徐向前元帅回忆录》，解放军出版社，2005，第 435—439 页。

③ 参见《聂荣臻回忆录》，解放军出版社，2007，第 297—298 页。

扩至两万余人。①

12 月 12 日，根据中共中央军委指示，晋察冀军区部队首次整编，各军分区主力部队分别编制 3 个相当于团的大队，隶属于支队，由军分区领导兼任支队领导。每个大队由 1500—2000 人编成，辖 3—4 个中队（相当营）。此后各军分区和独立第一师部队，均不以正规军名目出现，一律改为支队，由军分区兼，各支队辖 3 个相当于团的大队。②

（二）晋西北根据地

1937 年 9 月 16—19 日，一二〇师师部率领第三五八旅开赴晋西北管涔山区的神池、八角堡地区。第三五九旅进至晋察冀边五台、平山地区活动。9 月 28 日，一二〇师以第七一六团第二营为基础组成雁北支队，宋时轮任司令员。1938 年 1 月，中共晋西北临时省委正式改为晋西北省委。晋西北抗日根据地初步建立。同时，一二〇师也得到发展，由出师时的 2 旅 3 团，发展为 2 旅 6 团。③

1938 年 1 月 5 日，一二〇师根据八路军总部训令开始为期 1 个月的整训，着重对新发展的部队进行整编。整编后的一二〇师，师长贺龙，政治委员兼政治部主任关向应，副师长萧克，参谋长周士第，政治部副主任甘泗淇。整编后的三五八旅和三五九旅各辖 3 个团。师、旅、团各直属单位也都有相应的扩大。第三五八旅旅长张宗逊，政治委员李井泉，辖第七一四、七一五、七一六团；第三五九旅，旅长兼政治委员王震，辖第七一七、七一八、七一九团。师直属部队：雁北支队、独立第一支队、教导团、学兵团、骑兵营、通信营，另 3 个直属连。至此，一二〇师由出征时的 8200 余人扩大到 2.5 万余人。④ 此外，根据中央指示，一二〇师大青山支队由 1 个团、1 个支队、1 个师骑兵营、1 个连组成。至 12 月，一二〇师南出晋中，北上大青山，东进冀东、平西和北岳恒山地区，主要形成了包括晋西北抗日根据地和大青山抗日游击根据地的晋绥抗日根据地。

---

① 《中国人民解放军军史》第 2 卷，第 41 页。

② 《中国人民解放军组织沿革·单位沿革》（1），第 352—354 页。

③ 《晋西北之今昔》（1940 年 2 月 29 日），总参谋部贺龙传编写组《贺龙军事文选》，解放军出版社，1989，第 68—70 页。

④ 中国人民解放军历史资料丛书编审委员会编《八路军·综述·大事记》，解放军出版社，1994，第 197 页。

（三）晋冀豫根据地

1937 年 11 月 12、13 日，一二九师在晋东南的顺县武家庄和石拐镇两次召开干部会议，传达毛泽东和八路军总部关于依托太行、太岳山区创建晋冀豫边区抗日根据地的指示和决定，进行了具体部署，决定全师化整为零，分散到各地发动群众，开展游击战争。同蒲铁路以东、正太铁路以南、平汉铁路以西、黄河以北的晋冀豫边区游击战逐渐展开，晋冀豫抗日根据地基本形成。[①] 1938 年 4 月，日军分 9 路向晋东南中国军队大举围攻。朱德、彭德怀指挥晋东南国共两方部队奋起展开反围攻斗争。4 月 19 日，刘伯承、邓小平、徐向前指挥一二九师主力和一一五师三四四旅大举歼敌，收复晋东南 18 县。4 月下旬，晋冀豫军区成立，对外称第一二九师后方司令部。[②]

（四）晋西南根据地

太原失陷之前，毛泽东电告八路军总部，于适当时机派部进入吕梁山脉活动。1937 年 11 月 10 日，毛泽东电示“林师主力应准备转移到汾河以西的吕梁山脉”。[③] 此时已进入昔阳、平定地区的一一五师率三四三旅，即向以吕梁山脉为依托的晋西南地区挺进。于此过程之中，由于阎锡山部的阻挠，一一五师主力被迫南下洪洞赵城休整补充。同时分兵一部于襄垣、屯留地区，进行扩兵，总数达 3000 余人。[④]

1938 年 2 月 28 日，毛泽东指示一一五师“应迅速以一部控制大麦郊、水头、川口、石口地区，发动群众，组织游击队，巩固战略枢纽”，并“派出足够工作员大力发动石楼、永和两县群众，组织游击队，巩固渡河点……主力转入隰县、午城、大宁地区，寻机作战，相机消灭该敌。”[⑤] 根

---

① 太行革命根据地史总编委会编《太行革命根据地史稿（1937—1949）》，山西人民出版社，1987，第 9、11 页。

② 《中国人民解放军军史》第 2 卷，第 52—54 页。

③ 柳茂坤：《八路军发展史》，山西人民出版社，2005，第 83—84 页。

④ 《中国人民解放军军史》第 2 卷，第 48 页。

⑤ 《三四三旅应即改变作战计划》（1938 年 2 月 28 日），中共中央文献研究室、中国人民解放军军事科学院编《毛泽东军事文集》第 2 卷，军事科学出版社、中央文献出版社，1993，第 167 页。

据此指示，3 月 3 日，一一五师主力进入隰县午城地区。午城、井沟战斗胜利后，山西省委、山西抗日决死队先后进入晋西南地区。至 1938 年夏天，以孝义、灵石、隰县部分地区为中心初步建立了晋西南抗日根据地。

（五）华北平原敌后根据地

太原失守后，八路军主力在创建山区抗日根据地的同时，分兵一部开始平原抗日根据地的建立工作。1937 年 12 月 5 日，一二九师抽调兵力组建八路军东进抗日游击纵队，司令员陈再道，政治委员李菁玉。12 月 13 日，一二九师以教导团部分干部组成挺进支队，支队长孙继先，政治委员胥光义。1938 年 2 月 8 日，师骑兵营扩编为骑兵团，团长王振祥，政治委员邓永耀。3 月 20 日，成立了中共冀鲁豫边区省委和带有政权性质的冀南军政委员会。①

4 月 21 日，毛泽东、张闻天、刘少奇致电朱德、彭德怀等，指出在目前的条件下，在河北、山东平原地区“广大地发展游击战争是可能的……应即在河北、山东平原划分若干游击军区，并在各区成立游击司令部，有计划地系统地去普遍发展游击战争”。② 4 月 22 日，八路军总部进行部署：徐向前率 2 个团，1 个支队向冀南出发，陈再道、宋任穷部发展冀南，并组建 1 个支队向冀鲁边挺进；令宋时轮支队与邓华支队组成 1 个纵队挺进冀东，令一二九师主力在正太路和晋冀边地区积极活动，以策应平汉路东发展抗日游击战争。③ 4 月 27 日，冀南的八路军部队初步划分为 5 个军分区。7 月，冀南军分区重新划分为 5 个军分区，并由东进抗日游击纵队新成立的 5 个支队兼。同年秋，冀南抗日游击军区成立，下辖 5 个军分区。至 1938 年 9 月，以南宫为中心的冀南平原抗日根据地基本形成。

1938 年 9 月下旬，一一五师三四三旅旅部机关干部百余人，根据中央军委指示到达冀鲁边区，于 10 月上旬与八路军一一五师第五支队、冀鲁边区平津支队、八路军一二九师津浦支队合并，整编为八路军东进抗日挺进纵队，归八路军一一五师建制。11 月 20 日，津浦支队归一二九师建制。12 月

① 《宋任穷回忆录》，解放军出版社，2007，第 115—117 页。

② 《在河北山东平原地区大量发展游击战争》（1938 年 4 月 21 日），《毛泽东军事文集》第 2 卷，第 217 页。

③ 《中国人民解放军军史》第 2 卷，第 86 页。

2 日，八路军总部命令，第三四三旅补充团和晋西游击第一、第二、第三大队合编，组建八路军一一五师晋西独立第一支队（又称晋西独立支队）。12 月，三四三旅第六八五团（欠第二营）改称苏鲁豫支队，归八路军第一一五师建制。至此，三四三旅番号撤销。[①] 至 1939 年上半年，八路军东进抗日挺进纵队初步开辟了以宁津、乐陵为中心的冀鲁边平原抗日根据地。同时，八路军冀热察挺进军开始建立抗日政权，初步开创了以蓟县、平谷、密云为基本区的冀东抗日根据地，成为晋察冀抗日根据地的重要组成部分。

（六）苏南、皖南、皖中根据地

1938 年 2 月 15 日，毛泽东致电项英、陈毅，指出“目前最有利于发展地区还在江苏境内的茅山山脉，即以溧阳、溧水为中心，向着南京、镇江、丹阳、金坛、宜兴、长兴、广德线上之敌作战”。[②] 4 月下旬，中共中央同意新四军主力开往泾县、南陵一带。新四军军部以第一、第二、第三支队部分干部和侦察分队组成先遣支队由粟裕率领进入皖南敌后，随后陈毅、张鼎丞领导第一、第二支队向苏南挺进，建立起苏南以茅山为中心的根据地。[③] 此后，中央军委再做出指示，要求新四军主力在茅山根据地大体建立起来之后，还应准备分兵一部进入苏州、镇江、吴淞三角地区，再分一部进入江北地区。5 月 14 日，中共中央书记处电示新四军，“应利用目前的有利时机，主动、积极地深入到敌人大后方区”。[④] 5 月中旬，先遣支队到达镇江地区，高敬亭率第四支队 3 个团东进舒城、庐江、无为地区。徐州、武汉失守后，新四军又先后组成游击支队和游击大队，分别由彭雪枫、李先念率领挺进豫皖苏边和豫鄂边区。此后彭雪枫部发展为新四军第六支队，李先念部发展为新四军豫鄂挺进纵队。[⑤] 8 月 22 日，新四军军部教导营扩编为教导总队。9 月中旬，新四军决定，以丹阳游击纵队（7 月组建）为基础，组建新四军挺进纵队（对外称江南人民抗日义勇军挺进纵

---

① 《中国人民解放军组织沿革·单位沿革》（1），第 278—287 页。

② 《毛泽东同意新四军的行动原则致项英、陈毅电》（1938 年 2 月 15 日），《新四军·文献》（1），第 212 页。

③ 中共江苏省委党史工作办公室编《粟裕年谱》，当代中国出版社，2006，第 42—43 页。

④ 《中共中央书记处关于新四军行动方针的指示》（1938 年 5 月 14 日），《新四军·文献》（1），第 112 页。

⑤ 姜克夫：《民国军事史》第 3 卷（上），重庆出版社，2009，第 156 页。

队)。9 月 29 日，中共河南省委根据中共长江局指示，以新四军第四支队第八团留守处部分人员和两个新兵连为基础，组建了新四军游击支队。9 月 30 日，新四军第一支队第一团改由军部直接领导。11 月，新四军将第四支队第二游击纵队整编为新四军江北游击纵队。截至 1938 年底，以茅山为中心的苏南抗日根据地初步形成。[①]

1938 年 11 月，经中共中央政治局批准成立了以刘少奇、朱瑞、朱理治、彭雪枫、郑位三等组成的中共中央中原局，刘少奇任中原局书记，负责领导长江以北，陇海路以南，河南、湖北、江苏等地的抗日斗争。[②] 1939 年 1 月 17 日，组建新四军豫鄂独立游击大队，对外称豫鄂独立游击支队。同时，新四军第二支队第三团由军部直接领导。新四军第一支队第六团由叶飞率领，进入无锡、江阴、常熟一带。2 月，周恩来向东南局和新四军领导机关传达了中共中央关于向华中敌后发展的指示，指出在江南敌后发展的方向：新四军“那（哪）个地方空虚，我们就向那个地方发展；那（哪）个地方危险，我们就到那个地方去创造新的活动地区；那（哪）个地方只有敌人和伪军，友军友党较不注意没有去活动，我们就向那里发展”。[③] 后确定了“向北发展，向东作战，向南巩固”的具体发展方针。[④] 4 月 21 日，中共中央进一步指示新四军以江北指挥部为中心，统一指挥江北部队，建立抗日根据地。5 月 3 日，叶挺前往江北新四军第四支队驻地，筹建江北指挥部。5 月 5 日，新四军江北指挥部成立，张云逸任指挥，徐海东、罗炳辉任副指挥，赖传珠任参谋长，邓子恢兼政治部主任。新成立的新四军江北指挥部统一指挥 3 个支队。与此同时，新四军第六团从茅山地区出发，后与无锡、江阴等地游击队合编，继续以江南人民抗日义勇军为番号，组成了“江抗”总指挥部。第六团则改用“江抗”第二路番号，成立中共东路工作委员会和东路军委会，叶飞任书记。7 月 1 日，新四军江北指挥部重新进行整编，以第四支队第八团、挺进团及第三游击纵队一部为基础，组建新四军第五支队，归江北指挥部领导。8 月，

① 《中国人民解放军组织沿革·大事记》(1)，第 194—195 页。

② 《中共中央政治局关于中原局组成及管辖区域的通知》(1938 年 11 月 9 日)，《新四军·文献》(1)，第 117 页。

③ 《目前形势和新四军的任务》(1939 年 3 月)，中共中央文献编辑委员会编《周恩来选集》上卷，人民出版社，1980，第 105 页。

④ 《中国人民解放军军史》第 2 卷，第 162 页。

中原局根据华中发展需要，再次对部队进行了整编，以新二旅、苏鲁豫支队等部编为八路军第五纵队，辖 3 个支队，由黄克诚任司令员，继续执行东进任务。以第三四四旅与新四军第六支队合编为八路军第四纵队，辖第四、五、六旅，共计 9 个团 1.72 万余人，由彭雪枫任司令员。9 月，新四军教导总队改称新四军教导队。11 月 2 日，新四军游击支队改称第六支队。7 日，中央军委决定，将新四军第一、第二支队机关合并，成立新四军江南指挥部。14 日，新四军江南指挥部以第二支队第四团机关和第二营组建新四军苏皖支队，归新四军江南指挥部建制。[①]

11 月，中共中央再次指示中原局和新四军“应从安庆、合肥、怀远、永城、夏邑之线起，广泛猛烈地向东发展，一直发展到海边上去，不到海边决不应停止。一切有敌人而无国民党军队的区域，均应坚决的尽量的但是有计划有步骤的去发展”。[②] 1940 年 1 月，中原局撤销皖东省委，成立津浦路东、西省委，后改为东、西两区党委。与此同时，新四军第一、第二支队领导机关合并，成立新四军江南指挥部，由陈毅、粟裕分任正、副指挥，统一领导新四军江南部队第二团、第三团、第四团、新六团、“江抗”等全区地方武装。江南指挥部成立后，将活动于苏、常、太地区的“江抗”主力与丹阳游击队合编为新四军挺进纵队，辖 4 个团。新四军第二支队第四团两个营与挺纵一部合编成苏皖支队，同时成立了苏皖区党委。2 月 1 日，根据新四军军部命令，新四军游击支队正式改称新四军第六支队，由彭雪枫任司令员兼政治委员，肖望东任政治部主任，下辖 3 个团，4 个支队。[③]

（七）苏北根据地

1939 年底，中共中央就华中和江南工作向中原局和新四军江南指挥部发出指示，要求“陈毅方面要抽有力部队过江，发展扬州以东”。[④] 1939

---

① 《中共中央书记处关于发展华中武装力量给各中央局的指示》（1939 年 4 月 21 日），《中国人民解放军组织沿革·文献》（1），第 164—165 页；《中国人民解放军组织沿革·大事记》（1），第 206—212、217 页。

② 《中共中央书记处关于江北新四军应猛烈向东发展的指示》（1939 年 11 月 19 日），《新四军·文献》（1），第 132 页。

③ 《中国人民解放军组织沿革·大事记》（1），第 206—212、217 页。

④ 《中共中央书记处关于江南工作的指示》（1939 年 12 月 27 日），《新四军·文献》（1），第 139 页。

年 12 月 19 日，中原局书记刘少奇主持召开中原局会议，就新四军日后发展方向提出意见，认为目前有大发展希望的地区是武汉附近、豫东、苏北，其中又以苏北为主要突击方向，并做出进一步部署：第四支队第七团、第五支队第八团及无为游击队留在皖东、津浦路两侧继续坚持斗争，江南第六团至扬州、六合一带活动；第九、十、十四、十五团北渡淮河配合彭部向苏北发展，同时提出了八路军一部南下，江南新四军主力北上，共同发展苏北的意见。[①] 12 月 27 日，中央书记处同意在华中方面以淮北之皖苏地区为主要发展方向。1940 年 5 月，八路军第二纵队主力第三四四旅和新编第二旅 5 个团组建陇海南进支队，分为两个梯队于 6 月中旬到达豫皖苏边区，在涡阳新兴与新四军第六支队合编为八路军第四纵队，彭雪枫任司令员，黄克诚任政治委员。

7 月上旬，陈毅、粟裕率江南指挥部主力北渡长江，在苏北吴家桥与挺进纵队、苏皖支队会合。下旬，根据中共中央决定，新四军江南指挥部改称苏北指挥部，由陈毅、粟裕分别担任正、副指挥，同时将苏北新四军统一改编为第一、第二、第三纵队，计 9 个团 7000 余人。同时于苏南另组新的江南指挥部，指挥罗忠毅、政委廖海涛。新四军苏北指挥部成立后，以黄桥为中心，开辟泰兴、靖江、南通、如皋地区，创建苏北抗日根据地。9 月，新四军特务团组建。10 月，新四军决定，以新四军原第二支队为基础，重建新四军江南指挥部。10 月 10 日，八路军第五纵队与新四军苏北指挥部部队会师，基本完成了开辟苏北的任务。[②]

1940 年 11 月 12 日，经中共中央批准，成立华中新四军八路军总指挥部，叶挺、陈毅分任正、副指挥，刘少奇任政治委员，统一指挥陇海铁路以南、长江以北的新四军苏北指挥部、江北指挥部、豫鄂挺进纵队和八路军第四、第五纵队。17 日，华中新四军八路军总指挥部正式成立。同月，新四军决定，将留在皖南的新四军第三支队及第一团、第三团、特务团等整编为新四军第一、第二、第三纵队。12 月 29 日，中央军委批复新四军，

---

① 《刘少奇关于目前华中发展地区及工作部署致中共中央书记处等电》（1939 年 12 月 19 日），《新四军·文献》（1），第 137 页。

② 《中国人民解放军组织沿革·大事记》（1），第 225—229 页。

同意成立苏中军区、盐阜军区。[①]

以敌后根据地的建立为契机，八路军、新四军初步实践了军区—军分区制度，不仅适应了抗战初期发展武装的需要，也是对于共产党正规军编制序列的创新尝试。1937 年 12 月 12 日，中共中央军委就晋察冀军区部队首次整编做出规定，军分区此后暂不以正规军名义出现，但实质上成为地方武装的领导机关。

第三节　化零为整：整军、扩军与正规化

全国抗战爆发后，中共自立于敌后日军薄弱地区先后建立起抗日根据地，军队发展迅速。其中，第一一五师在五台分兵时留下创建晋察冀根据地的兵力共约 3000 人，在不到两个月的时间里，就发展到 2 万多人。第一二〇师主力 1937 年 9 月初开赴抗日前线时，兵力共 8200 余人（不包括留守陕甘宁边区的部队），到 1938 年 2 月，扩大为 2.5 万余人。第一二九师从 1937 年 11 月到 1938 年 10 月，由 9000 余人发展到 5 万余人。[②] 到 1938 年底，八路军也由改编时的 4.6 万人扩大到 15.6 万人。[③]

八路军扩充兵源主要通过三个路径：其一，八路军由部队派出工作团普遍组织抗日自卫队、义勇队、游击队。如在晋察冀边区阜平成立的抗日义勇队，不到 1 个月就发展成为数千人的武装。其二，整编起义武装。如山东各地的人民起义武装，于 1938 年夏已发展到约 4 万人，年底正式组建成八路军山东纵队。其三，收编和改造各种游杂武装。由爱国志士和人民群众自发组织起来的抗日武装，大都先后加入了八路军的战斗序列。如冀中、冀南地区的联庄武装和民团、保安队等，先后编入八路军的达四五万人之多。此外，还对伪军积极地开展政治攻势，策动其投诚、起义，而后加以教育改造，吸收他们参加八路军。[④]

在建立敌后根据地的过程中，中共军队的特点是以发展正规军为主，

---

① 《黄克诚自述》，人民出版社，1994，第 165—172 页。另见《中国人民解放军军史》第 2 卷，第 81—84 页。

② 《八路军·综述·大事记》，第 75 页。

③ 此数据应包括主力军与地方武装。《八路军·综述·大事记》，第 74—75 页。

④ 《八路军·综述·大事记》，第 74—75 页。

地方武装、民兵、自卫队界限模糊，其主要目标是自下而上流动，实现单向升级。然而，伴随兵源的扩大，一系列问题也随之产生。除了新兵成分复杂、缺乏思想与作战技巧等方面的指导外，编制也颇为混乱，极大阻碍了武装力量的发挥。因此，八路军整编已成为发展敌后根据地所亟待解决的问题。1938 年 10 月，毛泽东在六届六中全会上做了《论新阶段》的报告，提出“整理现有军队，补充缺额，同时增编新的军队”，并对正规军提出了“帮助敌后民众游击队与游击战争逐渐提到正规军与正规战争的道路上去”的要求。[①] 伴随编制的升级，更多民兵与地方武装被吸收进正规军队伍之中，实现了整军与扩军同步进行。

1939 年 2 月 7 日，八路军总部发布第一期整军计划，要求以三个月为 1 期，拟整理 30 个团（共约 10 万人）。6 月 23 日八路军发出第二期整军命令，要求再整编 30 个团，加强主力部队。两期整军计划共整编 61 个团，其中第一一五师 11 个团，第一二〇师 10 个团，第一二九师 16 个团，晋察冀军区 16 个团，山东纵队 7 个团，总部 1 个团。[②]

整编后的编制序列可以晋察冀军区为例：每团由 3 个营 9 个连组成，少数团每营编 4 个连（3 个步兵连，1 个机枪连）。团直属队编有机炮连、特务连（警卫连）、通信侦察连。每团 2000—2500 人。截至 1940 年，晋察冀军区发展到约 11 万人。[③]

1940 年 1 月 24 日，山东纵队根据需要发出第三期整军计划，2 月 1 日至 5 月 30 日，恢复了各支队团的建制。整编后，第六支队所属 3 个营编为 1 个团，第六支队、苏鲁支队划归八路军第一一五师建制。[④]

以整编为契机，整顿新军的同时，正规军的扩大成为基本态势。1940 年 1 月 19 日，朱德等人再就八路军扩军问题做出具体部署：第一一五师扩军 3.5 万人，第三四四旅扩军 2.5 万人，晋察冀军区（包括冀中）扩军 2.5 万人，第一二〇师扩军 2.5 万人，第一二九师扩军 3.5 万人，八路军

① 《论新阶段》（1938 年 10 月），中国人民解放军军事科学院编《毛泽东军事文选》，中国人民解放军战士出版社，1981，第 166 页。

② 岳思平主编《八路军战史》，解放军出版社，2011，第 220—221 页。

③ 岳思平主编《八路军战史》，第 228 页。

④ 《中国人民解放军组织沿革·大事记》（1），第 215—216 页。

总部扩军5000人，山东纵队4万人，其他同盟者1万人，共计20万人。[①] 2月21日，中共中央书记处电示，八路军拟扩编为3军9师。[②] 同时八路军总部再次发出了整军的训令，指出"抗战进入新阶段，敌后抗战形势将愈严重"，"为准备应付可能的突然事变，回答投降危机的时候，以一切力量努力巩固与扩大加强我军抗战力量，是目前全军最严重的战斗任务"，规定分两期，每期4个月，再整理出50个团，于11月10日完成。其中第一一五师7个团，第三四四旅4个团，第一二九师11个团，晋察冀军区11个团，山东纵队7个团，八路军总部1个团；要求"整理之兵团多由新组织之武装部队或由逐渐扩大中编成"，特别强调"应（多）加繁殖游击队为正规军之工作"。[③]

1940年5月，八路军总部命令，为充实部队，打下正规化基础，将第一二九师部队整编为9个旅和3个军区。接下来，八路军第一一五师在1940年10月下旬至11月，将所属部队编为6个教导旅、4个军区、1个军分区、23个团或支队，共6万余人。第一二〇师兼晋西北军区也整编了9个旅或纵队、支队，4个军区，31个团，达5.1万人。[④]

按照八路军总部的指示和要求，各师在整编过程中改变了过去编制不一、序列混乱的状况，杂色武装由路、支队、大队等名目改为团、营、连等小单位，由总指挥等降为团长、营长，由平行关系变为隶属关系。[⑤] 此次整编以整理主力团为重点，严格按照正规军编制，全面实现主力部分正规化，地方部队基干化。

以晋察冀军区为例，1939年2月晋察冀军区对北岳区部队进行整编，将第一至四军分区部队整编为第一、第二、第三、第四、第五、第十九、第二十团，原支队番号撤销。而在2—11月的两期整军中，也将八路军第三纵队兼冀中军区各支队所辖大队整编为团。11月，晋察冀军区第一军分

① 《朱德、彭德怀、杨尚昆关于巩固扩大八路军问题致中央军委并中共中央电》（1940年1月19日），《八路军·文献》，第449页。

② 《叶剑英年谱》，第282—285页。

③ 《朱德、彭德怀等关于整军计划致各兵团并报中央军委、中共中央等电》（1940年2月21日），《中国人民解放军组织沿革·文献》（2），第221—222页。

④ 《八路军总指挥部关于第一二九师部队改编为九个旅等致各兵团电》（1940年5月26日），《中国人民解放军组织沿革·文献》（2），第247—248页。

⑤ 参见《吕正操回忆录》，解放军出版社，2007，第100页。

区所辖部队整编为第一、第五支队。[①]

再以山东纵队为例。第一期从 1939 年 3 月 1 日开始，整训 31 个团约计 10 万人。其中规定山东纵队选定条件好的部队，整理 3 个基本团，作为山东的主力部队。朱德电示黎玉，要求“按正规军编制，以节省干部，节约经费，充实人数与加强战斗力，便于整理训练和隐蔽我之力量”。[②] 山东纵队所属部队编成 21 个团，3 万余人，另有地方武装 2 万余人。山东纵队于 1940 年 8 月开始酝酿第四期整军，朱瑞、黎玉进一步将山东纵队编旅，“并将主力部队与地方部队切实分开”。[③] 朱德等人特别强调“旅的编制必须按正规军的编制”，每旅 3 个团，每团 2500 人，“不应先排架子待扩充”。[④] 通过整军，山东纵队所属部队编成旅、团正规番号，锻炼了 5 个正规团，整理 13 个半正规的团。[⑤]

1940 年 4—11 月，八路军各部队的整编工作先后告一段落，共计第一一五师编成 22 个团，第一二〇师编成 32 个团，第一二九师编成 39 个团。晋察冀军区编成 33 个团，山东纵队编成 24 个团，2 纵队兼冀鲁豫军区编成 8 个团，总计 158 个团。至 1940 年底，八路军发展到近 40 万人。[⑥] 有计划的部队整编，一方面主力脱离地方，另一方面地方武装又可与根据地保持血肉的联系，以正规军带动地方武装与民兵建设，对于发展中共军队具有相当正面的作用。

新四军方面，自南方游击队改编以来，新四军长期处于正规军“不正规”的尴尬状态，以至于旁观者谈及对其观感时，常将其误认为是与众不同的游击队而已。[⑦] 1940 年 1 月 10 日，中共中央指示南方局，新四军编 3 个

---

① 中国人民解放军历史资料丛书编审委员会编《中国人民解放军组织沿革·大事记》(1)，解放军出版社，2002，第 202—203 页。

② 八路军山东纵队史编审委员会编《八路军山东纵队史》上卷，山东人民出版社，2007，第 191—192 页。

③ 《朱瑞、黎玉关于山东纵队编旅致彭德怀等并报毛泽东等电》(1940 年 8 月 24 日)，《中国人民解放军组织沿革·文献》(2)，第 270 页。

④ 《朱德、彭德怀、左权关于山东纵队旅的编成问题致中央军委电》(1940 年 8 月 30 日)，《中国人民解放军组织沿革·文献》(2)，第 275 页。

⑤ 黎玉：《四期整军的总结与五期整军的方针任务》(1941 年 6 月 23 日)，八路军山东纵队史编审委员会编《八路军山东纵队·综合册》，山东人民出版社，1993，第 323 页。

⑥ 《八路军·综述·大事记》，第 78 页。

⑦ 《江南最好的部队是新四军》(1939 年 1 月 1 日)，中国人民解放军历史资料丛书编审委员会编《新四军·参考资料》(1)，解放军出版社，1992，第 451 页。

师，5 万人。[①] 1941 年 1 月初，新四军 3 个纵队依次编为左路、中路、右路纵队。1 月 4 日，新四军军部及所辖 3 个纵队奉命由皖南泾县云岭出发北移，遭国民党军重兵包围袭击，新四军机关、教导总队和各纵队大部损失，史称“皖南事变”。1 月 14 日，毛泽东、朱德、王稼祥电示彭德怀、左权等人，明确指出“在政治上军事上迅即准备作全面大反攻，救援新四军，粉碎反共高潮”；同时华北各部也应“提前准备机动部队，准备对付最严重事变”。[②]

“皖南事变”的发生，使新生的新四军受到重创，但同时也为其迅速扩兵、实现正规化提供了契机。1 月 20 日，中央军委针对“皖南事变”后的形势，命令重建新四军军部，并任命军政领导人。23 日，陈毅为代理军长，刘少奇为政治委员，张云逸为副军长，赖传珠为参谋长，邓子恢为政治部主任。重建的新四军军部机关以华中新四军八路军总指挥部机关为基础组成。2 月 2 日，毛泽东等电示刘少奇、陈毅，要求立即恢复彭雪枫部队新四军番号，改黄克诚部队新四军番号，同时指示速将苏南、苏北、皖东、鄂中、淮北及黄克诚六部编为 6 个师，以迅速补充新四军之不足。[③]

2 月 4 日，新四军报告中央军委，拟组建新四军 6 个师。新四军苏北指挥部及所辖部队、新四军江北指挥部及其所辖部队、八路军第五纵队、八路军第四纵队、新四军豫鄂挺进纵队、苏南新四军分别改编为新四军第一至第六师。随后，毛泽东再电示刘、陈二人，以江北指挥部无为游击支队、第三纵队挺进团以及皖南突围部队整编为新四军第七师。[④] 2 月下旬，第一、第二、第三、第四师正式编成，其中第一师共 1.3 万余人，第二师共 1.8 万余人，第三师共 2 万余人，第四师共 1.5 万余人。3 月上旬，第六师正式编成，共 8000 余人。4 月 5 日，第五师正式编成，共 1.4 万余人。5 月 1 日，第七师正式编成，共 3000 余人。[⑤]

此后又根据实际情况进行了适当调整。12 月，中央军委正式公布新四

---

① 中国人民解放军军事科学院编《叶剑英年谱》，中央文献出版社，2007，第 284 页。

② 《在政治上军事上准备全面大反攻救援新四军》（1941 年 1 月 14 日），《毛泽东军事文集》第 2 卷，第 612 页。

③ 《毛泽东、朱德、王稼祥关于新四军整编致刘少奇、陈毅电》（1941 年 2 月 2 日），《中国人民解放军组织沿革·文献》（2），第 322 页。

④ 《毛泽东等关于皖南部队编为新四军第七师致刘少奇、陈毅电》（1941 年 2 月），《中国人民解放军组织沿革·文献》（2），第 338 页。

⑤ 《中国人民解放军组织沿革·大事记》（1），第 235—237 页。

军改编与战略区划分。其中第一师，师长粟裕，政治委员刘炎，政治部主任钟期光。原第一、第二、第三纵队依次编为第一、第二、第三旅，共1.3万余人。第一师活动区域为黄海以西，运河以东，长江以北，淮安、大冈、斗龙港一线的苏中抗日根据地。

第二师师长由张云逸兼任，政治委员郑位三，副师长罗炳辉，参谋长周骏鸣，政治部主任郭述申（未到）。原第四、第五支队改编为第四、第五旅，原江北游击纵队编为第六旅，共1.5万余人。第二师活动区域为东起运河，西至淮南铁路、瓦埠湖，北临淮河，南濒长江的淮南抗日民主根据地。

第三师师长兼政治委员黄克诚，参谋长彭雄，政治部主任吴文玉。原第一、第二、第三支队依次编为第七、第八、第九旅，共2万余人。第三师活动于陇海铁路以南，淮安、大冈、斗龙港一线以北，东濒黄海，西至运河的苏北抗日民主根据地。

第四师师长兼政治委员彭雪枫，参谋长张震，政治部主任萧望东。原第四、第五、第六旅依次编为第十、第十一、第十二旅，共1.5万余人。第四师活跃于陇海铁路以南，淮河以北，新黄河以东，津浦铁路两侧的淮北抗日根据地。

第五师师长兼政治委员李先念，参谋长刘少卿，政治部主任任质斌。原属部队分别编为第十三、第十四、第十五旅及第一、第二游击纵队，共1.4万余人。第五师活跃于鄂、豫、皖、湘、赣五省边区。

第六师师长兼政治委员谭震林，参谋长罗忠毅。原新二、新三支队编为第十六、第十八旅，另辖江南保安司令部。第六师活跃于东至京沪路东，西至南京、溧阳，南抵太湖，北迁江都、高邮、仪征线。

第七师师长张鼎丞，政治委员曾希圣，系皖南事变后突围过江北的部队所编成。其中第十九旅以原第二师第六旅副旅长孙仲德率第十七团之两个营在无为扩大的地方武装与江南突围部队合编为两个团。挺进团系3支5团1营与铜繁地方武装合编而成。至此，新四军重建总部整编为7个师和1个独立旅，共9万余人。①

① 《新四军的改编与战略区的划分》（1941年12月），《中国人民解放军组织沿革·文献》（2），第224—225页。

八路军与新四军根据“化整为零”的思路，分兵开辟敌后根据地，同时将正规军渗透到地方武装、民兵、自卫队之中，借助军区—军分区制度实现了以正规军领导多股抗战势力的态势。而利用有利时机及时整编，为主力部队正规化提供了组织条件，同时实现了扩军的目的。“皖南事变”虽对新四军造成重创，但经过及时整编和兵力补充，新四军在实力恢复的同时实现了正规化。此后，根据实际情况与战争形势践行“化整为零”或“化零为整”的思路，灵活进行军队建设，成为整个抗战时期中共进行正规军编制建设的有效经验。

第四节　精兵简政与武装结构调整

中共领导的八路军、新四军挺进敌后，到 1940 年底，共产党领导的武装部队创建了晋察冀、晋冀豫、晋绥、冀鲁豫、豫鄂边等抗日根据地，八路军从出发时不足 4 万人发展到近 40 万人。[①] “皖南事变”后新四军重建总部，整编为 7 个师和 1 个独立旅，实力恢复之余也有所扩大。然而，中共军队在敌后不断壮大军事力量的同时也面临着新的困难。由于党、政、军、民机构庞大，脱产人员过多，使根据地的供给能力不胜负担。加之日本军队占领武汉后，将部分军事力量转向中国共产党领导下的抗日根据地，与此同时，国民政府军政部对于八路军、新四军人数、编制进行严格核定限制，并加紧封锁抗日根据地。在内外不利形势下，抗日根据地日渐缩小，物资供应极端困难。在此情况下，精兵简政渐被提上日程。

作为中共抗战时期根据地十大政策之一，“精兵简政”虽一贯被视为整体，但在研究中一般认为军队系统厉行精兵建设，政权系统厉行简政建设，至于精兵与简政之间的内在关系鲜有学者关注。而在进行理论层面的探讨时又多从中央军委对项英“精兵主义”的取舍起笔，随后转向新形势下中共以精兵替代扩兵的军事策略调整。以既有研究为参照，关于精兵简政的内在理路及其实践过程至少有三点需要澄清：其一，“简政”本身即作为“精兵”主要内容之一，两者相辅相成；而“精兵”主要在脱产的主力部队中进行，且并不单纯表现为裁兵，中共军事力量只在局部增减，尤

① 《八路军·综述·大事记》，第 78 页。

其呈现出地方特点。其二，精兵简政政策影响下，兵力总体呈现出自上而下的流动趋势，“主力地方化”在此过程中被正式提出；然而，“军队正规化”仍作为与其并行不悖的军事思路发挥作用，且相较于前者的短暂适用性，后者作为一以贯之的思路存在。其三，精兵简政之“精兵主义”与项英所谓“精兵主义”既有冲突也有一致性。

早在1940年8月20日，中共中央即发出了《关于各抗日根据地内节省人力、物力坚持长期抗战的指示》，明确规定了脱产军政人员与所在地总人口的比例，即全区党、政、军、民、学脱产人员占全人口（不固定的游击区与敌占区除外）不超过3%，军队脱产人数与党、政、民、学脱产者之比应为2∶1。[①] 进入1941年，敌后抗战的严重困难开始出现。6月6日，中共中央军委总政治部在《关于平原地区政治机关组织机构指示》中提出“团以上的政治机关必须大大紧缩……应将大多数的干部充实团、营、连级的领导”。[②] 11月7日，中央军委再发出了《关于抗日根据地军事建设的指示》，要求主力部队应采取适当的精兵主义，其工作重心是提高政治军事技术的质量，缩编与充实编制，并要求全军将军事建设的中心注意力放在地方军及人民武装的扩大与巩固上。中央军委进一步要求，主力军与地方军（人民武装不在内）的比例，在山地根据地一般应以2∶1为原则，在平原根据地则以1∶1为原则。《指示》还就主力军与地方军的关系提出具体要求：一方面，地方军应有独立的建制及指挥机关（军区与军分区）；另一方面，主力军应加强对地方武装的帮助。主力军在缩编与充实自己的编制时，应“以相当部分部队划归地方军建制”，在作战时“主力军应规定地方军的一般作战任务”，但“主力军与地方军的建制又是彼此独立的，主力军绝不应该吞并地方军”。主力军遇有损失时，“须由自卫队、民兵、地方三方面酌量动员抽补，以维持互相间应有之比率为原则”。《指示》强调“地方军必须真正地方化”，并特别指出：“项英在前一阶段就主张精兵主义是错误的，但如我们在现在阶段还不提出主力的精兵主

① 《中央关于各抗日根据地内节省人力物力坚持长期抗战的指示》（1940年8月20日），中央档案馆编《中共中央文件选集》第12册，中共中央党校出版社，1991，第470页。

② 《总政治部关于平原地区政治机关组织机构指示》（1941年6月6日），中国人民解放军政治学院政治工作教研室编《军队政治工作历史资料》第6册，中国人民解放军战士出版社，1982，第340页。

义，也将犯错误。”[①]

有论者发现中央军委对于根据地精兵简政的考量远早于李鼎铭提案之前。[②] 实际上，抗战初期出于大力发展军队实力的考虑，党内对于“质”和“量”的问题曾有过多次讨论，其间虽强调“量”的重要性，但仍着力于维持两者平衡。1940 年 5 月 19 日，陈毅在接到中共中央《放手发展抗日力量，抵抗反共顽固派的进攻》的指示后，曾致电中共中央：“过去的统一战线，实际的精兵主义，所谓以质量代数量。目前应大量扩充数量，同时不放松加强政治领导，提高战斗力即质量。”[③] 1940 年 6 月 4 日，彭德怀在《建设我们的军队》一文中也指出，目前华北总的方针是巩固，“但有些地区，还可以大量发展。我们反对精兵主义，同时也反对只图大而不求精的观点”。[④]

中央军委在《关于抗日根据地军事建设的指示》中虽重提“精兵主义”，但强调只在主力部队中贯彻这一原则。《解放日报》于 1942 年 8 月 3 日发表《彻底实行精兵政策》的社论，指出“精兵主义应为今天主力军的原则”。精兵政策是敌后军事建设的当务之急，不仅是为了打破目前的困难，而且是为了准备将来局势开展，为了将来担负全面反攻的任务。社论强调指出：“精兵并不是消极地裁减主力兵团的员额，简单地缩小后方勤务机关；也不是裁兵减员，拆台散伙；而是加强主力部队的作战力量；而是要按照敌后各种不同的情况，规定何者应减，何者应紧缩，何者应充实”。[⑤]

在主力军中执行精兵主义，不仅是军事思路上的调整，更牵扯到军队给养的实际问题。与民兵、自卫队不同，正规军与地方主力兵团以单纯作战为主，并不参加生产。在根据地物资极为困难的情况下，缩减脱产的主力部队人员自然成为主要内容，但与此同时，抗战的战略相持阶段，为长

---

① 《中央革命军事委员会关于抗日根据地军事建设的指示》（1941 年 11 月 7 日），《中共中央文件选集》第 13 册，第 213—215 页。

② 关于中共中央对于“精兵主义”的态度由来及演变可参见臧运祜《关于“精兵简政”的再研究》，《中共党史研究》1994 年第 3 期。

③ 《陈毅关于贯彻五四指示发展苏南的布置致中共中央电》（1940 年 5 月 19 日），《新四军·文献》（1），第 312 页。

④ 《建设我们的军队》（1940 年 6 月 4 日），《军队政治工作历史资料》第 5 册，第 194 页。

⑤ 《彻底实行精兵政策》，《解放日报》1942 年 8 月 3 日。

期作战准备，军事力量并不能减少。因此此次精兵并不以裁兵为原则。相反，减少脱产的非作战力量，尽可能增加非脱产作战力量就成为此次精兵的主要目的。八路军主力在精兵过程中执行了“三减一增”原则，即精兵过程中除裁汰老弱病残人员外，侧重精简党政和直属部队人员，主力部队内部则侧重于减少旅、团级兵力，而充实连、班级兵力，总兵力呈现出自上而下的流动趋势，并最终达到减少主力军数量的要求。

1941 年 12 月 1 日，中共中央发出《关于加强统一领导与精兵简政工作的指示》，要求部队实行彻底的精简，除特殊情况外，军队原则上不再补兵，全军 57 万计划缩至 20 余万人，实现“量小而质精，更有战斗力”，同时要求“地方党政民学大大缩减”，确保包括游击队在内的军队与党政民工作人员的比例为3∶1。[①] 是月下旬开始，冀鲁豫军区对团以下单位进行精简，具体实行大团、甲种小团和乙种小团制。大团为 3 营制，甲种小团为 5 个步兵连和 1 个特务连制。乙种小团，为 4 个步兵连和 1 个特务连制。还有的团为 2 个营或 4—5 个步兵连制。全区主力部队减少至 15408 人。晋绥军区经过此次精简编制后，团级以上机关人员由 9151 人减少至 3580 人。其中，军区与所属的旅、纵队、军分区两级机关人员由 7132 人减少至 1754 人，每个连队共 130 人，整个军区的主力军减至 2. 5 万人。[②]

1942 年 1 月 26 日，八路军总部向全军公布了《精兵办法》，规定战斗部队团以上直属队人员与战斗人员比例应为 1∶7，团以下直属队人员与战斗人员应为 1∶5。从 1942 年 6 月开始，晋察冀军区进一步精简了军区和各军分区的后方机关，全区部队由 12. 5 万减至 9. 59 万人。第一一五师在 1942 年的精简中，师直单位由 13 合并为 5，精简前人员共 1390 人，内有战斗员 596 人，占全数 43%。精简后共 880 人，内有战斗员 775 人，占总数 88%。干部减少 66%，杂务人员减少 44%，勤务员则全部取消，战斗员则较原有增加 30%。[③]

1941 年 12 月下旬开始，晋西北军区执行精简整编，至 1942 年 3 月精

① 《中央关于加强统一领导与精兵简政工作的指示》（1942 年 12 月 1 日），中共中央组织部、中共中央党史研究室、中央档案馆编《中国共产党组织史资料》第 8 卷（上），中共党史出版社，2000，第 615—616 页。

② 岳思平主编《八路军战史》，第 350—351 页。

③ 《中央军委关于第一一五师直属队精简情况致各战略单位电》（1942 年 10 月 17 日），《中国人民解放军组织沿革・文献》（2），第 489 页。

简整编初步结束，全军区主力部队由3.9万余人减至3.5万余人。旅、纵队以上机关人数同团以下部队人数的比例由1∶1.7降至1∶2。[①] 1942年12月至次年3月，第一二〇师兼晋西北军区再次进行精简。旅和纵队实行甲、乙两种编制，团实行甲、乙、丙三种编制。甲种团为1700人，乙种团为1200人，丙种团在1000人以下。全军区机关抽调730余人充实连队，这样使连队的人数达到60—120人。全区部队由5.1万余人减少至3.6万余人。晋绥军区团级以上机关人员也由9151人减少至3580人。[②] 相应团、营编制为：甲种团机关92人，乙种团机关64人；步兵连130人。[③]

精兵简政并非中共独创。国民党军队从1939年开始在分期整军期间也逐渐采纳"精兵主义"的思路，不过其举措却与中共军队相去甚远。其缩编范围扩大至游击队，除将"素质作战俱差者，即予以编遣"外，同时"逐渐编归正规军"。[④] 与之相比，中共的精兵简政则几乎沿着相反的路径展开。

从表面上看，精兵简政延续了中共创建根据地时期"化整为零"的思路，从而与创建敌后根据地时期整军而扩军存在一个逆向的过程。1941年9月1日中共中央在发出的《关于抗日根据地军事建设的指示》中即指出："抗日根据地的武装力量，应包括主力军、地方军、人民武装（即不脱离生产的自卫队、民兵）三部分，目前以发展地方军、人民武装为中心。"[⑤] 根据中央军委的指示，1942年各抗日根据地普遍加强地方武装建设，许多地区实行主力军地方化。如山东纵队改为山东军区，其所属主力旅和团分别与军区、军分区合并，冀南地区将3个主力旅与3个军分区合并。冀鲁豫地区将八路军第二纵队与军区合并。其他地区也从主力部队抽调人枪以

---

① 中共陕西省委党史研究室、中共内蒙古自治区委党史资料征研委办公室、晋绥革命根据地史料征编指导组办公室编《晋绥革命根据地大事记》，山西人民出版社，1989，第178页。

② 岳思平主编《八路军战史》，第345—346页。

③ 《中共中央晋绥分局关于晋西北军区部队执行精兵简政情形致中央电》（1942年11月25日），《中国人民解放军组织沿革·文献》（2），第508页。

④ 《对五届十中全会军事报告》（1941年12月至1942年10月），浙江省中国国民党历史研究组印《抗日战争时期国民党战场史料选编抗日战争军事报告集》（下），第132—134页。

⑤ 《中央军委关于抗日根据地军事建设的指示》（1941年11月7日），中央文献研究室、中央档案馆编《建党以来重要文献选编》第18册，中央文献出版社，2011，第682页。

加强地方武装。中央军委的指示促成了“三结合”武装体制的初步形成。[①]

然而，特别值得注意的是，《指示》在提出“主力军地方化”，以主力军部分部队划归地方军建制的同时，强调主力军的部队名义不一定要改，且要求建立地方军的独立建制。[②] 1942年贺龙在陕甘宁边区精兵简政期间的要求亦颇值得关注。他说，整军的目的“在于使军队更进一步正规化、党军化”，“机关人员裁减，充实下层”。[③] 将以军队正规化与主力地方化为主要内容的精兵简政一并提出，一方面指示主力地方化，另一方面保持地方军与主力军的相对独立性。看似相互矛盾，其实不然。

一方面，实现军队正规化是中共始终存在的军事思路，几乎贯串每次整军过程中。如1939—1941年八路军进行的大规模整军中，即明确提出“主力正规化”，其特征之一即是严格按照正规军编制整编。精兵简政过程中，左权曾专门提到，正规军建设上，基本方针是求精干、提高质量，特别强调地方武装，特别是人民武装的各种制度的、教育的、战术的建设工作，均应与正规军有所不同，军区、军分区司令部与正规军司令部之工作内容也就有若干差异。[④] 至于强调正规化主力军的特殊地位，进而将其与地方武装相区别，亦是一以贯之的军事思路。因为通过收编地方武装而逐渐扩大兵力，虽然成果显著、速度惊人，但状态极不稳定。正如新四军独立旅政委罗华生所说的，“部队的人数是一下多一下少，比如在陈道口一打开，3团扩大到1300人，但一下子又都跑光了”。[⑤] 李先念等也反映，在新四军第五师中伤亡最大的是正规军，叛变人员最大部分是地方武装，损失枪支最大部分也是由地方武装拖走的。[⑥] 正规化的军事武装才能为中共作战提供最为稳定可靠的军事力量。精兵简政中看似矛盾的举措却渗透着中共一贯的军事思路，即“军队正规化，主力灵活化”。

---

① 相关制度沿革可参见王非《中国“三结合”武装力量体制的沿革初探》，《军事历史》1992年第3期。

② 《中央革命军事委员会关于抗日根据地军事建设的指示》（1941年11月7日），《中共中央文件选集》第13册，第214页。

③ 《关于整军问题》（1942年11月4日），《贺龙军事文选》，第143—144页。

④ 《对一九四二年参谋工作的指示》（1941年12月24日），军事科学院《左权军事文选》编辑组编《左权军事文选》，军事科学出版社，2005，第789—790页。

⑤ 《独立旅工作报告》（1942年2月2日），《新四军·文献》（3），第427页。

⑥ 《李先念、任质斌、刘少卿关于军事建设计划致新四军军部等电》（1942年12月9日），《新四军·文献》（3），第656页。

1942 年初至 1943 年末，八路军的精兵简政工作陆续结束。据统计，1942 年八路军总兵力约 34 万，较 1941 年不降反增。[①] 精兵简政中提出“主力地方化”，进而达到了脱产部队减少，而总兵力不减反增的目的。正如陶铸所说，“从正规部队与地方部队中抽出多少转化为不脱离生产的民兵，实行寓兵于农的办法，这样，表面上部队是减少了，但实际上则仍存在”。[②] 从而在敌后根据地极端困难的情况下最大限度地保存了共产党的军事实力。

中共中央军委最初发布精兵简政指示之时，新四军正清算项英“精兵主义”的错误，同时立足于迅速建军，恢复与扩大军事实力。彼时新四军部队人数并不稳定，编制也存在缺口。而根据中共中央关于“精兵主义”的要求，华中地区脱产人口尚不足总人口的百分之一，即面临着无须精兵简政，即超额完成中央军委计划的现状。与之相适应，华中地区也弥漫着不必精兵简政的情绪。新四军代军长陈毅就曾提出华中要继续扩充兵力，计划“将现有 8 万主力军扩大至 10 万”。1942 年 8 月 4 日，毛泽东致电陈毅，强调新四军也要“下定决心，在华中实行彻底的精兵简政”，并指出“华中情形虽略有不同，但总方向是相同的”，要求“到年底或明春作一通盘计划，达到精简目的”。[③] 9 月 26 日，华中局、新四军军分会发出通知，指出精兵简政是准备将来反攻的“唯一正确的出路”，要求务使党、政、军、民了解“精兵简政不是简单的裁兵减员拆台散伙”，而是以此充实主力以加强部队战斗力量。[④]

1942 年下旬至 1943 年初，新四军各师亦有条不紊地开展精兵工作。其中第一师领导机关兼苏中军区领导机关，先后进行 5 次精兵简政。在精简中，合并裁减重叠机构，精简机关人员，充实基层，并实行主力地方化。仅军区直属队在第五次精简中就减少 343 人，其中有 126 人分配到基层工作，

① 《八路军逐年兵力统计表》，中国人民解放军历史资料丛书编审委员会编《八路军·表册》，解放军出版社，1994，第 3 页。

② 陶铸：《谈精兵简政》，《解放日报》1942 年 4 月 16 日。

③ 《关于华中精兵简政问题的指示》（1942 年 8 月 4 日），《中共中央文件选集》第 13 册，第 424—425 页。

④ 《关于精兵简政的通知》（1942 年 9 月 26 日），中共江苏省委党史工作办公室、江苏省档案馆编《中共中央华中局》，中共党史出版社，2003，第 182 页。

非战斗人员的比例由精简前的57%，下降到31%。[①] 第二师将主力9个团缩编为6个团，撤销了第十二、第十五团，将第十八团划归路西联防司令部。全师为1.2万余人。第三师根据华中局与新四军军部的指示，先后进行了两次精简，合并机关，充实战斗部队。精简后，第三师兼苏北军区机关减少人员2/3，仅保留360余人。第四师在1942年的精简过程中，减少营以上的指挥机关8个，减少伙食单位29人，合并工作部门13个，共减人数806人，其中干部291人；战士方面，除了遣散老弱工人和工人家属、残疾与患顽疾新兵190人，参加生产者32人外，其余以充实部队为主。[②]

1942年7月，第五师暂归中共中央革命军事委员会直接指挥。[③] 同月，华中局统一编制，拟定凡9个足团的师为甲种师，6个团的师为乙种师，没有旅直属团的师为丙种师，有3个足团建制的旅为甲种旅，2个团或小团建制的旅为乙种旅，有12个连的团为甲种团（2500人以上者），9个连的团为乙种团（2000人以下），5个连的小团制为丙种团。[④]

1942年10月，中央军委、总政治部同意第一、第六师对内合并，由粟裕统一指挥，谭震林调任政治部主任。[⑤] 年底，第一师第二旅部率第四团与第十六旅合编，称第十六旅，旅长王必成，政治委员江渭清，辖第四十六、第四十七、第四十八团，其中第四十八团由第二旅第四团编成。[⑥] 从1942年底到1943年3月，第七师也经过3次精简，将全师编成4个支队、1个独立团。

到1943年初，新四军各师精兵工作陆续完成，基本实现了中央军委精简脱产人员、缩小主力军所占比例的要求。但较之八路军的精兵过程，新四军仍表现出一些独有的特点。

首先，减少机关与师直人员，实现机关合并办公，并实现非作战部队作战化，达到精兵与扩兵同时实现。如彭雪枫根据华中局指示，制定了新

---

① 陈浩良：《新四军第1师部队发展概况》，《军事历史》1985年第1期。

② 《彭雪枫、邓子恢、张震关于第四师精兵简政情况致中央军委等电》（1942年10月26日），《中国人民解放军组织沿革·文献》（2），第495页。

③ 《毛泽东、朱德、王稼祥关于同意第五师暂归中央军委直接指挥致刘少奇等电》（1942年7月21日），《中国人民解放军组织沿革·文献》（2），第481页。

④ 《陈毅、赖传珠关于统一拟定师、旅、团编制等致中央军委并告刘少奇电》（1942年7月），《中国人民解放军组织沿革·文献》（2），第482页。

⑤ 《中央军委、总政治部关于同意第一、第六师师部合并等致陈毅、饶漱石电》（1942年10月26日），《中国人民解放军组织沿革·文献》（2），第493页。

⑥ 《中国人民解放军组织沿革·大事记》（1），第252—260页。

四军精简编制的安排。其中要求从师直到各旅直，干部及杂务人员全体武装起来，“做到人人会打枪，人人会投手榴弹”；“立即编组为战斗组织，分出班排连”；学习基本军事科目，并“着装快步行军一律定期勤为演习”；甚至连后方医院、工厂的伤病员、工人、工作人员等，也须“一律穿着便衣，同样有军事组织及军事演习”。[①]

其次，根据各师的特点，在精简环节也多有不同。八路军主力地方化的要求并未在新四军方面贯彻；相反，主力军的扩大仍是这一阶段的一个趋势。1942 年 1 月 31 日，张云逸关于第二师精兵简政致电中共中央华北局，提出根据路东、路西根据地具体情况，决定主力部队为 3/5，地方部队为 2/5 为原则，具体缩编中，主力缩编，每旅辖 2 个团。每团保持 2000 人，从而达到整个部队将保持并逐渐扩大到 1.8 万人。[②] 截至 1942 年底，第七师已经发展为 4 个正规团，3 个独立团，从 4000 余人发展到 6000 人。[③] 1942 年 12 月第五师精编简政后，获枪 5000 余支，扩大 5000 余人，正规军约共 1.2 万人，地方军约 1.3 万人。至 1942 年 11 月，新四军司、政和华中局机关人员，由 3886 减少到 1095 人。[④] 然而其主力减少并不明显，甚至在 1943 年发展迅速，从 1942 年底的 8 万余人发展到 1943 年底的 12 万余人，同时地方武装发展到 4 万余人，民兵约 60 万人。[⑤]

精兵简政是中共在抗战的战略相持阶段的一个重要举措，同时也是共产党军队结构调整的一次创新。其具体实践过程主要呈现出四个特点：其一，除裁汰老弱病残及非作战力量之外，并不表现为单纯的裁兵，而是呈现出局部增减以及较强的自上而下的流动性，以形成“头轻脚重”、站得稳的“不倒翁”式军队形态；[⑥] 其二，“主力地方化”作为适应恶劣的战争形势之策略具有短暂适用性，精兵简政执行过程中对于正规军的框架基

---

① 《再论精兵主义》（1942 年 9 月 12 日），《彭雪枫军事文选》编辑组编《彭雪枫军事文选》，解放军出版社，1997，第 454—455 页。

② 《张云逸关于第二师精兵简政情况致中共中央华中局电》（1942 年 1 月 31 日），《中国人民解放军组织沿革·文献》（2），第 433 页。

③ 《李先念、任质斌、王翰关于第五师精简情况致中共中央电》（1943 年 2 月 16 日），《中国人民解放军组织沿革·文献》（3），第 546 页。

④ 史振立：《我军历史上一次大的精简整编》，《军事历史》1985 年第 3 期。

⑤ 《新四军各年度实力统计表》，中国人民解放军历史资料丛编书审委员会编《新四军·综述·大事记·表册》，解放军出版社，1993，第 477 页。

⑥ 《再论精兵主义》（1942 年 9 月 12 日），《彭雪枫军事文选》，第 453 页。

本上加以保持，军队正规化作为一贯的军事思路延续下来，从而达到主力军表面上减少，但实质上仍存在的目的；其三，地方军与民兵、游击队在此次精兵简政过程中，于质与量方面均取得较大发展，并初步搭建了主力军—地方军—民兵、自卫队的新三位一体的军事格局，为更灵活的军事力量做了组织准备；其四，各地在中央指示与地方实际之间进行调整，如新四军在精兵过程中主力的再扩大与实力的全面增强，成功实现了质与量的平衡，为整个部队战斗力的恢复做了铺垫。

第五节 反攻阶段与正规军的扩大

进入 1944 年，伴随第二战场的开辟与世界反法西斯战争顺利推进，日军为进行打通大陆交通线的作战，从华北抽调兵力，导致其在华北的战斗力下降。各根据地以此有利形势，开展局部反攻，以扩大新区、大规模扩兵为主要特征。1945 年 4 月 23 日至 6 月 11 日，中共召开第七次全国代表大会，通过《关于军事问题的决议案》，要求“必须扩大解放区，扩大人民武装”，特别强调“主力兵团的训练，要注意准备其向运动战的逐渐转变”，并要求八路军、新四军每到一地，即“组织以本地人民的干部为领导的地方部队与地方兵团，并由此产生由本地人民领导的主力部队与主力兵团”。[①] 为适应抗战末期突发局势的变化，解放区出现了超地方的正规军团。这一时期组建野战军团从理论上升到实践阶段，标志着正规军在扩大的同时，发生了由“正规”到“精干”的飞跃。

1944 年 1 月，由清河军区与冀鲁边军区组成渤海军区，司令员杨国夫，政治委员景晓村。冀鲁边军区第一、第二、第三军分区，清河军区垦区军分区，清东、清西军分区依次改称渤海军区第一至第六军分区。5 月 11 日，冀鲁豫军区与冀南军区合并，仍称冀鲁豫军区，归八路军总部直接领导。宋任穷任司令员，黄敬任政治委员，辖第一至第十一军分区。22 日，山东军区决定成立第五（鲁山）军分区，由鲁中军区第二团兼，归鲁中军区建制。6 月 10 日，山东军区成立鲁南军区第一、第三军分区，分别

① 《中国共产党第七次全国代表大会关于军事问题的决议（草案）》（1945 年 5 月 31 日），《八路军·文献》，第 1087—1088 页。

兼第三、第五团。下旬成立滨海军区第三军分区，由滨海军分区兼。[1]

1944 年 7 月 1 日，中共中央和中央军委发布关于整训军队的指示，指出要“担负最后驱逐日寇出大城市与交通要道，并对付可能的突然事变，非有一倍至数倍于现有的军事力量，不能胜任”。另外，针对军队现阶段主要进行“极端分散的游击战争”，而“极少集中整训与集中作战”的现状，指出中心政策是深入敌后发展游击战争，扩大与巩固根据地，“并以大力争取伪军伪警及大城市与交通要道上的广大群众之外，一定要在一年内，加紧整训现有军队……准备将来使我军发展一倍至数倍的条件”；提出在一年内，轮番整训部队，“酌量吸收若干新兵，补充连队之消耗，保持各战略区军队之总数量”，从而使整个八路军新四军都得到一次有效的大整训；同时强调“上中层机构的精简与目前部队分散游击政策在目前时期仍是需要的”。[2] 此后以整训为契机，出现了扩兵而后扩大新区的高潮。

7 月 28 日，中共中央决定成立晋察冀军区冀晋、冀中、冀察、冀热辽军区 4 个二级军区。至年底，4 个军区先后组建完成，其中冀晋军区，司令员赵尔陆，政治委员王平，辖第二至第五军分区；冀中军区，司令员杨成武，政治委员林铁，辖第六至第十军分区；冀察军区，司令员郭天民，政治委员刘道生，辖第一、第十一、第十二、第十三军分区；[3] 9 月，八路军鲁南军区第二军分区成立，将鲁南军区独立大队划归第二军分区建制，部队整编为独立团。1945 年 6 月，冀南、豫东指挥部成立，冀南指挥部辖第二至六军分区，豫东指挥部辖第十二军分区与水西区。原第六军分区第十九团、第七军分区第二十四团并入冀鲁豫军区。[4]

至 1945 年春，晋绥军区先后成立第一、第四、第七军分区。八路军在 1945 年的春夏季攻势作战中，扩大了华北根据地，部队则发展到 50.7 万余人，扩大根据地 14.8 万余平方公里，力量进一步得到扩张。[5]

新四军方面，1944 年 2 月 7 日，中共苏皖区委根据中共中央华中局指

---

① 《中国人民解放军组织沿革・大事记》(1)，第 273—276 页。

② 《中共中央关于整训军队的指示》(1944 年 7 月 1 日)，《中共中央文件选集》第 14 册，第 261—267 页。

③ 《程子华关于成立冀晋、冀中、冀察军区致中央军委电》(1944 年 10 月 8 日)，《中国人民解放军组织沿革・文献》(2)，第 620 页。

④ 《中国人民解放军组织沿革・大事记》(1)，第 278—289 页。

⑤ 《中国人民解放军军史》第 2 卷，第 302—305 页。

示成立苏皖军区，由第十六旅兼，辖 4 个军分区。9 月，新四军决定，撤销第一师第十八旅，所辖第五十二团划归苏中军区第一军分区。同时，组建苏中军区第一军分区机关。10 月 19 日，中央军委同意第五师成立鄂豫皖湘赣军区，李先念任师长兼司令员，郑位三任政治委员，辖第十三旅和鄂豫边区第一至四军分区。12 月 9 日，淮北军区重新划分各军分区。[①]

1945 年 1 月，新四军第一师南下部队在苏浙边与第十六旅会合，成立了新四军苏浙军区，粟裕任司令员，谭震林任政治委员，刘先胜任参谋长。军区统一整编苏浙边部队为 3 个纵队：第一纵队由第十六旅编成，司令员王必成，政治委员江渭清；第二纵队由浙东游击纵队编成，司令员何克希，政治委员谭启龙；第三纵队由南下部队编成，司令员陶勇，政治委员阮英平。4 月，由第一师副师长叶飞率领的该师第二批南下部队到达苏浙边地区，叶飞任苏浙军区副司令员。第二批南下部队编为苏浙军区第四纵队，廖政国任司令员。[②] 苏浙军区成立后，对部队进行了整编。十六旅为一纵队，司令员王必成、政委江渭清，参谋长陈铁君，政治部主任刘文学；辖一、二、三支队，主力部队 8300 人。浙东游击纵队为二纵队，司令员何克希，政委谭启龙，参谋长刘亨云，政治部主任张文碧；辖四、五、六支队及所属地方武装，约 7000 人。三旅为三纵队，司令员陶勇，政委阮英平，参谋长梅嘉生，政治部主任彭德清；辖七、八、九支队，约 8000 人。此外，苏浙军区还辖有两个军分区。[③] 1945 年 8 月，为加强这一反攻的力量，苏中军区组成 3 个旅：第一旅，旅长陈玉生，政治委员李干辉；第二旅，旅长胡炳云，政治委员陈时夫；第三旅，旅长张震东，政治委员卢胜。

在此过程中，新四军第一师部队在抗日战争中不断发展壮大，至大反攻时，已由抗战初期的几个团发展到近 50 个团（包括主力部队和地方武装）。[④] 至 1944 年底，第三师部队发展到 5.1 万余人（主力 3.2 万余人）。[⑤]

---

① 《中国人民解放军组织沿革·大事记》（1），第 274—281 页。

② 《张云逸、饶漱石、赖传珠转发中央军委关于成立苏浙军区的命令》（1945 年 1 月 13 日），《中国人民解放军组织沿革·文献》（2），第 644 页。另见《中国人民解放军组织沿革·大事记》（1），第 283—288 页。

③ 中国新四军研究会编《永恒的记忆：新四军发展史》，山西人民出版社，2005，第 229 页。

④ 陈浩良：《新四军第 1 师发展概况》，《军事历史》1985 年第 1 期。

⑤ 耿成宽：《新四军第 3 师部队发展概况》，《军事历史》1985 年第 3 期。

1944 年春，第四师和地方武装发展到 2 万余人，在第三师第七旅等配合下重建了永城、夏邑等县的政权。该师另一部在第一师、第三师的配合下，成立了淮宝、淮泗等独立团。12 月，淮北军区各军分区重新划分。原第一、第二军分区合并为第一军分区，在津浦以西地区成立第二军分区，原第三、第四军分区合并为第三军分区。①

除了各主力扩大新区的努力之外，新四军、八路军开始相互配合，促成了南北解放区连成一片，进一步扩大了军事优势。从 1944 年下半年开始，八路军一部挺进河南，转战湘鄂赣边区、湘粤赣边区，开辟抗日根据地。1944 年 7 月，第五师以一部兵力组成豫南游击兵团，配合八路军南下部队。9 月 1 日，中共中央决定，八路军第一二〇师第三五九旅抽调旅主力 4000 余人，与中共中央派到南方工作的干部 900 余人，组建八路军独立第一游击支队，南下担任开辟湘粤边抗日根据地的任务。支队长王震，政治委员王首道，下辖 5 个大队，还有 2 个干部大队。10 月，成立鄂豫皖湘赣军区，第五师师部兼军区领导机关，下辖第十三旅和 8 个军分区。②

1945 年 2 月底，河南军区成立，直属中共中央军委，司令员王树声，政治委员戴季英，辖 4 个支队和 3 个军分区。1945 年 3 月，在禹县边界荟萃山，在以张才千为首的豫西抗日游击第四支队的基础上，组建河南军区第四军分区。③ 伊洛军分区改称第五军分区。4 月，由冀鲁豫军区两个团组成的第六支队渡黄河南下，到达河南军区，建立第六分区和六地委，由刘昌毅兼分区司令员，张力雄为地委书记兼军分区政委，胡鹏飞为分区参谋长，陈文琪为分区政治部主任。至此，河南军区 6 个支队兼 6 个分区，在豫西广大地区展开活动。④

经过军队整训与大规模扩军，八路军、新四军的兵源得到了极大的补充。至 1945 年 7 月，新四军主力部队发展到 21.5 万余人。⑤ 与此同时，新

---

① 岳思平：《新四军第 4 师部队发展概况》，《军事历史》1985 年第 4 期。

② 《中央军委关于同意新四军第五师活动地区为湘鄂豫皖军区致郑位三等电》（1944 年 10 月 19 日），《中国人民解放军组织沿革·文献》（2），第 622 页。

③ 中共郑州市委组织部、中共郑州市委党史工作委员会、郑州市档案局编《中国共产党河南省郑州市组织史资料（1921—1987）》，第 45 页

④ 《陈先瑞回忆录》，第 259 页。另见王树声传编写组编《王树声传》，当代中国出版社，2004，第 374—395。

⑤ 《新四军各年度实力统计表》，《新四军·综述·大事记·表册》，第 477 页。

四军与八路军开拓了河南、苏浙等新解放区，为全面反攻阶段的到来做好了准备。

1945 年 8 月 9 日，毛泽东发表《对日寇的最后一战》，要求“立即布置动员一切力量，向敌伪进行广泛的进攻，迅速扩大解放区，壮大我军”，并“能迅速占领所有被我包围和力所能及的大小城市、交通要道，以正规部队占领大城市和要道”。同时对形势做出判断，即伴随日本投降日近，“内战迫近”。[①] 在此基础上，1945 年 8 月 11 日，中共中央做出《关于日本投降后我党任务的决定》，指出：“各地应将我军大部迅速集中，脱离分散游击状态，分甲乙丙三等组成团或旅或师，变成超地方性的正规兵团，集中行动，以便在解决敌伪时保证我军取得胜利。”敌伪解决之后，主力应迅速集中整训，提高战斗力，“准备用于制止内战方面”。[②] 次日，罗荣桓、黎玉致电中央军委，率先提出山东军区主力基干兵团改编成野战兵团。计划将主力基干兵团组成 3 个团的小师制，山东组成 8—10 个师。[③]

伴随日军的溃败与反攻阶段的深入，时局发生急变，国共两党就战后收复地区与物资等问题出现了摩擦。而中共军队普遍存在的问题，正如黄克诚所说，部队数量虽大，“但精干坚强之主力不多，占领地区大……主力分散，各大战略根据地，除山东外，突击力量均欠强大，均很薄弱”。[④] 特别表现在平原地区，各大城市、交通要道，军事实力反而相对薄弱。

此外，自创建敌后根据地以来，正规军与地方武装、民兵、自卫队界限进行了灵活的转化，精兵简政过程中根据实际情况进行了指挥机构的合并是适宜的，然而军分区与正规军之间因交叉而形成的紧张局面实际上一

---

① 《对日寇的最后一战》（1945 年 8 月 9 日），《毛泽东选集》第 3 卷，人民出版社，1991，第 1119 页。

② 《中共中央关于日本投降后我党任务的决定》（1945 年 8 月 11 日），中国人民解放军第一野战军史编审委员会编《中国人民解放军第一野战军文献选编》第 1 册，解放军出版社，2000，第 1 页。

③ 《罗荣桓、黎玉关于山东军区主力基干兵团改编成野战兵团等致中央军委电》（1945 年 8 月 12 日），《中国人民解放军组织沿革·文献》（4），第 688—689 页。

④ 《黄克诚关于目前局势和战略方针的建议致中共中央等电》（1945 年 9 月 14 日），中国人民解放军历史资料丛书编审委员会编《新四军·文献》（5），解放军出版社，1995，第 28 页。

直存在。尤其伴随着扩大新区，出现了正规军领导机关鞭长莫及的情况。[①]国共两党之间的态势出现波动，争夺抗战果实的情况亦屡屡发生，尽快组织精干正规部队，促成抗战的最后胜利，同时应对可能出现的突发情况，成为中共的一项重要任务。

1945 年 8 月 20 日，中共中央军委指示各战略区应就现有兵力，抽出 1/2—3/5 编为野战兵团，其余则编为地方兵团；并就野战兵团编制进行了详细规定，实行“三三制”编制，即每旅 3 个团、每团 3 个营、每营 3 个连，再加以重机枪排（如无重机枪时，可改为步兵连），每连 3 个排、每派 4 个班，每连新增宣传员 2 人。每连不超过 142 人，每旅不超过 7000 人。以 3—5 个旅编成 1 个纵队。在华中、华东、山东已编成师者，则其兵员与物资的补充由军区担负；以 3—5 个师为 1 个纵队，各纵队和各旅番号，暂由各战略区自定，报告军委。地方兵团仍归军区管制，其编制由各地酌定，其人数比例，不得大于全区军队 2/5。同时要求各军区迅速动员新兵入伍，其数额为各区现有兵员的 1/3。[②] 在组建野战军的同时，对于三位一体的军事格局仍立足于保持，并扩大地方军、民兵与自卫队，从而确保主力部队兵源补充的源源不断。

遵照中共中央和中央军委的指示，八路军迅速扩建正规野战兵团，使主力和野战兵团所占的比重达部队总数的 70%。各解放区的军民普遍开展了群众性的扩兵运动，仅在全面反攻阶段，冀鲁豫军区第八军分区所在的运西地区，有 3400 余名民兵加入正规兵团。[③] 八路军还收编了多股反正、起义的伪军。多种形式的扩兵，保证了部队规模迅速扩大。在此基础上，正规军方面的调整表现为地方主力兵团与正规军正式分离，正规军从军区、军分区中脱离出来。在此前后，更为精干的正规兵团在各军区陆续组建。

1945 年 8 月 11 日，晋绥野战军成立，辖第三五八旅，独立第一、第二、第三旅。8 月 21 日，陕甘宁晋绥联防军建制中划分出晋绥军区，以主

---

① 《郑位三、李先念关于豫中兵团领导关系致中共中央等电》（1945 年 8 月 1 日），中国人民解放军历史资料丛书编审委员会编《新四军·文献》（4），解放军出版社，1995，第 540 页。

② 《中共中央军委关于目前部队编制的决定》（1945 年 8 月 20 日），《八路军·文献》（4），第 1118 页。

③ 陈枫编《四大野战军征战纪事：中国人民解放军第一、第二、第三、第四野战军征战风云全纪录》，中央编译出版社，2004，第 18 页。

力4个旅组成晋绥野战军，正规军不兼军区、军分区，晋绥野战军和晋绥军区均归中共中央军委直接指挥，由陕甘宁晋绥联防军司令员贺龙、晋绥军区政治委员李井泉统一指挥。①

1945年8月12日，张云逸等致电新四军各军区，决定“各地区凡有主力兼任军区、军分区者，应即行分开成立军区、军分区之独立组织”，并敦促各军区、军分区“特别注意准备帮助主力兵团之兵员补充，在可能条件尽量抽调地方武装成立新兵团部队”。② 8月15日，毛泽东电复郑位三、李先念等，并指示半月左右整编出4、5个旅。③

8月13日，太行军区开始组织野战军司令部。8月14日，刘伯承、邓小平、滕代远致电杨立三，指示太行军区“立即组成两万，太岳立即组成一万野战军（包括已出动之部队），其方法为从后方动员地方武装送至前线完成之”。④ 8月15日，山东军区以一部编成8个机动师、10个警卫旅，每师3个甲种团，每团2500人以上，主要担任机动夺取大城市，每旅两个团，主要担任次要方向作战。⑤ 同时致电冀鲁豫分局从9月底至年底，在原有武装基础上扩大6万-10万正规军。⑥ 8月23日，太岳军区根据指示拟组建2个野战旅。一分区以三十八团、二十五团、屯留独立团合组成1个旅，以七七二团、二十团、士敏独立团合编为1个旅。⑦ 随后，太行、太岳、冀南和冀鲁豫军区的八路军部队分别编成1万—3万人的野战兵团。⑧

山东军区组建野战兵团初具规模，除保留鲁中、鲁南、胶东、滨海和

---

① 陈枫编《四大野战军征战纪事：中国人民解放军第一、第二、第三、第四野战军征战风云全纪录》，第8页。

② 《张云逸、饶漱石、赖传珠决定主力兵团不兼军区或军分区致各军区电》（1945年8月12日），《新四军·文献》（5），第57页。

③ 《毛泽东关于应付时局急变复郑位三、李先念、陈少敏电》（1945年8月15日），《新四军·文献》（5），第124页。

④ 《刘伯承、邓小平、滕代远关于立即扩充野战军致杨立三等电》（1945年8月14日），《中国人民解放军组织沿革·文献》（2），第694页。

⑤ 《罗荣桓、黎玉等关于山东军区组建八个机动师、十个警卫旅致各军区并报中央军委电》（1945年8月15日），《中国人民解放军组织沿革·文献》（2），第697页。

⑥ 《中共中央冀鲁豫分局关于扩军问题致中央电》（1945年8月18日），《中国人民解放军组织沿革·文献》（2），第699页。

⑦ 《谢富治、王鹤峰、王新亭关于太岳军区拟组建两个野战旅致刘伯承、邓小平电》（1945年8月23日），《中国人民解放军组织沿革·文献》（2），第708页。

⑧ 毕健忠：《中国人民解放军第2野战军沿革》，中国革命博物馆党史研究室编《党史研究资料》第6辑，四川人民出版社，1985，第539页。

渤海5个二级军区和3个独立旅外，将所辖各军区主力团与基干部队编组为山东解放军野战兵团，共8个师12个警备旅。各师所辖均为甲种团，每团为2500人。1945年8月26日，山东军区调整领导班子，由林彪担任司令员，政治委员罗荣桓，副司令员萧劲光，其他领导人不变。[①]

与此同时，中共中央决定，成立晋冀鲁豫军区，刘伯承为司令员，邓小平为政治委员，滕代远、王宏坤为副司令员，薄一波为副政治委员，张际春为副政治委员兼政治部主任，李达为参谋长。9月2日，八路军总部机关改称晋冀鲁豫军区机关，辖太行、太岳、冀南、冀鲁豫军区，八路军第一二九师番号撤销。[②]

1945年8月15日，日本宣布无条件投降。9月2日正式签署投降书，抗日战争基本结束。19日中共中央提出了“向北发展，向南防御”的全国战略。为贯彻这一战略方针，8—10月，党中央从组织上调整和建立了各大区党的机构。全国解放区随即被划分为6个大的作战区域，即刘伯承、邓小平领导的晋冀鲁豫解放区，陈毅、粟裕、谭震林等领导的华东解放区，林彪、罗荣桓领导的东北解放区，聂荣臻等领导的晋察冀解放区，贺龙等领导的晋绥解放区以及李先念、郑位三等领导的中原解放区，分别受各中央局领导。党中央和中央军委要求各解放区把能机动的兵力集中起来，编组成野战军，形成以运动战大量歼敌的力量。[③]

自局部反攻到全面反攻阶段，正规军与正规战成为绝对主力。正规军至1945年大反攻前占65%，大反攻结束时增加到70%；正规战1944年占50%左右，1945年大反攻前上升到70%左右，大反攻结束时再上升到90%左右。[④] 组建野战军的尝试既是中共在抗战中一以贯之的“军队正规化”思路的延续，也是适应抗战末期从反攻到决战的需要对正规军的一次整理与再建，从而为抗战胜利后新战争形势下进一步完善野战军，为共产党继续扩大军事优势并最终赢得全面胜利打下了基础。

---

① 白刃：《从山东到东北——记罗荣桓同志渡海北征前后》，中国人民解放军历史资料丛书编审委员会编《解放战争时期过渡阶段军事斗争·回忆史料·表册·参考资料》，解放军出版社，2000，第143页。

② 毕健忠：《中国人民解放军第2野战军沿革》，《党史研究资料》第6辑，第539—540页。

③ 陈枫编《四大野战军征战纪事：中国人民解放军第一、第二、第三、第四野战军征战风云全纪录》，第276—278页。

④ 柳茂坤：《试论抗日战争后期我军的军事战略转变》，《军事历史研究》1987年第2期。

第九章
官兵人事

军队的组成要素主要是人员与装备两个方面。军队战斗力的强弱，一方面取决于武器装备的优劣，另一方面离不开军队人员素质的好坏。抗日战争时期，在国、共、日三方中，中共军队的装备无疑是最差的，而其不断发展壮大的原因就在于充分发挥了人的因素。国民党将领周至柔曾比较国共两军的人事，“我们的装备很好，大炮、坦克、飞机，都很多，匪军样样赶不上我们，但是匪军的人事处理得比我们好，便打了胜仗。可见人事制度之良窳，是作战胜败的重要因素，我们决不能忽视了人事和胜败关系。我们在大陆失败，不能说是因为没有美援装备才失败，老实讲：还是失败于人事制度未成立，人事运用不良”。[①] 周至柔所述虽侧重国共内战时期，但两军各项制度在抗战时期已基本成型。

第一节　来源与构成

抗战时期，中共军队建立了一系列富有特色的人事制度。1938 年 5 月，八路军总部发布建立等级制度的训令并计划制定军衔，参照国民党军，设 6 等 16 级。但因种种原因，除各八路军办事处工作人员因工作需要而授衔外，各部队对军衔的评定工作进展缓慢，且于 1942 年上半年中止。因此，中共军队干部只能大体上分为高、中、低三个层级。旅以上是高层干部，包括军、师、旅以及级别上相当于师的军区和相当于旅的军分区、纵队级干部；团、营干部属于中层干部；连、排与班属于基层干部；士兵一般不再区分等级。

① 周至柔：《军事制度之研究（第 2 讲）》，台北，实践学社，1951，第 3—4 页。

一　干部

抗战时期，中共军队干部来源增多，学生、教员等知识分子在干部中占有相当比例。干部中，军事干部多为工农出身，政治干部多为学生、教员出身。例如 1942 年一一五师政治干部 608 名中，学生、教员出身 357 名，约占 58.7%；工农出身 221 名，约占 36.4%，行伍、职员等其他出身 30 名，约占 4.9%。军事干部 964 名中，学生、教员出身 122 名，约占 12.7%；工农出身 712 名，约占 78.9%，行伍、职员等其他出身 130 名约占 13.4%。[①]

八路军和新四军的本质是党领导下的人民武装，除了工农成分占多数外，还要保证党员在部队官兵中的比例。八路军最初出发到山西时，党员占总数的 45%，后因部队的扩大和战争的伤亡，党员比例迅速下降到 20%。[②] 中共担心："部队不断扩大，新的杂色部队被收编，可能有许多政治干部不是党员，如此将使八路军优良政治制度的传统难于保持，党的领导及其政策的执行更无保证。"1937 年 10 月，中共开始恢复军队的政治委员制度，并恢复和建立党的组织，规定"以后无论何项性质之部队，一经编入八路军建制，必须从中建立党的组织，其指导员、教导员及各级政治机关的主要工作者必须是党员，接受党的领导"。[③]

因此，中共提出在部队中要保证 35%—40% 的党员标准。[④] 保证官兵的党员比例，首先要保证干部绝大多数是党员。抗战初期，八路军营以上军政干部一度达到 100% 为共产党员，连排干部 90% 是党员。[⑤] 另外，对于士兵中的党员数量也提出要求："保证有百分之二十的战士党员数量，

---

① 《第一一五师政治部关于一九四二年组织工作几个问题的报告（节录）》（1943 年春），总政治部干部部编《中国人民解放军干部工作历史文献选编》第 1 卷下册，解放军出版社，2004，第 864 页。

② 《中国抗日战争的形势与中国共产党的工作和任务》（1938 年 5 月 17 日），《任弼时选集》，人民出版社，1987，第 196 页。

③ 《各级政治机关主要工作者必须是党员》（1939 年 2 月 19 日），《毛泽东军事文集》第 2 卷，第 454 页。

④ 杨胜群、闫建琪主编《邓小平年谱（1904—1974）》（上），中央文献出版社，2009，第 363 页。

⑤ 《中国抗日战争的形势与中国共产党的工作和任务》（1938 年 5 月 17 日），《任弼时选集》，第 196 页。

纠正干部党员多过于战士党员或没有战士党员的现象”；“战斗连队支部，足额的班要有两个以上的战士党员，不足额的班要有一个以上的战士党员；机关支部，在炊事班、运输班中，同样应按人数多少，保证至少有一个或两个以上战士党员”。[①] 抗战爆发后新组建的部队也要求逐渐达到党员占全队人员 30% 以上的比例。根据新四军第六师（1941 年 3 月合并组建）1942 年 2 月的统计，党员达到 30%—35%，其中干部的比例更高，连排干部党员比例超过了 85%。[②]

党员的增长，不仅是一个相对比例提高的问题，也反映了党员绝对数量的增长。抗战初期，中共军队仅有 4 万余人，到抗战结束后发展到正规军 127 万人，民兵 268 万人。值得注意的是，抗战时期中共的军事力量不仅是数量的增长，也是一个人员不断整合的过程。八路军改编自工农红军，新四军则是从南方 8 省红军游击队改编而来。

八路军在整编的过程中，对各方面军进行了一定的调整，特别是干部配置方面。典型的是八路军留守兵团，其连以上干部 1879 人，来自一方面军的占 13%，二方面军的占 5%，四方面军的占 16%，陕北红军及红二十五军的占 33%，地方干部转入军队的占 13%，新入伍的知识分子干部占 20%。[③] 新四军从建军初期，便从延安调入大量干部。随着八路军作战区域的扩大，部分南下的八路军直接编入新四军序列。

干部是军队的骨干。抗战爆发前参加红军的干部，一般被称为老干部；抗战爆发后吸收和提拔的称为新干部。抗战爆发后由于编制的压缩，原来的红军干部基本降级使用，担任营职的，大多担任过团的领导职务；担任连职的，大多是过去的营职干部。[④] 不过由于部队的快速扩大，干部严重缺乏，红军老干部成为稀缺资源，甚至“原有的稍为老的警卫员、勤务员以至于马夫、伙夫，也都不得不让他们要了去当队长或指导员”。[⑤]

因此，在军队干部序列中，形成了越往上老干部越多的情况。据朱德

---

① 杨胜群、闫建琪主编《邓小平年谱（1904—1974）》（上），第 363—364 页。

② 江渭清：《第六师的历史与现状》（1942 年 2 月），中国人民解放军历史资料丛书编审委员会编《新四军·文献》（3），解放军出版社，1994，第 725 页。

③ 《莫文骅回忆录》，解放军出版社，1996，第 376 页。

④ 《叶飞回忆录》，解放军出版社，2007，第 82 页。

⑤ 聂荣臻：《抗日模范根据地晋察冀边区（节录）》（1939 年 5 月 1 日），《聂荣臻军事文选》，解放军出版社，1992，第 51 页。

所述，八路军中纵队与旅一级干部全是长征干部，各方面军都有，一军团的较多；政治干部有少数是抗战时期的；团级营级老干部少，抗战时期的干部多；连排级因战斗频繁，损失过重，战士中提升的较多。[①] 新四军情况相似，团级大部是老干部，营级半数以上是老干部，连排级大多数是新干部。[②] 基层干部构成了干部的绝大多数，尤其是“部队日在扩大中，因部队为新成立者，故连排干部特别难找”。[③] 连排干部往往处于战斗的前线，伤亡也较大，因而更加缺乏。

为应对干部的缺乏，中共提出：“军队一定要收容大批革命知识分子。”[④] 知识青年刚到部队除了机关事务性工作外，主要分配负责营以下的工作，特别是基层政治工作。据粟裕回忆，1941 年新四军第一师“营以下干部中百分之六十、连队指导员中百分之七十（以后占到百分之八九十），都是青年知识分子”。[⑤] 豫皖苏边区 1941 年的报告也称：“部队中下级干部可说完全系新的成份居多，我们曾经统计，总的平均在百分之八十以上。”[⑥] 知识青年文化政治素质较高，但作战技能与经验少，“指挥作战还比较困难。但是做政治工作是可以的”，[⑦] 故较多安排他们从事军队的基层政治工作。之后通过实战磨砺再选拔一批政治干部转为军事干部。[⑧]

由于基层干部构成了干部的大多数，抗战后新参加的干部构成了军队干部的多数。新四军 1942 年统计，第一师干部中抗战前参军的 532 人，抗战后新来的 1879 人，新老干部大体为 3∶1；[⑨] 第三师排以上干部共 2867 人，抗战前参军的 771 人，抗战后新来的 2096 人，新老比例大体也是 3∶1。[⑩] 一

---

① 中央文献研究室二部编《朱德自述》，解放军文艺出版社，2003，第 241 页。

② 江渭清：《第六师的历史和现状》（1942 年 2 月），《新四军·文献》（3），第 725 页。

③ 《加强与友军联络和地方党建设》（1938 年 11 月 8 日），《彭雪枫军事文选》，第 115 页。

④ 毛泽东：《反投降提纲》（1939 年 6 月 10 日、13 日在延安高级干部会议上的报告及结论提纲），中共中央档案馆编《中共中央文件选集》第 12 册，中共中央党校出版社，1991，第 128 页。

⑤ 《粟裕回忆录》，解放军出版社，2007，第 196 页。

⑥ 《豫皖苏边区的一般情况报告》（1941 年 8 月），《新四军·文献》（1），第 508 页。

⑦ 刘少奇：《在新四军军分会会议上的讲话》（1941 年 6 月 8 日），《新四军·文献》（2），第 856 页。

⑧ 周均伦主编《聂荣臻年谱》（上），人民出版社，1999，第 349 页。

⑨ 钟期光：《第一师发展历史及现状》（1942 年 2 月 8 日），《新四军·文献》（3），第 180 页。

⑩ 《盐阜区工作与新四军第三师情况的报告》（1942 年 2 月），《黄克诚军事文选》，解放军出版社，2002，第 156 页。

些部队新干部的比例更高，新四军第二师的干部，抗战前参军的有 568 人（内长征 78 人），占 16.1%；抗战后参加的有 2581 人，占 83.9%。[①]

虽然抗战初期吸收了不少知识分子参加军队，干部的文化程度有不小的提高，但中共军队干部的文化程度总体并不高。其中小学文化程度占多数，还有相当一部分是传统私塾教育，甚至一些干部是文盲。根据 1942 年的统计，新四军第二师干部中，高中以上文化程度者约占 3.7%，初中 9.4%，小学（包括高小、初小）33.2%，私塾 32.7%，还有近 21% 的未接受过教育。[②] 一般而言，政治干部的文化程度高于军事干部。

干部的年龄结构，据新四军第一师统计：15—20 岁占 1/5，20—25 岁占 2/5，25—35 岁占 1/5，35 岁以上者占 1/5。[③] 干部年纪较轻，进一步反映出部队中新干部较多。这一情况有利有弊，一方面是干部的经验较少，影响作战；另一方面年轻人易于接受新知识，有利于中共对其进行教育。

二 士兵

八路军、新四军名义上属于国民革命军序列，实际上仍是中国共产党独立领导的军队。从中共的革命理论出发，工农所组成的军队最具有革命性与战斗性。抗战初期，八路军的社会成分仍然保持着工农占绝对多数，工人（包括手工业工人、雇农）约占全军的 1/3，贫农、中农接近 2/3，此外有极少数的知识分子。[④] 新四军的情况类似，大部分是农民，而且贫农居多，其次是手工业者和雇工，再次是退伍军人。[⑤]

抗战伊始，中共中央就指示："在抗日战争中，要吸收大批产业工人到红军中来，并且从中提拔出军政干部和驾驭新式武器的技术干部来。"[⑥]

---

① 罗炳辉：《第二师工作报告》（1942 年 2 月），《新四军·文献》（3），第 322 页。

② 第二师司令部：《精兵简政情况报告》（1942 年 8 月），《新四军·文献》（2），第 353 页。

③ 钟期光：《第一师发展历史及现状》（1942 年 2 月 8 日），《新四军·文献》（3），第 181 页。

④ 《中国抗日战争的形势与中国共产党的工作和任务》（1938 年 5 月 17 日），《任弼时选集》，第 196 页。

⑤ 《豫皖苏边区的一般情况报告》（1941 年 8 月），《新四军·文献》（1），第 509 页。

⑥ 彭德怀：《红军改编的意义和今后工作报告大纲（节录）》（1937 年 7 月 22 日），《八路军·文献》，第 7 页。

但中国本来工人就少，产业工人更少，农民实际上占多数。以新四军第二师为例，据1941年7月的统计，师主力部队共15800余人，其中工人4160人（内产业工人80人），占26%强；贫农7145人，占45%；中农、小商人、店员等3340人，占21%强；知识分子804人，占5%；富农、小地主、自由职业者、行伍及其他共384人，占2%强；俘虏成分500余人，占3%。[①]

士兵主要来源于农村，很少有受过正式教育的，许多是文盲。1942年初新四军第四师师直属队战士识字程度为：100字以下的占48%，100—500字的占34%，500—1000字的占11%，1000字以上的占3.7%。[②] 这一识字率其实是士兵入伍后接受文化教育后的统计结果，并非刚入伍时的识字程度。

士兵的年龄结构，与一般军队的情况相同，青年构成了军队的大多数。例如新四军第二师，16岁以下者占4%；16—25岁占60%；26—30岁者占18%弱；31—35岁者占9%；36—40岁者占5%强；40岁以上者占4%。[③]

抗战初期，军队处于快速扩大中，对士兵的要求不严格，"就是成分不好，身体有病，只要他能背枪、能冲锋、能跑一两千米，就行"。[④] 抗战中后期随着军队正规化建设，对士兵的要求逐渐提高，主要侧重阶级成分与身体状况两个方面。如八路军留守兵团的招兵条件为：成分上防止地主及坏分子混入，年龄须在15岁以上，35岁以下，身体健康，不吸鸦片。[⑤] 新四军的征兵标准有四：一是来历清，二是年纪轻（18—30岁），三是身体强（有宿疾痼疾者不收），四是成分好（以工人、贫农、雇农、中农为主）。[⑥]

---

① 罗炳辉：《第二师工作报告》（1942年2月），《新四军·文献》（3），第321页。

② 《淮北、苏皖边四师工作报告》（1942年1月24日），北京新四军暨华中抗日根据地研究会淮北分会等编《邓子恢淮北文稿》，人民出版社，2009，第122页。

③ 罗炳辉：《第二师工作报告》（1942年2月），《新四军·文献》（3），第322页。

④ 《新形势下政治工作的任务》（1945年6月27日），《黄克诚军事文选》，第296页。

⑤ 《中国共产党陕甘宁边区委员会、陕甘宁边区政府、国民革命军第八路军后方留守处关于动员壮丁的训令》（1939年12月28日），陕西省档案馆、陕西省社会科学院编《陕甘宁边区政府文件选编》第1辑，档案出版社，1986，第473页。

⑥ 《淮北区党委关于冬季扩军运动的规定》（1943年10月），《邓子恢淮北文稿》，第509页。

与日本军队相比，中国军队在装备、训练、实战经验甚至士气等方面都有相当大的差距，而最主要的优势是数量。中国人口远超日本，但如何把人口优势转化为兵力优势，把兵力优势转化为战场上的优势，是对一个政府、一个政党动员能力的严峻考验。抗战时期国民党军的人事制度中，最为人诟病的便是征兵体制。而比较国共两军的人事体制，差别最大的也可以说是在士兵的征募与巩固方面。

抗战初期国民党军纷纷退出华北之际，中共军队反而积极进入，展开敌后游击作战，不仅为其带来了声誉与宣传上的优势，也为其壮大创造了条件。战前国民政府对华北地区本就缺乏有效的控制，日军进入后在短时间内难以进行有效的管理，造成华北广大农村地区相对空虚。国民党军仓皇撤退后，留下大量溃军与散兵；加上各种“杂色武装”的存在，包括地方保安部队、民团、土匪、会道门武装等，为中共军队的大量收容、收编创造了条件。

抗战之初，毛泽东就指示八路军要“放手发动群众，扩大自己，征集给养，收编散兵，应照每师扩大三个团之方针”。[①] 朱德也指示：“各地流落之溃兵、散兵很多，我们应努力收容。在不妨碍统战工作原则下，应争取其加入我军。其中老弱及残病应加洗刷。”[②] 对散兵的收编，要注意“收零散，不使尾大不掉，妨碍自己行动”。八路军第一二九师还以师的名义，“踊跃写失散官兵书，并在收到的溃兵中选成分好、民族意识好的加以训练”。[③]

对“杂色武装”，中共也采取了积极收编的策略。晋察冀军区提出“团结、争取、改造、改编的方针，要求在边区范围内不能有杂牌武装存在，一切武装统由共产党领导”。[④] 与国民党收编多直接给予番号不同，中共对各种“杂色武装”不仅收编，而且改编。如罗荣桓提出的收编方法为：“甲、尊重他们的独立性，帮助其发展，在发展中去清洗淘

---

① 《太原失守后华北将以八路军为主体开展抗日游击战争》（1937 年 11 月 8 日），《毛泽东军事文集》第 2 卷，第 111 页。

② 《八路军的扩军工作》（1937 年 11 月 8 日），《朱德军事文选》，解放军出版社，1997，第 281 页。

③ 军事科学院编写组编《刘伯承年谱（1892—1986）》（上），解放军出版社，2012，第 116 页。

④ 《王平将军自述》，辽宁人民出版社，1998，第 120 页。

汰。乙、培养新生的进步的力量，和缓旧的势力，改变其内部的成分。丙、上拉下取的办法。丁、利用上层每一个进步表现，适可而止地推动其进步，并善于考验其进步，对其真正的进步，要求予以肯定，同时注意不能迎合其表面之进步。戊、逐渐插入干部，慎重人选。己、统一筹措，保证供求，便利指挥，不然即易形成独立，防止与扩大独立性。庚、逐渐靠近主力，配合行动，在适当的军事部署之下，从战斗中去锻炼，去淘汰。”①

中共对“杂色武装”的策略是化为己用，逐步改编。其中对段海洲部的收编较为典型。段部是抗战爆发后在河北出现的义勇军性质的抗日武装。在该部接受中共军队番号后，中共首先向其派出干部，由李聚奎任政委，并派出 2 名团政委和 6 名政治指导员，后派徐深吉任该部副司令员，并派出部分部队与该部共同行动。为进一步确保对段部的掌控，一二九师将其与独立旅合并，仍用青年纵队名称，段海洲为司令员，李聚奎为政委。② 之后，部队被调往一二九师师部所在地南宫整理，进行教育与洗刷，其中无法适应我军组织纪律生活的陆续逃走，段本人则留师部休养，后也逃走，最终剩下 1000 多人编入我军。③

抗战进入中后期，散兵与“杂色武装”逐渐减少且不易争取。中共乃将争取对象转向伪军和俘虏方面。先对伪军上层做工作，第一步保证互不进攻，之后采取内外夹攻的办法，“一面有伪军内部组织内心作用，利用其内部人员的不满与动摇，以掀动其斗争；一面加强外界的影响与推动作用，如从政治的宣传与谈判，发动伪军家属吸引其子弟回家”。④ 如果争取不成，则采取以打为拉，运用武力收编；若打不成功，则利用一切可能孤立其上层，争取其下层。⑤ 对俘虏也尽量采取优待，争取其留在我军中。当时的俘虏，主要来自伪军。来自日军的俘虏很少。邓小平提出要争取俘

① 《在鲁南吴家沟团以上干部政治工作会议上的总结报告》（1940 年 4 月 21 日），《罗荣桓军事文选》，第 70 页。

② 杨胜群、闫建琪主编《邓小平年谱（1904—1974）》（上），第 222—223 页。

③ 《徐向前元帅回忆录》，第 617 页。

④ 《敌人在华北的现行政策》（1939 年 5 月 15 日），《谭政军事文选》，解放军出版社，2006，第 63 页。

⑤ 《论宿东游击战争经验》（1941 年 12 月），《张震军事文选》上卷，解放军出版社，2005，第 88 页。

虏的90%补充部队，使其成为我军兵力补充的主要来源之一。[①] 新四军对待俘虏，除了老弱残废遣送回籍，有政治问题的另行处理外，其余一概耐心地教育争取，即使吸食鸦片者亦先编入部队争取戒绝，对于技术人员更是争取利用。[②]

据黄克诚总结，部队的兵源有三种：争取伪军俘虏；动员城市居民和解放区人民参军；由根据地输送过来。[③] 随着中共抗日根据地的建立，根据地成为我军兵力的主要来源。在根据地创建初期，中共也实行过抽壮丁，“看壮丁多少，多的先去；看家庭贫富，富的先去”。一些地区由于基层政权和党支部建立不久，力量较弱，对抽丁“只能讨论公平与否，不能反对抓兵，因无办法说服”。[④] 但这种抽丁方式也带来了很多问题，甚至引发暴动。刘少奇就指出在豫皖苏根据地“实行征兵抽丁办法，无论如何是不好的，绝不可实行。去年皖东部分实行，致引起群众参加地主领导的暴动”。[⑤] 另外，以抽丁征来的士兵也不稳定，容易出现逃亡问题。因此，中共不得不逐步改变征兵办法。为避免征兵在群众中引起恐慌，新四军规定：第一不许强迫；第二不许用收买的方式；第三不许欺骗，采取自愿当兵的方式。[⑥]

随着根据地的巩固，1940 年 1 月彭德怀向毛泽东建议实行征兵制，但未得到中央同意。[⑦] 1942 年晋察冀军区又提出实行志愿义务兵役制，从该年 1 月起开始执行，期限为 3 年。[⑧] 新四军也认为：“志愿兵制质量虽较好，但人员又难补充，如果将来进行大规模的反攻则非实行义务兵制不可。”[⑨] 但是，中共中央最终决定：“征兵在现时条件下不可能。如果是到

---

① 杨胜群、闫建琪主编《邓小平年谱（1904—1974）》（上），第 277 页。

② 《新形势下政治工作的任务》（1945 年 6 月 27 日），《黄克诚军事文选》，第 296 页。

③ 《新形势下政治工作的任务》（1945 年 6 月 27 日），《黄克诚军事文选》，第 296 页。

④ 《附录：保德乡村调查》（1939 年 5 月），《陈云文集》第 1 卷，中央文献出版社，2005，第 157—159 页。

⑤ 《刘少奇关于动员新兵问题致彭雪枫等电》（1941 年 2 月 7 日），《新四军·文献》（2），第 568 页。

⑥ 中共中央文献研究室编《刘少奇年谱（1898—1969）》上卷，中央文献出版社，1996，第 332 页。

⑦ 王焰主编《彭德怀年谱》，人民出版社，1998，第 222 页。

⑧ 周均伦主编《聂荣臻年谱》（上），第 355 页。

⑨ 《苏中军政党委员会扩大会议总结》（1942 年 4 月 29 日），《粟裕文选》第 1 卷，军事科学出版社，2004，第 194 页。

军队中训练，办理二万四千人的征兵、粮食、被服等项，至少需六十万元，目前无此财力”，[①] 5月指示其他地区暂不宜仿行；[②] 6月14日向晋察冀分局发出了“纠正义务兵役制的指示”。[③] 中共军队最终采取了既不同于募兵制，也不是征兵制的第三种兵役制——动员制。毛泽东认为：“它比募兵制要好些，它不会造成那样多的二流子；但比征兵制要差些。我们目前的条件，还只许可我们采取动员制，还不能采取征兵制。”[④]

动员制的基础在于延续苏区时期的经验，在抗战时期逐步形成了正规军—地方武装—民兵自卫队三个层次的体制。陈毅认为：“人民自卫队、地方兵团、主力兵团三个阶梯，首尾相联起来，是发动华中全区域人民尽兵役义务的正确办法。”[⑤] 其中自卫队不脱离生产，不需要军队供给，“年满十九岁以上，五十岁以下者，不分民族，阶级、性别、宗派、信仰、职业，一律参加”，[⑥] 带有一定的强制性，构成了将来实行义务兵役制的基础。而民兵是自卫队骨干，包括基干自卫队与青年抗日先锋队（简称青抗先）。地方武装包括基干部队和普通游击队两个部分。基干部队相当于地方武装中的正规军，待遇略同于正规军，普通游击队则主要是县区武装，负责保护地方政府、抗日团体及重要市场，维护地方秩序。[⑦]

在中共的理想模型下，主力兵源主要有两种征募模式：“第一种是通过武装系统由下而上按级递送的办法；第二种是发动群众参军运动直接参军。”[⑧] 但实际上，虽然地方武装的主要职能是配合正规军作战以及在战争必要时作为补充向正规军转化，但因受正规军的轻视甚至“吞并”，与正

---

① 《目前不可能实行征兵制》（1940年1月11日），《毛泽东军事文集》第2卷，第506页。

② 《中央书记处关于敌后实行义务兵役制问题的指示》（1942年5月12日），《中共中央文件选集》第13册，第387页。

③ 周均伦主编《聂荣臻年谱》（上），第409页。

④ 《论军队生产自给，兼论整风和生产两大运动的重要性》（1945年4月27日），《毛泽东军事文集》第2卷，第792页。

⑤ 陈毅：《论建军工作》（1941年7月），《新四军·文献》（2），第891页。

⑥ 《陕甘宁边区抗日自卫军组织条例》（1942年4月22日），陕西省档案馆、陕西省社会科学院编《陕甘宁边区政府文件选编》第6辑，档案出版社，1988，第115页。

⑦ 陈毅：《坚持江南抗战的诸问题》（1939年2月15日），镇江地区茅山革命历史纪念馆筹备小组办公室编《新四军在茅山——抗日斗争史料选》，江苏人民出版社，1982，第12页。

⑧ 《补充主力与加强地方部队建设》（1943年11月26日），《粟裕文选》第1卷，第475页。

规军之间存在一定的矛盾。[①] 因此，正规军的补充实际有三种途径：从民众中直接征召，从民兵中召集，从地方武装中提升。

根据地的基层扩军动员也集中体现了中共的战时动员能力，涉及党、政、军三方面的积极配合。每次扩军，军队首先要派干部协助地方。朱德指示八路军各师扩军时“从师团政治机关、司令部及排长以上副职、连队活动分子中，抽出大批干部组织强有力的工作团”。[②] 新四军彭雪枫部也提出：“主力部队派干部，派地方工作或扩军工作比较有经验的去动员，一个团派三五个七八个到团的所属区帮助动员，主力部队的剧团，连队战士剧团，到处讲演，大会上演戏，再派本连战士去帮助，碰到亲戚朋友解释新四军的生活。”八路军一一五师还由政治部派出干部，协助地方建立动员委员会，使动员更具政治权威。地方的党员、干部、积极分子则要发挥模范作用，“干部、党员自己参军，再去扩军就容易多了，一方面以身作则；另一面群众觉得本乡干部去了，跟他去，有熟人一定不会上当，信心更高”。[③]

扩兵动员时，首先进行组织宣传，最常见的方式是散发传单。传单的内容主要是：“（1）加入八路军，消灭烧杀淫掳的日本强盗；（2）加入八路军，争取抗战连续胜利；（3）当八路军最光荣。”[④] 既利用民族主义的情绪，又将“保家”与“卫国”联系起来。其次，扩军人员注意选择和说服扩军对象，对每个村预先选择容易扩的、有威望与影响力的对象，选择好后再进行说服，不仅说服本人还要说服家属，先说服其妻子，再说服其亲友。之后，逐步发展为一场群众运动，召开群众大会，掀起扩军热潮，并发起竞赛，组织区与区、乡与乡之间的互相竞赛，最后通过树立典型的方式，选拔“扩军英雄”与“参军英雄”，在报纸、墙报、大会上公布名单，以鼓励参军。[⑤] 另外，动员过程中适当运用暴力，将扩军与镇压反动分子

---

① 黎玉：《迎接反攻时期的县区武装建设问题》（1944 年 8 月），山东省档案馆、山东社会科学院历史研究所编《山东革命历史档案资料选编》第 12 辑，山东人民出版社，1983，第 348 页。

② 《八路军的扩军工作》（1937 年 11 月 8 日），《朱德军事文选》，第 280 页。

③ 《淮北苏皖边区扩军的经验》（1943 年 12 月 15 日），《彭雪枫军事文选》，第 609—611 页。

④ 《王恩茂日记——抗日战争》（上），中央文献出版社，1995，第 139 页。

⑤ 《淮北苏皖边区扩军的经验》（1943 年 12 月 15 日），《彭雪枫军事文选》，第 608—611 页。

相联系。中共中央指示："要扩兵与巩固根据地，就要发动基本群众，而要发动基本群众，必须给群众以利益，必须镇压反动分子。"[①] 这种革命的暴力往往成为各项运动背后的推动力量。

中共扩军动员的总体效果是不错的，但也并非完全如意。不是每次扩军任务都能如愿完成。农民参军的动机是多种多样的。[②] 扩军中曾出现"六十八岁的老头子，五十几、四十几的不少，同时大刀会的人也吸收进来了，流氓地痞也有个把子"的现象。[③] 扩军后问题同样存在。抗战时期的中共军队也存在逃兵。最容易出现逃亡问题的，一是"杂色武装"和俘虏改编过来的士兵；二是新入伍的士兵。一些部队甚至逃亡远远超过伤亡，成为部队减员的主要原因。例如1941年新四军第六师第十六旅，逃亡占减员总数的近80%。如果考虑落伍、请假中也有一部分实际上是逃跑了，这一比例会更高。[④] 据八路军山东纵队1940年的报告，"部队中非战斗减员惊人的严重，去年总的逃亡达万多人，四旅逃亡占伤亡二倍以上。最近四团一个班及五团、二团及四旅整批的拖枪逃跑"。[⑤]

中共认为出现逃亡问题的最主要原因是"部队锄奸工作基础的薄弱与连队战时政治工作与管理的松懈所产生"。[⑥] 对于士兵的逃亡问题，最常见的解决办法是进行政治教育，特别是加强对新战士和俘虏的教育，如开设新兵训练班、俘虏训练班，经过教育之后再将其编入部队。[⑦] 应该说中共军队的政治工作起到了很重要的作用。如新四军第六八七团团长张绍东和参谋长兰国清欲率部投敌叛变，但该团所有的政工干部都坚决不同意，并

---

① 毛泽东、朱德、王稼祥：《关于集中整训扩大与巩固苏北根据地给新四军的指示》（1940年10月23日），中国人民解放军政治学院党史教研室编《中共党史参考资料》第16册，出版信息不详，第504页。

② 参见齐小林《中共士兵、革命政权与华北乡村（1937—1949）》，博士学位论文，南开大学历史学系，2011。

③ 《王恩茂日记——抗日战争》（上），第290—291页。

④ 罗忠毅、廖海涛：《第六师第十六旅一九四一年概况报告》（1941年11月22日），《新四军·文献》（3），第754页。

⑤ 《一九四〇年的政治工作总结和一九四一年的政治工作计划》（1941年1月5日），《罗荣桓军事文选》，第113页。

⑥ 《一九四〇年的政治工作总结和一九四一年的政治工作计划》（1941年1月5日），《罗荣桓军事文选》，第113页。

⑦ 《盐阜区工作与新四军第三师情况的报告》（1942年2月），《黄克诚军事文选》，第156页。

设法稳住了部队。张绍东、兰国清最后只拉走一个营长和几个连排长，部队全部由政工干部带回根据地。①

如果说政治教育展示了中共政策“怀柔”的一面，那么锄奸工作与反逃亡斗争则展示了中共政策强硬的一面。锄奸工作的中心一方面是“提高部队的政治警觉性”，另一方面则是“加强部队内经常的检举与整理。对来历不明等分子分别情况给以教育，斗争，处罚或清洗出军，从组织上澄清我军，纯洁我军的组成”。② 一些部队还在军中设立特派员，专门负责破获组织逃跑。③ 另外，对携带武器军饷或军事机要文件的潜逃者、组织逃跑者、多次逃跑者予以军法制裁。④

除了作战期间，士兵的逃亡多发生在部队宿营休息以及日常的放哨、打菜、打饭、买东西期间，还有生病受伤住院期间。一些部队为了加强对士兵的监管，实行班长、副班长负责制。班长、副班长要做到起床比战士早，睡觉比战士晚。⑤ 对于在医院休养的伤病员也要加强管理。八路军一二九师就规定：“各军分区必须专门讨论与检查所属医院工作，订出休养具体计划，并保证出院者一定回归原部队，且不致中途逃亡。”⑥ 另外，士兵请假回家也需要部队提供证明材料。

应该说，中共的努力取得了一定的效果。根据八路军山东纵队的报告，经过一系列政治教育、锄奸运动，以及加强组织管理，到 1942 年初，虽然战斗更加频繁，生存环境更加恶劣，逃亡的现象反而减少了。⑦

对于逃兵，起初沿用苏区时期的做法，经军事裁判所处理，甚至予以枪毙。之后，逐渐转变政策，“对开小差回来的，不是惩办，而是采取讲清道理热情欢迎的态度”；⑧ 对逃亡的战士不用“逃兵”的称呼，而是称为

---

① 《黄克诚自述》，人民出版社，1994，第 157 页。

② 《一九四〇年的政治工作总结和一九四一年的政治工作计划》（1941 年 1 月 5 日），《罗荣桓军事文选》，第 115 页。另参见《论山东纵队的巩固》，张福泉主编《朱瑞将军》，中央文献出版社，2008，第 224—225 页。

③ 《王恩茂日记——抗日战争》（上），第 355 页。

④ 《淮北苏皖边区扩军的经验》（1943 年 12 月 15 日），《彭雪枫军事文选》，第 613 页。

⑤ 《王恩茂日记——抗日战争》（上），第 355—359 页。

⑥ 军事科学院编写组编《刘伯承年谱（1892—1986）》（上），第 318 页。

⑦ 《一九四二年的政治工作总结与一九四三年的政治工作计划》（1943 年 1 月），《罗荣桓军事文选》，第 159 页。

⑧ 《莫文骅回忆录》，第 375 页。

“久假不归”，以维护逃兵的自尊心。陕甘宁边区政府还颁布了《动员潜逃及逾假不归战士归队暂行办法》，规定“在动员归队中，须先采取说服教育，使其自觉自动归队，其家庭困难，应予适当解决，但经说服教育仍无理拒绝归队时，可采取最后捕送办法，使其归队”。① 总之，通过组织归队尽量减少逃亡带来的损失。

第二节　任免与审查

军队并不等于一群人的简单相加，其战斗力的实现需要发挥每一个官兵的效力。而军队人事制度的运作就是通过对官兵的配置与管理，以及教育与奖惩，保证官兵发挥出每一个人的效力并形成战斗力。

一　干部的任免与升迁

抗战初期中共军队的人事调动没有具体的规章制度。当时部队处于极速扩张的阶段，老部队往往派出一批干部去组建新部队，派出去的干部大体是“搞到多少人，就当多大官”。之后在整编中将新老部队混编，由老部队做骨干，以老带新。把老部队的副职和机关干部派到新部队中去担任指挥员和政工干部。而且由于部队扩展较快，新部队不断增加，老干部十分缺乏。邓小平即指示一二九师“把班长一级老战士调出来一大批，经过集训，再放到新部队中去充当骨干”。② 但红军老干部还是远远不够。晋察冀军区就指示对于新组建的部队，排连长和指导员由部队中抽派，也可以从战士中选拔，部队可以派副职，支书由地方党组织供给，班长最好从战士中挑选，“以顶好的分子”来担任。③ 因此，一支部队的干部往往由红军老干部、抗战新干部、士兵中提拔的干部、地方干部等多个来源构成。

---

① 《陕甘宁边区政府命令——颁发优待抗日军人家属条例》（1943 年 1 月 17 日），陕西省档案馆、陕西省社会科学院编《陕甘宁边区政府文件选编》第 7 辑，档案出版社，1988，第 34 页。

② 《向守志回忆录》，解放军出版社，2006，第 81—82 页。

③ 陈毅：《介绍晋察冀边区党关于武装动员工作的经验教训》（1940 年 3 月），河北省社会科学院历史研究所、河北省档案馆等编《晋察冀抗日根据地史料选编》（上），河北人民出版社，1983，第 209 页。

而且，在战争背景下，部队的伤亡加剧了干部的紧缺，因此干部的提拔、调动更加频繁，特别是营连以下的基层干部。据刘华清回忆："战争年代干部队伍变化快，特别是营以下干部。一次战斗下来，干部多有伤亡，干部的提升、调动因此很频繁。"① 另外，中共的党、政、军三者均受党的指挥，相互之间的干部调动也非常频繁。特别是在军队快速发展阶段，不少党务干部加入军队，尤其是部队活动地区地方党的干部。因调动频繁，干部调动的手续也相对较为简单。王传斌就回忆："一天上午，连指导员通知：接支队政治部命令，调王传斌同志来部工作。没有其他解释，连里即刻为我写了介绍信。"②

因此，1941 年 7 月中共中央军委发出指示："我军的人员升迁调补，以往是凌乱没有定章，有不经过审查机关（在我党归组织部，在国民党归铨叙局），不等待上级批准，而先委后报，也有不依职权而越权行事，最不好的是对于人事问题自始至终不对其上级作报告，而一味自派自委。"要求："必须在我军人事范围内建立一定的铨叙制度。"③ 同时，中央军委还规范了干部选拔的程序：班长由连级提议，营级批准委任；排长由营级提议，团级批准委任；连长、指导员由团级提议，旅级批准委任；营长、教导员由旅级提议，师级批准委任；团长、政治委员、参谋长、政治处主任由师级提议，由总政及军部批准委任；旅级以上由中央军委批准委任。普通军事人员由司令员、政治委员署名呈请与任免；参谋卫生供给人员之任免，除司令员、政治委员署名外，并由参谋长及卫生供给部（处）长分别副署；政治人员之任免，由政委、政治部（处）主任署名；政治委员之任免，由司令员、政治委员、政治部主任联署。④

另外，在部队中，政治干部、军事干部的调动手续也存在一定差别，"凡属于政治干部，由组织部门提出意见，交保纪部门再度审查，后经主任、政委批准公布；军事干部，则先由司令部首长提出，交由组织部门会

① 《刘华清回忆录》，解放军出版社，2004，第 113 页。

② 王传斌：《跨越世纪的回忆》，世界知识出版社，2010，第 43 页。

③ 总政治部干部部、军事科学院军制研究部编著《中国人民解放军干部制度概要》，军事科学出版社，1988，第 5 页。

④ 《中国人民解放军通鉴》编辑委员会编《中国人民解放军通鉴》（上），甘肃人民出版社，1997，第 817 页。

同保纪部门进行政治鉴定，政治部主任签字，再经军政首长命令公布”。[①] 这从一个侧面反映出军队中军事、政治两个系统的运作与相互关系。在军队基层，党支部的作用与权力十分明显。一般干部的任免要经过党组织的讨论，例如“在基层连队凡提升、调动班排干部，得经过支委会讨论；干部发生问题，由支委会研究解决；连长、政治指导员定期向支部大会报告工作”。[②]

除了干部提拔的手续外，中共也非常重视提拔的标准。最受重视的是经历过革命与战争实践锻炼的红军老干部，因而老干部往往提升较快。对此，中共中央不得不指出：“干部之提升，斗争历史是一个条件，但非唯一的条件。如以斗争历史为唯一条件，只提拔老干部，不问其德才如何，对新干部只因其历史短，不顾其德才而不敢提拔的办法，是错误的”；提拔干部要以德（对革命忠实）、才（工作能力）、资（资望与斗争历史）三个标准来衡量，而“不以斗争历史为唯一的或第一的标准”。[③] 这一规定实际上也是为了缓解部队新老干部特别是知识分子新干部与工农老干部之间的矛盾。工农老干部显然在“德”和“资”方面占有优势，而知识分子新干部则有“才”的优势，如何平衡成为中共需要面对的一个问题。

随着人事制度的建立，中共对干部的任用越来越慎重，要求“一般干部适当的配备之后，不应轻易调动，以便其在一定的工作岗位上积累工作经验”。[④] 在提拔方面，从初期常见的超级提拔逐渐转变为按级提拔，强调“干部的提拔必须是逐渐的，提拔时必须以称职为前提。对于优秀的干部不但应该大胆地提拔，还该按级逐渐地提拔，使他们得到适当的锻炼机会”。[⑤] 另外，部队逐步推行副职制度，“各级领导岗位都要设置副职，如副班长、副排长、副连长、副营长等，政治干部也需要这样。在实际工作

① 《刘华清回忆录》，第113—114页。

② 《王新亭回忆录》，解放军出版社，2008，第129页。

③ 《中央军委对军队老干部工作的指示》（1941年9月16日），《中共中央文件选集》第13册，第202—203页。

④ 《关于队务工作的初步总结和补充指示》（1943年8月24日），《陈赓军事文选》，第172页。

⑤ 彭真：《关于晋察冀边区党的工作和具体政策报告》，中共中央党校出版社，1997，第210页。

中给副职干部一些锻炼，提高其工作能力；假使缺少正职干部，可以随时从副职干部中抽调提升，并可以抽出干部轮流训练与学习”。[①] 等待分配的干部，则派往巡视团工作，先增加其工作经验。[②]

关于干部提拔的具体情况，可以晋察冀军区为例。该军区在 1940 年下半年至 1941 年上半年约一年时间里提拔的干部有：旅级 1 名，团级 25 名，营级 67 名，连级 218 名，排级 589 名。[③] 虽然对干部的选拔越来越严格，但部队一直处于扩大中，对干部的需求也越来越大，因此有不少士兵特别是红军老战士被提拔为基层干部。如新四军独立旅 1942 年的报告就讲道：不少营长抗战爆发时还是红军战士，营指导员大多是 1939 年入伍的，连长很多是 1940 年才入伍的。[④]

与大量的提拔相反，对干部的降级与调动相对较少。最大规模的干部分流发生在精兵简政运动中，部队进行“机构合并，减少层次，干部下放降级使用，减少非战斗人员，处理老弱病残，清洗不稳定分子”。[⑤] 分流方式主要是送后方学习、充实地方部队、退伍休养等。老干部主要“以不降级使用为原则”，并从中“挑选一批精明强干、有深造前途者，送师专门训练两年到三年”；[⑥] 知识分子新干部则主要被派往部队基层及地方武装进行实战锻炼；退伍和休养的主要是伤残人员。另外，部队干部之间还建立了交流机制，主要是部队机关与战斗单位之间人员的交换与学习。中共中央军委就规定：“总政每次与一二零师及原留守兵团部队交流四人：团级二人，一老一新。营级二人，一新一老。交流期半年或一年一次。前方各部队亦可根据具体情况，实行此种干部交流制度。”[⑦]

---

① 《山东纵队的建设任务及工作》（1940 年 2 月 8 日），《徐向前军事文选》，解放军出版社，1993，第 74 页。

② 《梁必业将军自述》，辽宁人民出版社，1997，第 50 页。

③ 朱良才：《晋察冀一年来创造模范党军铁军工作概述（节选）》（1941 年 6 月 25 日），河北省社会科学院历史研究所、河北省档案馆等编《晋察冀抗日根据地史料选编》（下），第 89 页。

④ 罗华生：《独立旅工作报告》（1942 年 2 月 2 日），《新四军·文献》（3），第 429 页。

⑤ 《叶飞将军自述》，辽宁人民出版社，2001，第 155 页。

⑥ 《刘伯承年谱（1892—1986）》（上），第 354 页。

⑦ 《军委关于部队干部实行交流的指示》（1943 年 2 月 21 日），中央档案馆编《中共中央文件选集》第 14 册，中共中央党校出版社，1992，第 22 页。

二　干部的审查与考核

新四军规定：“对于干部的提拔与调动，应一律经过政治上的一切审查。选择干部的主要条件是政治坚定，是忠实于革命的利益，并能遵守纪律，取得群众信仰和有独立自主的工作能力。”[①] 审查主要是政治上的审核。陈赓谈道：“关于干部的审核较经常（每三个月鉴定一次），对战士的成份审核较差。”[②] 一般是审核其是否加入过国民党、汉奸、特务、帮会、宗教组织等。以晋察冀军区1940年的整军情况为例，共查出有问题的官兵1610人，其中加入过国民党的328人，加入过教会的256人，参加过青洪帮及会道门组织的364人，另外还有少数汉奸、特务、投机分子等。[③] 单纯从统计结果来看确实发现了不少问题，但政治审查扩大化也是屡见不鲜的。

中共审查干部的一般方式是：“审查每个干部时，必须由被审查的干部自己填写表格，并写详细的履历，由干部科工作人员与之作详细的谈话，对其重要关节（如被捕、被俘、出狱、释放及犯重大错误……的经过），必须找到旁证人写出证明书，根据上述材料精细的审查，并由干部科会议讨论作出结论。”另外，负重要工作责任或有重大问题干部的结论，军队须经政治部甚至军政委员会议通过，并且军队中团级以上干部的文件，包括表格、履历、证明书等，须送师或军政治部保存。[④] 对士兵的审查则一般较为简单。

应该说，“审干”不仅仅是一项军队人事制度，它是中共常规政治运作的重要组成部分。审干往往同部队的整编、整训、整风联系起来。中共规定“审查干部必须实事求是，客观，严格。结论应该是不可反驳的。切忌以主观的推测为根据。不单看言论和态度，主要看本质和实际。不仅看一时一事，主要看整个工作历史。不决定于家庭，决定于个人。不怕复杂

---

① 新四军政治部：《全军政治工作会议总结》（1938年8月），《新四军·文献》（1），第721页。

② 《司令部工作的制度建设》（1941年6月24日），《陈赓军事文选》，第34页。

③ 《晋察冀军区一九四〇年干部工作总结》（1941年1月），《中国人民解放军干部工作历史文献选编》第1卷上册，第414页。

④ 《中央关于审查干部问题的指示》（1940年8月1日），《中共中央文件选集》第12册，第446—447页。

的社会关系，也不允许被审查者隐瞒社会关系”。[①] 但在实际运作过程中，很容易流于主观化。尤其是当审干与各种政治运动结合进行时，很容易出现扩大化。

“鉴定”是对干部的审查与考核结果做出评判。鉴定的具体方式，“首先由鉴定者根据鉴定项目自我批评后，由大家提出对该人的意见，最后由鉴定委员会或主席团综合两方面的意见作出结论”。[②] 鉴定分为定期鉴定和不定期鉴定。定期鉴定一般半年或一年一次；不定期鉴定主要是根据工作与运动的需要而进行。除了政治审查，还要进行业务考核。业务考核按照不同干部的工作性质进行。一般由军事机关负责考核军事干部，后勤部门负责考核后勤干部，政治机关负责考核政治干部。部队任免干部，要先对其考核鉴定。

鉴定结果是党了解干部的主要依据，因此十分重要。八路军规定：“每个干部的鉴定都要制成档案。”[③] 新四军也指示要“严格建立履历书制度，以便于干部调移”。[④] 正是基于不断的审查、鉴定与考核，中共的干部档案制度在抗战时期建立起来。人事档案成为中共了解和管理干部的重要依据。[⑤] 即使在战争环境中，人事档案也成为中共的重点保护对象。据刘华清回忆：“档案只能装在布袋子里，用马驮着，大家都叫它‘马褡子档案馆’，都知道这个马褡子重要，不能丢，有时拼了性命也要保住它。”[⑥] 1947 年中共撤离延安时，中央组织部的档案，不仅全部转移，最后还完整地保存了下来。[⑦]

第三节 教育与奖惩

一 教育与训练

抗战时期干部队伍扩大的基础在于中共培养和吸收了大批干部。而干

① 《关于干部工作的若干问题》（1940 年 11 月 29 日），《陈云文选》第 1 卷，人民出版社，1984，第 213—214 页。

② 《司令部工作的制度建设》（1941 年 6 月 24 日），《陈赓军事文选》，第 32 页。

③ 《关于太行军区的建设与作战问题》（1941 年 2 月 1 日），《刘伯承军事文选》，第 180 页。

④ 《努力学习，努力生产，巩固自己》（1942 年 4 月 12 日），《黄克诚军事文选》，第 178 页。

⑤ 刘家栋：《陈云在延安》，中国方正出版社，2005，第 100 页。

⑥ 《刘华清回忆录》，第 111 页。

⑦ 刘家栋：《陈云在延安》，第 100 页。

部的培养则一般与教育密切相关。教育的主要内容包括政治教育与军事教育两个方面。相对而言，中共对干部的教育更侧重于政治教育。以培养军队干部的重要单位“抗大”为例，政治学习时间往往占一半以上，政治教育是中心一环。[①] 陈毅就指出：“检查各抗大的教育计划一般表现着政治重于军事，有轻视军事业务的偏向。在重视政治中又有以空洞的无血无肉的理论教育压倒一切的偏向。”[②] 这样在实战中必然会出现问题。例如出身随营学校的知识青年吴旗峰，毕业后当营教导员，第一次带兵打仗时，竟吓得晕了过去，因此差点被免职。[③] 对此，中共中央提出了要在实战中学习的要求。毛泽东提议 8 个月中学员必须到部队中实习 1 个月。[④] 同部队联系密切的“抗大”分校也会将所属各队的政治干事、文化教员下放到连队当兵，进行一段时间的锻炼。[⑤]

相对于干部偏重政治教育，一般士兵则侧重于军事训练。鉴于“大多数战斗人员包括干部在内打不中枪，投不中弹，对刺杀没有信心，也没有配齐刺刀，土工作业不熟练，自动火器用不来，手炮发挥不出威力”，[⑥] 军事训练主要侧重射击、投弹、刺杀、土木等各项技术。但是军事教育中往往存在训练与实战的差距。例如射击问题，新四军第四师在训练中实弹射击的命中率一般在 85% 左右，[⑦] 但实战中一些部队平均 400 发子弹才打中一个敌人，甚至一些战斗消耗弹药数千发，却没有打到一个敌人。[⑧] 在战术训练方面，一二九师规定：运动战训练时间占 50%，着重于伏击，吸打敌援，遭遇战斗，进攻敌野战阵地，消灭敌有生力量和运动防御；游击战训练时间占 20%，着重于接敌游击侦察，吸敌出击、追击，领导群众破

① 《中央军委关于抗大工作的指示》（1939 年 7 月 25 日），《中共中央文件选集》第 12 册，第 147—148 页。

② 《对抗大工作的建议》（1942 年 8 月），《陈毅军事文选》，解放军出版社，1996，第 217 页。

③ 《王平将军自述》，第 127—128 页。

④ 《毛泽东等关于抗大分校的教育问题致朱德等电》（1939 年 3 月 6 日），《八路军・文献》，第 313 页。

⑤ 宋廷铭：《鳌江潮：一个老新四军的回忆》，光明日报出版社，2012，第 48 页。

⑥ 《在山东军区军工会上的总结报告》（1944 年 10 月 1 日），《罗荣桓军事文选》，第 265 页。

⑦ 彭雪枫：《一年来的军事工作》（1943 年 12 月），《新四军・文献》（3），第 581 页。

⑧ 《三个月来反顽斗争在军事上的初步总结与今后任务》（1941 年 7 月），《张震军事文选》上卷，第 53 页。

袭、放地雷、阻绝、打麻雀战来迷惑、阻滞敌人；夺取碉堡、村落战斗的训练时间占30%。①

而在士兵的政治教育中，除了宣传马列主义和党的各项政策外，比较强调阶级教育，通过唤起广大战士的阶级感情来增加部队的凝聚力。另外，在士兵中注意进行纪律教育，宣传“三大纪律、八项注意”，特别是“严肃战斗纪律”，保证士兵坚决执行命令。② 中共在教育中提倡要善于“抓住部队中易于发生的问题，工农阶级的生活痛苦及部队内外所发的不正确的言论、行为和思想之揭发、批评和斗争，加深其理解”。③ 教育的方式多利用部队休整时间，采用报告、演讲等形式，一般每次不超过40分钟以避免战士的疲劳，讲完后提出问题，在次日行军的大小休息时间中进行讨论，使士兵深入了解。④ 为提高战士的学习兴趣，政治课上也讲一些各个战场的胜利消息、国际大事、历代民族英雄的故事等来激励他们。⑤ 部队也会对教育的结果进行调查、考核和总结。

由于官兵的整体文化程度比较低，中共还非常注意部队的文化教育问题，不断展开整训轮训，在士兵中推行扫盲教育，推行识字运动，并提出“工农知识分子化”的口号，要求各部队根据不同的情况，制订相应的步骤计划。如一二〇师规定：要消灭文盲，连以上的干部要识3000字，能写简单文章。⑥ 知识分子新干部进入部队后，也会给红军出身的老干部带来压力。一些老干部也开始主动学习文化知识。例如耿飚就将一个延安来的大学生留在身边工作，由他每天教自己文化，几年下来读了不少书，还自学了高中的数理化。⑦

为了加强对官兵的教育与培养，中共在抗战时期创办了一系列军事院校，除“抗大”外，在延安还建立了军政学院、军事学院、政工干部学校

① 《刘伯承年谱（1892—1986）》（上），第321页。

② 《战术问题》（1941年2月15日），《左权军事文选》，军事科学出版社，2005，第604页。

③ 《新四军的教育计划与内容》（1939年8月25日），《项英军事文选》，中共中央党校出版社，2003，第627页。

④ 《王恩茂日记——抗日战争》（上），第36页。

⑤ 中共中央文献研究室编《陈云年谱》（上），中央文献出版社，2000，第234页。

⑥ 《在晋西北各军参谋会议上的讲话》（1940年3月），《贺龙军事文选》，解放军出版社，1989，第91页。

⑦ 《肖劲光回忆录》，解放军出版社，1987，第291页。

等。除此之外，中央党校等也部分负责军队干部的政治教育。各根据地不仅陆续开办了“抗大”分校，还开办了自己的中学，如八路军创办了陆军中学、新四军开办了洪山中学。一般师、军区级多开办随营学校，旅、纵队、军分区多采取教导队的形式。教导队短暂灵活，因此成为部队训练干部的重要方式。八路军要求知识分子新干部“最好先参加教导队受一短时期训练”。[①] 新四军早期也主要办教导队。[②] 在团一级，部队一般设有青年队、青年连。八路军还要求以团为单位开办学兵队。[③]

这些教导队或者教导营一般担负着轮训在职干部的任务，并以培训基层干部为重点，将教育与部队任务紧密结合。例如八路军留守兵团抽调干部到学校学习，其中送马列学院 30 人、送中央党校 70 人（旅团级）、送“抗大” 1092 人，还有的送到陕北公学、安吴堡青年训练班等。此外还短期轮训干部，如各团开办教导队，培训班长、老战士，每期一年，各旅开办连排干部轮训班，每期半年，两项共培训班、排、连干部 1845 人；兵团总部还开办军政研究班，每期半年到 8 个月，共培训营以上干部 349 人。[④] 上级部门负责进行下级干部的教育。1942 年 2 月，中共中央军委发出指示，要求团轮训排级干部，旅（军分区）轮训连级干部，师（军区）轮训营以上干部。[⑤] 与此同时，部队还倡导干部坚持业余学习。八路军野战政治部就要求各级干部每天坚持学习两小时，并在学习中发挥模范作用。[⑥]

二　奖励与惩处

对官兵的奖惩，涉及军队的巩固、士气、纪律等多方面问题。早在红军时期，中共就颁布纪律条例，对官兵的奖励与惩罚做出规定。抗战时期中共更认识到奖惩的意义。聂荣臻就强调：“在敌后作战之部队有成功者，

---

① 《中共中央军委关于军队吸收知识分子及教育工农干部的指示》（1939 年 12 月 6 日），《八路军·文献》，第 413 页。

② 《关于新四军的人数和武器情况》（1938 年 11 月 14 日），《项英军事文选》，第 505 页。

③ 《八路军野战政治部关于执行中共中央大量吸收知识分子的决定致各兵团等电》（1939 年 12 月 16 日），《八路军·文献》，第 428 页。

④ 《莫文骅回忆录》，第 379 页。

⑤ 《中央军委、军委总政关于军队干部教育的指示（第二号）——军事教育》（1942 年 2 月 21 日），《中共中央文件选集》第 13 册，第 320 页。

⑥ 庄进：《抗战时期我军干部工作的发展特色》，《军事历史研究》1994 年第 1 期。

有失败者。因此，我们就必须有严正之赏罚制度，虚心检讨其成功或失败的缘由，得出经验与教训。如果赏罚不明，墨守成规的军队，纵令其有充裕之补给与优越之装备仍不免要遭受不必要之损失。这种事实，不可不使我们深刻反省。"①

1939 年，新四军政治部颁布了《新四军政治工作人员惩奖条例草案》，规定了对政工人员惩戒和奖励的要求、范围、种类，并对具体实施做出了规定。1940 年 4 月 9 日，中共中央军委、总政治部对八路军的奖励问题做出指示，根据不同的标准，分别设立一、二、三等奖。同月，总政治部再次发出关于"八一"奖励的指示，确定奖章分三等。其中一、二等奖为战略、战役之指挥者及辅佐者，由师级以上机关决定；三等奖则力求普遍，包括团、营、连、排、班等所有有功人员。②

为了激励全军，中共还从军队中选拔出模范，给予特殊荣誉。据《八路军·表册》统计，八路军二级军区以上共奖励英雄模范 380 人次。③ 各年获奖情况为：1938 年 2 人次，1939 年 3 人次，1940 年 20 人次，1941 年 19 人次，1942 年 23 人次，1943 年 56 人次，1944 年 213 人次，1945 年 43 人次。其中 1944 年人数较多，除了制度的完善，也与八路军当时所处的环境密切相关，特别是由于大生产运动中产生了不少劳动模范，增加了奖励的人数。

与八路军数十万官兵相比，三百多人只是凤毛麟角。中共擅长以"树典型"的方式来推进政治与军事，选拔的标准较为严格。例如王紫峰在拟定战斗英雄标准时，就将标准提得很严，"目的不在于英雄的数量多，而在于质量好，这样意义才会大"。④ 另外，中共军队重视奖励团体，而非个人。例如 1945 年 2 月，晋察冀军区宣布："军区工业部，几年来克服了重重困难，制造了许多武器，创造了新武器，对敌后抗战有莫大贡献。奖洋

---

① 聂荣臻：《论敌后抗战》（1943 年 10 月），中共中央文献研究室、中央档案馆编《建党以来重要文献选编》第 20 册，中央文献出版社，2011，第 629 页。

② 《中共中央军委、总政治部关于"八一"对全军有功人员授奖问题致各兵团首长及政治部电》（1940 年 4 月 16 日），《八路军·文献》，第 508 页。

③ 《八路军二级军区以上领导机关授予的英雄模范名录》，中国人民解放军历史资料丛书编审委员会编《八路军·表册》，解放军出版社，1994，第 327—351 页。

④ 王紫峰：《战争年代的日记》，中国文史出版社，1986，第 136 页。

8 万元，边区政府给予头等奖状。”[①] 攻克张家口时，中共更是对所有的参战部队给予奖励。[②]

值得注意的是，1940 年 2 月的指示改变了原纪律条例中颁发奖章之权属于司令部的规定，具体的评奖办法是：“1. 旅、分区、支队等级，组织奖章资格审查委员会。师、军、军区、总部等级，组织奖章评定委员会，均以五人至七人组织，由该级政委提出名单，呈报上级批准。2. 由支部大会或干部会议提出授奖人名单，交审委会审定。3. 其他具体办法由各师自定。4. 最后由七大主席团组织专门委员会审定发奖。”[③] 这样确立了中共军队奖励模范的基本方式：逐级评比，由组织部审核，最后由军区首长批准而产生。一一五师就规定奖励“按资深、功绩、职务实行等级制，排班、战士由团审查批准；连由旅审查批准；营以上由师审查批准或建议集总、军委批准”，有功绩者按功劳大小予以口头、文字、升级、提拔等奖励。[④]

颁奖仪式一般比较隆重。王紫峰在日记中记录了一次颁奖的过程：“白天鸣炮开会，首先欢迎英雄模范入席，奏乐升旗，唱八路军进行曲，并通过主席团，然后向烈士默哀三分钟。接着主席报告开会意义，各首长讲话，宣读英雄模范事迹，献旗、献花、发奖；再后是英雄模范致答词。傍晚散会，晚上剧社演出节目。一天都是人山人海，热热闹闹。”[⑤]

部队还注意在日常训练中对官兵给予奖励。张宗逊回忆，练兵中战士、干部和事务人员都有奖励，营团旅各级都发奖。当时联防司令部制定了练兵运动的奖惩条令，规定：射击 3 发子弹，命中 21 环者评为“朱德射击手”；投弹 40 米以上者评为“贺龙投弹手”；刺杀勇猛，测验 90 分以上者评为“高岗刺杀手”。全旅有近千名战士、干部获得“三手”称号。除了授予称号，还发给物质奖品，如铅笔、牙粉、本子等，练兵期间旅用于

① 《张珍回忆录》，兵器工业出版社，2005，第 131 页。

② 周均伦主编《聂荣臻年谱》（上），第 415 页。

③ 《中共中央军委总政治部关于奖励问题致各兵团首长电》（1940 年 4 月 9 日），《八路军·文献》，第 503 页。

④ 《陈光、罗荣桓关于第一一五师在山东的工作总结致杨勇等电》（1940 年 10 月 14 日），《八路军·文献》，第 578 页。

⑤ 王紫峰：《战争年代的日记》，第 144 页。

奖励的费用七百余万元（边币），各团用于奖励的费用共一千多万元。[①] 奖励方式多种多样。李德生回忆，战士袁开忠在战斗中撕咬敌人，把门牙扯掉了三颗，后被选为杀敌英雄，就给他镶了三颗金牙。[②]

与奖励相辅相成的便是惩处。1933 年、1935 年红军颁布的纪律条例规定，惩处的方式包括劝告、警告、严重警告、在队前悔过、罚站、罚各种勤务、入悔过室、降职或撤职、开除军籍、枪毙十项。但在 1936 年枪毙被取消。[③] 抗战时期基本沿用了红军时期的办法。八路军规定："各级干部遇有过失错误，按轻重予以劝告、警告、记过、降级、撤职等处分。"[④] 取消了罚站、罚勤务两项，入悔过室改为关禁闭，增加了转送军事法庭一项。各级干部对下级有惩戒的权力，但级别不同可采取的方式范围也不同，遇有情节严重而惩罚权限不够时需要向上级请示。

由于干部资源紧张，许多部队对干部的惩处并不严厉。王紫峰就遇到一名干部，其"一贯腐化，流氓意识很重，工作也不认真。从抗战以来，就被撤了四次指导员职务，还满不在乎"，而他采取的措施仍是严厉批评，望其痛改前非。[⑤] 有的干部名义上被撤职，实际上调往他处。[⑥] 许多部队将犯错误的干部送后方学习，之后回来仍担任干部。因此，中央要求"对有错误的干部，既不搞惩办主义，又不作无原则的迁就"，[⑦] 以期加强对干部的惩处。例如 1941 年 1—10 月，晋察冀军区共惩处排级干部 113 人、连级 89 人、营级 5 人，其中警告 21 人、记过 6 人、开除党籍 16 人、撤职 126 人、关禁闭及其他 37 人。[⑧] 比例最大的是撤职处分。

部队干部大部分是党员，受到军队纪律与党的纪律的双重约束，党员

---

① 《张宗逊回忆录》，解放军出版社，2008，第 233 页。

② 《李德生将军自述》，辽宁人民出版社，1997，第 70 页。

③ 总政治部干部部、军事科学院军制研究部编著《中国人民解放军干部制度概要》，第 244 页。

④ 《陈光、罗荣桓关于第一一五师在山东的工作总结致杨勇等电》（1940 年 10 月 14 日），《八路军·文献》，第 578 页。

⑤ 王紫峰：《战争年代的日记》，第 69 页。

⑥ 《晋察冀军区一九四〇年干部工作总结》（1941 年 1 月），《中国人民解放军干部工作历史文献选编》第 1 卷上册，第 410 页。

⑦ 《莫文骅回忆录》，第 375 页。

⑧ 《晋察冀军区政治部关于一九四一年干部工作总结》（1941 年 12 月），《中国人民解放军干部工作历史文献选编》第 1 卷上册，第 541 页。

干部犯错误首先会受到党纪的处分。例如1942年八路军第一二九师一旅、五旅党纪处分干部共42人，其中劝告2人、警告11人、严重12人、最后警告1人、定期开除3人、开除8人、永远开除5人。[①] 中共也采取抓典型的方式对一些干部从严处理，且采取斗争的方式以扩大影响，达到以儆效尤的目的。陈赓就记录了对一名干部严惩的情况："七七二团十连指导员贪污公款，其手法为多报人数，领取津贴、假造发票，报销领款。当今逮捕，首先在党内开展斗争，作组织上的结论，然后在全旅举行公审，广泛地开展反贪污斗争，并送师军事裁判所治罪。"[②]

中共部队禁止干部对士兵打骂，一般要求干部对士兵进行纪律教育，而不能滥用军法，杜绝动辄打骂、处罚等恶劣现象。张震从军法与军纪的角度出发，认为"军法是制裁于事后，属于消极的，只能使指战员不作恶；然而军纪则是防范于事前，属于积极的。积极的军纪除了使指战员不作恶外，还要进一步使他们去接受克敌战果和杀身成仁等非常事业之修养。但是，军纪与军法两者乃相互为用的治军工具，军法是军纪的辅助品，以达到军纪之目的"。[③]

第四节　待遇与福利

对战争年代中共军队的描述，最经典的便是"小米加步枪"。"步枪"反映的是军队武器装备的低劣，"小米"则指官兵日常生活的艰苦。中共进入华北以后，才开始接触小米。红军主要是南方人，最初吃不惯小米。据李志民回忆，"第一餐看到小米饭黄澄澄的很好看，误会是'蛋炒饭'，一吃感到粗糙，不如大米松软可口，很难下咽。经过几个月锻炼，才逐渐习惯"。[④] 总的说来，在革命史的叙述下突出的是中共军队生活的艰难与官兵的同甘共苦。就抗战时期而言，这种描述虽不全面，却不失实。

---

① 《第一二九师政治部组织部关于一九四二年组织工作总结（节录）》（1942年12月），《中国人民解放军干部工作历史文献选编》第1卷上册，第762页。

② 《陈赓日记》，战士出版社，1982，第103页。

③ 《军令军纪军法的相互关系与一致性》（1942年2月15日），《张震军事文选》上卷，第108页。

④ 李志民：《革命熔炉》，中共党史资料出版社，1985，第271页。

一 待遇与生活

抗战时期中共军队一直实行供给制，官兵的衣食由部队提供，待遇差别不大，主要区别在津贴方面。津贴是对官兵生活的补贴，类似零用钱。战前中共中央军委规定全体指战员每人每月津贴1元，但未执行。1937年6月，鉴于军事上的需要，朱德等提出对派往前线的部队干部发放津贴，从6月起团长、政委及科长每人每月津贴2元，连长、排长及科员每人每月津贴1元，并得到中央的同意。[①] 到12月，八路军总部规定了各级干部及士兵的津贴标准：师、旅级5元，团、营级4元，连级3元，排级2元，上士1.5，战士1元。[②] 这里的上士不是指上士军衔，而是指连队里的文书、军需员、军械员等。

但是在战争环境下，各部津贴费实际发放并不一致。例如在晋察冀军区，战士的津贴开始是每人3—5角，后逐步提高到1元。[③] 到1938年12月，八路军总部又对津贴做出统一规定：正副师长、政委、参谋长、参谋处长、政治主任、副主任，各部长，师供给部长、政委，正副旅长、政委，5元；各科长、处长、营团长及政委，旅团的参谋长、政治处主任、教导员、供给处主任，4元；各级股长、参谋、科员、干事、秘书、特派员、营支书、技术书记、测绘员队长、连长、政指，3元；排长、文书、收发、理发员、管理班长、司号长、文化教员、卫士长，2元；连上士、特务员、各级宣传员，1.5元；战士、通讯员、警卫员、号兵、炊事员、运输勤务员、卫生员1元。[④] 1939年1月，又进一步规定了特种兵及骑、炮、工兵各级干部每月的津贴标准：班长1.5元、排长2.5元、连长3.5元、营长4元，但政工人员和一般士兵执行原标准。[⑤]

1940年11月19日，国民政府停发八路军的经费，“即十月份欠发的

---

① 中央文献研究室编《任弼时年谱》，中央文献出版社，2004，第335页。

② 中央文献研究室编《朱德年谱》，人民出版社，1986，第202页。

③ 况开田：《晋察冀二分区的供应保障工作》，文思编《尖刀插入敌人心脏：晋察冀抗日根据地》，中国文史出版社，2005，第217页。

④ 《第十八集团军总部关于部队干部、战士津贴费标准的规定》（1938年12月21日），《八路军·文献》，第274页。

⑤ 王焰主编《彭德怀年谱》，第209页。

二十万元也一律停发”，[①] 并再也没有恢复。同时，由于通货膨胀法币贬值，以及中共自身政权的建立与发展等原因，中共开始发行自己的货币。陕甘宁边区政府规定：“保障法币不外流资敌，兹决定发行边区银行一元、五元、十元钞票三种，自本布告之日起流通行使，仰军民人等一体知照。”[②] 中共各根据地对法币采取“挤出去”的策略，自己的军队自然也不能继续使用法币，而逐渐以边币替代，但津贴的具体金额暂时不变。

随着战争环境的变化，津贴的标准也多次改变。例如 1942 年末，八路军总部下令为改善部队生活，自 1943 年 1 月 1 日起，每人每日增发食油 2 钱，每年增发洗脸手巾 2 条，津贴费 2 角。[③] 对一些特殊群体也给予优待，主要指伤病员、技术人员和谍报人员。晋察冀军区司令聂荣臻曾亲自指示，技术人员吃小灶，按重病号待遇，定量上要多点。在冀中军分区，军分区以上干部每月 5 元，团营干部 4 元，连级 3 元，排级 2 元，一般干部 1.5 元，工程技术干部最多 12 元。住的方面，一般找好一点儿的民房给技术人员住。行的方面，给年高体弱的技术人员配马或驴。[④] 另外，谍报人员的待遇更高，新四军第三师的谍报员，每月 150—180 元，依据情报的价值还有额外奖励。[⑤] 此外，对老革命，发给优待金。陕甘宁边区规定：凡 50 岁以上，不分干部战士，工作 8 年以上者，每人每月发给小米 25 斤；5 年以上者，每人每月发给小米 15 斤。来华援助抗战的国际友人，可享受最高生活待遇，除给他们配备专用马匹和安排较好的住宿外，还根据他们的生活习惯和需要来确定供给标准。

战争初期华北地区的物价并不很高，津贴对改善官兵的生活还有一定的作用。黄华回忆：“一块边币可以买两条肥皂，或一条半牙膏，或两斤肉包子，或十几个鸡蛋。”[⑥] 曾志也称，1938 年的延安，“猪肉、鸡蛋之类也并不缺，还便宜。一斤猪肉就两角钱”。[⑦] 一般战士也会用津贴购买肥

① 《任弼时年谱》，第 388 页。

② 《陕甘宁边区政府关于发行边币的布告》（1941 年 2 月 18 日），陕西省档案馆、陕西省社会科学院编《陕甘宁边区政府文件选编》第 3 辑，档案出版社，1987，第 70 页。

③ 王焰主编《彭德怀年谱》，第 275—276 页。

④ 《张珍回忆录》，第 141—142 页。

⑤ 《侦察工作联席会议总结》（1942 年 5 月 22 日），《彭雪枫军事文选》，第 443 页。

⑥ 《亲历与见闻——黄华回忆录》，第 43 页。

⑦ 《一个革命的幸存者：曾志回忆实录》下册，广东人民出版社，1999，第 313、322 页。

皂、牙粉、茶叶等一些生活用品。但是，到抗战中期随着通货膨胀与物价飞涨，八路军留守兵团的战士每个月的津贴连一双布鞋都买不到，有些士兵天气转冷时，还穿着单裤甚至短裤。[①] 南方的物价上涨更猛，新四军所受影响更大。1940 年的淮北地区，“米价上腾不已。如凤阳、来安等地，国币一元，只能购米二三升”。[②] 起初新四军也采取了津贴制度，但贯彻不如八路军。周子昆就称：“我们的人员，遵命照八路军所规定的，但在现时还没有依照，因经费不够使用。”[③]

而且南方各地物价差异较大，“部队生活待遇，因各地物价不同，而无法使全军一律采用同一水准”。因此自 1942 年，新四军“已全部采用发实物的制度。就是发钱的也按实物市价折合”。[④] 八路军方面虽然也强调“关于津贴问题，应按总部规定坚决执行。任何机关与任何一级干部，未经总部批准，没有任何权力擅改总部的规定”，[⑤] 但由于通货膨胀，各地也越来越倾向于发放实物。据罗荣桓等人的报告：“部队一般不愿要钱而要发东西”，在鲁南军区，“伙食费虽规定为三角，但不发钱，只发油、盐、菜、柴，按市价扣销须三角五分”。[⑥] 而且发放实物也在一定程度上更有利于部队生活物资的保障。张云逸就提到，某部队的供给部决定每双鞋子发代金 60 元，但由于物价的问题，这些钱并不够做一双鞋子，结果钱被战士用掉了，鞋子问题依然没有解决。[⑦]

除了通货膨胀，发放实物的另一个原因是部队筹措经费困难。在八路军，“士兵虽规定每月发中国钱一元，作为买鞋袜、烟草等零用，但因为经费的困难而常常不能发给。伙食费虽规定每人每月为五元，但也不能发足。至于干部，则与士兵生活相等，虽曾规定零用钱连排长每月二元，营长每月三元，团长四元，师长与总司令五元，也因经费困难，不能经常发

① 《肖劲光回忆录》，第 296 页。

② 《复皖东专员李本一信》（1940 年 2 月 23 日），《张云逸军事文选》，军事科学出版社，2007，第 109 页。

③ 《周子昆关于新四军军部移动等情况致毛泽东信》（1938 年 1 月 22 日），《新四军·文献》（1），第 77 页。

④ 陈毅：《华中六年工作总结报告》（1944 年），《新四军·文献》（3），第 1081 页。

⑤ 《在晋察冀军区供给会议上的讲话》（1941 年 3 月 1 日），《聂荣臻军事文选》，第 155 页。

⑥ 《罗荣桓、陈士榘、肖华关于鲁南军区等单位精兵简政总结致第十八集团军总部等电》（1942 年 4 月 5 日），《八路军·文献》，第 789 页。

⑦ 《克服浪费厉行节约》（1944 年 3 月 1 日），《张云逸军事文选》，第 340 页。

给”。[①] 许多部队从上级获得的费用有限，不足的津贴费要靠自筹，因此不时出现拖欠。据张震回忆，新四军第四师尤其困难，因它是由八路军划拨过来，“江南新四军以为我们归八路军，八路军则认为我们已属于新四军的建制。因此我们非常困难，不仅干部、战士每月几角的零用钱发不出，就连每天 3 分钱的菜金都没有保证”。[②]

官兵的主食，一般标准为：粮食每人每天 1 斤 6 两（旧制 1 斤 = 16 两，下同），小米多于面，没有什么粗细比例。部队所在地区产什么，官兵吃什么。在河北冀中平原部队吃小麦多，但在雁北地区的部队能吃到莜麦面，晋东北区小麦莜麦都不多，一般过年过节可以吃点白面或莜面。

服装方面，一般是新兵参军的第一年发 2 套单军衣、1 床被子、1 张床单、1 个挂包、1 条洗脸巾、1 条米袋、1 副绑带、1 顶军帽，到了冬天发 1 套棉衣，寒冷地区发皮大衣或布大衣，棉帽或皮帽 1 顶，棉鞋 1 双。但是大衣不是所有人都发，分前方、后方机关和作战部队以及执行任务的需要而发。第二年每人发单衣、衬衣各 1 套，前方部队棉衣 1 套，机关和后方一般穿经过刷洗和缝补后的棉衣，包括 1 双棉鞋在内每人每年 4 双鞋。[③]

不同时期、不同地域存在差异。在“抗大”工作的李志民回忆，1937 年延安的物质生活极端艰苦，除粮食外，每人每天的菜金 3 分钱，小米饭、熬白菜是主要伙食。到 1938 年，延安的生活开始好转。[④] 陈云的秘书刘家栋回忆，1938 年的延安，生活条件还不错，一周能吃一顿大米、两顿白面，其余的都是小米。还有肉吃，一周能吃两三次，都吃红烧肉，讲究吃肥的。当时，中央党校的人开玩笑说，校内有些人会餐时吃肉，连腰都弯不下去。所谓会餐，就是红烧肉和馒头。但是随着国民党对边区的封锁，肉没有了，大米没有了，白面先是从两顿降成一顿，最后也没有了。最困难的时候，主食都不知道该吃什么。能吃上一点小米锅巴，就是改善生活了。[⑤]

---

① 《中国抗日战争的形势与中国共产党的工作和任务》（1938 年 5 月 17 日），《任弼时选集》，第 197 页。

② 《张震回忆录》（上），解放军出版社，2003，第 150 页。

③ 况开田：《晋察冀二分区的供应保障工作》，文思编《尖刀插入敌人心脏：晋察冀抗日根据地》，第 217—218 页。

④ 李志民：《革命熔炉》，第 271 页。

⑤ 刘家栋：《陈云在延安》，第 66—67 页。

1938 年是中共官兵生活比较好的一年。1939 年后情况开始恶化。但在 1941 年之前，部队基本还能吃饱。1941 年后，由于日军的进攻和自然灾害的影响，军队进入严重的困难时期。一些部队连小米也没有，只能吃高粱、黑豆，在行军、反“扫荡”时甚至吃野菜、橡树叶、榆树皮。[①] 1942 年的新四军第四师，“在粮食上过去是二斤半，以后减到二斤六两，再减到二斤四两，再减到二斤二两，再减到二斤，一共节省了粮食十二万斤。后方部队比前方部队吃得更少。不错，粮食是节省了，但是部队究竟是填不饱肚子”。[②]

为应对困难，中共开始了精兵简政与大生产运动。八路军规定 1942 年的生产任务是：“旅以上的直属部队，每人生产一百元。其中以五分之二归公，作日常经费开支；五分之二用作改善部队生活；五分之一用作个人学习费用。旅以下战斗部队，每人生产六十元，其中以三分之二作为改善部队生活，三分之一作为学习经费。”[③] 到了 1943 年，后方留守兵团的情况开始好转，兵团政治部平均每人每月有：粮食、木炭各 45 斤，肉 3 斤 9 两 5 钱，菜 35 斤 10 两，油 1 斤 5 两 9 钱，盐 1 斤 3 两 2 钱，调料 8 两。全兵团被服供应达到每人单衣 2 套、单鞋 2 双、毛巾 2 条、棉衣 1 套、棉鞋 1 双。[④]

但前方部队的情况仍十分艰苦，据王新亭回忆，太岳地区 1943 年仍是最困难的一年，部队粮食供应本已不足，每人每天还要节约 2 两粮食，救济饥民，食物按人分吃，偶尔才吃一顿小米饭。[⑤] 总的情况到 1944 年才开始好转。李志民称：1944 年冬，不仅吃饱了饭，有木炭烤火，每人还发了 1 双手套、2 双毛袜，有的教员还发到 1 件毛衣。[⑥] 新四军 1944 年的一般待遇达到每人每日 3 钱盐、4 钱油、蔬菜 1 斤、公粮 1 斤 10 两，另外，每人每月还有零用费 5—10 元，其中第一师最高标准达到每人每月 30 元。服装方面，每人每年 2 套单衣、1 套棉衣、1 件背心、1 套衬衣、4 双鞋。[⑦]

---

① 李志民：《革命熔炉》，第 271 页。

② 彭雪枫：《在淮北苏皖边区第二届参议会上的军事工作报告》（1942 年 10 月 14 日），《新四军·文献》（2），第 523 页。

③ 《精兵简政》（1942 年 1 月 13 日），《左权军事文选》，第 835 页。

④ 《莫文骅回忆录》，第 391 页。

⑤ 《王新亭回忆录》，第 207 页。

⑥ 李志民：《革命熔炉》，第 211 页。

⑦ 陈毅：《华中六年工作总结报告》（1944 年），《新四军·文献》（3），第 1081 页。

在中共的党、政、军三者中，军队的待遇略高。军队的生活也高于当地一般民众，特别是面对困难时，部队可以转移。

部队的生活不仅仅是吃和穿，生活的艰苦也体现在其他方面。例如行军就是对官兵身体素质的极大考验。为保护官兵的身体健康，新四军第四师规定："快步行军的速度以在六小时行程以内的，每小时走十三里，三小时行程以内的，每小时走十四里为限度。以后禁止超过体力限度的快步行军，那相反的只会妨碍部队健康。"① 但行军速度往往关系到战斗的胜败与部队的生死存亡，特别是游击战与运动战，高强度的行军在所难免。有时由于急行军而无法做饭，官兵需要饿着肚子前进。赶上雨天，大部分战士没有雨具，衣服就全部打湿。②

还有行军后的宿营与休整问题。部队在急行军后一般会早些扎营，雨天放晴后一般也会稍做休息，让士兵晾晒衣物。对宿营地点也需要慎重选择。刘伯承就总结了宿营的办法：宿营前，派出便衣侦察，选择宿营地点；黄昏时部队进入宿营地，如认为宿营不可靠，或者为迷惑敌人起见，则在到达后，再迁到另一地点宿营；一到宿营地，立即派便衣封锁消息，路口准进不准出，以防间谍报信；如必须在敌占区或接近敌人的地区进行宿营时，则以村中有势力的人做抵押，进行担保，但须以礼貌待之，特别从政治上开展说服工作；宿营时进行警戒，派出便衣担任潜伏，进行放哨，并在要点设立警报，以便发现敌人时即行警报，有利于部队准备反击或撤走。③

战争年代物质生活艰苦，中共军队就努力提高官兵的精神生活。罗荣桓就提醒干部要注意活跃队伍，机关干部及机要人员要专门有时间搞娱乐、体育活动，注意培养大批的娱乐、体育干部，要训练唱歌和体育活动人员。④ 据高敏夫观察，部队中的娱乐活动包括谜语、政治问答、卫生常识、格言、歌谣、墙头诗等。"行军中的文化娱乐活动是八路军的特点之一。一方面可减少战士疲劳，一方面可提高战士文化水平。"⑤ 秦基伟也回

---

① 《继续完成新的整训计划》（1943 年 6 月 29 日），《彭雪枫军事文选》，第 548 页。

② 《王恩茂日记——抗日战争》（上），第 46 页。

③ 《刘伯承年谱（1892—1986）》（上），第 366 页。

④ 《在鲁南吴寨家团以上干部政治工作会议上的总结报告》（1940 年 4 月 21 日），《罗荣桓军事文选》，第 69 页。

⑤ 申春编《高敏夫战地日记》，中国文史出版社，1988，第 127 页。

忆，部队开展的活动很多，“篮球、单杠、双杠、木马，我们都有，室内有象棋，还举行各种比赛，例如自行车比赛，看谁能在尺把宽的地埂上如履平地，还有打棒球”，“玩这玩艺是我们跟俘虏过来的日本人学的，到最后他们还打不过我们”。①

军队的娱乐活动，不仅有利于官兵锻炼体能，提高官兵士气，促进官兵关系，而且寓教于乐，趁机在军队推行政治文化教育，也取得了一定的成绩。例如唱歌是中共部队非常重视的文娱活动，常见的歌曲包括《国际歌》《铁骑兵之歌》《游击队歌》等革命歌曲。据吕正操回忆：“从延安或从晋察冀边区传来的新歌曲，由剧社首先学会，然后再很快教会连队唱，如果有的连队不会唱歌，或者有的连队唱得不多也不好，那就会被认为是政治工作落后的表现，战士们会埋怨，连长、指导员就觉得不光彩。以后把唱歌甚至作为对敌伪开展政治攻势的武器，每当夜晚的时候，战士们到岗楼附近去唱歌喊话。”②

二 官兵的福利

从中共的阶级理论出发，大部分官兵既然属于同一阶级，彼此是“同志”关系，自然在部队中提倡官兵平等。而官兵平等也构成了中共军队文化的重要特色。但军队又必须有严格的上下层级，才能指挥作战。为加以区分，中共规定：“在工作时间有上下级之分，即是说上级指示下级应无条件地去执行”；“如在非工作时间（课外游戏，未负有任务时），则上下级均是平等的，同是阶级战士，应该相互尊敬。”③

官兵平等的一个重要体现，是生活待遇上的平等。徐向前回忆说，当时官兵吃同样的伙食。④ 部队吃饭时，有时候人多菜少，一些部队官兵在一起吃饭，大家围着菜盆，轮流夹菜，每次伸胳臂只准夹一粒。⑤ 至于服装，官兵的差别也不大。军官会多发些挂包或马褡子。虽然官兵的津贴存在等级差异，但是津贴的数目不大，主要是做零用钱。抗战中后期的通货

① 《秦基伟回忆录》，解放军出版社，2007，第104页。

② 《吕正操回忆录》，解放军出版社，1988，第144页。

③ 《正确的管理教育》（1943年9月12日），《张震军事文选》上卷，第183页。

④ 《徐向前元帅回忆录》，第620页。

⑤ 王传斌：《跨越世纪的回忆》，第33页。

膨胀更拉平了官兵津贴的差距。如果待遇更多体现官兵平等的一面，那么福利则比较体现了干部特殊的一面。

中共干部最主要的福利是保健，这是士兵所没有的。1939 年后，部队中开始建立保健委员会，1940 年进一步规定旅（支队）以上的政治机关，均应组织干部保健委员会。[①] 保健最初的对象主要是伤病体弱的干部。中共中央规定："受保健待遇的干部须参加实际工作三年以上，是被捕出狱或因伤病后体力极为衰弱者、因公积劳以致身体极为衰弱者、患有慢性病者、年老者。"[②] 保健的费用规定每月"最高额不得超过五元"。[③] 随着物价变动，1942 年八路军一一五师将保健费调整为 15 元、10 元、8 元三个等级。同津贴相似，不少部队的保健费也逐步转变为以实物的形式发放。1945 年山东军区就规定保健费"一律改为以物质作标准，而不以钱数多少作标准"，将干部保健分为四等。[④] 新四军也认为最好采取物品保健的方式。[⑤] 保健费的来源则是从部队的经费中抽 3‰—5‰。[⑥]

但是，保健与医疗不同，并不针对具体疾病，因此标准模糊。据一一五师政治部的体检调查，干部没有一个身体没有病态的。[⑦] 而保健本身就带有预防性质，不少干部因别人保健也要求保健，因此干部保健的范围与数量不断扩大。新四军强调"团以上的干部不是一定一律受保健"，[⑧] 但一些地区的干部保健还是成为一项固定福利。1945 年 1 月，新四军浙东游击纵队排以上干部实行普通保健，每人每月的供给为：排级猪油 0.5 斤，连、

① 《罗瑞卿、陆定一关于干部工作三项规定的命令》（1940 年 11 月 18 日于本部），《中国人民解放军干部工作历史文献选编》第 1 卷上册，第 350 页。

② 《陈云年谱》（上），第 321 页。

③ 《罗瑞卿、陆定一关于干部工作三项规定的命令》（1940 年 11 月 18 日于本部），《中国人民解放军干部工作历史文献选编》第 1 卷上册，第 350 页。

④ 《罗荣桓、黎玉、肖华关于干部保健工作的训令》（1945 年 6 月 1 日），《中国人民解放军干部工作历史文献选编》第 1 卷下册，第 872 页。

⑤ 《新四军第四师政治部组织部关于干部问题研究初稿》（1943 年），《中国人民解放军干部工作历史文献选编》第 1 卷下册，第 806 页。

⑥ 《第一一五师关于保健工作的决定》（1942 年 11 月 10 日），《中国人民解放军干部工作历史文献选编》第 1 卷下册，第 1004 页。

⑦ 《第一一五师政治部关于一九四二年组织工作几个问题的报告（节录）》（1943 年春），《中国人民解放军干部工作历史文献选编》第 1 卷下册，第 874 页。

⑧ 《新四军第四师政治部组织部关于干部问题研究初稿》（1943 年），《中国人民解放军干部工作历史文献选编》第 1 卷下册，第 806 页。

营级猪油 1 斤、猪肉 1 斤，团级猪油 1 斤、猪肉 2 斤、鸡蛋 30 个，师级猪油 1 斤、猪肉 4 斤、鸡蛋 90 个，以上猪油、猪肉、鸡蛋按定价折钱，与津贴费同时发给。[①] 而将保健与津贴一起发放实物，也会使得干部生活上同士兵的差异更加明显。

此外，军队干部多有勤务人员，可以乘坐马匹，甚至去军校学习时都带有警卫员、马和马夫。[②] 为节约人力、财力，1939 年八路军总部规定各级首长人员，凡有特务员的，一律取消勤务员；连队中逐渐取消勤务员制度，其勤务工作，改为全连战士轮流派三人值星，值星勤务员仍携带武器，作战时参加战斗；各处、各级机关之勤务员，应严守编制规定，不许滥行增加；现有之勤务员，年龄在 13 岁以下者，应逐渐取消，以后补进之勤务员，严格禁止用 17 岁以下之青年。[③]

但各部队中勤务人员等仍大量存在。1942 年，八路军总部不得不再次规定部队要减少马匹。中校以上者可乘马，少校除为作战便利，营长、教导员各有乘马一匹外，其余均无乘马。为了减少非战斗人员，自团以下均取消勤务员；少校无乘马者每人行李不超过 15 斤，行军时运输员代背；上尉除连长、指导员不超 8 斤，必须携带文件的参谋限定每人行李不得超过 8 斤，由运输员代背外，其余上尉及以下干部一律自背行李。[④] 尽管如此，勤务、马匹仍是军队运行所需要，有些干部甚至产生了依赖，八路军总部还是做出妥协，是否取消可依据干部身体情况，做“有必要的特许”。[⑤]

另外干部还有一些隐性的福利，例如干部的会多，开会一般要会餐，而会餐的伙食一般不错。陈赓就抱怨：“开会必须讲话，会餐必需吃肉，成为这几天开会会餐的规律。”[⑥] 另外，干部调动和学习的机会较多，路过不同防区，相互招待，一般吃的也不错。到了延安，后方的生活自然好于前线，且中共中央也规定：“要拿出一笔钱来解决前方来延安干部的待遇问题，东西要补充，伙食要改善，残废金、保健费要发，看病、休养、看

---

① 陈明远：《那时的文化界》，山西人民出版社，2011，第 158 页。

② 《刘华清回忆录》，第 102 页。

③ 《朱德、彭德怀关于取消勤务员的训令》（1939 年 2 月 14 日），《八路军·文献》，第 298 页。

④ 《晋冀鲁豫边区部队待遇规定》（1942 年 3 月），《左权军事文选》，第 885—888 页。

⑤ 《彭德怀、滕代远关于精兵简政问题致中央军委等电》（1942 年 11 月 15 日），《中国人民解放军干部工作历史文献选编》第 1 卷上册，第 733 页。

⑥ 《陈赓日记》，第 184 页。

戏要有优先权，把已来的干部完全安置好。”[①] 高级干部还有专门的招待所、休养所，“住在军委干休所的人，都是团级以上的干部，不少是老红军战士，有的军分区司令员、政委、副司令员等”。[②] 而且干休所的生活待遇远远高于部队的一般水平。

官兵福利上的差异引起了部分士兵的不满。对此，粟裕反思：“在部队里，生活上上下悬殊。过去内战时代，大家是一样的。就是在皖南时，津贴上下也只相差半元。现在相差几十元甚至几百元，还有些人不满，而下面对此意见也很多。某某团战士反映：‘老头子干部发洋布衣，战士发土布衣，干部发牙膏，战士发牙粉，难道这也是工作需要吗？’这是很对的。如果不改正，必然会影响上下团结，同时也会造成某些同志的特权思想。”[③] 谭政也认为：“在待遇上我们并不主张平均主义，但干部与兵士之间悬殊太甚是不好的，有碍团结，而且在现时经济基础上是办不到的。”[④] 因此，在精兵简政运动中，官兵生活的差异有所遏制。

官兵福利的差异不仅仅是物质方面。虽然陈毅将军队生活称为“近乎一种禁欲主义”，[⑤] 但不少将领解决了个人婚姻问题。当时部队规定的结婚标准是“二八五团”，即男方年满 28 岁、5 年党龄或军龄、团级以上干部，可允许结婚。女方则不限。张震回忆：“部队中有些女同志认为这不合理，一找就是‘老头子’，说这是走干部路线。尽管这样，当时基本上还是照此执行的。因为这是关系干部的切身利益问题。”[⑥] 一些部队则稍微降低了标准，例如新四军第四师规定在特殊情况下，不一定限制在团以上干部，年龄在 25 岁以上即可。[⑦] 尽管如此，能够达到标准的仍然是少数。

只有中高层干部才有结婚的可能，大部分官兵没有机会，但是对于参

---

① 《陈云年谱》（上），第 386 页。

② 《孙毅将军自述》，辽宁人民出版社，2001，第 186 页。

③ 《整顿财经工作肃清贪污浪费》（1944 年 1 月 18 日），《粟裕文选（1931.5—1945.8）》第 1 卷，第 543 页。

④ 《肃清军阀主义倾向》（1943 年 1 月 16 日），《谭政军事文选》，第 193 页。

⑤ 陈毅：《永不忘，学习他，我们的死者》，《新四军在茅山——抗日斗争史料选》，第 245 页。

⑥ 《张震回忆录》（上），第 164 页。

⑦ 《新四军第四师政治部组织部关于干部问题研究初稿》（1943 年），《中国人民解放军干部工作历史文献选编》第 1 卷下册，第 805—806 页。

军前已结婚的官兵则采取保护政策。例如晋察冀军区规定："抗日战士之妻五年以上不得其夫音讯者，得提出离婚之请求，经当地政府查明属实，或无下落者，由请求人书具亲属凭证允其离婚"；对于家属请求离婚时，"必须尽力说服，如坚决不同意时，依照规定年限、手续，准予离婚；抗日战士与女方订立之婚约，如该战士三年无音讯，或虽有音讯而女方已超过结婚年龄五年仍不能结婚者，经查明属实，女方得以解除婚约"。另外，"挑拨抗属离婚者处以一年以下之徒刑"。①

军队中也有官兵共享的福利，如节假日。抗战初期战斗频繁，部队没有固定的休假制度，同时为减少部队的逃亡，请假比较困难。1941 年后，一些部队逐步建立了星期日休假制度。各部队执行情况不尽一致，在三八六旅，各级轮训与教导队执行认真，但各直属部队与机关则差，因此旅长陈赓不得不多次强调在星期日绝对不准剥夺战士的休假时间。②

节日的慰劳，是军营生活的重要方面。尤其是春节，"部队中因增加许多新战士，他们过惯了旧历年"，所以过旧历年时部队会举行会餐，增加一毛钱的伙食。有些部队会在过节时给官兵增发补贴。当地政府会发动根据地的群众在节日慰劳军队。为巩固军民关系，节日还会举行军民联欢，举行军人同乐晚会。③

对军属的优待，也可视为官兵福利。晋察冀边区规定：凡参加抗战的军人，不论正规军、游击队，凡脱离生产的现役军人，其家属均受优待。④陕甘宁边区规定：获得优待的军人家属"以抗日军人之配偶，并与抗日军人在一个家庭经济单位之直系亲属（父母子女及依其为生之祖父母与未成年之弟妹）为限"；"如已分家，虽系直系亲属，亦不得享受物质、劳力优待"。⑤ 如果官兵因犯法革除军籍以及逃跑，或非残废年老等原因脱离部

---

① 《晋察冀边区行政委员会关于我们的婚姻条例的指示信 附晋察冀边区婚姻条例草案》（1941 年 7 月 7 日），《晋察冀抗日根据地史料选编》（下），第 121 页。

② 《第三八六旅司令部一九四一年工作总结》（1941 年 12 月 31 日），《陈赓军事文选》，第 81 页。

③ 《王恩茂日记——抗日战争》（上），第 104、369 页。

④ 《晋察冀边区优待抗日军人家属暂行办法》（1938 年 2 月），《晋察冀抗日根据地史料选编》（上），第 30 页。

⑤ 《陕甘宁边区政府命令——颁发优待抗日军人家属条例》（1943 年 1 月 17 日），《陕甘宁边区政府文件选编》第 7 辑，第 28—30 页。

队，则其家属优待取消。[①]

军属优待的主要内容，以晋察冀边区为例：军人家属其年龄在 16 岁以下 46 岁以上者，免其服公役之义务；在 1937 年 9 月 1 日前的债务，无力偿还者可至抗战结束后偿还；其子女及依靠其生活之弟妹的入学费，以及其本人将来退伍后之入学费一律免除；军人及其家属因民刑事件向本区各级法院起诉不出诉讼费；享受公立医院的免费治疗；政府没收的汉奸土地，军人家属之贫苦者有优先使用权；在合作社及其他公营事业购买生活必需品，得享折扣；如生活必需品发生恐慌时，政府征调之物品，有购买的优先权；参加生产事业的优先权，各级政府应负责介绍。[②] 各根据地的优待举措，虽略有出入，但大体上与晋察冀边区的规定相似。

军属优待中，最重要的举措是组织代耕。为解除官兵的后顾之忧，陕甘宁边区政府发动农民组织代耕队，替抗属耕种，并以革命动员的方式推行。截至 1945 年，陕甘宁边区共优待抗属 79777 人，其中为之代耕者 17569 人，代耕土地 51796 垧。[③] 这对巩固军心起了很重要的作用。陕甘宁边区是优待军属做得比较好的，其他根据地的情况则不尽一致。即使在陕甘宁边区，由于优待工作由政府主导，出现了“重工轻抗”的情况，即优待工作人员家属比优待抗日军人家属进行的好，此外还有“人在情在”“近比远好”“在比亡好”的现象，都使得对军属的优待打了折扣。[④]

抗战以还，众多青年和爱国人士陆续奔赴延安。中共为了建立广泛的抗日民族统一战线，团结国际友人、国内民主党派人士以及知识分子，优待党内参加革命早、有功劳、贡献大的同志，褒扬并勉励军队的高级将领，均对其实行高标准待遇。在生活标准上对部分特殊人员实行优待的原则，如在伙食上，将不同人员分为大、中、小三个灶别。对技术人员和知识分子的优待，主要是向他们发给技术津贴和提供较好的工作环境。抗战初期，享受技

---

① 《陕甘宁边区政府命令——颁发优待抗日军人家属条例》（1943 年 1 月 17 日），《陕甘宁边区政府文件选编》第 7 辑，第 30 页。

② 《晋察冀边区优待抗日军人家属暂行办法》（1938 年 2 月），《晋察冀抗日根据地史料选编》（上），第 29—30 页。

③ 《陕甘宁边区建设简述》（1944 年 6 月），陕西省档案馆、陕西省社会科学院编《陕甘宁边区政府文件选编》第 8 辑，档案出版社，1988，第 213 页。

④ 《陕甘宁边区政府命令——颁发〈拥护军队之决定〉及〈拥军运动月的指示〉》（1943 年 1 月 15 日），《陕甘宁边区政府文件选编》第 7 辑，第 20 页。

术津贴的人员主要是医务、报务、机务人员。后来，享受技术津贴人员的范围逐渐扩大。1942 年 5 月 9 日，陕甘宁边区政府下文，对技术人员按照技术等级发放津贴：一级 90—100 元，二级 70—90 元，三级 50—70 元，四级 35—50 元。[①] 同年 5 月 16 日，中央书记处发布了《文化技术干部待遇条例》，将医药卫生、技术以及文艺三个方面的文化技术干部按照专业学历、工作经验两个主要标准分为甲、乙、丙三等，每月津贴分别为：甲类 15—30 元，乙类 9—14 元，丙类 3—5 元。这个条例的颁布主要是为了统一在延安的文化技术干部的待遇。军队系统的上述人员，也同样适用于该条例的规定。[②]

第五节 伤亡、抚恤与退伍

战场上的伤亡数字是很难精确统计的，尤其是对方的伤亡数字。军队本身对伤亡数字的统计，既有对外宣传的目的，也有自我了解与反思的意图，得出的数字自然也有虚与实两个层面。

一 伤亡与抚恤

抗战时期中共军队的伤亡，一般笼统的说法是 60 余万。如胡绳主编的《中国共产党的七十年》指出："共产党领导的军队伤亡 60 余万。"[③] 但根据《中共抗日部队发展史略》一书的统计，八路军、新四军及华南抗日游击队的人员损失共计 584267 人，其中伤 290467 人、亡 160603 人、被俘 45989 人、失踪 87208 人。[④] 对此，有学者指出，该统计也有值得探讨之处，所列阵亡数 160603 人反低于 1945 年 3 月底统计的 161067 人。加之华南抗日游击队 1943 年以前伤亡无上报材料，故此认为中共抗日部队伤亡约 60 万之说还是经得起推敲的。[⑤] 抗战时期中共武装包括正规军、地方武装、

① 《陕甘宁边区政府关于技术干部待遇问题的批答》（1942 年 5 月 9 日），《陕甘宁边区政府文件选编》第 6 辑，第 153—154 页。

② 陕甘宁边区财政经济史编写组编《抗日战争时期陕甘宁边区财政经济史料摘编》第 6 编，陕西人民出版社，1981，第 604—607 页。

③ 胡绳主编《中国共产党的七十年》，中共党史出版社，1991，第 238 页。

④ 张廷贵、袁伟、陈浩良：《中共抗日部队发展史略》，解放军出版社，1990，第 503 页。

⑤ 孟国祥、张庆军：《关于抗日战争中我国军民伤亡数字问题》，《抗日战争研究》1995 年第 3 期。

民兵自卫队三个层次。60 万仅仅是正规军的伤亡数，若将地方武装与民兵自卫队的伤亡算入，实际人数应超过 60 万。

根据彭德怀的报告，抗战八年中，八路军官兵阵亡 112245 人、负伤 201381 人，[①] 略低于表 9－1 中的数字。另外，表中数据不包括 1937 年 7、8 两月的伤亡，1945 年 6 月后中共军队对日军展开反攻作战并持续到 10 月的伤亡也未统计，因此八路军的伤亡应高于表中统计及彭德怀的报告。不过这一伤亡统计是包含了与日军、伪军、国民党军及各种“杂色武装”的作战总伤亡。

表 9－1　抗战期间八路军、新四军伤亡统计

单位：人

<table>
<tr><th colspan="2">时间
人数
项别</th><th>1937.9
—
1938.5</th><th>1938.6
—
1939.5</th><th>1939.6
—
1940.5</th><th>1940.6
—
1942.5</th><th>1941.6
—
1942.5</th><th>1942.6
—
1943.5</th><th>1943.6
—
1944.5</th><th>1944.6
—
1945.5</th><th>总　计</th></tr>
<tr><td rowspan="2">八路军伤亡</td><td>负伤</td><td>8107</td><td>31031</td><td>32175</td><td>38384</td><td>40813</td><td>18107</td><td>17976</td><td>26575</td><td>213168</td></tr>
<tr><td>阵亡</td><td>4432</td><td>15048</td><td>17012</td><td>21384</td><td>23034</td><td>11378</td><td>10934</td><td>10047</td><td>113233</td></tr>
<tr><td rowspan="2">新四军伤亡</td><td>负伤</td><td colspan="4">36637</td><td>10856</td><td>8412</td><td>9015</td><td rowspan="2">14884</td><td rowspan="2">124672</td></tr>
<tr><td>阵亡</td><td colspan="4">22448</td><td>6745</td><td>7617</td><td>8058</td></tr>
</table>

资料来源：《中共抗战一般情况的介绍》（1944 年 6 月 22 日第十八集团军参谋长叶剑英与中外记者参观团的谈话），《中共中央文件选集》第 14 册，第 617—618 页；《八路军·表册》，第 356 页；《中国人民解放军历史辞典》编委会编《中国人民解放军历史辞典》，军事科学出版社，1990，第 60 页。

中共军队一般要求党员要发挥先锋模范作用。特别是抗战初期，军队的党员比例较高，而党员的伤亡比例也较大。在抗战前三年，八路军牺牲 3 万余，伤 7 万余，其中党员占 60% 以上。[②] 1941 年聂荣臻总结晋察冀的情况说：“党员战斗伤亡比例数超过党员在部队中比例数很大，个别战斗党员伤亡竟占全体百分之八十以上，如去年特务团回舍战斗，牺牲十二名中，党员占十一名。一年来党员总伤亡占全体百分之三十九（其中新战士增多，他们军事知识较差，伤亡数目要多，故党员伤亡比例数相对减

① 《在中国共产党第七次全国代表大会上的发言》（1945 年 4 月 30 日），彭德怀传记编写组编《彭德怀军事文选》，中央文献出版社，1988，第 183 页。

② 王焰主编《彭德怀年谱》，第 231 页。

少）。”[①] 但也有部队例外。据新四军第一师统计，1941 年官兵共伤亡 3003 名，其中党员阵亡的有 595 人，受伤的 473 人，接近总伤亡人数的 36%，而该师党员数量占总人数的 38%。[②] 党员伤亡比例略低于党员人数比例。

党员伤亡与干部的伤亡密切相关。因为干部中党员的比例远高于士兵中党员的比例。所谓党员的模范作用一定程度上也可以说是干部的模范作用，或者说是党员干部的模范作用。在战斗中基层干部往往要带头冲锋，掩护战友，因此也更加危险。以白晋铁路破击战为例，其中作战较好的一支部队的伤亡情况是营级干部占战士的 1/47，连级干部占 1/10，排级干部占 1/6，军士占 1/4。[③] 同样，在皖北发生的杜集战斗是中共军队伏击日伪军的一个经典战例。此次战斗我军共伤亡 52 人，其中班级以上（营、连、排、班、班副）干部伤亡 15 人，约占总伤亡的 28%。[④]

另据聂荣臻报告，晋察冀军区自 1940 年 1 月至 1941 年 5 月，干部伤亡情况为伤：排级 393、连级 298、营级 28、团级 3，共 722 人；亡：排级 109、连级 58、营级 10、团级 3，共 180 人。[⑤] 可见干部的伤亡主要集中在连、排、班等基层干部上。

在战争中，受伤人数通常高于阵亡人数。一般军队对自身的伤病员都力所能及地采取救治政策。但是，伤病员也在一定程度上会成为军队的负担，因此难免出现问题，即使是中共军队也在所难免。新四军第四师中就发生过师特务营文化教员和连指导员枪毙因病掉队的士兵。[⑥] 虽然如此，总体上中共军队对伤病员的救治比较重视。聂荣臻就强调：“伤病员得不到很好的给养与安慰，不能及时出院，结果在政治上失掉了我们的友爱，增加了他们的痛苦，影响了全军的团结；在军事上，由于伤病员不能及时归队影响到战斗力，直接影响作战；在经济上由于延长休养期会增加药费、粮费上的消耗，各方面都是不应当的。因此，不管我们困难到什么地

---

① 朱良才：《晋察冀一年来创造模范党军铁军工作概述（节选）》（1941 年 6 月 25 日），《晋察冀抗日根据地史料选编》（下），第 93 页。

② 钟期光：《第一师的发展历史及现状》（1942 年 2 月 8 日），《新四军·文献》（3），第 184—185 页。

③ 《白晋铁路大破击的战术总结》（1940 年 5 月 20 日），《刘伯承军事文选》，第 155 页。

④ 《杜集战斗详报》（1940 年 6 月 24 日），《新四军·文献》（3），第 535 页。

⑤ 周均伦主编《聂荣臻年谱》（上），第 343 页。

⑥ 《张震回忆录》（上），第 237 页。

步，一定要解决伤病员给养上的各种困难。”[①]

中共军队中，伤病员一般享受“小灶”待遇，伙食要比一般士兵好一些。由于物质上有困难，中共更注重精神上的安抚。军队一般发动战友进行慰问，提高战士们的阶级感情。政府则组织民众进行慰问。节日领导干部也会去医院慰问伤病员，并发放慰问信、慰问品。

对伤病员的救治，最重要的还是部队的医疗水平。抗战时期中共军队的医疗水平有限，特别是医务人员比较缺乏。中共中央指示：“今后应尽可能地吸收大后方与广大沦陷区技术水平高深的医务人材，不惜其津贴予以任用，政治上作非党干部看待，生活上作专门家待遇之。”[②] 另外一个主要困难是药品与医疗器械的缺乏。在晋察冀军区，“不管中药西药，我们不惜耗费巨款去购买，在这方面，我们不曾吝惜过一个铜板，开支比工业部造枪械费的钱还多”。不过，有些干部不重视卫生工作，不愿意去卫生部门，一些部队甚至把在前线不负责的干部调往卫生部门充数。[③]

新四军方面通过加强对在职卫生干部进行轮训，创办卫生学校等方式培养卫生工作人员。另外，卫生部门在官兵中进行卫生教育，普及卫生保健知识，包括进行卫生讲话、制定卫生公约、使战士了解卫生的重要及注意事项、定期检查卫生等。[④] 日常治疗方面，晋察冀军区在军分区和团卫生部设门诊就近治疗伤病较轻的官兵，比较严重的则送后方军区医院。

部队自身能带的医生、药品是很少的，医院更不能到处设置，一般轻伤放置附近群众家里，重伤则送后方医院。[⑤] 在战争环境下，伤病员的运输非常困难。即使在条件较好的陕甘宁边区，“伤兵运送之困难，运输工具之缺乏，成为目前极严重的问题。前由关中运来之负伤兵员，因民众用一乡转一乡的办法，每到一乡即停留几点钟，沿途停滞，一直延迟到一个半月，始达延安”。运送伤病员主要依靠地方民众，“民众对受伤人员的注意及爱护的不够，表现着不切实负责，为省去麻烦，把人交出，即算完事，使伤兵在中途牺牲的、伤口化脓的、以及来不及施行手术的数

① 《在晋察冀军区供给会议上的讲话》（1941 年 3 月 1 日），《聂荣臻军事文选》，第 153 页。

② 徐则浩编著《王稼祥年谱（1906—1974）》，中央文献出版社，2001，第 302 页。

③ 《在晋察冀军区卫生会议上的总结讲话》（1942 年 12 月），《聂荣臻军事文选》，第 226、235 页。

④ 《路东一个月整训总结报告》（1941 年 7 月），《张震军事文选》上卷，第 66 页。

⑤ 《游击队政治工作概论》（1937 年 10 月 16 日），《彭雪枫军事文选》，第 55 页。

见不鲜”。[①]

军队对伤亡人员及其家属一般会采取一定的抚恤措施。中共军队的抚恤工作主要是在抗战中后期展开的。1940 年聂荣臻承认：“对于伤亡抚恤工作，过去做得很不够。今后应设置专门机关进行这一工作，以发扬民族友爱与阶级友爱，反对对伤亡同志冷酷的漠不关心的态度”；“干部伤病，应很好的抚恤与治疗，对烈士家属及其后代，应负责教育和爱护抚恤，并应创办遗族子弟学校”。[②]

同对伤兵的救治一样，对死伤官兵的抚恤也需要地方政府的配合。1942 年，陕甘宁边区政府按照残疾程度的不同，将伤残人员分为三级。抚恤金也按照伤残的等级发放，一等伤残金 50 元，二等伤残金 36 元，三等伤残金 20 元，对牺牲者则抚恤其家属，给予“牺牲金”200 元。[③] 后来也根据经济状况适当增发，一等增为 100 元，二等 80 元，三等 60 元。[④] 又因为物价上涨等原因，抚恤金最后折合成小米等实物发放：阵亡及病故者一次发给等于 4 石小米之恤金，由其遗属承领；伤残者按等级每年发给相当于 2—8 斗小米之优待金。[⑤]

有不少伤残人员继续留在部队中，也得到一定的抚恤。部队的抚恤最早由政治部负责，后建立了专门的抚恤委员会。[⑥] 在山东军区，受伤人员按照伤残等级划分为四等，除生活所需随军供给外，每年发给抚恤金 50—300 元不等。[⑦]

二 退伍与安置

部队中的伤残人员除得到抚恤外也可以申请退伍。1931 年 11 月，苏

---

① 《陕甘宁边区政府通令——为规定护送伤兵办法事》（1941 年 2 月 5 日），《陕甘宁边区政府文件选编》第 3 辑，第 139 页。

② 《军事问题报告提纲》（1940 年 7 月 17、18 日），《聂荣臻军事文选》，第 132 页。

③ 《陕甘宁边区政府关于增加残废金的通知》（1942 年 4 月 8 日），《陕甘宁边区政府文件选编》第 6 辑，第 65 页。

④ 《陕甘宁边区政府给民政厅公函——照准增加四二年残废金》（1942 年 8 月 31 日），《陕甘宁边区政府文件选编》第 6 辑，第 329 页。

⑤ 《陕甘宁边区政府命令 附：陕甘宁边区抚恤优待条例（草案）》（1944 年 9 月 9 日），《陕甘宁边区政府文件选编》第 8 辑，第 354 页。

⑥ 《王恩茂日记——抗日战争》（上），第 19—20 页。

⑦ 《山东省抚恤阵亡将士荣誉军人暂行条款》（1943 年 4 月 2 日），山东省档案馆、山东社会科学院历史研究所合编《山东革命历史档案资料选编》第 9 辑，山东人民出版社，1983，第 417—418 页。

维埃政府规定，“在红军服务五年以上年龄满四十五岁者，可退职休养，国家补助其终身生活，本人不愿退伍继续服务者，应得特别优待”，并且“国家设立残废院，凡因战争或在红军服务中而残废者入院休养，一切生活费用由国家供给，不愿居残废院者，按年给终身优恤费，由各县苏维埃政府按当地生活情形而定，但现在每年至少五十元大洋”。[①] 但实际上由于战争的因素，这项规定基本未能执行。抗战前期，部队一直处于快速扩张阶段，退伍人员寥寥。直到 1942 年伴随精兵简政才出现大批退伍者。

退伍官兵主要是部队中年纪过大，身体有残疾，患有严重疾病的人员。1943 年 6 月晋绥军区统计后勤退伍人员有干部 90 名、战士 445 名，共 535 名。其中属于年龄问题的有 149 名（40 岁以上），属于身体残疾的 169 名，因患有严重疾病而退伍的 169 名，因违反军纪且屡教不改而被强制退伍者 25 人。[②]

精兵简政过程中，对编余干部的处理，大部分是送去学习或调到地方工作，退伍的只占少数。以一二九师为例，1942 年编余干部共 1956 名，其中送去学习的干部 1197 人，派往地方的 390 人，退伍的 369 人。369 名退伍干部中，因残疾原因的 149 人，老弱 220 人，其中营级 6 人，连级 91 人，排级 272 人。[③] 可见退伍干部以老弱病残的基层干部为多。

也有相当一批干部不愿意退休，特别是许多老干部不愿意退伍。老干部一方面是由于政治觉悟较高，希望能够留下来继续工作；但更重要的是许多老干部是南方人，从内战到抗战，有些已经没有家了，退伍也不知去哪。自然也有主动要求退伍的干部。有的部队就出现“病情虽然不重，但情绪不高，执意要求退伍”的干部。[④] 还有装病的、借口残疾要求退伍的。有些干部退伍不成，转而要求到地方上工作。[⑤] 一二〇师三五九旅为鼓励

① 《江西社会科学》编辑部编《中华苏维埃共和国中央政府文件选编》，出版机构不详，1981，第 6—7 页。

② 《精兵简政工作材料和后勤退伍人员第二、第三次总结统计表》（1943 年 6 月 12 日），山西省档案馆藏革命历史档案，档案号：A40—2—1—1。

③ 《第一二九师政治部组织部关于一九四二年组织工作总结（节录）》（1942 年 12 月），《中国人民解放军干部工作历史文献选编》第 1 卷上册，第 732—733 页。

④ 《陕甘宁边区政府、八路军留守兵团司令部关于编余人员送分区安置处理原则规定的训令》（1943 年 6 月 29 日），《陕甘宁边区政府文件选编》第 7 辑，第 274 页。

⑤ 《第一二九师政治部组织部关于一九四二年组织工作总结（节录）》（1942 年 12 月），《中国人民解放军干部工作历史文献选编》第 1 卷上册，第 738 页。

老弱人员退伍，先将其安置在部队驻地周边参加生产，两年间每人种地 30 亩。[①] 这样就将精兵简政与生产运动联系起来，实际上就是先留在部队进行生产。因原则上退伍要采取自愿的原则，有的部队将不愿退伍和身体较差的干部先留下休养，之后再决定是否退伍。[②]

对于退伍人员的安置，大体上是“其在根据地内者，可设法回家，其在根据地外不愿与不能回家者，可以妥善的在根据地分散安插，在其自愿原则下也可以在根据地内安家”。[③] 山东军区按照伤残的等级和路程的远近给予路费与抚恤费，并发放荣誉证和特别抚恤证。[④] 在陕甘宁边区，“退伍人员须经分区旅政治部审查转专署安置”，退伍人员“转送各地安置时，均须编为组织，选定专人（较好之干部）负责率领，不得听其自由行动或放任不管”。[⑤] 在陕甘宁边区，鼓励退伍人员务农。为推动退伍军人参加生产，边区政府树立了以杨朝臣为代表的退役残疾军人劳动英雄。[⑥]

退伍官兵及其家属与抗日官兵的家属享受的优待基本相同。退伍人员也享受代耕的优待，代耕办法与优抗代耕相同。[⑦] 中共还十分注意对退伍人员进行精神上的安慰，“各文化团体、机关、学校、部队，于举行娱乐晚会时，应注意请当地荣员参加，对新由前方回来的荣誉军人，应尽可能由主管机关组织欢迎晚会。在拥军月内，延安与边区各地方政府及机关，亦应尽可能组织招待荣誉军人的晚会，并分派剧团、秧歌队、电影团等到伤兵医院及荣校进行慰问”。[⑧] 各根据地也注意提高退伍人员的社会地位。

---

① 《王恩茂日记——抗日战争》（下），第 309 页。

② 《陕甘宁晋绥联防军政治部组织部关于半年干部工作的总结（二月至七月）》（1943 年 9 月），《中国人民解放军干部工作历史文献选编》第 1 卷下册，第 944 页。

③ 左权：《坚持执行精兵政策》（1942 年 7 月 13 日），《陕甘宁边区政府文件选编》第 6 辑，第 447—448 页。

④ 《山东省抚恤阵亡将士荣誉军人暂行条款》（1943 年 4 月 2 日），《山东革命历史档案资料选编》第 9 辑，第 418 页。

⑤ 《陕甘宁边区政府民政厅、八路军留守政治部关于执行“编余人员送分区安置处理训令”之补充办法》（1943 年 6 月 29 日），《陕甘宁边区政府文件选编》第 7 辑，第 276—277 页。

⑥ 《一九四三年边府工作报告》，《陕甘宁边区政府文件选编》第 7 辑，第 446 页。

⑦ 《陕甘宁边区政府民政厅、八路军留守政治部关于执行“编余人员送分区安置处理训令”之补充办法》（1943 年 6 月 29 日），《陕甘宁边区政府文件选编》第 7 辑，第 276 页。

⑧ 《关于加强荣誉军人教育及娱乐活动的决议》（1944 年 11 月 16 日边区文教大会通过，边区二届二次参议会批准），《陕甘宁边区政府文件选编》第 8 辑，第 426 页。

陕甘宁边区还设立了荣誉军人学校。

总的来说，退伍人员所占比例不大。中共对退伍人员的安置比较妥善，大部分退伍军人的生活有一定的保障，对退伍官兵的妥善安置，对军队的流动与军心的巩固产生了积极作用。

第十章
党指挥枪：政工与党务

自中共建军以来，党对军队的绝对领导便成了一条最重要、最核心的原则。而落实此一原则的具体保证，就是以党领军的政工、党务制度。中共运用该制度，将军队牢牢掌控，防止将帅拥兵自重，并使官兵关系、军民关系协调融洽，同时设法瓦解对手方的军队。诚如中共自己所言，“政治工作在红军中有决定的意义……政治工作不是附带的，而是红军的生命线”。[①]“生命线”的提法透射出了政治工作对于中共军队的重要性。也正因如此，中共时常将自身军事行动的胜败与政治工作的好坏联系在一起。国民党也持有类似的看法。蒋介石晚年还在感叹：“大陆戡乱战争的失败，不是军事作战的失败，主要的还是军队政工的失败。”[②]客观而言，国、共权势易位是多种因素的结果。战争的胜败也并不端赖政治工作的好坏。不过，中共军队在武器装备、军需后勤等硬性条件均不如人的情况下，能不断发展壮大，又确实与政治工作的施行有着莫大的关系。

具体到抗战时期，为确保党对军队的绝对领导，中共既要面对外部的挑战，又要正视内部的压力。抗战时期的军队政工和党务情况既有红军时期的传统，也有新形势下的变化。此外，政治工作是否得以落实，离不开一个个具体的人——党员及干部的参与。党员、干部及党的各级组织才是政治工作运作的基础。

---

① 《中央给中区中央局及苏区闽赣两省委信》（1932 年 7 月 21 日），中央档案馆编《中共中央文件选集》第 8 册，中共中央党校出版社，1989，第 310 页。

② 蒋介石：《对敌斗争的认识和指示》（1961 年 8 月 10 日），李云汉主编《蒋中正先生在台军事言论集》第 2 册，台北，近代中国出版社，1994，第 772 页。

第一节　党军体制

党军体制从苏俄引入中国，始于黄埔建军时期。苏俄党军体制是在革命成功之后建立的。在苏俄红军中，没有党代表，只有政治委员。国民党引入这一制度时，将政治委员这一称呼改为党代表。在黄埔军校和国民革命军中，实际从事政治工作的主要是中共党人。苏联军事顾问切列潘诺夫就认为："中国共产党实际上领导了当时军队里的全部政治工作。"① 当时中共党内存有一种观念，认为当军事指挥员是"军阀思想"，"作政治工作才是革命的"。② 所以，中共早期忽视了军权的重要性，侧重于做具体的宣传教化工作。党代表在军中"名尊而无实权"，实际地位远低于军事长官。中共在总结大革命失败的原因时，"迷恋"政治工作和群众运动、不直接"抓枪杆子"是最主流的看法。中共在自己建军后，并未因此放弃军队的政治工作，而是从中汲取了正反两方面的经验教训，牢牢把握住了政治工作的两个层次：一是直接控制"枪杆子"；二是继续从事民众运动、兵士运动。

1928 年 5 月 25 日，中共中央发布通告，将自己的军队正式定名为红军，并规定"红军应由苏维埃派政治委员监督军官，并负责进行政治工作"；政治委员应即为"党的代表"，"但对外不得用党代表名义"。③ 接下来，中共六大进一步强调："采用苏联红军组织的经验，实行政治委员与政治部制度。"④ 但这些规定止于形式，未及当时红军实际，没有被广泛采纳和接受。毛泽东随后给中央的报告中明确提出："党代表制度，经验证明不能废除。"按毛泽东当时的理解，取消党代表，大约意味着师以下各级会回到"三湾改编"前政治指导员的设置，但"改称指导员，则和国民

---

① 〔苏〕亚·伊·切列潘诺夫：《中国国民革命军的北伐——一个驻华军事顾问的札记》，中国社会科学院近代史研究所翻译室译，中国社会科学出版社，1981，第 388—389 页。

② 姜思毅主编《中国共产党军地政治工作七十年史》第 1 卷，解放军出版社，1991，第 120 页。

③ 《中共中央通告第五十一号——军事工作大纲》（1928 年 5 月 25 日），《中共中央文件选集》第 4 册，第 233、236 页。

④ 《军事工作决议案（草案）》（1928 年 9、10 月间），《中共中央文件选集》第 4 册，第 491 页。

党的指导员相混，为俘虏兵所厌恶。且易一名称，于制度的本质无关。故我们决定不改”。[①] 实际上，红四军之所以不同意废除党代表，一是因为党代表深入到了连一级，二是因为党代表同时还担任党的书记。此两点是在“三湾改编”时就已确立的原则，也是与国民革命军党代表制度不一样的地方。党代表深入到连一级，才能达到“如臂使指”的效果。而党代表兼任党的书记，虽初衷是要缓解因政工人才缺乏所造成的困难，但实际上因为军中实行的是委员会制的集体领导形式，重大问题与行动须经党委（支部）讨论决定，党代表的权力便无形中得以增加。在毛泽东看来，只有这样，权力才能集中，党对军队的绝对控制才能得到保证。

1929 年 8 月和 9 月，中央去信严厉批评了红四军中存在的“极端民主化”现象，并明确指示：“党代表名称应立即废除，改为政治委员，其职务为监督军队行政事务，巩固军队政治领导，副署命令等。”[②] 12 月，在毛泽东的主持下，红四军党的第九次代表大会决议案明确规定，在红四军各级设立政治委员，军事机关的一切命令“政治委员须副署”，而且，营、连政治委员以不兼党的书记为原则，“但在工作人员缺乏的部队，仍可暂时兼充”。[③] 政委制由是取代党代表制，在红四军中开始全面确立。这是中共党军体制的第一次重要变更。

其实，毛泽东在自己掌握的军队中建立党委集体领导制度，设立各级党代表，是一种既不同于国民革命军党代表制，也不同于苏联政委制的尝试。这种制度实际是解放战争时期最终确立的党委领导下军政分工制的雏形。党代表兼党的书记，也是中共汲取国民革命时期的经验教训提高党代表权力的重要举措，其内在逻辑与中央决议改行政委制一样，仍是为了强化党对军队的控制。所以，就权力集中的本质言，党代表制的存废并无太大差别。可以说，除了名称的改变，政委制基本是党代表制的继承，政治委员与原来的党代表职权基本相同，各级党的委员会仍然是军队“领导的中枢”，一切工作仍然要“在党的讨论和决议之后再经过群众路线去执

① 《井冈山的斗争》（1928 年 11 月 25 日），《毛泽东军事文集》第 1 卷，第 28 页。

② 《中央给红军第四军前委的指示信——关于军阀混战的形势与红军的任务》（1929 年 9 月 28 日），《中共中央文件选集》第 5 册，第 483 页。

③ 《中国共产党红军第四军第九次代表大会决议案》（1929 年 12 月于闽西古田会议），《中共中央文件选集》第 5 册，第 834、816 页。

行”。军事系统和政委所属的政治系统仍然“在前委的指导之下，平行地执行工作”。[①]

在苏俄党军体制中，党无疑占据核心和领导地位，但党对军队的核心领导作用是通过党团的形式（由在军队中担负领导职责的党员组成党团）来实行的，而不是直接向军队下达指示的“包办”做法。它比较强调政委的个人权威，政委由苏维埃政权派出，其设立后必须与政权建立直接的联系。

1930 年 10 月，中共中央以条例草案的形式对红军政治工作的方方面面做了规定，明确了政治委员的地位、责任、权限、隶属系统，确定政治委员具有“最后决定权”和“最高执法权”。[②] 但是，草案却没有对党委的作用做任何说明，没有提出是否由党委来统一领导和指挥部队一切工作这个根本问题。

1931 年 11 月，苏区党的第一次代表大会在瑞金召开，会议指出，由于“在党内党权高于一切的观念没有完全打破，所以在组织上产生了各级党的委员会”，“这种组织是削弱了政治委员和政治部代表党和政府制度（使之）不能彻底实行，政治部工作不能健全起来”的主要原因之一，[③] 因此，“党应当切实实行政治委员制度与红军政治工作条例。红军中包办一切军队行政的各级党的委员会应即取消。各级党的组织，应当由军政治部管理，各军党由革命军事委员会总政治部负责管理，并指导其工作”。[④] 自此，以政治委员为党的全权代表的制度逐渐取代了党委制，党组织受同级政治机关管理，党委受同级政委领导，政治一长制得以确立，这是中共党军体制的又一次重大变化。

总体而言，从废除党代表制到设立政委制再到取消党委制，这是中共中央在共产国际影响和指导下逐步确立苏俄党军体制的过程。

---

① 《中国共产党红军第四军第九次代表大会决议案》（1929 年 12 月于闽西古田会议），第 833 页。

② 《中国工农红军政治工作暂行条例草案》（1930 年），总政治部办公厅编《中国人民解放军政治工作历史资料选编》第 1 册，解放军出版社，2002，第 599—621 页。

③ 《红军问题决议案——中央苏区第一次党代表大会通过》，《中共中央文件选集》第 7 册，1991，第 487 页。

④ 《党的建设问题决议案——中央苏区第一次党代表大会通过》，《中共中央文件选集》第 7 册，第 478 页。

抗战爆发后，中共中央军委于1937年8月25日下达红军改编命令。在新的军队编制中，已无政治委员的影子。各级政治部也改名为政训处。换言之，在中共军队中，政委制被废除。这是中共军队政工制度一次“原则上的改变”。[①] 这次改变是在抗战大环境下国共谈判的直接结果。在这场谈判中，国民党的首要目标就是剥夺或控制中共军权。中共则极力维护自己对红军的指挥控制权。最后，中共党军关系的核心原则——党指挥“枪”在这场谈判中顽强地坚持下来，但具体运作则不得不稍做调整。政委制的取消，即是双方妥协调整的结果。

政委制取消后，中共军队内部政工人事也随之发生变化。原政委或转为军事副职，或改任政训处主任；原政治部（处）主任也多改任政训处职。这实际造成了政工干部公开的职权地位的降低。政工干部变成了军事指挥的政治副手，政治工作因此受轻视。军事干部也开始不情愿接受政工干部的意见。政工干部也开始态度消极，“不务实际，不负责任，甚至发生贪污腐化、官僚主义等个别恶劣现象”。[②]

鉴于种种实际和历史经验，身处抗日前线的朱德、彭德怀和任弼时联名上报中共中央，建议“团以上或独立营执行党代表制度”，“党代表的职权一般与过去政委相同”，并建议恢复政治部（处）的设置。[③] 中共中央表示“完全同意”，“请即速令执行”；鉴于党代表曾为国民党所废弃，为照顾统一战线，尽量少贻国民党之口实，在名义上“仍名为政治委员”，“将来国民党采用党代表制时，我军方可改为党代表”。[④] 10月下旬，八路军正式恢复政治部（处）和政治委员制度。1937年11月12日，毛泽东在延安党的活动分子会议上宣布：“因受国民党干涉而取消的政治委员制度，因受国民党干涉而改为政训处的政治部的名称，现在已经恢复了。”[⑤]

---

① 《总政治部关于新阶段的部队政治工作的决定》（1937年8月1日），《中国人民解放军政治工作历史资料选编》第4册，2004，第17页。

② 《抗日战争中我军政治工作的基本原则》（1941年1月），《黄镇文集》编委会编《黄镇文集》，中国友谊出版公司，1994，第54页。

③ 《关于恢复政治委员和政治机关原有制度的意见》（1937年10月19日），《朱德军事文选》，第291页。

④ 《关于恢复军队中政治委员及政治机关制度的指示》（1937年10月22日），《中共中央文件选集》第11册，第377页。

⑤ 《上海太原失陷以后抗日战争的形势和任务》（1937年11月12日），《毛泽东选集》第2卷，人民出版社，1991，第393页。

在政委制取消期间，中共中央决定以党的“集体领导方式”代替政委制，在师以上及独立行动之部队“组织军政委员会”，“指导全部的军事和政治及党的工作”。[①] 1937 年 8 月 29 日，八路军三个师分别成立军政委员会，委员会成员基本由各师师长及副者、政训处主任及副者、参谋长、旅长或旅副组成，但总数不超过 5 人，师长、副师长、政训处主任是当然委员，委员会书记由师长担任。[②] 军政委员会属于八路军师以上领导机关中党的秘密组织，其设立主要是为了保证党对军队的绝对领导。与此同时，在抗战新形势下，八路军向华北战略展开，一方面须采取委员会式的集体领导方式凝结和平衡各军、政首长，另一方面又予军事首长以书记一职以利集中和有效率。但是，这种人事体制难免会降低军队政治工作的作用。

政委恢复后，军政委员会并没有取消，而是继续存在。新四军支队也开始有了军政委员会的设置。从 1938 年颁布的《八路军政治工作暂行条例（草案）》来看，恢复后的政委不仅“在政治方面有单独发行命令之权”，还“有参加一切军事行动与军事行政决定之权力”，更重要的是，“军事指挥员有违反了党的路线或不执行上级命令情况时，政治委员有停止军事指挥员命令之权”。[③] 政委权限之大使得实际形成二元领导体制。这样一来，政委难免与军事首长（即便身兼军政委员会书记）的职权相抵牾。没有材料明确显示当时军政委员会的作用是否削弱，但政委“以党权包办军权”的现象确实存在。最明显的例证就是新四军政委项英。项英手握新四军党权，并欲凭此包揽军事指挥权，与叶挺多有矛盾。毛泽东为此还专电项英告诫其应“始终保持与叶同志的良好关系”。[④] 皖南事变发生后，当时党内和军中各种检讨会都集矢于项英个人的“右倾机会主义”“家长制作风”，其实并非没有体制上的因素。叶挺就曾直言：此次失败，

---

① 《中共中央关于红军中党及政治机关在新阶段的组织的决定》（1937 年），《中共中央文件选集》第 11 册，第 268 页；《中共中央组织部关于改编后党及政治机关的组织的决定》（1937 年 8 月 1 日），《中共中央文件选集》第 11 册，第 312 页。

② 《中共中央书记处关于成立前方军委分会及各师成立军政委员会的决定》（1937 年 8 月 29 日），《八路军 · 文献》，第 25 页；中国人民解放军总政治部组织部：《中国共产党中国人民解放军组织史资料》第 2 卷，长征出版社，1994，第 28、68、98 页。

③ 《八路军政治工作暂行条例（草案）》（1938 年），《中国人民解放军政工历史资料选编》第 4 册，第 355 页。

④ 《毛泽东关于新四军应进行敌后游击战争致项英电》（1938 年 5 月 4 日），《中共中央东南局》编辑组编著《中共中央东南局》下卷，中共党史出版社，2006，第 570 页。

政委制之缺点，实亦一因。[①]

为了调节军政首长间关系，防止政委职权过度膨胀，同时又不降低军队政治工作的作用，中央军委于1941年再次强调军政委员会的集体领导，并规定军政委员会主席一般由政委担任。与此同时，还规定军政委员会向下延伸至团一级。军政委员会所做决定，关于军事工作的，交司令部执行，关于政治工作的，则交政治部执行，其本身并不负具体执行之责。[②]

比较而言，政委是党在军队的全权代表，公开存在，深入到军队基层（营、连两级分别叫教导员和指导员）；军政委员会则是党在军队的一级组织，秘密存在，最多到团一级。但两者最大的区别还是体现在党对军队的领导方式上：政委制体现的是一种一长制的领导方式，军政委员会制体现的则是集体领导方式。一长制往往会造成一定程度的军政关系、党军关系的失衡。为解决此一问题，中共选择回到集体领导之下军、政双长制的老路，这就是政委恢复后军政委员会还继续存在的缘由。集体领导不排斥个人负责，但也一定程度限制了政委个人权力膨胀。集体领导与个人负责的结合是民主与集中的结合，是权力制衡与效率的结合。正如列宁曾经说过的："我们既需要委员会来讨论一些基本问题，也需要个人负责制和个人领导制来避免拖拉现象和推卸责任的现象。"[③] 不过在战争环境下，还存在另一种情况，即军事首长经常既兼政委又兼军政委员会主席。名义上是军政委员会之下的军、政双长制，而实际权力很多时候显然是向军事首长集中。

这个时期的军政委员会并不等同于红军时期的党委。首先，在红军党委制下，各级党委直接领导军中各级党的工作；而在军政委员会制下，军队政治部（处）有专门负责党务工作的各级党务委员会，军政委员会只能通过政治部（处）与党务委员会发生关系，从而间接领导党务工作。其次，在红军党委制下，各级军、政首长都在各级党组织领导下平行开展工作，军事、政工、党务三者关系明晰；而在军政委员会制下，由于军政委员会只到师、团一级，师（团）及以上，军政委员会在政治首长之上起决

① 《叶挺在被围中给毛泽东、朱德、王稼祥的报告》（1941年1月11日），中央档案馆编《皖南事变（资料选辑）》，中共中央党校出版社，1982，第134页。

② 《军政委员会条例》（中央革命军事委员会命令，1941年2月7日于延安），《中共中央文件选集》第13册，第42页。

③ 《全俄苏维埃第七次代表大会》（1919年12月5—9日），《列宁全集》第30卷，人民出版社，1957，第213页。

策作用，党务委员会在政治首长之下从事具体党务工作，师（团）以下，各级党组织则完全受政治首长领导，而且，即使在师（团）及以上，军政委员会更多是发挥“指导”作用，“只作原则上的决定和定期的检查”，军、政首长不同意军政委员会的决定时，可向上级军政委员会或中央申诉。①

此外，抗战时期的政委制亦不同于红军时期的政委制。红军时期，政委对一切军事行动和行政有“监督”之权，当政委与军事指挥员发生争持时，政委可以停止军事指挥员命令。权力更偏向政委。到抗战时期，政委的“监督”之权变成了“参加”之权，军事指挥员对军事行政和作战负更大责任，只有在军事指挥员违反党的路线和不执行上级命令时，政委才能停止其命令。② 所以，同样是政委制，红军时期政委权限更大，抗战时期政委权限相对缩小。

军队在分散游击、建立抗日根据地的过程中，还与地方党政机关合组过不少军政委员会，统一领导该地党、政、军工作。所以，军政委员会在抗战时期实际存在着两种不同的形式，一种即前文所说的八路军师（团）以上领导机关中党的秘密组织，另一种则是具有统战性质的地方权力机构。为了区别开来，1941 年 2 月 7 日《军政委员会条例》规定：军、地合组的军政委员会一律改名为军政党（党政军）委员会。③

随着部队地区性和游击性的增大，军队与地方的接触越来越密切，围绕兵员、粮食等问题而滋生的矛盾也越来越多。据梁斌回忆，一二〇师在冀中时，一名士兵因在地方上犯了错受到县长批评，该士兵不仅不认错，态度还不好，于是县长叫（人）脱了他的军装，这一下就引起该士兵所在的整个连队反感，不仅将县长打了一顿，还把县政府警卫中队缴了械。④

① 《中共中央组织部关于改编后党及政治机关的组织的决定》（1937 年 8 月 1 日），《中共中央文件选集》第 11 册，第 312—313 页。

② 《中国工农红军政治工作暂行条例草案》（1930 年），《中国人民解放军政工历史资料选编》第 1 册，第 602、603 页；《八路军政治工作暂行条例（草案）》（1938 年），《中国人民解放军政工历史资料选编》第 4 册，第 355 页。

③ 早在 1938 年 11 月，八路军野战政治部就命令各部队，旅级就开始成立军政委员会，见《八路军野战政治部关于党的组织问题的命令》（1938 年 11 月 14 日），《中国人民解放军政工历史资料选编》第 4 册，第 234 页。

④ 梁斌：《一个小说家的自述》，天津教育出版社，2014，第 184 页。

在鲁南，一一五师与鲁南地方党一度“关系极不正常，存在严重的宗派主义”，军队“骄傲”，地方“保守”，“形成互相之间许多意见”。[①] 在华中也有军队党待地方党为“部下”的情况，地方党若不接受军队党的指导，就要“挨骂”，“好的严格批评”。[②]

为了减少军、地冲突，也为了应对根据地越来越严重的困难，建立根据地一元化的领导机关便变得极为迫切。1942 年 9 月 1 日，中共中央决定取消军、地合组的军政党（党政军）委员会，以党的委员会（中央局、分局、区党委、地委）为各地区的最高领导机关，统一领导各地区的党政军民工作，军内军政委员会则继续保留，但以同级党委的一个部门存在，必须无条件执行党的委员会的决议或指示。[③] 这种根据地党政军一元化的领导，也是中共中央统一领导下军事系统和地方党委对军队的双重领导制度的一种形式。[④] 实行党政军一元化领导，协调军、地矛盾是一方面，加强党对军队的领导则是另一方面。但若实际考察党委人事结构就会发现，党委书记一职大多由军队政委兼任。

总体而言，抗战时期，中共党军体制架构大体是：中共中央军委是军队的最高领导机构。军委之下设有前方军委分会（后改为华北军分会）和新四军分会（后改为华中军分会），分别作为八路军、新四军的最高领导机构。军委分会之下，各师级部队设立军政委员会，受军委分会统辖；军事首长、政治委员和政治部都在军政委员会指导之下开展工作；政治委员和政治部主要负责军队的政工、党务工作，有着完整的垂直的系统。军委总政治部是全军政工最高领导机构，也是全军党的工作机关，设总政治部主任一职。师一级设政委和政治部，团设政委和政治处，营设教导员，连设指导员。从军委总政治部到连指导员，即是通常所说的政工系统。在各

① 《鲁南工作总结——朱瑞同志报告》（1943 年 6 月 1 日），内部资料，中国人民解放军军事科学院图书馆藏；《景晓村日记》，内部资料，北京八路军山东抗日根据地研究会渤海分会编印，2012，第 11 页。

② 曾山：《党内工作计划可完成但领导关系争执不清》（1940 年 4 月），《中共中央东南局》下卷，第 839 页。

③ 《中共中央关于统一抗日根据地的领导及调整各组织间关系的决定》（1942 年 9 月 1 日中共中央政治局通过），《中共中央文件选集》第 13 册，第 427—429 页。

④ 参考李俊亭《党对军队领导的几项组织制度综述》，中共中央党史研究室编《中共党史资料》第 39 辑，中共党史出版社，1991，第 228—238 页。

级政治部之下，还有专门的党务系统，专负党务工作。

第二节　军队党务

在军队各级政治机关组织部门内（从军委总政治部到八路军、新四军各团政治处）设有各级党务委员会。团一级的党委会又叫团总支，团总支以下还有营分支、连支部。它们在各级政治首长之下从事具体党务工作。所谓党的工作，其实就是通常所说的政治工作。而党务工作，主要指支部的建设、发展和教育党员、党内处分和批评、党内纠纷的解决等。党务工作是党的工作（也即政治工作）的一部分。前者是一个狭义的概念，后者则是一个广义的概念。本节主要谈的是党务工作。

按规定，各级党务委员会由各级党员代表大会选举产生，但在军事行动中不可能召集会议时，得由上级政治部指定。总政治部、军区、军、师党务委员会由正式委员 9—11 人、候补委员 3 人组成，军分区、旅党务委员会由正式委员 5—7 人、候补委员 2 人组成。总政治部党务委员党龄至少 4 年，书记党龄至少 6 年；军区、军、师党务委员党龄至少 3 年，书记党龄至少 4 年；军分区和旅党务委员党龄至少 2 年，书记党龄至少 3 年。委员任期 1 年，但可以连任。团级党总支、营分支和连支部委员会由各级党员大会选举产生。团的党委会由正式委员 7 人、候补委员 3 人组成；营分委会由正式委员 5 人、候补委员 2 人组成；连支部委员会由正式委员 5—7 人、候补委员 2—3 人组成。团的党总支书记党龄至少 1 年，连支部书记党龄至少半年。连支部委员会每 3 月改选一次，团的党委会每半年改选一次，可连选连任。①

党员（代表）大会选举产生各级委员会是党内民主的直接体现。但军队又必须注重命令和集权，军队党的民主较地方党而言有限得多。党的选举制仅限于团以下的党组织。团以上各级党务委员会和各级政治委员、政治部都由上级政治机关委任。② 即使连支部委员会名义上由选举产生，但

① 《中国国民革命军第十八集团军（第八路军）政治工作条例（草案）》，《八路军军政杂志》第 2 卷第 4 期，1940 年 4 月 25 日，第 135—136 页；第 2 卷第 5 期，5 月 25 日，第 177—179 页。

② 萧向荣：《八路军的政治工作》，《八路军军政杂志》第 2 卷第 10 期，1940 年 10 月 25 日，第 57 页。

事先提出候选名单，实际等于任命。新建支部的支委、小组长多半是指定的。[①] 各级军、政首长一般是该级党组织的当然委员。可以说，军队在服从指挥与执行命令上，是没有民主的；在巩固纪律和指挥员威信上，也是没有民主的。在党的会议上不能以民主之名对军队指挥员与政工人员随意批评。[②]

由于各级党务委员会隶属于各同级政治机关，受各级政治首长领导，书记一职常由政治部（处）主任或指导员兼任。兼职书记不能专办党务，导致党务不受重视，有时甚至沦为政治工作的附庸。为改善此种情形，晋察冀军区曾规定“政治指导员不应兼支书，如有副指导员的可由副指导员兼”。[③] 八路军野战政治部在 1939 年底发布的政治整军训令中进一步规定：“支部书记脱离军职，在连队行列中其地位与连指导员在一起。”[④] 但很快又出现了新的问题：支书是否为连级干部？据罗瑞卿 1941 年 8 月反映：“这个问题现在各地已经发生了，但尚未得到统一的解答。”一般而言，军职有等级，党内却无等级。在军中，干部权威的树立跟职位级别密切相关。如果不明确党的干部的等级，实际上不利于建立其地位，也不利于党务工作的开展。罗瑞卿认为，“由副政指兼支书”实是解决此一问题的最好办法，更何况这样还可以节约干部。[⑤] 两个月后，八路军野战政治部正式发文规定：“各部接此电后并即取消脱离军职之支部书记，连队支部应一律设副政指，支部书记最好是由副政指兼”；“支部书记的津贴按其所担任的军职发给”。[⑥]

根据八路军、新四军政治工作相关条例草案，团、营总分支和连支部不

---

① 总政治部：《政治工作总结》（1940 年），《中国人民解放军政治工作历史资料选编》第 5 册，第 688 页。

② 《罗瑞卿在连队政治工作会议上的报告》（1941 年 8 月 26 日），《中国人民解放军政治工作历史资料选编》第 6 册，第 351 页。

③ 舒同：《几个月来部队工作的总结与今后工作方针》（1938 年 4 月），《晋察冀抗日根据地》史料丛书编审委员会、中央档案馆编《晋察冀抗日根据地》第 1 册（文献选编上），中共党史资料出版社，1988，第 151 页。

④ 《八路军野战政治部关于政治整军训令》（1939 年 12 月 3 日），《中国人民解放军政治工作历史资料选编》第 4 册，第 722 页。

⑤ 《罗瑞卿在连队政治工作会议上的报告》（1941 年 8 月 26 日），《中国人民解放军政治工作历史资料选编》第 6 册，第 339 页。

⑥ 《八路军野战政治部关于支书的选出、待遇及与政指关系的规定》（1941 年 10 月 4 日），《中国人民解放军政治工作历史资料选编》第 6 册，第 388 页。

能干涉政治委员的指导命令。当上级政治部决议并派代表出席时，才能在支部大会上讨论政委的行动。支部还应接受政治指导员的工作指示，若与政治指导员发生争执，则上诉至上级组织，由团政委解决。团、营总分支和连支部不干涉军事指挥员的命令，并应维护军事指挥员的威望，如遇军事指挥员不正确执行职务或破坏军队法规和滥用职权时，应报告政治委员。①

上述各项规定的目的在于，一方面要借助党的力量监督、约束官兵，另一方面又要提防党的民主妨害军队号令统一。两者之间难免有些矛盾，执行起来往往会滋生问题。最典型的莫过于“连长要下操，政指要上课，支书要开党会”，各自为政，意见不合。② 党务与军事之间，有的军事指挥员轻视党组织，看不起党委领导者；有的党委领导干涉军事指挥员的工作，以党纪处罚指挥员，不吸收指挥员参加支委和党内决议。党务与政工之间，有的指导员不顾及支部工作；有的支部不尊重指导员意见。③ 在“一切通过支部”的口号下，军队基层甚至出现了支部干涉一切、包办一切的现象。事实上，中共只是期望在不干涉行政和军队指挥的前提下，经过支部并由支部去保证。在陶铸看来，军队基层仍然应“以连长为中心”，“不能把支部作为连队的领导一元化的组织形式”。④ 而在军队上层，政治机关常常代替党委会工作。为纠正这种偏向，总政治部曾指示要加强各级党务委员会工作。⑤

一般认为，党军体制的设计主要表现在政委的权力上，可实际上，“政治委员的权力不是外加的，绝不是单只靠着政府给他的威权。因为这个是决不能与军事权力相竞比的。他靠的是有一个党，而且党能够得到士兵的拥护，党能够掌握住士兵的中心，党能够发动士兵来制裁每一个违犯

---

① 新四军政治部：《新四军支部总支部政治战士俱乐部及连队政治组织与工作大纲的草案》（第二届全军政工会议材料）（1939 年 2 月 4 日），《中国人民解放军政治工作历史资料选编》第 4 册，第 421 页；《中国国民革命军第十八集团军（第八路军）政治工作条例（草案）》，《八路军军政杂志》第 2 卷第 5 期，1940 年 5 月，第 140—141 页。

② 《八路军一二九师整军三个月组织工作总结报告》（1939 年 9 月 30 日于辽县），《中国人民解放军政治工作历史资料选编》第 4 册，第 668 页。

③ 朱德：《党是军队的绝对领导者》（1940 年 8 月 20 日），《朱德军事文选》，第 410—411 页；总政治部：《政治工作总结》（1940 年），《中国人民解放军政治工作历史资料选编》第 5 册，第 698 页。

④ 陶铸：《从十个连队调查材料中所看到的关于连队政治工作改造的几个问题》（1944 年 2 月 27 日），《中国人民解放军政治工作历史资料选编》第 7 册，第 410 页。

⑤ 《总政治部关于加强党务委员会工作的指示》（1941 年 9 月 1 日），《中国人民解放军政治工作历史资料选编》第 6 册，第 370 页。

纪律的士兵，防止每一个野心发动、腐化无度的官长”。[①] 离开了党便没有政工，政工发生效力的基础是党的运用。军队建立党的组织，并保证一定数量的党员，根本实系于此。

1945 年，毛泽东在中共七大上总结说：“我们军队中的党员最多只有一半，经常是三分之一到五分之一，党员是占少数的，不是要求军队里所有的人都是党员。”[②] 抗战初期，随着战斗伤亡和部队扩大，军队党员比例只占全军总数的“百分之十至十五”。[③] 在晋察冀军区党员只占 13%。[④] 新四军刚成立时，党员占全军总数的 25%。[⑤]

查中共党章，党员入党应经正式党员介绍—支部讨论通过—上级党部批准—候补期考察等一系列程序，需要一定时日。抗战初期兵员大增，党员却不增反减。大量发展军队党员就变得极为迫切。1938 年 3 月 15 日，中共中央发出指示，“大量的十百倍的发展党员”是“党目前迫切与严重的任务”，并将入党候补期缩短，规定工人雇农不要候补期，贫农、小手工工人 1 个月，革命学生、革命知识分子、小职员、中农、下级军官 3 个月，“在特殊情形之下可伸缩之”。[⑥]

在新的决议和规定下，虽然有些部队仍然存在关门主义倾向，但总体而言，军队党员有了较大的发展。据一二九师 1939 年 4—6 月的情况看，全师党员所占比例约为 45%。据 1939 年底统计，党员 14 万左右，约占全军人数的 35%。[⑦]

不过，又出现与关门主义相对的另一种倾向——拉夫主义。新党员入党，不是从历史、成分、思想、行动等方面做全方位的考察，“只是单纯的

---

① 孙慕迦：《军事改进中的政治工作问题》，《创导》1938 年第 2 卷第 7 期，第 23—25 页。

② 《在中国共产党第七次全国代表大会上的口头政治报告》（1945 年 4 月 24 日），《毛泽东文集》第 3 卷，人民出版社，1996，第 328 页。

③ 任弼时：《关于八路军情况向中央的报告》（1938 年 2 月 18 日），《党的文献》1994 年第 2 期，第 17 页。

④ 舒同：《几个月来部队工作的总结与今后工作方针》（1938 年 4 月），《晋察冀抗日根据地》第 1 册（文献选编上），第 167 页。

⑤ 袁国平：《过去党的工作总结及今后党的建设报告大纲》（1939 年 7 月 23 日），《新四军·文献》（1），第 775 页。

⑥ 《中共中央关于大量发展党员的决议》（1938 年 3 月 15 日），《中共中央文件选集》第 11 册，第 466、467 页。

⑦ 总政治部：《政治工作总结》（1940 年），《中国人民解放军政治工作历史资料选编》第 5 册，第 680 页。

看他一次讲话或某一件工作做得好，就介绍他入党”。入党程序也不严格，“只是简单谈谈话，未经过讨论就填表，开会时也不经入党的程序，开了次会就算加入了党，有的候补期也不宣布，在候补期的过程中表现如何也不考察，只是候补满了就算是正式党员”。党员甚至向非党群众宣传“加入共产党好，将来天下是八路军的”；“连长要你加入党，你不加入不行”；“加入共产党打仗带了花，不要条子可到医院有饭吃”等。[①]

新发展的党员基本上是农民和青年学生，不少人的斗争意识和经验明显不足以应付严酷的作战环境。部队一方面在快速发展，另一方面又存在大量逃亡。不仅士兵逃，甚至党员干部也逃。据新四军一至三师的不完全统计，1941 年逃亡党员共 650 人，约占发展数的 10%。[②] 新部队尤为严重。冀中一至四军分区 1938 年党员人数为 6511，1939 年却减至 1772。[③] 内中部分是伤亡，更多的是逃亡。客观而言，无论士兵逃亡，还是党员干部逃亡，都与战争环境有关。而片面追求人数、不恰当的发展方式也是造成党员质量问题的一大原因。不经个别详细审查、集体入党的现象开始出现。“不问你是什么人，只要你愿意入党即介绍你入党，私人感情、朋友、同乡等，就可以入党”；“入了党可以做干部”；“不入党是落后分子”。晋察冀一个团政委易锚发展党员时，根本不告诉党员入的是什么党，党员无名可称，就称呼为“易锚党”。[④] 而在选择发展对象时，也有一些偏向：要么只选择资格老、能吃苦、不讲怪话、忠实可靠的人，而不注意积极活跃、聪明干练的人；要么注重发展对象的文化水平，而忽略其阶级觉悟，不吸收有长期斗争经验的人，转而吸收从伪军中刚反正过来的人。[⑤]

---

① 《八路军第一二〇师党委关于纠正发展党员中的不正确倾向的规定》（1938 年 5 月 14 日），《中国人民解放军政治工作历史资料选编》第 4 册，第 177—178 页。

② 新四军政治部：《一九四一年新四军组织工作总结》（1942 年 9 月），《中国人民解放军政治工作历史资料选编》第 6 册，第 895 页。

③ 总政治部：《政治工作总结》（1940 年），《中国人民解放军政治工作历史资料选编》第 5 册，第 683 页。

④ 《八路军第一二九师整军三个月组织工作总结报告》（1939 年 9 月 30 日于辽县），《中国人民解放军政治工作历史资料选编》第 4 册，第 662 页；总政治部：《政治工作总结》（1940 年），《中国人民解放军政治工作历史资料选编》第 5 册，第 682 页。

⑤ 《目前军事建设中的部队政治工作》（1942 年 2 月 10 日），《黄克诚军事文选》，第 173 页；粟裕：《半年来工作总结及目前工作意见》（1942 年 11 月），中共江苏省党史工作委员会、江苏省档案馆编《苏中抗日根据地》，中共党史资料出版社，1990，第 199 页。

对于党员发展中的这些问题，中共并非没有警觉。1939 年 7 月 10 日，军委总政治部明确训令："不应追求党员的数目字。"[①] 8 月 25 日，中共中央政治局发布指示："党的发展一般的应当停止"，"纠正追求数目字与采用突击式的错误"。[②] 紧接着，9 月 28 日，八路军野战政治部下令各部队要切实贯彻政治局的这一决定，党的工作要转到"整理、紧缩、严密和巩固"上来。[③] 冀南军区更是在此基础上规定："各支部党员与军人比例数已到百分之三十者不得发展。"[④]

并不是所有部队都保持同等比例的党员数。一般而言，党员比例老部队高于新部队，战斗部队高于非战斗部队，主力部队高于地方部队。一二九师在 1939 年下半年的整军运动中曾规定：战斗班排要保证 50% 的党员，一般兵团有 35% 的党员即可。[⑤] 又如，1941 年新四军主力部队中的党员比例达到 37%，而地方部队中的党员比例只有 25%。[⑥]

正如单纯增加党员数并不能提升党的效力一样，单纯压缩党员数也不能保证党的质量。不追求数量和比例固然可以减少发展党员时出现的拉夫、突击现象，可以减少不按党章规定程序和条件吸纳党员的情况，但要保证党的质量还必须依靠对党员的教育、审查和奖惩。党课、会议、训练班是教育党员的普遍方式。马列主义、党的策略路线是教育的重要内容。测验则是检验教育成绩的重要一环。在一个党小组内，每月都要召开由支委参加的小组会并对该组党员进行鉴定。此外，军中一般还有由政治首长和党的书记合组的审查委员会，经常对党员进行审查。审查的办法，既有自上而下的，也有自下而上的；既有正面的考察，也有侧面

① 《总政治部关于党的工作的训令》（1939 年 7 月 10 日），《中国人民解放军政治工作历史资料选编》第 4 册，第 606 页。

② 《中央政治局关于巩固党的决定》（1939 年 8 月 25 日），《中共中央文件选集》第 12 册，第 156 页。

③ 《八路军野战政治部关于巩固部队中党的指令》（1939 年 9 月 28 日），《中国人民解放军政治工作历史资料选编》第 4 册，第 650 页。

④ 《冀南军区关于党务委员会今后工作的决定》（1939 年 11 月 2 日），《中国人民解放军政治工作历史资料选编》第 4 册，第 704 页。

⑤ 《八路军第一二九师整军三个月组织工作总结报告》（1939 年 9 月 30 日于辽县），《中国人民解放军政治工作历史资料选编》第 4 册，第 654 页。

⑥ 新四军政治部：《一九四一年新四军组织工作总结》（1942 年 9 月），《中国人民解放军政治工作历史资料选编》第 6 册，第 894—895 页。

的了解。[①] 审查的内容包括出身成分、斗争历史、政治面目、锻炼程度、道德观点、工作表现等。对“脱离剥削阶级不久的、来历不大明白的、各方面关系极其复杂的、参加过其他党派而情形不明的、对党经常表示不满的、重新入党和恢复关系或被捕过而情节不清楚的、经常破坏党章党纪的、生活极端腐化堕落的”，审查尤其严格。[②]

要实现党对军队的领导，政治制度、组织机构、党员干部三者缺一不可。党员主要通过实现三种角色的融合和转换来发挥作用。第一种角色是“干部”。总政治部在总结抗战三年以来政治工作时说：“坚持军队的领导和权位在共产党员手里”是军队党建设的基础，[③] 为实现此点，军队干部从培养、甄选到任用都有着严格的规定。其中有各式各样的干部培训班，学员资格的第一条即是“党员”。1940 年，毛泽东等发布在延安军政学院开设高级干部班、在总部开设上级干部班的命令，内中不仅规定学员必须是“中共党员”，还要有“一年以上的党龄”。[④] 由此可见，党员资格是干部候选人的一个基本条件。干部必须是党员，尤其是政工干部。抗战初期，由于部队急剧扩大，政工干部严重缺乏，曾出现过政工干部不是党员的情况。针对这种现象，军委总政治部于 1939 年 2 月 19 日、25 日两次专门指示：无论何种性质部队，一经编入八路军建制，其指导员、教导员及各级政治机关的主要工作者必须是党员，否则宁缺毋滥。即使连营以上的指挥员可以是党的同情者，政治工作主要干部也必须是党员。[⑤] 而且，政治委员作为军队最重要的政工干部，还必须有“两年以上的党龄”。[⑥]

抗战初期八路军营以上的军政干部，100% 为共产党员；连排干部亦

① 方强：《部队党巩固中的几点注意》，《八路军军政杂志》第 3 卷第 12 期，1941 年 12 月，第 38 页。

② 德生：《关于审查党员成份的问题》，《共产党人》1940 年第 6 期，第 33 页。

③ 总政治部：《政治工作总结》（1940 年），《中国人民解放军政治工作历史资料选编》第 5 册，第 692 页。

④ 《毛泽东、朱德等关于在延安军政学院设高级干部班、在总部设上级干部班的命令》（1940 年 8 月 1 日），《中国人民解放军干部工作历史文献选编》第 1 卷上册，第 318 页。

⑤ 《毛泽东等关于新编部队各级主要政治工作者必须是共产党员致八路军总部等电》（1939 年 2 月 19 日），《八路军・文献》，第 303 页；《总政治部对整军计划中政治工作的几点补充指示》（1939 年 2 月 25 日），《中国人民解放军政治工作历史资料选编》第 4 册，第 451 页。

⑥ 《八路军政治工作暂行条例（草案）》（1938 年），《中国人民解放军政治工作历史资料选编》第 4 册，第 354 页。

90%为党员。[①] 1938年以后，军队党员比例迅速上升，大体维持在30%—40%的水平，而据总政治部1939年的统计，干部党员比例仍然占到85%以上。[②] 1941年初一二九师的军事干部中党员占77.55%，政工干部中党员占84.53%，总的干部党员比例为79.46%。1942年新四军一师两大主力团干部中，党员分别占84%、72%，总的干部党员比例约为78%。[③] 可以推断，抗战时期中共军队大约1/3是党员，其中干部大约4/5是党员。党员是保证以党领军最基本的细胞。

第二种角色是“模范”。模范跟干部一样，都可视为一个组织体系的“领头人”“带头人”。中共用这两种资源既激励党员，也激励非党群众。在中共的话语机制中，党员较群众先进，模范党员又较党员先进，群众要争作党员，党员要争作模范。事实上，党员只是军队中的少数，模范党员更是少数中的少数。资源紧缺，更能保证党员和模范的优越感和积极性。人人都争相入党，党员都争做模范。这是中共组织能够高效运作的重要原因。中共要求党员在行军作战中要吃苦耐劳、身先士卒，在平时要关爱群众、以身作则。在日常生活中，党员要为伤病员打开水、煮稀饭、洗脸，还要捐款慰劳、帮助新战士解决衣物鞋袜问题。[④] 面对好处和福利，党员要谦让，而面对困难和任务，党员则要先上。但是，党员的模范行为有时也会受到批评。罗荣桓曾明确指出，党员战斗伤亡比例高固然表现出了党员的英勇，但这其实是一种“英勇的蛮干”，是“不必要的牺牲”。[⑤] 此外，如果把党员的模范作用局限于“多做事”“多刻苦耐劳”“打仗多伤亡”“多背粮，多背柴”等方面，这其实是“驴狗［驹］子式的模范作用”，是“把党的模范作用庸俗化”。党员的模范作用主要应是政治思想的

---

① 《八路军在抗日战争中的作用和最近的状况——任弼时代表中共中央向共产国际的报告大纲（节录）》（1938年4月14日），《八路军·文献》，第169页。

② 《八路军第一二九师整军三个月组织工作总结报告》（1939年9月30日于辽县），《中国人民解放军政治工作历史资料选编》第4册，第667页。

③ 《新四军第一师、苏中军区政治部干部工作总结》（1942年），《中国人民解放军干部工作历史文献选编》第1卷上册，第781页。

④ 莫文骅：《十六个月没有发生逃亡的模范支部》，《共产党人》1940年第6期，第50页；廖冠贤：《三八六旅的一个模范支部——三十个月没有发生逃亡的》（1941年7月），《中国人民解放军政治工作历史资料选编》第6册，第300页。

⑤ 《一九四二年的政治工作总结与一九四三年的政治工作任务》（1943年1月），《罗荣桓军事文选》，第162页。

先进和工作能力的高明。①

第三种角色是汇报人。中共党内有着极详密的会议和汇报制度。党员、党小组组长、党支部书记、各级党务委员会书记都要通过个人口头或集体会议的形式，自下而上地按时向上级党委汇报。如一二九师三八六旅一模范支部曾规定："党员向组长三天汇报一次，行军作战时则每天一次。组长向支委，支委向支书同样。"② 当然，若遇突发情况，则随时可向上级党委汇报。作为党内制度，会议和汇报本是对党员思想和行为的检查，但实际上很多时候成了对非党员问题的检举。有些支委会一味要求党员汇报战士日常生活中的各种言行。而有些党员要么以自己身为党员能向党反映问题为荣，要么因缺乏领导和解决问题的能力只能消极向党汇报。党员汇报非党员错误言行后，会使犯错的人遭到首长或政治指导员的责罚，所以，非党员对这种秘密监视和上报的行为极度不满。他们私下称呼党员为"电话机子""班内的奸细""秘密侦探""特务分子""小政治干部""忠臣""解释小组"，等等。凡事汇报的结果，导致非党员心怀不满，也导致党员遭到群众的孤立，党群关系也因此受到损害。客观而言，党员这种汇报人角色在巩固部队方面是发挥了作用的。不少士兵的叛逃企图都因党员的及时察觉和揭发而得到扼制。③

第三节　政工干部

抗战开始后，中共军队急速扩军，导致干部供不应求。聂荣臻回忆抗战初期的情形说："根据地的创立，所属部队的扩充和发展，提出了一个急待解决的问题，就是缺乏干部。四面八方都说'要干部'，没有

---

① 《罗瑞卿在连队政治工作会议上的报告》（1941 年 8 月 26 日），《中国人民解放军政治工作历史资料选编》第 6 册，第 345—346 页；罗瑞卿：《新的一年与新的政治工作任务》（1942 年 4 月 1 日），《中国人民解放军政治工作历史资料选编》第 6 册，第 686 页。

② 廖冠贤：《三八六旅的一个模范支部——三十个月没有发生逃亡的》（1941 年 7 月），《中国人民解放军政治工作历史资料选编》第 6 册，第 300 页。

③ 《八路军第一二九师新部队党政工作经验》（1939 年 12 月），《中国人民解放军政治工作历史资料选编》第 4 册，第 752 页；舒同：《晋察冀军区抗战三年来政治工作概况》，《八路军军政杂志》第 2 卷第 11 期，1940 年 11 月，第 29 页。

干部也硬‘要’。”[①] 舒同描述晋察冀军区建立初期的情形说：“饲养员一跃而为营政委者有之；特务员支书一跃而为队长团政治主任者有之；党龄才两天即任营教导员者亦有之。”[②] 马苏政回忆新四军初期的情形是“人少、枪少、干部少”。“人少不要紧，参军热潮正一浪高一浪；枪少也不要紧，组织起来向敌人手中夺取；唯有干部少，真叫人着急。有了人就需要有干部。要由干部去组织训练，指挥战斗，把仅有抗日热情的青年群众变成有纪律、有军事素养、有高度觉悟的革命战士。但那时，有的连队仅有连长一人主持全连工作；有的连队因没有指导员，政治工作及带事务性的工作，只有让文书来进行；再加上频繁的战斗，基层干部伤亡又大。”[③]

政工干部较之军事干部更为缺乏。军事干部重实战经验，可在战争中养成并逐级提拔，较容易得到解决；而政工干部则需要具备一定的知识文化水平，非短期所能培养。中共一般通过开办各种教导队、随营学校以及军政学校来培养军队干部，要求各级部队从现职干部和积极分子中选送学员。但随着部队的急剧扩大和战斗的伤亡，从部队中遴选学员培养干部的方式已明显不足，必须做出一些改变。红军时期，中共特别强调干部的阶级成分，重视干部的工人出身，而随着“抗日民族统一战线”策略的提出和运用，其干部政策也在逐渐调整。抗战爆发后，共产国际仍指示中共，“首先是从工人中提拔新的干部，这是党的最重要任务之一”，[④] 而中共实际的干部政策却在悄然发生改变。如聂荣臻在晋察冀军区办一所短期的军政学校，对学员的要求就不再强调工人出身，“有适当的文化水平，就很好”。入校的学员“大部分是山西、河北的中学生和小知识分子，还有几十个是平津流亡的大学生”。[⑤]

---

① 《聂荣臻回忆录》（中），解放军出版社，1984，第377—378页。

② 舒同：《晋察冀军区抗战三年来政治工作概况》，《八路军军政杂志》第2卷第11期，1940年11月，第29页。

③ 马苏政：《粟裕同志在江南指挥部》，新四军暨华中抗日根据地研究会编《铁流1——老战士回忆在新四军的日子里》，解放军出版社，1999，第39页。

④ 《共产国际执行委员会书记处决议书（书记处专门委员会的建议）》（1937年10月10日于莫斯科），中共中央党史研究室第一研究部译《联共（布）、共产国际与抗日战争时期的中国共产党（1937—1943.5）》，中共党史出版社，2012，第9页。

⑤ 《聂荣臻回忆录》（中），第378页。

1939年6月10日，毛泽东在延安高级干部会议上强调："要保护革命知识分子，不蹈过去的覆辙"；"军队一定要收容大批革命知识分子"。[①] 同年底，毛泽东做出大量吸收知识分子的决定，认为许多军队干部恐惧甚至排斥知识分子是"没有注意到知识分子的重要性"的表现。[②]

在中共干部政策逐渐调整的同时，大批知识青年奔赴延安和抗日根据地。中共趁机动员、组织和输送青年知识分子前往其开办的各类学校。以"抗大"为例，1938—1939年是其发展史上的黄金时期。其中第五期（1939年1月28日—1940年1月1日）共招收学生4962人。[③] 据陈云说，即使"抗大"一度在武汉登报申明不再招生，仍旧有大批知识分子"络绎不绝地来，没有汽车用两条腿走，男男女女从几千里外都来了"。[④]

当时国、共、日各方都在"抢"知识分子。陈云曾不无忧虑地表示："国民党在抢，我们也要抢，抢得慢就没有了。"[⑤] 除了国民党，日本也在"拼命地与我争夺知识份子"，这是"目前放在我们前面一个最大的危险"，因此，"要破坏日寇汉奸的这种阴谋，吸收广大的知识份子参加到抗战中来，是一个严重的政治任务"。[⑥] 1940年，"抗大"在新四军中开始成立分校，沪、宁、杭等地的知识分子纷纷投奔。中央军委指示各部："大批收容知识分子，只须稍有革命积极性者，不问其社会出身如何，来者不拒，一概收留。"[⑦] 这些被感召和"争抢"而来的知识分子是抗战时期中共军队干部的一个重要来源。

据总政治部报告，"新知识分子"到军队后，绝大部分做政治工作，政治工作上又以宣传教育工作的为最多；其次是技术部门的工作，特别是各种

---

① 《反投降提纲——在延安高级干部会议上的报告和结论的提纲》（1939年6月），《毛泽东文集》第2卷，第233页。

② 《大量吸收知识分子》（1939年12月1日），《毛泽东选集》第2卷，第618页。

③ 《抗大大事记》，中国人民解放军国防大学编《中国人民抗日军事政治大学史》，国防大学出版社，2000，第532页。

④ 《论干部政策》（1938年9月），中共中央文献编辑委员会编《陈云文选》第1卷，人民出版社，1995，第113页。

⑤ 陈云：《关于干部队伍建设的几个问题》（1939年12月10日），《陈云文选》第1卷，第181页。

⑥ 胡克峰：《论知识分子在历史发展和革命运动中的作用和地位》，山西省档案馆藏，第5—6页。

⑦ 《毛泽东、朱德、王稼祥关于大批收容培养知识分子为建根据地之用给新四军的指示》（1940年10月12日），《中国人民解放军政治工作历史资料选编》第5册，第494页。

秘书与文书，差不多大部分都是新吸收的知识分子；做军事工作的也有一些，不仅新部队有新知识分子的军事指挥员，就是老的主力兵团也有一些。[①]从一二九师 1941 年上半年的情况看，大约 67.78% 的知识分子从事政治工作。[②] 在新四军第三师中，知识分子在政治干部中也占到了 80%。[③]

当越来越多的新知识分子参加政治工作以后，政治工作各部门得到充实，政治工作的范围也随之增加。这不仅改变了部队中军、政干部的比例，也改变了部队中新、老干部的比例，呈现出老干部主要做军事工作、新知识分子干部主要做政治工作的分工格局。

新知识分子之所以会大量从事政治工作，最直接的原因大概是他们缺乏实战经验，不适宜直接指挥作战。在“抗大”等校毕业生分配工作时，毛泽东、王稼祥、谭政就电示，学生应“以先做政治工作为宜”，“熟悉八路军传统与生活”。[④] 而且，在中共的阶级系谱中，知识分子属于“小资产阶级”，不放心甚至敌视知识分子的观念很难完全改变，故“不敢或不让新的知识分子干部做更负责的工作”。[⑤] 另外，与军事干部注重实战经验相比，政工干部更注重文化知识。知识分子干部自然比工农干部更适合从事政治工作。

表 10－1　一二九师军事指挥人员与政治工作人员各文化程度所占比例（1940 年 5 月）

职别＼文化程度	大学以上	高中	初中	高小	初小	识字	不识字
军事指挥人员（%）	0.45	0.79	1.53	3.45	19.55	55.22	18.91
政治工作人员（%）	1.95	5.89	11.46	14.76	27.58	34.39	3.97

资料来源：周桓《目前建军中的干部问题》（1940 年 10 月），《中国人民解放军政治工作历史资料选编》第 5 册，第 561 页。

① 总政治部：《政治工作总结》（1940 年），《中国人民解放军政治工作历史资料选编》第 5 册，第 675 页。

② 《第一二九师关于抗战四周年组织工作总结》（1941 年 6 月），《中国人民解放军干部工作历史文献选编》第 1 卷上册，第 450、451 页。

③ 黄克诚：《第三师与盐阜区工作报告》（1942 年 2 月），《新四军・文献》（3），第 423 页。

④ 《毛泽东、王稼祥、谭政关于抗日军事政治大学毕业生工作分配与领导问题致八路军总部等电》（1939 年 12 月 8 日），《中国人民解放军干部工作历史文献选编》第 1 卷上册，第 267 页。

⑤ 《关于干部工作的若干问题》（1940 年 11 月 29 日），《陈云文选》第 1 卷，第 214 页。

值得注意的是，并不是所有级别的政工职位都被新知识分子包揽。新知识分子政工干部主要分布在营级以下。据粟裕回忆，1941 年 10 月新四军第一师“营以下干部中百分之六十、连队指导员中百分之七十（以后占到百分之八九十），都是青年知识分子”。[①] 1942 年太行军区的统计显示，在营、连、排三级政治干部中，新干部占 86.71%；而在团级及以上政治干部中，老干部则占 71.67%。[②]

应该说，不论军事指挥员还是政治工作人员，老干部居上层，新干部居中下层，符合干部自然成长规律。所以，新知识分子主要从事军队下层的政治工作亦合常情。而且，新知识分子大量挤在机关或充任文化教员、低级政工人员，也有政治方面的因素。总政治部曾不止一次地明确指示：“认为新知识份［分］子只能作宣传、教育、文化娱乐工作是不对的”，“经考验过的政治质量优秀的份［分］子，须抽调一部份［分］加强机要部门的工作（如参谋、组织、除奸等部门）”。[③] 这说明当时党内、军内仍存有在政治上“歧视”新知识分子的观念。粟裕站在提高部队战术和战斗力的立场，批评提拔军事干部时不注重知识文化水平的现象，并提议要“把一些有战斗经验的政治干部转变为军事干部”。[④] 这隐约批评干部人事制度上有重武轻文的倾向。

关于军队中新老干部的分布，周文青在 1944 年做过如下总结：“老干部——出身于贫苦的农民，过去‘红军’的残余，现在在中共军内，负着以下的几种职务：营教导员，团政治主任以上政工人员，连长以上的军事指挥人员，团政治处以上各级政治机关的组织人员、锄奸人员，团供给处主任以上军需人员”；“新干部——出身于知识分子，他们担任着如下的职务：连级以下的军政干部，连队中的指导员，文化教员，各机关的工作人

① 《粟裕回忆录》，解放军出版社，2007，第 191 页。

② 《第一二九师政治部组织部关于一九四二年组织工作总结（节录）》，《中国人民解放军干部工作历史文献选编》第 1 卷上册，第 763 页。

③ 《总政治部组织部关于新知识分子干部问题的指示（初稿）》（1941 年 12 月 18 日），《中国人民解放军干部工作历史文献选编》第 1 卷上册，第 516、517 页。

④ 粟裕：《半年来工作总结及目前工作意见》（1942 年 11 月），中共江苏省党史工作委员会、江苏省档案馆编《苏中抗日根据地》，中共党史资料出版社，1990，第 191 页。

员，宣传人员，军事机关的参谋或助理人员”。[1]

应该说，虽然有大批新知识分子加入中共军队的干部队伍，工农老干部却依然占据上层和要职。陈毅曾将抗战时期的干部分作5类，其中，大革命时期入党的知识分子干部是全党的中坚，处于掌握方针、决定政策的上层领导地位，多分布于军、师一级；工农老干部则多在旅、团负责。[2]

抗战时期，中共中央不断强调要吸收知识分子、创造知识分子干部，而在具体实施过程中，这批新知识分子干部往往遭到排斥。老干部因为多经历过长征，又多出身工农，政治上有着无上的优越感，仿佛“自己是经过长征的，放个屁也正确、坚决”，而新干部“立正稍息也犯自由主义、游击主义、军阀官僚主义”；“张口就是骂‘可耻的知识分子’、‘动摇的小资产阶级’、‘我们工农干部’，于是使占多数的知识分子出身的新干部，自惭形秽，‘出身不合格’而消极。并且觉得过去念了书，反倒有罪了”。[3]老干部总是对新干部说：“你才参加革命几天，有什么了不起，我革命的时候，你还不知道在什么地方呢。”[4] 老干部认为新干部“只能‘空谈’，不能‘实干’”，总是歧视、不信任或是看不起他们；[5] 一旦新干部被提拔到比自己还高的职位，就会眼红、不甘心。有位老干部就曾愤然说：“我加入红军当兵十几年了，到今天还是搞搞团长、营长或是一个团政治部主任，怎样他一来到新四军头一天就拉到我头上当我旅的政治部主任、旅的政治委员？”[6]

不管是新干部大量增加，还是新干部被提拔，一些老干部总认为这是自己“吃不开了”的表现。特别是精兵简政提出后，大批老干部被调出学习，

---

① 周文青：《中共军队实力的过去现在与将来》，《文化导报》1944年第6卷第3—4期，第20页。

② 《一九三八年至一九四三年华中工作总结报告》（1944年夏），《陈毅军事文选》，第266页。

③ 王林：《抗战日记》，解放军出版社，2009，第89页。

④ 《关于干部队伍建设的几个问题》（1939年12月10日），《陈云文选》第1卷，第181页。

⑤ 《晋察冀军区政治部组织部关于知识分子干部工作问题》（1943年8月9日），《中国人民解放军干部工作历史文献选编》第1卷下册，第917页。

⑥ 刘少奇：《在新四军军分会会议上的讲话》（1941年6月8日），《新四军·文献》（2），第856页。

新干部则充任到基层和连队，使得老干部特别不满“精兵”政策，总是说：“咱们不行啦，你们来吧，你们都是顶呱呱”；“老干部吃不开了，老干部完了，把部队交给新干部吧”；“现在是新干部的天下”。[①]

与老干部说新干部“无经验”“空谈不实干”相对，新干部认为老干部工农出身，没有文化，是“老粗”“土包子”。一些人会向老干部挑衅说：“你过来，我和你谈一谈马列主义，你懂吗?”[②] 还有一些人认为自己“大方”，老干部“小气”，自己是“思想自觉来干革命的”，老干部是“为土地、为自己的好处才来革命的”。[③] 除了资历和成分，职位和生活待遇上的差别也会导致新老干部间的冲突。工农老干部一般占据上层军政要职，新知识分子干部则多从事下层政工和宣教等工作，这使得新老干部在物质待遇上有着显著的差异。

新老干部之间的矛盾，虽不乏主观意气，却也道出了颇多实情。新知识分子干部由于缺乏经验，工作不熟练，难免幼稚行动或过左过右的偏向，易发生“公式主义”“条文主义”的毛病，形式铺张、内容空洞，“除了把战士弄得昏头昏脑莫名其妙而外，则没有任何其他的效果”。[④] 他们往往将“平等”视为“平均”，要求略有不遂或待遇稍有不周，就会认为新老干部之间不平等，甚至喜欢“背后议论，乱作批评，甚至夸大事实，搬弄是非”。[⑤] 他们中有的人“平素生活散漫、随便、马虎、零乱、不严肃，对于完成任务、执行决议不了解其严重性，同时也常常以懈怠的心情去对待。有时，一个任务完成不了，当上级检查时，也不觉羞愧，还‘侃侃而谈，不以为然’”。[⑥] 罗瑞卿曾总结说，在新知识分子干部中间，“容易出现一些好高骛远，自命不凡，平均主义，自由主义，个人主义，

---

① 《第一二九师政治部组织部关于一九四二年组织工作总结（节录）》（1942 年 12 月），《中国人民解放军干部工作历史文献选编》第 1 卷上册，第 737 页。

② 《关于干部队伍建设的几个问题》（1939 年 12 月 10 日），《陈云文选》第 1 卷，第 181 页。

③ 《干部要严格要求自己》（1942 年 10 月 7 日），《陈云文选》第 1 卷，第 257 页。

④ 《罗瑞卿在北方局党的高级干部会议上的政治工作报告》（1940 年 10 月 6 日），《中国人民解放军政治工作历史资料选编》第 5 册，第 476 页。

⑤ 罗瑞卿：《新老干部更紧密的团结起来》（1939 年 3 月 2 日），《八路军军政杂志》第 1 卷第 3 期，1939 年 3 月，第 49 页。

⑥ 郭峰：《关于加强知识分子干部休养的几个问题》（1939 年 7 月 19 日），中共河北省委党史资料征集编审委员会、太行（河北部分）史料联合征编办公室编《冀西民训处与冀西游击队》，河北人民出版社，1989，第 375 页。

不惯于过组织生活，不惯于遵守纪律，感情用事，观察问题的片面性，对待工作欠坚持，在顺利的革命形势中往往会‘左’得发狂，但稍受挫折却又容易灰心丧气……的不良倾向”。[①] 由于他们多从事政治工作，当他们把这些不良倾向带到工作中来以后，致使官僚主义、纪律败坏、贪污腐化等问题频生，“不仅不能成为模范，而且玷污了政治工作人员的崇高称号”。[②]

不过，有些老干部对新知识分子干部的批评和态度未必有当。赵毅民曾指出过5种对待知识分子的“不当”观念和态度：（1）认为一切知识分子应同党员一样坚定、守纪律、吃苦耐劳，当事实与这种观念不符时，便对知识分子发生厌弃、不愿接近的心理；（2）认为只有已经入党、能够入党和愿意入党的知识分子才是对革命有用的，否则都是“无用的”或“无大用的”，对“无用”或“无大用”的知识分子不是冷淡，就是嘲笑；（3）过分强调知识分子无组织、无纪律、个人主义，并认为这些是绝对不可救药的坏习惯，以致忽视甚至放弃对他们的教育；（4）认为有复杂社会关系或家庭出身不好的知识分子一定存在问题，不是看不起他们，就是害怕连累自己，对他们总是拒而远之；（5）总是将知识分子与敌人和资产阶级政党派来的奸细联系在一起，有意无意地疑惑、恐惧与厌弃他们。[③]

而老干部被新知识分子称呼为“老粗”“土包子”，也并非全无缘由。他们大多文化水平低、理论知识弱，“有一肚子的实际经验，但是讲不出来，写不出来”。[④] 也因为他们自己存在这种局限，害怕同新知识分子接近，不但不佩服他们，反而“怀着知识分子只会吹牛皮，打起仗来、作起工作来就不行等等成见”。一些老干部也确实有所谓“摆老资格”的现象，“自以为斗争历史长，工作经验多，劳苦功高，目空一切，对于新干部不是亲近他们，帮助他们，而是以傲慢态度去对待他们，轻视他们”。在工作方式与方法上，喜欢简单化、直线化，常使新干部觉得他们“太严肃，

---

① 罗瑞卿：《新老干部更紧密的团结起来》（1939年3月2日），《八路军军政杂志》第1卷第3期，1939年3月，第47页。

② 《罗瑞卿在北方局党的高级干部会议上的政治工作报告》（1940年10月6日），《中国人民解放军政治工作历史资料选编》第5册，第456页。

③ 赵毅民：《反对恐惧与排斥知识份子的现象》，《共产党人》第3期，1939年12月，第6页。

④ 《关于干部队伍建设的几个问题》（1939年12月10日），《陈云文选》第1卷，第181页。

太冷淡，太简单，太硬性，甚至感着太老大，太傲慢，于是乎觉得不好亲近，也就不愿亲近，好一点的则敬而远之，差一点的则引起反感”。[①] 一位新知识分子干部曾公开说：“我们军队中只有师以上的干部才是布尔什维克，团旅级的干部特别是团一级的干部，大都不讲道理，摆架子，许多事情明明自己不懂，硬要下级服从他们！”[②]

此外，工农老干部因长年的战斗经历和残酷的战争环境，厌倦、失望等情绪时有发生，甚至发生逃亡。据黄克诚 1942 年 2 月的报告，新四军第三师“仅去年一年排以上干部逃亡的有五十九名，连前年共一百多（内也有团、营干部）。其中拖枪带队伍叛变逃跑的有十五个（团级有一个），开小差的排级十三个，连级十五个，营级四个”。[③] 据统计，1942 年整个新四军“团、营级老干部逃亡堕落的计四十余人，这是极为惊人的数目”。[④] 除了逃亡，老干部“想钱用，想生活好，要求打补药针，想讨老婆的也很多”。如果想的东西得不到，就说“这革命还革什么呢?”[⑤] 所有这些，自然让老干部的“坚定性”“革命性”在新干部面前大打折扣，让新干部觉得他们也不过如此而已。

应该说，老干部确实比新干部更富有实际经验和纪律意识，“他们的长处，是新干部望尘莫及的”。[⑥] 而新干部则更具文化水平。据陈毅后来总结，当新干部参加到实际工作中来以后，“政治工作活泼生动些，晚会上的花样多了，报告也满流利。过去连马克思的像也画不像样子，现在能画像样了，文化程度提高了，内容丰富了，不是土气，而是洋气”。[⑦] 秦基伟回忆自己任太谷游击支队司令员的时候，让警卫员买一只鸡炖了吃被部队中的知识分子批，工作方法简单粗暴了也被他们批，批得他“直想发火”，即使自己表面“板着脸，卡着腰，一幅威严的样子”，但“心里是有压力

---

① 罗瑞卿：《新老干部更紧密的团结起来》（1939 年 3 月 2 日），《八路军军政杂志》第 1 卷第 3 期，1939 年 3 月，第 49、48 页。

② 《反省两年来的错误》，《思想反省选集》（1943 年 2 月），山西晋城档案馆藏，第 27 页。

③ 黄克诚：《第三师与盐阜区工作报告》（1942 年 2 月），《新四军·文献》（3），第 423 页。

④ 《一九三八年至一九四三年华中工作总结报告》（1944 年夏），《陈毅军事文选》，第 266 页。

⑤ 黄克诚：《第三师与盐阜区工作报告》（1942 年 2 月），《新四军·文献》（3），第 423 页。

⑥ 王林：《抗战日记》，第 89 页。

⑦ 《华东一年来自卫战争的初步总结》（1947 年 12 月 30 日—1948 年 1 月 1 日），《陈毅军事文选》，第 434 页。

的”。不过，即便如此，他觉得知识分子“有文化、有思想、有朝气、有热情”，从心眼里敬重他们。知识分子也因为“我是老红军”，“对我的胆量和魄力也服气”，“从骨子里还是尊敬我的”。[①]

第四节 政治教育

官兵政治教育历来是政治工作的重点。但与红军时期相比，无论是教育方针还是教育内容，抗战时期都发生了变化。红军时期，为了分清敌我阵营，中共将国民党划为“大资产阶级”的代表，而将自己划为“工农阶级”的代表，并在红军官兵中普遍进行阶级教育。抗战时期，国共两党建立统一战线，共同抗日，敌我阵营发生变化，民族教育和统一战线教育成为政治教育的新内容。

但就具体情况来看，民族意识和情感容易被激发，国、共化敌为友建立统一战线却并不容易实现。在改编问题上，军内就有强烈的对抗情绪。很多战士不接受“更名、易帜、换帽”，认为“改编就是投降”，[②] 甚至与干部发生争吵。据时任一一五师独立团团长的杨成武回忆，改编换装令下达后，一名江西籍的红军班长“闷声闷气”地说道：

> 和国民党干了这些年仗，没想到今天自己倒成了国民党军，这是什么改编？我就不改！我至死都是红军！团长你说，敌人欠我们的血债还不还了？地主、老财的地分不分了？那仇还报不报了？再说，要是苏区百姓见我们这身打扮，会怎么想？我们一块从村里出来投红军的共有十几个，如今只剩下我和排长了，我们要是戴上这玩意儿，怎么对得住那些牺牲的同志啊？[③]

为此，一些人变积极申诉为消极抵抗，有的因此选择离队。离队的多以江西、湖南籍士兵为主。他们临走前甚至留条表示：“坚决不当国民党，回江西苏区闹革命!”或者认为：“这里的红军‘变了’，延安的红军不会

① 《秦基伟回忆录》，第92—94页。
② 《陈锡联回忆录》，解放军出版社，2007，第64页。
③ 杨成武：《敌后抗战》，解放军文艺出版社，1985，第14页。

变，要到延安去参加真正的红军。”[①] 红军官兵的这种反应是与国民党长期生死对决和阶级教育深入开展的结果。要使他们的意识和情感发生转变，也只能诉诸耐心细致的新的政治教育。

1937 年 10 月 26 日，中央军委总政治部专门指示各部，政治教育应随作战环境的变化而变化，要保证官兵的政治水平不落在政治形势发展的后面。[②] 11 月底，王明回国传达了共产国际“抗战高于一切”的指示，并促使中共对过于防范和敌视国民党的思想和行为进行了检讨。对官兵的政治教育，一方面固然要启发他们的“民族意识”，提高其“民族警觉性”，使他们认识到“日寇侵略我们的阴谋”，“唯有坚决抗战到底，才是中华民族独立自由幸福的光明之路”；[③] 另一方面，则要以三民主义为“基础”，以联俄、联共、联工农三大政策为“骨干”，[④] 转变对国民党军队的“仇恨”，并与之结成抗日统一战线。

抗战最初几个月，周立波曾以战地记者的身份对晋察冀和晋西北的国共统一战线情况做过观察。他说：

> 在城（沁源——引者注）外的墙头上，我看见两个惹目的标语，一个是“中国只有一个党——国民党。”一个是“第八路军是共产党领导的军队。”这里多少使我感到了些异样，就是，第一个标语说只有一个党，第二个标语用事实证明了不止一个党的存在。虽然我看到了这标语的对立，但在事实上，前方统一战线的成绩，是很好的。[⑤]

矛盾互歧标语的并存，其实是抗战初期国共关系的一个缩影。这种矛盾的表述也大量存在于中共的各种总结中。舒同在谈及晋察冀军区的情况

---

① 杨成武：《敌后抗战》，第 18 页。

② 《总政治部关于部队教育的指示》（1937 年 10 月 26 日），《中国人民解放军政治工作历史资料选编》第 4 册，第 63 页。

③ 彭德怀：《第二期抗战与我们的任务（节录）》（1938 年 3 月 24 日），《中国人民解放军政治工作历史资料选编》第 4 册，第 120 页。

④ 《抗战军队的政治工作》（1938 年 1 月 10 日），《周恩来选集》上卷，人民出版社，1980，第 95 页。

⑤ 立波：《战地日记》，汉口上海杂志公司，1938，第 9、10 页。

时就说道，自 1937 年 12 月 25 日政治工作会议之后，抗日民族统一战线一方面有了进一步的巩固和发展，但另一方面妨碍统一战线的现象仍不断发生，今后在官兵中应更加深入进行统一战线的教育。[①]

然而，统一战线教育能否深入进行，还取决于国民党对中共的态度和行为。国民党对中共的防范和敌视虽有缓解，但仍存在。自 1938 年以来，国、共摩擦不断。大致在 1939 年 5 月以前，这种摩擦在中共的政治教育中并没有凸显出来。中共党内、军内强调得最多的，除了民族教育，仍然是统一战线的教育。1938 年 7 月，毛泽东向陕甘宁边区留守兵团首长讲道，对国民党的“东摩西擦”，应有警觉，但“你们今天的任务，主要还是对付日本帝国主义，而不是对付友军”。[②] 11 月，罗瑞卿仍将国民党“革命的三民主义”表述为军队政治工作“正确的政治路线”，并将抗日民族统一战线表述为实现三民主义的“正确的策略”。[③] 一一五师和新四军在各自总结报告中，则明确将“争取抗战的最后胜利，建立三民主义的新中国”视为部队政治教育的“总方针”，将统一战线视为政治工作的“最高指导原则”，并认为深入开展统一战线教育是建立统一战线的决定一环。[④]

但是，随着国民党五届五中全会《防制异党活动办法》的出笼，中共的态度也开始发生了变化。1939 年 5 月 21 日，共产国际致电中共中央，认为国民党“迫害共产党人”“破坏国共合作”是其“准备投降的组成部分”，要求中共“开展反投降斗争”，“不顾一切千方百计扩大和巩固民族战线”。[⑤] 6 月 4 日，中共中央在回电中表示共产国际这一指示是“完全正确的和及时的”。[⑥] 紧接着，毛泽东在延安干部会议上就做了一场“反投

---

① 舒同：《几个月来部队工作的总结与今后工作方针》（1938 年 4 月），《晋察冀抗日根据地》第 1 册（文献选编上），第 157 页。

② 毛泽东：《对留守兵团各首长的演讲》（1938 年 7 月 16 日），参见杨奎松《国民党的“联共”与“反共”》，社会科学文献出版社，2008，第 404 页。

③ 罗瑞卿：《抗日军队中的政治工作》（1938 年 11 月），山西省档案馆藏，第 3 页。

④ 萧向荣：《一一五师的政治教育工作》，《八路军军政杂志》创刊号，1939 年 1 月，第 22 页；新四军政治部：《新四军政治工作一年的总结及今后任务报告提纲》（1939 年 2 月 7 日），《中国人民解放军政治工作历史资料选编》第 4 册，第 438 页。

⑤ 《季米特洛夫给中共中央的电报》（1939 年 5 月 21 日于莫斯科），《联共（布）、共产国际与抗日战争时期的中国共产党》第 18 卷，中共党史出版社，2012，第 138、139 页。

⑥ 《中共中央书记处关于国共关系问题给共产国际执行委员会书记处的电报》（1939 年 6 月 4 日于延安），《联共（布）、共产国际与抗日战争时期的中国共产党》第 18 卷，第 145 页。

降”的报告。毛泽东将国民党投降的可能性做了最悲观的估计，同时也表示：即使国民党投降成为事实，中共也要坚持民族战线、国共合作与三民主义，但对摩擦坚决予以抵抗，只不过要严格站在自卫的立场，达到“摩而不裂”。所以，在党内政治教育上，目前应着重阶级教育，但也不忽略统一战线教育，既要反对“右”的“去阶级”的立场，也要反对“左”的“去统一战线”的立场。①

而要加强阶级教育，首先就得“说明三民主义与共产主义、国民党与共产党、八路军新四军与其他军队性质上之区别”，② 不再不加分辨地以三民主义为军队政治工作的正确路线。但是，过于强调阶级教育很容易造成与统一战线教育的对立。此外，由于统一战线教育是民族教育的副产品，阶级教育与统一战线教育的对立往往又会演化为阶级教育与民族教育的对立。为此，中共在1940年初制定的政治教育具体方针中就特别强调应坚持“阶级立场与民族立场的一致”，甚至还极策略地将民族立场做了阶级划分：一种是“中华民族和中国人民”的民族立场，一种是“地主资产阶级上层分子”的民族立场，并认为后者通常表现为反共、投降等方面，实际是一种“虚伪”的民族立场，应坚决反对。③

“第一次反共高潮”结束后，国共关系稍事缓和，中共对阶级教育的强调也有所缓和。但不到一年，随着国民党“第二次反共高潮”（尤其是“皖南事变”）的发动，中共对阶级教育的强调又复迫切起来。1941年2月9日，八路军总部发布政治训令，指示各部：

> 各政治机关应订出阶级教育的切实计划与编出专门的教材，应当抓住三年抗战中国民党制造许多屠杀我党我军的事件作为阶级教育的具体生动的材料，应当利用各种形式（戏剧、音乐、图画、救亡室图表等等）对阶级教育作通俗的解释，应利用测验讨论等等的方式去暴

---

① 《反投降提纲——在延安高级干部会议上的报告和结论的提纲》（1939年6月），中共中央文献研究室编《毛泽东文集》第2卷，人民出版社，1993，第222页。

② 《总政治部关于加强部队党内教育的训令》（1939年6月），《中国人民解放军政治工作历史资料选编》第4册，第601页。

③ 萧向荣：《八路军部队政治教育上的几个问题》，《八路军军政杂志》第2卷第1期，1940年1月，第73—75页。

露与发现一些同志对阶级立场的模糊，而把某些歪曲的错误观点扶正。①

统战教育本质上讲是与国民党求团结和抗战，阶级教育则是与国民党讲斗争。两者根本就是对立的存在。在国民党“反共”浪潮高涨，国共关系紧张时，中共就会强调阶级斗争和阶级教育；而在“反共”浪潮暂告段落，国共关系缓和时，中共又会强调统一战线教育和民族教育。阶级教育和统战教育随国共关系的变化而变化。中共时而批评政治教育中“左”的倾向，时而又批评“右”的倾向，也是此种变化所致。

不过，对某一面的强调往往也意味着对另一面的忽视。比如，很多士兵根本不知道“毛、朱、彭为何人”，认为“新四军是何应钦领导的”，“蒋介石是共产党的领导人”。② 对此，中共并非没有警觉。但直到 1943 年春国民党发动所谓“第三次反共高潮”，阶级教育才再次得到凸显。7 月 30 日，毛泽东在敌后“六项政策”的基础上专门加入了“对敌斗争”和“阶级教育”两条，是为“八项政策”，在敌后大规模进行。③ 新四军第五师还先后两次下发指示，要求“彻底肃清国民党影响及提高干部阶级意识”。先是 9 月指示，明确提出应将此项工作列为当前政治工作“最中心、最紧急”的任务。随后，12 月指示进一步批评了大部分中下层干部“从单纯的抗日观点及国家观点出发，而不是从阶级立场出发”去看问题的倾向，并将阶级教育提高到了确立无产阶级人生观以及区别国共两党理论、政策差异的高度。④ 到了 1944 年，中共仍然在强调应“把阶级的内容强烈

---

① 《朱德等关于皖南事变对部队的政治训令》（1941 年 2 月 9 日），《中国人民解放军政治工作历史资料选编》第 6 册，第 51 页。

② 《罗瑞卿在宣教会议上的总结》（1942 年 4 月 9 日），《中国人民解放军政治工作历史资料选编》第 6 册，第 704 页。

③ 《关于审干的九条方针和在敌后的八项政策》（1943 年 7 月 30 日），《毛泽东文集》第 3 卷，第 52—53 页。除了对敌斗争和阶级教育，其余“六项政策”分别是：整顿三风、精兵简政、统一领导、拥政爱民、发展生产、审查干部。到 1943 年 10 月，毛泽东又在此基础上增加了减租减息和“三三制”两项，从而构成了“十项政策”。

④ 《新四军第五师政治部关于彻底肃清国民党影响及提高干部阶级意识的指示》（1943 年 9 月），《中国人民解放军政治工作历史资料选编》第 7 册，第 296 页；《新四军第五师政治部关于彻底肃清国民党影响及提高干部阶级意识的第二次指示》（1943 年 12 月），《中国人民解放军政治工作历史资料选编》第 7 册，第 347 页。

的渗入”到政治教育中去，要“最后消灭”对国民党的幻想。① 此后，争取抗战最后胜利和阶级教育就一直是中共军队政治教育的重点。

政治教育的另一重要目的，在于巩固部队、减少逃亡、保证士气。针对士兵逃亡现象，中共首先从政治教育来寻求原因与应对之策。其实，士兵逃亡的因素很多，如对时局和战争前途的悲观，生活困苦，遭受打骂、不公，眷恋乡土和家人，战争惨烈、对死亡的恐惧等。② 但在中共眼中，这些都是官兵“阶级意识模糊”“阶级立场不稳”的表现，更是政治教育缺乏的结果。从这个意义上讲，中共强调阶级教育并不完全是为了应对国共关系的变化。政治（阶级）教育是中共在防范士兵逃亡等问题上所采取的一种柔性手段。

上课是连队政治教育最主要的方式，主要由连政指或政治文化教员负责讲授，属于平时教育之一种。平时教育之外，还有一些轮训班、教导队、学校，也会承担相应的政治教育任务，但主要针对的是干部。就整个军队政治教育来看，干部教育是政治教育的重心。但在基层连队，士兵教育同样受到重视。一般而言，无论是上课内容，还是上课时间、方式，干部教育和士兵教育都存在差别。干部教育中，又会因上下、新老、文化程度、政治修养等方面的差别而被区别对待。“对于普通战士，是不能拿对干部的教育来灌输他；对于下级干部，是不能拿对上级干部的教育来灌输他；要针对战士与干部，下级干部与中上级干部的不同的程度，提出不同的要求。”③

士兵政治教育，平时一般每周 5 次，每次 1 小时，2 次授课，2 次复习，1 次专讲时事。除了前节所提及的有关民族主义和国共关系的内容，士兵政治教育还体现在对军队本身问题的处理上。比如：为什么要遵守纪律，服从命令？为什么要勇敢作战，刻苦耐劳？为什么要团结友爱？为什么要努力学习军事、政治、文化？等等。④ 在教材的选择和配备上，主要

---

① 陶铸：《从十个连队调查材料中所看到的关于连队政治工作改造的几个问题》（1944 年 2 月 27 日），《中国人民解放军政治工作历史资料选编》第 7 册，第 408 页。

② 齐小林：《中共士兵、革命政权与华北乡村：1937—1949》，博士学位论文，南开大学历史学系，第 279—301 页。

③ 萧向荣：《一一五师的政治教育工作》，《八路军军政杂志》创刊号，1939 年 1 月，第 27 页。

④ 萧向荣：《一一五师的政治教育工作》，《八路军军政杂志》创刊号，1939 年 1 月，第 25 页。

也是以这些内容为标准。1939 年 12 月，总政治部曾向全军印发《抗日战士政治课本》，计上、中、下三册，共 77 课。上册主要为抗战相关问题，如“中国怎样变成半殖民地”“日本侵略中国的经过”“神圣的民族自卫战争”“亡国论是汉奸的理论”“速胜论不可能”“持久抗战我们就能胜利”等。中册主要是统一战线问题，如“怎样做一个模范共产党员”“为中国人民的彻底解放而奋斗”“我们对各阶级的态度”“坚持抗战到底反对中途妥协”等。下册则涉及中国革命的相关问题，如“中国革命的任务和性质”“中国革命的动力”“中华民族与中国社会”“大革命后的中国社会状况”“民族危机下的中国”等。① 另据军委总政治部统计，八路军、新四军在 1940 年以前曾采用过的基本教材有《抗日军人入伍教材》《抗日军人读本》《八路军军人必读》《八路军战士课本》《我军优良传统教材》《抗日民族统一战线课本》《政治常识课本》《共产党与八路军》等。此外，还有各种临时的辅助教材，主要是时事问题和军队实际问题。②

除了政治教育，军中还普遍开展文化教育和军事教育。军事教育与政治教育的分别比较明显。虽然中共强调政治教育比军事教育更为重要，但在实际教学时间分配上，军事教育有时（甚至大多时候）比政治教育多。不过，在军事教育的实施过程中，政治教育始终贯彻其间。至于文化教育，则常被视为政治教育的基础，或政治教育之一种。罗瑞卿就提议：应将政治教育与文化教育合一，编一种混合课本。③ 但实际上，文化教育有自己单独的上课时间，一般也是每周 5 次，每次 1 小时。有的部队以 3 次上识字课，1 次上算术课，1 次上自然常识课，也有的部队全上识字课。④ 文化教育通常都会按士兵文化程度分组进行。一一五师就曾将能记日记和

---

① 肖裕声主编《中国共产党军队政治工作史》上卷，军事科学出版社，2011，第 587—588 页；萧向荣：《八路军部队政治教育上的几个问题》，《八路军军政杂志》第 2 卷第 1 期，1940 年 1 月，第 79 页。

② 总政治部：《政治工作总结》（1940 年），《中国人民解放军政治工作历史资料选编》第 5 册，第 695—696 页。

③ 《八路军野战政治部关于部队文化水平教育状况给总政的报告》（1941 年 12 月 8 日），《中国人民解放军政治工作历史资料选编》第 6 册，第 515 页。

④ 总政治部：《政治工作总结》（1940 年），《中国人民解放军政治工作历史资料选编》第 5 册，第 698 页。

看普通文件者分入甲组，能识字 50 个以上者分入乙组，识字 50 个以下者分入丙组。[①] 如果士兵同时还是党员，则须参加每周 1 次的党课，一般在星期六（俗称“党日”）进行。[②]

同士兵政治教育相比，连排干部政治教育一般每周 1 次，上课内容与士兵教育差异并不大，不像营团及以上各级干部政治教育那样深入。文化教育则多以自行看书阅报、记日记为主，有时也跟士兵一起上文化课。所记日记通常交上级审阅修改，规定排级干部每 3 天上交一次，连级干部 1 周上交一次。[③]

连队干部教育大抵有两个特点：（1）对政工干部的政治教育重于军事教育，军事干部则相反；（2）在连队基层，更为着重于干部文化教育，而非政治和军事教育。此外，干部中的党员一般不另外上党课，相关教育多经由政治教育课和党的干部小组会议进行。但是，党的干部（如小组长、支委等）则每周要上 1 次课，由营主持。[④]

上课之外，还有不少辅助教育的方式，如测验、会议、读报、墙报、竞赛、晚会等，大多不定期进行。测验有时 2 周一次，有时 1 周一次，主要是对课堂教育的检验。会议主要是传达某项重要政治问题，或解释部队具体任务，或讨论连队日常工作与生活。读报主要是为了了解抗战形势和国际时事，每周集中举行 2 次。墙报十天半月一次，多为连队生活之反映。竞赛、晚会则有寓教于乐性质，不定期开展，最容易吸引基层官兵参与。

由此不难看出，如果没有作战任务或其他安排，连队士兵每天都要接受课堂内外的政治教育。事实上，即使是行军作战，政治教育也常常见缝插针进行。毋庸置疑，政治教育有助于塑造士兵的民族意识、阶级情感和革命意志。此外，政治教育本身是一种制度化的存在，而制度化的教育造

---

① 萧向荣：《一一五师的政治教育工作》，《八路军军政杂志》创刊号，1939 年 1 月，第 40 页。

② 萧向荣：《八路军部队政治教育上的几个问题》，《八路军军政杂志》第 2 卷第 1 期，1940 年 1 月，第 82 页。

③ 萧向荣：《一一五师的政治教育工作》，《八路军军政杂志》创刊号，1939 年 1 月，第 41 页。

④ 萧向荣：《八路军部队政治教育上的几个问题》，《八路军军政杂志》第 2 卷第 1 期，1940 年 1 月，第 82 页；总政治部：《政治工作总结》（1940 年），《中国人民解放军政治工作历史资料选编》第 5 册，第 706 页。

就的是组织化的士兵。士兵必须集体参与到各种形式的教育中去，很难独立进行某项活动。当然，对士兵仅仅靠政治教育加以柔性管理远远不够，还必须刚柔并济，建立各种政治组织，将士兵完全组织起来。

连队政治组织主要包括支部、俱乐部、青年队、政治战士、锄奸（工作）网、阻拦队、捉拿队、十人团、收容队等。支部是中共在军队的基层组织。俱乐部主要通过识字运动、文艺体育运动以及经济监督等方式协助连队士兵教育。俱乐部设管理委员会，由全连军人大会选举委员 7—9 人组织之。青年队旨在集中连队 15—23 岁的士兵，并充分培育其模范意识，发挥其在连队各种工作中的模范作用。政治战士是政治指导员的助手，在排一级和事务人员中设立，所以常被视为政治指导员的下级，但并没有政治上的职权，也不脱离军职，主要在士兵中起模范和监督作用。

锄奸（工作）网是锄奸工作在军中最基层的一级组织，除了排查奸细，还要防止士兵逃亡。拦阻队由连队支部决定并经军人大会宣布成立，排成立小队，班有指定成员，均不脱离队列，协助政指进行拦阻工作，宿营时一般在四周布置拦阻哨，并对附近居民进行搜查，行军中则多在道路交叉口和隐蔽之所加以拦阻。捉拿队和十人团与之相仿。收容队在后卫部队后面行进，一般与之保持一两天甚至更多一点行程的距离，主要负责组织落伍和生病人员，很大程度也是变相应对逃亡。所以，这几类组织的监控色彩比较浓，一些完全是为了对付和处理逃亡士兵而设。

无论教育训化，还是组织监控，其实都存在着不少问题。首要的是上课多，会议多，汇报多，政治组织多。可以说，如果不行军作战，连队官兵每天几乎是在上课、开会、汇报中度过。而过于重视政治教育，势必相对忽视和影响军事训练。据罗瑞卿称，在某些连队，每个青年战士党员实际上“每周要上二十九小时的课”，而有的连队“每周操课以及时事报告等，共计四十一小时”，每天仅上课就 5—7 个小时。至于连排干部，一般每周都要到营部或团部上课，仅来回往返就花费不少时间。[①] 连队会议、汇报则更多，以一二九师三八五旅为例，“连队各种政治组织之会议有十四种，定期会议每月至少廿余次，另行政会议（连务排务会）每月至少八

---

① 《罗瑞卿在连队政治工作会议上的报告》（1941 年 8 月 26 日），《中国人民解放军政治工作历史资料选编》第 6 册，第 352 页。

次，战士学习讨论会每月廿四次，干部学习讨论会每月八次，合计每月达六十七次之多。政指必须参加者计有三十四次，一个青年战士党员必须参加的计有四十八次，如果是积极分子则更多。政指除连队会议以外还要参加团、营召集各种各样会议，故平均每天要开会二三次以上。该旅例子还不是最多者，决一纵队之会议次数更为惊人，每月八十五次，学习讨论会尚不在内。一个连政指每月要向上级及党内作口头汇报或书面报告共四十五次，书面报告十二次，自己要接受连队政治组织的汇报有三十五次（班排向行政汇报不在内）”。[①]

在一一五师，连队会议不下 20 余种。汇报也是种类繁多、非常复杂。某连有一个班长，身兼二职，每天须汇报 5 次，另有一同志每一周要汇报 15 次。[②] 这类活动太多，常致时间无法分配，有战士甚至埋怨说：“忙的连放屁的时间也没有了。”[③]

上课、会议、汇报太多，往往导致公式主义、形式主义。汇报时无所可报，今天如此，明天复是。会议也多仓促无准备，并不能深入讨论和研究问题。有些支部大会常常是支书先作一个报告，然后问一声“有无意见？”“没有意见！”即宣布散会。[④] 上课时，学员便只顾死记条文，很少讨论，并不能吸收和消化。而政治组织太多，常使得系统复杂，步调不一。几乎每个士兵都有职务，班长、党员、活动分子更身兼数职。他们在晚上睡觉时，为防范普通士兵逃亡，除了严格查铺查哨外，甚至还在门上挂手榴弹，或将士兵衣角拴在自己裤腰带上，防范过于消极，反而加重士兵逃亡之心。就测验、墙报、晚会、竞赛等而言，也多存在形式主义。测验一味追求数目字，以平均分过 80 为满足。以装饰性和文章篇数评定墙报成绩。开晚会时，军政首长讲话就要几个钟头，反而使得士兵视晚会为畏途。部队醉心于今日“竞赛”、明日“突击”、后日“运动”，工作计划一大堆，

---

① 《对连队政治工作的全面检讨——罗瑞卿关于连队政治工作会议情况的报告》（1941 年 10 月 11 日），《中国人民解放军政治工作历史资料选编》第 6 册，第 391、392 页。

② 梁必业：《整顿连队政治组织与制度——摘自一一五师连队政治工作会议关于支部工作报告》（1942 年 3 月 25 日），《中国人民解放军政治工作历史资料选编》第 6 册，第 651 页。

③ 《罗瑞卿在连队政治工作会议上的报告》（1941 年 8 月 26 日），《中国人民解放军政治工作历史资料选编》第 6 册，第 352 页。

④ 《罗瑞卿在连队政治工作会议上的报告》（1941 年 8 月 26 日），《中国人民解放军政治工作历史资料选编》第 6 册，第 365、366 页。

常致士兵“过于疲劳，生活乏味，昏头昏脑”，进而“发生厌倦”。①

不可否认，教育训化和组织监控这一柔一刚两种手段的交互运用，对教化士兵和巩固部队自有其积极作用，但其作用并非没有限度。比如，在干部政治教育方面，一二九师曾报告称：大体了解联共（布）党史的，连级干部有 26.1% ，排级有 9.2% ；大体了解基本政策的，连级有 78% ，排级有 63.3% ；大体了解中国革命问题的，连级有 60.1% ，排级有 33.2% 。但在一次对连排级干部的测验中，却有 90% 以上的人不懂得“二五减租”，甚至有人将“三三制”理解为“共产党占三分之一，国民党占三分之一，亲日派占三分之一”；还有一些人认为罗斯福就是罗瑞卿，莫斯科是孙科的弟弟。② 政治文化教员有的甚至不懂什么是“八路军”，不懂什么叫“间谍战”，不懂“曾参杀人”，不懂“红叶题诗”。③ 党员的政治水平也“低落得惊人”，有党员就“错误地”认为“无产阶级是商人”，“共产主义是官僚主义”，“三民主义与共产主义是一样的”。④ 干部、党员如此，普通士兵更不难想见。

而令人诧异的是，中共想尽一切办法防范士兵逃亡，可逃亡在整个抗战期间并未完全遏制。大概以 1941—1943 年为界，中共兵力经历了前后两个大发展时期，与迅猛发展相对应的就是严重减员，以至于形成“大进大出”的现象。一二九师曾形象地描述为“一个漏桶式的，一头进一头漏”。⑤ 兵力缩减大致可分两种：战斗减员与非战斗减员。而后者往往超过

---

① 《八路军野战政治部关于一九四〇年部队宣传教育工作的指示》（1940 年 3 月 22 日），《中国人民解放军政治工作历史资料选编》第 5 册，第 145 页；《罗瑞卿在连队政治工作会议上的报告》（1941 年 8 月 26 日），《中国人民解放军政治工作历史资料选编》第 6 册，第 349、360 页；《八路军野战政治部关于巩固部队政治工作的指示》（1942 年 11 月 10 日），《中国人民解放军政治工作历史资料选编》第 6 册，第 973 页。

② 《罗瑞卿在宣教会议上的总结》（1942 年 4 月 9 日），《中国人民解放军政治工作历史资料选编》第 6 册，第 694、695、697 页。

③ 《罗瑞卿在连队政治工作会议上的报告》（1941 年 8 月 26 日），《中国人民解放军政治工作历史资料选编》第 6 册，第 353 页；舒同：《主观主义在前方部队中的表现形式》，《八路军军政杂志》第 3 卷第 10 期，1941 年 11 月，第 11 页。

④ 《罗瑞卿在连队政治工作会议上的报告》（1941 年 8 月 26 日），《中国人民解放军政治工作历史资料选编》第 6 册，第 343 页。

⑤ 《八路军第一二九师发展与整理新部队的经验教训》（1939 年），《中国人民解放军政治工作历史资料选编》第 4 册，第 768 页。

前者。在非战斗减员中，逃亡又往往多过病亡及其他。[①] 由此可见，在对待士兵逃亡这一问题上，即使刚柔并济，也很难完全消除。当然，如果不采取措施，逃亡现象只会更甚。

士兵逃亡的原因很多，“军阀打骂”即系其中之一。1940 年一二九师关于“消灭非战斗减员”的指示中就认为，干部不善教育管理，不关心士兵疾苦，不解决士兵困难，甚至打骂士兵，是发生非战斗减员的首要原因。[②]

虽然早在红军时期，中共就规定军队应坚决“废止肉刑”，但打骂士兵的行为从来就没有真正断绝过，一直到抗战时期，还十分普遍。1942 年初，邓子恢在谈及新四军的情况时，说到有的干部不爱惜士兵，施行打骂或变相打骂（如罚跪、罚举枪、“照相”、不给饭吃、不给衣穿、晒太阳等），甚至擅自枪杀逃兵或企图逃跑而未逃跑的士兵，是相当严重的现象。[③] 另据八路军留守兵团七一七团政治处的统计，基层干部打骂士兵的现象尤为突出：“卫生队队长付林标打过十三个人，五连二排长段根中五天打三个人，教导队队长张古胜打过八次人，政指耿坚打过通讯员，炮兵连连长打过人，据陈团长说，他们去年共有十六个干部打了人。”[④]

除了打骂，官兵生活上的差别也容易造成士兵的不满。贺龙就表示过：“我们干部自己穿上了皮衣、皮鞋，而有的战士还在打赤脚板，这怎么能叫战士没有意见呢！要是我当战士遇到这种干部，也会说不干了！”他甚至希望干部们“要像关心照顾自己的老婆那样去照顾体贴战士”。[⑤] 在留守兵团警八团，连级干部都吃小锅饭，还把士兵们的面吃了，结果引起士兵愤恨、说怪话。[⑥]

---

① 有关抗战时期中共士兵逃亡的具体研究可参见齐小林《中共士兵、革命政权与华北乡村：1937—1949》，第 259—271 页。

② 《八路军第一二九师关于消灭非战斗减员的指示》（1940 年 3 月 28 日），《中国人民解放军政治工作历史资料选编》第 5 册，第 150 页。

③ 舒同：《几个月来部队工作的总结与今后工作方针》（1938 年 4 月），《晋察冀抗日根据地》第 1 册（文献选编上），第 153 页；邓子恢：《彻底铲除军阀思想》（1942 年 2 月 10 日），《中国人民解放军政治工作历史资料选编》第 6 册，第 588—589 页。

④ 《七一七团政治处工作概况》，八路军留守兵团政治部编《政治工作参考材料之三》，1944，第 42 页。

⑤ 《关于整军问题的总结讲话》（1942 年 11 月），《贺龙军事文选》，第 164 页。

⑥ 《警八团的调查》，八路军留守兵团政治部编《政治工作参考材料之二》，1944，第 6 页。

干部这些言行，在中共看来，无疑是一种“军阀主义”的表现。在中共革命思想和革命话语的表述中，“军阀”和“军阀主义”从来都是极严重的词语。只不过，前者多指向“革命对象”，后者则指向“反革命行为”，分别为批判北洋系、国民党系军队和制定自身党军关系、官兵关系、军民关系的理论政策服务。“军阀”成为一种“主义”，是中共发展和丰富“军阀”话语内涵的重要表现。在中共党内，“军阀主义”有着不同层级的区分，在中高层，主要指“违背党指挥枪原则的现象”；而在基层，主要指“上级军官对于下级军官和士兵的打骂等现象”。[①] 从横向的角度考虑，除了党军关系和官兵关系，在军民关系、军地关系、军事工作和政治工作关系以及干部相互关系等方面都存在着“军阀主义”现象。抗战时期，中共党内、军内曾有过两次系统的讨论。

第一次大概可从毛泽东 1942 年 1 月 23 日的指示信算起。毛泽东在指示中强调，应将红四军九大决议“多印数千份，发至留守部队及晋西北部队，发至连长为止，每人一本，并发一通知，叫他们当作课材加以熟读”。[②] 9 月 1 日，中共中央政治局会议讨论通过实行党的一元化领导及调整各组织间关系的决定，军委总政治部于同日向全军下发了讨论和执行这一决定的通知。在此基础上，中共中央西北局和陕甘宁边区部队领导机关于是年底至 1943 年初分别召开了高级干部会议和军政干部会议。任弼时、谭政等人在会上对“军阀主义”的表现和来源进行了严肃而系统的分析，并提出应在军中坚决“反对（克服）军阀主义倾向”。[③] 这也是当时军队整风的重要内容。这次“反对军阀主义”的重心在于改善军民关系和地方党政关系，也因此，“拥政爱民”和“拥军优抗”运动（简称“双拥”运动）得到广泛开展。

1944 年春，在毛泽东指示下，谭政负责起草了关于军队政治工作问题的报告，经多次讨论、修改，最终在中央扩大的书记处会议上通过。这份报告联系建军以来政治工作的一般经验，对 1942 年整风开始后军队政治工

① 徐勇：《近代中国军政关系与“军阀”话语研究》，中华书局，2009，第 37 页。

② 《印发和学习红四军九次党代表大会决议》（1942 年 1 月 23 日），《毛泽东军事文集》第 2 卷，第 75 页。

③ 《关于党的一元化领导问题》（1943 年 1 月 7 日），《任弼时选集》，人民出版社，1987，第 272 页；《肃清军阀主义倾向》（1943 年 1 月 16 日），《谭政军事文选》，第 196 页。

作的开展情况做了总结，重点对党军关系、军政关系、官兵关系、军民关系、上下级关系、军事工作与政治工作关系，以及部队之间的关系中所存在的“军阀主义”和“教条主义”倾向进行了深入分析，可以说是第二次对“军阀主义”的系统讨论。①

谭政报告后不足10天，中共中央宣传部和总政治部就迅速将其列为整风文件和固定教材，广为散发，直至连队和区委，并要求各级宣传部和军队各级政治部负责组织学习。这次“反对军阀主义”和整风的重心在于改善官兵关系。

整风与反军阀主义的开展方式，主要是“反省坦白”。具体运作就是发动士兵，以运动的方式，要求官兵进行自我反省和自我批评。为什么要用“反省坦白”的运动方式，而不继续采取常规的政治教育方式呢？

中共发现，上课、会议、汇报等常规的政治教育方式，形式主义、公式主义较为严重，引起士兵厌倦和排拒。陶铸曾对10个基层连队进行调查，认为“过去我们对连队政治教育的要求，一般都很少注意到连队战士有些什么不好的思想倾向，教育上采取些什么有效办法进行克服与改进，只注意上面发的教材是否按时讲完，上课时战士是否全到，有打瞌睡与讲私话的没有？最后测验成绩如何？”这样做的后果是，即使“对战士讲了很多道理，战士也能讲很多道理，测验成绩也不坏，但道理是道理，思想还是思想”。思想上的问题如果不能解决，政治教育只能是“破产”的教育。他还进一步说道，过去那种上课的方式，“根本不能唤起战士自己的思想，更谈不上把那些道理经过思想的斗争，然后接受变成自己的。所以改造思想就是指一种思想克服另一种思想，这需要经过一种反复内外夹攻的斗争过程才能达到”。“反省坦白”即是内外夹攻改造思想的新方式。他认为，“反省大会批评与斗争这种群众性的强制力量是必须使用的，因为人的缺点是总怕暴露自己的短处，必须有外力的帮助”。②

改善官兵关系的关键在于改变干部领导作风，所以，“反省坦白”运动首先在干部中进行。在正式反省会之前，一般都有一个思想酝酿阶段，

① 《关于军队政治工作问题——中共中央西北局高级干部会议上的报告》（1944年4月11日），《谭政军事文选》，第199—232页。

② 陶铸：《从十个连队调查材料中所看到的关于连队政治工作改造的几个问题》（1944年2月27日），《中国人民解放军政治工作历史资料选编》第7册，第404—407页。

大多以干部会议、士兵漫谈、个别谈话等形式进行。这一方面是要打通干部思想，敢于自我反省，消除其认为反省有损威信和上级信任、不利以后工作的顾虑；另一方面则是要打通士兵思想，敢于揭露干部错误，消除害怕干部记私仇的担忧。这一阶段同时也是收集初步材料的阶段，既可以警醒干部，又利于对后一阶段的安排和把控。正式反省会的形式不一。有的先开军人大会暴露错误，后以班为单位反省，再开军人大会检讨；也有的以军人大会为主，辅以小会，暴露、反省和检讨同时进行。

士兵的反省坦白，一般也要事先进行调查和开会动员，有的还要对士兵进行分组并派遣干部加入进去。接着是正式反省会，常常是大会典型反省、小组普遍反省与个别谈话相结合。典型反省大多是“斗争坏分子”。为消除士兵害怕反省后遭受处罚的心理，有时还会提前安排一贯表现不好的士兵先报名反省，反省后当场予以鼓励，号召大家学习。

具体运作过程中，有些反省不够深刻和诚恳，反省者对自己思想中的小错误、小缺点稍事揭发，对大的错误、缺点则袒护、掩饰，秘而不宣。有些对自己轻描淡写，把问题推给别人、上级或组织。[①] 也有一些反省比较过火，甚至发生不好的偏向。谭政曾特别强调：“我们的方针就是教育干部，改造干部，就是教育士兵，改造士兵，而不是毁伤干部，谩骂干部，而不是毁伤士兵，谩骂士兵。只要犯错误的同志大胆地揭露自己的错误，诚恳地反省自己的错误，并有决心改正自己的错误，就不采取过火的斗争方法，不采取处罚与打击的方法。”[②] 谭政的强调恰恰道出了反省中的问题。

中共从来都认为，每一场运动发动之际，不能在民众情绪高涨的时候泼冷水，要“放手”发动群众。但往往在“放手”的过程中，极容易“过火”。在反省坦白运动中，士兵起来后，通过制造一种群体的压力，往往让干部“下不了台”。一些人认为整风只整干部，与自己无关，趁机“打反攻”，把自己的一切错误都归咎于干部。还有一些人本来就对干部怀有私恨，更容易恶意中伤和夸大干部的缺点。据刘少奇总结，在对待坦白

① 周士梯：《军区直属队的整风问题——周参谋长一月十八日在直属队党的活动份子会议上的报告》，晋西北军区司令部政治部：《战斗》第5、6期合刊，1943年3月，第3—4页。

② 《关于军队政治工作问题——中共中央西北局高级干部会议上的报告》（1944年4月11日），《谭政军事文选》，第203—204页。

者时，往往会出现4种错误心态：第一种态度就是幸灾乐祸，巴不得人家犯错误；第二种是加油添醋，把人家错误扩大；第三种是隔岸看火，袖手旁观；第四种是深恶痛绝，疾恶如仇。[①] 此外，一味要求干部反省坦白，极容易造成极端民主化倾向。有时，干部反而对士兵存在畏惧心理，迁就他们的想法。

国民党在比较国共双方政治工作优缺点时认为：在中共军队中，政委有独立权力，政工和党务能密切配合、相辅相成；政工干部为全军之模范，有无上威信，且能服从组织利益，受组织支配；政治工作能深入士兵、民众，官兵生活能打成一片，下情易于上达，绝少打骂，能做到以行动代宣传、以运动代强制、以说服代惩罚、以竞赛代督促；对俘虏多怀柔，并能加以组织利用，补充兵源；情报迅速秘密；宣传颇具技巧，方式灵活，能把死的东西相容为活的事物，与政治路线及军事行动能密切配合，常形成群众运动。相反，在国民党军队中，政工人员为军事长官之僚属，缺乏独立权力，不能发挥最大效能，军事与政工不能相互配合；干部任用以私人关系为尺度，非以组织利益为考量；官兵脱节，军队纪律松弛，军民关系不善，兵源枯竭，吃缺严重，拉夫盛行；宣传与军政脱节，与行动分离，不够生动，不能深入。当然，中共军队政工并不是毫无问题可言，诸如军政摩擦、干部矛盾、士兵逃亡等现象也很普遍。[②]

国民党做这番比较，主要是为了检讨自身工作缺失并寻找应对之策，大体客观和真实。

---

① 邓子恢：《改善官兵关系》（1945年4月5日），《新四军·文献》，第586页。

② 《我方共匪政治工作之检讨及对策（二）》，山东省档案馆藏，J108－01－011－033。文件时间不详，依内容判断，应系抗战后期或抗战结束后所作。

第十一章
武器装备与军需后勤

据聂荣臻回忆，抗战前夕，中共部分高级将领认为此时部队还没有大的发展，武器弹药、粮秣、被服都非常缺乏。在这样的状况下，与日军正面交锋，“非吃大亏不可”。[①] 武器装备与物质供给是军队维持生存发展与发挥战斗力的关键环节。那么，中共在极其艰苦的条件下是如何发展壮大的？本章拟从武器装备与军需后勤的角度，对抗战期间中共军队的发展情况做一概述。

第一节　武器装备的来源

八路军开赴前线时所持有的武器，有的是长征中残留下来的，有的是长征之后与地方实力派交战中获得的轻武器。由于80%以上的枪械和70%以上的弹药均是作战中收缴而来，八路军初期的武器装备可以说是五花八门，包括英国、德国和美国制造的机关枪、步枪、毛瑟枪和山炮等。[②] 抗战初期，八路军虽经过整编但武器装备仍然落后，不仅重型武器很少，枪支、弹药甚至刺刀等基础作战工具都十分缺乏，人枪比例勉强维持在2∶1。而从南方八省重新集结起来的新四军情况更不乐观，轻机枪及其以上的武器十分少见，初建时全军一万余人配有枪6200支。[③] 但游击作战的形式导致分散至各游击部队的装备参差不齐。

毛泽东在1939年1月2日为《八路军军政杂志》撰写的发刊词中指

---

① 《聂荣臻回忆录》，解放军出版社，1986，第341页。

② 〔美〕埃德加·斯诺：《西行漫记》，董乐山译，东方出版社，2005，第266页。

③ 王统仪主编《新四军军工史料》，中国兵器工业历史资料编审委员会内部发行，1990，第2页。

出，八路军有很多缺点，首要的是技术装备不如敌人，也不如某些友军。[①]而关于这一问题的解决办法，毛泽东早在1936年7月被埃德加·斯诺（Edgar Snow）问及如何看待中日开战在军事上的可能发展趋势时，即有过考虑："至于军火，日本不能夺取我们内地的兵工厂，而这是尽够供给中国军队用许多年的，他们也不能阻止我们从他们自己手中夺取大量的武器和军火。红军就是用这种方法从国民党手中来装备它现在的部队的。九年来，国民党成了我们的'军火运输队'。如果全中国人民联合起来抗日，那么，运用这种战术来取得我们的军火的可能性就更加无限了！"[②]

加强自我兵工生产能力与缴获敌人武器，确是抗战期间中共解决军队武器装备问题的两个主要办法。除此之外，抗战初期中共利用国共合作抗日的良好形势，通过向国民政府领取、接受外界捐赠等办法，也获得不少武器补充。[③]

经国民党最高当局同意，自1937年8月至1941年6月，中共以八路军、新四军的名义，在国统区的若干城市和重要地区陆续建立了55个办事机构，此外还在沦陷区、游击区及香港等地建立了7个办事机构。这些机构的主要任务是代表八路军、新四军与国民党军政当局联络、交涉，筹集、领取、转运物资，护送过往人员等。[④] 抗战初期，国共合作比较融洽，各地办事机构能比较顺利地开展工作，将国民政府拨给八路军和新四军的经费和物资，以及社会各界的捐赠运送至前线。

表11-1　八路军武汉办事处领取和筹集经费物资统计（1937年9月—1938年10月）

项目		数量
经费	领取	约655万元
	接受捐款	约120万元，银元579万元

① 毛泽东：《〈八路军军政杂志〉发刊词》（1939年1月2日），中国人民解放军历史资料丛书编审委员会编《后勤工作·文献》（2），解放军出版社，1997，第97页。

② 〔美〕埃德加·斯诺：《西行漫记》，第92—93页。

③ 王明：《如何继续全国抗战和争取抗战胜利呢？——在政治局会议上的报告大纲》，《中共党史教学参考资料》（2），人民出版社，1979，第124—133页。

④ 中国人民解放军历史资料丛书编审委员会编《八路军新四军驻各地办事机构》（1），军事科学出版社，2008，第5页。

续表

项目		数量
领取物资	兵器	炮 20 多门，长枪 400 多支，机枪 200 多挺，驳壳枪 112 支，大刀 3000 把
	弹药	1300 箱，黄色炸药 300 多吨
	医药	35969 箱，1062 瓶
	服装	4.6 万套
采购物资		大米 300 吨，面粉 40 吨，驳壳枪 100 多支，雨衣 3000 件，机械、钢铁、弹药若干
接受捐赠物资		汽车 3 辆，棉背心 1 万余件，毛巾 2.1 万条，电池 2 箱，仪器 8 箱，日用品 516 件，书 1132 本，防毒面具 2 箱，慰劳袋 30 万个

注：1. 此表统计数据仅以文字记载为依据，还有大量无记载的未计入，因而实际项目和数目远不止此。

2. 为简洁直观起见，此表在原表基础之上有所删减。

资料来源：中国人民解放军历史资料丛书编审委员会编《八路军新四军驻各地办事机构》(4)，军事科学出版社，1999，第 193 页。

以八路军驻武汉办事处为例，在抗战第一年，经费和物资的主要来源，一是从国民政府领取，二是接受社会各界捐赠。前者在数量上占据较大比例。

除此之外，中共还通过与友军、地方军、地主士绅“广交朋友”，获得部分武器。如阎锡山、卫立煌、盛世才等地方军，在抗战初期均有接济中共武器的记录。1937 年 9 月，一二九师在开赴前线时，阎锡山拨给了数节火车车厢的物资，包括子弹、手榴弹和枪支等。① 一二〇师在路经太原时也从阎锡山处领取了各种步机弹 43 万发、手榴弹 1.4 万枚、迫击炮弹 1300 发、各种药材 50 多箱。② 1938 年 4 月，卫立煌以第二战区副司令长官兼前敌总指挥身份，也拨给第十八集团军步枪子弹 100 万发、手榴弹 25 万枚以及牛肉罐头 180 箱。③

与八路军依托陕甘宁边区开赴华北前线作战不同，新四军是从南方八省临时集结起来的，没有自己的后方，因此对地方社会各界的援助更为依

① 李达：《抗日战争中的八路军一二九师》，人民出版社，1985，第 14 页。

② 张汝光：《在一二〇师前后》，《党史资料通讯》第 25 期，1984 年 6 月 15 日。

③ 高中民、周集锋：《朱德路经垣曲同卫立煌晤谈》，《文史月刊》2002 年第 9 期，第 22—26 页。

赖。新四军第一支队进入苏南后，陈毅等人即通过召开各种座谈会，广泛接触各阶层人士，宣传中共抗日救国主张，推动开明士绅、地主、资本家捐钱献物。如茅麓公司总经理纪振纲就把公司自卫的武装，包括1挺重机枪、24挺轻机枪、300多支长短枪捐献给了新四军。①

战场缴获方面，据中共官方公布的数据，从抗战开始到1938年10月广州、武汉失守的一年零三个月间，八路军与日军作战1500次，歼灭日伪军5万余人，缴获枪支1.2万支。

中共还十分注重民间武器的收缴。华北地区有大量武器藏于民间。如山东滕县的地方武装有枪10万支，菏泽的地方武装有枪1.2万支，临沂的地方武装有枪1.8万支。② 1937年9月25日，毛泽东在关于注全力于游击战争的指示中，强调要"借着红军抗战的声威，发动全华北党（包括山东在内）动员群众收编散兵散枪"。③ 1938年4月21日，中央军委再次发出《关于平原游击战指示》，要求采取宣传说服及借枪（可给借枪证）的办法，吸收民间的枪支加入游击队与军队，或发动民众自带枪支来当游击队。④ 1937年10—12月，晋察冀边区通过收编民间枪支将各个军分区都建立起来，差不多每个分区都有相当大的游击队存在。仅平山一地在一个月左右的时间即扩大了一个团，民众一次性拿出2门迫击炮和6挺机枪。⑤在山东，1938年底，中共在沂水、蒙阴计划组织8万人的自卫团，步枪1.5万支，并计划1939年在鲁南数县组成15万—20万人的自卫团。加上原有基础，估算1939年山东将有民众武装40万人，枪约5万支。⑥

相较八路军，新四军在收编民间武装方面更为积极。新四军驻兵之处多为国民党军与日军进行过主力会战的区域。国民党军每次作战，总有大

---

① 龚古公、唐培吉主编《中国抗日战争史稿》，湖北人民出版社，1983，第198页。

② 《张金吾关于山东情形向中央的报告》（1937年11月26日），山东省档案馆、山东社会科学院历史研究所编《山东革命历史档案资料选编》第4辑，山东人民出版社，1982，第10页。

③ 《关于整个华北工作应以游击战争为唯一方向的指示——毛泽东致周恩来、刘少奇、杨尚昆等》（1937年9月25日），《中共中央文件选集》第11册，第353—354页。

④ 《关于平原游击战指示——毛泽东、洛甫、刘少奇致朱德、彭德怀、刘伯承、徐向前、邓小平等》（1938年4月21日），《中共中央文件选集》第11册，第505—506页。

⑤ 《聂荣臻在八路军总司令部直属队干部欢迎会上的报告》（1940年2月28日），《后勤工作·文献》（2），第259页。

⑥ 《山东工作报告》（1938年12月22日），《山东革命历史档案资料选编》第4辑，第44页。

量武器散失，新四军予以收缴，“打扫战场”的成果颇丰。到1939年下半年，新四军的武器装备已有所提高。其中江南部队的轻机枪已增至百余挺，重机枪10挺，步枪1500支以上；江北部队亦增40余挺轻机枪。[①] 此外，各地干部还大量吸收、改编大刀会、红枪会及土匪武装加入部队。

抗战初期，中共自己的军工生产能力十分有限。1937年10月21日，毛泽东、张国焘、萧劲光致电周恩来等人，要求在一年内增加步枪1万支，主要由自己制造，要求他们立即开始用一切办法在山西弄到一部造枪机器及若干造枪人。[②] 1938年3月，中央军委成立军工局，由参谋长滕代远兼局长。不久，军工局划归中央军委后勤部领导，由后勤部部长叶季壮兼局长。之后，各部队也相继在原有修械所的基础之上开办兵工厂。但受限于原料、技术、人工和装备，各地的兵工生产还处于起步阶段。表现较好的是山东人民抗日救国军建立的圈杨家兵工厂，此时已能月产八二、七五迫击炮3—5门，炮弹500发，七九步枪20—50余支，复装子弹5000发，手榴弹5000枚，地雷200颗。[③]

武汉会战失败后，抗战进入战略相持阶段。在太平洋战事爆发和我军打出百团大战之前，日军的注意力依然以正面战场为主，但已逐渐重视扶持伪军来“维持后方治安”，加紧对中共各敌后抗日根据地的“扫荡”与封锁。由于伪军的作战能力有限，中共在与伪军的交战中，缴获了一批武器。其后，从1940年8月20日百团大战开始，讫1941年1月24日结束反“扫荡”战役，我军仅在前三个半月，就歼灭日伪军4.6万余人，缴获山炮、平射炮、迫击炮等13门，重轻机枪等各种枪1621支，战刀等507把，掷弹筒1161个，炮弹424发，手榴弹1491枚，以及其他枪弹、黄黑炸药、枪械零件和电信器材若干。[④] 不过，由于日军在中国境内的战线过

① 《项英关于人员枪支统计及赣浙顽军进攻新四军并强占办事处等致毛泽东等电（节录）》（1939年11月14日），中国人民解放军历史资料丛书编审委员会编《八路军新四军驻各地办事机构》（5），军事科学出版社，2009，第61页。

② 《毛泽东等关于设兵工厂造枪问题致周恩来等电》（1937年10月21日），《后勤工作·文献》（2），第18页。

③ 中国兵器工业历史资料编审委员会编《山东根据地军工史料》，中国兵器工业总公司内部出版，1994，第436页。

④ 聂荣臻、唐延杰：《百团大战的意义及战果》（1941年1月26日），彭明主编《中国现代史资料选辑》第5册（下），中国人民大学出版社，1989，第182—189页。

长，后勤补给日渐出现困难，伪军的武器等物资装备也随之出现供给不足的问题。例如，进攻阳城的伪军，平均三四人才有一支枪，民夫所抬的子弹箱内多装石子以充数。在阳城章训村抓获两个日本俘虏，有一个没有枪，仅用红布包一树枝，用以恫吓民众而已。[①] 受此影响，来自伪军的武器缴获在战略相持阶段的中后期也逐渐减少。整个晋冀豫军区在 1939 年共进行大小战斗 300 多次，破袭 180 余次，只得枪 390 余支，轻机枪 8 挺。当然，武器缴获的情况在不同地区之间存在差异。据悉晋察冀边区的情况就比晋冀豫好很多。[②]

中共希望国民政府积极保证其军队的物资供应。但国民政府从一开始就对中共军队采取定员定额的补给办法，将八路军和新四军的编制分别限制在 45000 人和 12000 人之内。[③] 抗战以来，中共军队数量呈爆炸式发展。抗战进入战略相持阶段后，八路军的编制已高达 170 个团支队和总队，40 万人；新四军也扩充到 10 万人。国民政府的供给已完全不能满足中共军队的需要。[④] 此外，随着国共摩擦升级，国民党方面对中共的接济逐渐减少，到 1940 年 10 月则彻底停止。八路军、新四军驻各地办事机构的活动因此遭到种种限制，处境非常艰难。1940 年 11 月，国民政府军委会军政部驻陕军需局有关人员面告八路军驻陕办事处，转达军政部长何应钦的命令，自即日起，停发第十八集团军经费，10 月欠发的 20 万元也一律停发。同年 12 月，国民政府军委会办公厅通令，各集团军办事处人员编制不得超过 16 人，否则当局不保证人身安全，并规定军用物资采买与运输必须经办公厅批准。[⑤] 由于工作开展困难，八路军在各地的许多办事机构被迫撤销。

和国民党方面停止接济武器装备同样严重的是，国共摩擦消耗着中共苦心积聚起来的武器装备。以山东为例，八路军山东纵队在 1939 年 6—12

① 高宗智：《战争中的晋豫》，山西省档案馆编《太行党史资料汇编》第 2 卷，山西人民出版社，1989，第 573 页。

② 《一九三九年工作总结与一九四〇年工作计划的报告》（1940 年 1 月 6 日），《太行党史资料汇编》第 3 卷，山西人民出版社，1994，第 11 页。

③ 叶剑英：《中共抗战一般情况的介绍——与中外记者参观团的谈话》（1944 年 6 月 22 日），彭明主编《中国现代史资料选辑》第 5 册补编，中国人民大学出版社，1993，第 478 页。

④ 叶剑英：《中共抗战一般情况的介绍——与中外记者参观团的谈话》（1944 年 6 月 22 日），彭明主编《中国现代史资料选辑》第 5 册补编，第 483 页。

⑤ 《八路军新四军驻各地办事机构》（2），第 327 页。

月间与敌伪作战 209 次，缴获各式重武器（炮）两尊、各式长短枪 1037 支、各式机枪自动枪 18 支，以及若干子弹、手榴弹、军器、被服、交通器材、筑城用具及破坏敌交通运输工具。但在此期间，山东纵队与国民党“顽固派、捣乱派和投降派”共发生大小武装摩擦 90 多次，遭受 2057 支枪、19000 发弹药以及若干资财、骡马、粮食、被服等损失。①

抗战初期通过统战、打土豪、打汉奸等手段收缴民间武器的潜力挖掘已尽。此外，抗战进入战略相持阶段后，国民党军战线逐渐稳定，开始重视敌后建设，有意发展敌后武装，如建立忠义救国军等，从而限制了中共对地方武装的收编。山东此时便盛行着“人不离枪，枪不离乡”的口号，其背后的意图是所有地方武装的枪均属地方，应由地方掌握，而不能交付中共武装。② 鉴于武器来源日减，中共中央在 1940 年 8 月 20 日下发《关于各抗日根据地内节省人力物力坚持长期抗战的指示》，将军队人枪比例的目标设定为六成。③ 与武器不足、战斗力下降相对应的是根据地面积缩小，统辖人口从 1 亿急剧缩减至 5000 万。④

与武器相比，更为严重的问题是弹药的缺乏。1940 年 1 月 30 日，朱德、彭德怀致电八路军各兵团首长，对八路军子弹缺乏的困难程度、造成原因以及应对办法进行了剖析：“子弹缺乏成为我军目前、特别是将来的抗战中最严重困难的问题，一方面现已无存，弹药制造困难，另一方面主要的在国民党限共、防共的政策下，限制发给我军弹药，计去年总共发给我军弹药不及二百五十五万发，而其中十月份批准之六十万发，除已领到二十五万发外，其余竟拖延到现在不发，估计今后将更严厉限制我们弹药或全不发弹药，而我军应该以各种方法收买与节省子弹，成为目前最中心最迫切的问题。”⑤

---

① 《又是一种扫荡——朱瑞同志在集总随校的演讲》（1940 年），《山东革命历史档案资料选编》第 4 辑，第 138、151—152 页。

② 《又是一种扫荡——朱瑞同志在集总随校的演讲》（1940 年），《山东革命历史档案资料选编》第 4 辑，第 144 页。

③ 《中共中央关于各抗日根据地内节省人力物力坚持长期抗战的指示》（1940 年 8 月 20 日），《中共中央文件选集》第 12 册，第 470 页。

④ 叶剑英：《中共抗战一般情况的介绍——与中外记者参观团的谈话》（1944 年 6 月 22 日），彭明主编《中国现代史资料选辑》第 5 册补编，第 479 页。

⑤ 《朱德、彭德怀等关于节省弹药问题致各兵团首长电》（1940 年 1 月 30 日），《后勤工作 · 文献》（2），第 243 页。

除收买与节省之外，中共也谋求军工生产的自立。1938 年 10 月，毛泽东在中共扩大的六届六中全会上明确指出："游击战争的军火接济是一个极重要问题。一方面，大后方尽可能的接济他们；又一方面，每个游击战争根据地都必须尽量设法建立小的兵工厂，办到自制弹药、步枪、手榴弹等程度，使游击战争无军火缺乏之虞。"[①] 1939 年初，国民政府为减轻弹药实物发放的压力，向八路军下发制弹机，亦推动了中共各个根据地的军工生产。[②] 据统计，1938—1942 年，陕甘宁边区军工局二厂生产步枪 130 支、大车 100 辆；三厂复装子弹 20 余万发，生产手榴弹 2 万多枚，支援前方底火数千发；留守兵团第一兵工厂月产手榴弹 6000 枚，还承担了部队枪支的修理任务，并利用废铁打造出掷弹筒若干。[③] 晋冀豫根据地的军工生产能力更是得到了飞跃发展，最初只能修理枪械，制造红缨枪、大刀和刺刀等冷兵器，到抗战结束之时，总共生产出步枪 9718 支、枪弹 2375224 发、手榴弹 580764 枚、五〇小炮 2500 门、小炮弹 198020 发、八二迫击炮弹 37967 发、各种火炮近千门。[④]

总体说来，这一时期中共的兵工建设以生产弹药为主、枪械为副。[⑤] 此外，中共还特别重视手榴弹、地雷、土炮等群众性、落后性武器的制造。1941 年 11 月 7 日，中共中央军委在《关于抗日根据地军事建设的指示》中指出："自卫队的武器主要的是大刀与梭标。民兵的武器主要的是各种各样的新旧枪械（快枪、鸟枪），手榴弹（各根据地甚至各县均应设手榴弹厂，大量制造手榴弹，分配民兵每人 2 个至 4 个），地雷、土炮、挨丝炮等。同时在民兵中应专门进行对敌铁道、矿山、火车、公路、工厂的破坏技术训练，以便开展群众性破坏工作。主力军务须有计划的拨出一批枪枝武装民兵，千万不可吝惜。手榴弹与地雷这两种主要武器尤应大量制造，普遍发给。"[⑥] 此时抗日根据地的军事建设主要是"依靠全民皆兵，

① 《论新阶段》，《毛泽东军事文选》，第 167 页。

② 《朱德、彭德怀、左权关于收集弹壳致各兵团首长电》（1939 年 2 月 11 日），《后勤工作·文献》(2)，第 146 页。

③ 薛幸福主编《陕甘宁边区》，兵器工业出版社，1990，第 231、233 页。

④ 吴东才主编《晋冀豫根据地》，兵器工业出版社，1990，第 286—288、334 页。

⑤ 《中央军委关于兵工建设的指示》(1941 年 4 月 23 日)，《后勤工作·文献》(2)，第 521 页。

⑥ 《中共中央军委关于抗日根据地军事建设的指示》（1941 年 11 月 7 日），中共中央党校党史教研室编《中共党史参考资料》(5)，人民出版社，1979，第 14—17 页。

依靠群众性的落后武器，依靠这些武器的数量，使敌人到处因我们的手榴弹、地雷、土枪、土炮而疲于奔命，同时主力军除炸弹外并积极设法修理机械与充实自己的子弹”，在敌后作战。①

抗战后期，日军因太平洋战事吃紧，从华北抽调兵力。中共趁机积极谋求发展。以1944年8月山东沂水等战役为起点，中共军队开始有计划有步骤地在敌后各战线向日伪进攻，积极扩展解放区。至1945年7月，解放区面积已扩至90多万平方公里，拥有1亿人口，正规军更是壮大至近百万。② 此时，中共军事打击的重心主要集中在作战能力不强的伪军身上，对伪军积极作战、文武齐下，缴获伪军武器成为抗战后期我军武器的最大来源。以山东为例，1944年反正的伪军，在1500人以上者有3股，共6500人枪；千人以下者140余股，计6000余人枪。③ 即使是武器装备落后的民兵，也能在分散的游击战斗中收缴到一批伪军武器。1943年3月以前，山东民兵总共作战6039次，仅缴获机枪8挺、掷弹筒3门，长短枪525支。而据1944年3月—1945年3月的不完全统计，在7061次战斗中，山东民兵缴获飞机1架、重机枪2挺、轻机枪14挺、掷弹筒7门、长短枪730支、大运输船19艘、自行车39辆。④

抗战末期，我军兵工生产自给亦较前期有所增加，且在性能和制造技术上有较大提高。例如，1944年陕甘宁边区第一兵工厂试炼三七黄铜成功，造出全新子弹1万多发。而在此之前，各根据地大多数兵工厂只具备复装子弹的能力。⑤ 晋察冀军区在1944年平均每月军工生产量为捷克式马步枪100支、掷弹筒65门、枪榴弹筒223个、撅枪220个、硝酸铵（特别炸药）1340斤、无烟药500斤、黑色无烟药180斤、黄药手榴弹10000枚、七九子弹（完全自造）19000发、复装七九弹10000发、

① 《中共中央军委关于抗日根据地军事建设的指示》（1941年11月7日），《中共党史参考资料》（5），第17页。

② 《抗战第八周年中国敌后战场的作战概况》（1945年7月7日），《中国现代史资料选辑》第5册（下），第590—595页。

③ 《中共山东分局、山东军区政治部关于大股伪军工作经验的初步整理》（1945年4月），《山东革命历史档案资料选编》第14辑，山东人民出版社，1984，第318页。

④ 朱则民：《一年来山东人民武装之战斗与爆炸经验——一九四五年山东人民武装工作汇报之一部》（1945年4月），《山东革命历史档案资料选编》第14辑，第353—354、361页。

⑤ 薛幸福主编《陕甘宁边区》，第236页。

六五弹（完全自造）11000 发、复装六五弹 30000 发、捷克弹 10000 发。此外尚能修理马步枪、轻重机枪、山炮、发电机、内燃机及小的机器，在技术上还能修配。[①] 而晋冀豫根据地的军工生产此时不但已能满足自身战斗所需，还能在延安供需无法平衡的情况下给予支援。仅 1944 年 1 月，晋冀豫总部就应毛泽东、朱德和彭德怀之电告，将新制六五式步枪 260 支、七九步枪 100 支、三十节式重机枪枪筒 21 根、皮革制枪弹带 360 套送往延安。[②] 此外，新四军军工部此前只能制造小炮（曲射炮），到 1944 年即完成了从生产平射炮到生产平曲射两用炮，再到迫击炮的技术过渡。1944 年 8 月 22 日，赖传珠向中央军委参谋长叶剑英报告“新四军兵工生产情形”说，全军手榴弹可以全部自给；迫击炮弹、枪榴弹、掷弹筒在不缺材料情况下，自给达到 70% 左右；步枪弹在现成弹壳条件下可自给 40% 。[③]

1945 年 4 月 25 日，朱德对八路军和新四军的装备及各种军用器材的来源总结道：“第一，夺取敌人武装来武装自己，几年来都依靠这个原则发展自己，维持战力；第二，就地取材，华北煤铁之丰富，铁道铁轨之破坏与利用，大大便利我们自己去制造武器，能普遍使广大民兵发展地雷战术的缘故，就在这里；第三，自己从敌伪手中夺取部分机械，拼凑起来，建立小型的轻便军事工业；第四，这些军事工业，常成为敌寇‘扫荡’的搜寻目标，必需分散隐蔽配置，加强必要的武装保护，达到不间断地制造以供给前线。”[④] 抗战结束的前一年，叶剑英在向中外记者介绍中共抗战的一般情况时，曾说道：“若将八路军、新四军所缴获的长短枪总计起来，则我军七年抗战的结果，缴获了长短枪 23 万支以上（其中一部分是日军的，大部分是伪军的）。若按照我军人与枪的比例为五比三计算起来，光是长短枪就可以武装 54 万多人，缴获轻重机关枪及大小炮，还不算在内。”[⑤] 另有资料显示，抗战期间，中共八路军、新四军及华南游击队共缴

---

① 《晋察冀军区关于军工生产情况给八路军总部并中央军委的报告》（1944 年 11 月 23 日），《后勤工作・文献》（2），第 840 页。

② 吴东才主编《晋冀豫根据地》，第 325 页。

③ 王统仪主编《新四军军工史料》，第 374—379 页。

④ 朱德：《论解放区战场（节录）》（1945 年 4 月 25 日），《后勤工作・文献》（2），第 890 页。

⑤ 叶剑英：《中共抗战一般情况的介绍——与中外记者参观团的谈话》（1944 年 6 月 22 日），彭明主编《中国现代史资料选辑》第 5 册补编，第 481—482 页。

获日伪军队各种炮 1952 门、机枪 11895 挺、长短枪 682831 支、汽车和摩托车 347 辆、马匹 30448 头。[①]

第二节 武器装备的水准

整个抗战期间，中共领导人虽然强调“武器是战争的重要因素，但不是决定的因素，决定战争胜负的是人而不是物”，[②] 号召全国人民和一切简单的“唯武器论”者进行无情的斗争[③]，但结合整个抗战期间中共的真实处境来看，武器装备的水准在相当程度上影响了中共军队的战斗力。

如前所述，抗战初期中共军队通过从国民政府领取、战场缴获和民间收编三个方面获得了大量武器装备。由于此阶段国共关系良好，中共军队作战所需的武器装备能够勉强得到及时补给，主力部队武器装备的水准得到一定程度的提升。在重型武器方面，八路军总部以 18 门山炮组成炮兵团。[④] 在晋冀豫，大体能保证每名士兵配步枪 1 支，子弹 100—200 发，手榴弹 2—3 枚；连队装备轻重机枪，团级单位装备迫击炮。各地方武装的武器状况相对较差，各军分区游击队武器数量与人数的比例勉强能够达到 1∶2或 3∶5，各县游击队则只能做到 1∶3，不足部分则使用刀、矛等旧式武器代替，但即使如此，有时也无法满足每人一件。[⑤] 中共军队的武器装备决定其无法胜任国民党军队在正面战场所承受的压力。

随着抗战局势的变化，八路军转入全面游击战，利用地形和自然障碍限制日军重兵器如坦克、大炮的作用，发挥自身灵活机动的特点与日军作战。据统计，八路军晋绥冀察根据地在第一年与敌大小交战 638 次，伤

① 《抗日战争时期中国人民解放军主要战绩统计表》，《中国现代史资料选辑》第 5 册（下），第 597 页。

② 《论持久战》，《毛泽东军事文集》第 2 卷，第 437 页。

③ 《中共中央为开展国民精神总动员运动告全党同志书》（1939 年 4 月 26 日），彭明主编《中国现代史资料选辑》第 5 册补编，第 47 页。

④ 《朱德关于八路军编制、经费等问题致蒋介石的签呈》（1938 年 10 月 23 日），《后勤工作 · 文献》（2），第 82 页。

⑤ 《中共晋冀豫区委军事部关于武装工作的决定与指示》（1938 年 9 月 4 日），《太行党史资料汇编》第 1 卷，第 370 页。

12000 名，亡 8200 名。伤亡虽大，但由于根据地面积、军队人数尚能不断增大，枪支、弹药虽然紧缺但勉强敷用，故总体处于“收大于支”的发展状态。当然各根据地情形不一。如刘伯承认为晋冀豫军区游击队的问题是“人少枪多”。[①] 而同期太南区的武器装备只能满足 1/3 的作战需求。[②] 不过，此时中共的作战部队主要由经过长征淘洗的红军担当主力，战斗力颇为强劲。故包括彭德怀在内的不少将领，曾相当自信地认为，如果八路军有 20 万之众，配备蒋介石嫡系军的装备，再附加若干炮兵，与国民党军的依险防守相配合机动作战，便可将日军拒之于山西之外，使之发展成为华北抗战的坚强堡垒。[③] 但受限于武器装备，这一雄心壮志不得不搁浅在口头之上了。聂荣臻就认为：“我军到抗日前线作战，士气是高的，这没有问题；但是，在经费和武器弹药等物资供应方面问题很大，这是我们面临的最大困难。”[④]

抗战进入战略相持阶段后，我军武器、弹药的来源受到极大限制。1939 年 5 月之前，朱德曾呈请国民政府发放子弹 600 万发，结果仅批 25 万发。[⑤] 1939 年 10 月，八路军总部将存余的不足百万发的弹药分发至各兵团。[⑥] 这大概是抗战期间八路军总部最后一次大规模地下发从国民政府处领取的弹药。

1940 年 1 月 15 日，八路军将领联名致电国民政府主席林森和军事委员会委员长蒋介石，对近两年半时间里八路军的战场表现慷慨陈词：“我八路伤亡达 10 万，而敌伪伤亡则达 20 余万，我俘虏敌伪达 2 万，缴获敌伪枪支达 4 万。全军 22 万人，月饷不过 60 万元，平均每人每月不过 2 元 6 角 7 分，全国无此待遇菲薄之军。有二三千人而升级为军者，有七八千人而升级为集团军者，我八路则至今 3 个师始终不予升级。八路对于国家民

---

① 《八路军总部、一二九师与中共晋冀豫区委主干会议记录草稿摘要》（1938 年 10 月），《太行党史资料汇编》第 1 卷，第 424 页。

② 《太南工作巡视总结》（1938 年 10 月），《太行党史资料汇编》第 1 卷，第 464 页。

③ 《彭德怀自述》，人民出版社，1981，第 223—224 页。

④ 《聂荣臻回忆录》，第 342—343 页。

⑤ 《朱德等关于自力更生克服物质困难致各兵团首长等电》（1939 年 5 月 7 日），《后勤工作·文献》（2），第 183 页。

⑥ 《朱德、彭德怀关于现有弹药之分配致各兵团首长电》（1939 年 10 月 12 日），《后勤工作·文献》（2），第 215 页。

族亦可谓无负矣。”①

应该说，中共的敌后游击战，除了战略上的积极考虑，也是受限于武器装备而不得不采取的变通之举。如晋冀豫区委大力提倡组织 10 人以下的游击小组，力图做到“隐藏起来，能打就打，不能就不打，化装老百姓，神出鬼没……埋炸弹，设土炮，不见人也能打敌人”。② 这一战术被国民党方面讥为“游而不击”，但内中确有八路军的武器装备难以适应战场形势的苦衷。例如，日军在华北的每次战斗中均大肆放毒，而八路军没有防毒面具，只能依靠各种简单方法被动防范，以致许多有利战斗形势倒转，遭受损失。在 1938 年的阜平作战中，聂荣臻所率部队被日军从远距离用炮弹射击法施放毒气，在近距离又遭受毒气筒喷射，结果导致一团的大部、三团 1 个营、七一七团 4 个连全部中毒。③ 在山西辽县的一次战斗中，被包围的敌军大肆放毒，导致众多围攻战士中毒而停止攻击。其中，中毒轻者即失听觉，卧在地上不能使用武器，约两小时后才渐次恢复；重者经解毒后两三天才逐渐恢复正常。④ 而在豫东皖北活动的新四军游击支队，势单力薄，给养十分困难，平均每人子弹仅 20 发，轻机枪子弹除自造者外均不足百发。虽然在战斗中可以收缴敌人弹药，但将战斗本身的损耗计算在内，往往还得不偿失。⑤

表 11－2 是晋冀豫军区晋中各县 1939 年地方武装情形，由此可对此时地方部队的武器装备情况做一了解。

表 11－2 晋中地方武装情形（1939 年）

县别	脱产武装（人）	枪支数量（支）	人枪比例（%）
辽县	1850	702	37.9
黎城	1450	519	35.8

---

① 《八路军将领致林主席、蒋委员长等电》（1940 年 1 月 15 日），彭明主编《中国现代史资料选辑》第 5 册补编，第 280—284 页。

② 《杨尚昆在中共晋冀豫区第一次代表大会上的政治报告》（1939 年 9 月 11—13 日），《太行党史资料汇编》第 2 卷，第 477 页。

③ 《聂荣臻关于阜平作战对付敌放毒气防治经验的通报》（1938 年 11 月 3 日），《后勤工作·文献》（2），第 84—85 页。

④ 《朱德、彭德怀、左权关于前方防毒问题致周恩来、叶剑英、邓颖超电》（1939 年 2 月 6 日），《后勤工作·文献》（2），第 82 页。

⑤ 《彭雪枫关于新四军游击支队的经费给养、弹药补给及干部缺乏等问题致毛泽东等电》（1939 年 2 月 11 日），《后勤工作·文献》（2），第 147 页。

续表

县别	脱产武装（人）	枪支数量（支）	人枪比例（%）
襄垣	2264	500	22.1
武乡	830	280	33.7
和顺	510	231	45.3
昔阳	880	389	44.2
榆社	635	133	20.1
寿阳	347	88	25.4
平定	520	190	36.5
榆太	220	40	18.2

资料来源：《一九三九年工作总结与一九四〇年工作计划的报告》，《太行党史资料汇编》第3卷，第15—16页。

1940年4月，刘伯承在中共中央北方局黎城会议上，指出应紧缩统率机关，充实战斗单位，要求每连组3步兵排，每排配轻机枪1挺，步枪3班，每班12人，并适当装备破路开路工具；每营率4步兵连（如地方团则以3连编制），重机枪1排2挺；团率3营加1特务连，包含警卫、侦察、通信电话，迫击炮1连4门；旅率3团（特殊情形4团），警卫1连，侦察1连，通讯1队，工兵1连，破爆2排，土工伪装1排。[①] 但由于在战略防御阶段扩军迅猛，新兵训练不足，士兵的作战能力尚面临诸多问题。在百团大战中，就出现了近万主力攻不动日军不满千人防守的情况。军队内部的右倾情绪和“恐日病”都不同程度地增长起来。[②]

皖南事变发生后，国共关系恶化，中共军队的处境甚为艰难。1941年11月，中央军委发出《抗日根据地军事建设的指示》，指出在当前人力、物力、财力及地区的消耗激烈加剧的新形势之下，应采取“熬时间的长期斗争，分散的游击战争，采取一切斗争方式（从最激烈的武装斗争方式到最和平的革命两面派的方式）与敌人周旋，节省与保存自己的实力（武装实力与民众实力），以待有利的时机……在武器未改变前，运动战的可能

① 《刘伯承在中共中央北方局黎城会议上的报告》（1940年4月21日），《太行党史资料汇编》第3卷，第232—233、243页。

② 邓小平：《反对麻木，打开太行区的严重局面》（1941年4月28日），《太行党史资料汇编》第4卷，第261页。

日益减少甚至不可能”。[①] 中共军事建设的注意力转移至地方军与人民武装的扩大和巩固上。中央军委要求每个根据地将中心注意力放在地方军和不脱离生产的自卫队及民兵身上：“无论将来有无大的变动，在山地根据地内主力军与地方军（人民武装不在内）数量上的比较，一般应以二与一之比为原则，在平原根据地内则以一与一之比为原则。在某些最困难的区域（如冀东、大青山、苏南），应当打消主力军与地方军的区别，全部武装地方化。至于人民武装（不脱离生产的自卫军），应当包括人民的最大多数，其中之骨干（即民兵、模范自卫队及青抗先或青年自卫队）数量应超过地方军与主力军之全部数量。而每个根据地脱离生产者全部数目（包括党、政、军、民、学），仍只能占我统治区全人口 3% 左右。”[②] 除对各根据地进行军事结构调整之外，对地方军的数量也有明确的最低数目规定。一般而言，区应有约 50 人枪的区游击队，县应有约 200 人枪的县游击营，分区应有约 2000 人枪的独立营团。这一时期，发展最明显的是自卫队和民兵的数量。自卫队和民兵吸收的均是各根据地土生土长的“身强力壮，愿意武装杀敌”的年轻男子，可以在不脱产的前提下，利用根据地复杂的地形条件，使用大刀、梭镖、手榴弹、地雷、土炮等落后武器与敌周旋。在日、伪不断“扫荡”后方的形势下，大量自卫队和民兵的存在，不但可以牵制敌军，配合主力部队作战，还可与“精兵主义”计划相配套，减轻经济负担。

抗战末期，中共自身的军工生产水平有明显提升。以太行区的军事工业为例，在 1944 年 3 月以前，太行区生产的掷弹筒弹翻砂报废率高达 80%，在战场上多数不响，对己方人员亦造成伤害；步枪的设计只图好看轻巧，以致不合标准；刺刀不牢固，作用差；复装子弹打横弹、瞎火等问题很多。从 1944 年 6 月起，太行区对军工生产进行大力整顿，将掷弹筒弹的报废率降到 50%，用新做的掷弹筒弹上 3 个药包能打 1000 米，不上药包也能打 400 多米；仿照捷克式步马枪制造步枪，单独配备六五枪刺刀；此外还在硝的提纯和雷汞制造方面取得了

① 《中共中央军委关于抗日根据地军事建设的指示》（1941 年 11 月 7 日），《中共中央文件选集》第 12 册，第 212—220 页。

② 《中共中央军委关于抗日根据地军事建设的指示》（1941 年 11 月 7 日），《中共中央文件选集》第 12 册，第 212—220 页。

成绩。[①] 同年10月，太行区抓紧小迫击炮、无烟药、自制弹壳及炮弹的改造，到1945年4月产出小炮200多门，比过去的掷弹筒好，受到部队欢迎；正式出产无烟药片，制出了200公斤的炮弹抛射药片，厚度只有8毫米，上了铅粉与外来无烟药形式上无多差异；成功自制子弹壳，每月可制数千发；大小炮弹的改造亦有功效，比过去的准确、保险，受到部队欢迎；成功自制硝酸铵，炸力大、安全，并从肥皂厂成功提取甘油。[②]

需要指出的是，抗战期间中共通过对敌作战收缴了不少性能良好的武器装备，但因士兵的军事训练不足，专门人才长期缺乏，且对武器的保管和使用不善，或出于行军的需要不便运送，结果山野炮等重型武器以及车辆等工具在一段时间内被做掩埋、拆卸或丢弃处理。整个抗战期间中共军队有效使用的武器只有手枪、步马枪、冲锋枪、轻重机枪、迫击炮、平射炮、山炮、掷弹筒等，其余大型武器均少见使用记录。[③] 由于武器装备的限制，在反“扫荡”中往往陷入“人海战术”的局面。而在“人海战术”中，士兵的作战能力不高。太行第八军分区二团四连连长李钟玄，在1944年1月23日接上级指示带领连队攻占伪军碉堡。李钟玄于战后总结中提到“火力与运动的配合脱节”，战士冲到碉堡门口时，机枪却停止对敌压制，敌人由上面扔下手榴弹，又把战士打了下来。虽然4天之后李钟玄的连队在重整之后取得胜利，但作战中仍然暴露出“动作不勇猛不静肃，两个突击队配合不好，你来我不来，冲锋准备不足，连手榴弹盖子都未掀开”等缺陷。[④]

中共高层也意识到：“我军现在进行的是极端分散的游击战争（这是完全必要的），极少整训与集中作战……现在不论主力军游击队，或是民兵自卫军，我们的干部对于技术与战术程度，对于练兵、带兵、用兵、养兵的能力，一般都不很高，有些则是很低的；对于政治认识与政治工作，一般都有缺点，有些则是很差的，如果还不及时加以整训，势将妨碍将来

---

① 《滕代远、邓小平、杨立三关于太行军工生产比前改观致中共中央电》（1944年9月7日），《后勤工作·文献》（2），第830—831页。

② 《滕代远、杨立三关于太行军工概况致中共军委并彭德怀、刘伯承、蔡树藩电》（1945年4月16日），《后勤工作·文献》（2），第885—887页。

③ 《八路军后勤部关于各种武器擦洗布油规定的通知》（1943年6月28日），《后勤工作·文献》（2），第750页。

④ 《李钟玄战斗日记》，1944年1月27日，解放军出版社，2005，第24—25页。

重大任务的执行。”① 因此，1944 年 7 月，中共中央下令全军在一年的时间内利用一切可能间隙，轮番整训 47 万主力军与游击队，200 万民兵与更多的自卫军也要求全部接受整训。

第三节 物质供给

1939 年 11 月，中共中央军委后方勤务部部长叶季壮对军队供给工作的重要性概括道：“供给工作的主要任务，是按时的和不间断的保证军队战斗上和生活上所需的财政、粮秣、武器、弹药、被服以及卫生、通信等器材的供给。它是军队中后方勤务部分主要工作之一。这一工作任务能否适当的及时的完成，对于战争的进行与关系于战争的胜负，都有极重要的意义的。”② 鉴于军需后勤工作的重要性，中共中央在改编红军的同时，着手后勤机构的改革。在中央军委一级，红军时期的军委后方勤务部被撤销，改设并列的供给部、卫生部和兵站部，分别由叶季壮、姬鹏飞、杨立三任部长。在八路军总部，按照当时国民革命军的统一编制名称，设军需处（对内仍称供给部，张元寿和赵尔陆先后任部长）、军医处（对内仍称卫生部，姜齐贤任部长）和十八兵站分监部（对内仍称兵站部，杨立三任部长）。各师也设军需处和军医处（对内称供给处和卫生处，同年冬改称部）。新四军建制之后，也成立了相应的军需处和军医处。③

八路军出师抗日前，经朱德、周恩来、叶剑英等人的谈判，国民政府允诺每月给八路军经费 50 万法币（经西安行营核定数目后，约增至 55 万法币），且按时发给米津。除开拔费 20 万外，八路军还可领取帽 5000 顶，水壶 3000 个，军毡 4000 条，绑带 5000 副，干粮袋 3 万条以及军毯若干等物资。④ 新四军方面，国民政府于 1938 年 1 月核定每月发给 6.6 万元法币，

① 《中共中央关于整训军队的指示》（1944 年 7 月 1 日），《中共党史教学参考资料》（3），第 58—63 页。

② 叶季壮：《关于八路军的供给工作和供给制度》（1939 年 11 月），《后勤工作 · 文献》（2），第 229 页。

③ 郭清树、李葆定主编《中国人民解放军后勤史（抗日战争时期）》，金盾出版社，1999，第 6—7 页。

④ 《朱德、周恩来、叶剑英关于红军行动、改编及后勤供应等事宜致张闻天、毛泽东等电》（1937 年 8 月 16 日），《后勤工作 · 文献》（2），第 8 页。

6月起重新核定之后连同兵站费、米津费月发11万元。[①] 但国民政府对中共军队的定额补给，根本无法满足后者急速发展的需要。为此，1938年1月10日，毛泽东、陈云、康生、张闻天联名致电朱德、彭德怀、任弼时、陈绍禹、周恩来和博古，指出："前方部队给养是处在极端困难的条件下，政府及阎锡山方面暂时均没有很大希望，也不能存很大的希望。外国捐款正在设法中，一时不易到手。目前不足的给养，主要应依靠民众的自愿援助来求得解决。这种捐助仍应在有钱出钱，有粮出粮，拥护抗日军队，战胜日寇的口号下进行。这不但不能依此破坏统一战线，而正应该从统一战线的开展中去解决。"[②] 因此，八路军和新四军统一编入国民革命军的序列后，除向国民政府领取武器装备和物资外，还通过开展统战工作，协调自身与各地方政权、友军的关系，获得其他形式的物资援助和接济。

就当时八路军的行军装备来说，每个战士携带的物资包括步枪1支、刺刀1把、子弹25发、手榴弹4枚、干粮袋1条（内装小米或白面3—4斤），以及少许被装和土工器材。部队开进时，各级后勤携带少量的药品、器材、给养和现金尾随部队行动。关于吃饭问题，部队乘火车时，由团以上供给部门统一解决；徒步行军时，一般以连为单位自行负责。每天出发时，每人自行携带一些熟食（饭或炒面），在部队中午大休息时，烧开水泡食充饥。待行军至宿营地时，再行起炊。[③] 抗战初期，部队给养主要采取就地筹措的办法，由各部队自行组织筹粮队解决。筹粮队随先头部队出发，到达预定的宿营地点后，利用当地旧政权或群众抗日团体进行筹集，有时直接使用现金向市场购买。没有现金时，则开借条，用以日后偿还。筹集的粮食，由部队团以上机关携带，此外战士每人有一个粮袋，随耗随补，通常保持3日量。

这种物资供给方式非常便捷，在使部队需求随时得到补充之外，还可减轻辎重，进而降低运输负担，使部队行军较为便利。但必须承认的是，这种供给方式对大环境的要求较高，一般来说只适合无战况下的行军，以及短时间内不需要弹药补充的战斗。一旦战斗频率加快，供给线被切断或

---

① 郭清树、李葆定主编《中国人民解放军后勤史（抗日战争时期）》，第52—53页。

② 《毛泽东等关于解决给养问题致朱德等电》（1938年1月10日），《后勤工作·文献》(2)，第28页。

③ 郭清树、李葆定主编《中国人民解放军后勤史（抗日战争时期）》，第15页。

供应不及时，部队很快就会陷入“弹尽粮绝”的被动状态。例如，平型关战斗中，一一五师供给部部长邝任农率部分人员先于部队到达原平，开设兵站，负责筹措粮食等后勤工作。但当部队进入待机地域后，供给部却因山路崎岖一时难以将粮食送往前线。无奈之下，前线供给部干部只得临时决定就地筹粮办法，按市价现金购买粮食，若无现金急需向群众借粮时，则必须开给借据，说明以后归还。然而，当地的粮食在国民党军撤退时已被征缴，余粮无几，导致一一五师筹粮备感困难。部队进入作战阵地时，战士携带的粮食仅有一些燕麦和土豆，所能支撑的时长极为有限。所幸此次作战任务为伏击，且此时部队对敌作战的情绪尚高，战斗力得到了发挥，在取得胜利后，通过缴获敌人的大米、面粉、饼干、罐头和武器弹药等物资补充自己，从而免遭阵地战中弹尽粮绝的危机。①

抗战初期，中共军队开赴新的作战区域，人地生疏，动员工作难度较大。为了解决这一问题，中共加紧了根据地和各地抗日民主政权的创建。1937 年 10 月 29 日，中央军委总政治部发出《关于地方工作的指示》，将筹集资财的具体方法规定为：“1. 抓住我军胜利消息及坚持华北抗战的宣传，到处组织募捐队募粮款。2. 已失地区则应直接向富有者筹粮筹款，但仍尽可能以劝募方式进行。3. 没收汉奸财产粮食，但必须慎重。确定汉奸的标准，首先是那些通敌的土豪劣绅，如最近发现有特务等欢迎日军。4. 在估计可能失掉的接近战争的地域，实行向富有者借款。各部队筹集的粮食，特别是没收的财物，可能时发一部给难民。”② 11 月 9 日，太原失守后的第二天，毛泽东指示八路军，华北正规战业已结束，要求各部队大部散处各要地，组织群众武装，放手发动人民，废除苛捐杂税，减轻租息，购买枪支，筹办军饷，实行自给，扩大部队。③ 对于新四军，中共中央也在 1938 年 5 月 14 日发出《关于新四军行动方针指示》，要求“利用目前的有利时机，主动的、积极的深入到敌人后方去，以自己灵活坚决的行动，模范的纪律与群众工作，大大的去发动与组织群众，建立地方党，组织与团结无数的游击队在自己的周围，扩大自己，坚强自己，解决自己的

---

① 郭清树、李葆定主编《中国人民解放军后勤史（抗日战争时期）》，第 18—19 页。

② 《总政关于地方工作的指示》（1937 年 10 月 29 日），中国人民解放军政治学院党史教研室编《中共党史参考资料》第 16 册，第 29 页。

③ 郭清树、李葆定主编《中国人民解放军后勤史（抗日战争时期）》，第 27 页。

武装与给养”。[①] 从经费开支的情况来看，建立根据地的效果是明显的。1938 年，八路军直接用于购买粮食的费用占总经费的比例从 1937 年的 20.7% 下降到 2.81%，与之相对应的是军工、军医、通信器材等费用增加。[②]

总体而言，抗战初期因中共与国民党关系融洽，与主政山西的阎锡山交好，依靠山西发展起来的晋察冀、晋绥、晋冀豫三块根据地的后勤保障条件相对最为优越。而新四军在南方八省的根据地由于过于分散，后勤补给站与部队距离遥远且中途运输困难，自建制初期开始，其物资补给除从国民政府领取部分外，就主要依靠自筹获得，处境最为困难。

由于八路军、新四军分散游击，工作区域宽阔，地方工作队缺乏组织性布局；各部队的后勤工作以“就地筹措”为原则随意性又较强，且此时供给干部缺乏，干部独立领导能力差，加之部队发展过程中党的工作还较为薄弱，经济委员会尚未建立等原因，初期各根据地发展不平衡，部分根据地物资供给困难，也有部分根据地发生贪污、浪费物资的问题。1938 年 7 月，一二九师在《对抗战一周年的军事工作报告》中，就对此时部队存在“贪污腐化，拐款潜逃，随便向群众、向政府要粮，买东西少给甚至不给钱，浪费粮食，扩大新兵不选择，滥发衣服”等现象做了检讨。该报告指出，虽然师部之前曾对上述现象开展过整饬纠正，但由于此时尚无其他可替代的物资筹集、管理与分配办法，结果先遣支队贪污腐化、补充团经常不经请示自发津贴和给干部多发衣服、师卫个别分子克扣伤病员伙食、领空额津贴及不按标准开支等现象不少。[③] 针对上述各项问题，中共不断要求各级干部坚决执行“有钱出钱，有力出力，有粮出粮，有枪出枪”的“合理负担”政策，肃清破坏纪律的现象，改善与群众的关系，建立农村中的统一战线。同时，鉴于过去各级部队“只是怎样想法从富有者身上出钱”的做法已经对根据地建设产生妨碍，导致生产减低的问题，开始注重经济建设。各边区陆续创办银行，加强对商业贸易的保护，建设后方工

---

① 《关于新四军行动方针指示》（1938 年 5 月 14 日），《中共中央文件选集》第 11 册，第 514—515 页。

② 八路军野战供给部：《九年来财政收支报告》，资料出处不详，第 56 页。

③ 《一二九师抗战一周年的军事工作报告》，陈孝文主编《中国人民解放军后勤史资料选编：抗日战争时期》第 5 册，金盾出版社，1992，第 94—95 页。

业，开办合作社以及调整税收，并切实重视通过“减租”来改善民众生活。[①] 不过，上述问题的真正解决，则迟至百团大战之后才开始。随着各抗日根据地的逐步成形与稳固，八路军和新四军逐渐停止了就地征粮募捐，改为统筹统支，实行供给制度，经费由根据地政府统一下拨，军队、地方党的被服均统一供给。财政收支方面，预决算制度和审计制度的建设也在此后得到了加强，上述混乱现象才得到了一定程度的纠正。

进入战略相持阶段的中共，面临更大的后勤负担。肖劲光曾对八路军留守兵团的供给困难情形描述道：“每天要买到蔬菜就买不到油盐柴火，要买到油盐柴火就买不到蔬菜了，吃猪肉则根本谈不上。且有时，因粮食接济不上，经常发生吃饭不饱的情形，有的连队因蔬菜不够，利用陕北食盐便宜，而多放盐，节省蔬菜，但此仍非根本之办法。其次，在军备补充方面，留守兵团如果与全国任何部队比较起来，可以说是‘差之千里’了！在留守部队中，当时是很少见到一个衣上不打补丁的战士；子弹带破烂得不能装子弹而装在挂包中；有的夏天穿棉衣，冬天穿短裤；有的落雪天气赤脚下操，有的连破烂的皮带裹腿也找不到。因为在这一艰苦的物质环境中，引起了个别政治上不开展的战士，发生许多不满的言论。”[②]

为克服抗战中的财政经济困难，中央军委、总政治部于1939年6月22日发出《关于目前时局及八路军、新四军之任务的指示》，指出：“在抗日根据地方面应注意加强那些能够持久的山岳地区的工作……在军队的物质方面应有艰苦的准备工作。一方面进行深入的节省运动，节省财政弹药医药通讯器材等，另方面进行征集资材的工作，进行生产运动和合作社运动，帮助地方政权开发资源，调集一批干部加以训练，以加强财政经济方面的工作，保证我军物质供应之自主而不依靠他人。”[③] 开始从节流、开源、加紧培养财经干部等方面，为保证军队物资供应做准备。

随着各根据地财政困难的加剧，1940年2月，中共中央连下两道指

---

① 《中共晋冀豫区委会议记录（二）》（1938年8月24日），《太行党史资料选编》第1卷，第322—324页。

② 肖劲光：《八路军留守兵团的生产运动》（1939年1月15日），《后勤工作·文献》（2），第99—100页。

③ 《中央军委、总政治部关于目前时局及八路军、新四军之任务的指示》，《中共中央文件选集》第12册，第131—133页。

示，要求“一切在职人员，在不妨碍战斗，不妨碍工作，不妨碍学习的条件下，均应参加生产运动”；“军政首长，各级政治机关努力领导今年部队中的生产运动。开辟财源，克服困难，争取战争的胜利”。[①] 此后，中共不断从组织结构上进行调整，强调部队和机关人员进行“不脱产”的战斗、工作、学习的重要性。1940 年 8 月，中共中央提出“全区域党政军民学脱离生产者之人数与全人口（不固定的游击区和敌占区不在内）之比例，不能超过百分之三”。[②]

正如毛泽东在回忆此时的处境时所说：“虽有外来的一点经费补助，已经分配不过来，我们处在财政供给问题的严重威胁下，由于这个原因，迫使我们不得不想到全体动员从事经济自给的运动。”[③] 这种迫切性在陕甘宁边区尤为突出。自抗战爆发以来，陕甘宁边区就成为支援八路军和新四军的大后方。各级抗日民主政权建立后，中共在边区实行了一系列改革，就民众的“负担”而言，除了向边区政府缴纳救国公粮外，平时还要参加救护、担架、看护、运输、慰劳、缝衣、洗衣、通信以及为抗日军属耕种土地等各种战时支前活动。虽然事务繁忙，但由于此时中共尚可从国民党、海内外民众团体和进步人士方面获得经费和物资补给，各部队也可凭借合法身份的取得在前线通过与友军、各地方政权的合作获得额外收入，故边区民众各项负担相对较轻。此外，中共在各地兵站的建立使得边区的交通运输条件得到改善；在边区“劳资两利，开办公营企业，欢迎私人投资；奖励互助，发展合作事业”的政策鼓励下，边区的工业、商业、交通运输业均得到较大发展。1937 年与 1936 年相比，边区工矿增加 30%，商店增加 60%，汽车路、大车路增加 90%。[④] 进入 1938 年后，由于国民政府的物资供应开始从实物转变为经费和材料，中共顺应此变化相继在边区筹建了纺织、造纸、被服、制革、制药、农具等工厂。总之，随着此时边区各项事业的发展和民主氛围的盛行，民众的生活

---

① 《中央关于财经工作的指示》（1940 年 2 月 1 日）、《中央、军委关于开展生产运动的指示》（1940 年 2 月 10 日），《中共中央文件选集》第 12 册，第 266—267、289—291 页。

② 《中央关于各抗日根据地内节省人力物力坚持长期抗战的指示》（1940 年 8 月 20 日），《中共中央文件选集》第 12 册，第 469—470 页。

③ 《抗日时期的经济问题和财政问题》（1942 年 12 月），《毛泽东选集》第 3 卷，第 891—896 页。

④ 郭清树、李葆定主编《中国人民解放军后勤史（抗日战争时期）》，第 45 页。

也有了相应改善。

然而，进入战略相持阶段以来，国共摩擦的加剧，日军对占领区的管制收紧，战略目光逐渐转向中共，使得中共从1939年起不断从前方调回军队，以对付此时边区不断增多的边境冲突。此外，抗战以后，众多青年和爱国人士陆续奔赴延安学习，边区机关、团体随之不断扩充、发展，脱产人员增加迅速。1937年，边区脱离生产的党政军工作人员仅有1.4万余人，1939年猛增至近5万人，1940年又增至6.1万余人，但边区所获外援却随着人口的增加而逐渐下降。1937—1940年，边区财政收入中，外援所占比例依次为77.2%、51.69%、85.79%、70.54%。[①]

为养活这些“公家人”，中共不得不面向民众筹集粮款。从1937年到1940年，边区向民众收纳的公粮从最初的14197石涨到了97354石；公粮支出在农民农业收获量中的比例从1.27%上涨至6.38%。[②] 除公粮负担外，其他税收也大幅上调。沉重的负担致使民众不满情绪升腾。面对这种情况，中共中央在1939年11月1日做出关于深入群众工作的决定，对抗战以来各领导机关注重上层统一战线而忽视下层群众的工作做出深刻检讨，并在之后发出《中央关于各抗日根据地内节省人力物力坚持长期抗战的指示》，提请全党注意根据地民众负担问题，要求“公家人”通过自己动手，大力发展生产事业，建立严格的统一的动员制度，减轻民众的劳役负担。[③]

自抗战进入战略相持阶段后到皖南事变发生以前，各抗日根据地的处境整体处于不断恶化中。皖南事变发生，国共公开交恶，中共的处境陷入空前困难。晋绥军区描述其部队的物质供给状况为：“当时吃的粮食大部是‘黑豆’，这种粮食如果作马料和喂猪是很好的，但完全用作吃饭时是很少见的（营养分很少，人吃了最易生病，特别是肠胃病、痢疾病）。但我们连这种粮食也吃不饱，因为粮食很少，一天只能吃到二至三顿稀糊糊，有时连糊糊也吃不饱，简直就是喝黑豆汤，吃蔬菜。至于油、盐因为没有钱，每人每日最多亦仅能维持油盐一、二钱，吃菜很少，大部分挖野

---

① 《抗日战争时期陕甘宁边区财政经济史料摘编》第6编，第427页。

② 《抗日战争时期陕甘宁边区财政经济史料摘编》第6编，第152、237页。

③ 《中央关于各抗日根据地内节省人力物力坚持长期抗战的指示》（1940年8月20日），《中共中央文件选集》第12册，第469—470页。

菜吃。"[①] 毛泽东在后来回忆起此时的情形时，曾不无唏嘘地说道："最大的一次困难是在 1940 年和 1941 年，国民党的两次反共摩擦，都在这一时期，我们曾经弄到几乎没有衣穿、没有油吃，没有纸，没有菜，战士没有鞋袜，工作人员在冬天没有被盖。国民党用停发军费和经济封锁来对待我们，企图把我们困死，我们的困难真是大极了。"[②]

在外援无着的处境下，中共不得不彻底转向根据地开源节流。在一连串应对措施中，最提纲挈领者当为"精兵简政"。1942 年 12 月 1 日，中共中央指示要将全军 57 万兵力在明年至后年缩小一半，人数控制在 20 余万，尽量做到"量小而质精，更有战斗力"。各根据地主力军与地方军的比例在山地地区应缩减至 2∶1，平原地区保持 1∶1，在某些最困难的区域，则全部武装地方化。地方党政民学脱产人员也要大大缩减，确保军队（包括游击队）与党政民工作人员的比例做到 3∶1。[③]

伴随人员的精简，各部队粮食、经费和物资的供应标准也相应下调，后勤机关的制度化建设得到加强，并增加了自产自给的比重。八路军的菜金除物价高的地区略为增加外，其余严格限制在每人每天 6 分至 1 角之间，不足的部分则通过部队自己生产，如种菜、养猪、自己砍柴等办法来解决。此外，办公费、杂支费以及购买医药、通信器材及印刷等特别费均规定在最低限度内实报实销，并反复要求通过自造等方式来节约。

新四军方面，各项节约运动也开展得如火如荼，仅 1942 年上半年就节约经费十几万元。但谭震林对此仍不满足。他在 1942 年 11 月对苏中的财经工作指示道："我们不能以此为满足……就拿洋烛一项来说吧，每一个机关都是洋烛辉煌，不仅工作人员如此，连杂务人员也是如此，假如一个机关每天少点 5 枝洋烛，以县营以上的机关来计算，则一天可以节省 500 枝，价值 2000 元，一个月则是 6 万，一年则有 72 万元之巨。如果更正确一点计算，一年之中可节省到 100 万元以上。洋火、纸张、油墨、信套、

① 《晋绥军区抗战七年来供给工作总结报告》（1944 年 1 月），《后勤工作·文献》（2），第 847 页。

② 《抗日时期的经济问题和财政问题》，《毛泽东选集》第 3 卷，第 846—847 页。

③ 《中共中央关于加强统一领导与精兵简政工作的指示》，《中共中央文件选集》第 13 册，第 465—467 页。

墨水等假如每个人都有正确的节约认识的话，那么一年之内又何止节省三百至伍百万元呢？这是如何巨大的数目字啊！”① 此外，中共还试图通过严格被服发放、推行代用品、采用预算制等，解决贪污、浪费的问题。② 随着这些变化的发生，后勤运输的规模也逐渐缩小，各兵站、兵站线发展成为地下状态的交通线。当然，由于各根据地的实际情况并不完全相同，因此在执行精兵简政的指示时，仍存在地域上的差异。例如，新四军所在的华中地区，军政脱产人员占根据地人口总数的比例不到1%。而陕甘宁边区由于各地前来学习、参观的青年和爱国人士较多，机关团体规模较大，虽一再精简这一比例仍一直维持在10%左右。

“节流”之外，“开源”更为必要。因此，各根据地在精兵简政的同时，也全面开展起大生产运动。表11－3是1939—1943年陕甘宁边区政府直属机关的生产情况。

表11－3 1939—1943年陕甘宁边区政府直属机关生产情况

类别＼年份	1939	1940	1941	1942	1943
耕地开垦（亩）	7897	7114.2	6646	6659	12795.8
粮食产量（石）	1639	1307	993	839	1455.93
蔬菜产量（斤）	104820	227764	394510	603582	2463656

资料来源：《抗日战争时期陕甘宁边区财政经济史料摘编》第8编，第38—39页。

除陕甘宁边区之外，其他军区部队也开展了生产运动。晋冀豫军区自1940年春开始学习延安开荒的经验，各机关、团体、部队组织生产委员会，以伙食单位为标准，组织生产分会，请专人指导，订定各种竞赛，进行春耕。区委要求自己耕种的收获量占供给自己食用的一半，即使有困难也要求能达到1/3或1/4，以减轻群众负担。③ 为达到这一要求，区委进一步规定军区各机关、团体、部队要开荒种半年粮食，每人种5亩瓜，20亩

① 谭震林：《苏中的财经工作》，中共江苏省委党史工作委员会、江苏省档案馆编《苏中抗日根据地》，中共党史资料出版社，1990，第152—165页。

② 《抗日战争时期陕甘宁边区财政经济史料摘编》第8编，陕西人民出版社，1981，第15页。

③ 《中共晋冀豫区党委关于春耕运动的指示》（1940年1月31日），《太行党史资料汇编》第3卷，第51页。

山药。每个伙食单位自种菜园子，每5人喂1口猪，每大队喂2000只羊。[①]在农业生产之外，也加强了合作社、银行、纺纱、织布、制肥皂等手工业以及家庭副业、山货贸易等工作。[②]

生产节约运动效果显著，部队的物质供给中自给的比例大幅增加，来自上级和根据地政府的比例则相应减少。以1937—1944年晋绥军区物质供给来源为例，可对这一变化做一直观的了解（见表11－4）。

表11－4 1937—1944年晋绥军区物质供给来源

年度	物质供给来源所占比例（%）		
	上级	根据地政府	自给
1937—1939	96		4
1940		96	4
1941		91.5	8.5
1942		87.5	12.5
1943		79	21
1944		70	30

注：1940年春一二九师奉命从河北冀中平原调往晋西北，创建晋绥边区抗日民主根据地，部队经费开始由根据地政府统筹。

资料来源：《晋绥军区抗战七年来供给工作总结报告》（1944年1月），《后勤工作·文献》(2)，第847—858页。

抗战末期，在“增加生产、改善生活、准备反攻”的口号下，各根据地的生产运动继续发展。[③]随着各部队“家务”的逐渐建立，民众的负担也随之减轻。以征粮数字为例，1942年12月，陕甘宁边区高干会议提出救国公粮征收任务为18万石，并确定以后若干年增产不增征。1943年，边区实际征收公粮184123石，1944年为16万石，1945年进一步下降至12.4万石。[④]

① 《一九三九年工作总结与一九四〇年工作计划的报告》（1940年1月6日），《太行党史资料汇编》第3卷，第22页。

② 《杨尚昆在中共中央北方局黎城会议上的报告——目前政治形势与统一战线中的策略问题》（1940年4月16日），《太行党史资料汇编》第3卷，第221—227页。

③ 《中共中央政治局关于减租生产拥政爱民及宣传十大政策的指示》（1943年10月1日），《中共中央文件选集》第14册，第97—101页。

④ 《抗日战争时期陕甘宁边区财政经济史料摘编》第6编，第152页。

后来，毛泽东撰文充分肯定了军队生产的重要意义："军队生产自给，不但改善了生活，减轻了人民负担，并因而能够扩大军队，而且立即带来了许多副产物，这些副产物就是：一、改善官兵关系。官兵一道生产劳动，亲如兄弟了。二、增强劳动观念。生产自给以来，劳动观念加强了，二流子的习气被改造了。三、增加纪律性，在生产中执行劳动纪律，不但不会减弱战斗纪律和军人生活纪律，反而增强了他们。四、改善军民关系。部队有了家务，侵害老百姓财产的事就少了，或者完全没有了。在生产中，军民变工互助，军政关系也好了。六、促进人们的大生产运动。军队生产了，机关生产更显得必要，更有劲了。全体人民的普遍增产运动，当然也更显得必要，更有劲了。"①

第四节 兵站运输

军队远赴前线作战，与作为战略根据地的后方之间毕竟存在一定的空间距离。如果二者之间没有一个隐秘、通畅的传送渠道，不但后方物资难以补给前线，战场伤员与情报也难以与后方达成对接。此外，自战略相持阶段中共开始注重根据地经济建设以来，出于发展工商业、自力更生的需要，对根据地沟通外界的交通运输条件也逐渐提出更高的要求。来自"军运"与"商运"方面的需求，促使抗战期间兵站工作地位突出。

所谓"军运"，指的是军需补给物品以及军队人员的运输。军运对象可划分为三大类：一是军械、弹药、工具器具、被服、干粮、卫生器材、交通器材、宣传品、防毒面具等；二是伤病员、胜利品；三是军需工厂材料（如兵工厂钢铁、被服厂布棉线等）。对于在兵站线路内的这一部分物资和人员的运输，各地兵站必须优先负责接受。在自身运力不足的情况下，还可就地要求政府协助动员民力，由兵站支付运费。"商运"则包括营业性质的军营工厂的材料、军营合作社的货物以及诸伙食单位所采办的用品。兵站在精力可及的情况下可按当地一般商运价格收款代运之，若本身运输能力不足，在民众自愿情况下可雇用民力。原则上商运不能向民众

---

① 《论军队生产自给，兼论整风和生产两大运动的重要性》（1945 年 4 月 27 日），《毛泽东选集》第 3 卷，第 1105—1109 页。

要差，亦不能妨碍军运。[①]

抗战开始后，八路军和新四军相继在前后方的交通运输线上设立兵站。按规定，比较安全的地区可建立固定兵站，设置办事处、分站、派出所和交通站等机构，负责经常性的交通运输工作。在敌人经常出没的地区，则建立流动兵站线，兵站位置按情况的变化而转移，其行动受驻在地最高军事机关指挥。兵站配备政工、管理、医务人员及运输分队。运输工具主要是骡马等畜力。至于敌封锁线的交通运输，则由上级指定部队专门担负掩护工作，在取得当地群众配合的情况下随时掌握敌情，免遭敌之袭击。

抗战期间，八路军的兵站线主要有两条：北线，由延安经青化砭、永坪镇、延川、延水关、山西永和到大宁县；南线，由延安经西安、河南渑池、山西垣曲（1938 年 7 月撤销）、阳城到潞安。该兵站线以延安为中心，辐射陕甘宁边区以及晋绥、晋察冀、晋冀鲁豫乃至山东等敌后抗日根据地，主要任务是传送物资和文件，保障前线与后方党政军人员的流动和往来。

新四军的兵站线，是伴随着新四军各支队向敌后的挺进而逐步建立起来的。各支队兵站以军部云岭为中心，向南、北、西北、东四个方向扩展。军部与江南指挥所的交通运输主要依赖从云岭经夏家渡、黄庄、新渚镇到竹篑桥的兵站线。军部从徽州（国民党军第三战区顾祝同部）领取军需物资后，通过各条兵站线供给各支队。[②]

八路军在出师山西抗战前后，借用合法身份在国统区公开活动，在南京、武汉、西安、重庆、太原、长沙、桂林、兰州和迪化（今乌鲁木齐）等地设立了办事处。办事处每月初向国民党在上述诸地行营的军需后勤处填写请求拨款单后，通过银行将拨款提出，再向各方八路军发款，部分经兵站送前方总部，部分送延安后方。新四军总兵站则需要到上饶国民党第三战区兵站分监部领取军饷和武器弹药。但各兵站的工作并不只是领取、运输下拨物资。由于党派芥蒂的存在，国民党各战区兵站分监部在发放八路军、新四军军饷时经常有意克扣、刁难。有时一个月的供给量故意分成

① 《后勤工作报告提纲》（1940 年 12 月 22 日），《杨立三文集》，第 50 页。

② 郭清树、李葆定主编《中国人民解放军后勤史（抗日战争时期）》，第 64—66 页。

几次发，从而导致我兵站人员有时领到的东西还不够往返的汽油费。为解决这一问题，中共军队兵站人员做了大量联络和统一战线的工作。时任新四军总兵站站长的张元寿，为解决新四军军饷被克扣的问题，就曾积极主动地做过国民党中下级军需官的统战工作，将我军缴获的倭刀、皮大衣、日式手枪送给他们，通过扩大宣传以及联络感情的方式，顺利领取物资。①

由于经费、编制的限制，各地兵站事实上均难以单独承担大规模的物资运输任务。大多数情况下，兵站都需要借助所在地的民力，通过动员民众支差，补贴工食、草料费，以及直接雇用民力等方法来完成。每次军事行动，均需要大量民夫承担协助运输等后勤事务。每次战斗中，兵民比例一般是2∶1，多时则达到1∶1，抗战后期曾达到1∶2乃至1∶3的程度。② 据晋中地区的不完全统计，在百团大战的第一、第二阶段中，全区共出动民兵2万余人，分别参加破击、运输、抬担架、当向导、送情报等行动，同时还动员群众7万余人，征调牲口4500余头，参加破路斗争。附近群众紧急调动物资，总计供应军粮1400石、电线杆1800根、柴草100余万斤、军鞋3万双、蔬菜2万余斤、羊1000多只。事后，聂荣臻对百团大战的兵站工作进行了充分肯定，他指出："爆破器材的准备，部队和群众的动员，兵站的建立，粮秣的储存等项工作，应该说，正太路破袭战的战前准备，是很充分的，很出色的，这是保证破袭战取得胜利的一个非常重要的方面……晋察冀人民为我们提供了一个巨大而又可靠的供给部。群众不仅供给部队吃的、穿的，还负责物资方面的储存和保护。"③

由于兵站承担着运输物资的任务，兵站编制势必随着军队数量的增加而不断扩大，但过于冗杂的兵站运输系统，又会产生目标庞大、运转不灵的负面效应。因此，在各根据地实行精兵简政、生产自给的背景下，兵站与兵站线的规模均相应缩小。1942年8月，兵站系统只剩下一个辎重连，隶属供给部，兵站部系统撤销。但为维持各根据地之间的联系，迅速安全地输送各种文件、书报和资材，仍组织了专门的交通部队来承担交通运输任务。随着日军对根据地"扫荡""蚕食"的加剧，1942年1月12日，中

---

① 韩振武：《努力支前 常共甘苦——记我军优秀后勤专家张元寿》，《党史纵览》1994年第6期。

② 《周文龙同志的发言》，内部资料，出处不详，第3页。

③ 《聂荣臻回忆录》（中），第413页。

共中央书记处发出《关于建立各根据地秘密交通的指示》，规定为保证中央与各根据地的文件及干部能迅速安全地互相传送，除利用各根据地内运输司令部至武装交通兵团公开护送之外，所有各个根据地之间，必须同时建立通过敌人封锁线的秘密交通线。[①] 各根据地之间秘密交通线的设立，对处于封锁状态下的军队人员调动、物资获给提供了较为便捷且安全的途径。1943 年冬至 1944 年 1 月，前往延安参加中共“七大”的彭德怀、刘伯承、邓小平、陈毅等团级以上干部 500 余人，均是通过同蒲支队负责的由太行二分区经晋绥根据地通向延安的这条交通线安全抵达延安的。

抗战时期，新四军还在上海设有地下兵站。1938 年，叶挺和张元寿等人经过多方努力，争取到上海红十字会煤业救护队的支持，新四军总兵站的运输大队对外可以借用“中国红十字会上海煤业救护队”的名义，在上海经东海到温州，再从温州经浙江、江西到皖南的这条交通线上活动，经费上也得到了红十字会和上海煤业界的支持。[②] 地下兵站的工作人员还可通过上海地下党的关系和其在上海的亲友的关系，以公开的、合法的商号和社会职业身份为掩护，采购物资，伪装包箱，成批囤积，分期分批通过熟人关系，委托报关行、运输行，买通伪海关人员，从而避开敌人严密的封锁和检查，经水、陆两路把采购到的军需物资源源不断地送往部队前线。通过上海地下兵站，新四军购进的物资品类繁多，诸如钢材、医药、电器、通信器材、军工材料、机器设备、工具、燃料、布匹、服装、纸张及其他日用工业品等。据不完全统计，1942—1945 年，仅新四军苏中一师即从上海采购物资 80 多船，总量近 2400 吨，采购金额折合银元高达 5 亿元左右。[③]

不过，需要指出的是，各兵站、交通站由于主要依靠地方武装和根据地政府组织，与主力部队之间的协调配合时常不够，一些部队缺粮饿肚、炮弹供应不及时、伤员转运效率低、救护不及时等情况。此外，由于兵站人员在前后方之间流动性大，来往人员成分复杂，且行动较为独立，亦曾

---

① 《中共中央书记处关于建立各根据地秘密交通的指示》（1942 年 1 月 12 日），中共中央文献研究室、中央档案馆编《建党以来重要文献选编》第 19 册，中央文献出版社，2011，第 8—9 页。

② 韩振武：《努力支前　常共甘苦——记我军优秀后勤专家张元寿》，《党史纵览》1994 年第 6 期。

③ 郭清树、李葆定主编《中国人民解放军后勤史（抗日战争时期）》，第 238—239 页。

出现不少渎职浪费、贪污腐化、扣留资材、偷窃物品、遗失文件和泄露机密等现象。

为加强兵站工作，八路军和新四军后勤部门以及兵站运输部门先后制定了一系列规章制度，如《八路军兵站工作现行规则》《兵站工作条例》《八路军、新四军兵站工作条例》等，针对兵站工作的组织、任务、工作方法以及纪律等做出了系统的规范。每次运输任务发生时，各兵站必须按照军用的需要程度，将各种物资分级，排列先后，保证先运急需的重要物资。兵站工作人员利用职务之便，设卡抽成、携运私货等以公家运输工具为个人营利的行为是被明令禁止的。除加强政治工作外，为克服上述问题，各部队也试图通过动员民众参与军队物资运输的经验，采取奖励的办法激发兵站人员的工作积极性。例如，一二九师曾规定兵站人员从路东往路西每运 1 匹布或 3 斤棉花，即可获得 5 角钱奖励等。[①]

战争环境下，兵站运输线作为沟通前后方的唯一运输手段，任务十分繁重，有的地段还要通过敌人封锁线，行动危险。但抗战开始以来后方勤务工作所受到的重视普遍不够，后勤工作人员经常被认为是“睡在后方怕死”，军政系统里的不好分子才被送到后勤部门里去。一些机关部门往往以冷淡的态度对待他们。[②] 在日常工作中受到“歧视”的同时，党政工作也没有深入到后勤人员中去，以致他们虽然有较强的参与意愿，但政治生活与学习生活的开展却甚为落后。政治与物质待遇上的差人一等，极大地影响了后勤人员的工作积极性，从而部分助长了上述工作中贪污腐化、渎职、弃职等现象。对此，中共高层也有所察觉。1940 年末，八路军兵站部部长杨立三在后勤工作会议上特意强调了后勤部门作为军队组成部分的重要性，指出后方勤务与前方作战具有同等重要之地位，后方勤务工作之好差，直接影响作战之胜负，后方勤务是建军中的重要部分。[③] 通过一系列的沟通和整改，后勤工作所受重视程度渐渐得到提高，一些不愿或鄙视做后勤工作的人员逐渐摆脱不安和期盼改行的心理，开始安定下来开展后勤建设。[④]

---

① 郭清树、李葆定主编《中国人民解放军后勤史（抗日战争时期）》，第 236—237 页。

② 《巩固保管员情绪，提高保管员能力》（1942 年 3 月 21 日），《杨立三文集》，第 158—169 页。

③ 《后勤工作报告提纲》（1940 年 12 月 22 日），《杨立三文集》，第 17 页。

④ 《后勤工作总结》（1941 年 12 月），《杨立三文集》，第 126 页。

第五节　医疗卫生

八年抗战期间，中共控制的敌后根据地大都位于远离城市的内地乡村，医疗卫生条件十分落后，医护人员极端缺乏。因此，中共军队的卫生救护工作相比起其他后勤工作开展得更为艰难。

八路军的医疗卫生系统基本上继承了红军的编制。1937 年 1 月 12 日，红军总部发布了新的红军编制表。根据该编制表，红军师、团两级卫生组织分别改组为卫生部与卫生队。师卫生部的编制，有卫生主任、司药、看护等共 13 人（不收容伤病员）；团卫生队的编制，有队长、政治指导员、医生、司药、看护等共 111 人。各团伤病员直送军卫生部收容。如师单独行动时，则由军卫生部调配一个机动卫生队和一个担架队随行，执行收治伤病员的任务。军卫生部的编制，有队长、政委、副部长、卫生主任、医生、司药、看护等共 95 人。此外，视军所辖师的数目另编机动卫生队：如辖两个师，则编两个机动卫生队，其余类推。机动卫生队的编制，有队长、政指、医生、司药、看护等 98 人，实际上是一个小型野战医院。军卫生部的担架队另有编制，每个担架中队共有 246 人，也视军所辖师的多少而确定担架中队的数目。[①] 抗战爆发后，原红军总卫生部改编为八路军总军医处，下辖 6 个军区医院，总军医处处长先后由姬鹏飞、姜齐贤、饶正锡担任。瑞士日内瓦大学医学博士、阿拉伯裔美国人马海德任卫生顾问。总军医处下设医务科、防疫科和药材科。原红一、二、四三个方面军的卫生机构，分别改编为一一五、一二〇、一二九三个师的军医处和军医院，并成立了旅军医处和团卫生队，营设卫生所，连有卫生员。

与八路军较成系统的医疗卫生基础相比，新四军方面虽也吸纳了原南方八省游击队的医疗卫生队伍，但其原有力量薄弱且散置四处，故整个新四军的卫生工作更接近于白手起家。1937 年末，新四军军部成立的同时开设军医处，下辖医政科、保健科、材料科、总务科 4 个科室。军部军医处成立之后，很长时间都致力于招兵买马、调配人员以及建立健全制度等工

① 张汝光、郭劳夫、何曼秋编《中国工农红军卫生工作史简编》，军事医学科学院编印，1985，第 193—194 页。

作。随着各支队根据地的开创，新四军逐渐建立起一套较为完整的军医组织系统。4 个支队的军医处分别下设医院或休养所，随部队行动，收治伤病员。各团编有卫生队，配有队长、政治指导员，2—3 名医官（师），司药、看护长，看护员（班）10 余名，以及担架员（班）、炊事员（班）、挑夫、上士、通信员等 30—50 人。各营编有医官，驻皖南部队称卫生指导员，第四支队编有医务所，配所长、医官及看护等。各连编有卫生员，亦称保健员、看护员。[①]

虽然建立时间较晚，但由于其活动范围靠近沪、宁、杭和汉口等大城市，新四军的卫生工作在中共军队的医疗卫生系统中后来居上。在医护人员的构成上，新四军军医处处长沈其震为日本东京帝国大学医学博士，原就职于北平协和医学院生理系，后到天津创办《新医学》杂志，兼《大公报》医药顾问。沈其震利用自身人脉，从八路军驻武汉、长沙两地办事处和中国红十字会救护总队林可胜教授处获得一批要求到延安、到八路军、到前线参加抗日工作的医务人员名单。在沈其震的努力以及军长叶挺的影响下，新四军军医处很快集结起一批来自盛京医科大学、上海医学院、南京中央高级护士学校、南京中央医院、长沙仁术医院、镇江弘仁医院、南京鼓楼医院等医疗机构的医护人员。在这之后，又有湖南、湖北、上海等地的医、护、药剂人员以及中国红十字会救护队的相关人员陆续加入。这些接受过现代医学正规教育的医护工作者们，理论知识先进，业务能力突出，既能直接参与伤病员的治疗，又能开班授课，培训新的医务人员以补充部队。在药材、设备的供应上，首先，新四军军医处建立之初，在林可胜教授的帮助之下，中国红十字会救护总队拨给新四军两火车皮药材，之后其下属救护队也曾多次支援药品器材。其次，从汉口国民党陆军军医署及驻屯溪的第三战区军医处领取了部分常用药材和器械。再次，新四军可利用水路交通之便自行前往屯溪、汉口、上海以及温州等地采购所需药材。此外，通过军长叶挺、军医处处长沈其震等人的个人关系和影响力，新四军还获得较多来自国内外知名人士和团体的捐助，如中华医学会上海分会、《密勒氏评论周刊》主编鲍威尔、英国援华物资会主席克拉克·冠

① 南京军区后勤部卫生部学术组编《新四军卫生工作史》，人民军医出版社，1991，第 12—15 页。

尔爵士等，均有过捐助。在这之中，由宋庆龄领导的“保卫中国大同盟”发挥了巨大作用，通过这一机构，新四军获得了X线机、手术器械，以及大量药品、食品、被服和文化用品等物资。[①] 在人员、设备、材料均得到保证的情况下，到1938年夏，新四军军部已建立起前方、后方两所医院，其医资、设备与医疗质量在整个中共军队的医疗卫生系统中均处于领先地位。而晋冀豫军区的卫生机关，1939年5月才初步建立起来。[②]

当然，与国民党军相比，无论是八路军还是新四军，整体医疗卫生水平均比较低下。游击队的医疗卫生工作尤其如此。朱德即认为医疗卫生是游击队最难解决的问题，并指示不论西医、中医，游击队应从愿意到游击队中服务的医生中取得医生人才；医院须设在隐秘地点，每个医院的伤病员容量视形势而定可设置在五至数十个，到了相当巩固的后方时可将医院的规模相应扩大；看护的训练须经常不断地进行，以增加看护人才；在环境艰难而无法设立任何医院时，应把伤病员妥寄在民众家里，给一些必需的钱，使病员能经过群众的帮助，设法医疗。[③]

在各根据地开辟初期，为了解决医疗卫生人员缺乏的困难，各地方中西医均受到参加军队的动员。如晋察冀军区1937—1939年先后动员地方受过正规医学教育或富有实践经验的专家、医生、护士、药剂师近百人参加军区卫生工作，其中一些原来是私人开业医生。但在现代医疗卫生教育远未兴起的各抗日根据地，有经验的医生尤其是西医数量总体非常少。当时全国各地从专业医学院校毕业的医生总数不超过8000人，而每年毕业的医科学生也只有200人左右。[④] 因此，在中共各边区系统内，西医只有党政机关和军队的医疗机关中才有，广大乡村只能依赖少数中医，甚至是巫医。至于看护人员，多是临时召集当地妇孺，经短期培训即批量上岗。人员参差不齐，既有老人又有小孩，许多人自己还需他人照顾，救护技术和知识都相当缺乏。以整体人员构成情况较好的新四军第四师为例，其基层

---

① 南京军区后勤部卫生部学术组编《新四军卫生工作史》，第12—18页。

② 《一九三九年工作总结与一九四〇年工作计划的报告》（1940年1月6日），《太行党史资料汇编》第3卷，第11页；刘轶强：《革命与医疗——太行山根据地医疗卫生体系的初步建立》，《史林》2006年第3期；温金童、李飞龙：《抗战时期陕甘宁边区的卫生防疫》，《抗日战争研究》2005年第3期。

③ 《朱德论抗日游击队的后勤工作》（1938年），《后勤工作·文献》（2），第94页。

④ 沈其震：《目前医务工作的新方向》（1941年6月），《新四军卫生工作史》，第275页。

卫生人员首先从战士、勤务人员中抽选，其次为经训练后派来的联中、抗大学生，再次为地方参军而来的小学生。这些人大多上过初小、私塾，少数上过高小。但在全师260名基层卫生员中，受过初级医学训练的只有25人左右，所占比例不到1/10。至于卫生干部，除上级从延安、军部派来的以外，大部分为自愿参军、自学提升的。其中，在抗战爆发之后由看护员提升的医助、司药、看护长比例高达95%，其文化程度普遍为高小毕业，技术修养差，基础医学知识基本未学，仅知道肤浅的治疗与药物知识。就医生、卫生队长、休养所长、科长的构成情况来看，从国民党军军医训练班毕业的1人，延安卫校毕业的3人，军部卫训班毕业的6人，正式医院护士出身的2—3人，从小医院学徒出身的约10人，其余皆为入伍后自学提升者。这些人多数也是高小毕业，少数人为初中生或私塾、初小学历者。除少数具有医学理论知识或对外科手术较熟练外，一般仅懂得一些简单的治疗和药物使用知识，个别程度低者甚至不会开处方，经常只能用成药。①

各根据地的医护人员一方面数量少，专业技能差，另一方面战场伤亡多，工作强度大，因此救护和卫生管理工作的质量总体低下。具体表现在，有的医生不亲自诊断病人病情、不研究治疗方法、不对症开处方，公开对病人讲“没有药，你的病没法治”，结果导致一个班共用一个处方，外科病被当作内科看，乱开刀、乱锯腿等现象不时发生。有的司药不用天秤，不统计药品消耗，不注意保存药品，从而导致药品浪费，伤残人员得不到有效治疗。战地救护人员少，担架队不健全，再加之无裹伤设备、裹伤技术差，不能及时处理止血和骨折问题，战场救护工作时常不能达到减少阵亡的目的。由于人员和设备的限制，大规模集中式的伤病医治在中共军队的作战过程中被证明行不通，故各部队大都选择“化整为零”的方法——伤势较轻、短期可以治愈的伤病员在火线上经包扎后，即随各部队卫生队行动；重伤员在包扎处理后就近隐蔽在民众家里、山洞乃至地道中的临时医院中休养。伤病员在转送过程中也经常发生问题。如转运人员对重病及危急者不特加照顾，只交给老百姓一村转一村，结果导致治疗延误而加重伤员病情等。此外，受卫生防护设施和知识的限制，部队防疫和战

---

① 第四师：《卫生工作概况》（1941年12月），《新四军卫生工作史》，第320—321页。

场防毒工作也较为落后，造成部队与地方传染病流行，有些地区和单位的发病率高达 80% 以上，军民死亡人数众多，各个战场上发生大量中毒人员，部队战斗力受到严重影响。[①] 有学者的研究指出，抗战期间，“病灾”与兵灾、旱灾、虫灾等一起，严重困扰着中共武装和各抗日根据地。[②]

虽然受到客观条件的限制，中共军队在卫生救护方面仍做出了积极努力。抗战期间，八路军、新四军等通过组织和整理资源，增设了不少卫生处、卫生队、分医院和卫生所，通过普及应用生理和理学疗法，关注营养和慢性病等问题，医务技术也得到一定程度的提高。在公共卫生方面，部队厕所与饮食的卫生工作逐渐提上日程，个人卫生条件也在作战允许的情况下获得改进。在防疫工作方面，基本可以做到全体种牛痘及注射伤寒、霍乱疫苗。由于根据地大多偏处内地农村，现代医疗卫生教育不发达，中共的医疗系统内吸纳了较多当地中医乃至巫医。在全军西药用品急缺的情况下，根据地中西医相互合作，制造改良出许多中药疗法。如在疟疾的治疗方面，就创造出用各种花蕊煎熬之汁及中药之常函、草果、乌梅的鼻腔吸入法，以及用胡椒、花椒、辣角制药丸等方法。在治癫痫上，则采纳颈神经之突出刺激法等。[③] 此外，各根据地都兴办了中药工厂，生产膏、丹、丸、散供部队和地方使用，采纳中西医结合的方法，克服药品、医疗技术和设备缺乏的难题。据 1938—1940 年新四军军部医院三年住院患者治疗结果情况，基本上每年都有超过八成的伤病员得到治愈或病情获得控制，治疗效果是较为明显的。[④]

为了切实解决各根据地和部队医疗卫生工作方面的问题，保证伤病员的医治和收容，八路军后勤部自 1941 年起，开始从医院管理与建设，战场救护，连队卫生，药品器材的采办、保管及批发使用，材料厂建设，卫生人员培养，残废处理，抚恤与保健，地方卫生等十多个方面改进工作。[⑤] 在这当中，最为核心且成效最为显著的当属卫生人员的培养。1941 年以

① 《后勤工作报告提纲》（1940 年 12 月 22 日），《杨立三文集》，第 25—28 页。

② 有关抗日战争时期中共根据地医疗卫生的研究，可参见王元周《抗战时期根据地的疫病流行与群众医疗卫生工作的展开》，《抗日战争研究》2009 年第 1 期。

③ 《后勤工作报告提纲》（1940 年 12 月 22 日），《杨立三文集》，第 19—20 页。

④ 新四军军部医院：《三年来医院工作总结》（1940 年 12 月），《新四军卫生工作史》，第 269 页。

⑤ 《后勤工作报告提纲》（1940 年 12 月 22 日），《杨立三文集》，第 41—49 页。

后，中共逐渐建立起完整的医护人员培训体系——野战卫生部负责培养医生，旅及分区培养司药、医助、看护长，团培养卫生员，医院培养看护员。在医护人员的构成上，与抗战前期临时召集地方妇孺不同，后期开始注重专业学生的培养。卫生学校的教育建设，如医学参考书、实习器材等得以健全，经地方招收的青年可进入卫生学校接受专科教育，发展、成长为具备现代医疗卫生知识的专业医护人才。此外，后期建立起来的医护人员轮训制度，也使得部队卫生机关优秀、老练的医生和看护可以不断进行深造，增进业务知识和技能。[①] 中共的医疗卫生队伍建设逐渐走上了正规化、制度化的建设轨道，其意义不仅仅在于支援抗战，对于 1949 年之后中国的医疗卫生事业也产生了深刻的影响。

① 《后勤工作报告提纲》(1940 年 12 月 22 日)，《杨立三文集》，第 46—47 页。

第十二章 地方武装

1945年抗战接近尾声之际，毛泽东在《论联合政府》一文中写道：中共抗日军队之所以有力量，是“由于它将自己划分为主力兵团和地方兵团两部分，前者可以随时执行超地方的作战任务，后者的任务则是固定在协同民兵、自卫军保卫地方和进攻当地敌人方面。这种划分，取得了人民的真心拥护。如果没有这种正确的划分，例如说，如果只注意主力兵团的作用，忽视地方兵团的作用，那末，在中国解放区的条件下，要战胜敌人也是不可能的”。[①] 这是毛泽东总结八年抗战中的中共军事制度实践的最扼要的论断。他将地方兵团几乎提到了与主力兵团相同的高度，强调在战略指导上两者有各自的分工与优势。

过去关于抗战时期中共军队的研究，多侧重在主力军（或正规军）上。诚然，八路军与新四军是中共在长期的革命实践中磨炼出的最为精锐和忠诚的部队，在研究中理应受到高度的重视。但是，中共的人民军队在抗战时期获得10余倍的发展，基本上是通过将地方部队、地方兵团上升为主力军完成的。[②] 相较于主力军，学术界对于中共地方武装的关注远不及其在中共革命过程中的重要性。

第一节　组织体制

早在井冈山时期，中共根据地内即初步形成了主力红军、地方红军与赤卫队等群众武装三种武装力量相结合的体制。随着革命事业的推进，各

---

① 《毛泽东选集》第3卷，第1040页。

② 《中国人民解放军军史》编写组编《中国人民解放军军史》第2卷，军事科学出版社，2010，第400页。

项制度日渐成型。就地方红军而言，其编制在县为红军独立营，军区大范围内为红军独立团，以至独立师。地方红军与赤卫队等群众武装合称为地方武装。相对于机动的主力红军，地方红军担负消灭孤立弱小的国民党军守备部队的作战任务；群众武装负责维护苏区治安和协同地方红军作战。同时，地方武装递进滚动式的发展，成为补充正规红军的有效办法。地方武装被视为“红军的正式后备军”。当然，在苏区多数时期，中共为保障三种武装的可持续发展，在文件中多次强调反对“绝对集中”，主张分散发展地方武装。[①] 然而，随着反“围剿”战争的日益残酷，地方武装的递补功用被提到了更重要的位置。地方武装不断集中，升级为主力红军的数量加大、周期加快。

抗战时期，地方武装（有时也称地方军、地方部队、地方兵团等）在中共三位一体的武装体制中，介于主力军与民兵、自卫队之间，起着承上启下的作用。地方武装是从属于军区、军分区的脱产武装。最低一级一般为区游击队，最高一级一般为军区独立团。[②] 具体划分，地方武装又可分为具有一定正规化编制的基干部队（如军分区独立营、独立团）和非正规化编制的游击队（如县独立营、县大队、区中队）。[③]

中共中央军委规定，地方武装与主力部队应有一定比例。山地根据地内，主力部队与地方武装的比例一般以 2∶1 为准；在平原根据地内则为 1∶1；最困难的地区应打消主力与地方武装的区别，全部地方化。虽然中央只要求能依照上述比例筹建地方武装，并没有规定各类地方武装的额定编制，但仍特别指示了各部队的最低数目。例如，区应有约 50 人枪的区游击队，县应有约 200 人枪的县游击营，分区应有约 2000 人枪的独立营团。规定最低数目一方面是促使没有地方武装的地区迅速组织游击队，另一方

① 《中国人民解放军军史》第 1 卷，第 216、320—321 页；《中共苏区中央局通告第十号——地方武装的策略组织和工作路线》（1931 年 2 月），中共江西省委党史研究室编《中央革命根据地历史资料文库·党的系统》第 2 卷，江西人民出版社，2011，第 1419—1426 页。

② 《中央革命军事委员会关于抗日根据地军事建设的指示》（1941 年 11 月 7 日），《中共中央文件选集》第 13 册，第 214—215 页。

③ 《刘伯承在中共中央北方局黎城会议上的报告——关于党军建设问题》（1940 年 4 月 21 日），《太行党史资料汇编》第 3 卷，第 234 页。

面是保证地方武装不被过度抽调入主力，维持主力与地方武装之间的平衡。[①] 中央规定了一般编制，各地则依照习惯、革命传统、人力物力等差异，地方武装的组织编制略有不同（见表 12－1）。

表 12－1　各抗日根据地地方武装编制

抗日根据地	地方武装编制
晋察冀抗日根据地	地区队、县基干游击队、区基干游击队或县大队、区小队
山东抗日根据地	县大队、独立营和区中队
晋绥抗日根据地	军分区游击支队、县大队和区中队
晋冀豫和冀鲁豫抗日根据地	军分区基干团、县基干大队或独立营、区基干队
华中抗日根据地	县独立团、警卫团、支队、总队、大队、区自卫队（军）和乡游击组

资料来源：《中国人民解放军军史》第 2 卷，第 260—261 页。

这一整套组织制度的成型与公布，已经是在抗战的第五个年头。其实抗战时期中共地方武装的组织制度历经了多次调整。根据战略形势的变化与具体运作中的缺陷，细致而具有极强反省意识的中共，不断完善制度。在抗战前期，尤其是在敌后抗日根据地进入困难时期前，中共地方武装的组织制度与 1941 年后的情况有较大差别。

在制度规定上，地方武装是属于军区的武装。但实际上，各根据地在 1941 年精兵简政前，独立性的军区、军分区制度尚未建立起来。多数地区是由主力部队兼军区、军分区。而地方武装当时是从属于主力部队的武装力量。按照中共的解释，在根据地创立与扩大的阶段，要靠主力打开局面。同时，主力兼军区地方军之指挥，是有助于集中全力扩大主力的。随后便要巩固根据地，使地方武装与群众武装有独立的建制，主力只负责帮助地方武装发展。[②] 但在实际操作中，地方武装附属于主力部队，各根据地在心理上长期依赖主力军，又方便了主力随时提升地方武装。主力对地方武装采取“连根拔”的吞并方式，甚至有所谓的“取

① 《中央革命军事委员会关于抗日根据地军事建设的指示》（1941 年 11 月 7 日），《中共中央文件选集》第 13 册，第 213—215 页。

② 《中央革命军事委员会关于抗日根据地军事建设的指示》（1941 年 11 月 7 日），《中共中央文件选集》第 13 册，第 214 页；黎玉：《迎接反攻时期的县区武装建设问题》（1944 年 8 月），《山东革命历史档案资料选编》第 12 辑，第 349 页。

消主义”。

有学者认为，在1940年前，中共中央对军事斗争形势判断相对较为乐观，因而站在全局的角度鼓励各地扩大主力部队。[①] 而具体到地方上，根据地党政领导可能还有另一层考虑。八路军开赴前线后组织了大量游击队，包括收编部分溃兵与土匪。时间一长游击队泛滥，质量极低。这引起了当地军队领导人的重视，从1939年春开始便提出整军计划，编并、提高游击队的素质。[②] 这一方面反映出游击队的薄弱，另一方面更体现出根据地对正规军的重视与依赖。太行根据地的军事领导人刘伯承在1940年4月的中共北方局黎城会议上便强调："游击战是战争的辅助面，只有正规战才能解决战争。发展游击战对的，但游击队不整理是错误的"；"游击队到正规军是更深一步。深一步是好的，不深一步必腐烂。"[③] 此一时期，根据地中的主流仍是依靠正规军的思维。虽然根据地领导人反复强调，即使要升级游击队，提高自卫队，也不能“连根拔去”，但这种多次的提醒可能正说明地方上大量存在有“拔根”的现象。

应该说，在根据地初创时期，大量编并游击队、地方武装，既能快速壮大正规军力量，又能防止散漫、混乱的地方武装影响到中共基层政权的稳定。但是过快过速地改编地方武装并非持续发展之策。早在1938年，毛泽东便强调各地在处理主力与地方部队关系时，不仅要防止“只顾地方利益因而妨碍集中的地方主义”，还要“防止不顾地方利益的单纯的军事主义”。[④] 然而，这种平衡其实很难做到。例如，1940年末，中共山东分局在指导山东党工作时强调，以后地方武装“一年至少扩大一倍，并每三个月一次将地方武装的三分之一编为主力”。初具雏形便将1/3的力量抽调，打乱编制的同时，势必使地方干部失去积极性，有“为他人作嫁衣裳”之

① 杨奎松：《抗日战争相持阶段中国共产党对日军事战略方针的演变》，《第二届近百年中日关系史国际研讨会论文集》，中华书局，1995，第263—264页。毛泽东对各地扩兵工作要求有差异。1940年1月18日与王稼祥联名复朱德电中指出："今年扩军20万原则很对，但具体分配主要部分应放在有枪区域，在老黄河以北，扩军不宜过多。在老黄河以南、新黄河以北包括苏北在内，应大加扩充。"参见中共中央党史研究室编《杨尚昆年谱（1907—1988）》，中共党史出版社，2007，第411页。

② 《陈毅军长在七大的建军报告（初稿）》，出版信息不详，第59—60页。

③ 《刘伯承在中共中央北方局黎城会议上的报告——关于党军建设问题》（1940年4月21日），《太行党史资料汇编》第3卷，第246页。

④ 《抗日游击战争的战略问题》，《毛泽东军事文集》第2卷，第259—260页。

感，又如何能保证地方武装按时完成年度扩大计划？[①]

1941 年前，许多根据地出现了类似苏区时代过度升级地方武装的现象。1940 年 9 月，山东清河区以其三支队（约 3000 人）为基础组建山东纵队第三旅，为保证该旅满员，清河区主要将小清河南地区各县的县大队、独立营及寿光县独立团共 3000 余人升级，编为 6000 人的一个完整编制的主力旅。地方武装占该主力旅的一半。原地区地方武装几乎大部升级。[②] 1941 年 6 月，时任山纵政委的黎玉做四期整军总结时提到，山东纵队五支队即是由地方武装提升创造的，其中胶东升级 3 个团，泰山升级 2 个团，滨海也升级了近 2 个团，可见升级之猛烈。[③] 湖西地区的地方武装刚有所起色，即被山东转战而来的苏支全部编并。湖西肃反后，最多时有数千人的地方武装仅余 400 人左右。[④] 在华中抗日根据地，新四军也编并了诸多地方游击队。1941 年，陈毅、刘少奇指出“过去将地方部队编入主力，及将地方兵团改为正规军，或要求地方兵团正规化过急，均造成极大损失，是不正确的，以后须改正”。[⑤]

成团、成营、成连的快速升级带来了诸多负面效应。第一，可能会造成某些尚未改造好的部队难以控制，甚至成编制叛逃。清河区临淄县的王砚田独立营曾是由该区三支队十团改编的一土匪队伍，1939 年冬未被加改造便编入三支队基干二营，1941 年后形势恶化后即投降敌人。[⑥] 山东纵队在 1940 年非战斗减员极为严重，逃亡达万人，“四团一个班及五团、二团

---

① 《中共山东分局关于山东党领导民主政权工作的总结与今后任务》（1940 年 11 月 12 日），《山东革命历史档案资料选编》第 6 辑，第 77 页；黎玉：《迎接反攻时期的县区武装建设问题》（1944 年 8 月），《山东革命历史档案资料选编》第 12 辑，第 348 页。

② 景晓村：《抗日战争时期山东清河区的地方武装》，八路军山东纵队史编审委员会编《八路军山东纵队史》下卷，山东人民出版社，2007，第 1337—1348 页。

③ 黎玉：《四期整军的总结与五期整军的方针任务——山东纵队黎玉政委在山东高干会上的报告提纲》（1941 年 6 月 23 日），《山东革命历史档案资料选编》第 7 辑，山东人民出版社，1983，第 61 页。

④ 《湖西抗日战争史料（节录）》（1940 年）、《湖西地委一九四一年一、二、三月份战争动员工作报告》（1941 年 4 月），中共冀鲁豫边区党史工作组办公室、中共河南省委党史工作委员会编《中共冀鲁豫边区党史资料选编》第 2 辑“文献部分”（上），河南人民出版社，1988，第 425—427、597 页。

⑤ 《陈毅、刘少奇同意以一部主力编入地方部队致彭雪枫等电》（1941 年 9 月 19 日），《新四军·文献》第 2 册，第 621 页。

⑥ 景晓村：《抗日战争时期山东清河区的地方武装》，《八路军山东纵队史》下卷，第 1345—1346 页。

及四旅整批的拖枪逃跑”。[①] 第二，资源被不断抽取后，导致基层空虚。[②] 第三，使主力部队沾染地方性，妨碍必要时战略转移的可能。当敌后形势有利时，上述负面效应隐而不显。一旦政治、军事形势恶化，这些副作用就会被放大。

1942 年前，各根据地更重视地方武装的基干部队，对县级以下的游击队则多采取放任的态度。山东纵队政委黎玉认为，在山东县区一级的游击队基本未有发展，原因主要是军区、军分区指挥管理地方基干团单位多，在地方军政机关不健全的情况下，精力自然集中在基干团上，无力兼顾县级以下的游击队。[③] 不过，根本的原因可能是主力长期抽调地方武装，使根据地过于依赖主力，导致县以下游击队的发展受到制约。主力限制在地方，而地方又仰赖于主力。[④] 不仅主力部队干部，就连军区、军分区一级的地方干部也“瞧不起”县区武装。有干部认为县区武装的特点就是“无组织、无战斗力”。[⑤] 有的军分区虽极力发展县区武装，但其目的是“扩大了，成立新的旅”，也想使自己拥有更为高级的基干部队。[⑥] 另外，县区一级的游击队装备较差，待遇较低也是限制其发展的重要原因之一。[⑦]

如同主力部队过度编并地方武装，地方武装内部也经常出现较正规的基干武装吞并非正规的游击队的现象。1941 年 2 月，时任一二九师政委兼太行军区政委的邓小平便认为，“军区系统和游击队的同志，一般的缺点是只看到本区域的基干武装（如军分区的基干兵团、县基干营），看不到普遍的游击队、游击小组的作用，更看不到自卫队和民兵的作用……甚至

---

① 《罗荣桓军事文选》，第 113 页。

② 佐藤宏「民衆工作——兵役動員を中心に」宍戸寛『中国八路軍、新四軍史』河出書房新社、1989、506—528 頁。

③ 黎玉：《论山东军区建设诸问题》，《八路军山东纵队史》上卷，第 341 页。

④ 陈毅：《论军事建设》（1942 年 2 月），《新四军·文献》第 3 册，第 135 页。

⑤ 《过去整理县区武装政治工作的检讨与今后整理县区武装政治工作的任务——江华在山东省整理县区武装政治工作会议上的总结》（1943 年 3 月），《山东革命历史档案资料选编》第 9 辑，山东人民出版社，1983，第 387 页。

⑥ 黎玉：《迎接反攻时期的县区武装建设问题》（1944 年 8 月），《山东革命历史档案资料选编》第 12 辑，第 351 页。

⑦ 黎玉：《再论县区武装建设》（1943 年 4 月 1 日），《山东革命历史档案资料选编》第 9 辑，第 406 页。

也与野战兵团一样，喜欢吞并游击队”。[①]

各地在发展地方武装的过程中，也曾出现过机关大、战斗人员少的现象。在推行精兵简政前，这种情况尤其严重。例如，1942 年，华中根据地苏中区的地方武装数量已超过该地主力，专门负责政府的各项勤务，以便其余地方武装能专门担任作战任务。在理论上，地方武装主要是打击弱小的日伪军，保护根据地的武装力量。但实际上，各地也有利用地方武装开展群众工作，征粮、征草等。这虽然能在一定程度上提高群众工作的安全性与效率，但同样消耗战斗兵员，甚至在群众中产生不良影响。[②]

1941 年 11 月，《中央革命军事委员会关于抗日根据地军事建设的指示》（简称《军建指示》）强调“地方军必须真正地方化，其主要成份尤其主要干部应是本地的，故培养本地干部，由地方党输送优秀的本地干部到地方军去，乃是头一等的重要任务”。这种强调正说明地方武装中本地干部的不足。

其实不仅是地方干部缺乏，地方武装整个干部队伍都十分薄弱。在 1941 年前，各地关于地方武装的报告中，提及最多的问题便是干部不足，请求中央调拨干部帮助地方部队发展。精兵简政后，虽然主力抽派干部帮助地方武装，但被派去的干部认为自己是被“下放”，工作消极。而在地方，由于基层事务的复杂性与多样性，干部的时间多花在群众工作、党务工作与生产工作中，处理地方武装工作更多是因为行政命令，很多情况下只是照搬军分区的命令，而不具体讨论与研究。有些地方党干部认为自己是“文人”，便专门找地方上当过兵、懂军事的人充当地方武装干部。

1941 年后，各根据地要求大力培养干部，充实地方武装干部队伍。一方面，尽量使下派的主力干部能安心工作，使“干部地方化”；另一方面，大量训练本地干部。苏中军区要求各分区、各县都应开办地方武装干部“短期训练班”，“送来多少，就训练多少”，快速解决干部缺少问题。[③]

不过随着“精兵简政”在各根据地的展开，地方武装的发展模式与组

① 《邓小平在太行军区第二次武装干部扩大会议上的讲话——军区建设中诸问题》（1941 年 2 月 1 日），《太行党史资料汇编》第 4 卷，山西人民出版社，1994，第 95 页。

② 《淮海区地方武装工作情况和发展方针的报告》（1941 年 6 月），《黄克诚军事文选》，第 135 页。

③ 粟裕：《关于苏中地方武装建设的问题》（1941 年 6 月 7 日），《新四军·文献》（2），第 381—382 页。

织形式有了巨大的转变。上述问题也得到了一定的改善。中共革命之所以能成功，正是能不断发现问题，总结经验，并能在极短的时间内改变调整。

1942 年开始，各根据地遵照中共中央与中央军委的指示，实行精兵简政和主力军地方化的政策，主力军的质量提高了，地方武装也得到了加强。例如，冀南抗日根据地自 1941 年初至 1942 年下半年，地方军与主力军的比例，由 77∶100 猛增到 200∶100；在山东抗日根据地，从 1941 年到 1943 年 3 月，县区武装由 13000 余人增加至近 50000 人；华中抗日根据地在严重困难阶段，以主力军的 1/3 加强了地方军，地方军得以有较大的充实。①

大力发展地方武装，巩固根据地的政策，使敌后抗日根据地度过了困难时期。日军在华颓势日显，中共在局部反攻中逐步开辟新区，地方武装也随之不断壮大。1944 年 6 月，冀鲁豫军区抽调 300 余人组成南下大队，进入水东地区，并与水东独立团合编为新的独立团。1945 年初，新的水东独立团升级为主力部队；1944 年 7 月，新四军第五师抽调主力和部分游击兵团向豫南敌后挺进，开辟新区，至 1945 年 4 月，在汝南、竹沟、舞阳、信阳一带建立根据地，发展地方武装 8000 余人；1944 年 8 月，新四军第四师抽调主力部队和地方武装基干部队西进，恢复原豫皖苏边区，仅用 4 个月的时间，西进部队便组建了地方武装 3 个独立团、8 个县总队。与此同时，在淮北津浦路东的第四师部队成立了 10 个独立团；1944 年底，八路军南下支队由延安出发，转战湘鄂赣边地区。至 1945 年 5 月，南下支队便已逐步打开了湘鄂赣边的抗日局面，成立了 3 个军分区 13 个县总队和 3 个县大队。

在抗战胜利前夕，随着中共军队作战形式由以游击战为主转变为以运动战为主，军队组织形式也随即需要调整。军队的补充与扩大成为急需解决的问题。中共“七大”通过的《关于军事问题的决议（草案）》指出，今后全党在解放区的军事任务，“是动员军队与人民，从各方面来准备大反攻”，“必须扩大主力军、地方军、游击队、民兵”。②

---

① 黎玉：《迎接反攻时期的县区武装建设问题》（1944 年 8 月），《山东革命历史档案资料选编》第 12 辑，第 353 页；《中国人民解放军军史》第 2 卷，第 261 页。

② 《中国共产党第七次全国代表大会关于军事问题的决议（草案）》（1945 年 5 月 31 日），《八路军·文献》，第 1087 页。

日军宣布投降后，中共中央迅速做出各地应集中部队为超地方性正规兵团的决定。1945 年 8 月 20 日，中央军委指出，“各战略区应就现有兵力，迅速抽出二分之一至五分之三编为野战兵团，其余编为地方兵团”。“地方兵团仍归军区管制”，“其人数比例，不得大于全区军队五分之二”。[①]

各地各部队按照部署，在全面反攻中迅速利用现有地方武装，扩充野战兵团和主力兵团。晋察冀军区将 8 个地区队、65 个县支队、39 个县大队等一大批地方武装新编、升级为 55 个正规团，使全区正规团达 94 个。山东军区在保留渤海、鲁中、胶东、滨海、鲁南 5 个军区，3 个独立旅及滨海支队的同时，将军区所辖主力团与基干部队统一编组为山东解放军野战兵团，共 8 个师，12 个警备旅。中共中央平原分局指示，冀鲁豫区与冀南区应从 9 月到年底升级县、区武装 3 万人，但为防止过度抽调，规定各县必须保留一个中队作为将来继续发展的基础。同时两地应继续动员民兵升级，补充县、区游击队。而华中方面，1945 年 8 月 12 日，新四军军部决定主力师、旅不再兼军区或军分区，另成立军区、军分区机构。同时要求各军区、军分区应特别注意准备帮助主力兵团之兵源补充，在可能的条件下尽量抽调地方武装成立新的主力兵团；并应大量提升地方武装与民兵，加强其武器装备，以便主力机动后能坚持原地斗争。[②]

当然，地方武装动员升级为主力军只是主力军的一种扩兵形式，其他如争取和改造伪军，直接动员群众当兵等都为主力军的扩大做出了巨大贡献。多种形式的扩兵，保证了部队规模的扩大。抗战结束之际，主力军所占比重达到了部队总数的 70%。随后，在扩大主力军的同时，中共各军区仍不断发展地方武装，截至国共内战全面爆发前，中共野战部队共 61 万，地方部队共 66 万。[③]

---

① 《中共中央军委关于目前部队编制的决定》（1945 年 8 月 20 日），《八路军·文献》，第 1118 页。

② 《中国人民解放军军史》第 2 卷，第 368—379 页；《中共中央平原分局关于扩兵的指示》（1945 年 8 月 18 日），《人民武装工作文件资料选编（1937. 8—1945. 8）》（4），军事科学出版社，1993，第 402—403 页。

③ 《中国人民解放军军史》第 2 卷，第 379 页；汪朝光主编《中华民国史》第 11 卷，中华书局，2011，第 442 页。

第二节 动员与来源

全国抗战初期，各地旧政权在日军的攻势下渐次崩溃。敌后新的统治或十分松懈，或尚未建立，此时正是创建政权和地方武装、游击队的良机。

从全国抗战初期起，八路军、新四军便利用其影响力吸收各地武装，或是在无党地区建立地方党，由地方党动员地方游击队，支援与补充主力部队。1938 年初，毛泽东指示八路军军政领导，迅速组织“以八路军名义出现的游击兵团”；主力部队应会同地方党，在晋西北、晋西南、晋东南、平汉路以东组建若干支队，开办游击队干部训练班，补充地方武装干部，而且为增强这些八路军名号的地方武装的实力，以有战斗经验的一两个主力连为基础，与地方游击队新编合编。①

1938 年 4 月下旬，冀鲁豫区便已在主力军的帮助下成立有 5 个游击支队。为进一步加强地方武装建设，按游击支队活动的地区和方向，建立 5 个军分区。② 1939 年至 1940 年前后，晋察冀军区在主力军的帮助下，各军分区均建立了游击支队。其中平汉路西各军分区共有 8 个游击支队。冀中军区有 2 个游击支队。每个军分区各有 1 个游击总队。③ 这些形形色色的游击支队在八路军的帮助指导下迅速成长。这些游击支队的出现，不仅使中共武装力量大大增强，而且能使八路军主力部队在战略需要时随时转移。

在全国抗战初期华中地区地方武装的动员与组织过程中，主力军的作用较之华北更大。一个原因是华中地区是战前国民党控制的核心地区，中共地方党远弱于华北地区。因而主力军（新四军）在地方武装的建立中占据主导地位。早在 1938 年中共中央就致电长江局、东南分局及项英，强调必须“建立地方党，组织与团集无数游击队在自己的周围”。④ 按照中央的指示，集结后的新四军利用其组织能力，迅速在无党地区开展创建党组织

---

① 《立即组织以八路军名义出现的游击兵团》（1938 年 3 月 24 日），《毛泽东军事文集》，军事科学出版社、中央文献出版社，1993，第 207—208 页。

② 岳思平：《八路军战史》，解放军出版社，2011，第 481—482 页。

③ 谢忠厚：《晋察冀抗日根据地史》，第 215 页。

④ 《中国人民解放军军史》第 2 卷，第 82 页。

的工作。在江苏省，新四军第一支队、第二支队随着战略展开先后留派支队民运科长、政治部干部及各团干部到地方，“筚路蓝缕”。其间先后建立了中共苏南工委、中共镇江特别区委、中共句北区工委、中共当芜县委等地方党组织。[①] 正如陈毅所描述的那样，虽然新四军整编后需要东进抗敌，但主力部队在各地“留枪、留人、留干部，象割韭菜一样要留根，并要留下一些比较强的负责同志在那里”。[②] 主力军留下抗日武装的火种，并扶植建立地方党，转而由地方党动员与组织游击队。这是华中许多无党地区地方武装的发展路径。

华中地区虽然在战前地下党组织不多，但残余的党组织也创建了不少地方武装。1938 年 10 月，梅光迪（地方党）领导的江南抗日游击队和朱松寿（地方党）苏浙人民自卫军编为江南抗日义勇军第三路。1939 年 5 月，成立“江抗”总指挥部，实际指挥权交与红军干部叶飞。3 个月内，“江抗”又整编了诸多地方党组织的武装，滚雪球般地从 1100 人发展到 6000 人。10 月，“江抗”主力转移编入新四军挺进纵队，正式升级为主力部队。[③] 1939 年 1 月，新四军第四支队的干部在地方组织起 400 余人的淮南抗日游击纵队，3 月便将郑抱真（地方党）领导的寿（县）合（肥）游击队 600 余人合编。在淮海区，韩德勤统治时期地方党便掌握了少量潜伏的地方武装，随着韩德勤的退出，地方武装很快就有飞速的发展，至 1941 年 5 月已有 2500 人左右，且 4/5 有枪。[④]

山东纵队最初的缘起便是地方党利用战争初期一切混沌的时机在山东各地动员与组织的小规模武装。地方党在其中扮演着关键性的角色，或是直接发动地方起义，或是与地方士绅、知识分子、区乡长合作，建立武装的同时逐步改造武装，甚或是地方党利用己方武装的威慑作用改编杂色民间武装或国民党残留小股部队。这从山东各地武装起义的成分中即可窥得一斑（见表 12－2）。

---

① 马洪武主编《永恒的记忆——华中抗日根据地史》，当代中国出版社，2005，第 325 页。

② 陈毅：《华中党和新四军的工作》（1945 年 5 月 1 日），《新四军·文献》（5），第 614 页。

③ 《中国人民解放军军史》第 2 卷，第 163—164 页；《中共苏常特委关于江抗在苏常地区概况的报告》（1939 年 11 月），《新四军·文献》（1），第 308—309 页。

④ 《刘少奇关于淮海区概况致中共中央等电》（1941 年 5 月 4 日），《新四军·文献》（1），第 704 页。

表 12－2 山东各地武装起义的成分

地区	武装起义的成分
冀鲁边	津南工委的武装； 地方游杂武装
鲁西北	山东省委、鲁西特委与山东地方实力派范筑先合作动员领导的武装； 地方游杂武装，包括残留国民党军队
胶东天福山等	胶东特委与国民党地方专员合作组织的武装； 国民党地方武装
黑铁山	山东省委与长山中学校长马耀南合作动员组织的武装；
鲁东地区	寿光、潍县党组织的武装
徂徕山	山东省委直接动员组织的武装
鲁东南地区	莒县、沂水党组织吸收改建地方学校校长、地方乡长领导的武装
泰西	地方党与长清县第一高等小学校长马耀南合作组织的武装； 泰安县第十区区武装
鲁南	苏鲁豫皖边区特委动员领导的武装
湖西	鲁西南工委和徐（州）西北区委动员的武装

资料来源：《八路军山东纵队史》上卷，第 14—48 页。

为壮大声势，同时避免被国民党部队收编，山东起义部队很快对外以八路军的名义公开。不久，这些地方武装通过数次整编，逐步由活动范围较小的游击队转变为整个山东地区的主力军。

在抗战初期的游击环境中，党、政、军、民组织没有完整建立起来，中共的日常化的动员与组织机制也没有成型。此时如果强行“征兵抽壮丁”，反而会适得其反。在这一阶段，发展地方武装最好的办法便是收编当地已有的民间武装、杂色武装，将其转变为党控制下的地方武装。

晋察冀根据地在创建之初便改编了大量杂色武装。原有的政府军政力量撤离后，日伪新政权尚未完全建立，使敌后广大区域内一度出现短暂的权力真空状态，大量地方性质的杂色武装随之出现，一时“司令遍天下，主任赛牛毛”。据聂荣臻回忆，当时“平定到保定的铁路两侧，就有十股较大的杂牌军队”，自称“七路军”“九路军”“十路军”，招牌很大。[①] 如果不去与这些杂色武装接触，任其自生自灭，并不利于中共的发展，如果

① 《聂荣臻回忆录》（中），第 421 页。

能将其适当改造，先派党员或主力军干部进行政治工作，赋予地方任务，转变为中共实际领导的地方武装，反而能趋利避害，为党所用。例如在冀中军区，朱占魁、柴恩波、赵玉崑、高士一、魏大光等人的杂色武装便先后改编为各军分区下辖的独立游击支队。

敌后战场除中日之争外，还有国共之争。在中共竭尽全力收编各色民间武装的同时，国民党也在吸收地方游击队。不过中共在吸收民间杂色武装时较为谨慎，一般不直接吸收他们入主力部队，而是先将其编为地方武装、游击队，以便进一步考察与改造。在华中根据地，中共先将红军出身干部和军政人员输入地方游击队，授予番号，以高效简洁的办法先宣示对某游击队“主权”，随后在作战中逐步改造与整训。[①] 还有将地主武装与地方武装合编，上层统战争取，下层政治改造，逐步使部队转变为真正意义上的党军。[②] 在冀中，随着战争的残酷性日显，那些被改为地方武装的杂色武装出现了明显的分化，有的接受中共的政策，改编为主力军，有的因为仍与国民党或日军有联系，便被主力缴械。[③]

除了改编杂色武装外，中共还委派地方人士去组织武装，并纳入中共的领导之下。在最初的游击作战时期，当地方党组织和军队的注意力尚在自身建设上时，很难有余力投入到地方动员中，但中共没有放弃最初“非法斗争”的最佳窗口期。在华中，新四军和地方党便曾有依靠地方人士动员武装的情况。不过，这种动员地方武装的方式由于缺乏党的监督，组建起来的武装往往良莠不齐。

粟裕曾将这种“代理式”的地方武装发展方式归纳为 4 种路线：“流氓路线”“滥下委令招兵买马的路线”“地主富农路线”“国民党抽壮丁的强迫命令的办法”。这些发展地方武装的方式可能在初期有一定的效果，是在一切未有头绪时的权宜之计，但如果长期依赖于此，不仅会混进不少“流氓、兵痞、帮派头子”，导致部队始终是“瓮头里养乌龟，愈养愈缩”，还会出现被他人利用，用中共的招牌牟利的现象。严重时，成立的游击队

① 马洪武主编《永恒的记忆——华中抗日根据地史》，第 462 页；陈毅：《茅山一年》（1939 年 6 月 21 日），《新四军·文献》（2），第 276 页。

② 金明：《淮海区工作报告——在华中局扩大会议上的报告》（1942 年 2 月），豫皖苏鲁边区党史办公室、安徽省档案馆编《淮北抗日根据地史料选辑》第 1 辑第 2 册，内部发行，1985，第 181 页。

③ 《聂荣臻回忆录》（中），第 424 页。

尾大不掉，叛逃日伪，甚至有些人拿着委任状专门敲诈勒索、招摇撞骗。[①]

随着根据地各项建设的起步，尤其是军区、军分区组织的完善（参见本章第四节），地方武装的动员也逐渐由临时性转变为日常性和制度性，并采取群众运动的方式进行。

第三节 地方武装主力化

地方武装、游击队的主力化、正规化，是地方武装向更高级的军队组织形式过渡的必经之路。在抗战时期，地方武装的主力化，主要出现在前四年，极大地增强了八路军、新四军的实力。其中，主力化最成功的是山东纵队。

山东纵队成立后就连续进行了 5 次整编，逐渐由“游击队”到“基干化”再到“正规化”“主力化”，成为全山东境内最大的一支武装。[②] 山东纵队情况比较特殊，一方面它的建制属于八路军，并接受中央军委和八路军总部的直接领导；另一方面，它基本是由山东地方党一手创建，且来源多属于地方起义武装，无论是在领导群体、装备、部队素质与作战区域等方面都富于地方武装、游击队的色彩。但由于山东纵队主力化过程中的各方面基本符合普通地方武装升级整编的特点，并且我们很难将初期的山东纵队归属为主力军、正规军，因此，本节将以山东纵队的整编为例，论述地方武装主力化的过程。

在考虑给予山东武装八路军番号的同时，中共也开始对山东武装进行整编，至 1938 年底，“起义武装除冀鲁边与鲁西北地区的部队外，先后整编为 8 个支队”。[③]“支队”这一番号的使用，在编制上使得中共山东的部队已具有了半正规军的性质。到 1939 年初，中共山东分局更要求“山东整理 3 个主力团”，其余各支队也着手整理，[④] 更加明确了建立正规军的目

---

① 粟裕：《关于苏中地方武装建设的问题》（1941 年 6 月 7 日），《新四军·文献》（2），第 373—374 页。

② 《抗战的山东 统战的山东——一九四一年九月朱瑞在山东统战会议上的报告》（1941 年 9 月），《山东革命历史档案资料选编》第 7 辑，第 301 页。

③ 《黎玉回忆录》，中共党史出版社，1992，第 154 页。

④ 《山东分局关于苏鲁军政工作布置意见》（1939 年 2 月 23 日），《八路军山东纵队史》，第 375 页。

标。从 1939 年 2 月到 1942 年 2 月，山东纵队先后进行了 5 次整军。整军不仅被视为实现正规化的方式，也是在战略相持阶段积蓄力量的重要手段，因此徐向前认为："这个敌我力量的转变，主要的是靠我们的整军与扩军来完成。"①

在整训中部队最普遍的一项内容便是对官兵的教育与训练，特别是在"干部的培养和教育还落后于现实斗争之需要"的情况下。② 教育又主要包括政治教育与军事教育两个方面，"政治教育的中心，是要从政治上、思想上来巩固我们的部队，提高部队的战斗情绪，常保朝气。军事教育的中心，是要把部队中每个指挥员的战术素养、指挥能力提高"。③ 在中共看来，"政治教育是中心之一环"，④ 而对干部而言，为推动各种工作的展开，"这就要首先学习政治理论。只有政治理论提高了，才能提高自己的能力，提高自己的一般工作"。⑤ 因此要求"团以上干部一定要研究联共党史、马列主义、政治经济学、历史唯物论；下级干部研究共产主义与中国共产党，社会科学常识，中国革命运动史；《大众日报》的社论，应在部队中作为政治教材，要具体讨论"。⑥ 相应的，山东纵队也响应中共中央的号召在部队中推行每人两小时的学习，并选送干部入抗大和党校学习，在连队中设立流动训练班，做到在职连级干部能轮流受训。⑦

相对而言，在士兵的政治教育中，除了宣传马列主义，也比较强调阶级教育，唤起广大战士的阶级感情，增加部队的凝聚力。至于军事训练，由于"大多数战斗人员包括干部在内打不中枪，投不中弹，对刺杀没有信心，也没有配齐刺刀，土工作业不熟练，自动火器用不来，手炮发挥不出威力"，⑧ 主要侧重射击、投弹、刺杀、爆破四项技术，例如为了提高全纵

---

① 徐向前：《山东纵队的建设任务及工作》(1940 年 2 月 8 日)，《徐向前军事文选》，第 68 页。

② 《北方局关于山东分局五年来工作成绩与缺点以及一九四三年工作方针的指示信》（1943 年 3 月 15 日），中共临沂市委党史资料征集委员会编《朱瑞在山东》，第 293 页

③ 《山东纵队的建设任务及工作》（1940 年 2 月 8 日），《徐向前军事文选》，第75 页。

④ 《中央军委关于抗大工作的指示》（1939 年 7 月 25 日），《中共中央文件选集》第 12 册，第 147—148 页。

⑤ 张福泉主编《朱瑞将军》，中央文献出版社，2008，第 147 页

⑥ 《山东纵队的建设任务及工作》（1940 年 2 月 8 日），《徐向前军事文选》，第 76 页。

⑦ 张福泉主编《朱瑞将军》，第 201 页。

⑧ 《罗荣桓军事文选》，第 265 页。

队的爆破技术，纵队司令部办了两期爆破训练班，由王风麟传授他在苏联学到的爆破技术。[①]

干部任用方面，山东纵队建立初期，干部十分缺乏，一再向中共中央要求派出干部。虽然如此仍无法解决干部缺乏的问题，而且因为干部往往要发挥模范作用，因此在战斗中伤亡较大，部队的伤亡人数中“百分之五七为干部”。因而山东纵队提出整军的计划中首先注意解决干部的问题，而解决的办法，最主要的是靠自己培养。培养的办法：一是有计划、有步骤地办学校，办教导队；二是各支队成立干部流动训练班，吸收地方青年及有实际工作经验的班长、战士参加。[②] 结果山东纵队中干部90%以上是山东人。[③]

整军时期也是干部提拔较为普遍的时期，“在整军中，一般每个干部都提拔了一级，同时，被提拔的干部不能称职的，过于越级的现象很少”。[④] 值得注意的是，虽然在干部的成分上，“应提高工农成份的比重，以保持党的纯洁及竖（树）立劳动者的骨干”，[⑤] 但在实际过程中，大批知识分子干部下到营、连中去锻炼，用以发挥政治工作的效能。[⑥] 因此，大批政治上纯洁坚定、作战勇敢、工作积极的20岁上下的人，很快被提到营、团领导岗位，形成了山东纵队支队以上的领导干部绝大多数是红军干部和长期做地下工作的老党员，中下层则多是青年知识分子的格局。[⑦]

加强党对军队的领导也是中共部队不断展开整军的重要目的。山东纵队领导人也充分意识到“八路军是政治的军队，八路军是武装加政治。”[⑧]

---

① 鲍奇辰：《山东纵队的干部工作》，八路军山东纵队史编审委员会《八路军山东纵队回忆史料》（下），山东人民出版社，1993，第262页。

② 《山东纵队的建设任务及工作》（1940年2月8日），《徐向前军事文选》，第74页。

③ 《爱山东保卫山东是山东人民无可推诿的责任》（1943年7月），《朱瑞在山东》，第377—378页。

④ 谢有法：《山东纵队第三期整军中组织工作总结及今后的中心任务》，《八路军山东纵队回忆史料》（下），第223页。

⑤ 《山东党的建设问题》，张福泉主编《朱瑞将军》，第162页。

⑥ 《一九四二年的政治工作总结与一九四三年的政治工作任务》（1943年1月），《罗荣桓军事文选》，第172页。

⑦ 鲍奇辰：《山东纵队的干部工作》，《八路军山东纵队回忆史料》（下），第260页。

⑧ 《青年与教育》，张福泉主编《朱瑞将军》，第144页；《粉碎敌人的新“扫荡”与我们的紧急动员工作》（1939年12月），《徐向前军事文选》，第63页。

山东纵队从第二期整军中便要求在部队中发展共产党员，保证在战斗员中有30%以上的党员。[①] 第三期整军的方针更提出了“全体武装党军化”，[②] 并要求党员发挥模范作用，在实际战斗伤亡中党员的数量占30%以上。[③] 第四期整军后党员人数平均占部队总人数的39%以上。各旅、支队相继召开了党代表大会。[④]

在整军的过程中，部队的政治工作也取得了一定的进展。山东纵队成立初期，“由于党员的数量不够分配，所以把一些‘民先队员’、救国会员、小学教员和青年学生也分配担任政治战士”，并且“把进步快的先介绍入党”。[⑤] 经过一二期整军后，山东纵队的“政治工作在部队中奠定了基础，并且提高了一步”。表现在“第一，过去政治机关的组织是很不健全的，现在一般地说是比较健全了；过去政治工作比较缺乏组织性、计划性，是散漫的，肤浅的，也就是说政治工作中的游击主义是存在的，现在比较有组织，有计划，严谨了，深入了，是向健全的正规化政治工作道路上迈进的。第二，政治机关在部队中领导了巩固部队和提高部队战斗力的一切工作”。[⑥] 同时加强对政工人员的培养，纵队各团设教导队，注意培养政治干部。政治指导员从排长或副连长中提拔，在党龄、政治水平上要求超过军事干部，至少要与之相等。[⑦]

山东最初并没有八路军的正规部队，当时山东省委的工作就是“以发动游击战争与建立游击区的根据地为中心……创立在党领导下可靠的基本游击队”。[⑧] 即使经过一二期整军，山东纵队还是处在游击队的高级阶段中，并未进入正规军的阶段。[⑨] 因此山东纵队最早创立的是不稳定的游击

---

① 《建立模范党军的支部工作》（1940年10月28日），《罗荣桓军事文选》，第102页。

② 《黎玉回忆录》，第156—157页。

③ 谢有法：《山东纵队第三期整军中组织工作总结及今后的中心任务》，《八路军山东纵队回忆史料》（下），第219页。

④ 《八路军山东纵队史》（上），第149页。

⑤ 《黎玉回忆录》，第127页。

⑥ 《山东纵队的建设任务及工作》（1940年2月8日），《徐向前军事文选》，第70页。

⑦ 《在鲁南吴家沟团以上干部政治工作会议上的总结报告》（1940年4月21日），《罗荣桓军事文选》，第76页。

⑧ 《中共中央给山东省委的指示信》（1938年1月15日），《山东革命历史档案资料选编》第4辑，第17页。

⑨ 《山东纵队的建设任务及工作》（1940年2月8日），《徐向前军事文选》，第69页。

区，但是不稳定的游击区是建立稳定的根据地的基础，“没有大量的发展游击区，不会有建设抗日根据地的可能，没有很好的坚持的游击区的工作，亦不会有我们巩固的抗日根据地”。[①] 从游击区向根据地的过渡，与山东纵队由游击队到正规军这一过程相一致，二者相互促进，为山东军区的建立创造了条件。而山东纵队这种与地域密切相关的特点也与一般的八路军、新四军更倾向于野战正规军不同，它更类似于杨成武所说的“地方正规兵团”,[②] 既是主力部队，也与一定的根据地密切相关。

山东纵队选择正规化，也与八路军一二九师、一一五师一部先后进入山东密切相关。中共中央先是决定组织八路军第一纵队，统一指挥新黄河以北山东境内和肖华区各正规部队及各游击部队，以徐向前为司令员，朱瑞为政委。[③] 但是随着徐向前离开山东，八路军第一纵队取消。于是在1939年又指示一一五师派人到鲁南支队去，以1000人枪拨到胶东去，以500人枪拨到鲁北去，使之成为山东各支队的骨干,[④] 来帮助山东纵队发展。山东省委也要求一一五师所属各部队，应协助山纵之整理工作。[⑤] 然而山东纵队此时处于由游击队向正规军的过渡阶段，自然成为作为正规军的一一五师补充和抽调人员物资的重要力量。可以说在山东纵队整编的每一阶段都会有一部分部队并入一一五师，因此山东纵队与一一五师之间难免出现矛盾及发生许多争论。因此中共中央不得不承认一一五师“师部对山纵帮助不够”，同时向山东纵队指出“今后应更多帮助主力军才能得到主力的更多帮助”。[⑥] 但这种劝告与调和无法解决实际问题。之后山东纵队与一一五师均为主力军，前者不再向后者提供补充。

---

① 《罗荣桓军事文选》，第131页。

② 《关于广泛开展游击战与加强基干游击队建设的几点意见》（1941年1月16日），《杨成武军事文选》，解放军出版社，1997，第138页。

③ 《北方局关于山东分局扩为苏鲁皖分局等问题的通知》（1939年5月4日），《朱瑞在山东》，第223页。

④ 《中共中央关于山东及苏鲁战区工作方针的指示》（1939年12月6日），《朱瑞在山东》，第231页。

⑤ 《山东军政委员会关于山东工作的讨论及决定》（1940年4月13日），《八路军山东纵队综合册》，第459页。

⑥ 《中共中央关于山纵一一五师团结问题电》（1942年2月21日），山东省档案馆藏，G001－01－0063－016。

第四节　精兵与主力地方化

1941 年以后，敌后抗日根据地进入严重困难时期。为此中共开始大力推行精兵简政。其中，“精兵”政策的实施极大地推动了地方武装的建设。1941 年 11 月 7 日中央军委下发的《军建指示》具体阐释了主力“精兵”与地方武装发展问题。首先，由于“敌我形势改变”，“目前军事建设的中心注意力，应放在地方军及人民武装的扩大与巩固上……主力军应采取适当的精兵主义，其工作重心是提高其政治军事技术的质量，缩编与充实编制”。其次，明确了主力地方化的策略。主力军在缩编与充实编制的同时，应“以相当部分部队划归地方军建制”，主力军要帮助地方军，提供“许多的干部、枪械、弹药等等”。再次，划分主力军与地方军的比例。“在山地根据地内主力军与地方军（人民武装不在内）数量上的比较，一般应以二与一之比为原则，在平原根据地内则以一与一之比为原则。在某些最困难的区域（如冀东、大青山、苏南），应当打消主力军与地方军的区别，全部武装地方化。”①

各根据地遵照中央指示开展“精兵”运动，在主力得到精简的同时，地方武装在主力的帮助下大力发展。

1942 年 6 月，冀南军区采取将主力旅的旅部取消，旅与军分区合并的政策。除新编第四旅仍作为机动的主力突击部队外，新编第八旅与第三军分区合并，新编第七旅与第六军分区合并。1942 年底，新编第四旅番号撤销，机关与第四军分区合并，下辖主力团归军分区指挥。至此，冀南各主力军完全地方化。6 个军分区下辖 10 个地方化的主力团，作为军分区的基干武装力量。从 1941 年初到 1942 年下半年，冀南地方军与主力军的比例，“由 77∶100 猛增到 200∶100”。②

冀鲁豫军区于 1942 年 6 月将第二纵队番号取消，全区主力部队、地方部队和人民武装统一归军区领导。主力派出 132 名军政干部，补充军分区、

① 《中央革命军事委员会关于抗日根据地军事建设的指示》（1941 年 11 月 7 日），《中共中央文件选集》第 13 册，第 213—214 页。

② 《晋冀鲁豫军区冀南军区战史》，蓝天出版社，1993，第 200—203 页；《中国人民解放军军史》第 2 卷，第 261 页。

基干团与基干大队干部的不足。这既解决了正规军干部的过剩，又改善了地方武装干部的不足问题。1942 年底，冀鲁豫军区又将主力旅与军分区合并。①

晋察冀军区于 1942 年初开始精兵简政，其中加强地方军为精简的主要目标。在精简整编主力军的过程中，抽调部分主力团和游击队编组了一批新的地区队，使全军区的地区队由原来的 23 个增加到 31 个。编组了新的地区队后，还普遍整顿了县区级的地方武装，建立了地方党政对县区游击队的领导机制。1942 年 9 月，晋察冀根据地下属的北岳区拥有地方军 10529 人，占总兵力的比例，由 1942 年 2 月的 14.3% 上升至 20% 。冀中区地方军在 1942 年 4 月底以前，有 14 个地区队、30 多个县大队和 100 多个区小队，达到了平原根据地主力军与地方武装 1∶1 的比例。同时，冀中区还将主力军乙种团下放，承担地区队任务，进一步加强了地方武装。②

山东军区主力部队的地方化较为彻底，原山东纵队部队几乎全部地方化，各主力旅改为二级军区。1942 年 2 月，山东纵队第三旅改为清河军区。第三旅所属第七团改为军区直属团，第八团团部与清西军分区合并，部队改为清西独立团，第九团与清东军分区合并，部队改为清东独立团。新成立清中军分区，下辖由原地方武装合编的独立团；1942 年 7 月，山纵第五支队番号撤销，组成胶东军区；1942 年 7 月，山东纵队机关一部为基础，组建鲁中军区。山东第四旅机关改为第一军分区。原四旅下属第十团、第十二团归第一军分区建制，第十一团归第三军分区建制；1942 年 8 月，山东纵队第二旅改为滨海独立军分区。③

山东胶东军区在精兵简政后规定主力部队必须负责其驻在区域附近的区中队整理工作。在不妨碍军事行动的前提下，主力每次承担对 4 个区以上的中队的整训，并在训练、建制与补给上给予帮助。④ 鲁中、胶东、清河军区和滨海独立军分区分别从下属基干部队中，先后抽调 1223 名班、

---

① 《冀鲁豫边区抗日根据地发展史略》，《中共冀鲁豫边区党史资料选编》第 2 辑《文献部分》（下），河南人民出版社，1988，第 416 页；徐抱江主编《冀鲁豫军区抗日战争史》，中国人民解放军贵州省军区编印，1994，第 252、293—294 页。

② 谢忠厚：《晋察冀抗日根据地》，第 354 页。

③ 《八路军山东纵队史》上卷，第 212—214 页。

④ 《胶东军区政治部三个月县区武装整理计划》（1944 年 3 月 6 日），山东省档案馆藏，G050 - 01 - 0011 - 002。

排、连级干部，帮助充实县区武装。甚至有将完整编制的主力班、排交由地方干部指挥。在一些新地区，新组建的地方武装中主力抽出“好战士”“好党员”派入县大队、区中队作为骨干。①

在华中根据地，从1942年至1943年，新四军军部根据各师情况与地方环境逐步将主力部队加以整编，以1/3的主力军编入地方军。其中，一师、六师抽出11个团与各县地方武装合并，仅保留4个主力团；二师仅保留4个主力团与1个主力旅，除1个主力团加强七师外，其余4个团、1个旅与地方合并；三师下属七、八、十旅，七、八旅各保留2个主力团，其余编入地方军，十旅则全部与地方军合并。②

新四军主力地方化的过程中，还组建了许多新的具有一定正规化性质的地方兵团。前述冀南军区、晋察冀军区精简主力的方法主要是将主力旅建制归军分区，取消旅的建制，使主力旅担任地方任务。而华中根据地则是与地方武装合编，有的以连的形式与地方武装合编为县区武装，继续在县、区范围内担任游击任务，有的则以营为单位与原地方独立团合编为地方兵团，战斗力大大加强，能在军分区领导下单独进行作战。

这种分散主力与地方武装合编在军制学上有重要意义。在抗战初期，军队领导因担心地方武装杂乱自流，将这些部队强迫调离原地整编。许多地方出现了过度编并的激进政策。这样既不能很好地补充主力，地方武装也未能很好地主力化，相反还破坏了其原有基础，重建地方武装便比较困难。而主力小部队与地方武装合编，则是运用主力的战斗力与政治觉悟，提升原地方武装的质量。主力“血液”的输入，不仅能在短时间内增加地方武装人数，提升其作战实力，而且能带动地方武装的组织机能，为以后县区武装的扩大，乃至民兵、自卫团的发展打下了基础。③ 新编的地方武装由于实力的提高，能在边区坚持作战，并不断向外推进，于是边区变为中心区，而地方武装由于渐渐突破原地作战的限制，其地方性也随之淡化，主力化更加顺理成章。可以说，主力小部队与地方武装合编既是主力

① 黎玉：《迎接反攻时期的县区武装建设问题》（1944年8月），《山东革命历史档案资料选编》第12辑，第369页。

② 陈毅：《华中六年工作总结报告》（1944年），《新四军·文献》（3），第1070页。

③ 《八路军山东纵队史》上卷，第215页。

地方化，无形中也使得地方武装走上了主力化的道路。[①]

精兵简政对地方武装建设的意义，不仅在于主力部队的直接的有形的帮助，而在于根据地武装动员思维的无形转变。1942 年以后，随着多数地区军分区的“解放”，动员地方武装和人民武装成为根据地工作的重中之重。山东军区实现主力地方化后便重点加强了地方武装（县区武装）的建设。1942 年 8 月 1 日下发的山东军区“八一训令”即是根据地转向县区武装发展的重要标志。1942 年上半年，由于山东根据地仍在处理山东纵队与一一五师的关系，无论是县区武装的动员，还是民兵的发展，皆未提上日程。1942 年 8 月以后，山东纵队全部转为山东军区，山东纵队与一一五师的矛盾点不再存在，县区武装才真正得到重视。[②]

表 12-3 1942 年至 1944 年 5 月山东抗日根据地县区武装单位数量统计

单位：个

	1942 年	1943 年	1944 年（截至 5 月）
独立营	11	28	33
县大队	67	51	67
区中队	456	573	674
合计	534	652	774

资料来源：黎玉《迎接反攻时期的县区武装建设问题》（1944 年 8 月），《山东革命历史档案资料选编》第 12 辑，第 353 页。

一个容易被忽视的问题是，除非扩大中共的实际控制区域，否则根据地内县、区行政单位的数量在短时间内是一定的。而中共县区武装又是以县、区为单位发展的地方性军队。所以，县区武装扩大后，其编制定额也必须随之提高，否则一旦人数达到饱和，冗余士兵就易被抽调入主力，陷入发展即倒退的困境。可能出于上述考虑，县区武装扩大后，1943 年，山东根据地提高了 1942 年规定的编制人数，将县大队编制人数由 100 人上调至 200 人，个别重点区域的县独立营可以增至 300 人。[③] 1944 年，根据地

① 陈毅：《华中六年工作总结报告》（1944 年），《新四军·文献》（3），第 1070 页。

② 《山东军区八一训令——为加强县区武装人民武装而斗争》（1942 年 8 月 1 日），《山东革命历史档案资料选编》第 8 辑，山东人民出版社，1983，第 449—452 页。

③ 黎玉：《再论县区武装——一九四三年四月一日黎玉政委在山东省地方武装政工会议上的报告》（1943 年 4 月 1 日），《山东革命历史档案资料选编》第 9 辑，山东人民出版社，1983，第 412 页。

再次调高编制定额，将一县武装人数定为500人，区中队由30人上调至60人。[1]

短短的一两年时间，中共不但完成了主力的地方化，还同时发展了县区一级的地方武装。高效的动员能力与极强的上令下行的贯彻力，使得中共能迅速对形势做出反应，适应形势，能很好地抓住契机实现转型。

地方武装大踏步发展的同时，主力也停止了过度收编地方武装的激进政策。主力在补充兵员中采取了更加温和也更加有效的动员方式。1942年以后，根据地严令禁止县区武装的大规模、任意地、成建制地升级，取而代之的是小规模、有计划的、滚动式的升级路径。地方武装先"组织化"，然后逐渐"基干化"，由弱变强后才能正式升等归入主力部队。[2] 如此实施，就减少了分批抽调带来的任意性高、阻碍地方武装发展的弊端，使其能够按作战能力与政治觉悟分批次、分等级递进。1942年12月—1943年2月，鲁中、胶东、清河军区和滨海独立军区即采用分等级递进式，将5000余人由地方武装升级为主力部队。当县大队、区中队要升级时，中共地方干部提前动员民兵升级为区中队，继而升级区中队为县大队，县大队再升等为县独立营或军分区独立团，一般只动员2/3升级，留下1/3为基础继续发展。[3]

上述动员升级方法牵涉面过广，且各层级武装发展速度不一，可能只适于临时大规模的动员，仍不是一种理想的动员模式。另外一种抽员补充主力的方法可能更为常态化，也更为实用。山东分局在给山东地方党的决议中指出，须改变过去对地方武装过多抽调的做法，同时现在也要随时注意主力减员情况，争取一班、一排少量的、不定期的补充。[4] 1943年，鲁中区为补充山东军区200人，规定除各主力团、营每连抽3人，县独立营、县大队也每连抽3人，且须模范战士或积极分子，保证70%党员成分。同时为补充鲁中区内主力1000人缺额，区党委决定升级办法为每个地方武装

---

① 黎玉：《迎接反攻时期的县区武装建设问题》（1944年8月），《山东革命历史档案资料选编》第12辑，第362页。

② 中共山东分局：《紧急动员起来为建设坚持巩固的山东民主抗日根据地而斗争》（1941年7月1日），《山东革命历史档案资料选编》第7辑，第147页。

③ 《八路军山东纵队史》，第215页。

④ 《中共山东分局关于"抗战四年山东我党工作总结与今后任务"的决议》（1942年10月1日），《山东革命历史档案资料选编》第9辑，第76页。

大队及连、区中队抽调一个12人的整班，不但精简县区武装，使其更符合敌后分散游击的作战目标，更使主力得以补充，可谓一举两得。

第五节 领导机制

地方武装从属于军区、军分区，因此要厘清地方武装的领导、指挥系统与运作机制，就必须考察军区、军分区这一地方军事组织；而县以下的地方武装又分别受县区党政机关指挥，因而还需要考察县、区党政机关与县、区游击队的关系。如此，才能纵横两方面较好地把握地方武装的领导机制。

中共在创建根据地时期，一般是由主力部队打开局面，领导一切工作，包括地方武装亦从属于主力军。主力部队只注意“扩充”，而忽视“坚持”，反而使新补充的队伍大批逃亡，补充效果奇差。敌后根据地进入困难时期后，这一矛盾愈发凸显，主力伤亡增多，急需补充，而地方武装因过度编并，已入不敷出，进一步影响主力的巩固与地方武装的恢复。

在各地建成具有一定独立性的军区、军分区，即是为解决这一矛盾的努力。[①] 1940年底，朱德等八路军军事将领下发关于健全军区工作的指示，强调军区是“一种地方性质之军事组织”，其主要任务“是动员训练广大人力作为野战军补充的源泉，同时又是组织与领导各种地方性的武装组织开展广泛的游击战争”。军区、军分区既要直接指挥地方性的部队（地方武装），又要管理不脱离生产的武装组织（人民武装）。军区的“独立性”主要指军区机关必须建立起内部的独立性的工作，即使野战军离开军区，军区仍能在任何情况下独立作战。换句话说，独立性的军区要求脱离主力军的管辖。可以说，独立的健全的军区组织起到了平衡主力与地方之间各自需求，保持主力军与地方军成比例发展的作用。

指示强调，不管是野战军兼管军区，还是军分区与野战军分离，军区、军分区组织必须健全。各军分区之野战军首先应有计划地、逐渐地脱

① 在提出建设独立性军区之前，已有多地成立了军区。但是此时的军区组织或附属于主力军，或仅为空壳，反而导致地方党放弃对地方武装的指挥，形成“两不管”的局面。参见《冀鲁豫边区抗日根据地发展史》，《中共冀鲁豫边区党史资料选编》第2辑《文献部分》（下），第403页。

离军区、军分区之管辖，成为“全军战略范围内之机动部队”。[①]

遵照该指示，各地于1941年起便开始健全军区、军分区组织。山东纵队全部下降为地方部队，山东军区、军分区成为独立于主力军的地方军事组织。太行军区、冀中军区实现半独立，军分区完全独立。军分区独立后，为加强地方党对军分区的领导，分别安排地委书记与地委副书记兼军分区政委与副政委。军区由单纯的主力部队的管辖区，转变为同级政府的武装部与同级党委的军事部。[②]

部分军区、军分区虽未与主力分开，但也进行了大量工作，充实军区组织，加强地方武装建设。例如华中根据地各军区虽仍由主力管辖，但密切了军区与地方党之间的联系。军区主要负责人参加地方党的领导机关，军事活动由军区负责，军区内部工作根据地方党的计划进行，干部调动、改编地方武装或补充主力等重大事项应经过地方党的同意。

作为“积蓄武力”的机关，军区、军分区自然仍需要为主力提供兵员补充与后方勤务。只是，随着地方党在军区、军分区的权责增加，过度编并地方武装、无限消耗地方资源的情况就很少出现，使地方武装能不受中断地逐步壮大。有的军区规定军分区为主力旅的管辖区，但这只是为加强主力与地方的联系而设，并不是取消军分区组织的独立性。相反，旅管区能更好帮助军分区筹划补充主力工作，建立补充营，在军分区的规定内有计划按步骤地进行补充。这样既能有效地补充主力，提高地方武装的作战能力，又能防止“竭泽而渔”，过度抽取地方资源。[③] 在山东军区，主力军全部地方化，以连、营的小部队插入地方武装，如此既杜绝了主力不顾地方武装发展随意编并，又能增加地方武装的实力。

作为“使用武力”的机关，军区、军分区一个重要职能便是培养地方武装干部。在太行军区，依托军区、军分区，实行营兵（游击队）干部轮

① 《朱德等关于健全军区工作的指示》（1940年12月1日），《八路军·文献》，第592—594页。

② 左权：《关于一年来作战、建军情况及明年军事方针与任务》（1941年12月），《左权军事文选》，第803、807页；《中共冀南区党委、冀南军区关于游击战争的组织与领导问题的指示》（1942年5月22日），《冀南历史文献选编》，中共党史出版社，1994，第295页；齐武：《晋冀鲁豫边区史》，当代中国出版社，1995，第203页。

③ 《子弟兵一二九师、子弟兵太行军区联合命令——对军分区建立野战军队管区的指示》（1941年4月15日），《太行党史资料汇编》第4卷，第245—246页。

训，规定每个干部至少受训一次。同时为防止因干部受训使工作停顿，军区还会适当提拔各级副职干部。军区开办营兵干部教导队训练县级干部，而军分区开办干部教导队训练营兵连、排以及民兵区村干部。

军区、军分区为使地方武装工作走上制度化轨道，还建立了相关工作机制。以太行军区为例，为保持军区、军分区对县、区武装工作的经常领导，具体规定了会议制度、汇报制度与检查制度。会议制度方面：军区一年召集一次县级以上地方武装干部会议，军分区每三个月召集一次区级以上干部会议，县每个月召集一次村级以上干部会议，必要时，还可召集临时会议。汇报制度方面：军分区的工作与野战军旅、团的工作报告分开。“村对区、区队县”，半个月报告一次，“县对分区、分区对军区”，一个月报告一次。检查制度方面：军区至少三个月到各分区、各县检查一次，县到区、村半个月一次，区到村 7 天一次，并须随时深入下层检查督促。①

然而，军区的转型也并非一帆风顺。主力与地方之间长期的隔阂与矛盾，加之干部缺乏，使得军区建设过程中暴露了些许问题。

在苏中军区，军分区与主力旅之间虽然采取合并的方式加强彼此联系，但“仍有你我界限”。譬如，主力对地方武装帮助不够，间接影响地方对主力的观感，而一些主力只有消耗没有补充，地方军则“人多枪少尾大不掉”。② 主力部队存在一种轻视心理，认为地方武装、军区无多大作用。于是有的主力军迟迟不愿建设独立性的军区，不予地方以干部的补充或军事事务上的帮助，而多送质量较差的干部到地方军。而地方党方面，仍视军区、军分区为主力的附属机关或动员部门，也同样不重视军区工作与地方武装工作。有的地方党不按照上级要求派遣有能力的地方领袖到地方军工作，对于军区、军分区的工作，仅委托一个地方武装科去管理。③军分区成为独立的指挥机关后，突如其来的“放权”并不代表军分区一级能很好地适应新的任务。黎玉将之喻为“刚放足似的”，在处理诸多县区

① 《关于目前地方武装组织中心工作的指示》（1940 年 8 月），《王树声军事文选》，军事科学出版社，2000，第 25 页。

② 《粟裕关于苏中情况及坚持苏中斗争的建议致新四军首长电》（1942 年 7 月 19 日），《新四军·文献》（3），第 206 页。

③ 陈毅：《论军事建设》（1942 年 2 月），《新四军·文献》（3），第 147 页。

武装事务上未能深入细致地去做，只是“拘于行政命令”一般性过问。①

不过，总体而言，各地健全军区、军分区组织后，地方武装、人民武装的建设逐渐受到重视，各种关于地方武装、人民武装的报告不再是干瘪的数字、空洞的语句，而是有许多实质性的讨论。军区、军分区机构的完善，使得根据地的资源逐渐下沉，主力部队抽调军事干部补充军区，军区还为地方培养输送了许多基层军事干部，无疑为地方武装的发展注入了巨大的活力。另外，主力与地方之间逐渐步入了良性互动的轨道。通过军区、军分区，主力与地方之间的联系得到一定的加强。主力师、旅、团虽然能指挥军区、军分区、军分区独立营，但由于地方军事组织建制不属于主力，主力部队就需要尊重各地地方党政的决定。同样，由于军区有帮助主力部队的责任，地方党也需要尊重部队的建议，为部队提供必要的人力、武力的援助。

中央军委 1941 年 11 月关于根据地军事建设的指示中，曾专门规定“区游击队归区的党政机关指挥，县游击营归县的党政机关指挥”。彼时，根据地地方党委尚未“一元化”，所谓“党政机关指挥”更可能是各级党政军委员会（联席会议）。

1942 年 9 月 1 日，中共中央通过《统一抗日根据地党的领导及调整各组织间关系的决定》，规定各地各级党委（中央局、分局、区党委、地委）皆应从专司地方工作、党务工作转变为领导一切党、政、军、民工作的“一元化”机关，取消党政军委员会，各级党委成员应包括各方面的党员。而县区级和游击区党委的“一元化”办法则又有所不同，例如“县委（无主力军参加之县委）及区委，只包含地方党，地方军及政府的党的负责人。各级党委书记，应选择能掌握党政军民各方面工作的同志担任之”，又如“游击区因为它的特殊性……党委、政府、民众团体的机关，可与军队指挥机关政治机关合并，党政民干部在军队或游击队中，担任一定的职务……战时参加军队与游击队工作，战斗空隙时则仍执行其原来党政民的职务”。综合来看，县以上党委主要是将军队党、政府、群众组织中党团干部纳入进来，加强联系，共同领导，而县区以下包括部分游击区的党委

---

① 黎玉：《迎接反攻时期的县区武装建设问题》（1944 年 8 月），《山东革命历史档案资料选编》第 12 辑，第 354 页。

则需要负责党、政、军、民各方面的事务。

之后，各根据地县区一级地方武装的领导关系即是按照中央的“一元化”规定来执行的：县大队（独立营）、区中队的作战教育与日常具体工作由副职负责，大队长（独立营营长）、中队长分别由县长、区长兼任，县大队（独立营）政委、区中队政治指导员则分别由县委书记、分区委书记兼任。县委设立军事部，统一领导全县独立营、区中队及人民武装，由独立营营长或副政委兼正副部长，在遵守上级党委、军区、军分区的训令、指示下，统一讨论全县的县区一级地方武装与人民武装建设事项。①

另外，冀鲁豫区组建有地区队，介于军分区地方武装与县区武装之间，一般以 2—4 个行政县组织一个地区队，各分区根据当地情况，组织若干地区队。由于地区队无同级党政机关，为加强领导，促进各部门之间的配合，专门组织由地区队长、政委，划定地区各县县委书记组成的地区委员会。②

中共三位一体的军事体制中，三种武装力量虽然上下有序，各司其职，但并不意味着主力与地方武装固定一地，互相区隔，相反主力经常以小部队的形式转移至各县作战，如何协调主力与地方武装之间的分工、指挥亦是县领导的重要职责。如有在一县作战的主力部队中有团级干部，则由该团级干部统一指挥县域内的地方武装；如只有营级干部，则由县大队正副队长、政委（即县长、县委书记）与营级干部组成临时指挥部；如只有连级干部，则主力归县大队长、政委指挥。③ 这实际上也是间接消弭了主力与地方部队之间的区别，有助于加强基层“一元化”领导，促进主力与地方部队共同作战。

不过，即使强调“一元化”领导，县区党政干部和县区一级地方武装仍然要受军分区的领导与指挥。

首先，制度上县大队对区中队并无领导关系，只是具体工作上的指导、帮助关系，而由军分区垂直领导县大队、区中队。县大队只能“代表

① 黎玉：《迎接反攻时期的县区武装建设问题》（1944 年 8 月），《山东革命历史档案资料选编》第 12 辑，第 366 页。

② 《冀鲁豫区小部队建设问题——苏振华政治委员在区党委高干会议上的报告》（1942 年 12 月），《中共冀鲁豫边区党史资料选编》第 2 辑《文献部分》（中），第 433 页。

③ 《中共冀南区党委、冀南军区关于游击战争的组织与领导问题的指示》（1942 年 5 月 22 日），《冀南历史文献选编》，中共党史出版社，1994，第 295 页。

县委和县政府”指挥区中队，并且需随时向上级报告。① 这样就不仅防止了县的军权过大，使军分区能统一指挥，而且不致使区中队陷入政权、党委、军分区“三不管”的局面。②

其次，关于县区部队的自身建设，统一对敌军事斗争的战略方针、战役配合，由军分区负责，同级党委检查督促县、区级党委。关于具体方针的确定、执行，与各方面的配合、群众纪律、部队巩固扩大等，县区一级党委负更多责任。但诸如干部任免、部队编制、政治组织的调整等重要事项，县区党委仍须向上级党委报告，由县区武装隶属上级以命令行之。③

最后，将县区武装的供给权收归军分区，其预算皆列入“军费”。下至区中队都由军分区预算、发放，而独立营一级只负责领发、管理、会计等具体事务。④

“一元化”的一个重要问题就是党员“军事化”。中共早期的革命活动主要侧重于党务组织与民众动员。大革命失败后，中共吸取教训，得出“枪杆子里出政权”的论断，开始由“文斗”发展为“武斗”。不过，抗战爆发后，中共党员队伍急剧扩大，并且吸收了许多小知识分子和青年学生。这些“新干部”很多没有武装斗争的经验，只关注党务与群众工作。但是，敌后抗日根据地军事斗争的严峻性，又需要基层干部负起领导地方武装、人民武装之责，因而为巩固根据地、战胜困难，中共开始不断强调党员“军事化”。中共要求县区党政领导负责地方武装工作，贯彻“一元化”领导，即是党员“军事化”的重要一环。

中共在 1942 至 1943 年间完成了巨大的转变。地方党委从只负责党务工作、群众工作等，开始向党委兼负军事工作转型。这一点在县级及以下各级党委中体现得尤为突出。县区党委负责县区武装的政治工作。有的县

① 《滨海区党委关于加强地方武装一元化领导的指示》（1943 年 9 月 6 日），山东省档案馆藏，G029 - 01 - 0021 - 002；黎玉：《迎接反攻时期的县区武装建设问题》（1944 年 8 月），《山东革命历史档案资料选编》第 12 辑，第 367 页。

② 谢有法：《县区党委如何领导县区武装》（约 1943 年），山东省档案馆藏，G001 - 01 - 0081 - 005。

③ 《冀鲁豫区小部队建设问题——苏振华政治委员在区党委高干会议上的报告》（1942 年 12 月），《中共冀鲁豫边区党史资料选编》第 2 辑《文献部分》（中），第 434 页。

④ 黎玉：《迎接反攻时期的县区武装建设问题》（1944 年 8 月），《山东革命历史档案资料选编》第 12 辑，第 366—367 页。

区因县长、区长无军事工作经验甚至将党委书记推向前台，直接任县大队或区中队队长。尽管如此，至少在抗战时期，长期的党务工作的习惯及基层诸项事务的繁重使得党委对县区武装的领导未能有效执行。许多书记的兼职只是“挂名”的形式主义。有的抱怨道：“我的事情太多了，全面工作真照顾不过来，何况能力又不够，提不出什么问题。”还有的甚至说“党委对武装是‘原则的领导’，现在武装数量还不大，又有了副职干部，他们有经验，由他们管管就行了”。① 甚至有地方青救组织在敌人“扫荡”根据地时，宁可去出版宣传刊物《青年之歌》，也不愿领导武装斗争。② 县以上党委一元化是“多元合一”，县及以下党委则是“一人多职”，而基层因直接面对民众与敌伪，原本就具体事务繁多，这样全面兼职，就难怪党委抱怨“事情太多了”。军区规定县区武装中应有大量党员加入，成为多数。但县党委、分区党委很少去动员党员参加地方武装，有的党委甚至“批评党员参加地方武装”。③

第六节 优势与局限

敌后抗日根据地的环境错综复杂。在抗战初期，中共以并不庞大的兵力深入敌后，既面临日军的威胁，又要处理与国民党中央军、地方实力派之间的关系。不过，此时日军重心仍在正面战场，国民党中央与地方实力派亦与中共保持着一定的合作。因而，中共果断抓住时间，主力大踏步前进，与此同时分散兵力进行群众工作，分别在华北、华中地区拉起一批地方部队、游击队，很快成为主力部队最好的补充力量。在此时期，地方武装的主要作用便是迅速壮大了中共主力部队，为下一阶段的发展打下了坚实的基础。

随着日军在正面战场进攻停滞，部分兵力抽回敌后战场，中共斗争生

① 谢有法：《县区党委如何领导县区武装》（约 1943 年），山东省档案馆藏，G001 - 01 - 0081 - 005。

② 邓子恢：《论此次我之反扫荡方针及其检讨》（1943 年 2 月 25 日），《淮北抗日根据地选辑》第 1 辑第 2 册，内部出版，1985，第 31 页。

③ 《过去整理县区武装政治工作的检讨与今后整理县区武装政治工作的任务——江华在山东省整理县区武装政治工作会议上的总结》（1943 年 3 月），《山东革命历史档案资料选编》第 9 辑，第 387 页。

存的环境随之愈发复杂。敌后根据地不仅要面临日军、伪军的“扫荡”，还时常与国民党部队发生摩擦，并受到土匪的侵扰。单单依靠主力军，便有不敷运用之感。1941 年，苏中军区司令员兼政委粟裕便认为主力部队还不够多，即便再发展多少，还是“不够应付时局的需要”。尤其为应对日伪“扫荡”，主力总感根据地地域辽阔，需要处处分兵把守。如果根据地地方党着力于建设地方武装，每个县区、乡镇都分散有地方游击队乃至民兵、自卫队，就可以作为主力的“帮手”，起到牵制敌人的作用。

与主力经常跳出包围圈不同，地方武装的行动方针是“就地坚持”“就地游击”。主力转移后，地方武装“与敌人打纠缠战，能牵制敌人，迷惑敌人，分散敌人，消耗敌人，疲惫敌人”，使主力能轻松地脱离敌人，从侧后打击之。这种战役性的配合是地方武装优势的体现。

不过，地方武装毕竟在军事素养、政治教育、武器装备上逊于主力部队，难以独立应付装备与作战能力俱佳的日军。在武器配置上，各地地方武装情况不一。例如，在山东根据地，1943 年底县区武装拥有枪炮的队员占总人数的 72%，徒手的队员占 28%。① 1943 年初的统计中，鲁中、胶东、清河军区县区武装拥有各种步枪 1.25 万支，土枪、土炮 1.64 万件。② 在华中根据地，1941 年，盐阜区地方武装基本队枪支比例约为 60%，苏中区地方武装的武器比例约为 50%。津浦路西根据地独立营 1170 人，有长短枪 822 支、机枪 1 挺、子弹 3235 发，枪支比例约为 70%；淮河区地方武装 80% 有枪。③

相对于打击日军，地方武装更多的角色是保护边区不受伪军、土匪侵扰。粟裕认为，伪军虽然不能打击主力军，但却能利用主力不能分兵各处的局限，镇压地方民众、破坏抗日政权，是名副其实的“地头蛇”。而地方武装因熟悉地域环境，与民众有密切联系，且在军事能力上要高于民

---

① 黎玉：《迎接反攻时期的县区武装建设问题》（1944 年 8 月），《山东革命历史档案资料选编》第 12 辑，第 365 页。

② 《八路军山东纵队史》，第 216 页。

③ 《中共苏常特委关于江抗在苏常地区概况的报告》，《新四军·文献》（1），第 309 页；《中共中央华中局关于盐阜与苏中两区组织情况致中央等电》，《新四军·文献》（2），第 364—365 页；《郑位三、罗炳辉关于津浦路西地方武装情况致中共中央等电》，《新四军·文献》（2），第 522 页；《刘少奇关于淮海区概况致中共中央等电》（1941 年 5 月 4 日），《新四军·文献》（1），第 704 页。

兵、自卫队，能有力地“打击与扑灭这些地头蛇”。

抗战后期，各根据地大力发展了地方武装，尤其是县区一级的游击队，如同一张密布的网，保卫着根据地人民的生产生活。正是因为地方武装的壮大，才使得敌伪有所顾忌，小部队便不敢随意离开据点，根据地内汉奸也不敢抬头。根据地也免受伪军、土匪袭扰，民众损失减少，情绪也会高昂，根据地自然就能稳固。而一地若无地方武装活动，主力一转移，仅靠少数党员进行地下活动，根据地就会迅速变为游击区，乃至“伪化”。①

《关于抗日根据地军事建设的指示》（1941 年 11 月 7 日）的下发是中共中央军委第一次以文件的形式明确提出抗日根据地的武装力量由主力军、地方军和民兵、自卫队组成。在该文件中强调了敌后抗日根据地进入困难时期后需要转变武装力量发展模式，精简主力，加速地方武装、人民武装的建设。发展地方武装是与精兵简政相联系的，是精简军队的一环。尽管如此，中央在此之前就已经向各地领导指出，不能过度偏重主力，需要加快地方武装建设。当时更重视的是通过发展地方武装，使主力兵团摆脱“地方性”，能随时根据中央的命令进行战略转移。1940 年 11 月 30 日，中共高层认为在日军占领华北为已定局面的情况下，华北各根据地应以坚持斗争为主要方针，努力发展地方武装与游击战争，主力以一部向南进行战略转移。② 12 月 1 日，朱德等八路军总部领导人指示各兵团首长及各级政治机关，“为应付任何可能之突然事变，我华北野战军之有力部分应准备随时机动作战”，为此应健全军区工作，加强地方武装建设。③

在形势转变的情况下，主力军依战略需要，随时准备转移。而此时，地方武装便成为坚守根据地、坚持游击战的主要力量。皖南事变后，中共中央更加具体化地阐述了加强地方武装，巩固并随时转移主力兵团的战略导向：

---

① 粟裕：《关于苏中地方武装建设的问题》（1941 年 6 月 7 日），《新四军·文献》（2），第 370—372 页；邓子恢：《论自此我之反扫荡方针及其检讨》（1943 年 2 月 25 日），《邓子恢同志在淮北高干会上的发言（节录）》（1943 年 6 月），《淮北抗日根据地史料选辑》第 1 辑第 2 册，第 28—32、89 页。

② 《朱德年谱（新编本）（1886—1976）》中册，中共中央文献研究室，2006，第 1014 页。

③ 《朱德等关于健全军区工作的指示》（1940 年 12 月 1 日），《八路军·文献》，第 592—594 页。

> 一切主力兵团应做到摆脱地方性，使主力兵团在必要时能有转移地区的自由，不致因地方性而移动困难，或移动中大批逃亡，在机动兵团中（即准备移动的部队中）尤应注意此点……一部分主力兵团的可能移动，并非放弃原地区，因此要反对“一走了事”的观念。相反的，部队一部分主力兵团的可能移动，要求我们对原来地区进行一个新的工作布置，要求我们对原地区的坚持尽更大的努力。新的布置与新的努力包含加强军区、军分区的健全与巩固，地方性部队之扩大与加强，改进其与地方居民的关系，使其真正成为血肉不可分离的整体，使地方性部队能在十分困难的条件下能够坚持反对日寇的侵略战争。①

1941 年以后，中共主力部队的机动性减少，转而大力推行精兵简政，扎根根据地，主力军与地方军、人民武装共同作战，在各战略区内形成“三结合”的武装体系。地方武装在 1941 年后的大踏步地发展，主力因减轻了根据地内的各项作战任务，可以集中整训。同时，军区、军分区掌握下的武装力量的扩大，也为未来战略形势再次需要主力军转移打下了坚实的基础。

主力军与地方武装在组织形态、作战形式与作战地域范围上有一定的差别，但是地方武装与主力军并没有不可逾越的鸿沟，在适当的时候还可以相互转化。抗战初期，中共军队基本是经过长征的主力军。当时为迅速形成战略扩张之势，大批的主力军以地方武装形式出现，分散打游击，扩大活动范围，被赋予长期在该地区创造与巩固抗日根据地的任务。这些主力军在某种程度上实际已转化成为地方武装。与此同时，大批新成立的地方武装、游击队被编为主力军，脱离地方性而成为大范围机动的主力军，虽然在这一过程中有过度编并、升级的情况，但从另一角度看也迅速扩大了主力部队，为后续作战打下了根基。敌后抗战进入严重困难阶段后，八路军、新四军实施主力军地方化、群众化。在山东根据地，原主力山东纵队全部地方化，分散入二级军区与军分区，同时全力发展之前为地方党所

① 《中共中央军委、总政治部关于目前形势和任务的指示》（1941 年 1 月 20 日），《新四军·文献》（2），第 240 页。

忽视的县区武装。在华中根据地，各军区将主力部队地方化。新四军一、二、三、四师仅保留10个主力团，其余分散插入原地方基干队，使得地方部队更为强大，有的形成了半正规性的地方兵团。为坚持根据地，同时能在条件允许的情况下扩大游击区，地方武装建设得到了加强，虽然没有如抗战初期大规模的升级，但是其本身力量的加强，甚至能时常单独作战，从游击区打到敌占区，其实也是地方武装在逐步脱离地方性，向主力军转化过渡；在敌后抗战进入局部反攻后，八路军、新四军迅速将各部脱离分散状态，组成超地方性的正规兵团，与此同时，许多地方武装也升级为主力军，以保证战略反攻作战的胜利。可以想见，没有主力部队的开拓，根据地就难以开辟，地方性的游击部队也难以生长起来；但没有地方武装的源源不断输送，主力部队的兵员也很难得到及时的补充。与国民党军在抗战中后期愈演愈烈的“拉夫”不同，中共在多数时间是靠地方武装与民兵、自卫队不断补充主力部队的缺额，这样既减轻了百姓对征兵入伍的反抗，又节省了训练新兵的时间。地方武装与民兵等起到了类似预备役的作用。

地方武装还是加强与根据地群众联系的重要载体。在传统党史研究中，八路军、新四军是与群众“打成一片”，保卫群众利益的人民军队。但是在初期的根据地环境中，主力军同样也遇到过与群众联系较薄弱的困境。主力部队若是限于地方任务，便会疲惫不堪，无力整训与发展；而不顾地方，专注于整训与突击作战，又会被根据地民众视为随时都会离开的“客军”。此外，主力军无论是在官兵来源、战斗作风、工作方式上都与当地群众有很大的差别，如果不培养土生土长的地方武装，党和主力军便会逐渐脱离地方，脱离群众。因此，在陈毅看来，纠正主力军的上述困境，最好的办法便是“正确执行中央规定的主力与地方军的关系”。[①] 地方武装“遍地开花”，地方上的党、政、民组织也会逐渐发展与完善，各项动员、组织、宣传机制建立起来后，中共在根据地内自然能与本地群众紧密联系。而主力军通过帮助地方武装、地方党，同样也会得到群众更进一步的支持。地方武装的发展是根据地人民革命精神的体现，更是党、主力军联系群众的重要桥梁。

---

① 陈毅：《论军事建设》（1942年2月），《新四军·文献》（3），第135页。

不过地方武装亦有其局限性，有些甚至是三位一体武装体制的结构性制约因素。

严格意义上说，主力军与地方武装皆可归类军队（脱离生产），而民兵、自卫团由于不脱离生产，活动范围一般不出村，且无强制命令的约束，因而可算作中共掌握的民众自卫武装。同属于军队，县区武装却在各方面皆低主力军一等，难免使主力军“轻视”地方武装。主力军地方化之初，许多主力部队干部对降至地方感到为难，“有些干部以为在主力吃不开了，要下降当游击队呀”。① 有下派干部甚至感到失去希望，工作消极，以为“主力不要他了”，通过消极工作的方式，“要求重回主力”。更有的主力干部认为县区武装不过是“破烂游击队”，“不如编了‘正规化’的好”，仍想回到之前大规模编并地方武装的老路。② 而地方武装干部也有对主力心存不满，认为自己与“兵贩子”一般，刚把部队扩大便送给主力。甚至有为此而“打部队埋伏”，阻碍主力吸收地方武装。③

县区武装处于三级武装的中间地位，在兵源和干部群体上略显尴尬。成为民兵、自卫团队员一般不需要有任何与军事相关的经验，只需要为成分好的本村群众。但县区武装是游击队性质，且不会有主力部队的时间与经费去大规模训练，因此，对县区武装来说，最好的兵源便来自俘虏的伪军和国民党军士兵，还有主力部队中开小差的兵痞以及地痞流氓等。④ 有地方干部认为主力部队的逃兵较懂得稍息立正，便重用他来当干部，这等于变相鼓励开小差，削弱主力。抗战后期，根据地频繁的“归队”运动，其中一部分便是专门针对地方武装中的主力部队逃兵。更有干部让地方老军务当游击队的干部，而这些人因为并未受过中共的政治教育，往往不愿艰苦地进行武装斗争，“等到队伍都抓到他手上了，觉得三块钱、五块钱

① 黎玉：《迎接反攻时期的县区武装建设问题》（1944 年 8 月），《山东革命历史档案资料选编》第 12 辑，第 351 页。

② 《再论县区武装——一九四三年四月一日黎玉政委在山东省地方武装政工会议上的报告》（1943 年 4 月 1 日），《山东革命历史档案资料选编》第 9 辑，第 406 页。

③ 粟裕：《关于苏中地方武装建设的问题》（1941 年 6 月 7 日），《新四军·文献》（2），第 375 页。

④ 黎玉：《迎接反攻时期的县区武装建设问题》（1944 年 8 月），《山东革命历史档案资料选编》第 12 辑，第 368—369 页。

一个月划不来，于是到处破坏纪律，甚至于把队伍搞走了”。[①] 而这些背景的士兵最容易为来自军区或主力军的干部所不屑。

主力部队有党的坚实领导，又能有较好的整训，民兵、自卫队一般活动范围较小，也较容易教育与管理，而地方武装、游击队由于需要分散游击，既没有良好的整训，又缺乏良好的干部队伍，往往容易变质。中共理想的军事体制是，主力部队、地方武装与人民武装三者之间，主力部队帮助地方武装，地方武装帮助人民武装，或主力直接帮助人民武装，但实际上，地方武装、游击队可能因为“高不成低不就”表现最差。

更重要的一个结构性限制因素便是地方武装与主力部队的待遇落差。新四军在成立之初便曾在地方留有干部发展地方武装、游击队。然而，有的红军干部经过长年的游击战争，一旦从游击环境中得到解放，便不满足于“只能背驳壳枪”。县城党务工作、统一战线工作与游击战争相比，在很多老干部看来自然轻松很多，风光很多。主力军因为有一定的基础，同样比较好领导，而地方武装几乎是从零开始，许多留在当地的干部因为既缺乏武器，又缺乏人力，便竭力逃避做地方武装工作。这虽然与革命方式、环境有关，但待遇问题也是重要因素之一。不只是在战争初期，到抗战后期根据地已发展较大，各项工作都进入正轨后，地方武装的待遇仍然过低。1941 年，山东全省粮食会议中曾指示，包括主力与地方武装在内的全省各抗日军队均以每人每天 2 斤半粮食计算，但具体开支时则是“主力部队、地方基干兵团、学校每人每天麦子（高粱）二斤半（小米另折），县以下地方武装、专署以上的机关、团体、政党每人每天二斤发给之”。[②] 在服装分配上，山东省战时工作委员会曾规定，主力正规部队每人每年发单衣两套、衬衣一套，而地方武装及县以上机关团体人员，每人每年只发单衣两套，不发衬衣，县以下更是只发单衣一套。[③] 1942 年以后，在服装发放上，山东省战时工作委员会干脆就实施奖惩制度，如果上一年的单衣

---

① 粟裕：《关于苏中地方武装建设的问题》（1941 年 6 月 7 日），《新四军·文献》（2），第 375 页。

② 《全省粮食会议关于粮食与征收救国公粮的决议》（1941 年 5 月 6 日），《山东革命历史档案资料选编》第 6 辑，第 374 页。

③ 《山东省战时工作推行委员会关于服装的决定》（1940 年 12 月 10 日），《山东革命历史档案资料选编》第 6 辑，第 165 页。

穿坏则罚款，如果完好无损仍能续穿一年就有奖励，以此来节省衣料。[①]实际情况可能更为糟糕。黎玉便注意到县区武装“三个月穿一双鞋，衣服露着臀，发衣服轮到最后”。[②]

物质待遇上的差距很难用持续不断的动员与严密的组织彻底消除。这既是军队等级制度的必然，也是战时资源稀缺的结果。制度的优越性使得“主力”与“地方武装”能够相互转化，部分解决了资源分配的困境，并提高了各级部队在艰苦环境下的革命积极性与奋斗精神。抗战结束后，因主力扩兵需要，地方武装、县区武装再次递补入主力部队，中共“三位一体”武装体制的优势犹存。不过，在之后的相当长时间里，地方武装的结构性困境仍时隐时现。

① 《山东省战时工作推行委员会关于奖励保存棉衣之补充决定》（1942 年 3 月 30 日），《山东革命历史档案资料选编》第 8 辑，第 220 页。

② 《再论县区武装建设——一九四三年四月一日黎玉政委在山东省地方武装政工会议上的报告》（1943 年 4 月 1 日），《山东革命历史档案资料选编》第 9 辑，第 406 页。

第十三章
民兵、自卫队

抗战时期，中共除了地方武装外，还掌握有大量民兵、自卫队（后统称人民武装）。[①] 主力部队依战略需要可以跨区域大范围调动；地方武装、游击队依战术需要可在小范围内机动；民兵、自卫队则扎根农村各地，依靠其熟悉地形、背靠群众的优势，进行小规模的战斗，是不脱离生产的村级基层武装。

第一节　发展演变

中共话语中“民兵”的称谓，初见于1939年前后的晋察冀根据地，是根据地内青年抗日先锋自卫队（简称“青抗先”）与基干自卫队（或模范自卫队，简称基干队、模范队）的统称。1941年后，游击小组一般也属于民兵的范畴，是民兵中的战斗小组。在正式动员发展民兵之前，自卫队实际所涵盖的面，要比民兵称谓出现后来得大。各地民兵、自卫队组织章程主要脱胎于《晋察冀边区人民武装抗日自卫队组织章程》。一般来说，民兵和自卫队的组织和任务有所不同。依据组织章程，在根据地内凡年在16—55岁，不分阶级、性别、种族、宗教、信仰，均应登记，编为一般自卫队队员或妇女自卫队队员。此种自卫队之基本任务是进行群众游击战争、维持根据地内的治安、担任抗战勤务（如运输、担架、送信、封锁消息、坚壁清野等）。而民兵是自卫队的骨干，是下层人民武装中的高级组织，在完全自愿的基础上组织起来，其任务是侦察敌情、独立自主作战及

① 抗战初期，有时称自卫队为自卫军。如任弼时关于八路军的情况向中央的报告中就称自卫军。参见任弼时《关于八路军的情况向中央的报告》（1938年2月18日），《党的文献》1994年第2期。这应该只是苏区时期自卫军、赤卫军名称的残留表现。

配合主力作战、袭扰敌人、封锁周围敌人的据点、破坏敌人交通、打击少数敌人与武装汉奸之活动、在敌人进攻时领导自卫队掩护群众转移等。

依照条例，领导人民武装工作的抗日武装自卫委员会（以下简称武委会）在组织上具有独立性，由各级人民武装代表大会民主选举产生，不采取委派办法。在边区范围内，在武委会的统一领导下，民兵有其独立的组织系统。县、区、村各级分设队部，内部生活依民主原则。① 1944 年，中共中央鼓励发展较充分地区仿照晋察冀，将武委会改为武装部，直属军区领导，以加强民兵、自卫队的军事管理与训练。② 民兵平时在总的意图下，受地方政府指挥，进行独立自主的活动；在配合主力作战时，接受正规军或游击队的指挥。各级武委会不能干涉各种人民武装组织的独立性，其权力只在于统一指挥、武器分配、统一经费与统一教育。③

1938 年后，八路军逐渐开始转移至河北、山东等地进行敌后抗日斗争。与此同时，中共中央要求各地主力军与地方党迅速、广泛地组织不脱离生产的自卫军，以巩固扩大根据地，坚持平原敌后游击战争。④ 各地开始组建自卫队、自卫军等不脱产的群众性军事组织。1939 年晋察冀根据地率先提出了民兵制度（民兵是青抗先、模范队的统称，较自卫队更为高级），颁布了《晋察冀边区人民武装自卫队暂行组织条例》，并于次年 4 月成立了领导民兵、自卫队工作的晋察冀边区人民武装抗日委员会。⑤ 然而，这一时期各地将注意力集中在扩大主力军上。1940 年 4 月黎城会议上，时任中共中央北方局书记的杨尚昆介绍了晋察冀的民兵制度。但其报告的重点也在主力的发展上，认为这是“全华北第一等严重的任务”。他在报告

---

① 《中央革命军事委员会关于抗日根据地军事建设的指示》（1941 年 11 月 7 日），《中共中央文件选集》第 13 册，第 216—217 页。

② 《中共中央、中央军委关于民兵工作指示（草稿）》（1944 年 9 月 26 日），总参谋部动员部编研室编《人民武装工作文件资料选编》（4），军事科学出版社，1993，第 561—562 页。

③ 《中央革命军事委员会关于抗日根据地军事建设的指示》（1941 年 11 月 7 日），《中共中央文件选集》第 13 册，第 217 页。

④ 《关于目前晋冀豫党与八路军的任务的指示》、《关于巩固与扩大晋察冀根据地的指示》、《关于平原游击战的指示》，《中共中央文件选集》第 11 册，第 479、503、506 页。

⑤ 周均伦主编《聂荣臻年谱》上卷，人民出版社，1999，第 288—289 页；《论晋察冀边区人民武装》（节选）、《晋察冀边区人民武装抗日委员会成立宣言》，《晋察冀抗日根据地史料选编》（上），第 213—222、250—252 页。

中称赞晋察冀的民兵，然而更多是出于民兵良好的补充效用。在杨尚昆看来，只有有计划、有组织地依靠民兵，“扩补工作才会有保障”。[①]

1940 年 6 月初，太行军区提出建立“统一的民兵制度”。8 月军区会议后，逐渐加强军区建设，突击建设民兵，动员其参加百团大战。[②] 在百团大战中，晋察冀、晋冀豫、晋绥根据地的民兵、自卫队在破路、传递情报等协助作战中发挥了重要作用。

百团大战后，日军在华北推行“治安强化”运动。形势的日益恶化，促使部分根据地进一步加强民兵、自卫队工作。1941 年 4 月，冀太联办、太行军区联合颁发了《晋冀豫军区人民武装抗日自卫队暂行条例》，并随即着手组织武委会，成为继晋察冀边区之后第二个颁发自卫队条例之敌后根据地。但此时各根据地发展较为不平衡，如冀南与冀鲁豫两区尚未将民兵、自卫队建设提上议程。山东抗日根据地虽于 1940 年 12 月 3 日公布了《人民抗日自卫团组织条例》，但条例中仍未见民兵组织。山东的自卫团（即自卫队）与民兵的分离要迟至 1942 年初，即山东各项党政军工作由罗荣桓接手逐渐统一后。[③]

其实，就算在民兵、自卫队工作领先于其他地区的太行根据地，此时总体战略仍偏重主力部队。民兵、自卫队发展仍受到忽视。1941 年初，太行根据地仍旧依照之前的思维惯性，组织原本担任地方保卫重任的一部分游击队“补充正规军”，将“正规军集中整训”。集中整训固然能提高军队战斗力，但在基层还较为薄弱的情况下，集中会导致根据地空虚，使敌“乘虚而入”。[④] 1941 年 3、4 月间，师部鉴于形势危急，迅速令晋南区新编第七、第八旅及太行区新编第十旅停止整训，转入对敌斗争。

根据地（不单单是太行根据地）的困难引起了中共高层的重视。

---

① 《杨尚昆在中共中央北方局黎城会议上的报告》（1940 年 4 月 16 日），《太行党史资料汇编》第 3 卷，第 200—202 页。

② 《大事记》，山西省史志研究院编《太岳革命根据地人民武装斗争史料选编》，山西人民出版社，2003，第 579 页；《王树声在太行军区第二次武装干部扩大会议上关于军区工作报告提纲》（1941 年 1 月 31 日），《太行党史资料汇编》第 4 卷，第 66 页。

③ 《人民抗日自卫团组织条例》（1940 年 12 月 3 日），《山东抗日根据地》，中共党史资料出版社，1989，第 69—73 页；《山东省战时工作推行委员会关于颁布“修正山东省人民武装抗日自卫团暂行条例”的通知》（1942 年 2 月 5 日），《山东革命历史档案资料选编》第 8 辑，第 136—147 页。

④ 邓小平：《反对麻木，打开太行区的严重局面》（1941 年 4 月 28 日），《太行党史资料汇编》第 4 卷，第 262 页。

1941 年 11 月 7 日，中央军委下发了《中央革命军事委员会关于抗日根据地军事建设的指示》，强调“目前军事建设的中心注意力，应放在地方军及人民武装的扩大与巩固上”，并且人民武装“数量应超过地方军与主力军之全部数量”。[①] 就在这前后，华北、华中各根据地民兵、自卫队的动员组织逐渐走上轨道。

12 月 17 日，中共中央进一步要求各根据地普遍实行精兵简政。精兵简政在各地的逐渐推行，有利于民兵、自卫队工作的开展。民兵、自卫队由于具有“民”与“兵”的双重特性，依赖干部长期扎根基层随时发展与巩固之。精兵简政使部分主力军下沉到地方，大量党、政、群众团体工作人员随之深入基层，充实了基层的领导力量。1942 年起，民兵、自卫队的数量与质量皆得到一定提升。

减租减息的土地政策亦促进人民武装的发展。1944 年罗荣桓、黎玉在致毛泽东关于民兵问题的答复中曾指出：“深入减租减息的群众运动还不普遍，在基本地区还有大的空间。做好减租减息的地区，民兵发展就快。”[②] 可见减租减息对民兵、自卫队工作的重要性。加入民兵、自卫队这类半军事组织毕竟要承担战争伤害与生产难以顾及的风险。因而，实际动员中，农民加入民兵、自卫队仍需要建立在物质利益与政治宣传的基础上。中共以物质利益为驱动，政治宣传为导向，打破农民的冷漠和顾虑。减租减息的土地政策起到了很好的物质奖励与政治宣传的作用。

1941—1942 年是坚持敌后抗日根据地最困难的两年。形势的转变使得中共中央注意到军队与不脱产武装的差异，并强调保持两者力量的平衡发展，促进军队与不脱产武装之间的配合等对巩固敌后根据地的重要意义。民兵、自卫队因而得到了巨大发展，1941 年之后逐渐成为各军区的重要基层武装力量。例如，晋察冀军区全区民兵由 1941 年时的 30 万人发展到 1942 年时的 40 万人；山东抗日根据地至 1942 年底自卫团与民兵迅猛发展到 82 万和 17 万余人；晋绥根据地从 1940 年 10 月至 1941 年 6 月自卫队由 9.8 万余人发展到 14.9 万人，至 1942 年 1 月，民兵发展到 25 万人（晋绥根据地各种自卫队统称为民兵——引者注）；冀鲁豫抗日根据地的民兵至

---

① 《中央革命军事委员会关于抗日根据地军事建设的指示》（1941 年 11 月 7 日），《中共中央文件选集》第 13 册，第 213、216 页。

② 《山东关于十个问题的答复》，《山东革命历史档案资料选编》第 12 辑，第 334 页。

1942 年底亦达 9.2 万余人。[①]

对中共而言，人民武装工作是一项艰苦的长期工作，需要随形势变化不断扩充、调整、精简。1941—1942 年是民兵、自卫队的初期发展阶段，许多地区注重数量而忽视了质量的提高，或只重视民兵而忽视自卫队，甚至专门抽出民兵战斗队的现象。1944 年，时任太行区党委领导的邓小平指出："在初期，民兵游民化的倾向是严重的。经过几年不断纠正，特别是今年大生产运动，把广大民兵卷进去了。"[②] 初期民兵的成长是应军事局势变化而起，更强调民兵"兵"的一面。但民兵的特性在于它是扎根"群众"的不脱离生产的半武装力量，其"兵"的一面的发挥需要"民"的一面充分展现。处于正规军与群众之间的民兵，如若控制不好，容易出现"游民化"的现象，因而"兵""民"平衡尤为重要。但要把握好"兵""民"二者的平衡却又并非易事。更进一步说，如果民兵完全脱离生产，朝战斗队的趋势发展，则变相成为游击队，背离了原初组织广泛不脱产武装的本来目的，反而会加重根据地负担。

1943 年初，彭德怀在北方局太行分局高干会议上提出民兵要战斗同生产相结合，进一步突出了生产对发展和巩固民兵的重要性。[③] 各地从 1943 年起逐渐把动员民兵参加生产作为重要工作内容。晋察冀根据地较早注意到人民武装或地方武装的生产问题，1942 年下半年取消了脱离生产的区游击队（属地方武装——引者注），建立了不脱离生产的游击小组（属人民武装——引者注）。[④] 晋冀豫区武委会明确宣布"不努力生产的，不是好民兵，不但要当杀敌英雄，还要当劳动英雄"。山东分局要求民兵"农闲时帮助剿匪缉私等活动，农忙时服从掩护春耕、夏收、藏粮，保护群众安全转移"。[⑤] "劳武结合"，除了生产的需要外，更是一种加强群众联系的方

---

① 《中国人民解放军军史》第 2 卷，第 261 页。民兵与自卫队的统计只能做发展趋势的参考，在战争环境下的数字并不精确。

② 《邓小平、中共太行区党委对毛泽东询问十项问题的答复》（1944 年 8 月 24 日），《太行党史资料汇编》第 7 卷，山西人民出版社，2000，第 99 页。

③ 《彭德怀在中共中央太行分局高级干部会议上的第二次发言》（1943 年 2 月 14 日），《太行党史资料汇编》第 6 卷，山西人民出版社，2000，第 141 页。

④ 《在晋察冀边区党政高干会议上的报告及结论（节录）》（1942 年 9 月 11、15 日），《聂荣臻军事文选》，第 214 页。

⑤ 《晋冀豫区武委会一九四四年人民武装建设指示》（1944 年 1 月 1 日），《太行党史资料汇编》第 7 卷，第 12 页；《中共中央山东分局关于一九四三年群众工作的补充指示（节录）》，《人民武装工作文件资料选编》（4），第 372—373 页。

式。因此，民兵除自身参加劳动，补充家用与战斗给养外，还要参加各种形式的劳动互助，协助群众生产。接敌战斗前要帮助群众藏粮、转移。从效果看，1943 年后的人民武装的确好于初期，数量上也远远大于之前。

表 13－1　各抗日根据地民兵数量（1944 年 6 月）

单位：人

华北		华中	
晋察冀	630000	苏中	130000
		淮南	55000
晋冀豫	320000	苏北	85000
		淮北	70000
冀鲁豫	80000	鄂豫皖	150000
山东	500000	苏南	25000
晋绥	50000	皖中	25000
		浙东	10000
合计	1580000	合计	550000
总计	2130000		

资料来源：《中共抗战一般情况介绍（节录）》（1944 年 6 月 22 日），《人民武装工作文件资料选编》（4），第 461 页。

到 1944 年 6 月，华北和华中根据地民兵数量已超过 200 万（见表13－1）。7 月 1 日，中共中央下发关于秋冬两季整训军队的指示，除了要求对 47 万主力军与游击队进行大整训外，也要求在“不违农时及劳动与战斗相结合的原则下”，通过群众运动的方式，“整训全部民兵与自卫队”，以期达到“全民皆兵”，提高民兵、自卫队质量的目的。①

敌后抗战的困难时期，根据地的民兵、自卫队绝大多数扎根基层区、村，参与劳动互助、掩护群众和进行小规模作战。1945 年整训后，各根据地特别是战略要地的民兵、自卫队逐渐在基层党政军的带领下跨村机动作战，配合主力和地方武装反攻，扩大解放区。例如，太行军区发动

① 《中共中央关于整训军队的指示》（1944 年 7 月 1 日），《人民武装工作文件资料选编》（4），第 468 页。

了较大规模主力、地方武装、民兵配合作战的安阳战役；太岳军区则组织脱离生产的轮战队，轮流赴外地作战。[①] 民兵、自卫队开始由战略防御性的分散的武装力量转变为具有一定进攻性、半集中性与战勤性的武装团体。

日本投降前夕，中共中央连发两电，指示各根据地迅速以主力占领大城市与要点、要道，以地方武装、民兵占领中小城镇。[②] 日本投降后，中共中央迅速做出反应，要求各地根据形势统筹协调民兵工作，围绕参军、参战与进一步巩固、发展三个方面进行。中共中央在《关于日本投降后我党任务的决定》中指出："我军人力资源是民兵，保卫乡村也是民兵，必须迅速扩大民兵组织。"在迅猛扩大正规军时，"民兵枪支必须保留"。在抗战胜利后短短一个多月内，中共因战略部署的成功，新占领百余城市，增加两千余万人口。解放区的扩大与人口的增加，使得主力军队的进一步扩大成为可能。9 月 21 日，中央书记处依据新的形势，发出扩兵与组建野战军的指示，进一步明确新兵来源"主要是依靠民兵中的动员（可先经过动员配合作战之阶段）"。[③] 各战略区根据中央指示，迅速推动民兵参军与参战工作。各地民兵、自卫队队伍进一步发展壮大，成为保卫解放区的一支重要力量，也为主力军提供了大量的后备兵员。[④]

---

① 《阳城县人民武装抗日自卫委员会命令》（1945 年 5 月 31 日），山西省史志研究院编《太岳革命根据地人民武装斗争史料选编》，山西人民出版社，2003，第 264 页。

② 《中央关于夺取大城市及交通要道的部署给华中局的指示》（1945 年 8 月 10 日）、《中央关于苏联参战后准备进占城市及交通要道的指示》（1945 年 8 月 10 日），《中共中央文件选集》第 15 册，第 213、215 页。

③ 《中央书记处关于扩兵与编组野战军的指示》（1945 年 9 月 21 日），《中共中央文件选集》第 15 册，第 288 页。

④ 各战略区在日军投降后便迅速动员一部分民兵、自卫队参军。各根据地在日军投降初期具体动员多少民兵、自卫队参军已不可考。《中国民兵》一书中有山东民兵在 1945 年 8 月，有 4 万多人参军。参见傅秋涛主编《中国民兵》，人民出版社，1983，第 235 页。太岳区在日军投降后不到 20 天，二、三、四分区参军 3423 人，占三个分区总参军人数的近 50%。参见《太岳区武委总会关于人民武装参军的初步总结》（1945 年 8 月），《太岳革命根据地人民武装斗争史料选编》，第 280 页。山东军区在抗战胜利前夕有近 50 万民兵，8 月参军 4 万。太岳军区在抗战胜利前夕大约有民兵 7 万，8 月三个分区参军 3000。据此推算，各根据地还是留有大量民兵、自卫队在基层。人民武装在抗战胜利后还是以配合参战为主，参军为次。未升级入地方武装、主力的人民武装，配合参战，扩大解放区，并以此为基础人民武装进一步扩大，成为主力、地方武装源源不断的兵源。

第二节　组织与动员

民兵、自卫队的动员与组织看似只是根据地内诸多问题的一个，但对其进行深入的考察却可以使我们“管中窥豹”，了解中共各项工作背后的“神髓”。简言之，对人民武装的动员与组织需要基层党、政、军、民多方面的协力配合。而且，较之参军动员（指正规军）与一般群众运动，民兵、自卫队因其本身兼具“兵”“民”两重特性，在动员与组织过程中更讲求政权与军事部门的互动与协调。

动员与组织分别指向两种革命需要，即发动革命力量和将这种力量纳入制度化轨道中，两者相辅相成，缺一不可。动员是将广大群众中蕴藏的巨大能量释放出来，而组织则是将这股能量保持在可控制范围内，以免无法掌控而反噬己身。① 民兵、自卫队动员起来后，因其一般掌握有武器，驾驭得好能为我所用，任其自流则贻害无穷。中共的强大之处便在于其不拘泥于教条，动员与组织的方式经常因时因地而不同。

山东根据地就曾就民兵、自卫团的动员宣传口号做出细致的规定，将之与民众的切身利益联系在一起：在基本区，口号是“反对敌人抢粮，反对敌人抓壮丁，反对敌人烧房子，反对敌人奸淫妇女”；在边缘接敌区，口号是“只有大家武装起来才能活命”；在被敌人破坏最残酷的地区，口号是“只有武装起来才能报仇”等。反对不顾具体环境与群众觉悟程度高喊“配合主力作战”“同鬼子拼命”“争取建设新中国”等无边际的口号，以免既增加民众疑虑又使动员不够深入。② 在华中淮北根据地，也有类似的情况存在。边区与“扫荡”区群众参加民兵、自卫队的热情比较高，但在中心区或在敌情不紧的时候，群众便不大热心，这时中共就会将动员组织民兵与保卫春耕夏收、禁粮救荒等工作联系起来，抛弃不必要的勤务工作，专注于生产救荒以获得群众的支持。③

不单单是口号，动员中各团体的配合也因地而异。在巩固的地区，党、

---

① 李里峰、王明生：《革命视角下的中国农民政治参与研究》，《江海学刊》2008 年第 6 期。

② 《山东军区人民武装抗日自卫临时委员会指示（第二号）》（1942 年 9 月 30 日），《山东革命历史档案资料选编》第 9 辑，第 49 页。

③ 邓子恢：《在淮北高干会议上的发言》（1943 年 6 月发表），《新四军和华中抗日根据地史料选》第 2 辑，上海人民出版社，1984，第 242 页。

政、群之间合作程度自然较高。但在新占地区，党组织与群众团体尚未“扎根”，动员一般靠政府法令，首先争取建立义务的自卫队组织。随后开办训练班，从中发现积极分子，并逐步发展党员与民兵。在恢复老区时，则注意在“自首”（即叛变——引者注）过的民兵和人武干部中，开展坦白运动，同时重新恢复、提拔没有“自首”或“自首”而没有为敌服务的积极分子，以此减少重新动员的时间成本。① 还有的边区利用地主在农民中间的影响力和号召力，先让其组织自卫队，在群众运动起来之后，再考虑将地主的枪支转移。②

在政策上，参加自卫队组织是根据地内适龄群众的义务，但实际操作中，如此做很难避免一部分农民的反感。为此，华中抗日根据地苏中区就在正式实现自卫队义务制度之前，规定发给民夫费 3 个月。这期间，民夫不再经行政组织征取，一律依靠当地之自卫队，在潜移默化的教育中将勤务工作的负担逐步由民夫转移到自卫队身上。③

对底层农民来说，“共产党”是陌生的外来事物。为了消除隔膜，中共不仅使用提拔了大量地方干部，而且要求基层工作人员以身作则，深入民众中间，随时注意、了解老百姓的需求。例如，参加民兵、自卫队或多或少会耽误农活，为此，基层干部组织群众为其“代耕”“变工”。“变工组”内以民兵为核心，动员村内多数劳力参加，既不浪费民兵的劳力，又能让村内农民在民兵的掩护下，“报以不荒民兵一垧地的行动”，改善民兵的生活问题，吸引更多人安心参加民兵、自卫队组织。④ 中共基层干部在了解农民生活，与农民亲近之后，自然有农民愿意向他们靠拢，信任这些与国民党“老爷”不一般的干部，动员宣传工作也容易“水到渠成”。太行区更有家长为了管教自己不听话的儿子，将其送至武委会处，让干部“教一教”。⑤

① 《中共中央山东分局关于加强人民武装整训工作的指示》（1944 年 3 月 20 日），《人民武装工作文件资料选编》(4)，第 447 页。

② 金明：《淮海区工作报告——在华中局扩大会议上的报告》（1942 年 2 月），中共江苏省委党史工作委员会、江苏省档案馆编《苏北抗日根据地》，中共党史资料出版社，1989，第 180 页。

③ 《苏中区党委关于加强人民自卫武装工作的决定》（1943 年 6 月 20 日），《新四军和华中抗日根据地史料选》第 7 辑，上海人民出版社，1984，第 63 页。

④ 《敌后军民的道路——战斗与生产结合起来》，《解放日报》1944 年 3 月 2 日。

⑤ 杨殿魁：《一九四二年人民武装政治工作几个问题总结》（1943 年），《太行党史资料汇编》第 6 卷，第 290 页。

民兵、自卫队的动员、组织工作，很多时候还需要各种利益的驱动、适时的情绪鼓动等多样手段辅助之。太行区基层干部在动员民兵的时候宣称“谁参加民兵多分给谁东西”。在民兵少或无民兵地区，若是有负伤阵亡的民兵，则通过救济、抚恤、追悼、公葬等活动激发群众斗志，成立各色各样的复仇队。[①] 为最大限度地争夺人力资源，还从“封建武装”中动员。[②]

民兵、自卫队的动员、组织，不仅抗战前后期有差别，在各根据地以及根据地内部也有明显不同。至少在 1940 年、1941 年前后中共基层动员有一个较大幅度的转变。1940 年前，动员更多表现为突击性，目的是在短时间内最大限度地汲取军事资源。1941 年以后，各项动员工作渐渐转为常态，从临时性、突击性的“动员”转变为常态性的组织管理与教育。1940 年前，许多地方的自卫队都是行政命令的产物，即便是“模范”的晋察冀根据地亦是如此，人武干部大多是警察团或军队中的下级干部，缺乏群众基础。[③] 当然，1941 年后也并不是遍地“欣欣向荣”。战事紧张，以及基层干部的不足等多种因素，导致敷衍应付上级之事也并不少见。中共中央也清楚地知道“目前我民兵总数虽号称二百万，但真正名符其实的民兵实不到此数”。[④] 山东军区便批评各军区、军分区“除不完全的干燥的一些数目字统计外，很少有报告经验及具体工作情形”，并意识到人民武装“仍不深入与缺少以具体的推动”。[⑤] 华中根据地直到 1942 年下半年仍旧有“想轻松地利用国民党壮丁训练的旧基础，挨门选派，委派改变，满足于大会检阅的捧场示威，而缺乏实际调查和具体组织工作”，甚至还没有

---

① 杨殿魁：《一九四二年人民武装政治工作几个问题总结》（1943 年），《太行党史资料汇编》第 6 卷，第 292、325 页。

② 周季方：《苏中民兵建设》（1944 年 4 月 19 日），中共江苏省委党史工作委员会、江苏省档案馆编《苏中抗日根据地》，中共党史资料出版社，1990，第 311—312 页。

③ 《中共中央晋察冀分局关于人民武装工作的指示》（1942 年 4 月 25 日），《人民武装工作文件资料选编》（4），第 328 页。

④ 《中共中央、中央军委关于民兵工作指示（草稿）》（1944 年 9 月 26 日），《人民武装工作文件资料选编》（4），第 554 页。

⑤ 《山东军区八一训练——为加强县区武装人民武装而斗争》（1942 年 8 月 1 日），《山东革命历史档案资料选编》第 8 辑，第 449 页。

“专门工作机关”，其动员组织效能可想而知。[①]

在民兵、自卫队的动员中，政策层面上的重要推动力便是减租减息（又称双减运动）。减租减息需要由基层组织之间相互配合来发动，又反过来推高基层组织动员的效率。因此，有必要厘清减租减息与吸引农民加入民兵、自卫队之间的关系。考虑到资料的完整性与有效呈现性，主要着眼于太行根据地的微观考察。

太行根据地于 1942 年中开始的减租减息运动，是在形势相对稳定、党政民组织较强的地区首先推行的。太行根据地当时共设 6 个分区。只有相对稳定的三分区开展得较早较好，其余各分区则属于运动“落后”地区。然而，到 1942 年底，从通过双减运动发动的民兵数量看，游击区、薄弱区一般要多于中心区、巩固区。[②] 因为游击区、薄弱区更易遭受敌伪军的袭击，群众对自卫武装的需求更加强烈。加之中心区在此之前已有相当的动员，民兵、自卫队的数量可能已趋饱和。因此游击区发展民兵多过中心区似乎也合情合理。但这样就忽略了减租减息运动在其中扮演的角色。

按中央的指示，“减租是减今后的，不是减过去的，减息则是减过去的，不是减今后的”。[③] 但太行区在实际操作中发现，群众更多的是要求算“历史账”。[④] 这一点在工作基础薄弱的游击区表现得更为明显。如武安一开始试图从减租入手，结果根本无效。直到日军“五月扫荡”后，干部以反“维持”（指“维持会”——引者注）做突破口，才将群众的热情释放出来。[⑤] 涉县也是由反“维持”入手，进而推进到反贪污、反摊派，直到年底才深入到清债务、减租、增加工资等。[⑥]

---

① 陈毅：《论军事建设——在华中局扩大会上的军事报告》（1942 年），中共江苏省委党史工作办公室、江苏省档案馆编《中共中央华中局》，中共党史出版社，2003，第 154 页。

② 杨殿魁：《一九四二年人民武装政治工作几个问题总结》（1943 年），《太行党史资料汇编》第 6 卷，第 288 页。

③ 《中央关于如何执行土地政策决定的指示》（1942 年 2 月 4 日），《中共中央文件选集》第 13 册，第 299 页。

④ 若愚：《一九四四年冬季以来减租运动总结》（1945 年），《太行党史资料汇编》第 7 卷，第 475 页。

⑤ 《中共晋冀豫区党委关于执行土地政策指示给中央的报告》（1942 年 10 月 30 日），《太行党史资料汇编》第 5 卷，第 790—791 页。

⑥ 太行革命根据地史总编委会主编《太行革命根据地史稿（1937—1949）》，山西人民出版社，1987，第 168 页。

太行地区土地分散，自耕农较多，富农经济发达，农民的破产相较全国并不严重。减租只有少数佃农受益。若单纯从减租入手，对多数农民并无吸引力。[①] 因而在减租减息政策落实到基层时，为了更快速有效地激发群众斗争的热情，首先从反贪污、反摊派入手，然后渐渐触及清债、增资等，而真正减租只是斗争形式的一小部分。也就是说，减租减息运动的实质内涵要比字面意思宽泛得多。游击区与中心区相比，虽然中共落脚不稳，干部缺乏，但斗争的目标对象更多。因而，一旦打开突破口，释放出来的群众能量反比根据地内部高。如属游击区的邢台县，“群众到处找地主开斗争大会”，普遍较“左”，民兵的发展也是几个县中最快的。

不过，动员群众若只停留在反“维持”、反恶霸的初期阶段，就很可能使中共陷入事实与理论的矛盾中。斗争所表现出来的阶级性之模糊，与中共的阶级理论有明显的对立。[②] 正如胡素珊在研究山东减租减息运动时所观察到的那样，双减运动实际上是针对乡村内部原有的权力精英。而乡村精英并非都是地主阶级或富农阶级。[③] 晋冀豫区武委会副主任杨殿魁便认为在双减运动初期，斗争的阶级性不明显，运动中成长起来的民兵，成分与动机都较为复杂。但是，此时基层权力平衡已经被打破，群众已经被运动起来。狂风暴雨过后，有经验的干部便能迅速将运动转向阶级斗争。中共认为封建剥削多表现在地主、富农放债上。债务又往往与土地相联系。所以，减租很多时候是清债。[④] 深入到清债、减租、减息后，富农经济也就被大大削弱。贫农的积极性增加，成为民兵的也随之增多。

通过减租减息发动民兵并不是简单机械地操作。尽管给予农民经济利益的刺激在发动民兵过程中的确占据了至关重要的地位，但中共往往更看重经济斗争与战争动员互为促动，灵活应变。杨殿魁在总结中指出，“离

---

① 《太行区经济结构与抗战开始后社会经济变化》（1944 年 12 月），《太行党史资料汇编》第 7 卷，第 219 页。

② 太行区统计 13 个县的斗争对象共 308 人，其中地主占 28%，富农占 33.6%，经营地主占 6.3%，而中农则占到 26%。参见太行革命根据地史总编委会《太行革命根据地史料丛书之五——土地问题》，山西人民出版社，1987，第 225 页。

③ 〔美〕胡素珊：《中国的内战：1945—1949 年的政治斗争》，王海良、金燕等译，中国青年出版社，1997，第 320—324 页。

④ 清债时，将农民借贷时扣押的土地、房屋和其他物品以及借债契约收回。参见李秉奎《太行抗日根据地中共农村党组织研究》，中共党史出版社，2011，第 206 页。

开发动群众（但不完全是执行土地政策中发动），要想把民兵单独搞好打起游击战争来是困难的”，因此在未发动前或刚发动之时仍应以发动群众为主。反对未深入发动之前，便不管群众“是否觉悟到武装自己的必要”，“过早地过分地强调民兵工作”，这样不仅难以建立民兵，还会影响群众运动。同时，中共也反对一味强调经济斗争才能武装群众。中共认为在整个经济斗争过程中，必须将经济利益慢慢引导到对敌武装上去。只有两者相互推动，才能使潜在的民兵发展对象意识到该拿起武器，解除“变天”的顾虑。①

到1942年底，太行根据地经过减租减息运动后，共发展民兵11914人，民兵总数达50901人，虽然比1941年底的56562人还少了近6000人，但是1941年的民兵由于多是“有名无实的空架子，是按年龄强迫编制起来的”，经过1942年2月、5月的反“扫荡”后，薄弱地区大部垮台，因而1942年底的民兵质量上要好于之前。②

民兵、自卫队的初期动员并不是那么顺利，太行军区副司令员王树声的报告提到：

（1）群众不相信自己的力量，不了解民兵的作用。如象说“那样多的军队都打不了敌人，老百姓顶什么事”。

（2）畏惧、怀疑，怕编军队。如黎城××村、内邱××村之群众参加青抗先后的逃跑；沙河县某某区干部因怕扩兵，认为这又是扩兵的“欺骗方式”，而不积极组织。

（3）不了解与自身的关系，不感兴趣，处于被动，把自卫队事情当成支差。如黎城××村自卫队集训，以小孩子顶替，涉县××村自卫队检阅，×村长以每人一升白面雇人，以及雇人受训、探情报等。③

群众既有对“被扩兵”的恐惧，又有对支差“费民力”的反感。虽然

① 杨殿魁：《一九四二年人民武装政治工作几个问题总结》（1943年），《太行党史资料汇编》第6卷，第296—297页。

② 杨殿魁：《一九四二年人民武装政治工作几个问题总结》（1943年），《太行党史资料汇编》第6卷，第188页。

③ 《王树声在太行军区第二次武装干部扩大会议上关于军区工作报告提纲》（1941年1月31日），《太行党史资料汇编》第4卷，第68页。

各级党组织在文件中一再强调农民加入自卫队、民兵的自觉性与积极性，其实普通农民懂得权衡利弊、趋利避害，对他们的动员并不见得十分容易。即使对民兵干部的培训也出现了阻碍。许多受训学员是以支差的方式找来凑数，各种强迫、顶替、雇用的现象较为普遍。黎城某村分队长，以30元雇人代其受训；某村以1元一天雇人受训。学员受训逃跑等事更不胜枚举。①

一个原因是初期的民兵工作还带有很强的正规化、军事化思维。初期民兵的成长是应军事局势变化而起，更强调其“兵”的一面。王树声注意到许多地方存在有“不注意民兵的‘民’与‘兵’的两面性，机械地运用领导部队的方法”。② 实际情况更为严重。很多民兵是从自卫队中直接编成，当上级不断强调民兵的动员与发展，并要其参与战斗时，自卫队的工作便大大地弱化。一些地区只重视民兵，而忽视自卫队，甚至出现专门抽出民兵战斗队的现象。③ 伴随民兵数量猛增的是自卫队队员的减少，一个后果便是民兵需要承担战斗与勤务的双重任务。许多刚刚还只需站岗、放哨的自卫队，一个命令就成为警戒与战斗两不得误的民兵。任何一位精于计算时间的农民对此都不会心生好感。

还有的地区干脆建立了“铁的青抗先模范基干队”“民兵基点”“民兵堡垒”等。军事战略学家克劳塞维茨（Karl von Clausewitz）认为民众武装主要作用是战略防御，而不应用于战术防御。④ 但太行根据地初期的民兵正好犯了这一错误，使民兵“死守基点”，“基点”成“孤点”，遭敌打击，引起反感。⑤ 除了作战与勤务外，太行根据地在1941年初甚至进行了民兵的普训，以军队整训的方法集中训练民兵。3月18日还举行了四县民

---

① 《王树声在太行军区第二次武装干部扩大会议上关于军区工作报告提纲》（1941年1月31日），《太行党史资料汇编》第4卷，第68—69页。

② 《王树声在太行军区第二次武装干部扩大会议上关于军区工作报告提纲》（1941年1月31日），《太行党史资料汇编》第4卷，第71页。

③ 《晋冀豫区一年来群众武装工作报告》（1941年9月），《太行党史资料汇编》第4卷，第785页。

④ 〔德〕克劳塞维茨：《战争论》第2卷，中国人民解放军军事科学院译，商务印书馆，1978，第676页。

⑤ 《晋冀豫区一年来群众武装工作报告》（1941年9月），《太行党史资料汇编》第4卷，第785页。

兵大检阅，搞“形式主义”。①

上述举措势必导致民力的浪费，同时严重影响民兵组织在群众中的形象。有报告就反映：

> 许多群众不愿参加民兵与许多地方民兵消沉、甚至部分地瓦解、垮台。群众对民兵感到是严重的负担，（对）武委会的麻烦太多而厌倦消极。黎城一部分民兵在不站岗不放哨的欺骗下参加了离卦道的暴动，武乡许多群众愿意参加战斗队，愿意打游击，而不愿意参加民兵，武安公民测验中反映，群众最讨厌的是民兵与破路，武安、涉县部分群众为“不站岗不放哨”而参加民兵，涉县某村指导员的树木被人伐倒，许多武委会干部要求改选，太南十数村武委会主任由中农、贫农成分变成了富农、地主等等现象，值得我们十分警惕的。我们不能够拿群众的落后或者怕“民兵编兵”等来解释这些现象的。事实证明，群众杀敌保家的热情是很高的，是愿意武装的，而为何不愿参加民兵呢？这只有从民力的浪费上去找原因。②

中共认为，上述情况的出现，主要是自身工作不到位，没有真正地站在群众的角度去思考问题。就民兵工作而言，上述问题的暴露并非群众不愿意武装，而是“民力浪费”使然。尤其在 1942 年后，中共发现了大量的民力浪费。晋冀豫区全区 1942 年“群众花于民兵活动的时间曾达全年的 1/4 至 1/3”。③ 武乡在 10 月反“扫荡”中甚至有不顾民兵疲劳让其给干部背行李、“保驾”、抱小孩、保护自己老婆等情况出现。④

民力的浪费使民兵与群众关系疏远。中共开始强调民兵与民力、武力与劳力之间的平衡。晋冀豫区武委会提醒道：“民兵不应该不限制地发展，

---

① 《辽县实验县三年工作总结》（1942 年 11 月 23 日），《太行党史资料汇编》第 5 卷，第 845 页。

② 《关于民兵与民力问题的决定——晋冀豫区武委会政治工作会议决议之一》（1942 年 2 月），《太行党史资料汇编》第 5 卷，第 75 页。

③ 《一九四四年战斗和生产结合的经验》（1945 年），《太行党史资料汇编》第 7 卷，第 383 页。

④ 杨殿魁：《一九四二年人民武装政治工作几个问题总结》（1943 年），《太行党史资料汇编》第 6 卷，第 322 页。

因为民兵数量过多，其质量必然减低；同时民兵过多，各种勤务无人分担，势必影响民兵的训练。”太行根据地因此首先规定在数量上保持民兵与自卫队 30∶100 的前提下，明确民兵与自卫队的战斗与勤务的分工。减少不必要的勤务，取消根据地内的岗哨，改为定期戒严。其次，简化武委会与民兵的组织，取消所谓“铁的青抗先”“战斗青抗先”“模范基干队”“民兵堡垒”等空洞组织。同时取消村武委会各部，其工作由民兵队长、指导员等担任。民兵队部与自卫队中队部合一，正副中队长（即武委会正副主任）兼民兵正副队长。最后，教育训练上克服“形式主义”，“决定民兵全年训练、出击时间，不得超过一个半月”。①

党内文件还强调民兵的军事活动须与群众紧密结合。“（民兵）该打不该打，首先要看对群众利益关系如何，有利则打，否则即不打。”② 例如，埋设地雷、投手榴弹或打枪时“最好远离村庄”，尽量“在敌人必经之路上行之”，“否则可能使敌人因受损害而行报复的烧杀，群众又将认为给他惹祸，以致不要军队人员及民兵与他们同行”。③ 又如鼓励民兵帮助各家设计用石雷封锁家门、封锁窑洞，减少粮食损失。④ 在打击敌人时，民兵直接的军事接敌为次，更多地应注意与敌人的“经济掠夺、抽拉壮丁、要差拉牲口”做斗争，以保护群众、掩护生产。特别反对单纯为军事而军事，将游击看成“儿戏”。从节省民力的角度出发，晋冀豫区武委会也反对民兵远程出击，强调要扎根实地。⑤ 简而言之，民兵的游击战争活动是与群众密不可分的。

除了军事上的调整外，更为关键的是提高生产。原则上，民兵作战、训练所需粮食与武器都由民兵自带或由村民分摊，贫农民兵半个月的消耗

---

① 《关于民兵与民力问题的决定——晋冀豫区武委会政治工作会议决议之一》（1942 年 2 月），《太行党史资料汇编》第 5 卷，第 76—78 页。

② 李雪峰：《怎样掌握民兵组织群众游击战争》（1942 年 8 月），太行革命根据地史总编委会《太行革命根据地史料丛书之三——地方武装斗争》，山西人民出版社，1990，第 244 页。

③ 李达：《太行第二军分区春季反“扫荡”斗争的经验教训》（1942 年 3 月 8 日），《太行党史资料汇编》第 5 卷，第 162 页。

④ 《晋冀豫区武委会一九四四年人民武装建设指示》（1944 年 1 月 1 日），《太行党史资料汇编》第 7 卷，第 10 页。

⑤ 《关于民兵与民力问题的决定——晋冀豫区武委会政治工作会议决议之一》（1942 年 2 月），《太行党史资料汇编》第 5 卷，第 78 页。

便等于其出一年合理负担。民兵发展较好的武乡县便有群众埋怨道："农会是领导咱们发家哩，民兵是败家哩。"① 为此，太行区武委会1944年初规定："在生产季节，武委会的一切工作都必须围绕参加生产、保卫生产的任务……要通过民兵组织，具体地发动、组织生产互助"，② "生产互助是以个体的家庭经济为基础，生产所得归私有。民兵必须以参加家庭生产为主，只有家庭粮食打多了，生活改善了，民兵集训作战的粮食困难才可以解决……集体生产只有在不防（妨）碍家庭生产的生产余暇进行才是允许的"。各地民兵组织还开展了较为普遍的集体生产。除了补贴武委会战粮、办公费以及武器、弹药费外，集体生产还顺带有帮助贫苦农民的功用。③

以上各项举措一定程度上减轻了群众的负担，改善了民兵的生活。同时，民兵在群众中的观感也有很大好转。在中共的内部经验总结中，更提到有的家长送自己的子弟给武委会干部让其"好好地管教管教"。而之前，因怕子弟变坏和误不起工，许多老实农民是不愿让自己的子弟参加民兵的。民兵在群众中的形象变得更积极、正面。在1944年的生产运动中，太行民兵由年初的5万人发展到近8万人。④

第三节 教育与训练

以民兵、自卫队为对象的教育、训练工作，按内容可分为国民教育、政治教育与军事教育（训练）；按性质可分为日常教育（训练）与战时教育；按对象可分为普遍教育（训练）与干部教育（训练）。需要说明的是，在中共关于人民武装工作的指导、总结文件中，"教育"一般与政治相连，"训练"与军事相连。但是，两者没有明确的界定，有时也有称"军事教育""政治训练"。这反映出在基层民兵、自卫队中，政治、军事、文化教育（训练）的高度融合：或在军事训练中寓有政治宣传，或在文化教育中

---

① 《一九四四年战斗和生产结合的经验》（1945年），《太行党史资料汇编》第7卷，第385页。

② 《晋冀豫区武委会一九四四年人民武装建设指示》（1944年1月1日），《太行党史资料汇编》第7卷，第13页。

③ 《一九四四年战斗和生产结合的经验》（1945年），《太行党史资料汇编》第7卷，第387页。

④ 《一九四四年战斗和生产结合的经验》（1945年），《太行党史资料汇编》第7卷，第384页。

穿插军事训练的元素。

以日常教育而言，其制度在抗战时期还不能算得上成熟。而且，由于经费、教员的紧缺，多数纸面上的教育训练规定只是流于形式。村干部因能力弱无法教育、训练民兵，区干部又无法顾及每个村。此外，多数干部也不了解教育（训练）工作对巩固民兵、自卫队组织的重要性。[①] 但必须承认，至抗战后期，由于中共强大组织力量的层层下渗，制度框架已具雏形，各项工作也渐次展开。

通常，人民武装干部受教、受训的时间要远远长于普通队员。一般村级干部每年于冬、夏两季到所在区进行两次脱产轮训，以5—10天为限。轮训由县区共同负责，主要进行实际演习、技术教育（如学地雷）、工作总结及解决最紧迫的问题。大队及区级干部，则以军区或军分区为单位每年进行一次为期半个月的训练。县区级干部被要求在不受训期间按月总结，整理报告，并通过给当地报纸写稿，教人育己，寓教于学。而针对普通队员的日常教育分为普训与经常性教育两种。由于农事繁忙，普训一般只在村内，利用晚间、午间接受简短的、3—5天的不脱产教育。这种普训只是临时性的，带有会议性质。对中共来说，从小处着眼、与实际环境结合的经常性教育更为重要，经常性教育会根据农忙、农闲编制各种固定与临时教材，寓教于农。[②]

普通民兵、自卫队队员人数众多、情况复杂，教育与训练工作因而也很难做好。但普通队员教育、训练的优劣，直接关系到整个人民武装的质量。因而，基层党员干部对其倾注了大量精力，大量细节性的操作反映在工作指导与总结汇报中，具有如下特点。

第一，针对普通民兵、自卫队的日常教育由多部门分工、配合进行。比如一般国民教育，包括激励其参加游击战争与正规军的工作，由政府与群众团体协调实行。而政治文化教育，以及诸如人民武装业务需要的宣传教育材料（如关于人民武装纪律，锄奸防谍，敌伪工作，优待俘虏及闲暇之娱乐文化等），由人民武装系统负责准备、实行。又如1944年以后，大

① 《王新亭关于太岳区人民武装工作的总结报告》（1943年11月），《太岳革命根据地人民武装斗争史料选编》，第139—140页。

② 《人民武装政治工作——一九四三年九月二十五日肖华在山东人民武装第一次代表大会上的报告》（1943年9月25日），《山东革命历史档案资料选编》第10辑，第381页。

规模的整训中，民兵、自卫队的军事教育部分由军队系统派人下基层指导。①

第二，教育的通俗性。由于受众中有许多是不识字的农民，即使略有识字，文化程度也很低，因此如何将教育或训练内容通过简单易懂的方式向民兵、自卫队队员传授是基层工作的难点之一。教学方法以口头授课方式为主。教材以军区为单位按季节提供，以适应该季节中农村生活及可能的军事政治情况。内容皆根据本地或别地的斗争实例与政府政策法令的施行实例，由识字教员负责，用生动易懂的方式讲授，使民兵、自卫队队员易于理解。此外，山东根据地还印制有识字民兵的阅读“流行本”，是以旧小说体裁、口吻编成的含有政治意义的短篇通俗故事，既符合识字农民的阅读口味，又能在趣味性中传达出政治教育的精神实质。

第三，教育、训练的针对性与功利性。根据地基层教育资源的匮乏与民兵、自卫队不脱产的武装性质决定了教育、训练工作不可能着眼于长远。在战争的特殊环境下，必须针对当前实际工作，针对各自的需求，带有较强的功利性。政治教育的目标在于使队员受教后，能马上推动影响他们的行动。如有边缘区悲观右倾情绪严重，便专门进行反悲观右倾，鼓舞其信心。军事训练中，针对民兵、自卫队任务的不同，训练的方式方法也有很大的差别。民兵训练主要熟练各类新旧武器，掌握游击动作；自卫队训练，主要精力放在加强抗战勤务方面，包括戒严中的盘哨、巡查哨、清查户口诸动作，以及在“扫荡”时，如何了解敌人活动的规律及怎样避免敌人的射击和捕捉，识别联络记号等。②

第四，教育以政治为主，军事（训练）次之，国民教育再次之。政治教育在各项教育、训练工作中起着主导性的作用。军事训练必须在政治教育的指导下进行。而国民教育的基本内容是增强队员爱护与巩固根据地，

---

① 《人民武装政治工作——一九四三年九月二十五日肖华在山东人民武装第一次代表大会上的报告》（1943 年 9 月 25 日），《山东革命历史档案资料选编》第 10 辑，第 381 页；《中共中央、中央军委关于民兵工作指示（草稿）》（1944 年 9 月 26 日），《人民武装工作文件资料选编》（4），第 557 页。

② 《人民武装政治工作——一九四三年九月二十五日肖华在山东人民武装第一次代表大会上的报告》（1943 年 9 月 25 日），《山东革命历史档案资料选编》第 10 辑，第 381 页；《中共北方局太行分局、十八集团军一二九师关于加强人民武装工作的训令》（1943 年 3 月 5 日），《太岳革命根据地人民武装斗争史料选编》，第 104—105 页。

激励其参加游击战争与正规军，其实仍是一种政治宣传教育。

各根据地民兵的初创期，党的组织还未能与民兵组织有机结合，因此政治教育工作亦无法有效推行。为此，各地一般都先从组织着手改善，有两方面措施。一是要求党员加入民兵，提高党员军事性的同时使民兵中党员数量迅速增加，以此增强民兵组织中的政治意识。中央要求党员能占民兵总数的1/3。在较好的地区如太行根据地，1942 年、1943 年前后，党员人数已占民兵总数的22.4%，民兵党员占全体党员的40.5%。但区武委会仍认为民兵中党员数量少，支部对民兵的控制仍不够重视，要求在民兵组织中积极发展新党员。[①] 二是武委会与同级党组织关系之调整。虽然有党员不断加入民兵队伍，但因组织关系的隔绝，武委会不能有组织、有系统地进行检查、研究、总结，妨碍党对民兵的政治教育与掌握。各地先后在民兵中队设立政治指导员。其中，山东根据地则在各级武委会中设政工组，在区、村级设政治指导员。政治指导员有经常向同级党委汇报人民武装中政治状况的义务与责任，同时帮助人民武装进行政治工作，密切党与人民武装系统的关联。[②]

一旦组织打通，政治教育的推行便不再有大的障碍。但这并不意味着政治教育便能轻而易举地做好。恰恰是，民兵的政治教育工作与军队相比具有更大的灵活性、群众性，更要求基层党组织敏锐观察，从细节入手，因而难度也就比军队中正规化的、长期的政治教育大。例如太行区群众多喜打拳，为养成尚武精神，练习厮杀技术，在民兵中结合冬学教育也开展了拳术教学；武委会要求专门审查训练拳房师傅，以改变其迷信思想与帮口观念，防止民兵被利用控制；区武委会还要求基层干部多注意干部间、队员间、干部与队员间的内部纠纷与意见，尤其是过去的私仇成见，甚至“争风吃醋”，以适时进行调解。[③] 至于民兵中出现的各种追逐“私利”的现象，中共将之归结于政治教育未能与解决民兵生活困难结合起来。为

---

① 《一九四二年人民武装政治工作几个问题总结》（1943 年），《太行党史资料汇编》第 6 卷，第 319 页；《中共中央、中央军委关于民兵工作指示（草稿）》（1944 年 9 月 26 日），《人民武装工作文件资料选编》（4），第 558 页。

② 《中共山东分局关于加强人武中政治工作的指示》（1944 年 1 月 27 日），《山东革命历史档案资料选编》第 11 辑，第 249—250 页。

③ 《一九四二年人民武装政治工作几个问题总结》（1943 年），《太行党史资料汇编》第 6 卷，第 307—309 页。

此，要求各地党组织不遗余力地教育民兵武力与劳力结合，战斗与变工生产结合，既能改变民兵对外的政治形象，又能向队员灌输“劳动光荣”，改变农村中传统的民团“雇用”观念。另外，为提高民兵的纪律观念，使之了解与习惯军队生活，中共还要求正规军、游击队能经常有计划地将民兵带至队伍内参观。①

民兵与正规军、游击队在作战武器与作战能力上有巨大的差别。民兵武器极为落后，数量又少。太行根据地检讨 1943 年 5 月反“扫荡”时说，各地民兵消耗的子弹在数万以上，但毙伤敌人“大多是地雷的作用，很少是被步枪杀伤的”，“大部分民兵尚不会据枪、瞄准、击发”。② 时任太行军区参谋长的李达承认，不少民兵不敢真正接近敌人，“步枪手往往在距敌一二里以外虚晃一枪，胡乱射击；地雷手则多在敌人未来以前埋设地雷，很少在敌人驻宿后，抵近其宿营地的各村口，以至潜入其宿舍门口，施行埋设；至于炸弹手及持旧式武器之刀矛手等，则更少结合（潜）迫敌人，进行鬼神难防的投掷与白刃突袭”。③ 在各敌后根据地中，太行根据地的民兵还算质量较高，其他地区的情况可想而知。

训练不足、武器装备又极原始的民兵，面对强大的敌人，难免临战逡巡不前，也有“插枪不干”的情况出现。关键在于民兵领导人面对此种情况如何应对，以避免灾难性的溃败、组织解体。中共十分了解民兵的弱点，除了不使民兵正面暴露在敌伪面前，教育他们分散游击、见好就收外，中共还通过拿捏民兵心理弥补上述弱点。尤其是在民兵情绪出现波动的征兆时，便迅速进行宽慰、疏导乃至鼓动，一旦拿捏得当，这种结合战争对民兵的教育、鼓励，远比平时的常规教导来得有效。

中共在内部文件中提醒需要注意民兵情绪的几个关键时间点：战斗前、未接敌将要接敌时、战争中初见死人时、群众情绪变化时、主力出现时、自家出现困难时、获得胜利时等，要求武委会与民兵队长密切注意民兵的情绪波动。在战斗前，利用各种方式进行宣传鼓动，如在山东根据地

---

① 《中共中央、中央军委关于民兵工作指示（草稿）》（1944 年 9 月 26 日），《人民武装工作文件资料选编》（4），第 557—559 页。

② 李达：《加强群众性游击战争的几个问题之商讨——五月反“扫荡”的部分经验总结》（1943 年 6 月 1 日），《太行党史资料汇编》第 6 卷，第 472 页。

③ 李达：《加强群众性游击战争的几个问题之商讨——五月反“扫荡”的部分经验总结》（1943 年 6 月 1 日），《太行党史资料汇编》第 6 卷，第 470 页。

有喝“齐心粥”，开“齐心会”的做法；[①] 在无经验的民兵初次准备战斗时，为防止其因恐惧而退出，继而影响整个民兵组织的稳定，民兵干部不能将敌情描述得过于严重。要向民兵指出敌人即使追击也须若干时间，以及敌人的行动未必针对民兵，以缓解其慌张情绪；在普通群众中有“妥协”“维持”的苗头时，立即设法将民兵集中，以防群众的情绪感染到民兵。民兵干部用“把住干”“捏一把汗就过去了”“不过如此”等通俗易懂、富有感染力语言号召民兵转入战地；[②] 作战吃亏情绪低落时，发动群众或他村民兵鼓励、安慰之。[③] 如果在战斗时主力前来援助民兵，民兵干部便要向民兵强调“不给主力说孬”，“学习作战”等；[④] 若战斗胜利时，民兵一般士气比较高昂，也有骄傲的表现，民兵干部一方面指出胜利的原因，彻底消除其战前的恐惧心理，另一方面也会适当“昂扬其自夸情绪”，引导民兵反击村中的消极舆论，使民兵“自爱自尊”。[⑤] 如此做，既巩固了民兵组织，使村政权更牢固地掌握在中共手里，也使民兵事实上成为村中权力结构的组成部分。

还有一个重要的问题便是群众纪律问题。民兵、自卫队由于不同于正规军，尤其是游击区的民兵，在到敌伪区作战时往往会一时冲动做出出格之事。在苏维埃时期，便有所谓“赤白对立”现象，而抗日根据地中亦存在根据地与伪区之间的矛盾。中共时常就对伪军、伪区群众的纪律问题教育民兵，严禁民兵在伪区做出报复性、破坏性行为，不准随意杀害、侮辱俘虏。

中共不仅通过高效的动员与组织，将“一盘散沙”的农民拧成一股力量，而且力图通过教育、训练将民兵、自卫队塑造成“新人”。1944 年，一一五师政治部主任兼山东军区政治部主任肖华在群众大会上，将民兵英

---

① 《人民武装政治工作——一九四三年九月二十五日肖华在山东人民武装第一次代表大会上的报告》（1943 年 9 月 25 日），《山东革命历史档案资料选编》第 10 辑，第 385 页。

② 李雪峰：《怎样掌握民兵组织群众游击战争》（1942 年 8 月），《太行革命根据地史料丛书之三——地方武装斗争》，第 238—239 页。

③ 《一九四二年人民武装政治工作几个问题总结》（1943 年），《太行党史资料汇编》第 6 卷，第 319 页。

④ 《人民武装政治工作——一九四三年九月二十五日肖华在山东人民武装第一次代表大会上的报告》（1943 年 9 月 25 日），《山东革命历史档案资料选编》第 10 辑，第 385 页。

⑤ 李雪峰：《怎样掌握民兵组织群众游击战争》（1942 年 8 月），《太行革命根据地史料丛书之三——地方武装斗争》，第 239 页。

雄所体现的精神称为新的革命英雄主义，将过去一切英雄归之为旧的个人英雄主义。肖华反复强调，革命的英雄主义是从群众中来，为群众服务，要鄙弃“老子天下第一”的旧观念，树立新的英雄观。[①] 对于穷苦农民出身的民兵来说，成为“英雄”在过去乃是“天方夜谭”，而共产党治下的“新时代”“新社会”将之树为“英雄”，不仅是社会地位、角色的转变，更暗含有新的革命精神于其中。但我们也不能夸大政治教育的作用，人的私利性很难因政治教育而完全得以消除，何况对民兵的政治教育还远不如对正规军士兵及普通党员的教育。

第四节 武器与作战

民兵、自卫队初建时，由军区、军分区拨发一批主力部队淘汰的武器，诸如手榴弹、土炮等制造较为困难的武器，根据地兵工厂也会按比例分发给民兵使用。中共内部文件中并不提倡这种做法，担心会使地方干部与队员养成依赖上级发武器的心理。华北和华中各地民间散落有大量新旧武器，中共对此十分看重。开始有向地主强要，结果反而导致枪支外流或被埋，甚至武装反抗。后多采取借用办法，由农会出面打借条；间或出资向民间购买。也有地主在一致抗日及基于自身安全考虑而主动捐出枪支。这样，民间武器逐渐转移到了民兵、自卫队手中。

中共更鼓励民兵、自卫队在对日伪军作战中夺取敌方武器。为此各地专门出台文件，严禁军区、军分区没收民兵、自卫队缴获的武器。除重武器与重要军用物资给奖归公外，其余均归民兵、自卫队自用，以提高其积极性。从现存材料看，民兵缴获的武器还相当可观。

此外，军区、军分区或县里会提供一定的公款帮助民兵自制武器，主要是修理翻造枪支子弹，制造手榴弹、地雷、石雷等。1943 年后，自制武器更重视石雷、手榴弹等爆炸型武器。

总体而言，民兵、自卫队武器在大部分时间里仍是极度缺乏，质量低劣。1941 年 11 月，中央军委关于抗日根据地军事建设的指示中规定：“自卫

---

① 《山东军区第一次战斗英雄民兵英雄代表大会闭幕典礼上肖华主任的讲话》（1944 年 8 月 16 日），《山东革命历史档案资料选编》第 12 辑，第 338—347 页。

队的武器主要的是大刀与梭标。民兵的武器主要的是各种各样的新旧枪械（快枪、鸟枪），手榴弹（各根据地甚至各县均应设手榴弹厂，大量制造手榴弹，分配民兵每人二个至四个），地雷，土炮，挨丝炮等"；同时强调在敌我工业技术水平悬殊与根据地极不巩固之条件下，"大规模建设军事工业及希望新式武器之生产等，都是无实现可能的空想。在目前条件下，兵工生产的基本方针应当是修理枪械、翻造子弹、特别是大量生产手榴弹、地雷等，大量发给军队、民兵及居民，以便到处与敌斗争，以量取质"。①

落实到各根据地，武器装备的差异还是很大，不过总体观之，民兵、自卫队的武器种类，主要有如下数种。

（1）冷兵器（原始武器）。主要有大刀、长枪、梭镖等。在有利的高地地形中，滚石也能成为民兵、自卫队的重要武器，在伏击战中有较大的杀伤力。

（2）枪支。一方面，民兵、自卫队使用枪支数量有限。1943 年以前，各根据地仍有相当数量的民兵只使用冷兵器，甚至"手无寸铁"。1943 年，"赤手空拳"的民兵在太岳区高达 60%。民兵发展较好的太行军区，枪支在民兵中也是稀有物，平均 14 人合用一枪。晋察冀根据地快枪与民兵的比例约为 1∶30。② 华中抗日根据地民兵使用的武器比华北各地似乎要好一些，"如无好步枪民兵就不要"。这也许在一定程度上使得华中根据地在抗战后期没有如华北各地一般普遍开展地雷运动。③ 另一方面，民兵即使有枪支，对其使用也并不熟练。1943 年 5 月，太行区反"扫荡"中，各地民兵消耗的子弹在数万以上，但毙伤敌人"大多是地雷的作用，很少是被步枪杀伤的"，"大部分民兵尚不会据枪、瞄准、击发"。④

（3）土炮（枪）。有榆木炮、地枪⑤、钢筒炮、抬枪等各式土炮

---

① 《中央革命军事委员会关于抗日根据地军事建设的指示》（1941 年 11 月 7 日），《中共中央文件选集》第 13 册，第 217—220 页。

② 《王新亭关于太岳区人民武装工作的总结报告》（1943 年 11 月）、《中共太岳区党委、军区关于加强人民武装工作的指示》（1943 年 5 月 25 日），《太岳革命根据地人民武装斗争史料选编》，第 143、118 页；杨殿魁：《太行区春季反"清剿""扫荡"中民兵工作总结》（1942 年），《太行党史资料汇编》第 5 卷，第 324 页；《关于民兵问题的复电》（1944 年 10 月），《人民武装工作文件资料选编》（4），第 565 页。

③ 饶漱石：《关于十个问题的答复》（1944 年 8 月 27 日），《中共中央华中局》，第 357 页。

④ 李达：《加强群众性游击战争的几个问题之商讨——五月反"扫荡"的部分经验总结》（1943 年 6 月 1 日），《太行党史资料汇编》第 6 卷，第 472 页。

⑤ 群众自制的一种土枪。因笨重，发射时不甚安全，不能用人扛，只能放在地上，故名。

(枪)，较为笨重，精准度也令人怀疑。但是在民兵、自卫队拥有的武器中威力较大，是震慑敌人、防守自卫的较好武器。

（4）手榴弹、地雷、石雷等。枪（步枪、马枪、土枪等）在民兵、自卫队作战中仅起配合的作用，真正发挥较大作用的还是手榴弹、地雷等爆破型武器。1941 年 6 月，朱德、彭德怀便训令各兵团首长“大批制造各式各样的地雷和鱼雷”，并普遍训练主力部队、游击队与民兵使用。11 月中央军委指示，不仅主力军要设炸弹厂供给主力部队，地方军及民兵指挥机关亦应在分区及县办理分散的、规模小的炸弹厂，以供自身需要。要做到每个民兵两个手榴弹，并有专供民兵使用的各式地雷。[①] 从 1942 年起，中共各根据地便逐步动员民兵、自卫队乃至普通群众开展地雷制造运动。[②] 地雷[③]属于民兵、自卫队手中较新式的武器，威力较大，但制造与埋设对民兵、自卫队来说比较复杂。加之根据地铁资源有限，地雷并不为民兵大量使用。相比之下，石雷等各种简易雷在根据地人民武装中较为普及。在晋冀豫根据地民兵中流传这样的顺口溜：“一个石头蛋，当中打个眼，装上四两药，按上爆发管，黄泥封住口，引线在外边，处处能安上，时时能拉响，鬼子来‘扫荡’，叫他见阎王。炸死大洋马，留下机关枪，保卫根据地，保卫公私粮。”[④] 顺口溜显然带有宣传意味，不过石雷造法确实比较简单，且能就地取材。1943 年后在太行、太岳、山东根据地等地曾大量制作与使用石雷。著名的沁源围困战中，人民武装与群众共使用 5000 颗石雷，最终把日伪挤出游击区。[⑤] 据说到 1944 年底，太行区民兵有石雷 20 万颗。[⑥] 这一数字太过巨大，有点令人怀疑。山东根据地的石雷数量相对

---

① 《关于大量制造地雷的训令》（1941 年 6 月 23 日），兵工史编审委员会编《晋冀豫根据地》，兵器工业出版社，1990，第 30 页；《中央革命军事委员会关于抗日根据地军事建设的指示》（1941 年 11 月 7 日），《中共中央文件选集》第 13 册，第 217—218。

② 《晋察冀军区司令部关于广泛开展民兵地雷战的通报》（1942 年 4 月 2 日），《八路军·文献》，第 787 页；杨殿魁：《我区的石雷运动》（1945 年 3 月 13 日），《太行党史资料汇编》第 7 卷，第 498—508 页。

③ 这里“地雷”指狭义的铁制地雷，根据地内有时也将铁雷、石雷、磁雷等所有雷称为地雷。

④ 梅岭：《手榴弹生产与地雷运动》，《晋冀豫根据地》，第 146 页。

⑤ 《太岳区武委总会关于一年来爆炸运动与暗洞斗争的总结》（1945 年 5 月 5 日），《太岳革命根据地人民武装斗争史料选编》，第 253—254、243—244 页。

⑥ 齐武：《晋冀鲁豫边区史》，第 214 页。

少些，到 1944 年 8 月间，制造了约 6 万颗。[①] 除石雷外，各地还发明了各种简易雷，如磁雷（瓦罐瓷瓶制作的雷）、泥雷（红炉土夹杂铁渣、磁片捏成）、掷石雷（用 1 尺大的木箱，内装炸药雷管，口盖 5 尺长的木板，埋在大路半坡深坑，上铺碎石）等。[②] 不过，许多地方制雷时单纯满足于数字，使雷的质量极差。[③]

人民武装建设初期，民兵与自卫队的分工还不明确。如在山东，自卫团站岗，游击小组则专门查岗、缉私，实际上成为自卫团的“宪兵”，以致两方互相戒备、充满矛盾。勤务工作也使得游击小组无暇进行游击战，背离实行民兵、普通自卫队双轨制的初衷。[④]

中央军委关于根据地军建指示中，规定自卫队的基本任务是“进行群众游击战争，维持根据地内的治安，担任抗战勤务（如运输、担架、送信、封锁消息、坚壁清野等）”；民兵作为自卫队的骨干，其任务要高一级，主要涉及“侦察敌情，独立自主的作战，及配合主力作战，袭扰敌人，封锁与围困敌人的据点，破坏敌人交通，打击少数敌人与武装汉奸之活动，在敌人进攻时领导自卫队掩护群众转移等”。可见自卫队偏勤务，民兵偏战斗。

编制方面，自卫队按队员居住地区划分为小队、分队、中队，人数并不划一。民兵也有村队、区队、县队、分区队等，人数较为整齐，且较自卫队稍偏“上层”。有资料表明，民兵组织在分区以上归军队，军事性更强，主要配合军队作战；在县以下归地方，主要配合地方政府，保卫地方政权。[⑤]

---

① 申春生：《山东抗日根据地史》，山东大学出版社，1993，第 299 页。

② 朱则民：《一年来山东人民武装之战斗与爆炸经验——一九四五年山东人民武装工作汇报之一部》，《山东革命历史档案资料选编》第 14 辑，第 366 页；《太岳区武委总会关于一年来爆炸运动与暗洞斗争的总结》（1945 年 5 月 5 日），《太岳革命根据地人民武装斗争史料选编》，第 244 页。

③ 《太岳区武委总会关于一年来爆炸运动与暗洞斗争的总结》（1945 年 5 月 5 日），《太岳区武委总会一分会 1944 年爆炸运动概况》（1944 年 10 月），《太岳革命根据地人民武装斗争史料选编》，第 247、218 页。

④ 《山东军区人民武装抗日自卫临时委员会指示（第三号）》（1942 年 9 月 30 日），《山东革命历史档案资料选编》第 9 辑，第 50—51 页。

⑤ 《中央革命军事委员会关于抗日根据地军事建设的指示》（1941 年 11 月 7 日），《中共中央文件选集》第 13 册，第 216—217 页；《关于民兵问题的复电》（1944 年 10 月），《人民武装工作文件资料选编》（4），第 565—567 页。

按地域分，敌占区、边缘区（游击区）与中心区（巩固区）战勤任务截然不同。一般情况下，敌占区的民兵、自卫队没有明确的编制，通常是秘密活动，也有加入伪自卫队，从内部瓦解日伪政权；边缘游击区属敌我拉锯地区，为避免暴露，有的地方只建立普通的自卫队，在这个自卫队中建立一先进小队或分队，起民兵的作用，部分地方建有游击小组，进行分散的游击斗争；中心巩固区则偏重自卫队的查岗、缉私等勤务工作，有时将民兵带到游击区作战。

按任务分，民兵、自卫队的活动可分为勤务工作、战前准备活动与作战三类。勤务工作是根据地巩固地区人民武装尤其是自卫队的重要任务。站岗、缉私、抬担架、帮助主力、游击队带路、搬运物资等皆属于勤务工作或半勤务工作的范围。平时，分配给自卫队适当的勤务工作，有助于缓解自卫队对战争的恐惧心理，为日后战斗及提升民兵做准备；情况紧急时，有一定基础的自卫队便能很好地解决战时人力的不足，减轻军队的负担。自卫队参加勤务是义务性质，可以免去雇用民夫产生的经济负担，节省根据地开支。淮北根据地中便有将普通自卫队按三队（小驴队、扁担队、担架队）、三组（情报组、通信组、纠查组）分工合作，既提高效率，又使后勤负担由摊派制转为有组织的轮流制。[①]

在游击区或敌占区，民兵、自卫队的活动秘密进行。冀中根据地在1942年5月反“扫荡”中受到严重破坏，1943年后恢复重建时，带有一定危险性的半勤务工作或准武装活动皆由民兵承担。例如护送与帮助干部、部队过沟过路，在夜间进行粮食棉花交易、走私，破坏敌伪的粮棉统制，帮助侦察、警戒、通信、联络等工作。熟悉地形、民情的民兵，为中共重新落脚冀中、与日伪周旋做出了重要的贡献。[②]

战前准备活动指在敌伪“扫荡”迫近前的一系列带有危险性的工作，如空室清野、设陷阱、转移群众、侦察敌情等。一般需要民兵与自卫队相互配合，并动员全村的力量。民兵、自卫队在平时便进行过相应的准备与演习，战前迅速将群众与物资转移至指定地点。敌人进迫时，民兵、自卫

---

① 刘瑞龙：《淮北政权一年》（1943年12月），《新四军和华中抗日根据地史料选》第6辑，第524页。

② 《中共冀中区党委关于恢复民兵情形报中央电》（1943年4月24日），《冀中历史文献选编》（中），第75页。

队因熟悉地方环境，一般承担侦察、警戒的任务。配合基层政权，给予地方武装、主力军准确的情报，使后者及时跳离包围圈或设伏阻击。根据地民兵、自卫队还就地取材发明了树树哨[①]、锣鼓哨等简便有效的情报传递方法。

在不占绝对优势的情况下，民兵一般不与敌人发生正面冲突，而行分散的、单独的、小规模的阻击战，或与主力、地方武装配合作战（主要是给主力带路、提供情报），以及采取政治宣传攻势以瓦解敌伪。直到1945年，民兵、自卫队的任务还是以防御为主，并且很少离开其乡村地域；作战方法主要有围困战、伏击战、地雷战、地道战、交通战、潜入敌处破坏等。围困战中，民兵封锁敌伪，白天打击小股打柴、打水之敌，夜间到敌营地骚扰。在敌伪松懈时，民兵掩护群众抢粮[②]。民兵熟悉地形，因而伏击战也是其重要的作战方法。一般组织神枪手，在地形有利处伏击。地道战指在平原根据地建筑地道，依靠地道与敌军周旋。地道战最初在冀中平原根据地运用，后推广至多个平原根据地。地道战较其他作战方法更注重全村民众的动员。群众有了地道的依靠，能助长其胆量，使全民参战成为可能。[③] 日军机械化程度高，依赖公路、铁路交通。于是破袭铁路、公路、桥梁的交通战，也是民兵、自卫队经常采用的战法。遇有机会，民兵还会潜入敌处，奇袭破坏。

接敌区、游击区的民兵有时也承担对日伪的政治宣传任务，从内部瓦解日伪。凭借广泛的基层社会关系，民兵打入伪组织、伪政权中展开策反活动。或伪装八路军游击队迷惑敌人，展开心理攻势。如冀中区定南、安国等地民兵常在夜间以八路军的面目包围岗楼讲话威胁和教育日伪。[④]

中共三位一体的军事体系是否能够有效地发挥作用，部分也取决于战时配合的熟练程度。为了将党、政、军、民融为一体，更好地沟通情报、

---

① 即以树木竖立于山头上，派侦察警戒哨兵看守，如敌人出来行动，即将树顺敌人行动方向放倒，作为信号。

② 抢粮指群众转移时，将带不走的粮食，暂时埋藏起来，以后再利用夜暗返回据点抢运。有时敌人麻痹，群众连敌人仓库里的粮食和牲口、用具等也偷运出来。

③ 《行署、冀中军区、冀中武委会关于开展地道斗争的指示信》（1942年3月20日），晋察冀军区民兵斗争史丛书编委会编《地道战》，长征出版社，1997，第10页。

④ 齐武:《晋冀鲁豫边区史》，第210页；《中共冀中区党委关于恢复民兵情形报中央电》（1943年4月24日），《冀中历史文献选编》（中），第75页。

联合行动，各地都曾试图理顺武委会与各方面的关系。太行军区武委会规定，民兵、自卫队各级队长应接受同级政府的指导，并可参加同级政府之政务会议。在军事行动上，民兵、自卫队应接受军区、军分区之指挥（不得越级）。独立营政委或营长应为县武委会委员之一，而军区、军分区武委会应接受军区、军分区军政首长之指导，并邀其出席武委会会议，以便密切联系，协调动作。① 战时状态下，为发挥游击战争的效用，以配合主力部队作战，掩护主力部队休整，有些根据地还建立了人民武装和地方武装组成的游击集团。②

1942 年 5 月太行军区苏亭战斗是主力部队与民兵配合伏击日伪临时补给线的经典战例。参与战斗的一二九师三八五旅七六九团三连，在战前从当地民兵处获得详细的敌伪情报。战斗准备中，民兵分别担任观察哨、埋地雷、推滚石、步枪警戒等任务。敌军进入伏击区后，民兵观察哨发出信号，伏击圈内部队待命。敌伪运输部队踩雷后，队形紊乱，一处高地民兵便推下滚石，主力部队与警戒民兵形成火力网杀伤敌军。战斗结束，主力撤退时，民兵以烧烟、插红旗、放土炮来迷惑敌人。中共战例总结中认为："战斗在任务区分上既分配民兵担任一定的战斗任务，又在重要方向上配备我军有战斗经验的初级干部做指导，在战前抽出部分弹药给民兵用，在撤退时让比较危险地方的民兵先走，战利品则让民兵拾取。因此形成了互相帮助互相照顾，彼此之间血肉相关，这是第三连能在他们两个排兵力参战及刚到新地区的第二天许多情况不熟悉的条件下设伏成功的主要原因。"③

沁源围困战则是主力部队、地方武装与民兵、自卫队长期配合作战的典范。除警戒、空室清野、充当向导外，民兵一般在主力部队后跟进，游击队主要担任次要方向的牵制。中共强调民兵是整个群众对敌斗争的一部分，民兵不能单纯为打游击而打游击，还需要通过战争赢得群众的支持与帮助，如此才能进入一个良性循环，不过度依赖军队便能坚持和巩固根

① 《军区武委会扩大会议关于几个问题的决定》（1941 年 7 月），《太行党史资料汇编》第 4 卷，第 537 页。

② 《第一二九师训令——关于游击集团》（1941 年 6 月 30 日），《太行党史资料汇编》第 4 卷，第 488—491 页。

③ 《苏亭战斗》，《战例选编》，出版信息不详，第 51—54 页。

据地。

民兵单独或配合作战在抗战战略相持阶段取得了巨大成果。据彭德怀在中共“七大”上的报告，1944 年一年，全部根据地的民兵（不完全统计），共计作战 21706 次，毙伤日伪 11360 人，缴获步枪 2069 支、机枪 30 挺、掷弹筒迫击炮 75 门，缴获骡马 220 匹，收回电线 111222 斤。①

第五节　优势与弱点

主力军、地方武装、民兵三位一体的武装体系，既可以自下而上升级，又可以由上而下降级，可根据战略需要灵活处置。抗战初期，中共在各战略区组织了相当数量的自卫队、游击队，并动员入伍，在短时间内壮大了主力部队。不过这其中也有主力军发展与基层巩固之间的矛盾，即在基层尚未巩固以前，将民兵、自卫队不断向上抽调，势必削弱基层力量。1941 年以后，在中共中央强调精兵简政与坚持根据地建设的情况下，民兵、自卫队作为正规军兵员补充的作用弱化，作为基层武装长期培养与巩固。直到 1945 年初情况才有所变化，民兵、自卫队开始卷入大规模的整训与作战中，开启了根据地反攻的序幕。民兵、自卫队（主要是民兵）作为兵员补充的作用再一次被提出。日军投降后，为抢收失地，中共动员了大批民兵入伍，同时大力发展新的民兵、自卫队，避免“竭泽而渔”。抗战胜利初期，根据地的主力部队多不满员，许多主力团不足千人。在紧急事态下，中共主力得以迅速扩充，且能保证一定的质量，端赖有民兵这样一个后备兵源的蓄水池。

反观国民党军，因为没有多级武装体系，正规军的补充全靠征兵。虽然有征兵法，但是落实到地方，便蜕化为强制“抓壮丁”，不仅新兵素质低下，而且导致地方民怨沸腾。另外，中共补充兵员一般由各军区就地负责，无须跨地区输送。而国民党军新征壮丁则需要从后方长距离输送。由于缺乏新式交通工具，新兵常常要步行数百里才能到达指定部队，因徒步远行、饥饿、疾病而死于路途者十之八九。②

① 《在中国共产党第七次全国代表大会上的发言》，《彭德怀军事文选》，第 180 页。

② 参见王奇生《湖南会战：中国军队对日军“一号作战”的回应》，《抗日战争研究》2004 年第 3 期。

日军在其内部报告中曾如此评价中共控制区的情形："他们的武装和党组织渗透到一般的群众之中，应当看到匪区的全体民众都是怀有敌意的，因此单凭宣抚工作来分离匪与民是很困难的。"① 日军华北方面军在战争后期曾一度试图通过"民匪分离"来削弱中共对根据地的控制，但每次集中"扫荡"不久即反弹。党与民众结合所产生的抗日力量犹如"燎原之势"。民兵、自卫队在其中起到了极为重要的作用。即使一时失利，根据地"变质"为游击区乃至敌占区，只要之前民兵、自卫队有过良好的基础，中共就很容易恢复，重新占据优势。

中共主力军的数量毕竟有限，而根据地面积不断扩大，正是大量发展民兵、自卫队，建立联防制度，织起一张细密的防御网，才能应对敌伪军的骚扰与"扫荡"，同时让主力军有充分整军、发展的时间。苏区时期，乡苏维埃为最基层的政权组织，自卫队也以乡队为最小单位。抗战时期，根据地政权组织下沉至村、保，民兵、自卫队亦以村、保为最小单位进行组织，比苏区时能更加有效地掌控基层。而国统区在基层虽有乡长、保甲长的设置，但人手严重不足，除了征粮征兵外几乎无法管理任何事情。国民党在乡村基层既无群众武装，又无群众团体，几乎是一盘散沙。

民兵、自卫队所发挥出的控制基层的力量，背后体现出的是中共与群众的紧密相连。中共反复强调不能委派干部、指定英雄，这样只会伤害民兵的积极性以及群众对党的信任。因而多数民兵干部真正是从贫苦农民中逐渐提拔的，民兵的战斗英雄也是在一次次作战中涌现出来的。在中共看来，民兵、自卫队不仅是抗击外敌、维持基层治安的普通武装力量，更是代表一种超拔于过去一切形式的新型武装团体。党需要的不是"雇佣军"，而是让群众自觉地武装自己。② 民兵时刻被教育要扎根群众中间，维护群众利益，获得最广大群众的支持。1942 年以后，民兵、自卫队逐渐将重心转向生产建设，除却本身战斗力的考虑外，更为重要的是为获得群众的支持与赞赏。日军方面也认识到，中共"不单纯是武装民兵，而且具有以此

---

① 日本防卫厅战史室编《华北治安战》（下），天津市政协编译组译，天津人民出版社，1982，第 141、143 页。

② 《一九四二年人民武装政治工作几个问题总结》（1943 年），《太行党史资料汇编》第 6 卷，第 303 页。

为中心进行组织民众的特点”。[①] 通过民兵，中共将自己最为熟稔的一套组织体系移植到农村社会中。抗战后期，在巩固的地区，许多工作都倾向于围绕民兵、自卫队展开，减租减息的动员抑或是大生产运动的推行，都可以看到人民武装在其中活跃的身影。当然，历史的具体情境永远比我们想象的要复杂。根据地的民兵、自卫队也有大量脱离群众的现象。如贪污腐化、仗势欺人、流氓习气等。[②] 民兵、自卫队的“草根性”既有天然的优势，也有致命的弱点。不过，总体而言，其乡土联系仍是利大于弊。

在苏区时期，中共便十分重视自卫队（也称赤卫军、赤卫队、少先队、童子团等）的发展，将其看成是保卫苏区的重要组织，开创了人民武装制度的先河。苏区时期更强调自卫队武装斗争的一面。抗战时期的民兵、自卫队则注重生产与战斗、劳动与武装的结合，规定民兵、自卫队不得脱离生产，在节约民力的情况下合理发展与组织半军事性武装。而且，在过去的宣传中，民兵总是以积极作战、奋勇杀敌的形象出现，无意中弱化了民兵、自卫队为保卫根据地粮食生产所做出的卓越贡献。群众最不堪日伪派款派粮之扰，中共因势利导，提出“合理负担”的口号，并鼓励农民保卫粮食、保卫秋收。多数农民自然愿意武装自卫。另外，民兵、自卫队带领群众藏粮、空室清野，帮助群众代耕边缘地区田地等，皆为坚持根据地与保护人民战时生产生活做出了一定贡献。

中共主力军要靠根据地才能生存发展。耗尽了根据地的资源，军队也就成了无源之水、无本之木。民兵、自卫队保护了根据地的资源，直接、间接为主力部队提供了后勤保障。在民兵、自卫队发展以前，主力部队只能自己承担后勤，机动性减弱，游击战的优势难以发挥。民兵、自卫队组织起来后，大大减轻了主力部队的后勤负担。

中共批评国民党“片面抗战”，主要指国民党抗战单纯依靠正规军，而没有发动群众。国民党也曾效法中共，将正规军派向敌后充当游击部队。殊不知中共在敌后游击的“秘诀”并不在于“游击战术”，而在于数量庞大的地方武装、人民武装以及一整套群众组织、动员技术的有机配

---

① 《华北治安战》（上），第401页。

② 《一九四二年人民武装政治工作几个问题总结》（1943年），《太行党史资料汇编》第6卷，第304、310页；《山东军区人民武装抗日自卫临时委员会指示（第三号）》（1942年9月30日），《山东革命历史档案资料选编》第9辑，第51页。

合。国民党军没有做民众工作的经验与资源，军队与民众分离，却又无法脱离民众而独立生存。敌后部队的给养，只能就地摊派，不仅摊派困难，还容易招致民怨。没有民兵、民众提供人力、物力等资源保障，国民党投入敌后打游击的正规部队进不能与日军作战，退不能与群众结合，与中共有天壤之别。国民党高层几乎都没有注意到中共的军事力量中地方武装、人民武装的巨大作用，认为中共与“流寇”无异。当抗战胜利，双方交手，高下立判。

主要参考文献

一　档案

美国斯坦福大学胡佛研究所档案馆藏《蒋介石日记》

山东省档案馆藏革命历史档案

山西晋城档案馆藏革命历史资料

山西省档案馆藏革命历史档案

台北“国史馆”藏《蒋中正总统文物档案》、《陈诚副总统文物档案》、《国民政府档案》

台北中国国民党党史会藏一般档案

中国第二历史档案馆藏战史编纂委员会档案

中国军事科学院图书馆藏革命历史资料

二　资料汇编、日记、年谱、回忆录等

〔美〕埃德加·斯诺：《西行漫记》，董乐山译，东方出版社，2005。

白崇禧口述，贾廷诗等访问兼纪录《白崇禧先生访问纪录》，台北，中研院近代史研究所，1984—1985。

北京新四军暨华中抗日根据地研究会淮北分会等编《邓子恢淮北文稿》，人民出版社，2009。

兵役部役政月刊社编印《抗战八年来兵役行政工作总报告》，1945。

程泽润：《兵役概论》，中央训练委员会，1941。

《陈诚回忆录——抗日战争》，东方出版社，2009。

《陈赓军事文选》，解放军出版社，2007。

《陈赓日记》，战士出版社，1982。

陈公博：《苦笑录》，香港大学亚洲研究中心，1979。

陈孝文主编《中国人民解放军后勤史资料选编》，金盾出版社，1992。

《陈毅军事文选》，解放军出版社，1996。

《陈锡联回忆录》，解放军出版社，2007。

《陈云文选》，人民出版社，1995。

《邓小平年谱（1904—1974）》，中央文献出版社，2009。

丁治磐口述，刘凤翰等访问《丁治磐先生访问纪录》，台北，中研院近代史研究所，1991。

《丁治磐日记》（手稿本），台北，中研院近代史研究所，1992。

龚学遂：《中国战时交通史》，商务印书馆，1947。

顾祝同：《墨三九十自述》，台北，“国防部史政编译局”，1981。

《何成濬将军战时日记》，台北，传记文学出版社，1986。

何应钦：《八年抗战之经过》，中国陆军总司令部，1946。

何应钦：《军政十五年》，台北，何应钦上将九五诞辰丛书编辑委员会，1984。

《何应钦将军九五纪事长编》，台北，黎明文化事业公司，1984。

《何应钦将军讲词选辑》，台北，何应钦上将九五寿诞丛书编辑委员会，1984。

何智霖编《陈诚先生从军史料选辑·整军纪要》，台北，“国史馆”，2010。

何智霖编《陈诚先生书信集——与蒋中正先生往来函电》，台北，“国史馆”，2007。

何智霖编《陈诚先生书信集——与友人书》，台北，“国史馆”，2009。

河北省保定市政协文史资料委员会编《保定陆军军官学校》，河北人民出版社，1987。

河北省社会科学院历史研究所、河北省档案馆等编《晋察冀抗日根据地史料选编》，河北人民出版社，1983。

《贺龙军事文选》，解放军出版社，1989。

侯坤宏编《役政史料》，台北，“国史馆”，1990。

《黄克诚军事文选》，解放军出版社，2002。

《冀鲁豫边区党史资料选编》第2辑《文献部分》，河南人民出版社，1988。

《冀南历史文献选编》，中共党史出版社，1994。

《蒋中正总统档案·事略稿本》第41—46卷，台北，“国史馆”，2010。

《景晓村日记》，北京八路军山东抗日根据地研究会渤海分会编印，2012。

军事科学院编写组编《刘伯承年谱（1892—1986）》，解放军出版社，2012。

李德生：《李德生将军自述》，辽宁人民出版社，1997。

李默庵：《世纪之履——李默庵回忆录》，中国文史出版社，1995。

李云汉：《蒋中正先生在台军事言论集》第2册，台北，近代中国出版社，1994。

李云汉主编《中国国民党党务发展史料》，台北，中国国民党中央党史委员会，1993。

《李钟玄战斗日记》，解放军出版社，2005。

李宗仁口述，唐德刚记录《李宗仁回忆录》，华东师范大学出版社，1995。

《黎玉回忆录》，中共党史出版社，1992。

《联共（布）、共产国际与抗日战争时期的中国共产党》，中共中央党史研究室第一研究部译，中共党史出版社，2012。

《刘华清回忆录》，解放军出版社，2004。

《刘汝明回忆录》，台北，传记文学出版社，1979。

刘寿林等编《民国职官年表》，中华书局，1995。

陆军步兵学校研究部编《现代步兵兵器图表解》，陆军步兵学校，1934。

陆军大学校编《军制学》，军用图书社，1935。

《罗荣桓军事文选》，解放军出版社，1997。

罗友伦口述，朱浤源等访问《罗友伦先生访问纪录》，台北，中研院近代史研究所，1994。

《吕正操回忆录》，解放军出版社，1988。

《毛泽东军事文集》，军事科学出版社、中央文献出版社，1993。

《毛泽东军事文选》，解放军出版社，1981。

《毛泽东文集》，人民出版社，1996。

《毛泽东选集》，人民出版社，1991。

《莫文骅回忆录》，解放军出版社，1996。

《聂荣臻军事文选》，解放军出版社，1992。

《彭德怀军事文选》，中央文献出版社，1988。

《彭德怀自述》，人民出版社，1981。

《彭雪枫军事文选》，解放军出版社，1997。

彭真：《关于晋察冀边区党的工作和具体政策报告》，中共中央党校出版社，1997。

钱伯英等：《现代步兵轻重武器详解》上、下册，军用图书社，1934。

《秦基伟回忆录》，解放军出版社，2007。

秦孝仪主编《先总统蒋公思想言论总集》，台北，中国国民党党史会，1984。

秦孝仪主编《中华民国重要史料初编——对日抗战时期》，台北，中国国民党党史会，1981。

全国政协文史资料研究委员会编《文史资料存稿选编》，中国文史出版社，2002。

全国政协文史资料研究委员会编《文史资料选辑》，文史资料出版社、中华书局、中国文史出版社，1986—2002。

全国政协文史资料研究委员会编《原国民党将领抗日战争亲历记》，中国文史出版社，1985—1995。

《任弼时选集》，人民出版社，1987。

〔日〕日本防卫厅防卫研究所战史室：《中国事变陆军作战史》，田琪之、齐福霖等译，中华书局，1979—1983。

《山东革命历史档案资料选》，山东人民出版社，1982—1984。

《山东抗日根据地》，中共党史资料出版社，1989。

山西省档案馆编《太行党史资料汇编》，山西人民出版社，1989—2000。

山西省史志研究院编《太岳革命根据地人民武装斗争史料选编》，山西人民出版社，2003。

陕甘宁边区财政经济史编写组、陕西省档案馆编《抗日战争时期陕甘宁边区财政经济史料摘编》，陕西人民出版社，1981。

陕西省档案馆、陕西省社会科学院编《陕甘宁边区政府文件选编》，档案出版社，1986—1988。

石觉口述，陈存恭等访问《石觉先生访问纪录》，台北，中研院近代史研究所，1986。

《苏北抗日根据地》，中共党史资料出版社，1989。

《苏中抗日根据地》，中共党史资料出版社，1990。

《粟裕回忆录》，解放军出版社，2007。

《粟裕文选》，军事科学出版社，2004。

《孙毅将军自述》，辽宁人民出版社，2001。

太行革命根据地史总编委会：《太行革命根据地史料丛书》，山西人民出版社，1987—1990。

《谭政军事文选》，解放军出版社，2006。

《陶峙岳自述》，湖南人民出版社，1985。

万耀煌口述，沈云龙访问《万耀煌先生访问纪录》，台北，中研院近代史研究所，1993。

《王恩茂日记——抗日战争》，中央文献出版社，1995。

《王树声军事文选》，军事科学出版社，2000。

王统仪主编《新四军军工史料》，中国兵器工业历史资料编审委员会内部发行，1990。

王微口述，张朋园等访问《王微先生访问纪录》，台北，中研院近代史研究所，1996。

王文政：《汤恩伯年谱》，上海人民出版社，2009。

《王新亭回忆录》，解放军出版社，2008。

王焰主编《彭德怀年谱》，人民出版社，1998。

《我的戎马生涯——郑洞国回忆录》，团结出版社，1992。

《项英军事文选》，中共中央党校出版社，2003。

《肖劲光回忆录》，解放军出版社，1987。

《新四军和华中抗日根据地史料选》，上海人民出版社，1982—1984。

徐启明口述，陈存恭访问《徐启明先生访问纪录》，台北，中研院近代史研究所，1983。

徐思平：《中国兵役行政概论》，文治出版社，1945。

《徐向前元帅回忆录》，解放军出版社，2005。

《徐向前军事文选》，解放军出版社，1993。

《徐永昌日记》第4—8册，台北，中研院近代史研究所，1990。

《杨成武军事文选》，解放军出版社，1997。

《杨立三文集》，金盾出版社，2004。

《叶飞回忆录》，解放军出版社，2007。

杨森：《九十忆往》，龙文出版社，1990。

《鹰犬将军：宋希濂自述》，中国文史出版社，1993。

于达口述，张朋园等访问《于达先生访问纪录》，台北，中研院近代史研究所，1989。

於凭远、罗冷梅等编《胡上将宗南年谱》，叶霞翟校订，台北，台湾商务印书馆，1970。

《在蒋介石身边八年——侍从室高级幕僚唐纵日记》，群众出版社，1991。

《张发奎将军抗日战争回忆记》，香港，耀群熨金印务公司，1981。

张发奎口述，郑义记录《蒋介石与我——张发奎上将回忆录》，香港文化艺术出版社，2008。

张其昀主编《先总统蒋公全集》，台北，中国文化大学出版部，1984。

《张云逸军事文选》，军事科学出版社，2007。

《张治中回忆录》，文史资料出版社，1987。

《张震回忆录》，解放军出版社，2003。

中央文献研究室编《朱德自述》，解放军文艺出版社，2003。

中央陆军军官学校编《军制学教程》，中央陆军军官学校，1931。

中央档案馆编《皖南事变（资料选辑）》，中共中央党校出版社，1982。

浙江省历史学会现代史资料组编《抗日战争军事报告集》，杭州出版社，1985。

中共河北省委党史资料征集编审委员会、太行（河北部分）史料联合征编办公室编《冀西民训处与冀西游击队》，河北人民出版社，1989。

中共江苏省委党史工作办公室、江苏省档案馆编《中共中央华中局》，中共党史出版社，2003。

中共中央党史研究室编《杨尚昆年谱（1907—1988）》，中共党史出版社，2007。

《中共中央文件选集》，中共中央党校出版社，1991。

中共中央文献研究室编《陈云年谱》，中央文献出版社，2000。

中共中央文献研究室编《陈云文集》，中央文献出版社，2005。

中共中央文献研究室编《刘少奇年谱（1898—1969）》，中央文献出版社，1996。

中共中央文献研究室、中央档案馆编《建党以来重要文献选编》，中央文献出版社，2011。

中国兵器工业历史资料编审委员会编《山东根据地军工史料》，中国兵器工业总公司，1994。

中国第二历史档案馆编《国民党政府政治制度档案史料选编》，安徽教育出版社，1994。

中国第二历史档案馆编《抗日战争正面战场》，江苏古籍出版社，1987。

中国第二历史档案馆编《中华民国史档案资料汇编》，江苏古籍出版社，1994—1999。

《中国近代兵器工业档案史料》，兵器工业出版社，1993。

中国近代兵器工业编审委员会编《中国近代兵器工业——清末至民国的兵器工业》，国防工业出版社，1998。

《中国人民解放军军史》，军事科学出版社，2010。

中国人民解放军历史资料丛书编审委员会编《八路军·表册》，解放军出版社，1994。

中国人民解放军历史资料丛书编审委员会编《八路军·综述·大事记》，解放军出版社，1994。

中国人民解放军历史资料丛书编审委员会编《八路军新四军驻各地办事机构》，军事科学出版社，2008—2009。

中国人民解放军历史资料丛书编审委员会编《后勤工作·文献》，解放军出版社，1997。

中国人民解放军历史资料丛书编审委员会编《新四军·文献》，解放军出版社，1988—1995。

中国人民解放军历史资料丛书编审委员会编《中国人民解放军组织沿革·单位沿革》，解放军出版社，2007。

中国人民解放军历史资料丛书编审委员会编《中国人民解放军组织沿革·大事记》，解放军出版社，2000。

中国人民解放军历史资料丛书编审委员会编《中国人民解放军组织沿革·文献》，解放军出版社，2007。

中国人民解放军政治学院党史教研室编《中共党史参考资料》，出版信息不详。

中国人民解放军政治学院政治工作教研室编《军队政治工作历史资料》，中国人民解放军战士出版社，1982。

中国人民解放军总政治部组织部编《中国共产党中国人民解放军组织史资料》第1—6卷，长征出版社，1994—1996。

中央文献研究室编《任弼时年谱》，中央文献出版社，2004。

中央文献研究室编《朱德年谱》，人民出版社，1986。

《左权军事文选》，军事科学出版社，2005。

《周恩来选集》，人民出版社，1980。

周均伦主编《聂荣臻年谱》（上），人民出版社，1999。

周美华编《国民政府军政组织史料》，台北，"国史馆"，1996—1998。

《朱德军事文选》，解放军出版社，1997。

总参谋部动员部编研室编《人民武装工作文件资料选编》，军事科学出版社，1993。

总政治部办公厅编《中国人民解放军政治工作历史资料选编》，解放军出版社，2002—2004。

总政治部干部编《中国人民解放军干部工作历史文献选编》，解放军出版社，2004。

三 著作

八路军山东纵队史编审委员会编《八路军山东纵队史》，山东人民出版社，2007。

曹剑浪：《国民党军简史》，解放军出版社，2004。

范崇斌等编《中国国民革命军后勤简史》，总后编审办公室内部发行，1996。

方德万：《中国的民族主义与战争（1925—1945）》，胡允桓译，三联书店，2007。

郭清树、李葆定主编《中国人民解放军后勤史》，金盾出版社，1999。

郭汝瑰、黄玉顺：《中国抗日战争正面战场作战记》，江苏人民出版社，2002。

"国防部史政编译局"编《国民革命建军史》，台北，编者自印，1993。

胡素珊：《中国的内战：1945—1949年的政治斗争》，王海良、金燕等译，中国青年出版社，1997。

姜克夫：《民国军事史略稿》，中华书局，1991。

蒋永敬：《国民党兴衰史》，台北，台湾商务印书馆，2003。

〔苏〕A. Я. 卡利亚金：《沿着陌生的道路——一位苏联驻中国军事顾问的笔记（1938—1939）》，赖铭传译，解放军出版社，2013。

〔德〕克劳塞维茨：《战争论》，中国人民解放军军事科学院译，商务印书馆，1978。

李宝明：《“国家化”名义下的“私属化”——蒋介石对国民革命军的控制研究》，社会科学文献出版社，2010。

李达：《抗日战争中的八路军一二九师》，人民出版社，1985。

刘凤翰：《抗日战史论集——纪念抗战五十周年》，台北，东大图书公司，1987。

刘凤翰：《抗战期间国军扩展与作战》，台北，“国防部史政编译室”，2004。

刘凤翰：《战前的陆军整编——附九一八事变前后的东北军》，“国防部史政编译室”，2002。

刘馥：《现代中国军事史》，梅寅生译，台北，东大图书公司，1986。

戚厚杰、刘顺发、王楠编著《国民革命军沿革实录》，河北人民出版社，2001。

齐武：《晋冀鲁豫边区史》，当代中国出版社，1995。

王奇生：《革命与反革命：社会文化视野下的民国政治》，社会科学文献出版社，2010。

王正华：《抗战时期外国对华军事援助》，台北，环球书局，1987。

吴东才主编《晋冀豫根据地》，兵器工业出版社，1990。

徐勇：《近代中国军政关系与“军阀”话语研究》，中华书局，2009。

薛幸福主编《陕甘宁边区》，兵器工业出版社，1990。

杨奎松：《国民党的“联共”与“反共”》，社会科学文献出版社，2008。

〔美〕易劳逸：《毁灭的种子：战争与革命中的国民党中国（1937—1949）》，王建朗等译，江苏人民出版社，2009。

张福泉主编《朱瑞将军》，中央文献出版社，2008。

张瑞德：《抗战时期的国军人事》，台北，中研院近代史研究所，1993。

人名索引

A

埃德加·斯诺（Edgar Snow） 439

B

白崇禧（健生） 12，37—38，69—70，114，117，120—121，141，156，277，292—293，299

白修德（Theodore H. White） 265

博古（秦邦宪） 316，455

薄一波 349

C

蔡廷锴 40，129

曹福林 109，157

陈布雷 9，12

陈诚（辞修） 15，26，30—31，33，36，38，43—45，47，55，58，67，73—75，81，92，97—98，108，110，112，115—123，125—128，131，135，139，141—142，149，152—153，158—163，171，183，200，251，273，281，292，317

陈大庆 120，129，137

陈赓 368，375，384，386

陈公博 276

陈光 318

陈济棠 27，156，243

陈立夫 11，300

陈明仁 96

陈牧农 155

陈琪 62

陈调元 172

陈仪 129

陈毅 308—309，316—317，323，325—326，331，335，339，349，359，369，385，418，421，441，467，479，485，508

陈云 379，415，455

陈再道 322

程潜 37，125，153—154，159，166

程泽润 200

程子华 343

D

戴季英 345

戴笠 143—144

邓宝珊 111

邓华 319，322

邓龙光 126，130，148
邓锡侯 25，111—112，129，140，169
邓小平 314，321，348—349，357，363，441，467，480，516
邓子恢 317，324，331，433
丁治磐 96，116，140，161，183，186，285—286，293，296—298，301，305
杜聿明 40，46，62，122，128，153，162，226
段海洲 357

F

法肯豪森（Alexander von Falkenhausen） 219，227，239
范汉杰 40，130
范绍增 111，159
范筑先 486
方靖 118，158，161，183
方先觉 150
冯钦哉 40，113，128
冯玉祥 22，29—30，113，155，157，200，268
冯占海 108
冯治安 34，60，113，130
冯·塞克特（Hans von Seeckt） 54
佛采而（魏采尔，Georg Wetzell） 81，83
傅作义 48，110—112，125—126，128，139

G

甘泗淇 314，320
高岗 373
高桂滋 39
高敬亭 316—317，323
高敏夫 381
高树勋 113，130，159
耿飚 370
谷良民 109
顾维钧 290
顾祝同 23，29，39，42，48，110，112—113，125，128，142，145，151—154，159，168，465
关麟徵 32，34，62，122，128，133，137，147，153，154，159，162—163，305
关向应 314，320
郭忏 118，127，148
郭沫若 273
郭汝栋 112，116，118
郭汝瑰 118—119，158，159，220，246

H

韩德勤 62，129，485
韩复榘 26，30，109—110，115，128，157
韩浚 186
何成濬 26，29，52，117，140，144—145，161，285—287，289，293—294，298—301
何键 26—27，109—110，115
何廉 12
何绍周 96，159
何应钦（敬之） 12，15，21，29，46，51—52，54，57，62，65，67，95—96，116—117，120—122，132，140，147，159，161—162，166，183，190—191，200，205，238，242—244，247，293，296，300，302，426，443

何柱国 108，128
贺国光 112，175
贺龙 314，320，338，348—349，373，433
贺耀组 18，166
贺衷寒 273
胡汉民 269
胡琏 118，152—153
胡宗南 32，37，39—40，42—43，95，102，115，117—121，123，125，127，130，137，153，155—156，159—162，185
黄华 377
黄敬 342
黄克诚 325，331—332，346，358，421
黄慕松 166
黄琪翔 121，128，273
黄仁宇 209，247
黄绍竑 12，141，173，199
黄维 110，118，162
黄镇 400
霍揆彰 118，129，153，159

J

姬鹏飞 454，469
吉鸿昌 25
纪振纲 441
贾亦斌 77，186，246
江渭清 340，344
姜齐贤 454，469
蒋鼎文 23，30，37—39，114，121—123，125，128
蒋光鼐 25，127
蒋介石 7—10，18，20，22—24，26，29，32，34—36，38，42，44，46—48，51—55，57，64，68—73，76—77，80，86，99，101—102，104，107，109，111—117，119—123，125，127，130—131，133—135，137，139—149，151—158，162—163，166，168，173，178，180，184，191，195—196，200，244，268—272，274—282，284，288，290，297，299，303—304，313，316，396，426，449
蒋经国 112
蒋梦麟 297—298
景晓村 342，404，479

K

卡利亚金（Aleksandr Kalyagin） 180，236，261
康生 455
康泽 273
柯伟林（William C. Kirby） 57，235—236
克劳塞维茨（Carl von Clausewitz） 28，525
孔从洲 114
孔祥熙 244—245
邝任农 456

L

赖传珠 324，331，447
冷欣 47，183
黎玉 330，346，479—480，500，511
李承干 238
李达 349，440，532
李德生 374
李汉魂 39，126，130，156，305
李济深 22，172，268，272
李家钰 39，130

李井泉　320，348
李聚奎　357
李觉　109—110，129
李默庵　34，36，40，129，137
李品仙　33，48，114，126，128—129，131，155
李铁军　61，119，128—129，137，160，184
李文　61，119，130，137
李仙洲　108，129，137
李先念　323，332，338，344，348
李雪峰　527，533
李延年　130，161
李玉堂　46，129，137
李志民　375，379—380
李钟玄　453
李宗仁　27，29，39，42，48，114，118，121—122，126—127，135，141—145，147，155，157，172—173，175，268，299
梁斌　403
梁冠英　25
梁寒操　277
廖磊　114，126，129，137，155
林彪　314，318，349
林可胜　470
林蔚　45，67，155，175，288
刘伯承　315，321，348—349，381，449，451，467，478
刘华清　364，368
刘建绪　26，30，109—110，128
刘茂恩　32，40，128，138，150
刘汝明　34，60，109，113，128，151，157
刘少奇　322，324，326，331，358，436，479
刘文辉　111—112，140，145
刘湘　24，26—27，29—30，111，115，126，129，134，141
刘英　316
刘峙　23，128，154
龙云　27，29，128，141，145，173
卢汉　34，46，128，139
鹿钟麟　37，151，200，298
吕正操　108，382
罗炳辉　324，332
罗荣桓　314，318，346，349，356，378，381，412，514—515
罗瑞卿　406，419，424，428，430，432
罗友伦　183，185，186，190
罗卓英　118，122，129，133，141—142，159

M

马步芳　130，153
马海德　469
马鸿宾　111
马鸿逵　129
马苏政　414
毛泽东　2，145，164，317，318，321—323，328，331，339，346，348，356，358—359，369，397—398，400，401，408，411，415—416，424—426，434，438—439，441—442，445，447，455，456，459，461，464，475，478，484，515
门炳岳　111
缪澂流　108

N

倪志亮 315
聂荣臻 314，318—319，349，371，377，389，390，392，413—414，438，449—450，466，486

P

潘文华 111—112，129，139
庞炳勋 129—130，139，146—147，150，156—157
彭德怀 176，313，318，321—322，331，335，358，389，400，444，447，449，455，467，516，536，541
彭雪枫 323—326，331—332，340，360，362

Q

钱大钧 18，120
切列潘诺夫（Alexandr Iuanouich Cherepanou） 89，397
秦基伟 381，421

R

饶正锡 469
任弼时 314，400，434，455
若米尼（Antoine - Henri Jomini） 28

S

商震 20，31，61，117，129，154，159
上官云相 40，129
沈鸿烈 301
沈其震 470—471
盛世才 440
石觉 120
石友三 24，53，113，130，146
史迪威（Joseph W. Stilwell） 192，302
舒同 319，414，423
宋肯堂 129，159
宋庆龄 471
宋任穷 315，322，342
宋时轮 320，322
宋希濂 58，76，128，153，162—163
宋哲元 26，30，34，60，113，128
宋子文 268，290
粟裕 323，325—326，332，340，344，349，353，385，417，487，505
孙殿英 146，150，156
孙连仲 26，32—33，48，109，125，127—128，130，147，153—154，157
孙良诚 137
孙桐萱 61，109，128，130
孙蔚如 113—114，128
孙元良 58，176

T

谭启龙 344
谭震林 332，340，344，349，461
谭政 385，416，434—436
汤恩伯 32，34，43，46，108，110，115—123，129，131，135，139，147—148，151，155，159，303
唐式遵 62，110，112，129
唐纵 296，298
陶广 110
陶峙岳 40，130，160，173
陶铸 339，407，435
滕代远 348—349，442
田颂尧 25

W

万福麟 31，61，154

万耀煌　116，173，175
王东原　109—110
王稼祥　331，416，478
王敬久　58，108，110，128，137
王陵基　111—112，129，133—134，138—139，153
王明（陈绍禹）　423，455
王世杰　294
王首道　345
王树声　345，524—525
王铁汉　108，175
王耀武　46，60，129，135，139，283
王震　320，345
王缵绪　111—112，129
卫立煌　30，32，36，39—40，46，108，121，125—126，128，145，153，440
魏德迈（Albert C. Weydemeyer）　46，104
吴化文　109，146
吴克仁　108
吴稚晖　269

X

夏楚中　58，118，141，161
夏威　38，40，128，156
项英　316—317，323，333—334，339，401，484
萧克　314，320
肖华　314，492，533，534
肖劲光　315，349，458
肖望东　325
熊斌　12，175
熊式辉　11，300—301，303
徐海东　318，324
徐思平　197，200
徐庭瑶　40，62，130
徐向前　315，321—322，382，489，492
徐永昌　12，68—70，117，161，175，273，276，280，281，285—289，291，293，295，299，301—305
徐源泉　24，34，40，62，116，129—130，143，161
徐祖贻　168
薛岳　31，33，37，39，125，129，133—134，138，141—143，149，287—289

Y

阎锡山　22，24，29，110—111，125—126，146，166，235，268，321，440，455，457
杨爱源　32，125，128
杨伯涛　221
杨成武　319，343，422，492
杨虎城　24，113
杨杰　168，173，210，237
杨立三　348，454，468
杨森　34，95，111—112，129，134，141
杨文达　266
叶飞　324，344，485
叶季壮　442，454
叶剑英　313，316，389，447，454
叶挺　316，324，326，401，467，470
叶肇　40，128，130，147—148
于达　20，68，83
于学忠　37，62，109，128
余汉谋　27，30，38，126，128，156，286
俞济时　60，129
袁国平　317

Z

曾万钟　40，128，154

曾希圣　332
曾志　377
张德能　143
张鼎丞　316—317，323，332
张发奎　30—31，33，36—39，46，47，126—128，134，137，139，143，155—157，285—286，289，294—296，299
张国焘　442
张浩　315
张际春　349
张季鸾　270
张克侠　187
张群　112，173，200
张绍东　361—362
张闻天　317，322，455
张学良　26，108，110，115，268
张元寿　454，466—467
张云逸　317，324，331—332，341，348，378
张震　332，344，375，379，385
张治中（文伯）　30—31，45，58，128，155，281，303—304
张宗逊　320，373
赵尔陆　343，454
赵寿山　113—114，128，145，159
赵毅民　420
郑洞国　37，40，74，122
郑位三　324，332，344，348，349
钟期光　332
周恩来　273，318，324，442，454—455
周昆　314
周士第　314，320
周文青　417
周至柔　118，350
周子昆　316，378
朱德　32，129，173，313，321—322，328，330，331，352，356，360，373，376，400，444，447，449，454—455，471，478，498，506，536
朱家骅　284
朱理治　324
朱培德　173
朱瑞　324，330，492
朱绍良　29，31，121，123，125，153
朱为鈞　200
卓献书　67，182，203
左权　313，331